KB267075

일본국회론

일본국회론

The National Diet of Japan

김현우 지음

한국학술정보㈜

국회의사당 전경

개회식 광경

중의원 본회의장

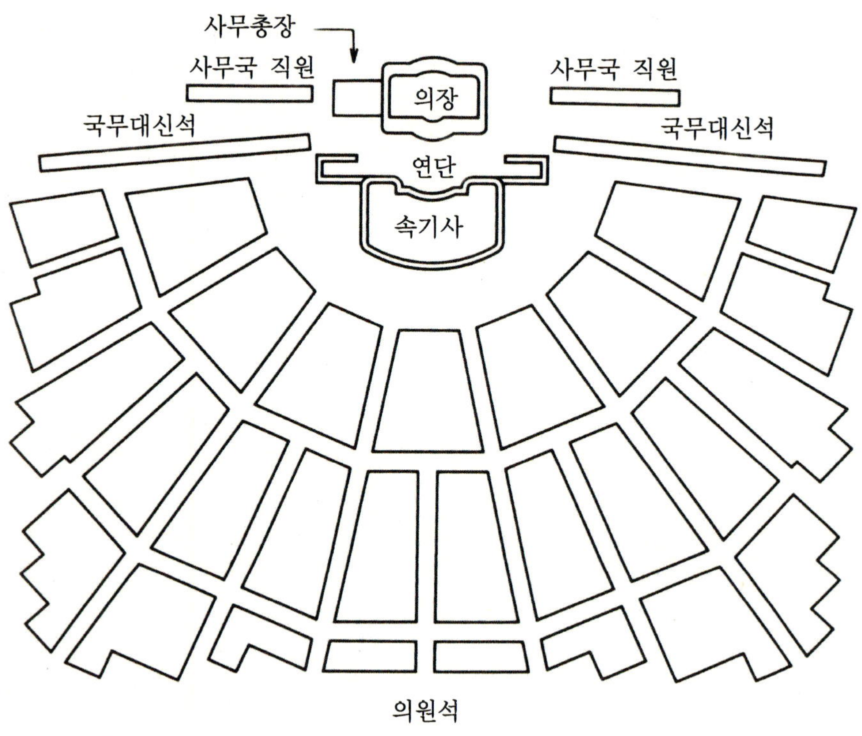

중의원 본회의장 좌석배치도

상임위원회 회의실

국회의원 회관

예산위원회 회의 광경

국가기본정책위원회 회의 (당수토론) 광경

투표 광경

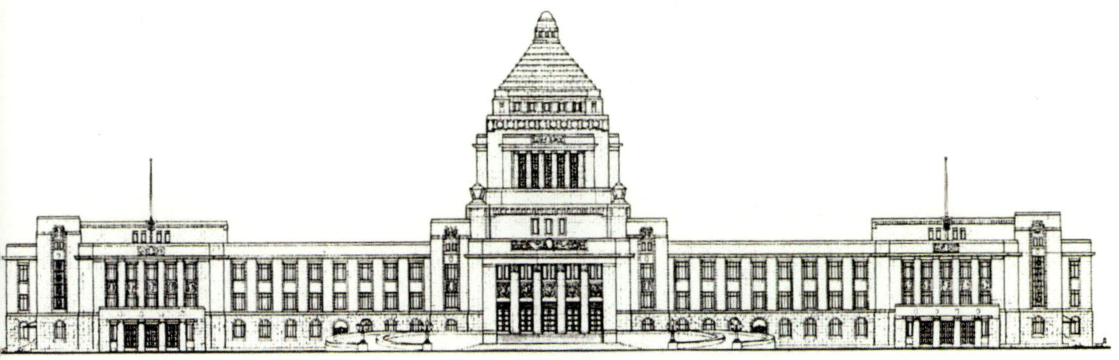

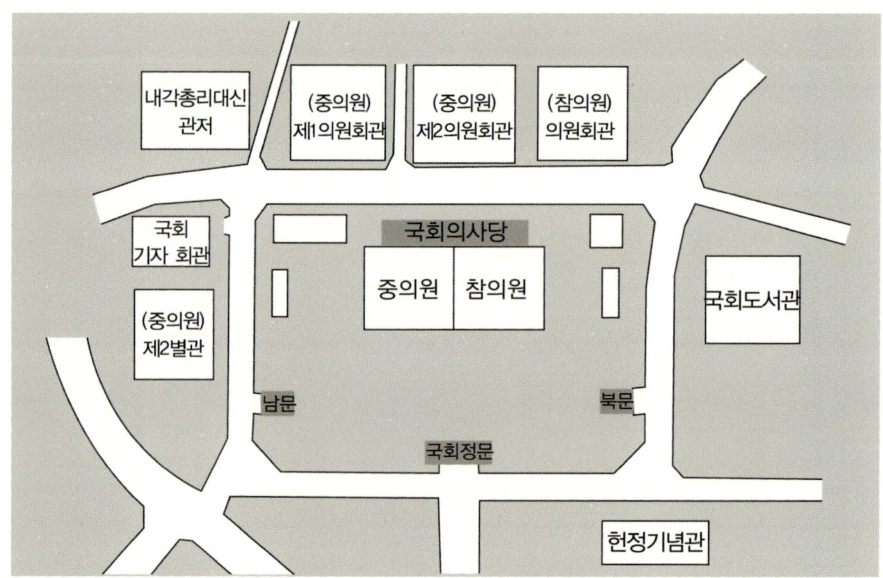

국회구내 건물배치도

*사진·그림자료 출처:『日本の國會』및『衆議院事務局職員募集[平成16年度]』.

정면에서 본 일본국회의사당

필자는 1890년에 개설된 일본제국의회가 일본제국이 한반도를 시작으로 대륙을 침공함에 있어 어떠한 역할을 하였을까 하는 궁금증을 가져왔다. 그동안 침략의 원흉으로 천황, 이토 히로부미, 군부, 재벌 등이 손꼽혀 왔으나, 제국의회의 전쟁책임은 거의 거론되지 않았다. 일본 민중의 전쟁책임 또한 그 누구도 묻지 않았다. 그런데 근년 들어 제국정부를 말없이 지지하고 따라간 민중도 전쟁책임이 있다는 논의와 주장이 들리기 시작하였다. 민중의 전쟁책임이란 곧 국회의 전쟁책임과도 연관되는 것이어서, 필자는 그러한 주장에 귀를 기울이고 있다.

제국의회는 비록 주권의 소재가 천황에게 있던 시대의 익찬의회라고는 해도, 제국의회가 법률 제정이나 개정 등의 입법행위를 통해서 일본정부의 침략과 식민지 건설을 돕고 정당화시키는 역할을 담당하였다는 것은 어렵지 않게 추정할 수 있다.

법치주의를 표방하고 있는 국가라면 입법권을 갖는 국회의 기능과 역할은 존중되어야 하며, 대의제 민주주의를 표방하고 있는 국가라면 국회와 그 구성원인 국회의원의 권위, 존엄성은 인정되어야 한다고 본다.

그런데 세계 여러 나라의 현실을 보면 행정부의 지위가 입법부인 국회보다 상대적으로 높은 나라가 많고, 입법에 관한 주도권은 행정부가 장악하고 있다는 사실에 눈을 뜨게 된다. 일본국회로 눈을 돌려보면, 그 정도에 그치지 않고 내각의 권한이 강화됨에 따라 상대적으로 국회의 입지는 좁아지고 있는 실정이다.

앞에서 일본제국의회를 거론한 것은 바로 오늘날의 일본국회가 과거의 제국의회처럼 힘없는 기관이 되어버리면 어떻게 하나 하는 우려 아닌 우려 때문이다. 국회가 행정부를 견제하지 못하면 그 다음에는 어떤 상황에 직면하게 되는가 하는 것은 역사적 경험이 말해 주고 있다.

일본은 국회의원과 내각에 법률안제출권을 보장하고 있다. 내각에 법률안을 제출할 권리가 있느냐 없느냐에 대한 헌법 해석상의 논의가 있으나, 내각은 법의 집행·운용을 통해 사회경제정세에 관한 정보, 입법에 관한 사회적 요청을 파악하고 정리하는 데 적합한 입장에 있고, 상호 모순·대립하는 제반 요구 사항을 조정하는 능력을 소유하고 있을 뿐만 아니라 조직적인 입법작업을 할 수 있는 정비된 체제를 가지고 있으며, 예산편성권 또한 보유하고 있기에 법률안의 제출권은 당연히 인정되는 것이라는 입장을 취하고 있다. 현실적으로 내각이 입법과정에 있어 법률안 제출 수나 가결 비율에서 볼 때 국회를 압도하고 있기 때문에 내각에 법률안제출권이 있느냐 없느냐를 따지는 것은 큰 의미가 없을 것이다.

일본은 의원내각제 정부형태를 채택하고 있는 관계로 국회의 기능과 역할은 제한될 수밖에 없는 형편에 있다. 근년 내각의 권한 증대를 도모하는 여러 법률과 제도가 정비되고 있어 일본국회의 위상은 다시 한 번 시험대에 오르고 있다.

필자는 4년 전에 『일본 현대정치사』라는 제목으로 책을 낸 적이 있는데 그때 책을 낸 이유에 대해 우리가 일본에 대해 너무 모르는 것이 많기 때문이라고 했다. 일본의 내부 상황 전개가 우리 민족의 존립과 번영 그리고 안정에 영향을 미쳐 왔음에도 우리가 일본에 대해서 모른다는 것이다. 이 책을 내는 이유도 그때와 같다. 행정부의 행정집행의 근거가 되는 법률의 제정 및 개정 권한, 즉 입법권을 갖는 일본국회를 살펴보고 이를 소개하기 위함이다.

이 책은 일본국회의 제도와 운영 등에 관한 자료와 이론적 논의를 수집, 정리한 입문서의 성격을 갖는다. 깊이 있는 글을 쓰지 못한 것은 전적으로 필자의 학식이나 능력이 부족한 탓이다. 많은 연구자가 좀더 풍부한 자료와 안목을 가지고 분석하여, 일본국회에 대한 연구 수준이 올라갈 수 있게 되기를 바란다.

이 책은 모두 12개의 장으로 구성되어 있다. 제1장과 제2장에서는 일본 국회의 지위와 본질, 일본국회의 특색 그리고 기능에 관련된 이론적 논의를 정리하였고, 제3장에서는 국회의 구성 및 운영과 관련하여 국회의장단, 국회운영기관, 양원 간의 관계 등을 다루었으며, 제4장에서는 회기제도를 소개하고 개선안을 제시하였다.

제5장에서는 국회제출 이전에 법률안이 어느 곳에서 어떤 절차를 거쳐 성안이 되는지 또 그 과정은 어떠한지를 보았고, 국회제출 이후에 위원회와 본회의를 거치는 과정, 하나의 원에서 다른 원으로 법률안이 송부되어 처리되는 과정, 그리고 공포에 이르기까지의 절차를 소개하였다. 제6장과 제7장에서는 제5장에서 살펴본 입법과정이 본회의와 위원회에서 각각 어떤 과정을 거쳐 법안의 가결 혹은 폐기에 이르는가를 보았다.

제8장에서는 국회의원의 입법활동을 지원하고 있는 입법보좌조직을 상세하게 소개하였다. 제9장은 국정조사를 다루었는데 일본의 국정조사는 조사가 종료되어도 그 보고서를 작성하지 않는 점을 지적하고 실효적인 행정집행 감사와 견제를 위해서는 제도 개선이 필요하다는 견해를 밝혔다. 제10장은 일본의 국회해산과 관련하여 빈번한 해산, 해산의 주체, 해산권 관련 헌법조문의 모호성 등을 지적하고 해산제도는 그 취지와 현실 간의 괴리가 크므로 개선되어야 한다는 견해를 피력했다.

제11장은 국회의원을 가까운 거리에서 보좌하는 의원비서제도와 비서의 업무, 비서의 종류, 처우 등을 다루었고, 제12장에서는 세습의원(2세 의원)의 현황, 발생 요인, 의원직 세습과 일본정치의 보수화 등을 다루었다.

아무쪼록 이 책이 일본정치에 대한 이해를 돕고, 일본국회 연구에 작은 보탬이 되기를 기대한다.

끝으로 원고를 읽고 조언을 해 주신 분들과, 귀한 자료를 보내준 일본 중의원 사무국의 구도 미쓰오(工藤光生)씨에게 감사의 말씀을 전한다. 한국학술정보(주)의 채종준 사장님과 원고를 꼼꼼히 읽고 교정해 준 임은정씨, 송지연씨에게도 감사드린다.

2008년 5월

김현우

제1장 일본국회의 지위와 본질

제1절 국회의 권한

법률조문에 근거하여 보면 일본국회의 권한은 크게 입법권, 재정감독권, 행정부 통제권, 사법부 통제권 등 4가지로 정리된다. 이들 권한은 다시 아래와 같이 세분화된다.

1. 입법권

□ 헌법개정발의권

헌법 개정의 최종 발의는, 각 의원(중의원·참의원)의 총 의원의 3분의 2 이상의 찬성으로 국회에서 행해진다(헌법 제96조 1항). 이 경우 중의원과 참의원은 권한상 대등하다.[1]

□ 법률 제정·개정권

국회의원이 법률안을 발의하는 데에는 중의원은 의원 20인 이상, 참의원은 의원 10인 이상(예산을 수반하는 법률안은 중의원 50인 이상, 참의원 20인 이상)의 찬성을 필요로 한다(국회법 제56조 1항). 또 내각도 법률안을 제출할 수 있다(헌법 제72조, 내각법 제5조). 양원의 위원회에도 법률안 제출권이 인정되어 있다.[2]

각 의원에서 발의된 의안은 의장이 즉시 위원회에 부탁하며, 심사를 거쳐 본회의에 회부된다. 법률의 제정은 국회의 의결이라고 하는 행위로써 완결된다.[3]

국회에 제출 혹은 발의된 법률안은 다음에 말하는 중의원의 재의결의 경

---

1) 여기에서 '발의'란 통상적인 의미의 법률안 발의와는 달리, 국민에게 제안하는 헌법 개정안을 국회가 의결하는 행위를 말한다. 또 '총 의원'이란, 중의원 또는 참의원의 법정 의원 수를 가리킨다.
2) 間宮庄平, 「國會の權限と活動」, 阿部照哉編, 『新憲法教室』(京都: 法律文化社, 1997), 237-242쪽.
3) 上田正一·森本敦司·生駒正文編著, 『アクセス憲法』(東京: 嵯峨野書院, 2004), 107쪽.

우(헌법 제59조 2항), 참의원의 긴급집회에서 법률이 제정되는 경우(헌법 제54조 2항·3항), 특정한 지방공공단체에만 적용되는 특별법 제정의 경우를 제외하고는 양원에서 가결하였을 때 법률이 된다(헌법 제59조 1항).

중의원에서 가결되었지만 참의원에서 이와 다른 의결을 했을 경우에는, 출석의원의 3분의 2 이상의 다수로 중의원에서 재차 가결하면, 참의원의 뜻에 반하여 법률을 성립시킬 수 있다(헌법 제59조 2항). 그리고 참의원이 중의원이 가결한 법률안을 받은 후, 국회 휴회 중인 기간을 제외하고 60일 이내에 의결하지 않을 때에는, 중의원은 참의원이 이를 부결한 것으로 간주할 수 있다(헌법 제59조 4항).

2. 재정감독권

□ 예산 및 결산심사권

예산과 관련하여 헌법 제83조는, 국가의 재정을 처리하는 권한은, 국회의 의결에 기초하여 행사하지 않으면 안 된다고 규정하고 있으며, 제86조에서는 내각은, 매 회계연도의 예산을 작성하고 국회에 제출하여 그 심의를 받아 의결을 거치지 않으면 안 된다고 했다. 또 제73조 5항은, 예산을 작성하여 국회에 제출하는 일은 내각의 직무라고 규정했다.[4] 내각에 의해 작성된 예산은 먼저 중의원에 제출하도록 되어 있다.

제출된 예산은 양원에서 가결되었을 때 성립한다. 그러나 참의원이 중의원과 다른 의결을 하였을 때에는, 국회법에서 정하는 바에 따라 양원협의회를 열어 타협을 도모하지 않으면 안 된다. 양원협의회를 열어도 의견이 일치하지 않는 경우 또는 참의원이 중의원이 가결한 예산을 받은 후, 국회 휴회 중인 기간을 제외하고 30일 이내에 의결하지 않을 때에는, 중의원의 의결이 국회의 의결이 되어 중의원의 의결만으로 예산은 성립된다.

국회의 예산의결권은 예산을 가결 혹은 부결하는 권한 외에, 증액·감액에 대한 수정 또한 할 수 있는 권한을 포함하는 것으로 해석된다.[5]

---

4) 국회의원에게는 예산발의권은 없다.
5) 공영방송인 NHK의 예산에 대한 승인도 국회가 행한다.

국가의 수입 지출의 결산은, 모두 매년 회계검사원이 이를 검사하고, 내각은 다음 연도에, 그 검사보고와 함께, 이를 국회에 제출하지 않으면 안 된다. 제출은 중의원과 참의원에 각각 하게 되는데, 양원은 각각 지출이 그 예산의 목적에 따라 적법하고 적절하게 행해졌는가에 관하여 심사를 행한다.

□ 재정에 관한 의결권

국가의 재정을 처리하는 권한은, 국회의 의결에 근거하여 행사하지 않으면 안 되는데 이 경우 '국회의 의결'이란 구체적으로는 법률과 예산을 가리키는 것으로 해석되고 있다(헌법 제83조).

□ 예비비 지출 승인권

예비비의 지출에 관해서는, 내각은 사후에 국회의 승낙을 받지 않으면 안 된다. 예비비는, 예산 속에 들어 있는 것으로서, 일단 국회의 의결을 거친 것이나, 그것이 구체적으로 지출된 경우에는 나중에 국회의 승낙을 요한다(헌법 제87조 2항).

□ 황실재산수수 의결권

황실에 재산을 양도하거나, 또는 황실이 재산을 양도받거나 혹은 사여(賜與)하는 일은 국회의 의결에 근거하지 않으면 안 된다(헌법 제8조).

3. 행정부 통제권

□ 내각총리대신 지명

내각총리대신은 국회의원 중에서 선출되며 국회의 의결을 통해 지명을 받는다.6) 이 경우, 다른 모든 안건에 앞서서 행해지지 않으면 안 된다(헌

---

6) 헌법 제67조(내각총리대신의 지명, 중의원의 우월) ① 내각총리대신은, 국회의원 중에서 국회의 의결로, 이를 지명한다. 이 지명은, 다른 모든 안건에 선행하여, 이를 행한다. ② 중의원과 참의원이 다른 지명의 의결을 하는 경우에, 법률의 정하는 바

법 제67조 1항). 실질적으로 국회의 의결에 의한 지명으로 결정되는 내각
총리대신의 임명은 형식적으로는 국회에서의 지명 후에 천황에 의해 행해
진다(헌법 제6조 1항).

중의원과 참의원이 서로 다른 지명의결을 행했을 경우에는 국회법이 정
하는 바에 따라 양원협의회를 개최하도록 되어 있다. 그래도 양원의 의견
이 일치하지 않을 때, 또는 중의원이 지명의결을 한 후 국회 휴회 중의
기간을 제외하고 10일 이내에 참의원이 지명의결을 하지 않을 때에는, 중
의원의 의결이 국회의 의결이 되어 중의원의 의결만으로 지명된다. 중의
원의 참의원에 대한 권한상의 우월이 인정되고 있다.

내각총리대신 지명 절차는, 양원의 규칙에 따라 각각 기명투표를 행하
여, 투표 과반수를 얻은 후보를 지명된 자로 한다.

□ 내각불신임

내각은 중의원에서 불신임결의안이 가결되거나 신임결의안이 부결된 때
에는 10일 이내에 중의원이 해산되지 않는 한 총사직해야 한다. 내각불신
임결의안은 50인 이상의 찬성 의원들이 연서하여 의장에게 제출한다.

□ 대정부질문

국회는 행정부에 대해 국정과 관련하여 질문을 행할 수 있다. 질문을
하고자 하는 의원은 질문서를 작성하여 의장에게 제출해야 하며, 의장은
이를 내각에 송부한다.[7] 내각은 질문서 수령 후 7일 이내에 답변해야 하
며, 기한 내 답변이 불가능한 경우에는 그 이유와 답변 가능한 시기를 제
시한다. 긴급한 질문에 대해서는 국회(중의원·참의원)의 허락하에 구두로

에 의하여, 양의원(兩議院)의 협의회를 열어도 의견이 일치하지 않을 때, 또는 중의
원이 지명의 의결을 한 후, 국회 휴회 중의 기간을 제외하고 10일 이내에, 참의원이
지명의 의결을 하지 않을 때에는, 중의원의 의결을 국회의 의결로 한다.
7) 송부란, 선의 의원, 즉 먼저 의안을 심사한 의원에서 가결했을 때의 절차를 말하는
데, 이것이 후의 의원에서 가결 또는 부결된 경우에는 의안은 성립 또는 원칙적으
로 불성립되므로 선의 의원에 대해 '통지'(이것은 의안의 이행을 의미하지는 않음)
하는 것으로 족하다.

질의할 수 있다.

□ 국정조사권

국정조사는 국회의 권한 중에서 가장 중시되는 것 중의 하나이다. 국회는 국정에 관한 조사를 행하고, 이와 관련하여 증인의 출두 및 증언 및 기록의 제출을 요구할 수 있다.8) 국정조사권은 행정통제기능을 수행하는 수단으로서 중요한 역할을 담당하는데, 국회는 국정조사를 통해 행정·사법부에 대해 감독기능을 수행한다(헌법 제62조). 국정조사는 위원회 차원에서 의장의 승인을 얻어 실시한다. 중의원 위원회는 국정조사를 위하여 중의원 사무국 조사국장 또는 중의원 법제국장에게 필요한 조사를 명할 수있다. 40인 이상의 의원의 연명으로 위원회에 조사명령을 요청할 수 있다.

□ 조약체결 승인

일본헌법(제73조)은 국회에 조약승인권을 인정하고 있다. 조약의 체결권은 내각에 있다. 그런데 조약은, 국가 간의 합의임과 동시에, 국내법적 효력을 갖는 것이 많아서, 때로는 국민을 구속하는 명령이나 권리·의무에 관한 법규범을 내용으로 하는 것이 있으며, 또 국가에 중대한 영향을 미칠 수도 있는 것이기에 내각의 의사만으로 조약을 성립시키는 것은 문제가 있다. 따라서 국회와의 공동책임으로 조약을 성립시키는 것으로 하여, 체결 전에 또는 체결 후에 국회의 승인을 받지 않으면 안 된다.9) 체결 전 또는 체결 후라고 하는 것은, 비준이 행해지기 전 또는 후(비준이 필요하지 않는 경우에는 조인의 전 또는 후)를 의미하는 것으로 해석되고 있다.10)

국회의 조약승인권을 규정한 헌법규정에 대해서는 여러 학설상의 쟁점이 있다.11)

---

8) 국정조사권에 관해서는 이 책 제9장에서 다루고 있다.
9) 矢口俊昭, 「條約締結についての國會の權能」, 小嶋和司編, 『ジュリスト增刊 憲法の爭點(新版)』(東京: 有斐閣, 1985), 160 - 161쪽.
10) 조약과 관련하여 국회의 승인 절차는 중의원 선의(先議)로 하고 있으며, 예산의 경우와 같다(헌법 제61조).
11) 헌법 제73조(내각의 직무) 내각은, 다른 일반행정사무 외에, 좌(左)의 사무를 행한

① 국회의 승인을 요하는 조약의 범위

이와 관련하여 학설은, 제73조에서 말하는 '조약'은, 형식상의 조약, 즉 '조약'이라는 호칭이 붙은 것은 물론 협정, 협약, 의정서, 선언, 헌장 등 다양한 명칭의 것을 포함하는 넓은 의미의 개념으로서, 널리 문서에 의한 국가 간의 합의로 이해되는 것이라는 데에 일치한다.[12) 또 국회의 승인을 요하지 않는 조약으로서, 조약의 규정을 실제로 시행하기 위해 필요한 세부 규정을 내용으로 하는 것, 조약의 위임에 근거한 것 등을 들 수 있다.

문제는 국회의 승인을 요하는 범위를 확정하기 위해, 조약의 중요도를 기준으로 하는 것에 대한 시비이다. 내용이 비교적 중요한 것은, 대체로 국회의 승인을 요하는 것으로 해석해야 한다는 설(佐藤 功)이 있고, 이 조문의 규정이 그러한 구별을 하고 있지 않은 것 및 중요한 내용과 그렇지 않은 내용의 구별이 명확하지 않기 때문에, 중요도 기준을 부정하는 설도 있다.[13)

② 국회의 승인 시기

헌법 제73조에서 말하는 국회의 승인은 '사전에, 시의에 따라서는 사후에' 행해진다. 여기에서 '사전'이란 서명에 의해 조약이 성립하는 경우(서명조약)에는 서명하기 전이며, 조약이 비준에 의해 성립하는 경우(비준조약 혹은 국회승인조약)에는 비준하기 전이다.[14) 또 승인은 사전이 원칙이며, 예외적으로 사후가 허용된다. 이 점에 관해서는 거의 이의가 없다.

③ 국회의 승인을 받지 못할 경우의 조약의 효력

조약의 체결에 즈음하여, 국회의 승인이 사전에 요구되며, 국회가 승인하지 아니한 경우는 조약은 성립되지 않으며, 효력문제 또한 발생하지 않는다. 이 점에 관해서는 학설의 대립은 없다.[15) 그러나 사후에 승인이 요

다. 三 조약을 체결하는 일. 단, 사전에, 시의(時宜)에 따라서는 사후에, 국회의 승인을 거칠 것을 요한다.

12) 矢口俊昭, 앞의 글, 160쪽.

13) 宮澤俊義, 『全訂 日本國憲法』(東京: 日本評論社, 1978), 563쪽.

14) 上村貞美, 「條約締結についての國會の權能」, 『ジュリスト增刊 憲法の爭點(第3版)』(東京: 有斐閣, 1999), 174쪽.

구되는 경우 조약의 국제법적 효력에 관해서는 학설이 대립된다.

- 무효설

다수설은, 먼저 조약은 정부와 국회의 공동책임에 의해 성립한다고 생각하여, 승인이 조약의 효력요건이라고 한다. 또 국회의 승인을 사전과 사후가 다르다고 생각할 수 없다는 것이다. 국회의 승인이 조약의 성립에 필요하다는 것이 다수의 국가의 헌법에 규정되고 있으며, 상대국도 당연히 승낙해야 할 것이라는 등의 이유에서, 사후에 국회의 승인을 받지 못했을 때, 조약은 효력을 발생하지 않는다는 것이다. 이 설은, 승인이 거부된 조약의 국내법적 및 국제법적 효력을 부정한다.[16]

- 유효설

국제법적 효력에 대해, 국회에 의한 사후 승인을 받지 못한 경우라도 조약은 국제법적으로는 유효하다는 것이 유효설이다. 이 설의 근거는 조약의 국제법적 효력은 국제법에 의해 결정된다는 것, 상대국에는 국회승인권의 헌법규정의 의미를 그 책임에 있어 판단할 의무가 없다는 것, 조약의 법적 안정성의 유지 및 사전과 사후의 승인으로는 당연 법적 의미가 다르다는 것을 들 수 있다.[17]

---

15) 矢口俊昭, 앞의 글, 161쪽.

16) 宮澤俊義, 『全訂 日本國憲法』(東京: 日本評論社, 1978), 566쪽, 淸宮四郎, 『憲法Ⅰ』 (東京: 有斐閣, 1979), 440－441쪽.

17) 유효설 속에서도 사전, 사후의 불승인의 구별은 없으며, 국내법적 및 국제법적으로도 효력을 인정하는 것도 있다. 이들 무효, 유효 양 설에 대해 국회의 승인이 조약의 효력요건이라고 해석하고, 조약체결 절차를 정한 헌법규정이 반드시 명확하지 않으며, 설령 명확하다 하더라도 그 규정에 상반되는 헌법관습이 형성되어 있는 국가도 있다는 사실을 고려한 조건부 무효설이 있다. 이 설은 국제법의 규정에 위반하지 않는 형태로, 국가가 이용할 수 있는 조사방법에 의해 일반적으로 알려지는 제한에 위반했을 경우에만, 그 조약의 국제법적 효력이 부정된다고 본다. 따라서 이 설은 국제법상 조약의 법적 안정성의 요청에도 합치한다. 이 설은, 조약의 효력을 국제법에만 의존해서 판단해도 좋은 것인가, 승인의 법적 성질을 어떻게 해석할 것인가, 조약의 안정성의 요청에 어떻게 대처할 것인가 하는 3가지 약점이 있다. 또 무효설이 전제로 하는 국회의 승인이 조약의 성립에 필요하다는 사실의 명백성에도 약간 의문이 생긴다. 한편, 유효설의 장점은, 3가지가 있는데 첫째는,

④ 조약에 대한 국회의 수정권의 유무

국회가 조약을 승인할 때, 조약을 수정하는 것, 즉 조약안에 대해 변경 또는 증보(增補)를 가할 수 있느냐에 관해 학설은 대립된다. 조약을 체결함에 있어, 교섭하는 직무는 내각에 있으며, 또 일본을 대표하여 조약안 작성에 참여하는 것도 내각이기 때문에 수정안을 거부하고, 승인을 전체로 승인하든가 불승인해야 한다는 것이 다수설이다.[18]

이에 대해 국회의 의지를 존중하는 것, 불승인보다 거부의 정도가 약한 수정조건이 붙은 승인은 긍정된다는 것 및 헌법 제61조는 조약의 승인에 따라 동 제60조 2항의 준용을 정하고, 그에 기초한 국회법 제85조는 수정권을 전제로 하고 있다고 해석하는 것에서, 수정권을 긍정하는 설이 있다.[19]

□ 자위대 출동 승인

국회는 자위대의 출동을 승인하는 권한을 갖는다. 내각총리대신은 출동 전에 또는 출동 후에 이를 국회에 보고하여 승인을 받아야 한다.

□ 긴급사태포고 승인

국회는 국가적 긴급사태가 발생했을 때 내각총리대신이 발한 긴급사태 포고에 대해 이를 승인하는 권한을 갖는다.

이 설에 의하면, 명백한 위헌 절차의 조약에도 효력을 인정하지 않을 수 없다. 또 국회의 승인을 사전과 사후로 나눠 서로 다른 것이라고 생각하는 것에도 문제가 있다. 이렇게 생각하면 양 설의 결함이라고 생각되는 점을 보완하는 조건부 무효 설이 우월한 것으로 평가된다. 矢口俊昭, 앞의 글, 161쪽.

18) 宮澤俊義, 앞의 책, 565쪽.

19) 이들 양 설에 대해, 원칙적으로는 다수설의 입장에 서면서, 국회의지 존중의 요구에서, 여러 가지 수정효과 발생방법이 제안되고 있다. 그 방법으로서는 '조약의 내용에 관해, 승인에 즈음하여 장래의 수정을 희망하는 부대결의를 행하는 것 및 조약내용의 미확정 단계에서, 그 조약안에 대해 수정을 요망하는 결의를 할 것 등'이 있다.

4. 사법부 통제권

□ 재판관탄핵재판소 및 재판관소추위원회 설치권

재판관은 재판에 있어 심신(心身)의 고장 때문에 직무를 수행하기 어렵다고 결정된 경우를 제외하고는, 공공의 탄핵에 의한 것이 아니면 파면되지 않는다(헌법 제78조). 국회에는 공공의 탄핵기관으로서, 파면소추를 받은 재판관을 재판하기 위한 재판관탄핵재판소와, 재판관 파면 소추를 행하기 위한 재판관소추위원회가 설치되어 있다.[20]

제2절 중의원·참의원의 권한

1. 각 의원의 권한

중의원과 참의원이 각기 독자적으로 행사하는 권능이 의원(議院)의 권한이다. 여기에는 의원자율권, 법률안제출권, 의원규칙제정권, 국정조사권, 국회의원의 자격쟁송재판권, 국회의원의 징벌권 등이 있다.[21]

1) 의원자율권

의원자율권이란, 권력분점의 원칙에 따라 국회(중의원·참의원)가 조직, 활동 기타 원내의 내부 사항에 관해 원칙적으로 다른 국가기관의 개입을 받는 일 없이 자주적으로 결정할 수 있는 권능을 말한다. 중의원과 참의원은 서로 다른 원(院)의 내부 사항에 대해 간섭하거나 개입하지 않는다. 이는 국회의 조직·운영의 자율성을 보장하고 국회의원의 자유로운 입법활동을 보장하여 국회기능의 자주성을 확보하기 위한 것이다.[22] 원내임원

---

20) 헌법 제64조 1항, 국회법 제125조·제126조.
21) 藤岡 進,『日本國憲法と政治』(東京: 大學敎育出版, 2000), 150쪽.

선임권을 예로 들 수 있다.23)

국회를 구성하는 중의원과 참의원은 각각 독립된 기관이며, 외부의 간섭을 받는 일 없이 자주적으로 활동할 수 있다.24) 의원자율권의 주된 내용은, 본회의나 위원회의 운영방법 등 의원의 내부 사항에 관해서 의원규칙을 정하는 일, 의장 선거, 의원의 질서를 어지럽힌 국회의원에 대한 징벌 등이다.

2) 법률안제출권

중의원과 참의원은 각기 법률안제출권을 갖는다.

3) 의원규칙제정권(헌법 제58조 2항)

중의원과 참의원은 각기 의원규칙제정권을 갖는다.

4) 국회의원징벌권(헌법 제58조 2항 후반)

중의원과 참의원은 각기 소속 국회의원에 대한 징벌권을 갖는다.

5) 국회의원의 자격쟁송재판권(헌법 제55조)

양원은 각각 소속 국회의원의 자격에 관한 쟁송을 재판할 수 있다. 출석 국회의원 3분의 2 이상의 의결이 있으면 그 국회의원의 신분은 상실된다.

---

22) 上田正一・森本敦司・生駒正文編, 앞의 책, 107쪽, 池田政章, 「國會の自律權とその限界」, 『ジュリスト』300号(1964. 6), 38쪽.

23) 국회의 임원 선임과 관련하여 과거 제국헌법에서는 귀족원의 의장, 부의장은 국회의원 중에서 천황에 의하여 임명되고, 중의원의 의장・부의장은 의원(議院)에서 선거된 3인의 후보자 중에서 임명하도록 되어 있었으나, 일본헌법에서는 참의원과 중의원에서 각각 의장과 기타 임원을 자체적으로 선출하도록 규정하였다.

24) 국회의 자주적인 활동을 보장하기 위해 국회의원은 불체포특권과 면책특권이 보장된다.

6) 법률에 근거하는 권한

국회는 헌법과 기타 법률에 의해 여러 가지 권한이 부여되어 있다. 기능과 권한을 따로 분리하기는 어려우나 기능을 더 세분하여 법률에 명시된 부분을 정리하면 다음과 같다.

〈표 1-1〉 국회의 권한

권한	헌법 조문	관련 내용
법률 제정	41, 59	국회는 국가의 유일한 입법기관이다. 법률안은 양 의원(議院)에서 가결하였을 때 법률로서 성립한다.
조약승인	61, 73	내각이 외국과의 조약을 체결할 때에는, 원칙적으로 사전에, 시의(時宜)에 따라서는 사후에, 국회의 승인을 요한다.
헌법 개정 발의	96	국회는 중·참 각 의원(議院)의 총 의원의 3분의 2 이상의 찬성으로, 헌법 개정을 발의할 수 있다.
내각총리대신 (수상) 지명	6, 67	국회는 국회의원 중에서 국회의 의결로, 내각총리대신을 지명한다. 이는 기타의 모든 안건에 선행하여 행한다.
재정에 대한 감독·처리	83, 91	본래 재정처리는 행정권의 작용이나, 국민의 이해에 영향을 주는 바가 크기 때문에, 국회의 의결에 따라 이를 행사한다. 국회는 재정상황의 보고를 적어도 연 1회는 받을 권한을 갖는다.
과세에 대한 의결	84	조세법률주의의 원칙에 의하여 조세의 변경이나 신설에는 국회의 의결을 요한다. 회계검사원의 검사를 거친 세입세출을 국회가 심사한다.
예산에 대한 의결	86	국가재정(세입세출)은, 예산이라고 하는 형식으로 국회의 의결, 심의를 받지 않으면 안 된다.
결산심사	90	회계검사원의 검사를 거친 세입세출을 국회가 심사한다.
탄핵재판소 설치	64	국회는 파면의 소추를 받은 재판관을 재판하기 위하여 탄핵재판소를 설치한다.
국정조사	62	중의원과 참의원은 각각 국정에 관한 조사를 행한다.
황실재산수수 의결	8	황실에 재산을 양도하거나, 황실이 재산을 양도받거나, 혹은 하사할 때에는 국회의 의결에 따라야 한다.

자료: 樋口美智子(1997), 15쪽, 五十嵐 仁(2004), 70쪽.

국회는 이 밖에도 여러 법률에서 다음과 같은 권능이 인정되고 있으며 어느 것도 국회의 의결을 요한다.[25]

기타의 권능으로는 긴급사태포고 승인(경찰법 제74조), 재해긴급사태포고 승인(재해대책기본법 제106조), 자위대의 방위출동에 관한 승인(자위대법 제76조, 78조), 자위대가 실시하는 후방지역 지원 등의 대응조치의 승인(주변사태법 제5조 1항), 국가의 지방행정기관 승인(지방자치법 제156조), 일본방송협회의 예산 승인(방송법 제37조), 중앙선거관리회 위원의 지명 및 그 파면 동의(공직선거법 제5조의 2) 등이 있다.

2. 중의원과 참의원의 공통권한

중의원과 참의원은 국회를 구성하는 기관으로서의 권한 외에 헌법상 다음과 같은 의원(議院)으로서의 공통적 권한을 갖는다. 공통적 권한이란 중의원과 참의원이 각기 독자적으로 의결하여 행사할 수 있는 권능을 말한다.26)

① 국회의원 체포허락권 및 석방요구권(헌법 제50조) ② 국회의원 자격쟁송재판권(제55조) ③ 비밀회의 결정권(제57조 1항 단서) ④ 국회임원선임권(제58조 1항) ⑤ 의원규칙제정권(제58조 2항) ⑥ 국회의원징벌권(제58조 2항) ⑦ 국정조사권(제62조) ⑧ 국무대신의 출석 및 답변청구권(제63조) ⑨ 청원수리권(제16조) ⑩ 기타 결의(의원사직권고 결의, 내각불신임결의, 특별위원회 설치 등).

이렇게 중의원과 참의원이 갖는 권한은 국정조사권·국무대신 출석요구권을 제외하고는 의원(議院)이 독자적으로 조직을 형성하거나 내부 문제를 해결할 수 있는 의원자율권이라고 하는 권한에서 파생된 것이다.

---

25) 淺野一郞·河野 久, 『新·國會事典』(東京: 有斐閣, 2003), 5-8쪽.
26) 淺野一郞·河野 久, 앞의 책, 11-14쪽.

제3절 일본국회의 성격

1. 지위

헌법은 국회를 '국권의 최고기관'(제41조), '유일한 입법기관'(제41조), '국민의 대표기관'(제43조)의 3개의 지위를 갖는다고 규정하고 있다. 일본 제국의회 개설 이후 공공정책 결정과정에서 보조적인 역할밖에 수행하지 못하던 일본국회는 1947년에 제정된 일본헌법에 의하여 국민의 의사를 대변하는 최고결정기구로 그 지위가 강화되어 오늘에 이르고 있다.

일본헌법은 1947년 5월 3일부터 시행되었다.[27] 새 헌법은 주권이 국민에게 있음을 선언함과 동시에, 국정은 국민의 엄숙한 신탁에 의한 것으로서, 그 권력은 국민의 대표자가 이를 행사하는 것으로 되었다. 제국헌법하에서 천황에게 있던 주권이 국민에게 이양되었기 때문에 국민의 대표로 구성된 국회는 입법부로서의 지위와 면목을 일신하게 되었다.

○ '국권의 최고기관'

국회는, 국민의 대표기관으로서, 공선의원으로 조직된다.[28] 국민은 국권의 원천, 국가의사형성의 주체이며, 그 대표자를 선출하여, 국정을 부탁한다. 일본헌법이 국회를 '국권의 최고기관'으로 한 것은, 국민을 직접적으로 지배하는 권력 행사에 관해, 국회는 국정의 전반에 관해 종합적·통괄적 책임을 갖는 최고의 기관이라는 뜻이다.[29]

---

27) 일본헌법은 제국헌법의 개정 절차(제73조)에 따라 1946년 11월 3일에 공포되어 이듬해 5월 3일부터 시행되었다. 당시 맥아더 최고사령관은 자신이 주도권을 쥐고 개정한 제국헌법개정안을 제90회 제국의회에 제출하면서 특별히 성명을 발표하여 이 개정헌법이 메이지헌법과 완전한 법적 연속성을 보장받는다는 것에 관하여 언급하였다. 그러나 이 개정헌법은 형식상으로는 제국헌법의 개정이나, 그 내용이 전면적이고 철저한 변경이었기에 실질적으로는 '신헌법의 제정'으로 볼 수 있다.
28) 입법부가 행정부나 사법부에 대해 우월적 지위에 있다고 보는 견해는 大西典茂·北西 允·山田 造編, 『入門現代日本の政治』(京都: 法律文化社, 1977), 98-99쪽 참조.
29) 間宮庄平, 앞의 글, 226쪽.

국회가 '최고권력기관'이라고 하는 것에 대한 의미는 결국 권력분립원리에 중점을 두느냐 아니면 국민주권이나 대표제의 원리에 중점을 두느냐에 따라 견해가 달라진다.[30] 국회는 최고기관으로서의 본질을 갖는데 학자에 따라서는 3가지 설을 주장하기도 하고 4가지 설을 주장하기도 한다.[31]

국회가 '국권의 최고기관'이라고 하는 것은, ① 국가의 주권은 국민에게 있으며(주권재민), ② 그 주권자가 선출한 국회의원에 의하여 국회가 구성되고(간접민주주의), ③ 그 국회가 법률을 제정하고, 행정, 사법도 법률에 의하여 지배(법의 지배)되기 때문이다.

참고로 헌법조사회(1958년 발족)는 보고서(1964년)를 통해, 의회제와의 관련에 있어 '최고기관' 규정 삭제 등을 제기한 바 있다.[32] 그렇지만 '국권의 최고기관'과 관련해서는 법적으로 또 정치적으로 그 중요성이 인정된다.[33] '최고기관성'의 법적인 의미에 관해서 마미야 쇼헤이(間宮庄平)는 다음과 같은 3가지 설을 제시하였다.[34]

1) 정치적 미칭설

정치적 미칭설을 주장하는 학자들은 패전 후 소집된 제국의회(헌법제정의회)에서 가나모리 토쿠지로(金森德次郎) 국무대신이 행한 답변으로 요약되는 정부설명에서 그 원형을 찾고 있다.[35] 이 설은 '최고기관'의 의미를 법적인 것으로 이해하지 않고 주권자 국민을 대표하는 국회가 국정의 중심에 있는 중요 기관이라는 것을 정치적으로 선언하기 위해, 국회에 부여

---

30) 勝山敎子, 「國權の最高機關」, 『ジュリスト增刊 憲法の爭點(第3版)』(東京: 有斐閣, 1999), 168-169쪽.
31) 나카무라 테쓰(中村 哲)는, ① 정치적 미칭설, ② 통괄기관설, ③ 국회주권설, ④ 종합조정기관설을 제시했다. 中村 哲, 『國會』(東京: 要書房, 1952), 158쪽, 齋藤壽, 『現代議會構成原理の硏究』(東京: 勁草書房, 1984), 5쪽.
32) 吉田榮司, 「議會制論の50年」, 樋口陽一・森 英樹・高見勝利・辻村みよ子編, 『憲法理論の50年』(東京: 日本評論社, 1996), 100쪽.
33) 여기에서 최고기관성의 법적인 의미를 살펴보는 일은 이 책 제10장에서 다루는 '국정감사'의 법적인 성질과도 연관이 되기 때문에 의미가 있다. 예를 들면 '정치적 미칭설'을 택하는 경우, 국회가 갖는 국정조사권의 성질이 달라지기 때문이다.
34) 間宮庄平, 앞의 글, 227-229쪽.
35) 淸水 伸編, 『逐條日本國憲法審議錄三卷』(東京: 有斐閣, 1962), 48쪽 이하 참조.

한 미칭으로 보는 입장이다.36) 이들이 최고기관성의 법적 의미를 부정하는 이유로는 첫째, 다른 기관의 명령에 따르지 않는다는 의미에서는, 재판소나 내각도 최고기관이라는 점, 둘째, 국정의 최고결정권자라는 의미에서는, 주권자 국민이 이에 해당하며, 또 국회의 의사는 반드시 다른 기관의 의사에 우월하지 않으며, 내각에는 중의원 해산권이, 재판소에는 위헌입법심사권이 인정되어 있는 점, 셋째, 통치권의 총람자라는 의미에서는, 국회는 명확히 이에 해당하지 않는다는 점이 있다. 국회가 국가권력의 최고기관이라고 하는 것은, 문자 그대로 법률적으로 엄격히 해석해서는 안 된다는 것이다. 법적 의미가 없음에도 일본헌법이 국회를 '최고기관'이라고 부르는 것은, 제국헌법하에서 천황이 가졌던 최고기관성을 부정하고, 국회중심의 정치원칙을 채택할 것을 표명하기 위한 것이라는 입장이다.37)

이 설에 의하면, 일본국회는 과거 제국헌법에서 천황이 가지고 있던 통치권의 총람자의 지위에 오른 것은 아니며 다만 국회가 국정의 중추적인 지위에 있는 중요한 국가기관이라는 것을 정치적으로 강조할 뿐이라는 주장이다. 또, 국회의 소집이나 중의원 해산이 보여주고 있는 것처럼, 국회의 활동이 다른 국가기관으로부터 완전히 독립하여 자율적으로 행해지고 있는 것도 고려해야 한다는 것이다.

정치적 미칭설에 대해서는 제1원리인 국민주권에 직결되는 국회의 최고기관성과 국민주권원리하에서의 권한분배원리인 권력분립을 균형적·감각적으로 파악함으로써, 국회의 최고기관성을 법적 의미에서 정치적 의미로 눌러버리고, 결과적으로 행정권 우위 현상의 확대에 대해 유효한 이론적 제동을 하지 못했다고 하는 비판이 있다.38)

그런데 정치학자들이 정치적 미칭설을 주장했다면 모르지만 헌법조문의 문자 하나하나도 신중히 해석해야 하는 헌법학자들이 헌법조문을 그대로 해석하지 않고 정치적인 표현이라고 하는 것은 문제가 있는 것으로 보인

---

36) 淺井 清, 『國會槪說』(東京: 有斐閣, 1948), 123쪽.
37) 勝山敎子, 「國權の最高機關」, 『ジュリスト增刊 憲法の爭點(第3版)』(東京: 有斐閣, 1999), 168쪽.
38) 勝山敎子, 앞의 글, 169쪽.

다.[39] 국회는 헌법상 최고기관이지만 현실적으로 애매한 지위에 있다고 하는 것이 '정치적 미칭설'보다는 나을 것이다.

1950년대부터 심화하는 국회의 형해화를 배경으로, 양 설의 대립을 넘어서 최고기관성에 적극적 의미 부여를 모색하는 여러 가지 설이 등장하였으나 정치적 미칭설은 일본헌법학계에서 장기간 통설로 존속해 왔다.[40]

2) 통괄기관설

국가가 통치조직체로서 그 목적을 실현하기 위해서는 국가기관의 활동의 정합성이 요구되기 때문에 국가권력을 발동하는 통괄적 기관이 필요하며, 국가기관을 통합하는 결정적 권위를 갖는 기관이 존재하지 않으면 안 되는데, 국회가 바로 그 기관이라는 것이 통괄기관설이다.

이 설은 헌법 제정 당시부터 정치적 미칭설에 대립하여 왔다. 이 설은 헌법 제41조 전단에 법적 의미를 부여하여, 국회에는 입법작용과는 별도로 통괄작용을 행하는 '최고기관'으로서의 임무가 부여되었다고 강조한다. 이에 따르면 국가권력의 발동은 다수의 국가기관에 의해 행해지고 있으므로, 국가 전체의 목적을 달성하기 위해 통괄기관이 필요하며, 제국헌법하에서는 통치권의 총람자인 천황이 그 지위에 있었으나 일본헌법하에서는 국권의 원천인 국민을 대표하는 국회가 이에 해당한다는 것이다. 따라서 국회는 다른 기관의 활동을 주시·비판할 수 있다는 것이다.[41]

통괄기관설에 대해서는 헌법규정에 반하지 않는 한도 내에서 행해지는 통괄작용의 구체적인 내용이 불명료한데다가, 주권자인 국민 이외에 3권

---

39) 헌법학자들은 대체로 의원내각제(parliamentary government)를 권력분립의 관점에서 파악하기 때문에, 국회의 최고기관성에 관해 소극적, 부정적인 견해를 갖는다. 반면 정치학자들은 대체로 의원내각제를 권력융합이라고 파악하는 관점에서 국회의 최고기관성에 대해 적극적, 긍정적인 견해를 밝혀 왔다. 川人貞史, 『日本の國會制度と政黨政治』(東京: 2005, 東京大學出版會), 245쪽.

40) 우라와 미치코사건(浦和充子事件, 1949년)에서, 통괄기관설을 논거로 국정조사권의 성질을 독립권능으로 주장한 참의원 법무위원회의 견해에 대해, 정치적 미칭설을 논거로 하여 보조적 권능이라고 주장한 최고재판소의 견해가 학설로서 널리 지지를 받게 되면서 정치적 미칭설이 통설로 되었다.

41) 勝山敎子, 앞의 글, 168쪽.

을 통괄하는 기관을 인정할 수 있느냐, 또 그럴 필요성이 있느냐 등의 의
문이 제기되고 있다.

3) 종합기능조정설

1950년대 일본에서 국정조사권을 국회가 갖는 보조적 권능으로 보는 입
장이 다수설이 되면서 국정조사권의 본질을 둘러싼 논쟁은 일단 종식되었
는데, 그 후 국민의 알 권리의 관점에서 새로운 논의가 전개되기 시작하
였다. 최고기관성에 관한 이론적 심화로서, 통괄기관설과 정치적 미칭설의
이른바 절충설로서 종합조정기관설이 등장한 것이다. 이 설은 국민대표기
관인 것을 최고기관성의 근거로 하고, 최고기관성의 발현으로서 유일한
입법기관이라는 것과 국정의 통제기관임을 열거하고 있으며, 국회의 형해
화 현상에 대해 법 이론의 측면에서 제동을 걸기 위해, 통설비판의 관점
에서 '최고기관성'을 적극적으로 파악하고자 시도하려는 입장이다.

이 설은 앞의 2가지 설의 중간 지점에 서서 양측을 비판적으로 검토하
고 조정한다. 첫째, 내각의 중의원 해산이 국회의 일원(一院)을 상실하게
하는 데 불과하다는 것, 둘째, 위헌입법심사가 법률을 폐지할 때까지의 권
한이 아니라는 점에서, 최고기관성의 정치적 의의만을 강조하는 정치적
미칭설을 비판하고, 통괄기관설에 대해서는 권력분립원리에서, 국회에 3권
의 통괄작용을 인정하는 것을 비판한다. 게다가 '국권의 최고기관'이란, 다
른 기관과 상하관계가 아닌 병렬관계에서는 국회가 광범한 권능을 통해 3
권 사이의 종합적 조정작용을 행하는 것을 의미한다.42)

이 설은 국회가 갖는 권한의 성질과 범위 면에서 볼 때, 국회의 최고기
관성을 다면적으로 평가하고 적극적인 의미 부여를 해 줄 것을 요구한다.
국회가 헌법개정발의권, 입법권 독점, 조약승인권, 예산 및 결산을 중심으
로 한 재정감독권, 국정심의권을 부여받았으며, 국회의 권능으로서는 국정
조사권의 행사, 내각에 대해서는, 내각총리대신지명권, 내각불신임결의권,

---

42) 田中正巳, 「國會の最高機關性(1), (2)」, 『自治研究』 33卷 12号, 69쪽 이하 및 34卷 2
号, 57쪽 이하 참조.

인사승낙권 등 의원내각제에 따른 통제 관련 제반 기능을 갖고 있으며, 재판소에 대해서도, 탄핵재판소설치권, 의원(議員)의 자격쟁송재판권, 사법의 통제에 굴하지 않는 국회의 자율권 등이 인정되고 있다. 이들 법률의 제정권 및 행정, 사법에 관한 권한을 포함하는 국정에 결정적으로 참여하는 광범위한 권한은, 그 성질상 3권 사이의 종합적 조정, 나아가서는 감독적 작용이라는 것이다. 또 국회는 주권자인 국민의 직접대표기관이므로, 소속 불명한 사항은 널리 국회의 추정권한이라는 것이다.

종합조정기능설에 대해서는, 3권의 종합조정작용에 최고기관성을 발견하여, 법적인 의미를 갖는다고 하지만, 그 작용의 근거가 되는 국회의 광범한 권능이란, 통설이 국회중심의 정치원칙의 배경으로 거론하는 권능과 같으며, 이를 총칭하여 '최고기관'이라고 한다면, 이 용어에 독자적인 법적인 의미를 요구할 수 있겠느냐 하는 의문이 아시베 노부요시(芦部信喜) 등에 의해 제기되었다.

또 가쓰야마 미치코(勝山敎子)는 '최고기관'이란, 국회가 입법권을 비롯하여 광범한 권한을 보유하고, 국민대표기관으로서 국정 전반을 통제한다고 하는 국회중심의 정치원칙을 강조하는 이념적 선언인 것으로 이해해야 할 것이라는 입장이다. 가쓰야마는 '최고기관'이라고 하는 추상적 표현에서, 즉시 특정한 권한이 도출되는 것은 아니며, 헌법 전체의 취지나 국회의 조직·기능의 성질에서 종합적으로 고찰해야 한다고 주장한다.

이렇게 볼 때, 아시베의 의문제기나 가쓰야마의 '국회중심의 정치원칙을 강조하는 이념적 선언'이라는 인식이 있지만 결국 종합기능조정설이 가장 타당한 학설이라고 보인다. 내각과 재판소가 각각 고유의 권한을 가지고 있는 것은 틀림없으나, 민의를 대표하는 사람들이 모인 곳이 국회인 점을 고려하면 국회가 3권을 통괄하는 기관은 아닐지 몰라도 종합적으로 국정기능을 조정하는 기관임에는 틀림이 없기 때문이다.

○ '유일한 입법기관'

제국헌법에서, 국회는 천황의 입법권에 협찬하는 기관에 불과했으나, 일본헌법에서, 국회는 '국가의 유일한 입법기관'으로 규정되었다.

법률은 원칙적으로 국회의 의사에 의해서만 성립한다.[43] 국회가 유일한 입법기관이라고 하는 것은, 실질적 의미의 입법은, 오로지 국회가 법률이라고 하는 형식으로 정하지 않으면 안 됨을 의미한다. 즉 국회에 의한 입법 이외의 실질적 의미의 입법은, 헌법에서 특별히 정하는 경우(의원규칙, 최고재판소규칙)를 제외하고, 용납되지 않으며, 국회에 의한 입법은 국회 이외의 기관의 참여를 요하지 않고 성립한다는 것을 의미한다.[44]

이렇듯 유일한 입법기관이란, ① 국회 의결에 의해서만 법률이 제정될 것, ② 행정기관에 의한 부(副)입법권의 존재를 원칙적으로 부정하는 의미를 담고 있다. 그런데 입법에는 발안이 필요하다. 일본헌법에는 법률안제출권에 관한 명문의 규정을 두고 있지 않다. 이 때문에 법률안제출권을 둘러싸고 학설이 갈라지고 있다.

중의원 혹은 참의원에 소속하는 국회의원에게 법률안제출권이 있다는 것은 분명한 사실이나, 내각에도 법률안제출권이 있느냐 하는 것에 대해서는 '유일한 입법기관'과 의원내각제와의 관계를 어떻게 파악하느냐에 따라 달라질 수 있다.[45] 현재 일본에서는 내각도 법률안을 제출하고 있으며, 제출 건수로 보나, 내용으로 보나, 성립 비율로 보나 내각제출법안이 의원입법을 압도하고 있다. 형식적으로는 국회가 유일한 입법기관임에 틀림이 없으나 실제 입법은 내각과 여당이 주도하고 있다.

○ '국민의 대표기관'의 지위

대의제 민주국가에서 의회의 법적인 성질은 국민대표기관이다. 의회는 일반적으로 국민을 대표하고 국권발동에 있어 입법권을 축으로 하며, 최고의 국가의사를 형성하고, 이를 제도적으로 보장하는 국가기관이다.[46] 이

---

43) 新 正幸, 「唯一の立法機關」, 『ジュリスト增刊　憲法の爭點(第3版)』(東京: 有斐閣, 1999), 171쪽.
44) 芦部信喜, 앞의 책, 265쪽.
45) 野中俊彦, 「內閣の法律案提出權」, 小嶋和司編, 『ジュリスト增刊　憲法の爭點(新版)』 (東京: 有斐閣, 1985), 193쪽.
46) 間宮庄平, 「國會の地位と構成」, 阿部照哉編, 『新憲法敎室』(京都: 法律文化社, 1997), 225쪽.

와 관련해서는 정치적 대표설이 유력하다.

여기서 말하는 '대표'란, 국민은 대표기관을 통해 행동하고, 대표기관은 국민의사를 반영하는 것으로 간주된다고 하는 취지의 정치적인 의미이다.[47] 의회를 구성하는 국회의원은, 선거구 내지 후원단체 등 특정 지역 또는 단체의 대표가 아니라 전 국민의 대표이다. 따라서 국회의원은 국회에서 자기의 신념에 기초하여서만 발언·표결하고, 선거 모체인 선거구 내지 후원단체 등의 훈령에는 구속받지 않아야 한다. 이 표결의 자유(자유위임의 원칙)가 정치적 대표의 본질적인 특색이다.[48] 따라서 국민의 다양한 의사를 가능한 한 공정하고 충실하게 국회에 반영하는 것이 요망된다.

2. 일본국회의 본질

일본국회는 주권자인 국민의 대표자로서, 국권의 최고기관이며, 국가의 유일한 입법기관임과 동시에 국가의 행정감독기관이다.

국회는, 대의제 민주국가에서는 국회의원이 국민의 대표로서, 국민을 대신하여, 세금을 걷고 사용할 것인가(예산), 국가나 지방의 정치행정정책을 어떻게 수행할 것인가(입법), 외국과는 어떤 관계를 유지할 것인가(조약 등), 국정 수행 전반에 대해서는 어떻게 평가하고 이를 지도할 것인가(국정조사) 등의 일을 하는 곳이다.

헌법 제41조에서는 국회는 국권의 최고기관이자, 나라의 유일한 입법기관이라고 하여 그 지위를 명확히 하였다. 따라서 현대 민주정치에서의 국회의 역할은 단순히 입법기관으로서의 역할을 다하는 것이 아니라 입법을

---

47) 芦部信喜, 『憲法(新版)』(東京: 岩波書店, 1997), 260-261쪽.

48) 아시베 노부요시는 '정치적 대표설' 이외에도 '사회학적 대표설'을 제시했다. 제2차 세계대전 후 경제발전과 동시에 사회구조가 복잡화하고 국민의 가치관도 다양해졌다. 이런 가운데, 국회의원의 지위에 대한 국민의사, 즉 선거에 의한 정당화가 강조되어 국민의사와 대표자의사의 사실상의 유사(類似)가 중시되고, 사회적인 관점을 내포하여 대표의 관념을 구성하는 생각이 제창되기에 이르렀다. 일본헌법에서의 '대표'의 관념도, 정치적 대표라는 의미에 더하여 사회학적 대표라고 하는 의미를 내포하는 것으로서 구성하는 것이 타당하다는 것이다. 芦部信喜, 앞의 책, 262쪽.

통하여 정치상의 역할 또한 다하는 것이다. 그 점에서는 단지 법률을 제정한다고 하는 기능보다도 국가를 경영하는 주체라는 점에 국회의 본질을 찾아볼 수 있다고 할 수 있다.[49)

헌법은 제41조에서 입법권을 국회에, 제65조에서 행정권을 내각에, 제76조에서 사법권을 재판소에 나누어 줌으로써 3권 분립의 원칙을 확립하고 있다. 이는 3권이 상호 견제하고, 억제와 균형을 유지하면서 국민의 기본적 권리를 지키기 위함이다.

또 중의원의 임기 4년에 대하여 참의원은 6년 임기를 갖되 3년마다 의원 정수의 절반씩을 개선(改選)하는데 의원의 정수, 피선거권 연령, 선거구에 관해서는 법률에 의하여 중·참의원이 각기 달리하도록 규정하였다. 이것은 양원제 체제하에서는 2개의 의원은 같은 꼴이 아닌 것이 바람직하다는 판단에 의한 것이다.

〈표 1-2〉 일본국회와 제국의회의 제도 및 기능 비교

구분	일본국회(1947~　)	제국의회(1890~1947)
지위	국민의 대표기관, 유일한 입법기관, 국가권력의 최고기관	천황의 협찬기관
조직	중의원, 참의원	귀족원, 중의원
구성	중의원: 공선의원 참의원: 공선의원	귀족원: 황족의원, 화족의원, 칙임의원 중의원: 제한선거에 의해 선출된 의원
의원 정수	중의원: 480인 참의원: 242인	귀족원: 약 400인 중의원: 헌법 개정 직전 466인(당초300인)
의원의 임기	중의원: 4년(해산 있음) 참의원: 6년(매 3년마다 반수 선출, 해산 없음)	귀족원: 황족(皇族)-종신, 화족(華族)-종신/7년, 칙임(勅任)-7년 중의원: 4년(해산 있음)

---

49) 요시다 에이지(吉田榮司)는 일본에서의 의회제도 시행 50년 논의를 1970년을 경계로 하여 이전을 전반기, 그 이후를 후반기로 설정하여 국회의 본질과 관련된 논의를 전개하였다. 전반기에는 주권원리의 전환 후 도입된 새로운 의회제도의 헌법 이론적 해명이 국회를 무대로 전개된 시기이며, 관련 학계의 주된 관심은 국회와 내각의 관계, 즉 의원내각제의 이론적 해명에 중점이 두어졌는데 이를 상징하는 논쟁이 해산권 논쟁이었다. 후반기에는 근원적인 국민주권개념에 관심이 집중되어, 국회와 국민의 관계, 즉 국민대표제에 초점이 옮겨져 의회제도 관련 논의가 진행되었는데 이 시기를 상징하는 논쟁이 주권대표제론이다. 吉田榮司, 앞의 글, 100쪽 참조.

구분	일본국회(1947~)	일본제국의회(1890~1947)
법률 성립	국회의 의결만으로 성립	의회의 협찬과 천황의 재가가 필요
예산 확정	국회의 의결에 의하여 성립	의회의 협찬이 필요. 불성립 시에는 전년도 예산의 시행이 가능
조약체결	체결 사전 또는 사후에 국회 승인	천황의 권한
내각과의 관계	의원내각제(내각은 국회에 대해 책임을 짐)	제실내각제(帝室內閣制, 내각은 천황에 대해 책임을 짐)
내각총리 대신	국회가 지명하고, 이에 근거하여 천황이 임명	천황이 임명
내각의 불신임	중의원의 불신임결의 가결, 신임결의 부결에 의하여 내각은 총사직 또는 중의원의 해산을 선택	의회에 법적 권한 없음
국정조사권	각 의원이 독자적으로 증인 출석을 요구하여 행사	행정부를 통해 행사
양원의 관계	법률·예산의 의결, 조약체결의 승인, 내각총리대신의 지명 등에 관해 중의원이 우월	거의 대등
소집·회기	내각의 조언과 승인에 의하여 천황이 소집(회기는 통상국회가 150일)	천황이 소집하여 개회를 명령(회기는 통상국회가 3개월, 기타는 천황이 결정)
헌법 개정	국회가 발의하여 국민투표	천황이 발안하여 의회가 협찬
국회운영	위원회중심주의(미국식)	본회의중심주의(영국식)
위원회 심의방식	3독회제 폐지. 의안이 발의·제출되면 즉시 적당한 위원회에 부탁되어, 그 심사를 거친 후, 위원장의 보고에 기초하여 본회의에서 의결	3독회제 채택. 제1독회－법안의 낭독, 취지설명, 질의, 법안마다 설치되는 특위 부탁, 제2독회－법안의 축조심의, 수정안이 있는 경우에는 이 단계에서 제출되며, 채택 여부에 대한 표결, 제3독회－최종적으로 법안 전체의 가부 심의, 결정
위원회 종류	상임위원회, 특별위원회	전원위원회, 상임위원회, 특별위원회
위원회 기능	위원회는 본회의의 하부 기관, 위원회의 자주성 존중됨	위원회는 본회의의 예비적인 기관에 불과함. 위원회에 여러 가지 제약 있었음

자료: 議會制度研究會編, 『議會制度100年－國會がわかる本』(東京: 第一法規, 1991), 淺野一郎·河野 久編, 『新·國會事典』(東京: 有斐閣, 2003) 등에서 발췌, 작성. 필자가 일부 내용 수정.

3. 일본국회의 특색

일본국회는 다음과 같은 특색을 갖는다. 이들 특색이 반드시 일본국회에서만 찾아볼 수 있는 것이라고는 할 수 없으나, 그 현저함으로 미루어 볼 때 일본적 특색이라고 해도 무리는 없을 것이다. 따라서 이것을 이해하면 일본국회·일본의회정치의 진면목에 한층 쉽게 접근할 수 있을 것이다.[50]

일본의 '의원내각제'는 영국을 기원으로 하는 것이며, '위원회중심주의'는 미국으로부터 도입된 것이다. 이렇게 일본의 의회제도는 두 나라의 것을 참고로 한 것이지만, 의원내각제하의 일본국회와 같은 의원내각제하의 영국의회는 각기 다르고, 또 대통령제하의 미국의회와 의원내각제하의 일본국회는 또 다르다는 점에 일본국회의 본질적인 특성이 있다.

1) 빈번한 국회해산 – 국회기능 저하

해산은, 유권자의 신임을 얻어 공직에 선출된 국회의원을 파면하는 행위이다.[51] 그런데 일본국회(중의원)는 다른 어떤 나라의 의회보다도 빈번하게 해산되고 있다. 특히 내각총리대신의 정치적 판단에 근거하여 행해지는 '제7조 해산'이 해산의 주류를 이루고 있기에 건실한 의회운영에 문제가 있는 것은 아닌지 우려할 만하다.

법률상 일본 국회의원의 임기는 4년이지만, 1945년 8월부터 2008년 2월 현재까지 61년간 중의원의 임기는 21차례(임기만료 해산 1회 포함)의 해산으로 인해 실제로는 평균 2년 6개월 정도에 그치고 있다. 따라서 의원 임

---

50) 일본과 영국의 의원내각제도는 다음과 같은 몇 가지 차이점을 보이고 있다. 첫째, 일본의 내각총리대신(수상)의 지명은 중의원 및 참의원의 의결을 거치도록 되어 있으나, 영국에서는 하원(서민원) 제1당의 당수가 그대로 수상이 된다. 둘째, 수상이 임명하는 국무대신은, 과반수를 국회의원 중에서 선임해야 하나, 영국에서는 국회의원이 아닌 사람은 국무위원(장관)이 될 수 없으며, 셋째, 일본에서는 재판소에 위헌입법심사권을 부여하여 견제기능을 다하도록 하고 있으나, 영국은 성문헌법이 아니기 때문에, 위헌입법심사권 규정이 없다는 점이다.
51) 헌법상 참의원은 해산되지 않으므로 해산 관련 논의는 중의원에 한정된다.

기가 2년을 지나는 시점부터는 의원들은 해산을 염두에 두고 정치자금 조달 및 지역구활동 등에 보다 많은 시간을 할애하게 된다.

일본에서 국회해산의 문제점은 3가지를 들 수 있는데, 첫째는 해산이 빈번하다는 것, 둘째는 해산의 주체가 분명치 않다는 것, 셋째는 해산이 본래의 제도상의 취지보다는 다분히 정략적으로 이용되고 있다는 것이다.[52] 빈발하는 국회해산에 대해서 그 자체에 대한 논의보다는 해산의 근거가 헌법 제69조인지 아니면 헌법 제7조인지, 해산의 주체가 누구인지에 관한 논의가 무성할 뿐이다. 1975년 5월의 해프닝해산, 1986년 6월의 정수시정해산에서 보는 것처럼 내각에 의한 해산권 남용도 이러한 국회기능의 저하에 박차를 가하고 있다.

2) 세습의원 과다

국회의원직 세습 현상은 일본정치에서 볼 수 있는 가장 중요한 특징 중이 하나이다.

공직 특히 국민의 의사를 대변하는 기관인 국회의 구성원에 대를 이어 충원되는 세습의원의 비율이 주목을 받을 정도로 높거나 그러한 현상이 수십 년 이상 계속되고 있다면 보편적인 근대적 의미의 의회라고 보기 어렵다.

중의원은 세습의원의 비율 20~30%를 꾸준히 유지하고 있으며, 참의원에도 세습의원이 등장한 지 오래이다. 의원직 세습은 보수 성향의 의원 사이에 주로 이루어졌으나 이제는 이른바 혁신진영에서도 세습의원이 배출되는 등 일본정치에 의원직 세습이 만연하고 있다. 이는 서남아시아권 국가에서 특정 정치가문 출신자들이 수상직 또는 일부 각료직에 충원되는 것과는 또 다른 종류의 정치문화풍토이다.

세습은 일본정치에 있어 정치적 충원의 한 형태로 자리를 잡아 온 것이 사실이다. '의리', '인정' 등으로 대표되는 일본정치문화 속에서 세습은 큰 저항 없이 정치충원의 형태로 자리잡은 것이다.

---

52) 김현우, 「일본국회의 해산권 논쟁소고」, 『의정논총』 창간호(2006), 254쪽.

3) 사전 물밑교섭

일본국회에서는 원활한 국회운영을 행하기 위한 '사전 물밑교섭'(네마와시根回し)이 일상적으로 행해지고 있다. 국회운영뿐만 아니라 입법과정(법률안 국회제출 전 포함) 전반에 걸쳐 사전 물밑교섭이 이루어지고 있다.[53] 사전 물밑교섭은 크게 두 단계가 있는데 첫째 단계는 법안을 작성하는 각 성·청의 담당 관료 수준에서 여당의 의견을 들어, 내각제출법안의 작성 과정에 반영시키는 일이다. 둘째 단계는 법안 또는 예산이 국회에 제출된 후의 사전 물밑교섭이다.[54] 이 단계에서는 국회대책위원회(國對)나 의원운영위원회(議運), 그리고 각 위원회의 이사회에서 사전 물밑교섭이 행해진다. 그 절충과정에서 야당 측은 법안에 대한 태도를 정부·여당에 제시하는데, 국회대책위원장회담이나 의원운영위원회 및 각 위원회의 이사회에서, 어느 부분을 어떻게 수정하면 심의에 응하겠느냐, 어느 법안을 언제 통과시키면 좋겠느냐 하는 물밑대화가, 정식 위원회 심의 등과 병행하여 행해진다.

4) 입법과정상 관료의 영향력

일본에서 자유민주당의 일당지배가 붕괴되기까지 실질적으로 입법작업을 도맡아서 해 온 것은 관료조직이었다. 여당인 자유민주당의 주된 역할은 관료가 법안을 만들 때 이해관계를 조정하는 것뿐이었다. 결과적으로 국회는 대체로 관료와 자유민주당 합작에 의한 법안을 추인하는 기관이었다.[55]

일본은 제국 시절부터 기본적으로 중앙관료중심의 국가로 성장해 온 나라이며, 중앙의 관료들이 입법과정에 깊숙이 관여함으로써 정치의 기능을 상당 부분 대행해 왔다. 이렇게 된 것은 '관(官)'으로서의 정부가 정치의

---

53) 공모 또는 담합행위를 '나레아이'라고 하는데, 나레아이정치(馴れ合い政治)란 일본 국회에서 여당과 야당이 국회대책위원회를 축으로 하여 어떤 사안의 입법화를 둘러싼 거래(흥정)를 행하는 유형을 가리킨다.
54) 柳原修, 『國會と政治』(東京: ルーツ出版局, 1994), 165쪽.
55) 五十嵐敬喜·小川明雄, 앞의 책, 26쪽, 大山礼子, 『比較議會政治論』(東京: 岩波書店, 2003), 227쪽.

정점이며 정당 특히 야당은 그 주변에 존재하고 있다는 도식이 만들어져 있기 때문이라고 한다. 이는 태평양전쟁 전의 관료제가 전쟁 후에도 존속되었기 때문에, 권력의 중추는 '관(官)'이며, 정치가는 '민(民)'의 대표에 지나지 않는다는 의식이 그대로 이어졌음을 의미한다. 그렇기 때문에 국회의 다수파가 되어 어떤 정당이 정권을 담당하더라도, 통치기구의 외부 존재에 불과하다는 의식이 남아 있다.

입법과정에 관료의 영향력이 강하게 작용하고 있는 이상 국회의 역할 저하는 피하기 어려운 구조 속에 있다.[56] 여당에 의한 사전심사가 고도로 제도화한 일본에서는 의회 바깥의 사전심사에서 정부·여당이 함께 중요한 사안을 처리하고 있다.[57]

5) 사전심사

여당에 의한 법률안 사전심사는 한국 등 극히 일부 국가를 제외한 다른 나라 의회에서는 예를 찾아보기 어려운 현상이다.[58] 사전심사는 내각의 법안이 아니라, 각 성·청에 의한 기초 단계의 법안을 대상으로 하고 있다. 일본에서는 내각은 적극적으로 정책결정을 주도하려고 하지 않고, 관료와 여당과의 협의의 결과를 기다리는 경우가 많다.[59]

정부가 제출한 법안에 대해 여당이 책임을 지도록 한 것은 의원내각제 정부형태를 택한 일본국회의 특징이다.[60] 일본에서 '정부·여당'이라고 하는 용어가 일상적으로 사용되고 있는 것에서도 알 수 있듯이 양자가 마치

---

56) 헌법에 규정되어 있는 제도는 명분상의 제도이며 실제로는 전전과 같이 권력이 '관'의 세계에 분산되어 있는 상태가 계속되고 있다고 볼 수 있다.

57) 유럽대륙형 의회에서 정부·여당 회파 간의 교섭이 의회 안에서의 심의과정에서 실시되고 있는 것과는 대조적이다.

58) 成田憲彦,「議會比較論」, 讀賣新聞調査研究本部編,『西歐の議會: 民主主義の源流を探る』(東京: 讀賣新聞社, 1989), 213쪽.

59) 윌슨은 일본정치와 관료제를 '일본인의 생활에 있어 공동체 의식의 보편적 확대'라고 하는 관점에서 설명한 바 있다. James Q. Wilson, *Bureaucracy : What Government Agencies Do and Why They Do It*(New York: Basic Books, 1989), 308쪽.

60) 岩井奉信,「立法過程の比較」, 讀賣新聞調査研究本部編,『西歐の議會: 民主主義の源流を探る』(東京: 讀賣新聞社, 1989), 341쪽.

일체인 것으로 인식되고 있다.[61] 이러한 구조는 정책결정의 책임소재를 불명확하게 하여, 정책변경을 곤란케 하고 있는 것이 사실이다.

보수합동에 의해 1955년에 '55년 체제', 즉 자유민주당체제가 성립한 이래 수십 년간 정권교체 없이 자유민주당이 국정을 담당해 왔다.[62] 그 결과 자유민주당은 관료조직과 밀접한 관계를 맺음과 동시에 자연스레 법률안에 대한 취사선택권 및 내용조정권을 갖게 되었다.[63]

정부가 직접 국회운영을 지배할 수 없고, 또 법안을 성립시킬 수 있는 수단을 갖지 않기 때문에 여당이 맡은 역할은 매우 중요한 것으로 간주되며, 여당은 정부를 대신하여 정부법안의 성립을 책임지는 형태이다. 이 과정에서 여당 내부에서 조반이 발생하지 않도록 당의구속을 해야 할 필요가 있는데, 당의를 형성하기 위해서 정부법안은 여당 내부에서 사전심사를 하게 된다. 여당 내부의 의견을 듣고, 필요한 부분은 수정한 후에야 비로소 국회에 제출하게 되는 것이다.[64]

의원발의법안이나 내각제출법안 모두 그 법안에 대해 각의에서 결정하기 전에 이른바 '사무차관등회의(事務次官等會議)'에 부의하는 것 외에도, 자유민주당의 양해를 얻는 과정을 거치는 것이 관례로 되어 있다.[65]

국회의 상임위원회가 아니라 여당 내에서 내용에 대한 중요한 결말이

---

61) 여당의 사전심사는 극단적일 정도로 '합의(consensus) 중시'를 특색으로 하는 집단적 의사결정과정이며, 내각총리대신 및 내각이 정치적 지도력을 발휘할 여지는 거의 없으며, 따라서 최종적으로 국회에 제출되는 법안도, 내각총리대신이 책임을 지고 국민대표인 국회에 뜻을 묻는 것이 아니라, 집단적 의사결정의 결과일 뿐이라는 견해도 있다. 大山礼子, 앞의 책, 231쪽.

62) 1955년 창당된 자유민주당은 1993년부터 1994년까지의 일정 기간을 제외하고는 단독 또는 연립으로 정권을 유지해 오고 있다.

63) 자유민주당이 관료와 재판관에 대해 어떻게 자당의 정책 선호를 반영시키고 있는가에 대해서는 ラムザイヤー, M., F. ローゼンブルス(川野邊裕幸・細野助博譯), 『日本政治の經濟學 - 政權政黨の合理的選擇』(東京: 弘文堂, 1995) 참조.

64) 岩井奉信, 앞의 글, 341쪽.

65) 사무차관등회의는 관료에 의한 실무적인 심사기구로서, 원칙적으로 정례 각의 전날에 개최되어, 정무나 천황의 국사행위에 관한 안건을 제외한 각의 안건을 심사하는 기관이다. 약칭 '차관회의'라고 불리기도 하는 이 회의는 매주 월요일과 목요일에 내각총리대신관저에서, 정오 12시부터 정례적으로 개최된다. 小島和夫, 『法律ができるまで』(東京: ぎょうせい, 1979), 102 - 103쪽.

나기 때문에 정책결정과정의 투명성은 저하된다. 여당의 사전심사에서는 합의(consensus) 중시의 결정이 내려지고 있다고는 하지만, 거기에 참여할 수 있는 행위자는 한정되어 있다.

6) 회기제도

일본의 회기제도는 연 1회의 상회(통상국회), 수시로 열리는 임시회, 특별한 때에 열리는 특별회로 구분된다.[66]

회기연장이나 임시회를 소집함으로써 국회를 1년 연중 열어 두는 것은 이론적으로 가능하다. 미국의회는 연중 회기제(1회기 2년)를 채택하고 있고, 영국의회는 1회기가 1년이다. 연중 회기제를 채택하지 않은 일본국회는 연간 200일 정도 본회의를 열고 있다.[67] 그러나 국회의 실질적인 활동일수는 200일의 절반 정도인 100일 정도에 불과하다.[68]

게다가 헌법 제72조의 규정에 따라, 국회가 소집되면 회기 초에 수상이 일반 국무 및 외교에 관한 보고를 행하고, 그에 대한 질의를 수일간에 걸쳐 행하게 된다. 그리고 예산위원회가 열려 예산심의가 다른 법안심의에 우선하여 행해지는데, 관례에 따라, 예산심의 중에는 심의의 내용에 관계없이 모든 각료가 예산위원회에 출석하도록 요구받는다. 따라서 예산심의가 종료되고, 관계 각료의 출석이 가능해질 때까지는, 다른 위원회는 심의에 들어가지 못하며, 회기 150일의 통상국회마저도 대부분의 회기는 예산심의에 소비되고 있는 것이 현실이다.[69] 이렇게 볼 때 국회에서의 회기, 즉 심의할 수 있는 시간적 제약을 가하고 있는 회기제도는 국회의 기능을

---

66) 이 특색은 한국국회와 비교하면 큰 특색이라고 하기 어려우나, 다른 주요국들과 비교하면 제도적 차이가 인정될 수 있는 부분이다.

67) 여기에 관례나 규칙에 의해 국회가 열리는 기간은 더욱 제한을 받게 된다. 본회의에는 정례일이 있는데 중의원은 화요일, 목요일, 금요일에, 참의원은 월요일, 수요일, 금요일에 집회한다. 단, 의장은 긴급을 요하는 경우 정례일 이외에도 본회의를 열 수 있다(국회법 제55조 2항). 또 위원회도 1주일에 2일이나 3일의 정례일이 설정되어 있는데, 회기 말이나 긴급한 경우에는 정례일 이외에도 개회되고 있다.

68) 増山幹高, 『議會制度と日本政治 − 議事運營の計量政治學』(東京: 木鐸社, 2003), 57쪽.

69) 増山幹高, 앞의 책, 58쪽.

약화시키고 있는 중요한 요인의 하나라고 볼 수 있다. 큰 틀에서 볼 때 행정부 우위의 정치체제를 지키기 위한 방편으로 회기제도가 개선되지 않고 유지되고 있는 점을 특색으로 들 수 있다.

7) 선례 및 전회일치 관행의 중시

회파 간의 대립을 활동원리로 하고, 규칙을 둘러싼 분쟁이 끊이지 않는 의회에서는 어느 나라이건 과거의 선례(precedent)가 중시된다. 일본국회에서는 헌법이나 국회법에 저촉되지 않는 한, 제국의회 시대의 선례가 아직도 유효하게 기능하고 있는 것이 많다.[70]

본회의라면 의원운영위원회의 이사회가, 상임위원회라면 그 이사회에서 의사(議事)가 결정되는데, 불문율이면서도 이사회에서의 결정은 원칙적으로 전회일치, 즉 만장일치로 행해진다.[71]

전후 국회의 의사운영에서는 가능하면 전회일치를 기하려는 관행이 확립되어 있었다.[72] 위원회의 운영을 협의하는 이사회에서는, 각 회파를 대표하는 이사가 여·야당 간의 교섭을 거듭하여 합의를 이끌어 내는 것이

---

70) 예산위원회 등에는 '모든 대신 출석'이라고 하는 관행이 있다. 이 때문에 일정이 겹치게 되면 외상 등이 중요한 국제회의에도 참석할 수 없는 경우가 발생하기도 한다. 근년에는 이러한 관행이나 선례를 재검토하자는 의견이 제시되기도 한다.

71) 일본사회의 특징은 '만장일치의 접근 – 집단역학'에 있다고 보는 견해가 있다. 米商務省編(中尾光昭譯), 『日本株式會社』(東京: 每日新聞社, 1972), 利光三津夫·森 征一·曾根泰教, 『滿場一致と多數決』(東京: 日本經濟新聞社, 1980), 157 – 158쪽. 이 특징은 정책결정이나 의사결정을 행할 때 나타난다는 것이다. 이것은 일본의 문화와 전통의 영향을 받은 것이며, 일본인은 쉽게 자신을 집단과 일체화시켜, 사실, 개인의 이익을 집단 전체의 의사에 종속시킨다는 것이다. 利光三津夫·森 征一·曾根泰教, 앞의 책, 158쪽. 만장일치제가 일본사회에만 존재하는 양식은 아니지만 상대적으로 만장일치를 선호하는 사회적 분위기가 다른 사회에 비해 강하다는 것을 부인하기는 어렵다. 각국의 의회 위원회 운영 등에 있어 만장일치가 우선적 원리로 작용하고 있는 곳은 많지 않다.

72) 가와토 사다후미(川人貞史)는 의사운영기관의 제도적 분석을 통하여, 전전으로부터의 전회일치 관행을 계승한 법적 근거가 있는 의사운영기관은 전후 국회의 초기 단계에서 기능이 중지되었으며, 다수결 기관인 의원운영위원회로 단일화된 후, 전후 위원회제도의 정착과 이사회의 활용에 의한 위원회 운영이 의원운영위원회에 도입됨으로써, 전회일치의 새로운 관행이 성립되었다는 시각을 가지고 있다. 川人貞史, 「議院運營委員會と多數決採決」, 『レヴァイアサン』 30(2002 春), 36쪽.

비공식 규범으로 되어 있다. 또 본회의의 의사운영을 담당하는 의원운영위원회도 똑같이 이사회에서는 전회일치 관행이 존재하기 때문에, 다수파 여당이 소수파 야당의 의향을 무시한 의사운영을 강행하는 것은 어렵다는 것이 일반적인 견해이다.

전회일치 관행은 전전의 각파교섭회에 있던 전회일치 규정이 전후의 의원운영위원회로 계승된 것으로 이해되거나, '1955년 체제' 당시 의원운영위원회나 기타 위원회의 이사회에서의 자유민주당과 사회당의 합의가 다당화한 후에도 유지된 것이라고 이해되기도 한다.[73]

1960년대 전반까지는 의원운영위원회는 자유민주당과 사회당만으로 구성되어 국회운영은 사실상 자유민주당과 사회당 양당에 의해 독점되어 왔다. 그러나 1960년대 중반부터 다당화가 진행됨에 따라 야당 각 정당이 의원운영위원회에서 자리를 확보하게 됨에 따라 자유민주당과 사회당 양당의 국회운영 독점은 붕괴되었다. 그때까지는 의원운영위원회를 비롯한 위원회 이사회에서의 전회일치 원칙이라 하더라도 자유민주당과 사회당 양당의 합의를 의미했으나, 전회일치의 관례화는 국회운영에 참가하는 정당의 수가 증가했다고 해서 그 원칙이 붕괴되는 일은 없었다.[74]

전회일치의 사전심사를 행하고 있는 이상, 일단 결말이 난 의안에 대해서 당의 조반을 용납하지 않는 것은 당연하다고 할 수 있으나, 참의원의 여당 회파가 앞에 나서서 독자적인 견해를 밝히는 일은 불가능해지며 그 결과, 참의원이 독자성을 발휘할 여지도 좁아지게 되는 것이다.[75]

8) 국회대책위원회

국회대책위원회는 일본에만 존재하는 특이한 성격의 기관이다. 원내에 의석을 갖는 정당은 국회의 공식운영기관인 의원운영위원회가 아닌 각자의 국회대책위원회를 통해 국회운영과 의사일정의 틀을 짜는 구도를 형성해 왔다.

---

73) 岩井奉信, 『立法過程』(東京: 東京大學出版會, 1988), 135 - 136쪽.
74) 岩井奉信, 앞의 책.
75) 大山礼子, 앞의 책, 230쪽.

패전 후 상임위원회중심주의가 도입되어, 법안이 상임위원회로 분산되자 정당으로서도 각 상임위원회에서의 움직임을 통괄할 필요성이 발생한 것도 국회대책위원회가 발달하게 된 이유 중의 하나이다.76)

국회대책위원회를 운용하는 곳은 일본밖에는 없다. 유럽에서는 원내단체로서 '회파'가 그 기능을 하고 있기 때문이다. 회파의 지도기관이 의회의 운영에 관해 지도하는 것은 당연한 일이다. 일본에서는 정당의 본부기관이 국회의 과정에 개입하므로, 본부기관 속에 특히 국회대책을 담당하는 기관을 설치하고 있는데 그 기관이 바로 국회대책위원회이다.77) 국회대책위원회의 기능과 행태는 주로 정치적인 것이 많은데 '국회대책위원회정치'를 줄여 '고쿠타이정치(國對政治)'라고 한다.

'고쿠타이정치'로 대표되는 밀실정치는 타파되어야 한다는 주장은 나름대로 의미가 있다. 국회대책위원회는 수면 밑의 불투명한 여·야당 교섭을 통하여 각 위원회를 초월한 국회 전체에 관해, 그 회기의 제출의안이나, 그 내용의 수정까지 행하게 되었다. 그러나 이는 국회의 심의기능을 박탈하고 국회를 형해화하게 되어, 국민의 국회에 대한 정치불신을 높이는 결과를 초래하였다. 이를 일컬어 국회대책위원회정치의 폐해라고 한다.78)

국회대책위원회의 기능이 증대된 것은 1960년대 후반부터 '타협성'이 낮은 공산당의 약진에 의해서라고 한다.79) 공산당의 의석이 확대되면서 의원운영위원회의 이사직을 얻게 되고 이제까지의 자유민주당과 사회당 중심의 '요정정치'라고 불리는 밀실에서의 국회운영이 어렵게 되었다는 것이다. 의원운영위원회에서의 각 정당의 거래(흥정)가 공산당을 통해 바깥으

---

76) 成田憲彦, 「議會比較論」, 讀賣新聞調査研究本部編, 『西歐の議會: 民主主義の源流を探る』(東京: 讀賣新聞社, 1989), 213쪽.

77) 成田憲彦, 앞의글.

78) 1993년 '1955년 체제'의 붕괴에 의해 성립한 호소카와(細川) 내각은, 국회대책위원회정치의 타파를 호소했으나, 연립 시대에 들어서서 이번에는 연립여당 간의 합의형성에 많은 에너지를 소모하게 되었다. 정부·여당이 제출하는 의안은 연립여당이 가까스로 조정을 이룬 경우가 많고, 국회심의에서 여·야당 간의 접근이나 타협이 봉쇄된 결과, 다른 의미에서 국회에서의 심사기능의 형해화를 초래하게 되었다. 堀江ふかし, 앞의 글, 19쪽.

79) 佐藤誠三郎·松崎哲久, 『自民黨政權』(東京: 中央公論社, 1986), 130 - 135쪽.

로 폭로되는 것은 어느 정당도 유리할 것이 없었기 때문에, 국회운영의 중점은 공산당을 제외시킬 수 있는 국회대책위원회로 이행하게 되었다는 주장이다. 1970년 이후 자유민주당의 국회대책위원장에 의원운영위원장보다도 거물급 정치인이 취임하게 된 것은 이를 뒷받침한다는 것이다.

1965년 이후 자유민주당의 의석의 장기적 감소 경향과 야당의 다당화가 진전되어, 여야백중 시대에 돌입하면서, 국회운영에도 점차 변화가 일기 시작하였다. 여야백중하에서는 야당의 1당 이상의 지지가 없는 한, 정부·여당이 제출하는 의안의 성립은 곤란하다. 이 때문에 자유민주당은 원내·원외에서의 야당과의 교섭에 역점을 두게 되었고 국회에서의 난투는 자취를 감추게 되었다.[80]

1970~1980년대의 자유민주당 내부의 파벌정치의 진전과, 야당과의 '협조'를 지향하는 이른바 고쿠타이정치의 정착은 점점 국회의 심의기능의 저하를 초래했다.

여·야당 교섭의 대상은, 의원운영위원회의 권한인 의사일정이나 의사절차에 그치지 않고 모든 위원회에 회부되는 의안의 심사, 수정에 이르기까지 미치게 되었다. 이 때문에 점차 국회대책위원회가 의원운영위원회의 기능을 일정부분 대신하게 되었다.[81]

9) 정부주도의 입법

내각제출입법의 압도적 우위가 일본입법과정상의 큰 특색이라고 할 수 있다.[82] 내각제출입법은 제출 건수, 성립 건수, 성립률 그리고 국정상의 중

---

80) 堀江ふかし, 「わが國の統治システムと議會政治」, 堀江ふかし編, 『統治システムと國會』(東京: 信山社, 1999), 18쪽.

81) 고쿠타이정치에 대한 옹호론도 있다. 구리모토 신이치로(栗本愼一郎)는 '뒷거래'야 말로 의회제 민주주의의 진수이며, '국회대책위원회정치'를 배제하라고 하는 것은 바보 같은 요구로서 '의회운영의 기미(機微)'를 모르는 소리라고 주장한다. 그는 국회대책위원회정치, 즉 흥정의 정치가 일본정치의 전통이라고 말한다. 栗本愼一郎, 『教科書では教えない日本政治: 栗本愼一郎の政治人類學』(東京: 東洋經濟新報社, 1997) 참조.

82) 新 正幸, 「立法過程-議員立法, 政府提出立法」, 『ジュリスト』 1133号(1998. 5. 1-15 合併号), 111쪽.

요성에 있어 의원입법을 압도하고 있다.83) 일본국회에 제출되는 법안의 80% 정도는 내각제출법안이며 가결된 법안의 약 90%는 내각제출법안이다.

일본국회가 제국의회에 비해 자율성을 확보한 것은 사실이지만 실질적인 권한 면에서 볼 때 반드시 그렇다고 할 수는 없다. 일본입법과정의 성격은 같은 의원내각제 나라인 영국의 입법과정에 닮아 있다. 양국 모두 다수파 정당이 행정부를 통제하고, 당의구속이 엄격하기 때문에 입법부는 심의기관으로서는 중요하지 않다는 인식이 잠재해 있는 것으로 보인다.84) 이는 본회의에 국한되지 않고 전반적으로 입법기관의 경량화 경향을 보여주는 것이다.

입법부의 다수파와 행정부가 손을 잡는 이러한 체제에서 다수파는 강력한 정치지도를 할 수 있다. 입법작용의 일부인 법률의 정부발안은 처음부터 당연한 것으로 간주되어, 주요한 법률의 정부제출이 상태화(常態化)되어 있는 것이나, 사실상 입법권(legislative power)의 정부이전이라고 할 수 있는 '자문기관정치'의 문제, 중요 법률이 필요불가결한 논의조차 하지 않고 차례차례 제정되어 가는 국회상황 등 정부주도의 입법은 여러 곳에서 발견된다.85)

10) 위원회 이사회제도

위원회의 운영에 있어 위원장은 커다란 비중을 차지하며 그 역할 또한 큰 것이 구미 각국 의회의 일반적인 사정이며, 일본국회에서도 위원장의 역할은 크다고 할 수 있다. 일본국회의 각 위원회에는 이사회가 존재하는데, 이사회에서 위원회 운영에 관한 세부적인 사항을 사전에 협의하고, 그 합의에 따라 위원회를 운영하게 된다. 이런 점에서 일본국회의 위원회 이사회제도는 다른 나라 의회에서 보기 어려운 독특한 제도이다. 위원회의

---

83) 제1회 국회부터 제118회 국회까지 법안 제출 건수, 성립 건수, 성립률 등은 衆議院·參議院編, 『議會制度百年史(資料編)』(東京, 1990), 衆議院·參議院編, 『議會制度百年史(國會議案件名錄)』(東京, 1990) 참조.

84) 당의구속이란 어떤 의안에 대해 정당 내부에서 결정한 방침을 각 국회의원에게 의회 안에서 준수토록 하는 것을 말한다.

85) 三原泰雄, 「現代における國會の役割」, 『法律時報』 72, 2(2000), 9-10쪽.

실질적인 의사운영결정기관은 바로 이 이사회이며, 국회가 공전할 때에는 이사회를 무대로 그 타협의 실마리가 모색되기도 한다.[86]

11) 당의구속

당의구속문제는 국회개혁의 중요한 과제의 하나이다. 일반적으로 당의구속(黨議拘束)이란, 정당이 정한 법안 등 의안이나 특정한 정책방향에 대해 소속의원들이 따르도록 하는 것을 말한다. 국회에서의 투표 때, 소속의원이 당의에 따르지 않았을 때에는 징벌의 대상이 되기도 한다.[87]

일본의 사전심사는 정당에 의한 의사결정과정이기 때문에, 거기에서의 결론에 따라 중·참 양원에 '당의구속'이 걸리게 된다. 일본에서는 각 정당이 법안심의의 초기 단계에서부터 당의를 작동시키고 있다.[88] 이 때문에 입법과정의 중심에 있어야 할 본회의 혹은 각 상임위원회의 단계에서는 실질적인 논의는 기대하기 어려우며, 오히려 법안을 어떻게 신속하게 성립시키느냐 하는 것만이 초점이 되고 있는 형편이다.[89]

의원내각제 정부형태를 채택하고 있는 이상 당의구속을 부정하기는 어렵다.[90] 그러나 일본에서의 당의구속은 의원 개인의 자유로운 활동을 속박할 뿐 아니라, 국회심의의 공동화를 초래하는 하나의 원인이 되고 있다. 본래 '당의'란 원내 회파의 결정을 의미하는 것이나, 실제로는 원외의 조직인 정당(중앙당)이 의원 개인을 구속하고 있는 것에 일본의 특징이 있다.[91]

---

86) 淺野一郎·河野 久編, 『新·國會事典』(東京: 有斐閣, 2003), 53쪽.

87) 內田 滿編, 『現代日本政治小事典(2003年度版)』(東京: ブレーン出版, 2003), 62쪽.

88) 자유민주당의 예를 들면, 정부제출법안은 정조부회(政調部會), 정조심의회의 의결을 거친 후에 열리는 총무회에서의 양해(사실상의 의결)가 사실상의 당의가 되며, 법안이 국회에 제출되기 전에 당의 태도가 결정된다.

89) 堀江ふかし·笠原英彦, 『國會改革の政治學』(東京: PHP研究所, 1995), 115쪽.

90) 일본과 같이 의원내각제를 택하고 있는 영국은, 보수당에서는 간부의 지도성을 원칙으로 하고, 소속의원의 적당한 합의기관(合議機關) 결정이라고 하는 당의는 존재하지 않으며, 다만 정당 충성도에 따라 투표하고 있으며, 노동당에는 1929년 이래 양심에 따라 기권하는 경우를 제외하고는 당의 결정에 반하는 투표를 하는 것을 금하는 행동규범이 존재한다.

91) 자유민주당 장기집권하에서 파벌 영수들 간의 합의가 강력한 당의구속으로 이어지는 경향이 있었다. 연립정권하에서도 당의구속은 존재했으며 구속의 수준은 비교적 높다.

이러한 당의구속문제와 관련해서는 위원회 심사 전에 당의를 결정하지 않고 위원회 심사 후에 당의구속을 하는 쪽으로 개선하는 것도 고려해 볼 수 있으나, 이는 당의구속 자체를 부정적인 시각으로만 바라본다는 점에서, 또 당의구속 자체의 의미를 반감시킨다는 점에서 가능성은 크지 않다.

〈표 1-3〉 당의구속 수준 비교

국명	정부형태	구속수준	설 명
일본	의원내각제	강	- 여당은 국회제출 전에 법안을 심사하면서 당의구속하고, 야당은 법안에 대한 찬반 입장을 정한 후 당의구속한다. - 정책에 대한 의원 개인의 자유로운 의사표명은 보장되지 않는다. - 의원내각제의 특성상 당의구속이 강하다.
영국	의원내각제	강	- 정당지도부가 법안 표결 전에 소속의원들에게 당의 방침 통보. - 근년에는 당론을 거부하는 의원 증가 추세(1970년대 이후). 여당 의원의 조반에 의해 정부제출법안이 하원의 투표에서 부결되는 현상 발생. - 정당 총무단을 통한 당의구속 관행이 있다.
미국	대통령제	약	- 의원 개인의 정책에 대한 자유로운 의사표명을 보장한다. - 의회에서 정당 회파는 강한 통제력을 갖지 않는다. - 상하 양원에서 의원총회가 최고기관이나 당의구속력은 약하다. - 크로스보팅이 일상화되어 있다.
한국	대통령제	강	- 소속정당의 정책에 대한 의원 개인의 자유로운 의사표명은 원칙적으로 보장되지 않는다. 단, 정당에 따라 구속 수준은 차이가 있다.

자료: 讀賣新聞調査研究本部編, 『西歐の議會: 民主主義の源流を探る』(東京: 讀賣新聞社, 1989), 堀江ふかし・笠原英彦, 『國會改革の政治學』(東京: PHP研究所, 1995), 118쪽, 內田 滿編, 『現代日本政治小事典(2003年度版)』(東京: ブレーン出版, 2003), 62쪽, 필자가 추가, 보완.

　　각 정당 모두 원외의 정당본부에서 당의가 결정되어, 당의구속이 양원의 소속의원을 속박하고 있다.[92] 국회심의에 있어 위원회의 심사 후, 질의가 종료된 후에, 당의결정을 하는 것으로 하고, 그 이후의 단계에서는 소

---

92) 외국에서는 각각의 원에서 소속정당을 같이 하는 의원그룹 혹은 원내 회파에 의한 당의구속에 머물러 있는 것이 일반적이다.

속의원의 활동을 구속해도 좋으나, 그 이전인 질의가 종료되기 전에는 소속의원의 활동을 구속해서는 안 될 것이다. 또 모든 의사에 대해 당의구속을 하는 것이 아니라 의사의 중요성에 따라 구속력의 정도를 생각해야 한다.

제4절 내각기능의 강화와 국회기능의 변화

1. 의원내각제의 본질과 변화

역사적으로 의원내각제는 군주에 의해 임명된 내각(각료)이 군주를 대신하여 국정을 담당하고, 군주와 의회의 중간 역할을 하는 형태로 성립하였다. 그 후 대의제(代議制)의 발전에 따라 내각은 성격을 바꾸어 갔으며, 군주의 의향을 따르는 입장으로부터 의회(다수파)의 의사를 존중하는 입장으로 무게중심을 이동하여, 의회의 신임에 의거하는 형태가 일반적이 되었다.[93]

일본헌법은 의원내각제(parliamentary government)를 채택하고 있다. 의원내각제란, 일반적으로 행정부, 즉 내각이 의회의 신임에 의거하여 존립하는 제도이다. 영국의 의회제도는 중세의 신분제 의회의 전통을 계승하면서 17세기에 시민혁명을 거쳐 근대적 의회제도로 발전했으며, 명예혁명 이후에는 의회 우위의 원칙이 확립되기에 이르렀고, 19세기 이후에는 세계 여러 나라에 전파되기 시작했다.[94]

영국을 중심으로 하여 유럽 여러 나라의 의회제도를 학습한 일본정부는 의회제도 자체는 도입하지만, 의회가 정치의 중심이 되는 것을 선호하지는 않았다. 그래서 가능한 한 많은 비민주적 요소, 다수의 비민주적 기관

---

93) 小林幸夫, 「衆議院の解散制度の制限と現實的活用」, 加藤秀治郎編, 『憲法改革の構想』
    (東京: 一藝社, 2003), 103쪽.
94) 武永 淳, 「議院內閣制」, 阿部照哉編, 『新憲法敎室』(京都: 法律文化社, 1997), 252쪽.

을 국회 주변에 만들어 의회의 권한을 견제하였다. 1890년 제국의회가 출범할 당시 제국의회에는 행정부의 그러한 태도에 반대하는 국회의원들이 다수 있었기에 제국의회 개설 후 처음 몇 년간은 행정부와 의회는 격하게 대립하였다.

역사적 맥락에서 군주와 의회 간의 균형체제로서 성립한 의원내각제의 원형을 중시하면 행정부와 의회 간의 균형을 강조하는 형태의 의원내각제(균형본질설)를 보게 되고, 그것이 점차 의회 우위형으로 변화해 온 오늘날의 제도를 중시하여, 행정부의 의회에 대한 '책임'을 강조하면 의회의 우위를 강조하는 형태의 의원내각제(책임본질설)를 보게 된다.[95)]

<표 1-4> 의원내각제의 성격을 둘러싼 학설

구 분	특 징	개 요
균형본질설	권력분립, 균형 강조	입법부와 행정부의 대등성 중시. 특히 국회해산권의 유무 및 형태를 중시한다.
책임본질설	의회의 우위 강조	행정부의 존립에는 입법부의 신임이 필수. 내각의 국회에 대한 연대책임의 원칙이 중요하며, 그 이상의 요건은 반드시 필요하지 않다.

2. 국회와 내각의 관계

헌법 제65조는 행정권은 내각에 속한다고 규정하고 있다. 이 규정은 행정권이라고 하는 것이 내각총리대신을 비롯한 대신(각료)들로 조직하는 내각에 있음을 의미한다. 따라서 내각총리대신은 내각의 의사를 확고히 하지 않으면 행정을 행할 수 없다. 내각이란, 일본국의 수장(首長)인 내각총리대신과 기타의 국무대신으로 조직되는 합의체(合議体)를 가리키며, 행정권을 담당하는 최고기관이다. 그리고 이 내각의 존립은 국회의 신임하에 성립되며, 내각은 행정권의 행사에 관하여, 국회에 대하여 연대하여 책임

---

95) 樋口陽一, 「議員內閣制の概念」, 小嶋和司編, 『ジュリスト增刊 憲法の爭點(新版)』(東京: 有斐閣, 1985), 180쪽.

을 진다(제66조 제3항)고 되어 있다.

일본에서 내각의 성립은 중의원과 참의원의 의결에 근거하나, 내각의 존속은 중의원의 신임에만 의존하고 있다.96) 만약 국회가 내각을 신임하지 않는 경우, 중의원은 내각불신임안을 의결하여 내각을 총사직시킬 수 있다. 그런데 이때 내각이 총사직하지 않고 중의원을 해산시킬 수 있다. 내각이 총사직하지 않고 국회(중의원)를 해산하는 것은 국회와 내각 중 어느 쪽이 옳았느냐에 관하여 국민의 판단을 요청하는 일종의 방어조치이다.97)

의원내각제는 선출세력(의회·내각·대신)이 비선출세력(관료제)에 대해 우위를 점하고, 전자가 후자를 종속시키기 위한 제도로도 인식된다.98) 내각이나 내각총리대신이 관료제에 대해 우위를 점하는 통치기구의 모습이기도 하다.99) 형식적으로는 내각은 오로지 국회에 대해서 책임을 진다. 그러나 실제로는 다수당이 다수 의석을 보유하는 한, 그리고 분열하지 않는 한, 내각은 지배적 입장에 서게 된다.

국회와 내각의 관계도 변하였다. 내각총리대신 그리고 기타의 국무대신은, 제국헌법에서는 천황이 임명하였으나, 일본헌법에서는 국회의 의결로 국회의원 중에서 선출하도록 되어 있다. 또 국무대신은 내각총리대신이 임명하고 그 과반수는 국회의원 중에서 선출하도록 하였다.100)

일본에서, '여당'의 존재는, 기본적인 부분에서 정치인에 의한 관료통제를 가능하게 하고 있다. 그러한 의미에서 법적 제도로서의 의원내각제가 실제로는 '관료내각제'라고 하는 형태로, 정치인에 의한 관료통제를 계층제(hierarchy)의 정상에서는 충분히 작동하지 않고 있음에도 비공식제도로서의 '여당'의 구조(장치)가 존재한다는 것에서, 전체적으로는 정치인의 관료에 대한 통제를 가능하게 하고 있다. 이는 곧 의원내각제가 그 본래의

---

96) 일본헌법상 중의원에서 내각불신임안이 가결되었을 때에는, 내각은 중의원을 해산하든가 총사직하지 않으면 안 된다.

97) 주권자의 대표들로 구성되는 국회가 정부의 시정(施政)을 감시함으로써 국민주권을 철저히 하는 정치제도를 '의원내각제'라고 한다.

98) 岡田信弘, 앞의 글, 70쪽.

99) 岡田信弘, 앞의 글.

100) 제국헌법에서는, 내각은 천황에 대하여 책임을 지도록 되어 있었으나 현행 일본헌법에서는 국회에 대해서 책임을 지도록 되어 있다.

제도 운용을 하고 있지 못함에도 민주제도가 기능하고 있는 것은, 그 대체물인 '여당'이 존재하기 때문이라는 것이다.[101]

중의원은 내각에 대하여 불신임을 결의할 수 있는데 이는 헌법에 그 근거를 두고 있다. 이는 내각의 중의원 해산권에 대응하여 3권 분립의 원칙을 담보하는 제도이다.

한편, 참의원에는 중의원이 갖는 내각불신임 권한은 인정되어 있지 않다. 중의원과 마찬가지로 유권자에 의한 직접선거로 선출된 참의원은 국정조사권도 갖고 있으나 내각에 대해서는 마땅한 책임추궁수단을 갖고 있지 못하다. 그럼에도, 참의원은 때로는 문책결의안(resolution of censure)을 채택한다. 문책결의안은 법적인 근거조항이 없기 때문에 그 효과는 명확하지 않으며 다만 정치적인 혹은 도의적인 책임을 묻는 수준으로 인식되고 있다.[102] 법적 효력이 없다고 하더라도 국민이 선출한 의원(議院) 중의 하나인 참의원의 문책결의인 만큼 정치적인 효과는 거둘 수 있다.

3. 내각총리대신의 권한

내각총리대신(수상)은 행정의 최고책임자이며, 대신(장관)을 임명하는 권한이나 각 성(省)의 대신에 대한 일정한 지도감독권이 부여되어 있다. 총리대신은 내각을 대표하여 자위대의 최고지휘권을 가지며, 중의원을 해산하고, 내각을 개조하는 기능도 갖는다.[103]

전후 정치개혁의 와중에서 국회개혁과 병행하여 내각기능의 강화가 이루어졌다. 내각기능의 강화는 구체적으로는 총리대신의 권한 강화의 형태로 실현되고 있다. 신도 무네유키(新藤宗幸)는 제도론적으로 보면 현재 일본수상의 권한은 매우 약한 편이지만 역대 수상이 자유민주당 내 유력파

---

101) 飯尾 潤, 「日本における二つの政府と政官關係」, 『レヴァイアサン』 34号(2004 春), 17쪽.
102) 참의원의 첫 문책결의는 제24회 국회에서 의결된 '하토야마내각총리대신문책결의안'이다.
103) 내각총리대신의 '수장'성의 법적 의미에 관한 학설을 정리한 것은 中村睦男, 『論点憲法敎室』(東京: 有斐閣, 1990), 298쪽 이하 및 小林孝輔·芹澤 齊編, 『基本法コンメンタール憲法(第四版)』(東京: 日本評論社, 1997), 281쪽(澁谷秀樹執筆) 참조.

벌의 영수이고, 또 파벌 간의 합종연횡에 의해 정권이 유지될 수 있었다고 지적했다.104) 결국, 수상직위 그 자체보다는 집권여당 내부의 '절대적인 힘'에 의해 수상의 영향력이 확보되어 왔다는 것이다. 이러한 문제의식에 입각하여 1990년대 초부터 정관관계(政官關係)의 재검토와 수상·내각 주도체제의 구축론이 힘을 받기 시작하여 제도적인 정비를 해 오고 있다.105) 따라서 일본정치에서의 중요 과제는 '내각의 정치주도체제' 구축에 있다.

1999년에는 ① 각의에서의 내각총리대신의 발의권을 확인했고, ② 내각총리대신을 보좌하는 내각관방의 기능을 강화했고, ③ 내각부(內閣府) 신설 등의 조치가 취해져, 내각총리대신의 주도하에 내각이 중요 정책의 기획입안과 종합조정을 행할 수 있는 체제가 정비되었다.106)

전후의 정치개혁에 있어, 각료의 임면권을 내각총리대신에게 집중시킴으로써 총리대신의 지도력을 현저히 높였다. 의원내각제하에서 총리대신이 국회 내부에서 선출된다고 하는 의미에서는 국회의 권력도 강화된 것이 사실이다. 현실적으로 한편에서 각료의 임면권을 한 손에 쥐고, 다른 한편에서 국회 내부의 다수파에 의하여 지지를 받게 된 내각총리대신의 권한은 강대해졌다. 특히 이른바 '제7조 해산'의 용인은, 해산권을 사실상 수상 고유의 권한으로 인정함으로써 내각총리대신의 국회에 대한 유력한 '실력 행사 수단'이 되었다.

국회를 통한 국민의 견제기능이 가능한 내각총리대신이, 행정부에서나 여당 내에서나 정치권력의 중심이 되어 주도권을 장악해야 한다고 보는 사람들은 내각총리대신의 권한 강화를 호의적으로 받아들이고 있다. 즉 권한 강화는 '국가의사'의 결정과정에서의 책임의 소재를 명확히 한다는 관점에서도 전향적으로 검토되어야 할 것이라고 강조했다.107)

---

104) 新藤宗幸, 「日本官僚制の改革と政治的任命職－內閣主導體制の構築に向けて」, 『レヴァイアサン』34号(2004 春), 41쪽.

105) 新藤宗幸, 앞의 글, 43쪽.

106) 國會圖書館調査及び立法考査局, 『國政課題の概要: 第156回國會』 411号(東京: 國會圖書館, 2003), 1쪽.

107) 예를 들면 岡田信弘, 「首相の權限强化」, 『ジュリスト』 1133号(1998. 5. 1－15合併

내각총리대신의 권한은 점차 강화되는 추세에 있다. 그렇지만 현실적으로는 내각의 직권에 속하는 사항은 각의에서 상의하지 않으면 안 되며, 각 성·청의 행정사무는 주무대신(장관)이 관리하고 있어 내각총리대신으로서는 의사결정에 다소간의 제약을 받고 있다.[108]

2001년에 내각 및 내각총리대신에 대한 보좌지원체제를 충실화하기 위해 새롭게 내각에 내각총리대신을 장으로 하는 내각부(內閣府)가 설치되었다(내각부설치법 제2조). 내각부는 내각의 사무를 돕고, 행정 각부에 대한 내각의 통괄조정을 돕는 등의 임무를 맡고 있다.[109]

국회에서 선출되는 내각총리대신을 중심으로 한 내각은 정치의 영역에 속하고, 그리고 그 내각총리대신과 내각이 행정기관을 지휘·감독한다.[110] 이렇게 민주적 정당성을 갖는 내각총리대신과 그가 임명한 대신이 구성하는 내각의 제도상의 권한·기능을 강화함으로써 정치의 우위를 실현하고자 하고 있다.

4. 각의

내각총리대신(수상)과 대신(大臣)이 모여 행하는 회의를 '각의'라고 한다. 각의에서는 행정에 관한 최고의사가 결정된다. 각의는 '전원일치'로 내각의 방침을 결정하는 것이나, 각의가 열리기까지 정부와 여당이 협의를 거쳐 '통일견해'를 정리하는 등 사전준비가 행해지는 경우도 있다.

내각은 각의를 열어 행정의 운영 등에 관하여 결정하며, 각의는 비공개로 진행된다. 각의에는 정례 각의, 임시 각의, 회람 각의(持ちまわり閣議)의 3가지 종류가 있다. 정례 각의는 매주 2회, 화요일과 금요일에 개최하

号), 91쪽 참조.

108) 행정 부문에서 직접 내각총리대신을 보좌하는 것은 내각관방장관이며, 그 밑에 정무차관과 사무차관이 설치되어 있다.

109) 제국헌법 이래 현재까지의 내각기능과 제도의 변화과정은 大石 眞, 「內閣制度の展開」, 『公法研究』 62号(2000), 53-68쪽 참조.

110) 森田 朗, 「行政改革と行政學」, 『行政管理研究』 79号(1997. 3), 27-29쪽, 岡田信弘, 앞의 글, 70-71쪽.

도록 되어 있다.[111] 임시 각의는 상황에 따라 임시로 개최하며, 회람 각의는 안건에 이의가 없는 것을 전제로 하여 각의서(閣議書)를 회람하여 각 국무대신의 서명을 받는다.[112]

각의에서의 의사결정방법은 내각법 제1조 2항에 근거하여 '전원일치방식'을 채택하고 있다. 국무대신이 해외출장 중인 경우에는 임시 대리가 각의에 참석한다. 각의의 의사 및 의결방법은 일본제국헌법 이래의 관행에 따르고 있다. 모든 구성원의 참여가 전제가 되어 있으며, 의사는 비공개로 한다.[113]

각의에서의 의사결정과정은 내각총리대신이 각의를 주재하는데, 각의는 전회일치의 원칙을 채택하는 관계로 각료 전원이 사안에 대해 동의하고 서명해야 한다. 각의에서 결정된 내용은 각의결정 또는 각의승인이라고 불리며 관방장관을 통해 외부에 보고된다.

〈표 1-5〉 각의의 종류

종 류	내 용	비 고
정례 각의	원칙적으로 매주 2회(화요일, 금요일) 개최한다.	오전 10시 수상관저 개최
임시 각의	상황에 따라 임시로 개최한다.	오전 10시 수상관저 개최
회람 각의	긴급 사안일 때는 서류를 들고 각 대신 집무실을 찾아다니며 동의와 서명을 받는다.	안건에 대한 반대가 있을 때에는 수상이 그를 파면한 후 각의를 성사시킨다.

---

111) 小島和夫, 『法律ができるまで』(東京: ぎょうせい, 1979), 114쪽.

112) 회람 각의란, '서류 돌리기 각의'를 말하며, 긴급하게 내각의 의사를 결정해야 할 때 사용된다. 수상이 정례 각의를 열지 않고 각의결정 사항을 각 각료들에게 돌려 의견을 묻는 일을 가리키는데, 긴급하게 각료들의 의견 또는 동의를 구해야 하는데 각료들이 서로 다른 곳에 있는 경우, 담당자가 서류를 들고 다니며 각의결정 사항에 관해 각 각료들의 의견이나 서명 등을 받는 일을 말한다.

113) 今關源成, 「閣議の方法」, 『ジュリスト増刊　憲法の争點(第3版)』(東京: 有斐閣, 1999), 222-223쪽.

5. 국민내각제론

내각총리대신, 즉 수상의 권한을 강화해야 한다는 논의는 정치학, 법학, 행정학의 분야에서 전개되고 있는데, 오이시 마코토(大石 眞), 야마구치 지로(山口二郎), 무라마쓰 미치오(村松岐夫), 오카다 노부히로(岡田信弘), 다카하시 카즈유키(高橋和之), 시노다 도모히토(信田智人) 등의 학자들에 의해 전개되고 있다.114) 근년 다카하시 카즈유키 교수와 같이 일본헌법하에서 '직접 민주정치'의 실현을 위한 방책을 탐색하는 것이 시대적 사명인 것처럼 느끼는 학자와 이에 상당 부분 혹은 일정 부분 공감을 하는 연구자들이 증가하고 있는 것이 실정이다.115)

일본에서는 내각기능 혹은 내각권한 강화와 관련하여 논의가 무성해지고 있다. 내각기능을 강화하되 의원내각제를 유지하건, 아니면 내각기능을 극대화하여 국민내각제로 가든 내각총리대신과 내각의 기능이 강화되는 것은 필지(必至)의 사실로 굳어지고 있다.116)

내각총리대신의 권한 및 기능 강화와 관련하여 이를 이론적으로 뒷받침하기 위해 등장한 것이 '국민내각제론'이다.117) '국민내각제론'은 양대 정당제를 유도하는 선거제도의 정비를 통해 유권자가 정당의 지도자(당수, 대표, 총재)를 선택하는 체제를 구축하고 국민 스스로 국정의 기본방침과 그 담당자를 결정하는 일종의 '직접 민주정'을 실현하자는 취지에서 제기되었다. 그것은 과거 '관료'의 지배를 받아 온 '내각'(이른바 관료내각)을

---

114) 수상의 권한 강화 논의를 정리한 것으로는 岡田信弘,「首相の權限强化」,『ジュリスト』1133号(1998. 5. 1−15合併号), 88−92쪽 참조.

115) 高橋和之,『國民內閣制の理念と運用』(東京: 有斐閣, 1994), 405−406쪽.

116) 내각총리대신이 실제 정치에서 어떠한 기능을 하는가는 ① 내각총리대신의 지위에 오른 인물의 퍼스낼리티, ② 법적 자원, ③ 정치적 자원, ④ 정치적·사회적 환경 등 4가지 요인이 조합하여 나타날 수 있다. 岡田信弘,「內閣總理大臣の地位·權限·機能−行政學と憲法學の'接點'で考える−」,『公法研究』62号(2000), 78쪽.

117) 법학자 일부가 국민내각제를 지지하고 있으며, 정치를 의회에 국한시켜 보면 의회기능의 강화는 바람직한 것이지만, 국가 전체를 놓고 볼 때는 집행부인 행정부의 기능, 내각총리대신의 권한이나 기능이 강화되어야 일본 전체를 위해서는 바람직하다는 것이다.

국민 내지 정당의 손에 되돌려주고, 국민다수파가 선거를 통해 정당의 당수를 사실상 직접 '내각총리대신'으로 지명하는 제도이다.[118]

이 논의는 코포라티즘 그리고 인터넷의 발달과 함께 의회기능의 상대적 약화를 불러올 수 있다는 점에서 의회 연구자들의 우려와 관심을 모으고 있다. 그 중심에 서 있는 학자가 다카하시 카즈유키(高橋和之)이고, 그가 제시한 '국민내각제' 구상이 바로 그것이다.[119] 다카하시는 국회가 아닌 내각을 정치의 중심으로 파악하고, 통치의 민주화라고 하는 관점에서 국민이 내각을 선출하고, 내각이 국민에 대해 책임을 지도록, 선거에서 총리와 정책 프로그램을 국민이 선택함으로써 의원내각제를 국민의 다수에 의해 지지를 받을 수 있도록 운용해야 한다는 것이다.[120]

그 배경에 있는 것은, 현대 행정국가하에서는 의회가 결정하고, 행정부가 집행한다고 하는 전통적인 도식은 더 이상 성립하지 않으며, 정책의 입안·결정·집행의 모든 것을 내각과 그것을 지탱하는 여당이 담당하고, 국회가 그것을 통제하는 도식이 타당하다는 것이다.[121]

다카하시는 비매개민주정(非媒介民主政)인 '국민내각제'를 '현대국가'에서의 '통치민주화'의 과제로 설정하고 있다. 결국, 다카하시의 '국민내각제론'은 체계를 이루는 통치 프로그램과, 그것을 실행하는 통치담당자인 내각총리대신을, '국민'(정확하게는 '국민'의 다수파)이 사실상 직접 선택하도록 하는 의원내각제의 '운용방법'의 하나이다.[122]

헌법 제73조는, 내각이 국무를 총리한다고 규정하고 있다.[123] 이는 고도

---

118) 高橋和之, 『國民內閣制の理念と運用』(東京: 有斐閣, 1994), 高橋和之, 「'國民內閣制' 再論(上)(下)」, 『ジュリスト』 1136号(1998. 6), 65쪽.

119) 高橋和之, 「立法·司法·行政の觀念の再檢討」, 『ジュリスト』 1133号(1998. 5. 1-15 合倂号), 47쪽, 高橋和之, 『國民內閣制の理念と運用』(東京: 有斐閣, 1994) 참조.

120) 종래의 헌법학에서는 국회를 정치의 중심으로 간주하여 국회에 다양한 민의가 반영되는 것을 중시하여, 그에 적합한 선거제도로서 비례대표제를 선호하는 경향이 있었다.

121) 川崎政司, 「民主的な立法を目指して(2)-民意と政黨」, 『國會月報』 649号(2003. 1), 49쪽.

122) 高橋和之, 앞의 책, 28쪽.

123) 헌법 제68조(국무대신의 임명 및 파면) ① 내각총리대신은, 국무대신을 임명한다. 단, 그 과반수는, 국회의원 중에서 선발하지 않으면 안 된다. ② 내각총리대신은, 임의로 국무대신을 파면할 수 있다. 제72조(내각총리대신의 직무) 내각총리대신

의 통치·정치작용을 행해야 할 지위에 있음을 의미하는 것이라 하여 내각의 기능 강화를 주장하는 연구자(예를 들면 다카하시 카즈유키)들의 논의근거가 되고 있다.124) 또 국민이 내각을 선출하고 내각이 국민에 대해 책임을 지는 '국민내각제론'을 주창하는 연구자들의 논의근거가 되기도 한다. 이러한 논의의 배경에 공통으로 보이는 것은 다양한 정파적 구성을 이루어 회기에 따라 활동이 분단되는 국회는 계속적인 종합전략·종합조정을 행하기에는 부적합하며, 정책형성의 중심에 있기 어렵다는 사고방식이다.125) 이는 일본제국 시절 행정부가 제국의회를 경시한 것과 같은 맥락의 사고방식이라고 할 수 있다. 내각총리대신과 기타 국무대신의 임기가 그리 길지 않은 것을 고려하면 일정 부분 수긍이 되는 면도 없지 않으나 내각총리대신의 권한을 강화하기 위해 국회의 정책형성 능력을 경시하는 것은 적절치 못하다.

〈표 1-6〉 의원내각제 변화 모형

제도변경 여부	내용	영향	초점
의원내각제 (내각기능 강화)	기존 틀 유지	의회 우위 유지	국회에 대한 민의 반영 중시
국민내각제 (내각기능 극대화)	기존 틀 변경	사실상의 대통령제 의회기능 약화	내각에 대한 민의 반영 중시

이 '국민내각제론'은 베를린 장벽의 해체로 상징되는 냉전 종결 후, 일본에서 이른바 '관료내각'의 폐해가 현저해지면서 그 타개책이 논의되기 시작했을 때 제창되어 1990년대의 정치·행정개혁의 방향을 제시하는 헌법론으로 대두되었다.126)

은, 내각을 대표하여 의안을 국회에 제출하고, 일반 국무 및 외교관계에 관하여 국회에 보고하며, 아울러 행정 각부를 지휘·감독한다.

124) 川崎政司, 「國會審議の過程－國會審議の特色と課題(7)－」, 『國會月報』 640号(2002. 4), 23쪽.

125) 川崎政司, 앞의 글.

126) 高見勝利, 「'この國のかたち'の變革と'議員內閣制'のゆくえ」, 『公法研究』 62号(2000), 10쪽.

민의 반영의 본연의 모습을 둘러싼 논쟁은 국회에 대한 민의의 반영을 중시할 것인가, 아니면 내각에 대한 민의의 반영을 중시할 것인가에 관한 것이다.127) 긴 역사에서 볼 때 전 국민을 대표하는 것은 의회뿐만이 아니며, 오히려 의회가 전 국민을 대표한다고 하기에 이른 것은 예외에 속하는 일이라는 것이다.128)

국회중심의 정치와 내각중심의 정치 중 어느 것을 지향하는가, 혹은 선거에서의 민의의 집약과 거기에서의 다수파의 의사가 관철되는 정치와, 다양한 민의의 반영과 국회에서의 합의형성을 중시하는 정치 중 어느 것을 지향하느냐 하는 문제이다.129)

의원내각제에 있어 의회·내각의 역할을 둘러싸고 근년 종전의 기관관계, 즉 행정부와 입법부 간의 관계가 아니라, '국민'·민주제의 관점에서 논의하려고 하는 경향이 강해지고 있다.130)

다카다 아쓰시(高田 篤)는 다카하시 카즈유키의 '국민내각제론'에 대해 다음과 같이 그 의의와 한계를 정리했다. 전후 일본의 의원내각제를 둘러싼 헌법학계의 논의는 여러 학설이 제시되었으나 그 속에서 하나의 경향을 찾는다면 그것은 바로 '국민'의 관점이 강조되고 있다는 점이다.131) 다카다는, 다카하시 카즈유키는 의원내각제를 오로지 '민주제'의 관점에서만 파악하고 있는데 여기에는 문제가 있다며 이론적으로 국민내각제의 의의와 한계를 비판적으로 고려해 봐야 한다고 주장했다.

---

127) 川崎政司, 「民主的な立法を目指して(2)－民意と政黨」, 『國會月報』 649号(2003. 1), 48쪽.

128) 吉田直正, 「議會における代表の意味について」, 『法政論叢』 30号(1994), 134쪽.

129) 川崎政司, 앞의 글.

130) 高田 篤, 高田 篤, 「現代民主制から見た議員內閣制」, 『ジュリスト』 1133号(1998. 5. 1－15 合倂号), 77쪽.

131) 高田 篤, 앞의 글, 71쪽.

<그림 1-1> 내각 성립과정

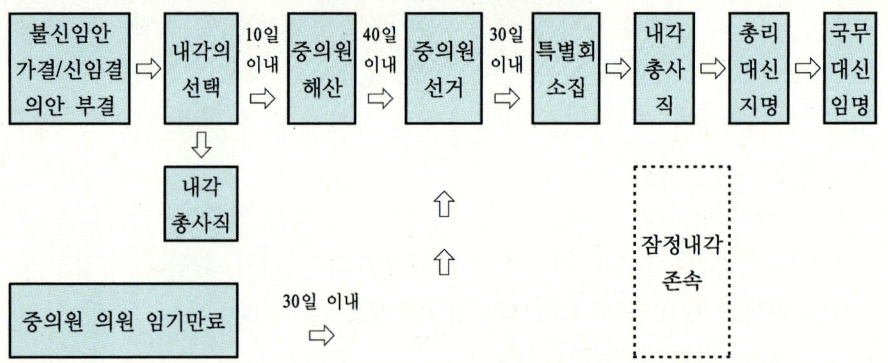

자료: 抱 喜久雄·野畑健太郎·吉川 智編, 『新·初めての憲法』(京都: 法律文化社, 2004), 187쪽.

제2장 국회의 기능

제1절 일본국회의 기능

세계 여러 나라의 국회(의회)는 입법, 국정조사, 재정심의와 같은 기능을 거의 공통으로 갖는다. 다만, 그 국가의 정부형태나 사회체제에 따라 국회의 기능은 다소 달라질 수 있다. 일본국회는 다음과 같은 여러 가지 기능을 갖는다.

1. 기능

1) 국민대표기능

여론으로 표출되는 국민의 의견·이익을 대표하고, 다양한 의견·입장을 조정하여, 전 국민의 의사로서 통합하는 기능을 국민대표기능이라고 한다.[1] 국회라고 하는 회의체의 구성원인 국회의원은 그 전체가 모여 의결함으로써 전 국민의 대표의사를 형성한다.[2]

2) 입법기능

일본헌법 제41조는, 국회가 국권의 최고기관이며 유일한 입법기관이라고 규정하여, 국회의 입법기능을 명시하고 있다.[3] 법치주의하에서는, 통치는 법률에 의해 행해지지 않으면 안 되며, 그 법률은 국민의 대표기관인 국회에서 정하도록 되어 있다. 법률은 정책의 법적 표현이기 때문에 입법기능은 쟁점명시 및 정책결정기능이기도 하다.

---

1) 헌법 전문·헌법 제43조 1항 참조.
2) 각 국회의원이 대표하는 지역구 주민들의 의견이나 이익이 다원화되고 때로는 지역별로 대립되는 관계에 있기 때문에 그 조정이나 통합이 곤란한 경우가 늘고 있다. 국회의원 선거에서 일부 유권자들은 자신의 조직이나 지역의 이익을 얼마만큼 실현시켜 주는가를 기준으로 투표하는 경향이 있는데, 이는 2세 의원(세습의원)의 속출로 이어지고 장기적으로는 국회의 국민대표성을 저해하는 요인으로 작용하고 있다.
3) 입법기능을 의회의 제1의 기능이라고 보는 견해는 William Keefe, "The Legislative Task", William Keefe and Morris Ogul, in *The American Legislative Process*, 9th ed. (Upper Saddle River, N J: Prentice Hall, 1997), 18－40쪽 참조.

3) 행정감시기능

국회가 의결한 법률이나 예산을 행정부가 성실하게 집행하고 있는지의 여부를 감시하고, 정책입안과정을 포함하는 행정부의 활동 전체를 감시하는 기능이다. 행정부의 기능과 역할은 사회의 다양화·복잡화, 국가 간 관계의 증대, 국제사회에서의 행위자의 증가, 교역 증대, 인적 교류의 확대, 과학기술의 발달 등의 요인에 의해 크게 확대되고 중시되었다.[4]

이와 같은 행정 및 집행권의 강화가 필연적으로 요구되고, 행정 우위·관료 우위와 같은 상황 속에서 국회는 행정부의 활동을 감시·감독하고 견제하는 기능을 수행한다.

4) 심의기능

국민의 대표자가 공개된 장소에서 논의하고, 토론하고, 설득하는 기능이다. 토론과 설득에 의해 국회에 집결된 다원적인 의사·이익이 조정되어 전 국민의 의사로 통합되는 것이다. 심의기능은 국회의 기본적 기능이다. 심의의 목적은 국정과제를 둘러싼 여·야당의 견해 차이를 명확하게 하여 쟁점화하고, 정책의 선택 대안을 국민(유권자)에게 제시하는 것에 있다. 이 기능은 정책의 쟁점을 분명히 하고, 정쟁을 유권자 앞에 밝히는 작용을 한다. 또 일반 시민에게 정치에 관해 교육하고, 국정에 관한 정보를 전달하는 기능을 한다.

정치적·사회적 쟁점, 사건사고 등은 대부분 발생 후에 국회에서 거론된다. 그것은 국회가 국민의 의사를 대변하는 국회의원의 토론 및 심의의 공간이기 때문에 공개적으로, 본격적으로 사안에 체계적으로 접근해 들어갈 수 있는 것이다.[5]

---

4) 猪口孝, 『國際政治經濟の構圖』(東京: 有斐閣, 1982), 14-37쪽.

5) 의회의 가장 중요한 기능으로 분쟁해결기능(사회통합기능)이 제시된 것은 Randall B. Ripley, *Congress Process and Policy*(4th ed.)(New York: W. W. Norton and Company, 1988), 19-20쪽 참조.

5) 내각창출기능

내각총리대신, 국무대신 등 정치행정의 지도자들을 선출하는 기능은 어떤 경우에건 중시된다. 행정부의 수장인 내각총리대신은 국회의 지명을 받아 임명된다.

헌법 초안 작성에 관여한 가나모리 토쿠지로는 입법기관으로서의 기능보다도 내각선택기능을 그 첫 번째로 하여 국회의 지도자 선출 및 육성기능을 중시하였다.6)

제2절 국회기능 관련 이론

일본국회의 기능과 권한에 대한 이론적 논의는 국회가 제대로 기능한다고 보느냐 아니냐에 따라 크게 무능론과 기능론으로 나뉜다.

과거 일본 연구자들 사이에서는 일본국회는 별로 기능하지 못한다는 인식이 퍼져 있었다. 이러한 인식을 바탕으로 국회무능론이 제기되었고, 이에 대한 이의제기로 국회기능론이 등장한 지 오래이다. 그런데 무능론이건 기능론이건 연구자마다 국회의 기능을 측정하는 방법이나 대상이 달라 사실은 국회가 기능하느냐 기능하지 않느냐 하는 것은 실제로는 크게 의미 있는 일은 되지 못하나 다만 학문상의 연구토론을 거쳐 발전하는 학술적 논제로서는 의미가 있다.

---

6) 일본헌법 제정 당시 헌법 초안 작성에 관여한 가나모리 토쿠지로(金森德次郎)는 국회의 작용(권능)에 관해 8가지를 제시하였다. ① 국회는 행정부인 내각을 선택한다. ② 국회는 유일한 입법기관이다. ③ 조약의 체결에 관해서는 국회가 승인 여부를 결정할 권한이 있다. ④ 국회는 국가의 재정에 관한 권한을 갖는다. ⑤ 국회는 헌법 개정발의권을 갖는다. ⑥ 국회는 국회 외부에 대해 약간의 권한을 갖는다(중의원, 참의원은 정치에 관한 조사를 행하고, 이와 관련하여 증인 출석요구, 기록 제출요구 등의 권한을 갖는다). ⑦ 국회는 재판관의 탄핵재판을 할 수 있는 권한을 갖는다. ⑧ 국회는 황실의 재산에 관한 특수한 권한을 갖는다. 金森德次郎, 『國議論』(東京: 文壽堂出版部, 1947), 49 - 64쪽 참조.

〈표 2-1〉 국회기능 유형

구 분	세부 구분	개 념(용 어)	요 지
국회 무능론	· 라버스탬프론	· 라버스탬프 (rubber stamp)	· 국회는 거수기에 불과하다.
국회 기능론	· 점착성론	· 점착성 (viscosity)	· 국회는 일정 범주 내에서 기능한다.
	· 심의론	· 심의시간 (time of deliberation)	· 국회에서의 심의 자체를 평가한다. · 시간을 '저항의 자원'으로 파악한다.
	· 제도론	· 의회제도, 정부형태 (parliamentary system, form of government)	· 국회의 기능은 의회운영제도나 정부형태 여하에 따라 달라질 수 있다.

1. 국회무능론

일본국회가 제대로 기능하지 못한다는 주장, 즉 국회무능론의 선봉에 선 것은 펨펠(T. Pempel)이다.[7] 그는 법안의 작성은 관료조직에 위임되어, 국회는 단지 관료가 준비한 법안을 승인하는 존재이며, 정책결정에 대한 국회의 영향력은 크지 않다고 주장했다. 펨펠의 주장에서 보는 것처럼 입법과정에 있어 관료의 영향력은 상대적으로 컸다고 하는 이 견해는 일본에서 1960년대와 1970년대의 유력한 학설로 통용되었다.[8]

펨펠은 정령·성령의 비중의 증대와 함께 관료의 영향력이 증가했다고 주장했다. 그는 국회에서 성·청에 의해 기초되는 법안, 즉 내각제출법률안은 다수 제출, 다수 가결되고 있으나 의원발의법률안은 소수 제출에 소수 가결이라는 점을 지적했다. 이런 지적 때문에 이제까지의 국회의 기능과 역할에 관해 국회무능론이 일반적으로 수용되어 왔다. 민의 반영 측면에서도 민의가 충분히 국회에 반영되지 않았으며, 여당에 의한 강행표결

---

7) T. J. Pempel, "The Bureaucratization of Policymaking in Postwar Japan", *American Journal of Political Science* no. 18(1974), 647-664쪽, T. J. Pempel, *Policy and Politics in Japan* (Philadelphia: Temple University Press, 1982).

8) 大山礼子, 『比較議會政治論』(東京: 岩波書店, 2003), 219쪽.

과 야당에 의한 의사방해와 같은 대립이나 밀실에서의 조정에 의해 결말을 도모한다는 인식도 적지 않았다. 또 국회심의는 종종 비효율성과 결부되어 사회에서 발생하는 문제해결을 위해서는 신속하고 적절한 정책대응이 요구됨에도 심의에 너무 많은 시간이 소요되고 있다는 점이 국회무능론의 근거로 제시되고 있다.

무능론은 국회는 법·제도적으로는 강력한 권한을 부여받았음에도 행정권이 비대화함에 따라 법률안을 성립시키는 실질적인 기능은 저하되고 있다고 본다.

1) 라버스탬프론

국회의 기능을 부정적으로 보는 시각이 라버스탬프론이다. 블론델(J. Blondel)과 베어월드(H. Baerwald)가 익찬의회 혹은 거수기의 의미로 '라버스탬프'라는 용어를 사용하면서 하나의 의회개념으로 자리잡게 되었다.[9]

의원내각제하에서는 내각과 여당이 공동으로 정권을 담당하기 때문에 내각제출법안의 성립률이 높다고 하더라도 이상할 것은 없다.[10] 오히려 다수당인 여당이 발족시킨 내각에 의해 제출된 법안이 의회에서 부결되는 것이 이상하다고 해야 할 것이다.

과거 내각에 의해 제출된 법안이 수정되는 일도 없이 높을 비율로 가결처리되어 왔다. 베어월드(H. Baerwald)는 이를 보고 일본국회는 제출된 법안에 고무도장(rubber stamp)을 찍는 찬성 거수기에 불과하다는 요지의 주장을 했다. 내각제출법안의 높은 성립률에 비추어 볼 때 그의 주장은 일리가 있는 것으로 받아들여졌다. 본래 고무도장을 뜻하는 '라버스탬프'는 정부가 제출한 법안을 쉽게 승인 또는 찬성하는 의회를 지칭한다. 이는 곧 국회는 정부·여당을 위해 존재하거나, 상대적으로 약하다고 보는 입

---

9)) Blondel, Jean, *An Introduction to Comparative Government*(New York: Praeger Publishing, 1969), Jean Blondel, *Comparative Legislatures* (Englewood, Cliffs, New Jersey: Prentice-Hall, 1973), 2쪽, Hans H. Baerwald, *Japan's Parliament: an Introduction*(London: Cambridge University Press, 1974), 124쪽.
10) 本田雅俊, 『現代日本の政治と行政』(東京: 北樹出版, 2001), 36쪽.

장이다. 다시 말하면 관료가 지배하는 의회구조를 말한다.[11]

이것은 정부형태·의회제도 등이 고려되지 않은 논의지만 의원내각제하의 의회, 권위주의 정권하의 의회 등을 설명하는 과정에서 패전 후에 새로 구성된 일본국회가 전쟁 전의 제국의회와 별반 다를 것이 없다고 한 주장과 일맥상통하는 개념이다.

과거 제국의회가 익찬의회이다 보니 제국의회 내에 견실한 입법보좌조직이 없었다.[12] 일본이 태평양전쟁에서 패하고 제국의회는 일본국회로 명칭을 바꾸었으나 일본국회하에서도 실제로 입법작업을 맡아서 해 온 것은 사실상 관료조직이었다. 여당인 자유민주당의 주된 역할은 관료가 법안을 만들 때 이해관계를 조정하는 것뿐이었다.[13] 결과적으로 국회는 관료와 자유민주당 합작에 의한 법안을 추인하는 기관에 지나지 않았던 것이다.[14] 라버스탬프론은 국회 입법기능의 형해화를 지적한 주장으로서 국회가 무력하기 때문에 법안을 그대로 통과시킨다는 시각에서 입법기능을 논한 것이다.

2. 국회기능론

1970년대와 1980년대에 걸쳐 외국의 일본 연구자들은 일본국회에서의 틀에 박힌 입법절차, 사전에 정해져 있는 법률안의 처리 여부, 관료의 우월 등을 지적한 바 있다.[15] 이에 대해 일본의 연구자들은 일부이기는 하지만

---

11) 村松岐夫·伊藤光利·辻中 豊, 『日本の政治』(東京: 有斐閣, 1992), 169-170쪽.
12) 익찬의회란 군주의 통치에 대해 적극 찬동하는 의회이다. 일본에서는 쇼와기(昭和期)에 접어들어, 군국주의적 경향이 대두되면서 제국의회는 그 지위가 더욱 저하된다. 태평양전쟁 중인 1942년(쇼와 17)에는 이른바 익찬선거가 행해져, 1945년 패전에 이르기까지 제국의회는 익찬의원에 의해 점유되었다. 제국의회는 그 본질을 잃고, '성전(聖戰)' 수행을 위한 군부 정부의 시책에 박수를 쳐 주기 위한 종속적인 국가기관으로 추락했다. 大西典茂·北西 允·山田 造編, 『入門現代日本の政治』(京都: 法律文化社, 1977), 98쪽 참조.
13) 물론 이러한 현상은 점차 개선되고 있기는 하다.
14) 五十嵐敬喜·小川明雄, 『議會: 官僚支配を超えて』(東京: 岩波書店, 1995). 69-71쪽.
15) 예를 들면 Hans H. Baerwald, *Japan's Parliament: an Introduction*(London: Cambridge University Press, 1974), Chalmers Johnson, *MITI and the Japanese Economic Miracle:*

국회 내부의 절차나 행태 등에 주시하고 국회가 나름대로 기능하고 있으며 의원입법도 차츰 나아지고 있다고 주장하기 시작하였다.[16]

무라마쓰 미치오(村松岐夫, 1981)가 헌법 제41조의 국회에 관한 규정(국권의 최고기관, 유일의 입법기관)이 현실화될 가능성을 주장한 이래 그동안 통설로 여겨졌던 '국회무능론'에 대한 재검토 움직임이 일기 시작하였다.[17]

일본국회의 기능에 관해서는 법학자들의 연구가 많았으나 1980년대 이후 정치학자들의 연구가 증가하고 있으며 이들을 중심으로 특히 계량분석 등의 방법으로 국회가 기능하고 있음을 밝히려는 노력이 계속되어 왔다. 실증적으로 입법과정을 분석해 보니 의회제도의 특성에 따라 여·야당 간의 협조가 촉진되고 원만한 입법행위가 가능하다는 견해가 제시되었다. 이러한 국회기능론은 마이크 모치즈키(M. Mochizuki, 1982)와 엘리스 크라우스(E. Krauss, 1984)에 의한 연구에서 시작된다. 특히 모치즈키는 일본국회의 기능에 대한 재검토를 통해 국회가 나름대로 역할을 하고 있다는 연구결과를 발표함으로써 주목을 받았다. 그는 국회가 실제의 정책결정에 주는 영향에 관해, '점착성' 개념을 원용하여 국회가 법률안을 가결시킴에 있어 어느 정도 거부하고, 수정하고, 시간을 요하며, 의원들에게 발언을 인정하느냐 하는 점에서 보면, 일본국회는 높은 정책전환능력을 갖는 것으로 평가된다고 했다.[18]

모치즈키는 국회가 점착성, 즉 저항이라고 하는 기능을 다하고 있는 요인으로서, 국회의 짧은 회기, 양원제 및 위원회제도와 더불어 의사운영에 관한 '전회일치의 규칙'이나 '합의 사항' 등의 관습 및 선례 등을 열거하고 있다.

국회에서의 심의시간을 제한하는 회기제도가 여당의 입법능력을 억제하는 기능을 하고 있다고 본 모치즈키의 견해에 대해 마스야마 미키타카(増

The Growth of Industrial Policy, 1925－1975(Stanford: Stanford University Press, 1982).

16) 예를 들면 增山幹高, 『議會制度と日本政治－議事運營の計量政治學』(東京: 木鐸社, 2003) 참조.

17) 村松岐夫, 『戰後日本の官僚制』(東京: 東洋經濟新報, 1981) 참조.

18) 川崎政司, 「國會審議の過程－國會審議の特色と課題(7)－」, 『國會月報』640号(2002. 4), 24쪽.

山幹高)는 제도적으로는 회기의 연장시간은 무제한이며, 내각은 필요에 따라 국회를 개회할 수 있는 것이라고 주장했다.[19] 국회법(Diet Law)은 통상 법규이며 회기를 짧게 단축하는 규정 자체, 국회의 다수를 점하는 여당에 의해 개정 또는 폐기될 수 있다는 것이다. 통상적으로는 여·야당의 전회 일치를 규범으로 하는 의원운영위원회가 의사운영을 담당하고 있으나, 제도적으로는 의원운영위원회의 의견이 일치하지 않을 경우에는 의장에게 결재권이 있으며, 의장을 배출한 국회의 다수여당에 의한 국회운영이 보증되어 있다.[20] 이러한 이유 때문에 마스야마는 입법에 있어 전회일치 지향이나 회기에 의한 시간적 제약도, 여당이 다수결을 강행하고, 또 회기의 장기화를 실현할 수 있는 국회의 제도구조가 전제가 되어, 경험적으로 관찰가능한 것이라고 강조한다.

국회기능론의 입장은, 법제도상의 입법과정을 주된 대상으로 하고 있지 않다. 그것은 국회에서의 실질적인 정책결정 속에서 정당 회파가 어떤 역할을 하고, 어느 정도의 점착성(저항력)을 발휘하며, 또 의원운영위원회나 국회대책위원회로 대표되는 정치주체가 어떻게 대응하느냐에 초점을 맞추고 있다.

그 후 국회기능론은 일본 측 연구자로는 이토 미쓰토시(伊藤光利, 1988), 소네 야스노리·이와이 토모아키(曾根泰敎·岩井奉信, 1988)의 연구에서 전개, 발전되고 있다.[21] 모치즈키의 연구를 계속 발전시킨 소네 야스히로·이와이 토모아키는 국회의 정책결정 연구에 '장애물경쟁모델'을 제안하고, 국회의 입법과정은 각종 장애물을 배제해 가는 과정이라고 보고 있다.[22]

펨펠이 정령·성령의 비중의 증대와 함께 관료의 영향력의 증가를 주장

---

19) 增山幹高, 앞의 책, 61쪽.

20) 前田英昭, 『國會の立法活動: 原理と實相を檢證する』(東京: 信山社, 1999), 74-75쪽.

21) 伊藤光利, 「國會のメカニズムと機能: 一黨優位制における議會」, 日本政治學會編, 『年報政治學1987: 政治過程と議會の機能』(東京: 岩波書店, 1988), 129-148쪽, Krauss, Ellis, "Conflict in the Diet: Toward Conflict Management in Parliamentary Politics", in *Conflict in Japan*, ed. Ellis Krauss, Thomas Rohlen and Patricia Steinhoff, (Honolulu, University of Hawaii Press, 1984), 243-293쪽.

22) 曾根泰敎·岩井奉信, 「政策過程における議會の役割」, 日本政治學會編, 『年報政治學1987: 政治過程と議會の機能』(東京: 岩波書店, 1988), 155-160쪽.

한 것에 대해 모치즈키는 내각제출법안 수의 감소를 오히려 국회에서의 입법이 서서히 곤란해지고, 국회의 과잉부담이 되지 않도록 성립을 기하는 법안의 제출로 압축시킨 결과라고 생각한다. 또 크라우스도 여야백중기에서의 법안 수의 감소와 정령 수(政令數) 및 성령 수의 증가를 관료에 의한 의도적인 국회에서의 분쟁회피전략으로 보고 있다.[23]

일본에서 1975년 이후의 저성장이나 여·야당 세력의 백중 등을 배경으로 당고관저(黨高官低) 현상이 나타나, 족의원으로 대표되는 자유민주당 의원의 영향력 증대 등에 의해, 여당의 사전심사와 국회 바깥의 비공식적인 과정도 포함하여 생각한다면 일본국회의 정책전환능력이 높아졌다고 하는 견해가 힘을 받게 되었다. 이러한 논의들에 의해 국회기능론이 주장되고 있다.

중의원·참의원 양원에서 자유민주당이 다수를 점하고 있다면, 본래는 모든 내각제출법안이 성립되는 것이 당연한데도, 그러한 상황하에서도 실제로는 심의미료로 인해 폐기되는 법안들이 있기 때문이다.

내각제출법안의 일부가 폐안이 된다 하여 국회가 기능하고 있다고 간주하는 것은 아니지만 그럼에도 앞의 국회무능론을 뒤엎을 논리는 될 수 있다는 것이다.[24] 여당이 다수를 점하고 있다 하더라도 야당이 특정 법안에 대해 강력히 반대한다면 그것을 가결시키기는 쉽지 않기 때문이다. 그러나 그 한편에서 야당은 내각제출법안의 다수에 대해 이의를 제기해 왔는데, 그것은 입장상의 주장으로서, 모두가 자신의 정치이념에 정면으로 반하는 것은 아니었다.[25]

---

23) Ellis S. Krauss, "Conflict in the Diet: Toward Conflict Management in Parliamentary Politics," in Ellis Krauss, Thomas P. Rohlen, and Patricia G. Steinhoff(eds.), *Conflict in Japan*(Honolulu: University of Hawaii Press, 1984), 284쪽.
24) 本田雅俊, 앞의 책, 37-38쪽.
25) '1955년 체제'하에서 야당이었던 정당이 호소카와(細川) 연립정권에서 여당으로 참여했어도 정책의 전환을 시도하지 않을 것을 그 예로 들 수 있다. 本田雅俊, 앞의 책, 38쪽.

1) 점착성론

라버스탬프론을 비판한 것이 점착성론이다. 블론델(J. Blondel)은, 의회가 정부의 법안을 수정하고, 법안에 대한 심의를 지연시키고, 중단시키는 능력을 '점착성(viscosity)'이라고 정의한 바 있다. 점착성은 곧 '저항력'과 동일시되는 개념이다. 이것은 행정부가 국회에서 법안을 통과시키고자 할 때 받는 저항의 정도를 뜻하는 개념으로 제시되었다.[26] 점착성이란 원내정당 회파가 정책결정에 즈음하여 어느 정도의 영향력을 행사할 수 있는가, 즉 법률안이 성립할 때까지의 과정에서 야당의 '저항의 정도'를 중심으로 한 정치적 기능의 측면을 중심으로 하는 것이다.

'점착성'은 자유민주당이 제출한 법안을 국회에서 가결시키기 위해 야당에 대해 각종 양보를 하지 않을 수 없는 상황을 표현한 것이다. 즉 일본 국회의 심의시간이 매우 제약되어 있으며, 야당은 정책적 양보를 얻어내기 위해 심의를 지연시키는 전략을 택할 수 있다는 것과, 일본사회 일반 그리고 국회에서 특히 지배적인 '만장일치주의'가 자유민주당으로 하여금 양보를 하지 않을 수 없게 한다는 것이다.

과거 자유민주당이 안정 다수의석을 확보한 시기에도 야당의 저항에 직면하게 된 자유민주당은 법안처리를 스스로 자제함으로써 야당과의 대립을 회피하였다.[27]

점착성 개념을 일본국회 연구에 적용한 것은 모치즈키(Mike Mochizuki, 1982)이다. 그는 심의일정을 결정하는 의원운영위원회나 각 위원회이사회가 전회일치를 원칙으로 하기 때문에 야당은 거부권을 행사하여 심의를 연장하는 것, 위원회제도와 양원제에 의해 이러한 심의연장 기회가 증가하고 있는 것 등을 지적했다.[28] 모치즈키는 이러한 국회의 점착성을 높여,

---

26) Jean Blondel, *Comparative Legislatures*(Englewood Cliffs, New Jersey: Prentice-Hall, 1973), Jean Blondel, *Comparing Political Systems*(New York: Praeger 1972), Jean Blondel, *An Introduction to Comparative Government*(New York: Praeger, 1969) 참조.
27) 자유민주당은 특히 안정다수의 입장에 있을 때 종종 이 '만장일치주의'를 파괴하였다. 의석 과반수를 확보한 경우에도 자유민주당은 야당의 반대를 물리치고 있어, 실제로 야당에 대한 양보는 크지 않았다는 것이다.
28) 福元健太郎, 『日本の國會政治: 全政府立法の分析』(東京: 東京大學出版會, 2000), 2쪽.

야당의 참여를 촉진시키는 제도로서, 짧은 회기제, 비집권적인 위원회제, 양원제, 의사운영의 전회일치 등 4가지를 열거했다.[29]

그리고 야당이 이러한 시간적 자원을 바탕으로 교섭력을 갖게 된 결과, 다수여당도 양보하지 않을 수 없게 되어, 국회에서 정부법안의 수정·폐안이 발생하는 것이라고 주장하고, 국회는 무력하게 법안을 그대로 통과시키는 '라버스탬프'에 불과하다고 보는 종래의 통설을 비판했다.

앞의 4가지는 모두 여당에 대한 '가처분 시간'의 제약과 관련되어 있다. 무엇보다도 국회의 제2원인 참의원도 세간의 낮은 평가와는 달리, 상응하는 심의시간을 요구한다는 점에서, 또 위원회도 본회의보다 전문적인 심의를 요구한다는 점에서, 정부여당의 시간이라고 하는 귀중한 자원을 소모시키는 요인이 되고 있다. 또 국회운영의 절차에 관해 여·야당의 일치를 확보하는 데에도 시간이 걸리고 있다. 그래서 연간 복수 회기제와 회기불계속의 원칙의 복합효과에 의해 더욱 제약을 받고 있다.[30]

1980년대의 일본국회 연구에서는 국회의 회기제도가 갖는 이들 특징을 이용하여 야당이 법안처리에 저항함으로써 내각제출법안의 성립률이 의원내각제로서는 상대적으로 낮은 것을 발견했는데 여기에 점착성을 적용한 것이다.[31] 모치즈키는 국회에서의 심의시간을 제한하는 회기제도가 여당

---

29) 모치즈키는 국회에 점착성이 있는 것은 법안심의에 대해 시간적 제약을 가하는 다음과 같은 4개의 제도적 요인에 기인한다. ① 의사통제에 관한 의원운영위원회나 이사회의 '전회일치'제도가 야당에 거부권을 주고 있다, ② 국회의 활동 기간이 일정 기간에 한정되는 '회기제'에 의해, 회기 말까지 성립되지 않는 법안은 자동으로 불성립으로 끝나기 때문에(회기불계속의 원칙), 야당의 거부를 유효하게 한다, ③ 위원회제도하에서 의사결정이 분권적으로 된 결과, 여당의 개입 요인이 많아지며, 당파 간의 타협이 발생하기 쉽다, ④ '양원제'가, 법안심의에 있어 수고를 단원제 의회의 배로 만들고 있다. 이처럼 점착성론은 국회대책위원회정치가 왜 행해져 왔는가를 설명해 주고 있다. 福元健太郎, 「立法」, 平野 浩·河野 勝編, 『アクセス日本政治論』(東京: 日本經濟評論社, 2003), 149쪽 참조.
30) 村松岐夫·伊藤光利·辻中 豊, 『日本の政治』(東京: 有斐閣, 1992), 173쪽.
31) 과거 국회 연구자들의 다수의 견해는 국회가 행정기관이 추진하는 입법활동을 형식적으로 재가하는 데 지나지 않는다고 간주하고 있으며, 국회가 헌법상, 국권의 최고기관으로서의 지위를 부여받은 것에 유의하는 이는 얼마 되지 않았다. 이처럼 국회를 무능하다고 보는 견해에 대해서는 국회가 제도적으로 정당 간의 협조를 촉진하고, 입법과정을 겉보기 이상으로 '점착적'으로 하고 있다는 반론이 있다.

의 입법능력에 있어 방해가 된다고 주장했으나, 마스야마는 앞에서도 말한 것처럼 제도적으로는 회기의 연장시간은 무제한이며, 내각은 필요에 따라 국회를 개회할 수 있는 것이라고 반박한다.[32]

국회심의에서 정치력이 약한 야당이 강한 영향력을 발휘할 수 있는 것은, 법률안 작성과정에서의 절차상의 문제, 실질적으로 짧은 회기문제, 양원제 등의 제도 때문이며, 또한 우보전술 등 합법적인 의사방해 작용이 가능한 환경이 조성되어 있기 때문이다.[33] 그러나 이 논의는 후쿠모토의 다수주의 론에 의해 부정된다. 여당·내각은, 여·야당 대결적인 중요 법안에 관해서 야당이 철저하게 저항해 올 것은 사전에 충분히 인식하고 있으며, 이것을 넘어 법안의 심의일정을 설정한다고 하는 것이다. 그렇다면 야당이 몇 가지 내각제출법안을 폐안으로 몰고 간다는 것은 의심의 여지가 없다고 하더라도, 그것은 여당·내각에는 사전에 예상된 범위 내에서의 타격에 불과하다. 여기에서 국회운영의 최대의 특징을, 여당 측에서 보면 '상대에게 영광을 돌린' 정도의 폐안 등에서 찾는 것은 적절하지 않다는 것이 지적된다.[34]

점착성론의 한계는 적지 않다. 모치즈키는 일본국회에 관한 연구에서, 점착성 개념을 활용하여, 일본국회가 각 정당, 즉 회파의 상호 작용 속에서 충분히 기능하고 있다고 논했으며, 국회의 입법과정이 겉으로 보이는 외관 이상으로 '점착적'이라고 주장했다.[35] 그의 주장 이래 일본국회 연구자들 사이에서는 국회기능 논의가 활발해짐으로써 그가 일본정치학 연구에 미친 영향은 크다고 할 수 있다.

그러나 그의 연구는 1970년대의 보혁백중 시대를 대상으로, 일당 우위 속에서 야당의 견제기능 등에 언급한 것으로서, 국가의 기본정책결정에 있어 국회가 기관으로서 충분히 기능하고 있다는 것을 입증하는 연구는

---

32) 增山幹高, 앞의 책, 61쪽.
33) ケント・E・カルダー(淑子カルダー譯), 『自民黨長期政權の研究−危機と補助金』(東京: 文藝春秋, 1989), 164−165쪽.
34) 待鳥聰史, 「議會研究と國會研究の間で」, 『レヴァイアサン』 35号(2004 秋), 148쪽.
35) Mochizuki, Mike, *Managing and Influencing the Japanese Legislative Process: The Role of the Parties and the National Diet*(Ph.D. diss, Harvard University, 1982), 『日本の立法過程の運營とその過程への影響力−政黨と國會の役割』(1982).

아니라는 평가를 받는다.36)

람자이어·로젠블르스도 모치즈키의 주장은 설득력이 약하다며 반론을 제기하였다. 즉 국회의 회기나 심의시간, 의사방해의 규칙은 헌법이 아니라 법률에 의해 규정되어 있음을 지적하였다. 즉 자유민주당은 심의지연 문제를 커다란 어려움 없이 제거할 수 있다는 것이다. 자유민주당은 법안을 제출하기 전에 당내 문제를 조정할 수 있다는 점에서 심의시간이 짧다는 것은 의미가 있다는 것이다. 회기나 심의시간, 입법절차를 규정하는 것은 헌법이 아니라, 일반 법률이며, 야당의 심의연기가 여당에 불리하게 작용한다면, 국회의 다수의석을 점하는 여당은 그러한 법령을 개정하려고 나설 것이다.37)

2) 심의론

'심의론'은 국회를 긍정적으로 보는 시각 중의 하나로서 일본에서는 후쿠모토 켄타로(福元健太郎)가 주요 논자 중의 한 사람이다. 그는 심의 및 토의가 국회라고 하는 무대에서 행해진다는 자체를 평가한다. 국회의 역할 측면을 강조하며, 법안의 내용이 어떤 정치세력의 의중을 반영한 것이냐, 혹은 행정부에 대항하여 국회가 어느 정도의 정치력을 갖느냐 등에 관심을 갖는다.38)

모치즈키가 '점착론' 개념을 일본국회에 적용한 이후 일본 내의 국회 연구는 거의 이 점착성론을 답습함과 동시에, 모치즈키 자신을 포함하여, 소네 야스노리, 이와이 토모아키, 사토 세이자부로, 마쓰자키 테쓰히사 등의 연구자들이 점착성을 '심의연장', '가처분 시간의 제약', '저항의 자원으로

---

36) 政策評價共同調査班, 「國會の機能と政策評價付託」, 『立法と調査』 別册(1999. 3), 39쪽 각주 2번.

37) Ramseyer, J. Mark and Frances McCall Rosenbluth, *Japan's Political Marketplace* (Cambridge: Harvard University Press, 1993), 30쪽. ラムザイヤー, ローゼンブルス(川野邊裕幸·細野助博譯), 『日本政治の經濟學－政權政黨の合理的選擇』(東京: 弘文堂, 1995).

38) 福元健太郎, 「國會は多數主義か討議アリーナか」, 『レヴァイアサン』 35号(2004 秋), 152－153쪽.

서의 시간'과 같은 시간적 차원에서 파악하고 있다.

그러나 국회의장이나 위원장의 직권 행사(강행표결), 회기연장·계속심의, 국회대책위원회·의원운영위원회에 의한 위원회와 본회의 통제 등의 저항전술을 가진 여당은 야당의 '점착성'을 물리칠 수 있으며, 실제로 물리쳐 왔다.[39] 결국, 점착성론 주장이 통용되는 것은, 여·야당이 법안의 내용을 둘러싸고 대립은 하고 있어도 의사운영을 둘러싸고는 협조·타협하고 있는 경우로 제한되는데, 후쿠모토는 이를 '약한 대립'이라 불렀다.

앞의 점착성론이나 다수결주의의 논의를 바탕으로, 당초 의원내각제하에서 다수여당의 의향이 반영되는 것은 당연한데 문제는 그럼에도 왜 구태여 법안에 대한 상세한 심의가 행해지느냐에 관심을 기울인 것은 후쿠모토 켄타로이다. 그는 국회는 입법기능보다 토의의 무대로서의 역할을 담당하고 있다고 생각한다. 각 정당은 다가올 선거에 대비해서 최후의 표결을 앞두고 경과 설명, 질의, 답변이나, 찬반 이유를 명확히 하는 토론에서 입장표명이나 공적을 과시하게 된다. 본회의에서의 당수토론(question time)을 포함하여 국회심의는 이른바 '연장된 선거전'이며, 이것은 대중매체를 통해 유권자에게 전달된다. 이것은 결국 국회는 여당 및 야당을 위해 존재한다고 하는 입장이다. 그러나 실은 중요하고 당파적 대립이 있는 법안일수록 심의가 거듭되고, 심의지연보다도 거듭 심의가 법안내용에 대한 수정을 발생케 한다는 것이다.[40] 국회에서의 심의형태 분석에 있어, 법안 하나하나를 분석단위로 하여 심의시간을 조작화(操作化)하고, 전후의 모든 내각제출법안을 대상으로 하는 계량분석을 행한 후쿠모토는 국회의 기능은 모치즈키 등이 말하는 '점착성'론이 상정하는 것처럼 야당의 저항에 의해 여당으로부터 양보를 이끌어 내는 것은 아니고, 그와 같은 심의 거부에 의한 무익한 저항과는 별개로, 심의를 거듭함으로써 여당에 대항하고, 유익한 정책교섭을 실현시키는 것에 있다고 주장했다.[41]

---

39) 福元健太郎, 앞의 책, 3쪽.
40) 平野 浩·河野 勝編, 『アクセス日本政治論』(東京: 日本經濟評論社, 2003), 149－150쪽.
41) 福元健太郎, 앞의 책.

3) 제도론

제도론은, 국회의 기능은 주어진 제도 여하에 따라 국회운영에 있어 긍정적 혹은 부정적으로 평가될 수 있다는 중간자적 입장이며, 기능론에 가깝다고 할 수 있다. 정부형태·의회구성 및 의회운영제도·국회의원후보 공천권의 소재, 입법보좌조직의 규모와 질, 전문입법관료 충원양식, 법률상 국회의 권한 등의 변수가 국회기능을 좌우하므로 제도의 영향을 받으면서 발전한다는 일종의 발전론적 시각이다. 제도규정에 따라 국회의 기능이 영향을 받으므로 일률적인 이론의 적용보다는 각국 의회를 정부형태·의회제도 등으로 분류한 후 기능을 논의해야 한다고 하는 입장이다.42)

제도론은 제도 그 자체가 갖는 국회의원 개인 그리고 과정에 대한 영향력을 중시하고, 제도에 내재해 있는 다양한 가치와 그 정책결정자가 규범에 미치는 영향이나 제도 간 관계의 의미, 제도화의 과정을 강조하면서, 보다 종합적이고 기술적으로 정책 영역에 대한 가설 실증을 강조한다.43)

위원회가 법안을 심의미료하여 본회의로 보내지 않으려고 기도하더라도 본회의는 위원회로 하여금 중간보고를 하게 함으로써 법안을 위원회로부터 본회의로 이동시킬 수가 있다.44) 이는 바로 의회운영제도 여하가 입법과정에 영향을 줌은 물론 국회의 기능까지 좌우할 수 있음을 보여주는 사례이다.

마스야마는 종래의 이념적 의회관이나 행동론적인 분석접근방식에서 벗어나 '의회제도'를 가지고 일본의회정치에 관한 논의를 전개하였다. 아직 제도론은 큰 반향을 얻지는 못하고 있으나 국회의 기능에 대한 논의가 계속되고 연구가 계속된다면 머지않은 장래에 하나의 영역을 점하는 이론적 틀의 하나가 될 것이다.

---

42) 김현우, 『한국국회론』(서울: 을유문화사, 2001), 53-58쪽.

43) 依田 博, 『政治』(東京: 有斐閣, 1993), 56쪽, 大嶽秀夫, 『政策過程』(東京: 東京大學出版會, 1990), 3장 참조.

44) Ramseyer, J. Mark and Frances McCall Rosenbluth, *Japan's Political Marketplace* (Cambridge: Harvard University Press, 1993), ラムザイヤー, ローゼンブルス(川野邊裕幸·細野助博譯), 『日本政治の經濟學－政權政黨の合理的選擇』(東京: 弘文堂, 1995), 福元健太郎, 「立法」, 平野 浩·河野 勝編, 『アクセス日本政治論』(東京: 日本經濟評論社, 2003), 140쪽.

제3장 국회의 구성과 운영

제1절 국회 구성

일본은 양원제 의회제도를 채택하고 있으며, 하원 격인 중의원과 상원 격인 참의원으로 구성되어 있다.[1] 현행 일본헌법은 점령군사령부가 처음 만든 원안에서는 1원제로 되어 있었으나 마쓰모토(松本) 국무상 등 보수파 관료들이 1원제안에 대하여 강하게 저항하여 결국 2원제, 즉 양원제를 유지할 수 있게 되었다.

1. 중의원

국회의원을 지칭하는 말로 대의사(代議士)라는 용어가 있는데 이는 중의원(衆議院, the House of Representatives)의 의원을 가리키는 것으로서 참의원보다는 중의원이 국민의 의사를 대표하는 성격이 강하기 때문이다.[2] 중의원은 여러 가지 면에서 참의원에 우월하는 권한을 가지고 있다.

2. 참의원

참의원(參議院, the House of Councillors)은 다양한 민의를 반영하고, 숙려와 균형을 추구하는 의원(議院)이다.

참의원은 제국헌법(일명 메이지헌법)하의 귀족원과는 그 성격이 달라서 국민을 대표하는 선출된 의원들로 구성되며 '민선(民選), 심사숙려형(深思熟慮型)'의 성격을 갖는다.[3]

---

1) 헌법 제42조는, 국회는, 중의원 및 참의원의 양(兩) 의원(議院)으로 이를 구성한다. 제43조는 ① 양 의원은, 전 국민을 대표하는 선거된 의원으로 이를 조직한다. ② 양 의원의 의원 정수는, 법률로 이를 정한다고 규정하고 있다.
2) 헌법 제44조는, 양 의원의 의원 및 그 선거인의 자격은, 법률로 이를 정한다. 단, 인종, 신조, 성별, 사회적 신분, 가문, 교육, 재산 또는 수입에 따라 차별해서는 안 된다고 규정하고 있다.
3) 吉田善明, 『議會, 選擧, 天皇制の憲法論』(東京: 日本評論社, 1990), 160쪽.

〈그림 3-1〉 국회의 조직

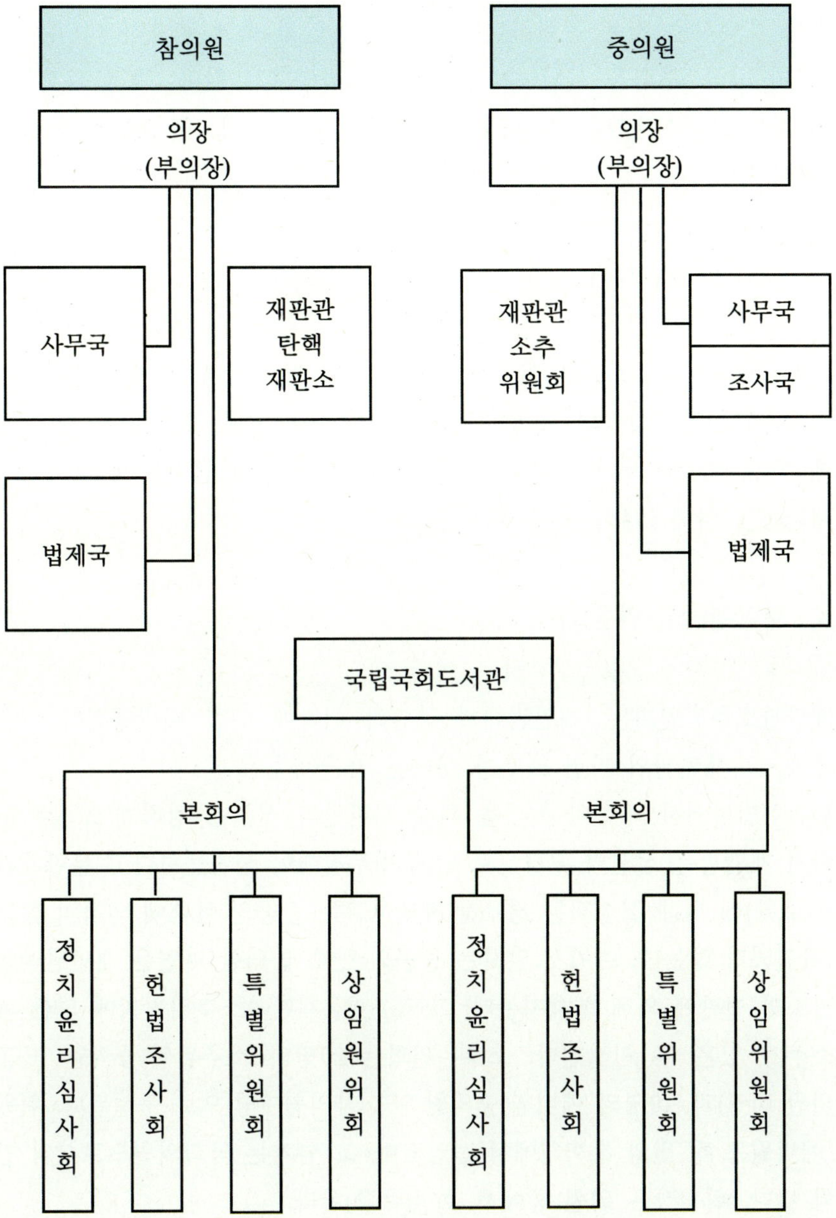
참의원
중의원
의장
(부의장)
의장
(부의장)
사무국
재판관
탄핵
재판소
재판관
소추
위원회
사무국
조사국
법제국
법제국
국립국회도서관
본회의
본회의
정치윤리심사회
헌법조사회
특별위원회
상임원위회
정치윤리심사회
헌법조사회
특별위원회
상임위원회

참의원 전국구제의 채용에 관해 당시 일본정부는 진정한 의미의 직능대
표제를 채택하는 것은 곤란하더라도 각 직능단체 속에 존재하고 있는 여
러 가지 지식, 경험을 살릴 수 있도록 의도하였다고 한다. 즉 학식경험과
함께 직능적 지식경험을 가진 자가 선출될 수 있는 제도를 의도하여 설치
한 것이다.[4)]

3. 국립국회도서관

국립국회도서관(National Diet Library)은 일본의 유일한 국립도서관이며,
국회법 제130조 "의원의 조사연구에 이바지하기 위해, 별도로 정하는 법
률에 의거, 국회에 국립국회도서관을 둔다."는 규정에 근거하여, 국립국회
도서관법에 의해 1948년에 설치되었다.

4. 재판관소추위원회

재판관소추위원회는, 재판관에게 국민의 신탁에 대한 배반행위가 있을
경우에, 그 재판관의 파면 소추를 행하는 기관이다.
일본헌법하에서 사법의 독립을 위해 재판관의 신분은 강하게 보장된다.
따라서 재판관은 심신의 고장으로 인해 직무집행이 불가능하다고 분한재판
(分限裁判)에 의해 결정되는 경우를 제외하고는 공공의 탄핵에 의하지 않고
는 파면되지 않는다. 여기서 말하는 공공의 탄핵에 의한 파면은 재판관탄핵
재판소의 재판에 의해 행해지는데, 그 재판은, 재판관소추위원회에 의한 파
면소추가 있은 후 시작된다. 소추위원회는 20명의 소추위원(중의원 10명,
참의원 10명)과, 10명의 예비원(중의원 5명, 참의원 5명)으로 구성된다. 위원
및 예비원은 각 원의 본회의에서 선임되며, 그 임기는 국회의원으로서의 임
기와 같다. 위원장은 위원 중에서 호선(互選)한다.
파면 소추는 소추위원회만이 행할 수 있으나, 누구라도 재판관에 대해

---

4) 吉田善明, 앞의 책.

파면사유가 있다고 판단될 때에는, 소추위원회에 대해 파면소추를 해 달라고 요구할 수 있다. 재판관탄핵법 제10조는 소추위원회가 파면소추를 결정하려면, 각 의원의 소추위원이 각 7명 이상 출석하여, 그 3분의 2 이상의 다수의 의견을 요한다고 규정하고 있다.

소추위원회는, 소추청구가 있을 때 또는 탄핵에 의한 파면사유(직무상의 현저한 의무위반, 또는 현저한 직무태만, 혹은 직무의 내외를 막론하고 재판관으로서의 위신을 현저하게 상실하는 비행)가 있다고 판단될 때에는 조사하며, 그 사유가 있은 날부터 3년 이내에 소추할 수 있다. 단, 정상을 참작하여 소추할 필요가 없다고 인정할 때에는 위원회는 소추를 유예할 수 있다.

소추위원회의 의사는 공개하지 않는다. 따라서 소추위원회의 출석 및 결석, 발언과 표결, 심의자료, 조사의 경과나 내용, 결정 이유 등은 일체 공표하지 않는다.

5. 재판관탄핵재판소

재판관은 재판에 의해 심신의 고장으로 인해 직무를 수행하기가 어렵다고 결정된 경우를 제외하고는, 공적인 탄핵에 의하지 않고는 파면되지 않는다(헌법 제78조).[5] 이러한 재판관에게 문제가 발생했을 경우, 공적인 탄핵기관으로서 설치된 것이 국회의원으로 조직되는 탄핵재판소이다.[6]

재판관탄핵재판소는, 재판관의 신분에 어울리지 않는 행위를 하거나, 직무상의 의무를 위반하였다 하여 재판관소추위원회로부터 파면소추를 받은 재판관을 사직시킬 것인가를 판단하는 재판소이며, 또 사직시킨 재판관에

---

5) http://www.dangai.go.jp/intro/intro2.html(검색일: 2008년 1월 7일). 탄핵제도는 영국에서 발생했으며, 14세기 후반에는 국왕이 임명하는 장관이나 재판관 등이 비행을 저질렀을 때, 의회의 재판에 의해 파면되거나, 벌을 주는 제도로서 확립되었다. 이 제도는 그 후 미국헌법에 계승되어 대통령을 비롯하여 정부 고관이나 연방재판관을 파면하는 제도로 발전했다.

6) 헌법 제64조 제1항은, "국회는, 파면소추를 받은 재판관을 재판하기 위해, 양 의원의 의원으로 구성하는 탄핵재판소를 설치한다."고 규정하고 있다.

대해 상실된 자격을 회복시킬 것인가를 판단하는 재판소이기도 하다.

탄핵재판소는 국회와는 분리된 독립기관이지만 재판원은 국회의원 중에서 선출한다. 재판장은 위원 중에서 교대로 선임한다. 재판원은 독립하여 직권을 행한다. 국회 폐회 중에도 직권을 행할 수 있도록 참의원 제2별관에 사무국이 상설되어 있다. 재판관 탄핵재판소는 중의원 참의원 양원에서 각각 7명씩의 재판원과, 양원에서 각각 4명씩의 예비원으로 구성된다. 탄핵재판소는, 중의원 및 참의원에서 선출된 재판원이 각각 5명 이상이 출석하지 않으면 심리 및 재판을 진행할 수 없다.

탄핵에 의한 파면은 재판관탄핵재판소의 재판에 의해 행해지는데, 그 재판은 '재판관소추위원회'에 의한 파면소추를 받아 시작된다. 소추위원회는 중·참 양원의 국회의원 중에서 선출된 동수(각 10인)의 위원으로 조직되며, 어느 누구라도 재판관의 파면소추를 청구할 수 있다.[7] 소추위원회는 소추청구가 있을 때, 탄핵청구가 있을 때, 탄핵에 의한 파면사유(직무상 현저한 의무위반, 또는 심한 직무태만, 혹은 직무의 관련 여부에 관계없이 재판관으로서의 위신을 현저하게 상실할 만한 비행)가 있다고 판단될 때에는, 조사하고, 그 사유가 있었던 때부터 3년 이내에 소추할 수 있다. 단, 정상을 참작하여 소추할 필요가 없다고 인정할 때에는, 위원회는 소추를 유예할 수 있다.[8]

탄핵재판소의 재판의 선고는 공개법정에서 행해지며, 그 파면선고에 의해 재판관은 파면된다. 단, 자격회복을 위한 재판을 받아 자격을 회복할 수도 있다.

탄핵재판소는 국회에 의해서 설치되나, 국회와는 별개의 독립된 기관이기 때문에, 국회 폐회 중에도 그 직권을 행할 수 있다.

---

7) 국회법 제126조, 재판관탄핵법 제5조.
8) 自由國民社編, 『(圖解による)法律用語辭典(補訂第2版)』(東京: 自由國民社, 2006), 131쪽.

〈그림 3-2〉 소추 및 탄핵재판 절차

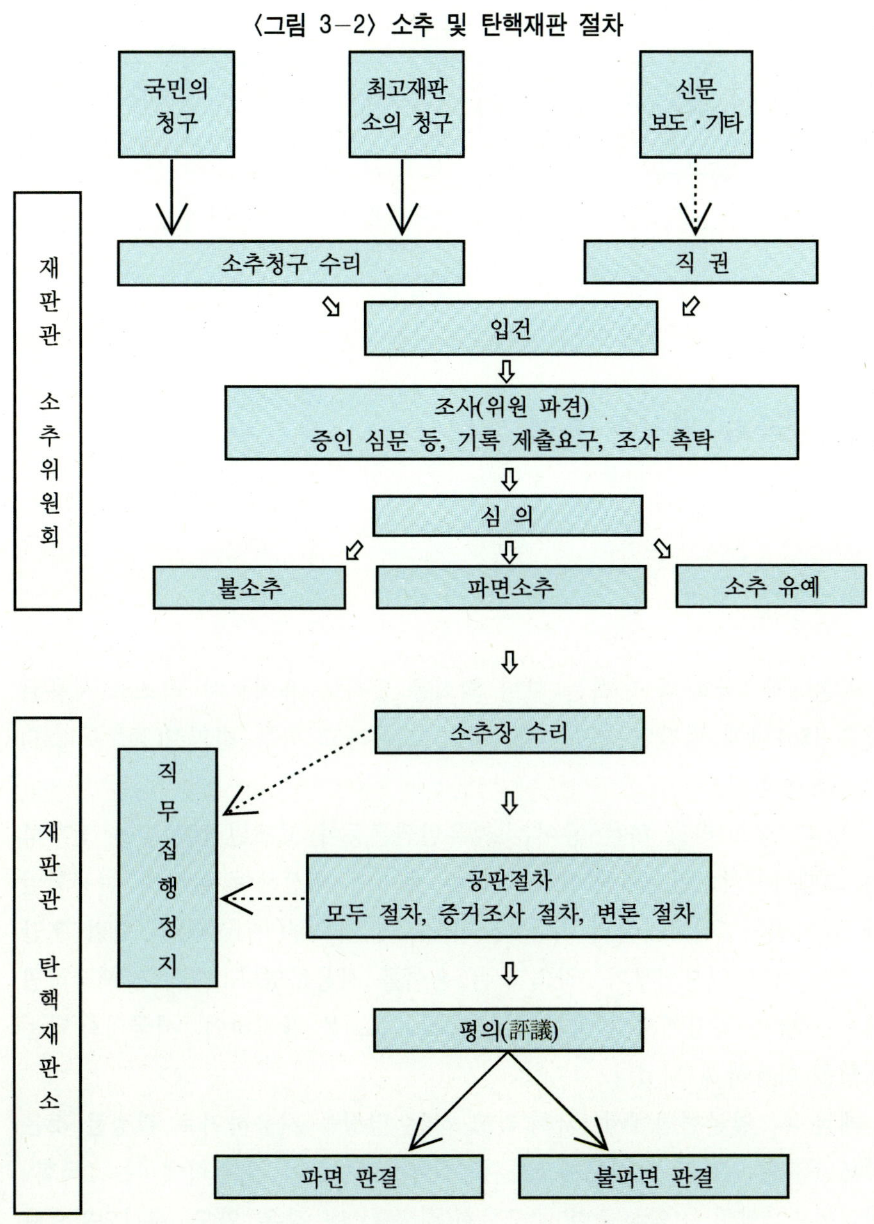

자료: http://www.dangai.go.jp/intro/intro2.html(검색일: 2008년 1월 7일).

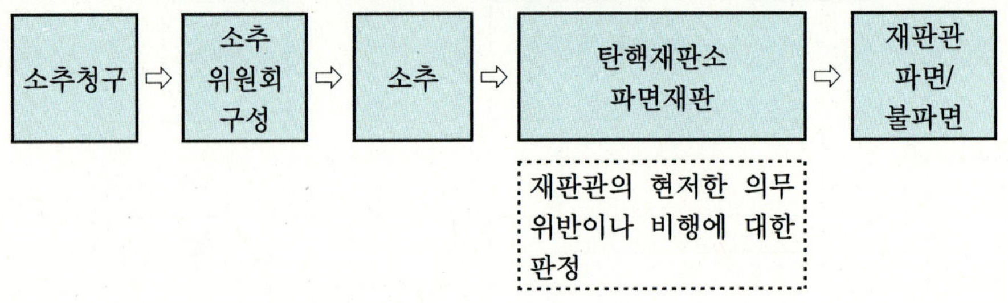

〈그림 3-3〉 재판관탄핵 절차

제2절 '국회' 명칭의 유래

1. '국회' 명칭

일본에서 '국회'라고 하는 말이 의회를 뜻하는 용어로서 최초로 사용된 것은 1861년에 발간된 연방지략(聯邦志略)이라고 하는 번역서(箕作阮甫譯)에서라고 한다.[9]

그 후 '국회'라고 하는 용어는 자유민권운동이 고조된 1877년을 전후하여 그때까지의 '민선의원'이라고 하는 용어에 대신하여 활발히 사용되었다. 1881년의 '의회개설의 칙유'나 이노우에 카오루(井上 毅)의 헌법 초안에서는 이미 일본정부가 '국회'라는 용어를 사용하였다. 그러나 제국헌법에서는 당시 독일에서의 의회 호칭(Reichs Tag)을 참고하여 '제국의회'라는 호칭을 사용하게 되었다.

패전 후, 일본헌법에서 '국회'라고 하는 명칭을 사용하기로 결정한 것은 1946년 1월 4일의 헌법문제조사위원회에서이다. 이 위원회에서는 '국회', 이외에도 '의회', '일본국회', '국의회(國議會)'와 같은 안도 제시되었으나 최종적으로는 '국회(國會)'로 낙착되었다.[10]

---

9) 議會制度研究會編, 『國會がわかる本』(東京: 第一法規, 1992), 8쪽.
10) 議會制度研究會編, 앞의 책.

국회는 한 나라의 의회를 가리키는 명칭이다. 일본에서는 제국헌법(일명 메이지헌법, 1890)하에서 의회의 명칭을 '제국의회(The Imperial Diet)'라고 하였고, 일본헌법(1947)에서는 '국회(The National Diet)'라는 명칭을 채택, 사용해 오고 있다.[11]

'국회'라고 하는 용어는 일본헌법에 연원이 있는 것은 아니고, 막부(幕府) 말기에서 메이지(明治) 초기에 걸쳐서 여러 가지 명칭으로 불리고 있던 공의기관(公議機關)이 1874년의 '민찬선의원건백(民撰選議院建白)'이라고 하는 사건에 의해 민찬의원(民撰議院)이라고 칭하게 된 후에, 1879년경부터 '국회'라고 불리게 되었다.[12] 그러다가 1946년에 '국회'가 공식용어로 채택된 것이다.

2. '중의원', '참의원' 명칭의 유래

'제국의회', '귀족원', '중의원'이라고 하는 명칭이 제국헌법 기초과정에서 처음으로 등장하는 것은 1887년 8월경, 요코하마(橫浜)의 가나자와(金澤)·나쓰지마(夏島)에서 이토 히로부미(伊藤博文)가 이노우에 카오루(井上毅), 이토 미요지(伊藤巳代治), 가네코 켄타로(金子堅太郎)의 도움을 받아 작성한 나쓰지마초안(夏島草案)에서이다. 당시 참조된 문서에 '독일국회는 독일어 라이히스 타그(Reichs Tag), 즉 라이히는 제국, 타그는 의회라는 뜻'이라는 점에 착안하여 일본의회의 명칭을 '제국의회'라고 했다.[13]

제국헌법의 기초 단계에서는, 중의원 외에도, 2개의 회의체의 조합으로서 '원로원(元老院)·대의원(代議院)', '원로원(元老院)·대의사원(代議士院)', '상원, 하원'으로 하자는 안이 제시되기도 했으나, 양원의 명칭은 결국 '귀족원·중의원'으로 결정되었다.

---

11) Diet는 '지정된 일시'라고 하는 의미에서 회의를 나타내는 용어가 되었다.
12) 淺井 淸, 『國會槪說』(東京: 有斐閣, 1948), 117쪽.
13) 稻田正次, 『明治憲法成立史の硏究』(東京: 有斐閣, 1979), 「名稱の由來」, 『國會月報』 477号(1988. 9), 74-77쪽.

□ 중의원

'중의원'이라고 하는 용어가 일본 역사상 처음으로 사용된 것은 메이지 (明治) 원년인 1868년 말에 신정부(新政府)가 공의정치(公議政治)의 기관으로서 설치한 공의소(公議所)의 회의 때였다고 한다. 1869년 4월에 그곳에서 결정된 '어국제 개정의 의(御國制改正の議)' 속에는, 부현(府縣)마다 중의원(衆議院)을 설치해야 할 것이라는 내용의 문장이 들어있었다.[14]

□ 참의원

1947년 마쓰모토 조지(松本丞治) 국무대신을 위원장으로 하는 헌법문제조사위원회(일명 마쓰모토위원회)가 작성한 헌법개정요강(甲案) 및 헌법개정안(乙案)에서 귀족원을 '참의원'으로 변경하는 것으로 결정되었다. 제국헌법개정안을 심의한 제90회 제국의회(1945. 5. 16~10. 11)에서 가나모리 토쿠지로 국무대신은 '참의원'의 명칭에 대해 묻는 의원에게 외국의 양원제 의회의 상원을 일본어로 번역하다 보니 '참의원'이라는 용어를 채택하게 되었다고 답변하였다.[15]

그리고 일본헌법의 기초 단계에서는 중의원과의 관계도 있고 해서 여러 안이 제시되기도 하였으나, 최종적으로는 지혜를 내어 중의원을 보충하고, 국회의 작용을 충분한 것으로 하는 역할을 갖는 기관으로서는 '참의원'이라고 하는 용어가 적당하다는 이유에서 이 용어를 사용하게 되었다고 한다.[16]

□ 대의사

중의원 소속의원을 통칭하여 부르는 '대의사(代議士)'라는 호칭은 가토 히로유키(加藤弘之)가 저술한 『입헌정체략』(立憲政體略, 1868)에서 처음으로 사용되었다.[17]

---

14) 議會制度研究會編, 『國會がわかる本』(東京: 第一法規, 1992), 8쪽.

15) 「名稱の由來」, 『國會月報』 477号(1988. 9), 77쪽.

16) 議會制度研究會編, 앞의 책, 24쪽.

17) '대의사'는 전전의 양원제가 중의원과 귀족원으로 나누어진 것에 유래한다. 중의원 의원이 선거를 통해 선출되는 반면 귀족원 의원은 황족, 화족 등 귀족밖에는 될 수 없는 신분이었다. 이 때문에 국민의 대표로서 국민의 소리를 대변하는 의원이

제3절 국회 구성상의 특색과 과제

1. 특색: 어울리지 않는 양원제 의회

1) 양원제의 의의

양원제의 의의는 입법기관으로서의 책임을 중의원과 참의원이 서로 분담하는 형식주의에 그치는 것이 아니라 그 분담내용에 관련하여 양원 간의 상호보완적인 기능에서 찾아야 한다. 중의원은 해산제도의 적용을 받기 때문에 참의원보다도 국민의 의견을 잘 반영한다고 볼 수 있다. 그래서 양원의 의결이 다를 경우 중의원의 의결을 우선하게 한 것이다.

2) 양원제 채택 이유

1947년에 발효된 일본헌법 제42조는 국회는 중의원(衆議院)과 참의원(參議院)으로 구성된다고 규정하고 있다. 일본은 의원내각제하의 영국형 의회형태에 대통령중심제하의 미국형 의회제도를 가미하여 의원내각제의 양원제 국회를 구성하였다. 이는 유럽의 의원내각제를 도입한 일본제국의회 이래의 전통에, 1945년 패전 후 미군의 점령기를 거치면서 미국의회의 영향을 받은 것이다.

'수(數)의 정치'에 대한 '이(理)의 정치'의 실현, 신중한 심의, 다양한 민의 반영 등 이제까지 일본헌법에서의 참의원의 존재의의를 둘러싸고 여러 사유가 붙여졌다.[18] 그러나 일본헌법하에서 참의원의 존재의의를 논증하는 일은 쉽지 않다.

라는 의미에서 중의원 의원만을 '대의사'라고 부르게 되었다. 「名稱の由來」, 『國會月報』 477号(1988. 9), 75쪽, 八幡和郎監修, 『みんなの代議士圖鑑』(東京: 講談社, 2005), 32쪽 참조.

18) 只野雅人, 「單一國家の二院制 – 參議院の存在意義をめぐって」, 『ジュリスト』 1311号 (2006. 5. 1 – 15), 31쪽.

일본헌법이, 국민의 법 앞에서의 평등을 강조하여, 화족을 포함한 귀족제도를 인정하지 않는다는 입장을 취하고 있음을 고려하면 제2원인 귀족원은 소멸되어야 하나 일본헌법은 중의원의 우월을 인정하면서 귀족원을 참의원으로 이름을 바꾸어 양원제를 유지하였다.[19]

일본이 양원제를 채택한 이유는 여러 가지로 생각할 수 있겠으나, ① 하나의 원, 즉 단원제에서 하나의 정당이 원내에서 절대다수를 점하는 경우, 그 정당의 편파적인 국정 운영을 견제할 수 있다는 점, ② 하나의 원이 해산되어 있을 때 긴급사태가 발생해도 대응할 수 있다는 점, ③ 법안 심의를 각기 다른 각도에서 행함으로써 한층 심도 있는 심의를 할 수 있다는 점, ④ 태평양전쟁 이전의 귀족원이 천황과 밀접한 관계에 있었던 만큼, 귀족원을 대신한 참의원은 헌법 개정이나 정치정세의 변화에 따라서는 다시금 천황과 밀접한 관계를 유지할 수 있게 될 가능성을 확보한 것이라는 점 등으로 정리할 수 있다.

3) 연합군총사령부의 영향

제국헌법을 개정함에 있어 일본정부의 당초 개정 초안은 국회의 조직을 중의원과, 일부 칙선의원을 포함하는 참의원의 2원으로 구성하는 내용으로 되어 있었다.

연합군총사령부(GHQ)는, 일본헌법이 공포되기 전까지 존재했던 귀족원은 그 귀족적 성격에다가, 또 천황제와 과도하게 밀접한 관계를 유지했기 때문에, 귀족원을 존속시키는 경우에는 일본정치의 민주화에 부정적인 영향을 미칠 것이기에 남겨 두어서는 안 된다는 인식을 갖고 있었다.[20]

일본정부의 참의원제도 구상은 처음에는 귀족원을 개혁하는 선에 머물러 있었다. 개정 초안에 참의원에 칙선의원을 포함시키고 있었다는 사실은 일본정부의 보수성과 천황을 정치에 연계시키려고 한 의도가 드러나

---

19) 새 헌법은 국민주권주의를 그 기본으로 하여 국회를 국권의 최고기관으로서 설정함으로써 일본국회는 협찬기관으로서의 일본제국의회와 그 성격을 달리하게 되었다.
20) ハンス H. ベアワルド, 앞의 책, 29쪽.

있다. 이런 의도를 갈파한 총사령부 측은 선거된 의원들로 구성되는 1원제(단원제) 의회를 제시하였다.

그러나 일본정부는 양원제 유지를 고집하면서 서둘러 총사령부 측과 절충을 거듭한 끝에 공선의원으로 구성할 것을 조건으로 양원제를 채택한다는 데 합의하였다. 이에 따라 귀족원은 폐지되고, 중의원과 같이 국민에 의하여 선출된 의원들로 구성되는 참의원이 설치된 것이다. 이렇게 일본정부는 천황을 의식하여 천황의 영향력이 행사되는 제2원을 구상하였으나 총사령부의 반대에 부딪히자 양원 모두 민선의원으로 조직한다는 선에서 절충하여 양원제가 헌법개정안에 반영될 수 있었다.

일본정부는 제2원에는 중의원을 억제하는 보수적·안정적 역할을 기대하였다. 이때부터 일부 국회의원에 대한 임명제, 추천제, 직능대표제 등이 고안되었다. 그러나 총사령부가 직접·평등선거제의 민주적 성격을 갖는 기관을 설치할 것을 강력히 요구하자 일본정부의 제2원인 참의원에의 기대는 달성하기 어렵게 되었다.

4) 일본 양원제의 유형

일본국회의 의회형태는 1원제형 양원제이다. 1원제형 양원제란 양원 간에 의견이 일치하지 않아 특정 의안이 결정되지 않을 때에는 국민과의 연계가 비교적 강한 하원(중의원)에 최종 결정권을 주는 제도이다. 이런 양원제의 경우 입법부로서의 의사를 결정할 때 반드시 양원협의회에 의존할 필요는 없다. 그러나 어떠한 경우라도 양원 간의 타협이나 의견절충을 기대하며 양원협의 제도를 설치해 두는 것이다.

양원제는 그 존재목적이나 역사적 경험에 따라 흔히 귀족원형, 연방국가형, 단일국가형으로 분류된다. 유형상 일본은 단일국가형 양원제에 속한다.[21]

---

21) 현재 의회를 갖는 182개국 중 68개국은 양원제를 채택하고 있다. 國會圖書館調査及び立法考査局,『國政課題の概要: 第162回國會』461号(東京: 國立國會圖書館, 2005), 4쪽. 이보다 앞선 시기인 1997년 현재 178개국의 의회 중 양원제는 60개국(33.7%), 단원제는 118개국(66.3%)에서 채택하고 있다. 김현우,「각국 의회제도 분석」,『국회보』

2. 양원제 의회: 과제와 전망

1) 비연방제 국가, 비신분회의 국가의 양원제 채택의 한계

일본은 신분회의(身分會議)의 역사적 배경을 가지고 있지 않으며, 연방제 국가도 아니고, 여러 종족으로 구성되어 여러 언어가 사용되는 나라도 아니다.

참의원의 본질적 문제는 다음 세 가지로 요약된다. ① 일본정부의 참의원 설치는 표면상으로는 중의원을 견제한다는 제도적 의도에서 비롯되었으나 실제로는 다소간 민의를 견제하려는 의도에서 비롯되었다. ② 양원제 채택의 조건에 부합하지 않는 상황에서 양원제를 운용하고 있기 때문에 비능률적이 되고 있다. ③ 참의원이 중의원과 마찬가지로 국민에 의한 선거를 통한 의원들로 구성되었음에도 중의원에 우월적 권리를 부여함으로써 민의를 차별화하고 있다.

2) 정당화로부터의 탈피

참의원의 정당화(政黨化) 문제가 대두되고, 이런저런 이유로 참의원의 존폐문제가 거론된 지 오래이다.

참의원제도를 설치한 목적은 중의원이 어떤 법률안에 대해 성급하게 결정했을 경우, 그것에 대한 반성과 재심을 촉구하는 동시에 국회의 의사는

371호(1997. 9), 138쪽. 민선의원에 의해 조직되어 입법권을 중심으로 하여 여러 가지 국정권능을 보유하는 하원에 대해, 상원의 조직이나 권능은 다양하며, 그 다양성이 각국의 양원제를 특징짓고 있다. 조직·권능이 다양함에도 이들 68개국에 양원제가 존재하는 이유는 ① 다양한 민의의 대표를 확보하고(대표의 다양성), ② 하원에서의 결정에 대한 보완·저지를 가능하게 한다는 것에 있다(결정의 보완·억지). 여기에서 대표의 다양성이란 상원에는 하원과는 다른 기반으로부터 대표를 확보한다는 것이나 일본에서는 이 존재 이유는 중요하게 간주되기 어렵다. 양원의 선거기반이 크게 다르지 않기 때문이다. 결정의 보완·억지란 하원의 행동을 어느 정도 견제하겠다는 것이다. 상원이 갖는 억지력의 강도는 그 나라의 헌법에서 상원의 권한을 하원과 대등하게 하느냐, 비대등(非對等)의 관계로 설정하느냐에 따라 달라진다. 여기에서도 권한의 크기에 관계없이, 제1차적 민의가 제2차적 민의에 의해 견제를 받아야 한다는 모순을 내포한다.

언제나 민의에 따라 신중하게 결정토록 함에 있었다. 그러나 참의원이 점차 정당화되어 감에 따라 독자적인 존재 이유를 상실하고 있다. 특히 중의원을 본거지로 하는 자유민주당 보수정권은 지금까지 보수세력의 일원화를 도모하여 왔으며 법률안, 기타 안건이 참의원에서 이론이 격심하여 의결이 잘 안 될 때에는 중의원의 의결에 따라 국회의 의사를 결정하도록 1955년에 국회법을 개정하였다. 거기다가 회기 말에는 많은 법률안이 중의원으로부터 참의원에 송부되기 때문에 참의원에서 그 많은 법률안을 신중히 검토한다는 것은 사실상 기대하기 어려워졌다.

일본에서 참의원의 역할과 기능에 관하여 우려의 소리가 나기 시작한 것은 1947년에 참의원선거법이 제정되면서부터이나 1982년에 공직선거법이 개정될 당시 참의원의 전국구의원 선출에 비례대표제가 도입되면서 본격적으로 거론되기 시작했다. 이 제도가 참의원의 정당화를 더욱 가속시켜 참의원의 독자성을 잃게 하였으므로 1985년대 중반에 이르러서는 이른바 참의원무용론 또는 참의원폐지론이 나오게 되었다.[22]

오카다(岡田)는, 일본사회의 새로운 '행복과 풍요로움의 이미지'를 획득하기 위해서는 다양한 이익관심을 반영시키기 위한 탈정당화(脫政黨化)한 참의원이 필요하다는 견해를 제시하였다.[23] 그의 견해는 지역 종단적인 이익과 사회 종단적인 이익을 동시에 퍼 올려 국회에서 논의되게 해야 한다는 관념에 기초한 것으로 보인다. 이러한 관념은 결국 양원제 의회의 원래 취지에 부합하는 것으로서 현실적인 측면보다는 이상적인 측면에 무게를 두는 입장이라고 할 수 있다.

3) 참의원의 독자성 확보

일본의 역사와 사회구성을 볼 때 일본에서의 양원제도 시행은 적합하지

---

22) 일본경영자단체연합회는 1982년 1월 11일의 총회에서 1989년의 통상선거부터 비례대표제를 폐지하며 2000년을 기하여 참의원의 폐지를 검토해야 한다는 일본노동문제연구위원회의 보고서를 승인한 바 있다.

23) 岡田憲治, 「參議院の獨自性と政黨のあり方について」, 『世界と議會』 482号(2004. 7), 11－20쪽.

는 않다. 그럼에도 양원제가 제국헌법(1889)과 일본헌법(1947)에 채택된 것
은 우연한 일이라기보다는 천황의 존재와 영향력에 관련된 정치적 의도가
복선으로 깔려 있다고 볼 수 있다. 양원제를 채택하기에는 역사적·사회
적 조건이 적합하지 않은 일본에서 상원의 역할과 기능을 하고 있는 참의
원은 폐지하기도 어렵고 그렇다고 양원제 설치의 취지에 부응하는 기능을
새로이 창출해 내기도 어려운 상황에 빠져 있는 것이다.

선거구는 달라도 중의원과 참의원은 각기 국민의 직접선거에 의해 선출
되지만, 법적으로도 실제의 권한으로도 참의원은 중의원에 비해 그 중요
성과 기능이 한 단계 낮다는 데에 문제가 있다.

제도 시행 초기에 중의원과는 다른 선출방법을 택함으로써 참의원의 독
자성을 확보하려 했으나 그것이 기대만큼 성과는 거두지 못하고 있다.

2000년 4월, 사이토 주로(齋藤十郞) 참의원 의장의 사적 자문기관인 '참
의원의 장래상을 생각하는 유식자 간담회'가, 다수의 제안을 하였다. 그중
하나가 선거제도의 개혁이다. 당파에 구속되지 않는 개인 의견의 반영, 다
양한 개인을 선출하는 것에 주안점이 주어져 있다. 동 간담회가 제출한
답신에서는 양원제를 유지하고, 양원의 관계를 근본적으로 재검토하여 양
자의 기능을 명확히 분리함과 동시에 이를 가시화하기 위해 참의원의 대
표제도나 선거제도를 전면적으로 변경하는 것으로 되어 있다.

4) 전망

일본의 양원제 채택은 천황제 유지와 관련이 있다. 헌법 제정 당시의 정
황을 두고 볼 때 일본정부가 천황의 정치적 권한을 어떠한 형태로든 유지
하려 했으며, 무슨 일이 있어도 천황제가 폐지되는 것은 막으려고 했고, 제
국의회 시절 천황의 영향력이 미쳤던 귀족원을 이어받는 제2원을 유지하려
고 한 것이다. 따라서 앞의 의회형태의 추세 부분에서도 살펴보았듯이 단원
제로의 이행이 하나의 추세가 되고 있음에도 일본의 단원제 의회로의 이행
은 거론은 될지언정 조속한 시일 내에 성취될 것으로는 보이지 않는다.[24]

---

24) 의회구성의 세계적 추세는 단원제이다. 이에 관해서는 김현우, 앞의 글, 116-146

결국 일본국회는 참의원을 폐지하든가 아니면 모든 참의원 소속의원을
무소속으로 하여 정당화를 막든가 해야 할 것이다. 참의원의 정당화를 막
는다면 그때 비로소 제2원으로서의 기능을 다하게 될 것이다.[25]

제4절 국회의장 및 임원

일본국회법은 국회의장, 부의장, 가의장(임시의장), 상임위원장, 사무총장
을 국회의 임원이라고 명시하고 있다(제16조). 단, 특별위원장은 명시적인
임원 범주에는 포함되어 있지 않다. 임원은 법률에 규정이 있는 경우를
제외하고는 국가 또는 지방공공단체의 공무원을 겸직할 수 없다.[26]

1. 의장 선출 및 임기

1) 선출

중의원과 참의원의 의장·부의장은 각 원에서 선거에 의하여 국회의원
중에서 선출한다.[27]

국회소집 당일에 의장이 결원일 때, 각 원에서 의장선거를 행한다. 또
회기 중에 의장이 결원이 되었을 때에는 즉시 각 원에서 의장 선거를 행한
다. 의장·부의장의 선출은 선거 전에 각 회파 간의 대화로 미리 후보자
가 결정되나 절차상은 각 의원의 본회의에서 선거로 선임한다.[28]

쪽 참조.

25) 일본이 장기적으로는 단원제 의회로 전환해야 한다는 주장 또는 대안 제시는 岡野加
穗留, 「デモクラシーと現代政黨 - 政治的遺傳子の組換え作業」, 『世界と議會』 482号
(2004. 7), 10쪽, 加藤秀治郎, 『憲法改革の政治學(增補改訂版)』(東京: 一藝社, 2005), 67
-70쪽 참조.

26) 佐藤弘吉, 『注解 參議院規則(新版)』(東京: 參友會, 1994), 6쪽.

27) 헌법 제58조 1항 및 국회법 제6조, 제23조 참조.

28) 과거에는 여당이 의장, 부의장을 독점했으나, 중의원은 제79회 국회(1976년), 참의

의장 선출은 국회소집 당일에 의장이 결원일 때에는 당일 집회한 국회 의원이 총 의원의 3분의 1에 달한 후에, 회기 중에 의장이 결원일 때에는 즉시 의장 선거를 무기명투표로 실시한다.[29]

2) 임기

국회의장의 임기는 국회의원으로서의 임기에 의한다. 그러나 참의원은 3년마다 절반의 의원이 개선되므로, 참의원의 의장은 부의장과 함께 상회(常會, 통상선거) 후의 국회소집 때 사임하는 것이 관례로 되어 있다. 의장은 일신상의 형편이나 기타의 이유가 있을 때 의원(議院)의 허가를 얻어 사임할 수 있다. 폐회 중에는 부의장의 허가를 얻어 사임할 수 있다.

2. 의장의 지위 및 권한

1) 지위

중의원과 참의원의 의장은 행정·사법의 각 수장인 내각총리대신·최고 재판소장관과 동렬(同列)이며, 그 권위는 높다. 하지만 의장의 권한 행사에 있어 의장은 그 자문기관인 의원운영위원회에서의 각 정당 간의 협의내용에 따라 그 권한을 행사하는 것이 보통이다. 의장은 의사협의회의 주재를 의원운영위원회의 위원장에게 위임할 수 있다.

원은 제81회 국회(1977년) 이후에는, 제1당(여당)에서 의장, 제2당(야당 제1당)에서 부의장을 내는 관행이 정착되었다. 그런데 1993년 비자유민주(非自由民主) 연립정권 성립 후의 중의원에서 자유민주당은 최다의석을 갖는 제1당이면서 여당이 아니었기 때문에 여당 간에 의장직을 둘러싸고 다툼이 있었다. 당시 여당 회파 중 제1당이 된 사회당에서 도이 타카코 의원이 의장으로 선출되고, 자유민주당에서 부의장직을 맡게 되었다. 大山礼子, 『國會學入門(第2版)』(東京: 三省堂, 2003), 31쪽.

29) 의장·부의장 선거 절차는, 중의원규칙에서 정하는 것 외에, 제1회 제국의회에서 정해진 '의장·부의장 후보자 선거 절차 수칙'에 따른다. 衆議院事務局, 『衆議院先例集』(東京: 衆議院, 2003), 41쪽 참조.

2) 직무권한

국회의장은, 의원(議院)의 질서를 유지하고, 의사를 정리하며, 의원의 사무를 감독하고, 의원을 대표한다(국회법 제19조). 포괄적으로 규정된 국회의장의 직무권한은 질서유지권, 의사정리권, 사무감독권 그리고 국회대표권 등 4가지로 정리된다.[30]

① 질서유지권

질서유지의 핵심은 의장경찰권(議長警察權)인데, 국회의장은 원내의 질서유지가 필요할 때에는 국회의 직원인 위시(衛視)[31]에 대한 지휘권을 갖는다. 또 의장의 요구에 의해 내각이 경찰관을 국회에 파견할 때에는 의장이 그 경찰관에 대한 지휘권을 갖는다.

의장은, 본회의 도중에 국회의원이 국회법·의원규칙에 위반하거나, 기타 회의장 질서를 어지럽히거나, 또는 국회의 품위를 훼손하는 행위를 하였을 때에는 이를 제지하고, 발언을 취소시킬 수 있다. 의장의 명령이나 지시에 따르지 않는 국회의원에 대해서는 그날의 회의가 끝날 때까지, 또

---

30) 국회의장은 ① 본회의 운영(본회의를 초집하고 의사를 진행한다), ② 궁중(황실)관계 행사 출석(궁중만찬회 등의 행사에 참의원을 대표하여 출석한다), ③ 외국국회(국회의원)와의 교류(외국의 국회의원(단체)을 초대하고, 또 초대를 받아 외국을 방문하여 우호를 증진시킨다), ④ 식전 출석(평화기념식전, 교통안전중앙대회, 전국육수제(育樹祭) 등 여러 식전에 중의원/참의원을 대표하여 출석한다), ⑤ 정당 간의 의견조정(각 위원회나 조사회의 장, 각 회파의 대표를 만나, 국회운영 등에 관해 협의한다) 등의 일을 하고 있다.

31) 한국국회의 경위와 방호원의 역할을 행하는 직책을 일본국회에서는 위시(衛視)라고 한다. 주된 임무는 출입자 점검, 국회의원 신변경호, 본회의 및 위원회의 '질서유지'이다. 회의장에서는 의장, 위원장의 지시에 따라 움직이는데, 강행채결이나 난투극이 벌어질 때에는 전수방위한다. 讀賣新聞調査研究本部編, 『日本の國會: 證言·戰後議會政治の步み』(東京: 讀賣新聞社, 1988), 189쪽. 중의원은 2005년 6월 14일, 지난 1960년 일·미 안보조약 개정을 둘러싸고 여야 국회의원의 몸싸움이 빈발하던 당시 부상위험을 보상하기 위해 신설했던 '난투수당'을 관리직은 2006년부터, 일반직은 2008년부터 전면 폐지하기로 결정했다. 국회는 직원들이 국회의원들의 몸싸움을 말리다가 부상할 위험에 대한 보상의 취지에서 연 1회 급여의 일정 비율을 '난투수당'의 명목으로 지급해 왔다(2004년 중의원 직원 1,674명에게 3억 6,400만 엔 지급). 『조선일보』 2005년 6월 16일자.

그 의사가 다음 날에 계속될 때에는 그 의사가 종료될 때까지 회의장 바깥으로 퇴거시킬 수 있다.[32] 퇴장 명령에 따르지 않을 때에는 위시로 하여금 이를 집행한다.[33] 의장은 본회의장을 정리하기 어려울 때에는 휴식을 선고하거나 산회할 수 있다. 국회의원이 아닌 자가 의원 내부에서 질서를 어지럽힐 때에는 의장은 이를 원외로 퇴거시키고, 필요한 경우에는 그를 경찰관에게 인도할 수 있다. 또 의장은 회의장을 정리하기 어려운 때에는 휴게를 선고하거나 또는 산회할 수 있다.

국회의장은 국회의 개회, 폐회를 막론하고 의장경찰권을 행사할 수 있다.[34] 의장경찰권이 미치는 범위는, 의원(議院) 내부이나, 의원 내부란 일반적으로 각 의원이 의원(議院)활동을 행하기 위해 필요한 시설이라고 할 수 있다. 인적 범위는 원내에 있는 국회의원, 비서, 직원, 참고인, 방청인 등이 모두 경찰권의 범위에 포함된다.[35]

국회의 회기 중 각 의원(議院)의 기율을 유지하기 위해, 내부의 경찰권은 의장이 위시 및 경찰관을 지휘하여 행한다. 폐회 중일 경우도 동일하다. 위시는 의원 내부의 경찰을 행하고, 경찰관은 의사당 바깥의 경찰을 행한다.[36] 단, 의장이 특히 필요하다고 인정할 때에는, 경찰관으로 하여금 의사당 내의 경찰을 행하도록 할 수 있다.[37]

---

32) 國會法規研究會,「國會活動の保障措置(1)」,『時の法令』1669号(2002), 58쪽.
33) 위시는 위시장(衛視長) - 위시부장(衛視副長) - 위시반장(衛視班長) - 위시(衛視)로 구분된다.
34) 의원 내부의 경찰권은 과거에는 회기 중에 한하여 인정되었으나, 제21회 국회(1954. 12. 10 소집)에서 국회법의 일부를 개정하는 법률(1955년법 법률 제3호)에 따라 폐회 중에도 경찰권을 갖는 것으로 개정되어, 양원의 의장은, 회기 중이나 폐회 중에도 의원(議院)에서 필요로 하는 경찰관의 파견을 요구할 수 있게 되었다.
35) 淺野一郎,「院內の秩序維持と議長警察權」,『議會政治』39号(1996), 15쪽.
36) 제5회 국회 1949년 10월 19일 및 21일의 중의원 의원운영위원회에서, 의원 내부란, 의사당의 울타리 안을 가리키며, 의원회관 및 의원숙소는 대상에서 제외된다는 것이 확인되었다(중의원 선례집 제540호, 참의원 선례집 제446호 참조).
37) 의원 내부에 현행범이 있을 경우, 위시 또는 경찰관은 현행범을 체포하고 의장의 명령을 기다리지 않으면 안 된다. 단, 회의장에서는 의장의 명령이 없으면 체포할 수 없다(중의원규칙 제210조, 참의원규칙 제219조).

② 의사정리・지휘권

의사정리・지휘권이란 국회의장이 갖는 의사주재자로서의 권한을 말한다. 의사일정의 조정과 관련하여, "의장은, 특히 긴급한 필요가 있다고 인정할 때에는, 회의의 일시만을 의원(議員)에게 통지하고 회의를 열 수 있다."고 하였으며, "의장은, 의사(議事)의 순서 기타 필요하다고 인정하는 사항에 관하여 의원운영위원회 및 의원운영위원회가 선임하는 의사협회원(議事協會員)과 협의할 수 있다. 그 의견이 일치하지 않을 때에는, 의장은 이를 재정할 수 있다."고 하였다.

이러한 규정에 따라 국회 혼란 시, 협의에 진전이 없을 때에는 사태수습을 위해 의장의 중개가 시도되기도 한다. 의장의 중개행위에는, 견해, 알선, 조정, 재정, 재단과 같은 것이 있으나 의장 스스로 주도권을 가지고 알선 등을 행한 경우라도 그 알선이 무위로 끝나는 일도 있다.[38]

본회의에서의 의사통제권자는 의장이다.[39] 국회의 동향을 좌우하는 중요한 요인으로서 주목받고 있는 것이 의사통제권(agenda control power)인데, 이것은 어떤 의안을 어떤 순서로 어떻게 의제(심의의 대상)로 삼느냐를 결정하는 권한이다.[40]

의원운영위원회나 국회대책위원회에서의 여・야당 간의 합의형성은 야당에 영향력을 행사시키는 국회의 제도적 특징이라고 일반적으로 인식되어 있다고 한다.[41] 단 의원운영위원회의 의사에 관한 결정은 관행으로서 전회일치에 의하고 있으나 그것은 어디까지나 '신사협정'이며, 의원운영위원회의 의견이 일치하지 않는 경우, 의장은 재정할 권한을 갖는다.[42]

---

38) 2000년, 공직선거법개정안을 둘러싸고 혼란해졌을 때, 사이토 주로 참의원 의장이 사태수습을 위해 알선안을 제시했으나 받아들여지지 않자 의장직을 사임했다. 衆議院調査局議會制度等研究グループ, 「日米英國議會における法案審議－本會議の法案審査における日米英國の比較－」, 『RESEARCH BUREAU 論究』 2号(東京: 衆議院調査局, 2006. 1), 136쪽.

39) 이때 의장을 돕는 참모는 의원운영위원회이다.

40) 의사통제권이란 설명만 할 것인가, 질의도 할 것인가, 표결까지 갈 것인가 등에 관해 결정할 수 있는 권한이다.

41) 예를 들면 內田健三, 「政黨內・間の手續き: とくに議院運營委を中心に」, 日本政治學會編, 『年報政治學1985: 現代日本の政治手續き』(東京: 岩波書店, 1986), 佐藤誠三郎・松崎哲久, 『自民黨政權』(東京: 中央公論社, 1986), 130－135쪽.

중의원에서 동의 또는 결의안을 발의하는 데는 50인 이상의 찬성의원과 연서하여 의장에게 제출함으로써 이를 행할 수 있다. 참의원에는 의원규칙에 발의요건에 관한 규정이 없으므로 결의안은 일반 의안과 같이 10인 이상의 찬성의원과 함께 연서하여 의장에게 제출하면 된다.

또 질의·토론 기타의 발언시간의 제한, 발언시간 외의 미발언(未發言) 부분의 회의록에의 게재 승인, 소수의견 보호에 관한 시간제한, 비밀회의 발의, 긴급집회의 종회선고(終會宣告), 개의·산회·연회·휴게의 선고, 의사일정 순서의 변경·안건의 추가발의, 자기 좌석에서의 발언 허가, 기명투표결과의 선고, 그리고 기명투표시간 또한 제한할 수도 있다.43)

의장은 의원(議院)에서의 선거에서 투표는 하지만 국회의원으로서의 표결에는 참가하지 않는 것이 관례이다. 그러나 의사정리권에 관한 중요한 것으로서, 본회의에서의 표결에서 '가부동수일 때의 결재권'은 행사할 수 있다.44)

③ 사무감독권

중의원과 참의원의 의장은 각기 질서유지권, 의사정리·지휘권, 발의권, 국회대표권 등의 행사와 관련된 모든 사무의 감독권자이다. 사무총장과 국회도서관장은 의장의 감독과 지휘를 받아 사무국, 법제국, 국회도서관 등의 행정사무를 관장한다.

④ 국회대표권

의장은 국회 개회식의 주재, 내각총리대신 지명 상주(上奏), 의결된 의안 상주 및 송부, 국무대신 등의 위원회 출석요구, 국회로부터의 내각에의 질문취지서 전송, 증인의 출석요구 등의 권한을 갖는다.

---

42) 전전의 제국의회에서는 의회운영에 관여하는 각파교섭회에 전회일치 명문규정이 있으나, 전후의 국회에서는 위원회의 이사회에서의 불문의 관행으로서 전회일치가 존중되고 있는 데 불과하다는 의견이 있다. 大山禮子, 앞의 책, 45쪽.
43) 국회의원이 내각에 대하여 질문을 하고자 할 때에는, 의장의 승인을 요한다(국회법 제74조 제1항).
44) 의원들은 국회의장의 신임 또는 불신임의 동의 또는 결의안을 발의할 수 있다.

3) 의장의 당적 이탈

의장은 앞부분에서 본 것처럼 의사(議事)의 주재권, 사무감독권, 의원(議院)대표권이 있으며 구체적으로는 본회의를 개회할 수 있는 권한, 의원의 발언을 제한하는 권한, 의안심의의 우선순위를 결정하는 권한, 경찰관 파견요청 및 지휘권한, 징벌사범 의원을 징벌위원회에 회부하는 권한 등 광범위한 권한을 갖는다.

이렇게 큰 권한을 갖는 의장과 부의장에게는 공정성과 중립성이 요구된다. 이들의 당적 이탈은 오래 전부터 관행이 되어 왔는데, 중의원에서는 제국의회 시절에도 의장이 당적을 이탈한 사례가 다수 있다.[45]

일본국회에서도 1953년 5월 18일에 소집된 제16회 국회에서 쓰쓰미 야스지로(堤康次郎, 改進黨) 의장과 하라 타케시(原彪, 左派社會黨) 부의장이 처음으로 당적을 이탈한 이래 소속정당을 떠나는 사례가 적지 않다.[46]

단, 자유민주당 다수의석 시대에는 자유민주당 당적을 갖는 의장도 있었다. 현재는, 제1당에서 의장, 제2당에서 부의장을 내는 것이 관례가 되어 있는데, 이것은 여·야당 의석수가 백중하였기 때문이며, 1970년대 초반 이전은 다수의석을 점한 자유민주당이 의장과 부의장직을 독점하는 일이 많았다.

의장과 부의장이 당적을 이탈했다 하더라도 국회가 혼란스러울 때에는 자신의 출신정당에 구속되는 일도 적지 않다.

3. 부의장

1) 부의장 선출

부의장은 현재 야당 제1당에서 선임하는 것을 관례로 하고 있으며, 의

---

45) 중의원 의장의 당적 이탈은 제50회 제국의회(1939. 3. 24)에서 중의원의 혼란을 수습하고 정상화를 도모하기 위한 수단으로서 일본국회사상 처음으로 도입되었다.

46) 의장·부의장이 당적을 이탈한 선례는 衆議院事務局, 『衆議院先例集』(東京: 衆議院, 2003), 75쪽, 당적 이탈 당시의 상황은 「衆議院議長の黨籍離脫」, 『國會月報』 475号 (1988. 7), 76-79쪽 참조.

장과 마찬가지로 취임 시에는 당적을 이탈한다.

2) 부의장의 권한

부의장의 권한은 의장의 직무권한을 임시로 대행한다. 따라서 의장이 건재하여 직무를 행하는 한 부의장은 자신의 독자적인 직무권한은 갖지 않는다. 그러나 실제로는 의장의 보좌기관으로서의 역할을 담당하는 중요한 지위에 있다.

부의장은 의장에게 사고가 있는 경우나, 의장이 결원일 경우에 의장 직무권한의 모든 것을 대행하게 된다. 회기 중에는 부의장이 일정 시간 의장의 직무를 대행하는 것을 흔히 볼 수 있다. 의장에 대한 신임 또는 불신임안 제출 시에는 부의장이 의장을 대신하여 의장석에 앉아 그 의사를 주재하는 일이 있으며, 또 장시간에 걸친 회의 도중에 의장의 요청에 의하여 의장을 대신하여 의장석에 앉아 단시간 의사를 정리하는 일도 있다.

부의장은 각 원에 1명씩 두고 있으며(국회법 제17조), 그 선임, 임기, 사임, 불신임 · 신임에 대해서는 의장의 경우와 같다.

4. 가의장

1) 가의장 선거

임시의장인 가의장(假議長)은 본회의에서 선거로 선임하는 것이 원칙이나, 의원(議院), 즉 중의원 혹은 참의원은 가의장의 선임을 의장에게 위임할 수 있다(국회법 제22조). 의장과 부의장에게 모두 사고가 있을 경우, 사무총장이 의장의 직무를 행하여 가의장 선거에 임한다.

2) 직무 범위

가의장의 직무 범위는 의장 및 부의장에게 사고가 있는 범위 내에 한정된다. 부의장과는 달리 임시로 설치되는 직위이다. 가의장은 의장 · 부의장 모두에게 사고가 있을 때 선임되는 임시직이나, 임원으로 분류되는 것은 임시직이라도 의장의 직무를 행하기 때문이다.[47]

의장 및 부의장으로부터 각각 사직원이 제출되었을 때 또는 의장의 신임에 관한 의사(議事)에 즈음하여 부의장이 결석하거나, 혹은 부의장의 신임에 관한 의사에 즈음하여 의장이 결석했을 때에 가의장을 선임한 선례가 있다.[48]

5. 상임위원장

위원회중심주의를 채택하고 있는 일본에서 상임위원장 직위는 특히 중요하다. 상임위원장은 그 상임위원회의 의사를 정리하고 질서를 유지하며 위원회를 대표한다.

상임위원장은 그 상임위원회 위원 중에서 선거에 의해서 선출되는 것이 원칙이나 실제로는 선거 절차는 생략되고 대부분 의장의 지명에 의해 선임된다. 이 경우 각 회파의 세력관계에 따라 각각의 직위 배분이 이루어진다.

상임위원장의 임기는 위원으로서의 임기, 즉 국회의원의 임기와 같으나 실제로는 내각개조(개편) 등에 연계하여 그 임기 도중에 교대되는 일이 많다.

6. 사무총장

1) 역할

중의원과 참의원에는 각기 '사무총장'이라고 하는 직책이 있다. 사무총장은 사무국의 장(長)이며, 국회의 임원으로서 의원운영, 사무행정에 관하여 의장을 보좌하고 지원하는 직책이다.

---

47) 淺野一郞·河野 久編, 『新·國會事典』(東京: 有斐閣, 2003), 39쪽.
48) 부의장의 장기에 걸친 외유 도중 의장에게 사고가 있을 경우에 대처하기 위해 미리 가의장을 선임한 선례도 있다. 衆議院事務局, 『衆議院先例集』(東京: 衆議院, 2003), 63쪽.

국회법은, 사무총장은 의장의 감독하에, 국회의 사무를 관장하고, 공문서에 서명하는 것이 임무라고 규정하고 있다. 사무총장은 의장의 지혜 주머니 역할이나 상담상대가 되어 주기도 하며, 때로는 의장이 출신정당의 이익을 대변하여 편향된 행동을 할 때에는 제동을 걸기도 한다.

사무총장은, ① 국회 분규 공전 시에는 조정, 재정에 나서는 의장에게 국회의 규칙, 선례 등의 지혜를 제공하고, 의장의 권위와 중립성을 지키기 위해, 조정, 재정 시나리오를 의장에게 상신하며, ② 본회의 개의 시에는 의사를 진행하는 의장을 보좌하고, ③ 평시(회기 중 포함)에는 국회의 의원운영, 사무행정에 관해 의장을 보좌하고, ④ 의장·부의장 선거 시에는 의장석에 앉아 선거를 관리하는 등 여러 역할을 수행한다.

2) 선출 및 임기

중의원과 참의원은 각각 국회의원이 아닌 자 중에서 1인을 선거에 의하여 사무총장에 선임하도록 되어 있다.

구체적으로는 사무총장은 중의원, 참의원의 본회의에서 각각 선거하게 되어 있으나 그것은 형식적인 절차에 불과하고 실제로는 그 절차를 생략하고 국회의장이 자신의 속한 원(院)의 사무국 차장을 승격시켜 지명하는 것이 관례가 되어 있다.[49]

임기에 대한 규정은 없다. 사무총장은 일단 본회의에서 선출하도록 되어 있기 때문에 파면을 하기 위해서는 불신임결의안을 제출할 수 있는 대상이 된다.

3) 직무

사무총장은 특별직 국가공무원으로서 국회의 사무행정을 통괄하는 입장에 있으며, 각료급에 해당하는 대우를 받는다. 사무총장의 직무는 크게 3가지로 분류된다.[50]

---

49) 衆議院事務局, 앞의 책, 72쪽.
50) 淺野一郎·河野 久編, 앞의 책, 45쪽.

① 의장 직무 대행 및 직무 보좌

㉮ 의장 및 부의장이 모두 부재하는 경우, 의장 및 부의장이 선거될 때까지 의장의 직무를 행한다. ㉯ 의장 또는 부의장이 결원일 때, 그 선거에서, 부의장 또는 의장에게 사고가 있는 경우, 의장의 직무를 행한다. ㉰ 의장 및 부의장 모두에게 사고가 있는 경우, 가의장(임시의장) 선거에서 의장의 직무를 행한다. ㉱ 사무총장은 국회 본회의가 열리면 의장 옆의 좌석에 앉아 의사정리, 의사일정에 관하여 의장을 보좌한다. 이 밖에도 의원운영위원회에 출석하여 사무국 운영에 관해 보고하는 등 의장을 사무적인 측면에서 보좌한다.

② 국회의 사무 통괄

사무총장은 의장의 감독하에 의원의 사무를 관장하고, 공문서에 서명한다. 회의록에 서명하거나 다른 원(院)에 제출, 송부, 회부하는 의안에도 서명한다.[51]

③ 사무국 직원 임면

사무차장과 각 부장은 사무총장이 의장의 동의를 얻어 참사(參事) 중에서 임명한다. 국회법은, 사무총장이 참사 기타의 직원에 대해 의장의 동의 및 의원운영위원회의 승인을 받아 임명한다고 정하고 있다(국회법 제27조 2항).

사무총장이 통괄하는 국회직원은 일반공무원이 아닌 국가공무원법상의 특별직공무원이다. 1948년부터 3년간은 인사교류 활성화를 위해 일반직으로 한 적이 있으나 그 후 특별직으로 전환되었다.[52] 이 때문에 국회직원의 자격, 정년, 복무, 급여, 징계는 국가공무원법이 아니라 국회직원법의 적용을 받는다.

---

51) 중의원 의장이면 참의원으로 보내는 의안에, 참의원 의장이면 중의원으로 보내는 의안에 서명한다.
52) 每日新聞特別取材班, 『國會は死んだか?』(東京: 每日新聞社, 1996), 259쪽.

<표 3-1> 중의원 의장·부의장 일람(1947-2007)

	의장		부의장	
	성명	재임기간	성명	재임기간
39	松岡駒吉 마쓰오카 코마키치	1947.5.21-1948.12.23	田中万逸 다나카 망이쓰	1947.5.21-1948.12.23
40	幣原喜重郎 시데하라 키주로	1949.2.11-1951.3.10	岩本信行 이와모토 노부유키	1949.2.11-1952.8.28
41	林 譲治 하야시 조지	1951.3.13-1952.8.1		
42	大野伴睦 오노 반보쿠	1952.8.26-1952.8.28		
43	大野伴睦 오노 반보쿠	1952.10.24-1953.3.14	岩本信行 이와모토 노부유키	1952.10.24-1953.3.14
44	堤 康次郎 쓰쓰미 야스지로	1953.5.18-1954.12.10	原 彪 하라 다케시	1953.5.18-1954.12.15
45	松永 東 마쓰나가 토	1954.12.11-1955.1.24	高津正道 다카쓰 세이도	1954.12.15-1955.1.24
46	益谷秀次 마스타니 슈지	1955.3.18-1958.4.25	杉山元治郎 스기야마 모토지로	1955.3.18-1958.4.25
47	星島二郎 호시지마 지로	1958.6.11-1958.12.13	椎熊三郎 시이쿠마 사부로	1958.6.11-1958.12.13
48	加藤鐐五郎 가토 료고로	1958.12.13-1960.2.1	正木 清 마사키 키요시	1958.12.13-1960.1.30
49	清瀬一郎 기요세 이치로	1960.2.1-1960.10.24	中村高一 나카무라 다카이치	1960.1.30-1960.10.24
50	清瀬一郎 기요세 이치로	1960.12.7-1963.10.23	久保田鶴松 구보타 쓰루마쓰	1960.12.7-1961.6.8
			原 健三郎 하라 켄자부로	1961.6.8-1963.10.23
51	船田 中 후나다 나카	1963.12.7-1965.12.20	田中伊三次 다나카 이사지	1963.12.7-1965.12.20
52	山口喜久一郎 야마구치 기쿠이치로	1965.12.20-1966.12.3	園田 直 소노다 스나오	1965.12.20-1966.12.27
53	綾部健太郎 아야베 켄타로	1966.12.3-1966.12.27		
54	石井光次郎 이시이 미쓰지로	1967.2.15-1969.7.16	園田 直 소노다 스나오	1967.2.15-1967.11.25
			小平久雄 고다이라 히사오	1967.12.4-1969.7.16

	의장		부의장	
	성명	재임기간	성명	재임기간
55	松田竹千代 마쓰다 타케치요	1969.7.16-1969.12.2	藤枝泉介 후지에다 센스케	1969.7.16-1969.12.2
56	船田 中 후나다 나카	1970.1.14-1972.11.13	荒船淸十郎 아라후네 세이주로	1970.1.14-1972.1.29
			長谷川四郎 하세가와 시로	1972.1.29-1972.11.13
57	中村梅吉 나카무라 우메키치	1972.12.22-1973.5.29	秋田大助 아키타 다이스케	1972.12.22-1976.12.9
58	前尾繁三郎 마에오 시게사부로	1973.5.29-1976.12.9		
59	保利 茂 호리 시게루	1976.12.24-1979.2.1	三宅正一 미야케 쇼이치	1976.12.24-1979.9.7
60	灘尾弘吉 나다오 히로키치	1979.2.1-1979.9.7		
61	灘尾弘吉 나다오 히로키치	1979.10.30-1980.5.19	岡田春夫 오카다 하루오	1979.10.30-1980.5.19
62	福田 一 후쿠다 하지메	1980.7.17-1983.11.28	岡田春夫 오카다 하루오	1980.7.17-1983.11.28
63	福永健司 후쿠나가 켄지	1983.12.26-1985.1.24	勝間田淸一 가쓰마타 세이이치	1983.12.26-1986.6.2
64	坂田道太 사카타 미치타	1985.1.24-1986.6.2		
65	原 健三郎 하라 켄자부로	1986.7.22-1989.6.2	多賀谷眞稔 다가야 신넨	1986.7.22-1989.6.2
66	田村 元 다무라 하지메	1989.6.2-1990.1.24	安井吉典 야스이 요시노리	1989.6.2-1990.1.24
67	櫻內義雄 사쿠라우치 요시오	1990.2.27-1993.6.18	村山喜一 무라야마 키이치	1990.2.27-1993.6.18
68	土井たか子 도이 다카코	1993.8.6-1996.9.27	鯨岡兵輔 구지라오카 효스케	1993.8.6-1996.9.27
69	伊藤宗一郎 이토 소이치로	1996.11.7-2000.6.2	渡部恒三 와타나베 코조	1996.11.7-2000.6.2
70	綿貫民輔 와타누키 타미스케	2000.7.4-2003.10.10	渡部恒三 와타나베 코조	2000.7.4-2003.10.10
71	河野洋平 고노 요헤이	2003.11.19-2005.8.8	中野寬成 나카노 칸세이	2003.11.19-2005.8.8
72	河野洋平 고노 요헤이	2005.9.21-	橫路孝弘 요코미치 다카히로	2005.9.21-

<표 3-2> 참의원 의장·부의장 일람

	의장			부의장	
	성명	재임기간		성명	재임기간
1	松平恒雄 마쓰다이라 쓰네오	1947.5.20.~1949.11.14.	1	松本治一郎 마쓰모토 지이치로	1947.5.20.~1949.2.25.
2	佐藤尙武 사토 나오타케	1949.11.15.~1950.7.12.	2	松嶋喜作 마쓰도리 키사쿠	1949.3.26.~1950.5.2.
3	佐藤尙武 사토 나오타케	1950.7.12.~1953.5.2.	3	三木治朗 미키 지로	1950.7.12.~1953.5.2.
4	河井弥八 가와이 야하치	1953.5.19.~1956.4.3.	4	重宗雄三 시게무네 유조	1953.5.19.~1956.5.9.
5	松野鶴平 마쓰노 쓰루헤이	1956.4.3.~1956.11.13.	5	寺尾 豊 데라오 유타카	1956.5.9.~1956.11.13.
6	松野鶴平 마쓰노 쓰루헤이	1956.11.13.~1959.5.2.	6	寺尾 豊 데라오 유타카	1956.11.13.~1958.6.12.
7	松野鶴平 마쓰노 쓰루헤이	1959.6.23.~1962.8.6.	7	平井太郎 히라이 타로	1958.6.16.~1959.6.23.
8	重宗雄三 시게무네 유조	1962.8.6.~1965.7.30.	8	平井太郎 히라이 타로	1959.6.23.~1962.7.7.
9	重宗雄三 시게무네 유조	1965.7.30.~1968.7.7.	9	重政庸德 시게마사 요토쿠	1962.8.6.~1965.6.1.
10	重宗雄三 시게무네 유조	1968.8.3.~1971.7.17.	10	河野謙三 고노 켄조	1965.7.30.~1968.8.3.
11	河野謙三 고노 켄조	1971.7.17.~1974.7.26.	11	安井 謙 야스이 켄	1968.8.3.~1971.7.17.
12	河野謙三 고노 켄조	1974.7.26.~1977.7.3.	12	森 八三一 모리 야소이치	1971.7.17.~1974.7.7.
13	安井 謙 야스이 켄	1977.7.28.~1980.7.7.	13	前田佳都男 마에다 카쓰오	1974.7.27.~1977.7.28.
14	德永正利 도쿠나가 마사토시	1980.7.17.~1983.7.9.	14	加瀬 完 가세 칸	1977.7.28.~1979.8.30.
15	木村睦男 기무라 무쓰오	1983.7.18.~1986.7.22.	15	秋山長造 아키야마 쵸조	1979.8.30.~1980.7.17.
16	藤田正明 후지타 마사아키	1986.7.22.~1988.9.30.	16	秋山長造 아키야마 쵸조	1980.7.17.~1983.7.9.
17	土屋義彦 쓰치야 요시히코	1988.9.30.~1989.7.9.	17	阿具根 登 아구네 노보루	1983.7.18.~1986.7.7.
18	土屋義彦 쓰치야 요시히코	1989.8.7.~1991.10.4.	18	瀬谷英行 세타니 히데유키	1986.7.22.~1989.8.7.

의장			부의장		
	성명	재임기간		성명	재임기간
19	長田裕二 나가타 유지	1991.10.4.~1992.7.7.	19	小野 明 오노 아키라	1989.8.7.~1990.4.19.
20	原 文兵衛 하라 분베	1992.8.7.~1995.7.22.	20	小山一平 고야마 잇페이	1990.4.25.~1992.7.7.
21	齋藤十郎 사이토 주로	1995.8.4.~1998.7.25.	21	赤桐 操 아카기리 미사오	1992.8.7.~1995.8.4.
22	齋藤十郎 사이토 주로	1998.7.30.~2000.10.19.	22	松尾官平 마쓰오 칸페이	1995.8.4.~1998.7.25.
23	井上 裕 이노우에 유타카	2000.10.19.~2001.8.7.	23	菅野久光 스가노 히사미쓰	1998.7.30.~2001.7.22.
24	井上 裕 이노우에 유타카	2001.8.7.~2002.4.22.	24	本岡昭次 모토오카 쇼지	2001.8.7.~2004.7.25.
25	倉田寬之 구라타 히로유키	2002.4.22.~2004.7.30.	25	角田義一 쓰노다 기이치	2004.7.30.~2007.1.30.
26	扇 千景 오기 치카게	2004.7.30.~2007.7.28.	26	이마이즈미 아키라 今泉 昭	2007.1.30.~2007.7.28.
27	江田五月 에다 사쓰키	2007.8.7.~	27	山東昭子 산토 아키코	2007.8.7.~

자료: http://www.sangiin.go.jp/japanese/aisatsu/gichou_history.htm(검색일: 2007년 11월 12일).

제5절 의원운영위원회

의원운영위원회(議院運營委員會)는 각 회파의 대표자가 국회운영에 관해 대화하고, 교섭하는 공간이며, 국회 본회의의 의사운영에 관해 결정하는 곳이다. 의원운영위원회는, 태평양전쟁 이전의 제국의회에서 의장 밑에서 의사운영에 관해 협의하던 비공식의 각파교섭회를 전후 일본국회에서 상임위원회의 하나로서 제도화 한 것이다.[53]

의원운영위원회는 미국연방하원의 의사운영위원회나 한국의 국회운영위원회처럼 상임위원회의 하나로 설치되어 국회의장의 국회운영을 보좌하고

---

53) 川人貞史, 『日本の國會制度と政黨政治』(東京: 2005, 東京大學出版會), 141쪽.

의사일정을 조정, 결정하는 곳이다.[54] 한국의 국회운영위원회와는 기능 면에서 비슷하나 미국의회의 의사운영위원회보다는 넓은 의미의 기능을 갖는다.

의원운영위원회는 '회기의 결정이나 안건의 위원회 부탁 등 의사운영에 관한 의장의 자문에 답하는 한편 폭넓게 의사운영에 관계하며, 또 동시에 의사와는 직접 관계없는 의원(議院)의 서무 관련 사항(시설관리 등)에 관한 결정기관'이다. 즉 '의사운영과 의원운영을 함께 소관하는 위원회'이다. 의원운영위원회는 다른 위원회가 법률안을 심사하거나, 소관에 속하는 사항에 관하여 국정에 관한 조사를 행하는 것을 임무로 하고 있는 데 대하여, 의원의 운영 전반에 걸친 광범위한 사항에 관해 심의하는 것에 특색이 있다.[55] 의사운영을 상임위원회의 소관 사항으로 한 것은 일본국회의 특색으로서 세계적으로 흔하지 않는 사례이다.[56]

1. 기능

의원운영의 원활화를 도모하기 위하여, 국회법에 규정된 정식기관으로서의 의원운영위원회가 존재한다. 이 위원회의 주된 역할은 본회의 운영이며, 구체적으로는 의사순서, 발언순서, 발언시간 등 진행에 관한 것을 사전에 정하는 일이다.

일본에서는 상임위원회 중 의원운영위원회만큼은 예비적인 의안심사기관이 아니라, 국회의장의 국회운영을 보좌하는 자문기관의 성격을 갖는다.

또 국회가 공전할 때에는 의원운영위원회 이사회를 무대로 그 타협의 실마리가 모색되기도 한다. 본회의 당일 오전 11시부터 의원운영위원회가

---

54) Hans H. Baerwald, *Japan's Parliament: an Introduction*(London: Cambridge University Press, 1974), 83쪽 참조.
55) 現代議會政治硏究會編,『議會用語ハンドブック』(東京: ぎょうせい, 1987), 103쪽, 坂本孝治郞,「議院運營委員會と各黨國會對策委員會の機能・構成について」,『ジュリスト』1177号(2000. 5. 1 -15合倂號), 106쪽.
56) 한국국회도 국회운영과 의사운영을 국회운영위원회라고 하는 상임위원회에서 담당하고 있다.

개회되는데, 당일의 본회의의 의사, 차회 본회의 그 밖에 다른 원(院)의 운영에 관한 여러 사안에 관하여 각 정당이 의견을 교환하고 협의한다.

원내 정당은 등록신고를 한 '회파'를 제도적인 단위로 하여 활동하고, 의원운영위원회는 회파 의원 총수에 비례하여 배분된 25명의 위원으로 구성되며, 실질적인 의사운영은 의원운영위원회를 통한 회파 간 교섭에 위임되어 있다.

2. 소관 사항

의원운영위원회의 소관 사항은 ① 의원(議院)의 운영에 관한 사항, ② 국회법 및 의원의 제반 규칙에 관한 사항, ③ 의원의 예비금 지출 승인에 관한 사항, ④ 의원의 세출견적에 관한 사항, ⑤ 재판관탄핵재판소 및 재판관소추위원회에 관한 사항, ⑥ 국립국회도서관에 관한 사항, ⑦ 국회의장의 자문에 관한 사항, ⑧ 의례 등에 관한 사항 등이다.[57]

이렇게 국회에 관한 제반 사항을 폭넓게 취급하고 각 회파의 의견을 조정하는 의원운영위원회는 의사의 순서나 발언의 순서 등 본회의의 운영이나 법안의 부탁위원회, 부탁시기 등도 협의하여 결정한다.

3. 구성

의원운영위원회의 위원 수는 중의원, 참의원 각각 25인씩이다. 의원운영위원회는, 중의원은 소속의원 수 20인 이상의 회파, 참의원은 10인 이상의 회파만 그 위원으로 참여할 수 있으며, 이에 미달하는 회파는 위원 자격이 아닌 옵서버 자격으로 회의에 참여할 수 있다.

---

57) 淺野一郎·河野 久編, 앞의 책, 53쪽.

4. 국회의장과의 관계

형식적으로는 국회의장에게 의사결정권이 부여되어 있지만, 실질적으로는 의원운영위원회, 특히 그 이사회가 권한을 갖고 있다.[58] 의장은 그 자문기관인 의원운영위원회에서의 각 정당 간의 협의에 따라 그 권한을 행사하는 것이 통례이다.

의원운영위원회는 국회운영과 의사당의 관리 등에 관하여 각 정당 간의 의견을 조정하는 기관인데, 가장 중요한 것은 의사운영에 관한 것이다. 즉 '의원(議院)의 운영에 관한 것', '의장의 자문에 관한 것', '국회법이나 각 의원규칙의 제정과 그 해석' 등을 취급한다. 또 위원회 운영의 중심이 되는 이사의 수나, 이사의 정당별 배분도 결정한다. 일상적으로 가장 중요한 것은, 본회의의 개회나 운영방법을 협의, 결정하는 일이며, 이를 위한 위원회에는 의장, 부의장도 입회하는 것이 관례이다.

의사의 순서, 발언순서, 발언시간 등에 대하여 각 정당의 의견을 조정하면서 결정하고, 긴급동의가 나오거나, 회의장에서의 발언에 문제가 발생하거나 하면 그 처리를 긴급히 협의한다. 또 국회에 제출된 법안 등을 언제 어느 위원회에 부탁할지를 결정하는 곳도 의원운영위원회이다.

본회의의 운영에 문제가 발생하면 국정 전반에 영향을 미치게 되므로, 의장의 '자문'에 응하여, 더 나은 결론을 도출해야 하며, 가능하면 원만한 형태로 협의, 결정하는 곳이다. 의원운영위원회의 협의는 이전에는 '전회일치'였으나, 여·야당 간의 의견이 대립할 때에는 다수결의 원칙에 따르고 있다.[59] 문제가 되는 것은 여·야당의 의견이 첨예하게 대립하여, 의원운영위원회에서도 대화가 되지 않아, 의장의 독자적인 판단에 의하여 그 직권으로 본회의를 개회하여 의사를 강행하는 경우이다. 이때 야당의 개회 저지, 각종 동의의 연발이나 우보전술에 의한 방해공작이 시작되는데 이러한 의사방해에 대한 일정변경 등 의장의 의사정리권의 행사, 그리고 여당에 의한 단독표결이 강행되어 의사운영이 혼란해지는 경우도 있다.[60]

---

58) 의원운영위원회이사회가 유일한 섭외기간이었던 적도 있다.
59) 다당화 정당구도가 형성되었을 때에는 표결하는 사례가 증가하는 경향이 있었다.

이렇게 국회가 혼란에 빠지는 경우 그 책임을 지고 사임한 의장도 적지
않다.[61]

5. 위원장

의원운영위원회 위원장은, 다른 위원회의 위원장과 같이 위원회의 의사
를 정리하고, 질서를 유지한다(국회법 제48조). 또 의원규칙이나 선례에 따
라 위원회를 대표하는 권한을 갖는다(중의원규칙 제66조). 이 대표권은,
의장이 갖는 의원 외부에 대한 일반적인 대표권과는 다른 것이며, 의원
내부의 다른 기관, 다른 원(院) 또는 위원회의 의사에 관련되는 것에 한정
된다.[62]

의원운영위원장은 특별한 필요가 있을 때에는 회기 중 몇 번이라도 위
원회를 개회할 수 있다.

6. 의원운영위원회 이사회

1) 실질적인 의사운영결정기관

의장의 직권에 속하는 사항을 실질적으로 결정하고 있는 것은 상임위원

---

60) 우보전술은 사회당 가타야마 내각 시대에 처음으로 선보였다. 심의촉진책으로서의
중간보고를 요구하는 동의(動議)에 대항하여, 당시 야당인 자유당의 오노 반보쿠
(大野伴睦) 간사장이 연출해 낸 일종의 저항전술이다. 이것은 각종 투표 시에 자신
의 의석으로부터 연단의 투표함까지 가능한 한 천천히 걸어가면서 시간을 지연시
키는 전술이다. 1987년 4월 매상세법안과 예산안을 둘러싸고 여·야당이 격돌, 중
의원 본회의가 대혼란에 빠졌는데 이때 우보전술이 재차 등장하였다. 讀賣新聞調
査研究本部編, 앞의 책, 162쪽.
61) 의사운영의 책임을 지고 의장이 사임한 예는, 중의원 제64회 쓰쓰미 야스지로(堤
康次郎, 1954년 12월 회기연장 강행표결), 호시지마 지로(星島二郎, 1958년 12월 경
찰직무집행법 강행표결), 가토 료고로(加藤鐐五郎, 1960년 2월 시위대 국회난입책
임), 후나다 나카(船田 中, 1965년 12월 일한조약 강행표결), 이시이 미쓰지로(石井
光次郎, 1969년 7월 건강보험법안 강행표결), 하라 켄자부로(原健三郎, 1989년 6월
예산 단독표결) 등이 있다.
62) 淺野一郎·河野久編, 앞의 책, 44쪽.

회의 하나인 의원운영위원회 특히 그 이사회이다. 다른 상임위원회가 특정한 안건을 심사하고 있는 것에 대해 의원운영위원회는 의원(議院) 그 자체의 운영을 협의하는 기관이다. 의원운영위원회에서는 본회의 개최일시나 소요시간, 질문시간 등에 대한 조정과 일정을 정리, 결정한다. 이 때문에 법안을 조기에 성립시키고자 하는 관료들은 의원운영위원회의 이사에게 사전 물밑교섭(네마와시)을 하게 된다.[63]

의원운영위원회는 상임위원회의 하나이며, 그날그날의 본회의의 내용을 정하고, 법안마다 회파별(정당별) 찬반을 결정한다. 모든 정당이 찬성을 하면 그날의 본회의에서는 의장이 '이의 없으십니까?'하고 묻는 것으로 끝난다.

의사운영의 결정은 국회법상, 본회의 운영은 의장의 직권, 위원회 운영은 위원장의 직권에 따르는 것으로 되어 있다. 그런데 실제로는 의사운영의 결정이 내려지는 곳은, 본회의는 의원운영위원회이며, 위원회는 해당 위원회의 이사회이다.

의원운영위원회도 상임위원회의 하나인 이상, 그 의사결정은 그 이사회에서 행해진다. 즉 본회의·위원회 그 어느 것의 운영도, 의장·위원장의 자문기관의 성격을 갖는 위원회 이사회에서 전회일치의 규칙하에서 행해지고 있다. 이러한 의사운영은 국회법이나 그 관계법이 아니라 선례나 관습에 의해 이루어지고 있다.

의원운영위원회의 가장 중요한 심의 사항은 본회의의 의사운영이다. 이 밖에도 선례에 따라 의원운영위원회 이외의 위원회 위원 및 위원회 이사의 각 회파 할당 수 등도 의원운영위원회에서 결정된다. 이처럼 많은 권한을 갖는 의원운영위원회는 각 회파 간 교섭을 위한 절호의 공간이 된다.

그런데 이 의원운영위원회에서의 결정 자체도 형해화하고 있으며, 최종적으로 의원운영위원회 이사회에서 결정되는 것이 현실이다. 본래는 의장의 직권인 의사운영이 의원운영위원회로, 그리고 의원운영위원회로부터

---

63) 이와 관련하여 혼다 마사토시(本田雅俊)는 이러한 의사운영이 의장이 아니라 의원운영위원회 특히 그 이사회에 위임되어 있는 진정한 이유는 '결정은 다수결', '의사는 여·야당 일치'라고 하는 '일본형 민주주의'를 실행하기 위해서라고 주장한다. 本田雅俊, 『現代日本の政治と行政』(東京: 北樹出版, 2001), 23쪽.

의원운영위원회 이사회로(그리고 다시 의원운영위원회의 이사간담회로) 차
례차례 의사결정의 장이 옮겨지고 있다.

이사회에서의 합의는, 위원회에서 승인을 받음으로써 처음으로 위원회
의 결정이 되는 것인데, 위원회의 원활한 운영을 위해 이러한 이사회에서
의 사전협의가 적극적으로 활용되게 되었다. 이것이 전회일치의 새로운
관행으로 간주되어 왔다.[64]

의원운영위원회 이사회는 제14회 국회 회기인 1952년 8월 26일부터
1952년 8월 28일까지는 거의 개최되지 않았다. 의원운영위원회가 다른 위
원회와 같이 이사회를 활용할 수 있도록 된 것은 제15회 특별국회(1952.
10. 24∼1953. 3. 14)부터이다.[65]

2) 이사 선출

중의원규칙 제38조 2항은 "위원장에게 사고가 있을 때에는, 이사가 위원
장의 직무를 행한다."고 규정하고 있다. 이처럼 이사의 법규상의 직무는
위원장의 대행기관이다. 제3회 임시국회 회기인 1948년 10월 11일부터
1948년 11월 30일 이후에 의원운영위원회가 이사의 인원수 및 각 회파의
할당을 결정하고 있다. 그러나 의원운영위원회 이외의 위원회에서는 제1
회 국회부터 이사회를 열어 위원회의 운영을 협의해 왔다. 이사회는, 이사
로 구성되는 위원회의 소위원회의 성격을 가지나, 중의원규칙에서 정하는
소위원회는 아니므로, 의사결정을 행할 때에 다수결 원칙이 적용되지 않
고, 전회일치에 기초하여 운영된다.[66]

위원회 이사회의 직무는 중의원·참의원의 의원규칙상으로는, 위원장에
게 사고가 있을 때 대행을 하는 것에 불과하다. 그 선임은 위원회의 위원
이 호선하는 것으로 되어 있는데(중의원규칙 제38조), 실은 선례에 의해 제
1회 국회부터 위원장 일임으로 되어 있어 회파에서 후보자를 내고, 그중에

---

64) 川人貞史, 앞의 책.
65) 川人貞史, 앞의 책.
66) 川人貞史, 「議院運營委員會と多數決採決」, 『レヴァイアサン』 30号(2002 春), 20쪽.

서 위원장이 지명하고 있다. 이사 할당 인원수 및 각 회파 할당은 의원운영위원회가 결정한 기준에 따르고 있으며, 그 산출방법은 다음과 같다.[67]

(각 회파 소속의원 수) ÷ (현재 의원 수) × (각 위원회 할당 이사 인원수)

최근의 위원회 이사의 인원수는 위원 수 20명의 위원회는 5명, 25명 이상의 위원회는 8명으로 되어 있으며(단, 의원운영위원회 및 예산위원회는 9명), 각각 자유민주·사회·공명·민사 각 정당에 배분되어 있었다. 이사의 임기는, 내각개조 등에 의해 다소 변동이 있으나 일반적으로는 위원의 임기 중으로 되어 있다.

3) 이사간담회

의원운영위원회는 표면적으로 중요한 위원회이지만 실제로는 그에 앞서 열리는 의원운영위원회의 이사회에서 의사가 결정된다. 또 그보다 전에 열리는 의원운영위원회 이사간담회에서 의사가 결정된다. 또 그보다 전에 열리는 각 당 국회대책위원회에서 의사가 결정된다. 이를 정리하면 먼저 국회운영에 관해서 각 당 국회대책위원회에서 결정이 되면 의원운영위원회 이사간담회를 거쳐 의원운영위원회 이사회를 거친 후에야 의원운영위원회 전체회의에서 최종 결정이 내려진다. 일본국회운영의 사전협의과정을 그대로 보여주는 의사결정 경로이다.

〈그림 3-4〉 의사결정 경로

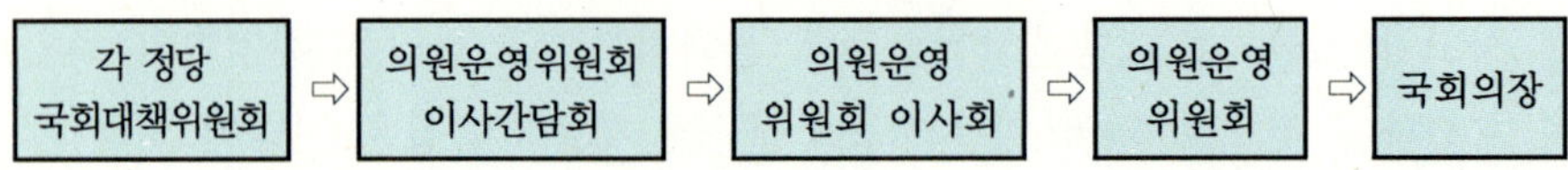

4) 이사회에 의한 의원운영위원회 운영 정착

의사협의회는 의사의 원활한 운영을 도모하기 위해 본회의 개회 전에

---

67) 堀江ふかし·笠原英彦, 『國會改革の政治學』(東京: PHP研究所, 1995), 96쪽.

의장이 의사순서, 발언자, 발언시간, 표결방법 등 의사운영상 필요한 사항에 관해 각 회파의 대표와 협의하기 위한 기관이며, 종래의 '의원운영소위원협의회'를 대신하여 제28회 국회(1957. 12. 20.~1958. 4. 25.)에서의 국회법 개정에 의해 도입되었다.[68]

현재에는 의사의 순서 등의 의사운영상 필요한 사항에 관해서는 본회의 개회 직전에 열리는 의원운영위원회나 그 이사회에서 협의가 행해지고 있기 때문에 의사협의회는 열리고 있지 않다. 중의원에서는 제31회 국회인 1958년 12월에 열린 것이 마지막이고, 참의원에서는 제100회 국회 회기인 1983년 12월에 열린 것이 마지막이다.[69]

5) 소위원회 설치

의원운영위원회는 회기 초에, 또는 필요에 따라 소위원회를 설치한다. 중의원에는 '국회법개정에 관한 소위원회', '도서관운영소위원회', '서무위원회' 등 여러 소위원회가, 참의원에는 '서무관계소위원회', '도서관운영소위원회' 등 여러 소위원회가 관행적으로 구성되고 있다.

제6절 국회대책위원회

정당이 각 위원회의 의안심의 진척상황을 파악함과 동시에 그 대응을 지시하는 전선에 세우는 조직이 국회대책위원회이다. 정당은 국회제도상의 정식기관은 아니지만, 심의는 실질적인 정당단위로 운영되며, 표결 단계에서도 각 정당이 당의구속을 하기 때문에 정당 간의 다수의견이 본회

---

68) 7당시 국회법 제55조의 2에서 "의장은, 의사의 순서 기타 필요하다고 인정되는 사항에 관하여, 의원운영위원장 및 의원운영위원회가 선임하는 의사협의원과 협의할 수 있다. 이 경우, 그 의견이 일치하지 않을 때에는, 의장은, 이를 재정할 수 있다."고 규정하였다.
69) 淺野一郎·河野 久編, 앞의 책, 87쪽.

의나 위원회의 의결로서 반영된다.

의원운영위원회에서 협의가 이루어지지 않을 때에는 여·야당의 국회 대책위원장 회담, 경우에 따라서는 여·야당의 간사장 회담이 열리는 경우도 있다. 국회대책위원회는 국회법 등의 법규에 근거하는 기관은 아니나, 정당별로 설치되어 있으며, 원내에 사무실을 두고 있다. 국회대책위원회는 국회대책위원장과 복수의 부위원장 등으로 구성되며, 법안심사 등에 관해 정보교환이나 협의를 하며, 다른 정당과의 절충을 행한다. 또 법안의 채결 시에는 당의구속 등 소속의원의 통제 등을 행한다.[70]

1. 기능

여야 간, 회파 간의 입장을 조정하고, 여·야당의 간사장 서기장회담, 혹은 필요에 따라 당수회담의 장을 만들어, 합의를 이끌어 내고, 법안을 성립시키는 일이 국회대책위원회의 중요한 기능이다[71]. 즉 자신이 속해 있는 정당(회파)이 유리하게 되도록 국회운영 전반을 도맡아 관리하는 종합조정이다. 예를 들면 자유민주당이 300석을 획득하면서 세력이 강해진

---

70) 衆議院調査局議會制度等研究グループ, 「日米英國議會における法案審議－本會議の 法案審査における日米英國の比較－」, 『RESEARCH BUREAU 論究』 2号(東京: 衆議 院調査局, 2006. 1), 136쪽.

71) 호리에·가사와라(堀江·笠原)는 설계, 섭외, 접착의 3가지를 국회대책위원회의 주요한 기능이라 보고 있다.
① 설계기능: 설계기능이란 전체적인 의사의 파악과 그에 기초한 자기 회파의 전략전술의 검토, 혹은 국회운영의 원활화를 도모하기 위한 교섭의 공간을 만드는 일이다. 국회에는 통상회, 임시회, 특별회의 3종류가 있는데, 특히 통상회와 임시회가 소집되기 전후에 여당 내에 있어 그 국회에서의 전체적인 의사일정 등의 전략이 설계된다. ② 섭외기능: 섭외기능이란 자기 회파의 설계에 유리하도록 다른 회파와 교섭을 행하는 일이다. 섭외기능의 제1단계는 통상위원회의 이사회 혹은 이사간담회 등에서 행해지는데 특히 의원운영위원회의 이사회가 여·야당 간 교섭의 장으로서 중요시된다. ③ 접착기능: 접착기능이란 자기 회파와 국회를 연결시키는 기능이다. 그러한 기능은 종래에는 국회대책위원회가 담당해 왔다. 구체적으로는 자기 회파 소속의원에 대한 방침의 전달, 정족수(quorum) 확보를 위한 처치 등인데 그러한 기능이 정체되면 각 정당의 당의구속은 불가능해지며 국회 내에서의 정당정치는 마비될 수 있다. 堀江ふかし·笠原英彦, 앞의 책, 79쪽.

1986년의 중의원·참의원 동시선거 이후에, 의석수 면에서 크게 열세에 있는 야당으로서는 여당과 대등하게 교섭할 수 있었던 유일한 공간이 국회대책위원회이다.

의원운영위원회나 국회대책위원회에서의 결정이 전회일치를 전제로 하여, 거기에서의 여야 간의 의석수 차이가 위원회나 본회의만큼 의미를 갖고 있지 않기 때문에 중요 안건에 대해 의원운영위원회나 국회대책위원회에서 결정을 행하는 것이 야당으로서는 유리하다. 반면 자유민주당으로서는 특히 국회대책위원회에서의 여야절충이 비공식적인 것이기 때문에 일부 야당을 제외시킬 수도 있고, 발언이나 결정내용이 의사록에 남는 일 없이 타협할 수 있는 장점이 있다.[72]

2. 연혁

국회대책위원장이 일본국회사상 처음으로 등장한 것은 1948년 제2회 국회 당시 가타야마 테쓰(片山 哲) 사회당 집행부에서였다. 당시 사회당은 연립정권인 아시다(芦田) 내각에 참여하고 있었는데, 국회대책위원장의 역할은 야당대책이라기보다는 다른 정권여당과의 조정에 있었으며, 이것이 국회대책위원장제도의 시발점이다.[73]

사회당은 노동상을 역임한 요네쿠보 미쓰스케(米窪滿亮)를 국회대책위원장직에 임명하였는데 그것은 야당교섭이라기보다도 오히려 여당 내의 회파 간 조정을 위해서였다. 자유민주당의 경우에도, 좌우사회당이 통일된 통합사회당 초기부터 국회대책위원장직이 설치되어 있었다.[74]

호소카와 정권 발족(1993. 8. 9)을 계기로 국회대책위원회정치(國對政治)에 대한 반성이 강해져, 사회당을 제외한 연립여당 각 정당은 국회대책위원회 위원장의 직위를 폐지하고 원내총무제도를 신설하였다. 이는 원외에 존재하지만 실제로는 원내에서 중요한 역할을 하는 국회대책위원회의 기

---

72) 岩井奉信, 『立法過程』(東京: 東京大學出版會, 1988), 138쪽.
73) 每日新聞政治部, 『國會百年』(東京: 行硏出版局, 1990), 182-183쪽.
74) 堀江ふかし·笠原英彦, 앞의 책, 82쪽.

능을 원내로 흡수하여 국회의 공식기관화한 것이다. 그러나 자유민주당은 이제까지의 국회대책위원회 위원장이라고 하는 명칭을 답습하고 있다. 국회대책위원회의 부위원장은 의원운영위원회의 이사를 겸직하고 있는 경우가 많다.

제7절 의원운영위원회와 국회대책위원회의 차이

1. 기능·조직상의 차이

원내에서 의사운영 등에 관하여 다른 정당(회파)과의 교섭을 행하는 기관은 의원운영위원회와 국회대책위원회이다.[75]

의원운영위원회는 각 회파의 대표로 구성되는 국회법상의 원내 공식협의기관이고 국회의장의 공식자문기관이며, 국회대책위원회는 각 정당의 국회대책을 위한 위원회이다. 국회대책위원회는 각 정당의 당칙 등에는 규정되어 있으나 국회법에는 규정되어 있지 않은 기관이기 때문에 국회대책위원회는 국회에서는 비공식기관으로 분류된다. 그러나 이러한 법적 지위만 가지고는 두 기관의 기능을 평가하기는 쉽지 않다.[76]

여·야당의 대화에 의한 국회운영은, 소수파에도 배려를 하는 원만한 국회운영에 빼놓을 수 없는 일이다. 국회대책기능이라고 하는 것은 정당정치에는 본질적으로 따라오는 것이기 때문에 그 자체를 탓할 수는 없다. 가와사키 마사시(川崎政司)는 여·야당의 국회대책위원회에 의해 때로는 지나친 조정이 행해지기도 했지만, 국회심의의 형해화에 대한 책임을 모두 국회대책위원회에 돌릴 수는 없는 일이라고 옹호하는 입장을 취하고 있다.[77] 그는 문제가 되는 것은 국회대책위원회의 존재나 기능보다도, 그

---

75) 岩井奉信, 앞의 책, 133쪽.
76) 의원운영위원회와 국회대책위원회 간의 차이는 內田健三, 「政黨內·間の手續き」, 日本政治學會編, 『年報政治學 1985年: 現代日本の政治手續き』(東京: 岩波書店, 1986) 참조.

지나침이나 투명성의 결여에 있으며, 사실은 국회대책위원회정치와 관련되어 있는 문제들은 국회의 심의시스템 그 자체 혹은 당의구속 등의 문제와 연관되어 있다고 본다.[78] 의원운영위원회의 이사회 혹은 이사간담회에서의 대(對)회파교섭이나 간사장급의 회담, 나아가서는 비공식적인 여·야당 협의회 등도 기능으로서의 국회대책위원회의 성질을 띠는 경우가 있다. 이 때문에 기관으로서의 국회대책위원회를 폐지하는 것도 국회대책위원회 정치의 폐해를 시정하는 것이라고는 볼 수 없다는 주장도 있다.[79]

의회 내에서의 모든 입법 안건의 처리과정에서는 당사자들 간의 대화와 타협으로, 또한 원외에서는 여당과 야당 상호간의 국회대책을 논의하는 과정에서도 대화와 타협으로 이루어지고 있는데 이것을 가능케 하는 기관이 의원운영위원회와 국회대책위원회이다.

그러나 정당의 다당화, 여야백중화 등으로 야당대책이 복잡해진 1970년 무렵부터, 국회대책위원장의 권한이 강화되어 왔다. 국회대책위원회는 국회운영을 자당에 유리하게 진행시키기 위한 각 정당의 기관에 불과하나, 국회대책위원장은 각 정당에서 당3역(top-three executives)에 다음가는 중요한 직책이 되어 있다.

2. 국회대책위원회 정치

국회 입법과정에서 여야 간에 긴장이 발생하는 것은 의사일정에 관한 협의가 원만하지 않기 때문이고, 협의가 원만하지 않다고 하는 것은 법률 제정이나 개정을 둘러싸고 이해관계가 첨예하게 대립하고 있다는 것이다. 의사일정이란 법안, 예산안, 조약 승인 등을 가능한 한 효율적으로 심의결정하려고 하는 정부여당과, 이에 대해 이의를 제기하거나, 의안 처리를 저지하려는 야당 모두에게 중요한 문제이면서 동시에 고도의 정치적 판단과 전술을 요한다. 이 의사일정을 둘러싼 정치적 절충을 맡고 있는 것이 공

---

77) 川崎政司, 「國會審議の過程-國會審議の特色と課題(6)-」, 『國會月報』 639号(2002. 3), 27쪽.
78) 川崎政司, 앞의 글.
79) 堀江ふかし·笠原英彦, 앞의 책, 78쪽.

식적으로는 의원운영위원회이고, 비공식적으로는 각 정당의 국회대책위원회이다.[80]

야당이 다당화한 사토 정권 말기와 다나카 정권에서는, 의원운영위원장은 자유민주당 총재의 파벌 이외의 인사가 기용되었다. 그러나 국회대책위원장에는 총재파벌 혹은 타 파벌이라 할지라도 수상과 가까운 관계에 있고, 각료경력, 의원운영위원장을 경험한 경력자를 선임해 왔기 때문에 '국회대책위원회 정치체제'가 고착화되었다.[81]

국회대책위원회정치에는 돈이나 불투명한 뒷거래가 늘 붙어 다닌 것이 사실이다.[82] 국회대책위원장 간의 대화로 심의의 일정 등이 정해져 제대로 된 심의도 하지 않은 채 법안이 차례차례 성립되는 경우가 많다. 따라서 때로는 야당대책비로 거액의 자금이 소요되기도 한다. 그리고 이것이 '국회대책위원회정치'가 밀실정치가 된 연유이다.

국회운영에 관한 문제는 통상 의원운영위원회에서 논의되고 처리되나, 위원회 인사 등 정당문제와 관련된 것은 의원운영위원회보다는 각 당의 국회대책위원회에서 처리되는 경우가 많다. 특히 국회에서 여야 간에 분규가 발생한 경우, 먼저 의원운영위원회에서의 각 정당 간 교섭이 행해지는데 여기에서 결말이 나지 않을 때에는 각 당의 국회대책위원회에서 조정이 시도된다. 그러나 국회대책위원회 간부의 조정이 원만하지 못할 때에는 각 당의 간사장·서기장 회담에서 사태수습이 시도된다.[83]

기관으로서의 국회대책위원회가 주목받기 시작한 것은, 공명당의 국회진출 혹은 공산당의 의석 증가 등 야당의 다당화와 밀접하게 관련되어 있다. 종전에는 자유민주·사회 양당에 의해 국회가 운영되고 있었기 때문에, 의원운영위원회의 이사회에서 여야 간 교섭을 행하는 것이 가능했다. 그 후 야당이 다당화된 후에는 의원운영위원회 이사회 이외의 '교섭의 공

---

80) 中野 實, 『現代日本の政策過程』(東京: 東京大學出版會, 1992), 114쪽.
81) 藤本一美編, 『國會機能論 － 國會の仕組みと運營』(東京: 法學書院, 1990), 116쪽. 국회대책위원회정치는 흔히 고쿠타이정치(國對政治)라고 불린다.
82) 여·야당의 국회대책위원장이 때로는 가족을 동반하여 국회 휴회 중에 같이 해외여행을 가서 친목을 다지기도 한다.
83) 岩井奉信, 앞의 책, 134쪽.

간’을 필요로 하게 되었다. 특히 타협성이 낮은 공산당을 제외해야 하기 때문에 국회운영의 중점은 제도적인 제약을 받지 않는 국회대책위원회급의 협의에 이행했다고 했다.

그런데 국회대책위원회정치의 폐해인 밀실성이나 불투명성은 국회대책위원회 특유의 것은 아니기 때문이다. 기관으로서의 국회대책위원회가 큰 역할을 하지 못했던 자유민주·사회 양대 정당 시대에 있어서도 밀실정치에 대한 비판은 있었다. 이를 감안하면 문제는 기관으로서의 국회대책위원회가 아니라, 국회에서의 합의형성방법 그 자체에 있다고 할 수 있다.84)

국회대책위원회정치는 적어도 일본국회정치에 있어 불가결한 기능을 하고 있는 시스템이기는 하나 기본적으로는 ‘이면정치’이기 때문에 그 밀실성에 대해서는 비판적 시각이 늘 따라붙고 있다. 그 대표적인 것이 바로 여당에 의한 ‘단독 강행채결’이다. 근년에는 여야 쌍방의 합의에 의한 여당 단독 강행채결도 종종 발생하고 있다.85) 이러한 종류의 강행채결은 해당 법안에 반대해 온 야당에는 반대했다는 ‘명분’을 주어 국민 앞에 체면을 세울 수 있으며, 여당에는 법안의 국회통과라고 하는 ‘실리’를 가져다 주는 효과가 있다.86)

---

84) 堀江ふかし·笠原英彦, 앞의 책, 83쪽.

85) 강행표결을 일본국회 은어로는 ‘갓챤’ 또는 ‘갓챤코’라고 한다. ‘이상국회’라고 불린 제61회 국회(1968년 12월 27일~1969년 8월 5일)에서는, 방위2법, 국철운임법개정, 총정원법, 대학운영임시조치법 등의 이른바 대결법안이 처리를 기다리고 있었는데, 무려 18회나 ‘갓챤’, 즉 강행표결이 행해졌다. 이번 국회의 강행표결 제1호가 된 국철운임법개정안은 1969년 3월 11일에 운수위원회의 심사가 시작되었으며, 4월 1일 실시를 지향하는 자유민주당이 3월 25일에 ‘중의원 가결’의 “X데이”를 설정하였다. 이날은 아침부터 여·야당에 금족령이 내려져 분위기가 긴박했으며, 야당질문이 계속된 제7위원실은 국회의원, 비서, 보도진으로 가득 차 있었다. 오후 7시 30분에 후쿠다 슌이치 자유민주당 부간사장이 가슴의 호주머니손수건으로 얼굴을 닦는 몸짓신호를 보내자, 호소다 위원장대리가 “가토(加藤)” 하고 소리치고, 바로 가토 무쓰키 위원이 “위원장” 하고 큰 소리로 동의를 제출하였다. 사회당과 공명당의 위원들이 화를 내며 위원장석으로 달려들자 이를 저지하려는 자유민주당 위원들과 뒤엉켜 책상이 넘어지는 등 대혼란이 발생하였다. 불과 3분 만에 ‘갓챤’이 성립하자 자유민주당 위원들은 ‘만세’를 외쳤다. 이때 질의종결동의, 국철운임법개정안의 수정동의와 개정안이 각각 가결되었다. 五十嵐ふみひこ, 『國會がひとめでわかる本』(東京: 日東書院, 1986), 124-125쪽.

86) 中野 實, 『現代日本の政策過程』(東京: 東京大學出版會, 1992), 115쪽, 曾根泰敎·金

자유민주당 '1당 우위 체제'하에서, 자유민주당은 야당과 국회운영 전반에 관하여 협의 혹은 교섭을 행해 왔다.[87] '폭넓은 합의의 형성'이 형식적인 이유였으나 실질적으로는 의사운영에 관한 전회일치(全會一致)의 규칙이 있었기 때문이다. 숫자상으로는 자유민주당이 중·참 양원에서 다수를 점하고 있더라도 이 규칙이 있기 때문에 야당은 대안을 준비하지 않고 저항할 수 있었다.[88]

본회의건 위원회건 의안의 채결은 다수결로 행해진다. 그러나 이사회의 결정은, 원칙적으로 만장일치주의(전회일치주의)에 의한다고 하는 관례가 확립되어 있다. 위원회의 의사는 이사회에서 결정되므로, 이사회에서 여·야당의 합의가 성립하지 않는 한 위원회의 의사를 진행시킬 수 없다. 특히 원(院) 전체의 의사일정이나 운영에 책임을 갖는 의원운영위원회의 이사회는 각각의 원(院)의 운영에 사활의 권한을 갖고 있다. 의원운영위원회의 이사회는 많은 경우, 각 정당이 원외의 조직으로서 설치하고 있는 국회대책위원회의 위원을 겸하고 있다.[89] 이것이 국회운영을 둘러싼 여·야당 간의 교섭의 요체가 되고 있다.

국회정상화 과정의 악순환은 다음과 같다.[90] 먼저 정부·여당의 강행채결 등 문제가 발생하면 야당은 의사방해와 심의를 거부하게 되는데, 국회에 대한 여론의 비판이 일게 되면 국회의장은 사임함으로써 혼란을 수습하고자 한다. 여·야당 간에 '국회정상화 합의'가 이루어지나 곧 합의가 무시되고 국회가 혼란스러워지면 그때 여야는 재조정에 합의함으로써 국회의 정상화가 이루어져 왔다. 의사일정 진행에 심각한 상황이 발생했을

指正雄, 『ビジュアル ゼミナール 日本の政治』(東京: 日本經濟新聞社, 1989), 44-54쪽 참조.

87) 다케시타 노보루나 가네마루 신이 개인적인 정치력을 갖게 된 것은 자유민주당의 국회대책위원회 위원장 또는 이와 동등한 경력을 가짐으로써 야당에 대한 대책이 뛰어나, 야당의 유력자들과 두터운 인맥을 통해 여야 쌍방에 사적인 인적 네트워크를 형성하고 있었기에 가능했다. 中野 實, 『現代日本の政策過程』(東京: 東京大學出版會, 1992), 113쪽.

88) 堀江ふかし·笠原英彦, 앞의 책, 84쪽.

89) 堀江ふかし, 「わが國の統治システムと議會政治」, 堀江ふかし編, 『統治システムと國會』(東京: 信山社, 1999), 17쪽.

90) 西 修·戸津正勝, 『衆參兩院議長の地位と權限』(東京: 敎育社, 1978), 134쪽.

때에는 국회대책위원장 회담이 열리는데, 대부분 이 회담에서 절충과 합의가 이루어진다.

〈그림 3-5〉 국회정상화를 위한 통상적인 절차

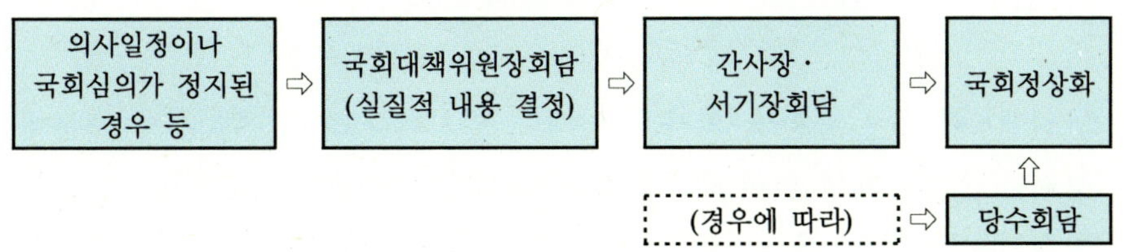

1955년부터 1964년까지는 국회는, 집권당인 자유민주당과 야당 제1당인 사회당과의 협의·합의에 의해 운영되고 있었다. 이 때문에 대결법안이 제출되면, 사회당은 이사회에서의 의사절차를 이용하여 법안심사에 제동을 걸었다.

국회가 회기제를 채택하고 있기 때문에 회기 말까지 가결성립하지 않는 의안은 폐안이 된다. 차기 국회의 계속심의가 되기 위해서도 여·야당 간의 합의가 필요하다. 회기 말이 다가오면 대결법안의 성립을 서두르는 여당과 회기 만료로 인한 폐안을 노리는 야당과의 격심한 대립이 반복되었다. 여당은, 위원회 이사회에서 야당 측 이사가 결석한 채로, 때로는 관례를 무시하고 다수결로 의안에 대한 표결을 결정하기도 했으며, 한편 야당 의원은 회의장 앞에서 개회를 저지하며, 때로는 위원회실이나 본회의장에서 물리적으로 표결을 저지하려는 여·야 의원 간의 몸싸움이 발생하여 난투로 발전하는 경우도 적지 않았다.[91] 이것이 이른바 강행채결이다. 이 사회의 만장일치주의와 국회의 회기제가 절대 과반수를 유지하고 있는 정권여당에 대한 야당의 대항 수단이었다.

---

91) 堀江ふかし, 앞의 책, 17-18쪽.

제8절 중의원과 참의원의 관계

1. 중의원 우월

양원제하에서는 양원의 의사가 언제나 일치한다고 볼 수 없기 때문에 기능이나 권한관계에 있어 다소간의 우월관계를 설정해 놓고 있다.

중의원은 국회의 최종 의사결정에 있어 참의원에 대해 헌법상 우월한 지위를 부여받고 있다. 구체적으로는 중의원은, 법률의 의결(제59조), 예산의 의결(제60조 2항), 조약의 승인(제61조), 내각총리대신 지명(제67조 2항) 등에 있어 우월이 인정된다.92) 예산의 성립이나 내각총리대신의 지명 등은 어떠한 일이 있어도 의결하지 않으면 안 되는 중대한 사안이므로 헌법 및 국회법은 이 두 가지 사안과 관련하여 양원의 의사가 일치하지 않을 때에는 중의원의 의사에 우월적 권리를 부여하고 있다.

1) 법률안 의결

헌법 제59조 2항 및 3항은, 중의원에서 가결하고, 참의원에서 이와 다른 의결을 한 법률안은, 중의원에서 출석의원 3분의 2 이상의 다수로 가결하였을 때에는, 그 법률안은 법률이 된다고 규정하였다.93)

---

92) 佐藤 功, 『日本國憲法槪說(全訂第5版)』(東京: 有斐閣, 1996), 410쪽.
93) 헌법 제59조(법률안의 의결, 중의원의 우월) ① 법률안은, 이 헌법에 특별하게 정하는 경우를 제외하고는, 양(兩) 의원(議院)에서 가결하였을 때 법률이 된다. ② 중의원에서 가결하고, 참의원에서 이와 다른 의결을 한 법률안은, 중의원에서 출석의원의 3분의 2 이상의 다수로 재차 가결하였을 때에는, 법률이 된다. ③ 전항의 규정은, 법률이 정하는 바에 의하여, 중의원이, 양 의원의 협의를 열 것을 요구하는 것을 방해하지 않는다. ④ 참의원이, 중의원에서 가결한 법률안을 받은 후, 국회 휴회 중의 기간을 빼고 60일 이내에, 의결하지 않을 때에는, 중의원은, 참의원이 그 법률안을 부결한 것으로 간주할 수 있다.

2) 예산안 선의(先議) 및 의결

예산안에 대한 심의 및 의결은 반드시 중의원에서 먼저 하도록 되어 있다. 그 이외에는 중의원, 참의원 어느 쪽에서 먼저 심의를 해도 무방하며, 먼저 심의를 한 쪽에서 법안이 승인되면 다른 한쪽에 송부되어 심의를 받도록 되어 있다.[94]

헌법 제60조는 예산에 관하여, 참의원이 중의원과 다른 의결을 하였을 경우에, 법률이 정하는 바에 따라, 양원협의회를 열어도 의견이 일치하지 않을 때, 또는 참의원이 중의원에서 가결한 예산안을 받은 후 국회 휴회 중의 기간을 제외한 30일 이내에 의결하지 않을 때에는 중의원의 의결을 국회의 의결로 한다고 규정하고 있다. 양원의 의견이 일치하지 않을 때에는 양원협의회를 개최해야 하는데 이와 관련하여 국회법 제85조는 양원협의회 개회는 중의원 측으로부터 요구하지 않으면 안 된다고 규정하고 있다.[95]

3) 조약체결 승인

특정한 사안을 놓고 중의원과 참의원에서 서로 다른 의결을 하는 경우 양원의 의견을 조정하여 타협점을 찾아내기 위하여 양원협의회(兩院協議會)가 개최된다. 양원협의회에서도 의견조정이 되지 않을 경우에는 예산, 내각총리대신의 지명과 마찬가지로 조약에 관해서는 중의원의 결정이 국회의 의사로 인정된다.

---

94) 제국의회의 권한인 입법협찬, 예산협찬 등에 있어 양원은 대등한 의결권을 가지며 한 원의 의결이 다른 원의 의결에 우월하는 일은 없었다. 예산의결권에 관해서 제국헌법 제65조는 중의원에 이른바 예산선의권을 인정하고는 있었으나 이 예산선의권도 단순히 예산의 제출 순위에 차이를 두는 것에 그치고 있으며 예산의결의 권한에 있어 양원 사이의 차이를 인정한 것은 아니었다.

95) 국회법 제85조(예산조약에 관한 양원협의회) ① 예산 및 중의원 선의의 조약에 관해, 중의원에서 참의원의 회부안에 대해 동의하지 않았을 때, 또는 참의원에서 중의원의 송부안을 부결했을 때에는, 중의원은, 양원협의회를 요구하지 않으면 안 된다. ② 참의원 선의의 조약에 관해, 참의원에서 중의원의 회부안에 동의하지 않았을 때, 또는 중의원에서 참의원의 송부안을 부결했을 때에는, 참의원은 양원협의회를 요구하지 않으면 안 된다.

4) 내각총리대신 지명

중의원과 참의원에서 서로 다른 내각총리대신을 지명한 경우 중의원에서 선출한 내각총리대신이 일본의 내각총리대신으로 최종적으로 결정된다.[96]

내각총리대신의 지명에 관해서는 헌법 제67조 2항에서 "중의원과 참의원이 서로 다른 지명의결을 하였을 경우, 법률이 정하는 바에 따라, 양 의원의 협의회를 열어도 의견이 일치하지 않을 경우, 또는 중의원이 지명의결을 한 후, 국회 휴회 중의 기간을 제외하고 10일 이내에, 참의원이 지명의결을 하지 않을 때에는, 중의원의 의결을 국회의 의결로 한다."고 정하고 있다. 국회법은 내각총리대신의 지명과 관련하여 양원의 의결이 일치하지 않을 때에는 참의원은 중의원에 대해 양원협의회의의 개최를 요구하지 않으면 안 된다고 규정하고 있다(제86조 제2항).

5) 기타

중의원은 회기결정, 회기연장 결정, 회계검사관 임명 등에 있어 참의원에 우월한 지위를 갖는다.

2. 양원 일치로 행할 수 있는 권한

양원의 일치된 의사결정에 근거하여 행사할 수 있는 것으로는, 헌법개정발의권(헌법 제96조), 내각총리대신지명권(헌법 제67조), 조약체결승인권(헌법 제73조), 황실재산의 수수에 관한 의결권(헌법 제8조)이 있다. 중의원·참의원이 각기 독자적으로 행사할 수 있는 권한으로서는 의원 자격에 관한 쟁송재판권, 의원규칙제정권, 의원징벌권, 체포의원의 석방요구권, 청원수리권 그리고 국정조사권 등이 있다.

---

96) 1989년 참의원 선거에서 자유민주당이 의석 과반수를 획득하지 못함으로써, 우노 내각이 총사퇴하였고, 중의원은 가이후 토시키(海部俊樹)를, 참의원은 도이 타카코(土井たか子)를 추천하였다. 양원협의회에서 결정을 못 내렸기 때문에 '중의원이 참의원에 우월한다.'는 원칙에 따라 중의원에서 추천한 가이후(海部)가 내각총리대신으로 확정된 사례가 있다.

〈표 3-3〉 중의원과 참의원의 제도 및 제반 사항 비교

구분	중의원	참의원
의원 정수	480인	242인
임기	4년(해산 있음)	6년(해산 없음)
의원 자격	만 25세 이상	만 30세 이상
선거제도	· 소선거구 300인 · 비례대표제 180인(전국을 11개로 나눈 각 선거구에서 선출) · 구속명부식(정당에만 투표)	· 선거구(47도도부현) 146인 · 비례대표구(전국구) 96인 · 비구속명부식(정당, 개인후보에 투표 가능)
특징	· 해산된다. · 예산·조약·수상 지명과 관련하여 참의원과 의견이 다를 때는, 중의원의 결정이 우선한다. · 내각의 신임·불신임을 결의할 수 있다.	· 해산되지 않는다. · 장기적 시점에서 국정을 검토하는 조사회를 갖는다. · 3년마다 의원 정수의 절반을 선거한다.
설치 이유	· 민의(民意)의 반영 기능	· 양식(良識)의 부(府)로서 기능 · 숙려와 균형 추구 · 중의원 견제
중의원 우월	① 법률안 의결(59조 2항), ② 예산안 의결(60조 2항), ③ 조약체결 승인(61조), ④ 수상 지명(67조 2항), ⑤ 내각신임·불신임결의(69조)	참의원에서도 좌의 5개항에 대한 의결을 행하나, 최종 의사결정에서는 중의원의 의사가 우월
개회를 알리는 예비 벨	10분 전에 3회 울림	5분 전에 3회 울림
개회를 알리는 벨	2분 전에 울림	1분 전에 울림
위원회의 표결방법	기립	거수
본회의에서의 투표	백표(찬성), 청표(반대)	백색표(찬성), 청색표(반대)
기명투표 경로	시계방향(의원석에서 연단을 바라보았을 때)	시계반대방향(의원석에서 연단을 바라보았을 때)
의장의 투표권	투표 가능	투표 불가능
의장 영문표기	Speaker(중의원 의장)	President(참의원 의장)
참고인을 부르는 일	'출두'를 요구	'출석'을 요구
성명 표기	예명, 필명 사용가능. (예) 사회당 위원장을 지낸 도이 다카코(土井多賀子)는 성명 표기를 도이 다카코(土井たか子)로 하여 사용	본명만을 사용. (예) 프로 레슬러 출신 안토니오 이노키(アントニオ猪木) 의원은 참의원에서는 본명 이노키 히로시(猪木寬至)를 사용
참의원에서만 가능한 일	–	참의원 긴급집회
양원 공통	① 법률안 제출, ② 의원규칙 제정, ③ 국정조사, ④ 청원 접수, ⑤ 의원(議院)의 자격쟁송, ⑥ 국회의원에 대한 체포허락, 석방요구, ⑦ 국회의원에 대한 징벌, ⑧ 회의공개의 정지, ⑨ 국회임원선임, ⑩ 대신(大臣) 국회출석요구	

제9절 양원협의회

1. 개최요건 및 개최의 주체

양원협의회란, 중의원과 참의원의 의결이 서로 다를 때 양자의 의견을 조정하여 타협안을 만들기 위하여 설치되는 협의기관이다.

양원제를 채택하고 있는 일본국회는 원칙적으로 양원(중의원·참의원)의 의결이 일치한 경우에 의안이 성립된다. 그러나 양원의 의결이 늘 일치할 수 있는 것은 아니기 때문에 헌법에서 양원의 의사(意思)를 조정을 행하는 기관으로 양원협의회에 관한 규정을 두었으며, 그 상세한 것은 국회법, 각 의원규칙, 양원협의회 규정에서 정하고 있다.[97]

중의원은, 중의원에서 참의원의 수정에 동의하지 않았을 때, 중의원에서 가결한 법안을 참의원에서 부결했을 때, 참의원에서 중의원의 수정에 동의하지 않았을 때 양원협의회 개최를 요구할 수 있다.

한편, 참의원 측으로부터 법안과 관련하여 양원협의회 개최를 요구할 수 있는 요건은 한정되어 있으며, 중의원의 수정에 동의하지 않을 경우에 한정하여 참의원은 양원협의회를 요구할 수 있다. 단, 중의원은 이를 거부할 수 있다.

헌법상 양원협의회는, 예산의 의결, 조약체결의 승인, 수상(내각총리대신)의 지명에 있어, 중·참 양원의 의결이 일치하지 않을 때에 반드시 개최하도록 되어 있다. 법률안에 대해서는 양원의 의사가 다를 경우 중의원이 개최를 요구하거나 또는 그 개최에 동의하였을 때에 개최된다.[98]

양원협의회에서 성안을 얻었을 경우에는, 각 의원에서 승인을 할 것인

---

97) 川人 顯, 「兩院協議會」, 『立法と調査』 212号(1997. 7), 53쪽.
98) 내각총리대신 지명과 관련하여 2006년 2월 현재까지 3차례의 양원협의회가 개회되었다. 제2회 국회(1948. 2. 23), 제115회 국회(1989. 8. 9), 제143회 국회(1998. 7. 30)에서 내각총리대신 지명을 행했는데, 양원에서 서로 다른 지명을 함으로써 의견이 불일치되자, 헌법 제67조 2항에 의해 중의원의 의결이 국회의 의결이 되었다. 즉 중의원에서 지명을 받은 후보자가 수상 지명을 받았다.

가에 대한 표결이 행해진다. 성안은 먼저 양원협의회 개최를 요구한 의원 (議院)에서 표결이 있은 후, 다른 의원으로 송부한다. 그때 양원협의회의 성안을 수정할 수는 없다. 양원협의회에서 합의에 이르지 못했던 경우, 그 후에 재의결에 호소한 사례는 존재하지 않는다.99) 법안과 관련하여 양원 협의회가 개최된 사례로는 제1회 국회부터 제162회 국회까지 31건이 있는 데 이 중 27건이 제16회 국회(1953년) 이전의 사례이다.100)

2. 유형

양원협의회에는 필요적 양원협의회와 임의적 양원협의회가 있다.

1) 필요적 양원협의회

필요적 양원협의회는 예산의 의결, 조약체결의 승인 및 내각총리대신 지명에 있어, 양원의 의견이 일치하지 않을 경우 열리는 협의회로서 헌법 상 그 개최가 요구되고 있다(헌법 제60조, 61조, 67조, 국회법 제85조, 86 조). 양원협의회는 비밀회로 열리며, 방청도 허락되지 않는다.

2) 임의적 양원협의회

임의적 양원협의회는 법률안의 의결에 있어 중의원이 개최를 요구하거 나, 참의원이 요구하고 중의원이 이에 동의할 경우에 개최된다(헌법 제59 조, 국회법 제84조). 양원의 의사가 합치하지 않는 경우, 국회법이 정하는 바에 따라 중의원이 양원협의회를 개최할 것을 요구하고 양자 간의 타협 을 도모할 수 있다. 이때 양원협의회를 개최하느냐 안 하느냐 하는 것은 중의원이 자유롭게 결정할 수 있는데 이를 '임의적 양원협의회'라고 한다.

---

99) 梶田 秀, 「法律案の再議決」, 『議會政治研究』 44号(1997. 12), 54쪽 참조.
100) 衆議院調査局議會制度等研究グループ, 「日米英國議會における法案審議－本會議の 法案審査における日米英國の比較－」, 『RESEARCH BUREAU 論究』 2号(東京: 衆 議院調査局, 2006. 1), 156쪽.

〈그림 3-6〉 양원협의회

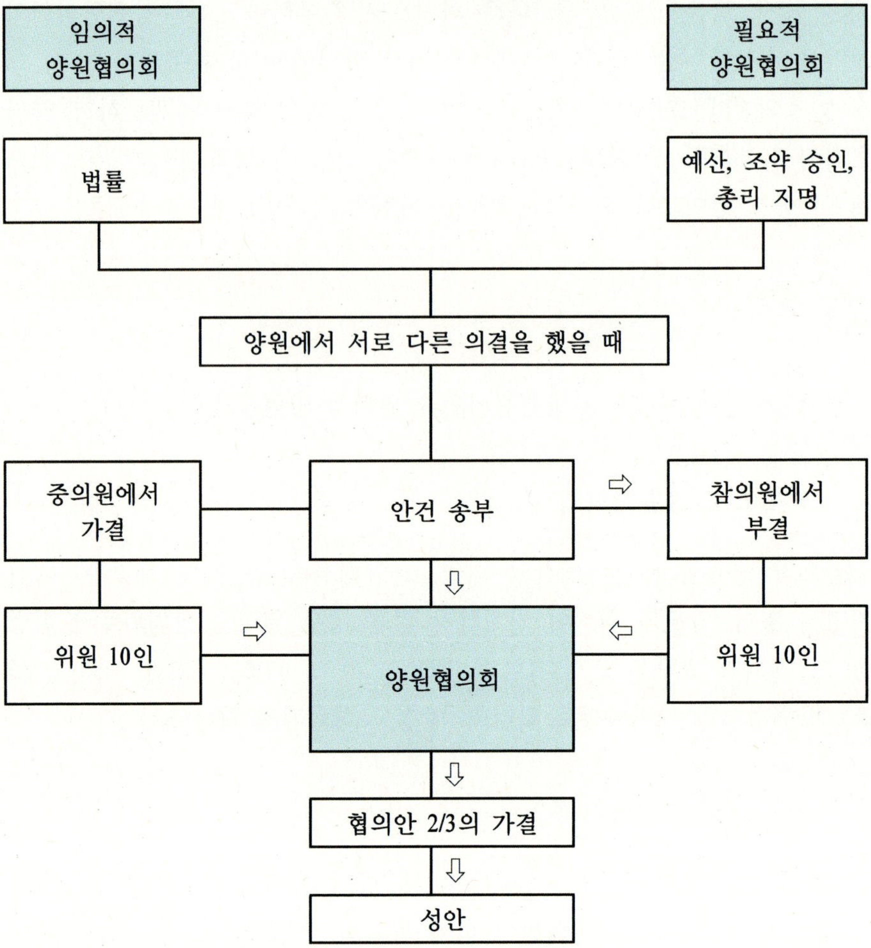

자료: 自由國民社編, 『(圖解による)法律用語辭典(補訂第2版)』(東京: 自由國民社, 2006), 124쪽.

3. 구성 및 의결

양원협의회는 중의원 의원 10인, 참의원 의원 10인 합계 20인으로 구성한다(국회법 제89조). 협의위원의 선출은 연기 무기명 투표로 선거하는 것도 가능하나, 중·참 양원 모두 선거 절차를 생략하고 의장의 지명으로 선출하는 것을 관례로 하고 있으며, 각각 그 원의(院議)를 지지한 회파에 속하는 국회의원 중에서 지명된다(중의원규칙 제250조, 참의원규칙 제176조).[101]

또 양원협의회의 의장은 각원(各院)에서 선출된 의원 중에서 2명이 매회 교대하면서 맡도록 되어 있다.

양원협의회의 정족수는 각 의원의 협의위원의 각각 3분의 2 이상이며, 성안(타협안)을 얻기 위해서는 출석위원 3분의 2 이상의 찬성을 요한다. 이 성안이 중의원과 참의원 양원에서 가결되었을 때에는 최종 의결 사항으로 성립된다.

중의원이 헌법 제59조 4항의 규정(참의원이, 중의원에서 가결한 법률안을 송부받은 후, 국회 휴회 중의 기간을 제외한 60일 이내에, 의결하지 않을 때에는, 중의원은 참의원이 그 법률안을 부결한 것으로 간주할 수 있다)을 발동하여, 부결한 것으로 간주하여 양원협의회를 요구한 경우의 위원 선임에 관해서는, 참의원은 각 회파에 할당하여 행하도록 하고 있다.[102]

양원협의회의 협의는, 의견이 충돌하고 있는 양원 간의 타협점을 만들려는 것이므로 비공개로 진행된다. 양원협의회에서 타협안이 만들어지지 않을 때에는 예산·조약·내각총리대신의 지명은 중의원의 의결대로 결정된다.

내각총리대신 지명을 예로 들어 보면, 중의원과 참의원에서 각각 다른 후보자를 내각총리대신으로 지명했을 때에는 양원협의회를 개최하게 된다. 그림에서 보는 것처럼 협의결과 합의점을 찾지 못할 때에는 중의원의 의결이 국회의 의결이 되어 중의원에서 지명을 받은 후보가 내각총리대신으로 최종 지명을 받는다.

---

101) 중의원에서 가이후 토시키를 수상으로 지명하고, 참의원에서 도이 다카코를 수상으로 지명한 경우, 중의원에서 도이 다카코에게 찬성표를 던진 의원이 중의원을 대표하는 양원협의회의 위원이 될 수는 없으므로 가이후 토시키의 수상 지명에 찬성한 의원 중에서 위원을 선출한다는 뜻이다.

102) 淺野一郎·河野 久編, 앞의 책, 173쪽.

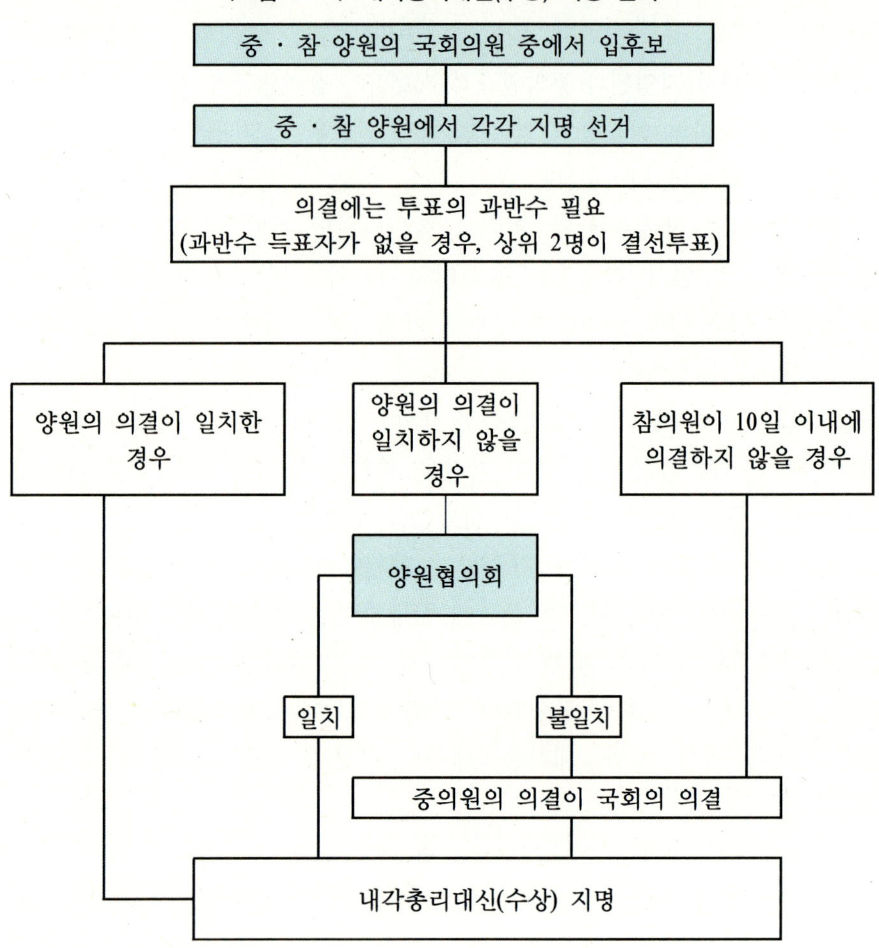

자료: 岡田憲治, 『政治制度のしくみ』(東京: ナツメ社, 1999), 86쪽.

4. 개최일시 및 장소

양원협의회의 첫 회의 일시는 양원의 의장의 협의에 의해, 중의원으로부터의 청구 당일로 되어 있다.

양원협의회는 양원협의회실(국회의사당 중앙첨탑 밑, 3층의 상임위원장실 사용)에서 개최되며, 방청을 허가하지는 않으나 협의회의록은 작성하도

록 되어 있다.[103]

5. 양원협의회와 중의원의 특별다수결과의 관계

중의원에서 가결 혹은 수정 가결된 의안(중의원 송부안)이 참의원에서 수정의결된 경우, 그 의안은 중의원에 회부되는데, 중의원이 이 회부안에 동의하지 않는다고 의결한 경우에는, 헌법 제59조에 의하여 본원(本院) 의결안을 재차 중의원의 본회의에서 출석의원의 3분의 2 이상의 찬성으로 가결하였을 때(이를 '특별다수결'이라고 한다), 혹은 양원협의회에서 성안을 얻은 후, 이를 양원에서 가결하였을 때, 본원(本院)의결안 혹은 그 성안이 법률이 된다. 이는, 중의원 송부안이 참의원에서 부결된 경우(이 경우, 중의원에 의안이 송부된다)와 마찬가지로서, 어느 경우라도, 재의결 혹은 양원협의회 개회를 요구하는 발의가 행해지면 그 의안은 성립하지 않게 된다.

그런데 먼저 양원협의회를 열고 거기에서 성안을 얻을 수 없는 경우, 중의원의 특별다수결에 호소할 수 있는지는 명확하지 않다. 실제로 이러한 사례는 없었다.

〈표 3-4〉 양원협의회가 개최되는 경우

안건	상대방의 대응	협의회청구자	청구의무	상대방의 수락여부	근거조문
예산 (중의원의 우월)	참의원이 부결	중의원	있음	있음	국회법 85①
	중의원이 참의원의 회부안에 불동의				
조약(중의원 先) (중의원의 우월)	참의원이 부결	중의원	있음	있음	국회법 85①
	중의원이 참의원의 회부안에 불동의				
조약(참의원 先)	중의원이 부결	참의원	있음	있음	국회법 85②
	참의원이 중의원의 회부안에 불동의				

---

103) 川人 顯, 「兩院協議會」, 『立法と調査』 212号(1997. 7), 53쪽.

안건	상대방의 대응	협의회청구자	청구의무	상대방의 수락여부	근거조문
법안(중의원 先) (중의원의 우월)	참의원이 부결('간주' 포함)	중의원	없음	있음	국회법 84②
	중의원이 참의원의 회부안에 불동의				
법안(참의원 先)	참의원이 중의원의 회부안에 불동의	중의원 참의원	없음 없음	있음 없음	국회법 84① 국회법 84②
	중의원이 참의원의 송부안을 부결	양원협의회 개회의 방법이 없음(불가)			
총리 지명 (중의원의 우월)		참의원	있음	있음	국회법 86②
다른 국회의 의결을 요하는 안건		선의원 (先議院)	없음	있음	국회법 87②
회기 (중의원의 우월)		양원협의회 개회의 방법이 없음(불가)			

자료: 向大野新治, 『衆議院』(東京: 東信堂, 2002), 143쪽.

제10절 회파

1. 회파의 의미·기능·근거

일본국회 안에서는 형식상 정당은 존재하지 않는다. 정당은 모두 '회파'라는 명칭으로 활동을 하고 있기 때문에 '회파'를 '원내 정당'이라고 이해해도 무방하다. 일본헌법이나 국회법 조문에서 '정당'이라는 용어를 찾아볼 수 없는데, 이는 국회의 구성단위는 국회의원 한 사람 한 사람이라고 간주하는 사고방식에 기인하는 것이다.

원내에서 활동을 같이하기 위하여 결성되는 국회의원들의 단체, 즉 원내단체를 '회파(會派, faction)'라고 하는데, 회파는 2인 이상의 국회의원이 모여 결성할 수 있다.

일본국회는 회파를 중심으로 운영되고 있으며, 국회의원의 수가 회파 영향력의 기준이 된다. 다수의 의원이 모인 의원(議院)에서의 국회운영은 모두 회파 간에 협의되며 회파가 중심이 되어 있다. 이 때문에 위원회의 위원·이사, 질문시간 등 주요 사항은 그 소속의원 수에 비례하여 각 회파에 할당하고 있다. 근년에는 의장은 최대 회파, 부의장은 제2의 회파에서 선출되고 있으며, 참의원에서는 위원회의 위원장도 소속의원 수에 따라 회파에 배분되고 있다. 회파에 속하지 않는 의원이나 소수 회파에는 의원운영위원회의 이사, 대표질문의 할당이 없는 등, 그 활동의 기회는 다수 회파의 경우와 비교할 때 크게 제한된다.

회파에 관한 규정은 모두 각 의원의 의원선례(議院先例)에 위임되어 있지만 그 명확한 정의나 요건은 찾아볼 수 없다.

2. 회파 구성 및 소멸

1) 회파 인정

어떤 의원집단을 '회파'로 인정하느냐 안 하느냐 하는 것은 중의원 의원운영위원회나 참의원 의원운영위원회의 의결에 의해 결정된다.[104]

2) 관행적 구성요건

국회법에 규정되어 있는 것은 아니고 어디까지나 선례에 의한 것이다. 회파는 의회운영상 중요한 역할을 수행하고 있지만 그 지위, 구성요건 등에 관해서는 국회법이나 의원규칙에 구체적인 규정이 없어서 다음과 같은 선례 혹은 관행에 의존하고 있다.[105]
① 회파의 결성에는 2인 이상의 국회의원을 요한다.

---

104) 중의원의 회파인 '자유민주당'은 참의원의 회파 '자유민주당'과는 별개의 것이며, 정당으로서의 자유민주당과도 구별된다.
105) 原田一明, 『議會制度』(東京: 信山社, 1997), 149 - 150쪽, 중의원 선례집 제99조 및 제100조 참조.

② 회파의 대표자가 소속의원의 성명을 기재한 회파결성신고서를 의장에
게 제출한다.
③ 그 명칭의 변경이나 입회·퇴회 등 회원에 이동이 있는 경우에는, 의
장에게 신고서를 제출한다.
④ 국회의원대기실은, 회파별로 그 소속의원 수에 따라 할당된다.[106]
⑤ 중의원 선거 후 처음 열리는 국회(특별회)에서는, 의장·부의장 등 일
체의 임원이나 내부기관이 존재하지 않기 때문에, 소집일 전이나 소집
일에 사무총장은, 의원운영위원회가 구성될 때까지의 사이에, 각 회파
의 대표의원으로 구성되는 '각파협의회'를 개회하는 것을 관례로 한다.
⑥ 각종 위원회의 이사는 의원운영위원회가 결정한 기준에 따라 각 회파
에 할당한다.

3) 소멸

회파를 결성했을 때에는, 그 대표자는 즉시 자신이 속한 의원(중의원 혹
은 참의원)의 의장에게 회파의 명칭, 대표자 성명, 소속의원 수 및 소속의
원 성명을 신고하지 않으면 안 된다.[107] 회파의 의사결정은 합의제(合議
制)에 의하므로 그 최소단위는 2인이 되는 것이다. 따라서 회파는 그 소속
의원의 수가 1인이 되었을 때 소멸한다.

3. 회파의 기능

원내 회파는 의원의 운영 및 위원회의 운영 등 국회에서의 모든 활동의
중심이며, 그 기초가 된다.

---

106) 국회의원이 본회의나 위원회가 시작될 때까지의 사이에 대기하거나, 간부로부터의
    당일 회의의 내용이나 의사일정 등을 듣기 위하여 모이는 방을 국회의원대기실(議員
    控室)이라고 한다. 의원활동의 편의를 위하여 양원 모두 의사당 본관 2층과 3층에 있
    다. 이 방의 용도는 특별히 정해져 있지 않기 때문에 의원총회, 국회대책위원회, 정
    책심의회가 열리기도 하며, 간사장실 등의 임원실이나 회파의 사무실로도 사용된다.
107) 국회에 있어 각 회파에 대한 입법사무비의 교부에 관한 규정 제2조 참조.

당초 회파는 '실효적인 의회활동'을 확보하기 위하여, '같은 정치적 견해를 갖는 집단에 있어 사전 의사형성과 발언자의 선별'이 필요하다는 생각, 그리고 당시의 의회가 직면하고 있던 '개별 구체적인 문제를 해결하기 위해, 통일적으로 행동'할 필요가 있다고 하는 점에서 결성되었다.[108]

그런데 회파는 의회에서의 대표, 의회 내의 정당이라고 하는 성격을 강화하였으며, 그에 따라 국회의원의 자유로운 활동의 여지를 좁혀 놓았다. 의회에 제출되는 법안 기타 의결안건에 대해 회파가 사전에 당의를 구속하고 있는 것이다. 따라서 회파의 기능이란 '국회운영을 위한 정치세력화'와 '국회운영에 대한 영향력을 극대화하기 위한 각 정치세력의 대표성 확보'에 있다고 할 수 있다.

4. 회파결성 및 구분

1) 회파결성

원내에 '정당'이라고 하는 조직은 공식적으로는 존재하지 않는다. 회파라고 하는 그룹이 있을 뿐이다. 예를 들면 '공명당'이라고 하는 정당의 당원들이 당선되어, 원내에서도 같은 '공명당'이라고 하는 이름의 회파를 조직하는 일이 있기 때문에 원내에도 정당단위의 조직이 있는 것처럼 보일 뿐이다. 어느 정당의 정당원이라도 국회의원이 되면 다른 정당 소속 국회의원과 연합하여 회파를 결성할 수 있다. 회파결성이 가능한 경우와 사례는 다음과 같다.[109]

동일 정당에 소속하는 의원들로 구성되는 회파의 결성은 대부분 그 정당명을 그대로 회파의 명칭으로 한다. 정당에 소속하지 않는 의원(무소속의원)과 정당이 뜻을 같이하여 구성할 수도 있고, 정당에 소속하지 않는 의원들끼리 구성할 수도 있다. 그리고 복수의 정당에 소속하는 의원들끼

---

108) 高田 篤,「民主制の展開から見役た會派」,『ジュリスト』1177号(2000. 5. 1−15合併号), 60쪽, 新 正幸,「立法過程−議員立法, 政府提出立法」,『ジュリスト』1133号 (1998. 5. 1−15合併号), 114쪽 참조.
109) 東大法・蒲島郁夫ゼミ 編,『現代日本の政治家像』(東京: 木鐸社, 2000), 32−33쪽.

리도 하나의 회파를 구성할 수 있다.

무소속의원 간, 정당과 무소속의원 간, 복수의 정당 간에도 원내 회파를 결성하는 일이 있다. 원외에 있는 단체에 소속하고 있는 의원이 1인뿐일 경우에는, 원내에서 무소속으로 취급한다.[110]

의원의 운영상, 회파에 할당하여 행하는 것이 적당한 사항에 관해서는, 그 소속의원 수에 비례하여 각 회파에 할당하며, 그 구체적인 대응에 관해서는, 각 회파에 일임하고 있다. 예를 들면 상임위원회 및 특별위원회의 위원·이사, 재판관소추위원회 위원 및 탄핵재판소 재판원 기타 각종 위원 등의 선임 등에 관해서는, 그 소속의원 수에 비례하여 각 회파에 할당하고, 그 신청, 추천 등에 기초하여 행해지고 있다. 그 외에도 회의·위원회 등의 질문(질의)시간·횟수 등 많은 사항에 관해서도 소속의원 수에 따라 각 회파 별로 할당하는 것이 선례이다.[111]

〈표 3-5〉 회파결성 경우 및 사례

경 우	내 용	사 례
동일 정당에 소속하는 의원들로 회파를 결성하는 경우	기본적으로 정당명을 그대로 회파의 명칭으로 사용한다.	자유민주당, 1996년 중의원
회파가 하나의 정당의 국회의원집단에 의해 형성되어 있으나, 회파 명칭을 정당명과 다른 명칭으로 하는 경우	스스로 정당의 방침을 대외적으로 부각시키려는 의도가 있다.	사회민주당·시민연합, 1996년 중의원
하나의 정당이 무소속의원과 함께 회파를 결성하는 경우	정당 측으로서는 국회운영에 도움(자유민주당의 과반수 확보 등)이 되는 장점이 있으며, 무소속의원에게도 국회에서의 활동의 장이 확장된다는 장점이 있다.	자유민주당·자유국민회의, 1993년 중의원, 일본사회당·호헌협동, 1990년 중의원
복수의 정당·회파가 합동하여 하나의 회파를 결성하는 경우	이를 통일회파라고 하는데, 종종 신당결성으로 이어지는 경우가 있다.	신당 사키가케와 일본신당이 구성한 사키가케·일본신당(1993년 중의원), 신진당과 공명당이 구성한 평성회(1995년 참의원)
무소속의원이 결집하여 회파를 결성하는 경우	–	무소속클럽, 1997년 중의원

---

110) 衆議院事務局, 『衆議院の動き』 11号(東京: 衆議院, 2004), 410쪽.

111) 衆議院事務局, 앞의 책.

각 회파는 원내에서 활동을 할 수 있는 것에 그치지 않고, 국회운영에 주도적으로 참여하기를 원한다. 가급적 규모가 큰 회파를 구성하면 그만큼 국회운영에 있어 주도적인 위치를 점할 수 있기에 국회의원 선거가 종료되면 각 정파는 회파 규합에 나서게 되는 것이다.

2) 통일회파 결성

2개 이상의 정당이나 집단이 하나의 회파를 형성하는 것을 '통일회파'라고 한다. 중의원의 회파를 예로 들어보자. 회파 '민사당·국민연합'의 경우, 이는 민사당 소속의원과, 민사당의 당원은 아니나 민사당의 도움을 받아 당선된 의원 혹은 무소속의원으로 당선되어, 당원으로 가입은 하지 않았으나 그 회파에는 소속하는 의원이 모여 결성한 집단임을 의미한다.

통일회파란 참의원에서는 무소속의원이나 작은 정당이 통합하여 하나의 회파를 구성하는 경우가 있으며, 중의원에서도 무소속의원이나 작은 집단이 큰 정당과 함께 회파를 형성하여 명칭을 '··'로 묶는다. 그러니까 중간점(·)은 1인이라도 세력을 확대하고 싶은 정당과, 정당 가입은 거부하지만 회파에 의한 권익을 확보하려는 의원 간의 접점인 것으로 이해된다.[112]

1983년 말부터 약 2년 6개월간 중의원 내에 존재했던 자유민주당과 신자유클럽의 연합회파인 '자유민주당·신자유국민연합'은 통일회파라고 불리는데 이러한 통일회파의 경우에도 회파로서의 독자적인 조직을 별도로 형성했던 것은 아니다. 통일회파로서의 회합이 한 번도 없었던 것을 볼 때, 결국 회파란 국회의원의 숫자를 늘리기 위해 단지 간판을 같이 하는 것뿐이라는 지적을 피하기 어렵다.[113]

5. 회파 지도기관

회파가 원내에서 일사불란하게 행동하려면 회파를 지도하는 기관이 필

---

112) 中山千夏, 『國會という所』(東京: 岩波書店, 1986), 47-48쪽.
113) 大山礼子, 『國會學入門(第2版)』(東京: 三省堂, 2003), 45쪽.

요하다. 당의구속력의 강약과도 밀접하게 관련되기 때문에 단순하게 비교를 하는 것은 어려우나, 일본에서는 기관으로서의 간사장 혹은 국회대책위원회 등이 그것을 담당해 왔다.

일본국회에 제출되는 법안의 대부분을 차지하는 내각제출법안은, 최종적으로 각의에서 결정되어 국회에 제출되는데, 그전에 여당의 사전심사를 받고 있다. 그 절차는 1993년 이전의 자유민주당 단독정권에서는, 정무조사회 부회-정무조사회 심의회-총무회-국회대책위원회 순이었고, 1993년 이후의 여러 연립정권하의 복수여당의 경우는 조금 달랐다. 그러나 어느 경우이건 '여당심사'를 거친 내각제출법안은, 제출 이전부터 여당이 찬성할 만한 것으로 정해져 있다. 따라서 여당 회파에게는 원내에서의 심의는 그다지 의미 있는 과정은 아니라고 인식되고 있는 것에 문제가 있다.

이렇게 정당·회파의 방침과 결정에 따라 소속의원의 활동이 구속받게되는데 이를 당의구속이라고 한다.

6. 원내교섭단체 · 원내단체

1) 원내교섭단체

일본국회에서 '원내교섭단체'는 정식용어는 아니다.[114] 정식용어가 아니라서 이 용어에 대한 정의를 내리기는 쉽지 않으나, 일반적으로는 의원운영위원회에 위원을 보내고 있는 회파를 가리켜 원내교섭단체라고 한다.

원내단체로서의 회파와 원내교섭단체는 기능상 약간의 차이가 있다.[115] 의원운영위원회에 위원을 보내기 위해서는 중의원에서 20인 이상, 참의원에서 10인 이상의 의원을 갖는 회파여야 한다. 이 의원 수는 국회법 제56조에서 규정하는 요건, 즉 국회의원이 법안을 발의하거나, 동의(動議)를 제출하는 데 필요한 찬성의원 '중의원 20인 이상, 참의원 10인 이상'의 요건

---

114) 議會制度研究會編, 『國會がわかる本』(東京: 第一法規, 1992), 61쪽.
115) 의원운영위원회는 위원 할당이 없는 회파의 동 위원회 출석을 허가하고 있다. 단, 출석은 가능하나 표결에는 참여할 수 없다.

과도 일치한다.116)

10인 이상의 회파는 본회의의 운영이나 위원장직의 배당 등을 협의하는 의원운영위원회의 이사(理事)를 확보할 수 있다. 동 위원회에 이사를 보낼 수 있는 10인 이상의 회파는 원내교섭단체의 자격을 갖는다.

원내교섭단체는 일반적으로는 의원운영위원회에 위원을 참석시킬 수 있는 회파를 가리킨다. 이처럼 국회운영의 중심은 회파이고, 회파 구성원의 수에 따라 비중이 달라지므로 규모가 작은 회파는 의원운영위원회의 이사(理事)나 대표질문 등에 있어 할당을 받지 못하는 수도 있다.

2) 원내단체

의원운영위원회에서 교섭자격을 갖는 회파가 원내교섭단체이다. 이 용어는 근년에는 그다지 사용되고 있지 않으며 대신 '원내단체'라는 용어가 '회파'와 함께 사용되고 있다.

제11절 정보공개

1. 국회의 정보공개

의원운영위원회는 의원의 전반적인 조직이나 운영에 관해 각 회파가 모여 협의하는 기능을 가진다. 의원의 운영은 ① 국회의 회의 운영, ② 국회의 행정 운영으로 나뉜다. 따라서 국회가 보유하는 정보는 회의 운영에 관한 정보와, 국회의 행정 운영에 관한 정보로 나뉜다. 이 중 국회의 행정 운영에 관한 정보의 공개에 관해서는 다음과 같다.

정보공개는 공개방법에 따라 ① 정보제공에 의한 광의의 공개, ② 정보공개요구에 의한 협의의 공개로 나눌 수 있다. 정보제공에 의한 공개는

---

116) 現代議會政治研究會編, 『議會用語ハンドブック』(東京: ぎょうせい, 1987), 98쪽.

1980년경부터 광보실(홍보실) 등이 설치되어 다양한 노력이 행해져 왔다. 참의원에서는 참의원 전화응답서비스를 개설하여 시민들의 문의에 응하고 있다. 또 출판물이나 인터넷 등에 의한 홍보활동, 국회TV중계, 국회를 방문한 시민들에 대한 대응으로 의사당 별관에 서비스 로비를 설치하여 회의록 등의 열람이 가능하도록 하였다. 전화응답서비스의 이용자 수는 연간 약 2천 건, 서비스 로비의 이용자는 약 1만 명이다.117)

국가의 설명책임은 행정에만 요구되는 것이 아니라 입법이나 사법에도 요구된다. 국권의 최고기관인 국회야말로 솔선하여 정보공개를 추진해야 할 필요가 있다. 이런 인식에 기초하여 국회의 정보공개제도 도입이 검토되고 1999년 10월, 자유민주당, 자유당, 공명당·개혁클럽(改革クラブ)은 '3당연립정권합의서'를 발표, 정치·정책과제합의서의 국회개혁에, '국회정보공개법'(가칭)을 제정한다고 발표했다.118) 이렇게 된 배경에는 국회에는 중앙 성·청이 보유하는 방대한 분량의 행정정보가 수집되어 왔는데 이들 정보는 대개는 공개되거나 이용되지 않고 버려지고 있기 때문이다.119)

시민의 정치 참여가 활발해지고, 시민이 적극적으로 정책과정에 관여하거나 그 과정을 열람하는 시대에 살고 있다.120) 정보통신기술의 발달로 인하여 정부의 역할, 국가의 역할이 변하고 있는 때에 일본국회가 '열린 국회'를 지향하며 스웨덴이나 대한민국처럼 국회의 정보공개를 법으로 규정하려는 것은 시대의 흐름에 부응하려는 노력의 일환이라고 볼 수 있다.

---

117) 淺野一郎編, 『國會入門』(東京: 信山社, 2003), 324쪽.
118) 淺野一郎編, 앞의 책, 325쪽.
119) 행정정보요구를 통한 정보공개는 이보다 빠른 1999년 5월에 정보공개법이 제정되어, 2001년 4월부터 시행하고 있다. 이 법률의 목적은 국민주권의 이념에 따라 행정문서의 공개를 청구하는 권리에 관해 규정함으로써, 행정기관이 보유하는 정보를 한층 더 공개하는 것을 도모하여, 정부의 제반 활동을 국민에게 설명하는 책무가 있음을 알리고, 국민이 국정에 관해 충분히 이해하고 또 비판할 수 있게 하여 공정하고 민주적인 행정을 추진하는 데 있다.
120) 1990년대에 들어 전자정부(Electronic Government)체제를 갖추거나 그 구상을 밝히는 정부가 증가하고 있다.

2. TV 및 인터넷 심의중계

국회 본회의장에 TV카메라가 들어와 의사를 처음으로 중계한 것은 1952년 10월 24일의 내각총리대신 지명 선거 때부터이고, 국회에서 토론과 논의의 중심적 공간인 중의원 예산위원회의 TV중계가 시작된 것은 1953년 1월부터이다.[121] 이때 중계 허가 여부는 국회법 제52조에서 규정하는 것처럼 각 위원회의 위원장이 갖고 있다.

위원회에서의 TV중계는, 위원회의 허가를 받으면 촬영할 수 있다는 선례가 있으나, 1988년의 리쿠르트사건과 관련하여 증인환문을 앞두고 '의원에 있어 증인의 선서 및 증언 등에 관한 법률' 개정이 이루어져, "위원회 또는 양 의원의 합동심사회에서의 증인에 대한 심문 중의 촬영은 이를 허가하지 않는다."(제5조의 3)고 규정하였다.[122]

중의원은 본회의와 각 위원회 심의과정의 영상과 음성을 인터넷으로 제공하고 있다. 원칙적으로는 모든 심의가 생중계되고 있다.[123] 당수토론은 '국가기본정책위원회 합동심사회'라고 하는 제목으로 중계되고 있다.

참의원도 중의원과 마찬가지로 심의과정을 인터넷으로 제공하고 있으며, 1998년 5월 1일부터 참의원 웹 서버에 심의중계를 위한 홈페이지(애칭 '참의원 온라인')를 개설하여 운용하고 있다.[124]

---

121) 毎日新聞政治部, 『國會百年』(東京: 行研出版局, 1990), 114쪽.

122) 堀江ふかし・笠原英彦編, 『國會改革の政治學: 議會デモクラシーの復權』(東京: PHP研究所, 1995), 177쪽.

123) C-Net은 국회심의를 편집 없이 TV로 방송하는 것을 목적으로 설립된 정치전문 민간TV방송국으로서 1990년에 발족하여 1998년 1월부터 방송이 시작되었다. 본회의와 위원회 심의를 편집 없이 방송하는 것 외에 정치가와 시청자의 전화 등에 의한 질문이나 토론방송, 정치계몽 프로그램 등을 방송하고 있다. 內田 滿編, 『現代日本政治小事典(2003年度版)』(東京: ブレーン出版, 2003), 94쪽.

124) http://www.webtv.sangiin.go.jp/webtv/index.php(검색일: 2008년 1월 6일).

제4장 회　기

제1절 회기제도

1. 회기의 의의와 형태

1) 의의

국회가 법률상의 권능을 행사할 수 있는 기간을 회기(會期, term of session)라고 한다.[1] 이를 쉽게 말하면 '국회가 활동능력을 갖는 일정한 기간'이 된다.[2]

회기제도는 소수파 소수의견의 보호와 함께 폐안, 재제출이라고 하는 신중한 절차에 의한 국민의 복리를 위한 입법의 확보라고 하는 의의를 갖기도 하나, 잘못하면 법안심의시간을 제약하는 요인이 되기도 한다.[3]

2) 형태

회기제도는 크게 두 가지 형태로 나누어진다. 하나는 1년을 회기로 하고 필요한 경우에 일시 휴회하는 제도이고, 다른 하나는 정기회·임시회로 구분하여 활동하는 제도이다. 전자는 미국, 후자는 한국, 일본을 예로 들 수 있다.

---

[1] 일본국회처럼 개회기간을 비교적 짧게 한정하는 회기제를 채택하고 있는 경우, 의사운영 특히 법안심의 등에 요구되는 '시간'의 관리가 입법적 생산성을 크게 좌우한다고 한다. 이제까지의 입법과정 연구에 있어 시간적 요소가 어떻게 작용하고 있는가에 대한 체계적인 연구는 없었는데 사카모토 코타로(坂本孝太郎, 1998)와 마스야마 미키타카(增山幹高, 2003)는 이러한 분야의 연구를 선도하고 있다. 坂本孝太郎, 「國會における法律審査: そのデータ作成の試み」, 日本政治學會編, 『年報政治學1987: 政治過程と議會の機能』(東京: 岩波書店, 1998), 175-204쪽, 增山幹高, 『議會制度と日本政治-議事運營の計量政治學』(東京: 木鐸社, 2003) 참조.

[2] 抱 喜久雄·野畑健太郎·吉川 智編, 『新·初めての憲法』(京都: 法律文化社, 2004), 160쪽.

[3] 成嶋 隆, 「立法過程論と立法の復權」, 『法律時報』 72, 2(2000), 15쪽.

〈표 4-1〉 회기제도의 전개 및 특징

구분	영국형	독일·프랑스형
전개 시기	19세기 이후	20세기 이후
전개사유	의회는 행정기관, 재판소와는 달리 상시 활동하는 기관이 아니며, 일정 기간을 정해 놓고 활동하는 기관이다. 의회의 의사는 회기별로 독립된 의사라고 하는 회기불계속의 원칙을 기초로 하여 전개, 전파되었다.	국회의원 선거부터 다음 국회의원 선거까지 동일 의원들로 구성되는 국회는 국회의원의 임기 동안 활동능력을 가지며, 이 기간 국회의 의사는 동일한 것으로 본다.
통칭	회기	입법기/선거기
특징	회기마다 개회식 등 의례적인 행사와 절차를 거쳐야 하므로 시간의 활용 면에서 볼 때 비효율적, 비생산적이다.	반복적인 의례적 행사와 절차를 거치지 않는다. 동일한 시기에 입법활동을 하는 국회의원들은 임기 내내 동일한 의사를 갖는 것으로 본다.
채택국가	한국, 일본 등 일부 국가	독일, 프랑스, 미국 등 대부분의 국가

2. 일본 회기제도의 연혁

회기제도의 기원은 영국에 있다. 의회는 당초 상설기관은 아니고, 일정 기간에 한하여 개회되는 기관이었다. 이 개회기간, 즉 의회가 활동능력을 갖는 기간을 회기라고 한다. 초기의 의회는, 군주가 과세 등의 문제와 관련하여 승인을 얻기 위해 소집하였는데, 정기적으로 열린 것은 아니었다. 그러나 의회의 권한이 신장되면서 회기의 장기화 현상과 정례화 현상이 나타나기 시작하였다. 근대의 의회는 입법과 예산의 승인을 주된 임무로 하며, 적어도 연 1회 정기적으로 열리게 되었다.

일본국회의 회기제도의 기본적인 성격은 제국의회 시대에 만들어진 제도를 계승한 것이다.4)

제국헌법은 제42조에서 회기제도를 규정했으나, 일본헌법에서는 '회기'를 명기하고 있지 않다.5) 다만, 상회(常會, 제52조) 외에 임시회(제53조)

---

4) 제국의회 시대의 일본의 회기제도도, 예산심의를 위해 연 1회 상회를 개회한다고 하는 근대 의회의 회기제도의 특색을 갖추고 있었다. 또 제국의회의 소집은 매년 11월이나 12월에 행해졌는데, 이는 수확기를 끝낸 늦은 가을에 회의를 연다고 하는 전통에 유래하는 것이라고 한다.

및 특별회(제54조)에 관한 규정을 두고 있는 것에서 회기제도를 채택하고 있다고 해석하고 있다.[6]

3. 회기 종료 사유

1) 회기기간의 만료

국회의 회기는 활동기간의 만료에 의해 종료된다. 국회가 활동능력을 상실하는 것을 폐회라고 한다.

2) 상회 회기 중의 국회의원 임기의 기한

한국의 정기국회라고 할 수 있는 상회(常會, 통상국회)는 매년 1월에 소집하는 것을 상례(常例)로 한다(국회법 제2조). 그 회기는 150일간으로 법정화되어 있기 때문에 회기 중에 국회의원의 임기가 만기에 달할 가능성이 있다.[7] 그래서 통상국회의 회기 중에 국회의원(참의원의 의원은 그 절반)의 임기가 만기에 달하는 경우에는, 그 만기일로 회기는 종료된다(국회법 제10조 단서).

임시회 및 특별회의 회기는, 양원의 일치 의결로 이를 정한다고 되어 있으므로 그 의결을 행할 때에는 회기 중에 국회의원의 임기가 만기에 달하는 일이 없도록, 회기의 기간을 정한다.

---

5) 제국헌법하에서는 국회의 소집, 개회, 회기결정 등은 모두 천황의 권한이었으나, 일본헌법하에서는 국회의 소집은 천황의 국사행위(國事行爲)의 하나로서, 내각의 조언과 승인에 의하여 행해지거나, 중의원 또는 참의원의 총 의원의 4분의 1 이상의 요구가 있으면 내각은 임시회의 소집을 결정하지 않으면 안 되며, 회기의 결정은, 국회법의 규정에 있는 상회(常會, 통상국회)의 경우를 제외하고는 중의원 또는 참의원의 자주적 결정에 일임되어 있다.

6) 光信一宏,「會期制度」,『ジュリスト增刊 憲法の爭點(第3版)』(東京: 有斐閣, 1999), 184쪽.

7) 國會法規研究會,「國會の活動の終了(1)」,『時の法令』1653号(2001), 73쪽.

3) 중의원 해산

국회의 회기는 중의원의 해산에 의해서도 종료된다. 중의원이 해산되면 중의원을 구성하는 국회의원이 존재하지 않게 되므로 중의원은 그 활동능력을 갖지 않게 되며, 참의원도 동시에 폐회하도록 되어 있다.

4. 회기 종료의 효과

회기가 종료했을 때 회기 중에 의결되지 않은 안건은, 다음 회기에 계속되지 않으며, 모두 폐안 처리되는 것이 원칙이다. 그러나 상임위원회 및 특별위원회에서 각 의원(議院)의 의결로 특별히 부탁된 안건(예를 들면 징벌사범의 건)은 폐회 중에도 심사를 계속할 수 있다.[8]

이 때문에 회기 중에 의결에 이르지 않은 안건으로서, 위원회의 폐회 중 심사에 회부되지 않은 것은, 그 회기의 종료에 따라 당연히 소멸하기 때문에, 이에 관해 다음 회기에서 더 심의를 요하는 경우에는, 다시 발의 또는 제출 절차를 밟지 않으면 안 된다.[9]

단, 결산은 한번 제출되면 심의미료일 경우라도 다음 회기에서 심의하고, 그 회기에서도 심의미료로 끝났을 때에는 다시 그 후의 회기에서 심의하는 것이 관례이며, 이는 중의원이 해산되었을 경우에도 동일하다.

예산 및 조약에 관해서는, 중의원이 의결하여 참의원에 송부한 다음, 그 송부일부터 기산하여 국회의 휴회 중의 기간을 제외한 30일 이내에, 참의원이 의결하지 않을 때에는, 중의원의 의결이 국회의 의결이 되나, 국회의 의결은 동일 회기에 있어 양원의 의결에 따라 그 회기 내에 형성되는 것이기 때문에, 중의원의 의결 후 30일의 기간을 경과하지 않은 채 국회의 회기가 종료하는 경우에는 중의원의 의결이 국회의 의결이 되는 일은 없다.[10]

특별위원회는 양원에서 특별한 필요가 있다고 인정한 안건 또는 상임위

---

8) 국회법 제68조 단서, 국회법 제47조 2항.
9) 鈴木隆夫, 『國會運營の理論』(東京: 聯合出版社, 1953), 425쪽.
10) 桂 俊夫, 「自然成立·承認の日付論考」, 『議會政治研究』 23号(1992), 28쪽.

원회의 소관에 속하지 않는 특정한 안건을 심사하기 위해, 의원(議院)의 의결에 따라 설치된 것이므로, 회기의 종료에 따라 소멸하는 것을 원칙으로 한다. 또 특별위원회의 소멸에 따라 그 위원장, 이사 및 위원의 임기도 종료된다. 단, 특별위원회에 안건의 폐회 중 심사가 부탁될 경우에는 그 특별위원회는 폐회 중에도 계속하여 존치되는데, 처음부터 특별위원회의 설치의 의결의 효력은 다음 회기(後會)까지 미치지 않으므로, 폐회 중에 심사된 의안 등은 다음 회기에 계속됨에도 불구하고, 특별위원회는 다음 국회의 소집일 전날까지만 존속한다.[11] 이 때문에 다음 국회의 회기에 그 특별위원회를 설치할 필요가 있을 때에는 그 회기의 초기에 의원(議院)의 회의에서 다시 설치의 의결을 행하지 않으면 안 된다.

중의원에 설치된 부당재산거래조사, 고사(考査), 행정감찰 등 특수한 특별위원회는 각각 그 설치에 관한 의결에 따라, 폐회 중에도 개회할 수 있는 권한을 부여받았다.[12]

5. 심의미료(폐안)

법률안이 제출되어 심의되었다 하더라도 국회 회기 중에 의결되지 않는 경우가 있다. 회기 중에 의결에 이르지 못한 안건은, 다음 회기(後會)에 계속하지 않는다는 회기불계속의 원칙에 의하여, 회기 종료와 함께 소멸되는 심의미료, 즉 폐안이 된다.[13]

법률안의 취급 등에 관하여 협의가 조정되지 않거나 혹은 심의시간이 충분히 확보되지 않은 채 회기 말을 맞게 되는 경우도 있다. 이럴 때에는 위원회 및 본회의에서 폐회 중이라도 계속하여 심사하기로 의결하면, 다음번 국회 이후에도 심의가 계속되는데, 이런 절차가 행해지지 않으면 심의미료(폐안)가 되어, 다음 국회 이후에 다시 국회에 제출해야 심사를 할 수 있다. 이러한 일련의 심사의 진행방법은 당해 위원회의 위원장, 이사로

---

11) 松澤浩一, 『現代行政法學全集⑪議會法』(東京: ぎょうせい, 1987), 111쪽.
12) 國會法規研究會, 「國會の活動の終了(1)」, 『時の法令』 1653号(2001), 77쪽.
13) 內田 滿編, 『現代日本政治小事典(2003年度版)』(東京: ブレーン出版, 2003), 100쪽.

구성되는 이사회에서 협의되어 그 합의에 기초하여 행해지게 된다.[14]

회기제를 채택하고 있는 일본국회에서는 회기별로 국회의 의사가 독립되어 있는 관계로, 회기 중에 의결되지 않은 의안은 그 후의 회기에 계속되지 않는다. 이 때문에 국회가 어떤 법안에 대해 아무런 의사결정을 하지 않고 회기 종료일을 맞을 경우에는 그 법안은 폐안이 된다.

중의원이 해산되었을 때에는, 해산된 시점에서 중·참 양원에서 의결에 이르지 않은 모든 법안이 해산과 동시에 폐안이 되며, 참의원 의원 통상선거가 행해지는 폐회 중에는, 참의원에서 심의 중인 법안에 대한 계속심사는 행하지 않는 것이 관례이며, 폐회와 동시에 폐안이 된다.

제2절 회기의 원칙 및 관련 제도

1. 회기의 원칙

국회는 내각이나 재판소와는 달리 기간을 한정하여 그 권능을 행사한다. 그 기간을 '회기'라고 하는데, 회기에 관해서는 다음과 같은 3가지 원칙이 있다.[15]

1) 회기불계속의 원칙

각각의 회기는 독립하여 활동하고, 그 회기 중에 의결하지 않은 안건을 다음 회기에 계속하지 않는 원칙을 회기불계속의 원칙이라고 한다.[16]

일본은 구미 여러 나라의 의회에서는 보기 드문 엄격한 독립 회기제를

---

14) 宮崎淸隆,「委員會－その活動」,『立法と調査』209号(1999. 1), 23쪽.

15) 上田正一·森本敦司·生駒正文編著,『アクセス憲法』(東京: 嵯峨野書院, 2004), 103쪽.

16) 국회법 제68조(회기불계속) 회기 중에 의결에 이르지 않은 안건은, 다음 회기(後會)에 계속하지 않는다. 단, 제47조 2항의 규정에 의해 폐회 중 심사한 의안 및 징벌사범의 건은, 다음 회기에 계속한다.

채택하고 있다. 회기 중에 의결되지 않은 안건을 원칙적으로 계속하지 않는 것이나, 동일 회기 중에는 같은 안건에 대해 재차 심의를 하지 않는 '일사부재의'의 원칙은 모두 '회기 독립의 원칙'에 기초한 것이다.[17]

2) 동시활동의 원칙

중의원과 참의원은 동시에 소집·폐회하는 동시활동을 원칙으로 한다. 따라서 중의원이 해산되었을 때에는 참의원도 동시에 폐회한다. 다만, 긴급한 의결이 필요한 경우에는 참의원에 긴급집회가 인정된다(헌법 제54조 2항).

3) 독립활동의 원칙

중의원과 참의원은 각각의 의원(議院)이 상호 독립하여 의사와 의결을 행함을 원칙으로 한다. 단, 양원의 의견이 대립되는 경우에는 양원협의회가 설치되어 의결의 일치를 도출하기 위한 절충이 시도된다.

2. 회기제도 정착 이유

가와사키(川崎)는 일본에 회기제도가 정착된 이유를 두 가지로 정리하여 제시하였다.

첫째는 연혁적인 이유로서 영국에서 의회가 국왕의 자문회의로 시작된 것에 기인하며, 그 후 시간이 흐르면서 이 회의체는 국왕의 자문의 필요에 따라 소집되고, 그 사명이 종료됨과 동시에 폐회하게 된 것에 유래한다. 일본의 회기제도는 영국의회가 국왕의 자문기관으로서 필요 있을 때마다 의회를 소집한 역사를 참고로 하여, 또 천황주권하에서 의회활동을 가급적 제한하기 위해 독립 회기제를 채택한 것이다. 둘째는, 정책적인 이유로서 국정의 효율적인 운영이라고 하는 관점에서 회기제도를 채택하는 것이 바람직했다는 것이다. 즉 처음부터 의회는 상시 활동상태로 둘 필요

---

17) 한번 의결한 안건에 대해서는 동일 회기 중에 다시 심의하지 않는 것을 '일사부재의'라고 한다. 회기가 다르면 이 원칙은 적용되지 않는다.

성이 별로 없었으며, 늘 활동할 수 있는 것으로 만든다면 오히려 의사활동을 저하시켜, 혹은 행정의 활동을 저해할 수도 있다는 것이다.[18]

3. 회기결정

상회(통상국회)는 150일의 회기를 가지며, 임시회와 특별회는 소집할 때마다 국회의 의결로 스스로 결정한다. 국회의 회기는 양원 일치의 의결로 이를 연장할 수 있다.[19] 회기의 연장은 상회는 1회, 특별회 및 임시회는 2회를 초과할 수 없다. 임시회·특별회의 회기결정 및 국회의 회기연장에 관하여, 양원의 의결이 일치하지 않을 때 또는 참의원이 의결하지 않을 때에는 중의원의 의결에 의하도록 하여 중의원의 우월을 인정하고 있다.

임시회 및 특별회의 회기는 국회소집일에 의결하도록 되어 있다. 임시회의 경우는, 의장이 상임위원장회의, 의원운영위원회 및 참의원 의장과의 협의를 거쳐, 의원(議院)에 자문하고 이를 의결한다. 특별회의 경우는, 의장이나 의원운영위원을 비롯한 각 상임위원이 선임되어 있지 않으므로, 각파의 대표로 구성되는 각파협의회 및 참의원 의장과의 협의를 거쳐, 의장 선거 후, 의장이 의원(議院)에 자문하고 이를 의결한다.[20]

제3절 회기의 종류

일본국회의 회기는 개회의 방식 혹은 목적에 따라 상회, 임시회 특별회의 3종류로 분류된다.[21] 예산이나 관련 법안의 심의를 중심으로 하여 매

---

18) 川崎政司, 「國會審議の過程－國會審議のシステムとルール(3)」, 『國會月報』 614号(2000. 2), 52쪽.
19) 국회법 제13조(회기결정에 관한 중의원의 우월) 전(前) 2조의 경우에 있어, 양 의원의 의결이 일치하지 않을 때, 또는 참의원이 의결하지 않을 때에는, 중의원이 의결한 바에 의한다.
20) 衆議院事務局, 『衆議院の動き』 11号(東京: 衆議院, 2004), 60쪽.

년 반드시 열리는 상회, 중의원의 해산과 총선거가 실시된 후에 열리는 특별회(특별국회), 필요에 따라 열리는 임시회(임시국회)가 있다. 회기제가 엄격한 일본국회는 상회, 특별회, 임시회가 각각 독립되어 완결되며, 회기도 세분화되어 있다.

1. 상회

상회(常會, ordinary session)는 흔히 통상국회라고 불리는데 한국의 정기회(정기국회)와 같다. 연 1회, 회기 150일이 원칙이며 연장이 없으면 6월 20일경에 폐회한다.[22] 중의원과 참의원이 일치하여 의결하면 수십 일의 회기연장이 가능하다.[23] 상회는 헌법 제52조에 규정되어 있으며 소집권자는 천황이다. 소집조서는 10일 이전에 공포된다.[24]

상회는 신년도 국가예산(본예산)과 그에 관련된 법안을 심의, 의결하는데 이 과정을 통해 국민의 대표기관인 국회가 행정부가 제출한 국가재정을 감시하는 기능을 수행하는 중요한 국회이다. 회기 초에 총리의 시정방침연설이 행해지며 그에 대한 각 당의 대표질문이 이어진다.[25]

---

21) 芦部信喜, 『憲法(新版)』(東京: 岩波書店, 1997), 273 – 274쪽, 青柳幸一外, 『法律用語事典(補訂版)』(東京: 自由國民社, 2003), 121쪽, 阿部照哉編, 『新憲法敎室』(京都: 法律文化社, 1997), 247 – 248쪽.

22) 헌법 제52조(상회) 국회의 상회(常會)는 매년 1회 소집한다. 국회법 제2조(상회의 소집) 상회는, 매년 1월 중에 소집하는 것을 상례로 한다.

23) 藥師寺泰藏, 『政治家 vs 官僚』(東京: 東洋經濟新報社, 1987).

24) 光信一宏, 「會期制度」, 『ジュリスト增刊 憲法の爭點(第3版)』(東京: 有斐閣, 1999), 184쪽.

25) 국회법 제10조(상회의 회기) 상회의 회기는, 150일간으로 한다. 단, 회기 중에 의원의 임기가 만한(滿限)에 달하는 경우에는, 그 만한의 날에, 회기는 종료하는 것으로 한다. 과거에는 상회(常會)는 매년 12월에 소집되었는데, 소집 직후 바로 자연휴회에 들어가는 관행이 있었다. 제국의회에서 확립되어 신헌법하의 국회에서도 계승되어 오는 전통이다. 상회는 1992년 이후에는 매년 1월에 소집되고 있다.

<표 4-2> 국회별 소집 시기 및 회기

종류	소집 시기/사유	소집조서 공포	회기	주요 의사	회기연장
상회 (常會)	매년 1회 소집(1월 중)	10일 이전에 공포	150일	신년도 국가예산·예산 관련 등의 중요 의안 심의	1회까지 가능
임시회 (臨時會)	-내각이 필요로 하는 경우 -중·참 어느 한쪽 의원의 총 의원의 4분의 1 이상의 요구가 있는 경우 -중의원의 임기만료에 따른 총선거 시행 후 30일 이내 -참의원의 통상선거 시행 후 30일 이내 소집	선례에 따라 7일 이전에 공포	소집일에 결정(양원이 일치하는 의결에 의함)	-임시로 처리할 필요가 있는 중요 안건 등 -추가경정예산·외교 기타, 국정 상 긴급한 필요에 의한 의사	2회까지 가능
특별회 (特別會)	중의원 해산에 의한 총선거 시행 후 30일 이내 소집	선례에 따라 14일 이전에 공포	소집일에 결정(양원이 일치하는 의결에 의함)	원(院)의 구성, 내각총리대신(수상)의 지명 등	2회까지 가능
(참의원) 긴급집회	중의원의 해산 중, 국가에 긴급한 상황이 발생하였을 때, 내각이 집회를 요구	집회통지	총리대신이 제시한 긴급한 안건을 모두 처리했을 때 의장이 종회선고	국정 상 긴급하게 필요하다고 안정되는 의사	정해져 있지 않음

2. 임시회

임시회(臨時會, extraordinary session)는 정부가 제출한 중요 법안을 성립시킬 필요가 있거나 재해 등으로 보정예산(補正豫算, 추가경정예산)을 편성하지 않으면 안 될 때 내각이 소집한다.[26] 또 중의원·참의원 어느 쪽에서든지 의원(議院)의 총 의원의 4분의 1 이상의 요구가 있으면 개최된다.[27] 임시회는 헌법 제53조에 규정되어 있으며 소집권자는 천황이다. 소

---

26) 헌법 제53조(임시회) 내각은 국회의 임시회의 소집을 결정할 수 있다. 어느 쪽이건 의원(議院)의 총 의원의 4분의 1 이상의 요구가 있으면, 내각은, 그 소집을 결정하지 않으면 안 된다. 국회법 제11조(임시회·특별회의 회기) 임시회 및 특별회의 회기는, 양 의원 일치의 의결로, 이를 정한다.

27) 여기에서 '총 의원'이란, '현재의 의원 수'를 가리킨다는 설과 '법정 의원 수'를 의

집조서는 선례에 따라 7일 이전에 공포된다.

3. 특별회

특별회(特別會, special session)는 중의원 선거가 시행되고 난 후에 열리는 국회로서 내각은 특별회 소집과 동시에 총사직한다.[28] 그 후 중의원·참의원 양원에서 총리대신을 지명하는 선거가 행해진다. 중의원 선거 후 30일 이내에 새 총리대신을 지명하기 위하여 소집된다. 특별회는 천황이 소집하며, 소집조서는 선례에 따라 14일 이전에 공포된다. 특별회는 헌법 제54조 제1항에서 규정하고 있다.

제4절 소집·개회·회기연장

1. 국회소집

1) 소집

국회의원에 대해, 기일을 지정하여 의원(議院)에 모이도록 하여 국회의 '모임(會)'을 성립시키는 행위를 '소집'이라고 한다. 국회의 소집은, 내각의 조언과 승인에 의해 천황이 행하는 국사행위(國事行爲)의 하나이다. 소집은 소집조서가 공포되는 형식으로 행해진다.

국회는, 천황이 내각의 조언과 승인에 의하여(헌법 제7조), 해산조서를 공포함으로써 소집된다. 소집조서의 공포는 통상국회일 때에는, 소집일의 적어도 10일 전에 공포하지 않으면 안 된다. 임시국회 및 특별국회에 관

미한다는 설이 있으나 '법정 의원 수'설이 선례의 입장이다.

28) 국회법 제2조의 2(특별회·상회의 병합) 특별회는, 상회와 병합하여 이를 소집할 수 있다.

해서는 이러한 규정은 없으나, 이제까지의 예를 보면 임시국회의 소집조서는 대체로 7일 전에, 특별국회의 소집조서는 대체로 14일 전에 공포되고 있다. 이 소집조서가 공포되면 각 의원은 조서에 지정된 기일의 오전 10시에 중·참 양원에 집회하지 않으면 안 된다.

내각은, 국회 임시회의 소집을 결정할 수 있다(헌법 53조). 양원 중 어느 의원(議院)의 총 의원의 4분의 1 이상의 요구가 있을 때, 내각은 임시회의 소집을 결정하지 않으면 안 된다고 규정하였다. 단, 의원(議院)의 필요에 따라 임시회가 소집되는 경우, 과거의 예에서는 요구한 지정기일로부터 2개월이나 늦게 소집된 예도 있다.

소집에 관해서는 다음의 4가지 종류가 있는데 일본헌법은 이 중 네 번째 제도를 채택하고 있다.29) ㉮ 그 권능을 전적으로 정부의 권능으로 하는 제도(예: 영국, 일본제국헌법), ㉯ 의회 자신의 권능으로 하고, 이른바 자율적 집회제로 하는 제도(예: 바이마르헌법), ㉰ 회기의 개시에 관해 소집이라고 하는 특별한 행위를 요하지 않고, 일정한 날에 법률상 당연히 회기가 시작되는 것으로 하는 제도(예: 미국), ㉱ 원칙적으로 정부의 권능으로 하나, 국회의원도 그 소집을 요구할 수 있는 제도(예: 프랑스 제3공화제).

2) 초집

국회의장이나 내각총리대신(수상)이 국회의원에게 개회의 기일을 통지하여 출석을 요청하는 경우 및 지방의회를 소집할 때에는 '초집(招集)'이라는 용어가 사용된다.30)

2. 개회 · 휴회 · 폐회

1) 개회

국회가 법률상 활동할 수 있는 회기는 소집에서 시작되어 폐회로 종료

---

29) 佐藤 功, 『日本國憲法槪說(全訂第5版)』(東京: 有斐閣, 1996), 425쪽.
30) 內田 滿編, 『現代日本政治小事典(2003年度版)』(東京: ブレーン出版, 2003), 99쪽.

된다. 국회의 소집은, 일정한 기일 및 장소에 각 국회의원을 집합시켜, 국회의 '회(會)'를 성립시키는 행위이다. 이렇게 모여서 회의를 시작하는 것을 '개회'라고 한다.31)

2) 휴회

국회 전체 또는 하나의 의원(議院)이, 회기 중에 일시 그 활동을 중지하는 것을 말한다. 휴회에는 국회의 휴회와 의원(議院)의 휴회 2가지가 있다.

국회 전체의 휴회는, 회기 중 양원 일치의 의결로 그 활동을 중지하는 것을 말한다. 국회 휴회의 의결은, 국가행사, 연말연시 기타 의안의 형편상 행한다. 양원의 의결에 앞서, 양원의 의장은 협의하는데, 회기결정과는 달리 의결에는 중의원의 우월은 인정되지 않는다. 의원의 휴회 중이라 하더라도 의원(議院)은 의장이 긴급한 필요가 있다고 인정할 때, 또는 총 의원의 4분의 1 이상의 국회의원으로부터 요구가 있을 때에는 회의를 열 수 있다. 이 회의의 일수는, 중의원은 국회의 휴회의 경우처럼 의원의 휴회기간에 산입되는데, 참의원은 회의를 열었을 때에는 의원의 휴회가 종료된 것으로 간주된다.

국회는 그 회기 중에 양 의원이 일치하는 의결을 거쳐 국회를 '휴회'할 수 있다. 중·참 각각의 의원이 독자적으로 '의원(議院)의 휴회'를 행할 수 있다. 이때 휴회기간은 10일 이내가 된다. 그리고 연말연시 등 일정한 기간 의결하지 않고 심의를 행하지 않는 휴회상태로 들어가는 것이 관행이 되어 있는데 이것은 제도상 규정되어 있는 것은 아니며, 이를 '자연휴회'라고 부른다.

3) 폐회

국회는, 회기의 종료 또는 중의원의 해산에 의해 폐회된다. 참의원은 중의원의 해산과 함께 폐회한다.

---

31) 阿部照哉編, 『新憲法教室』(京都: 法律文化社, 1997), 248-249쪽.

3. 회기 기산

국회소집은 천황이 내각의 조언과 승인에 의하여 소집조서를 공포함으로써 이루어진다.

회기는 개회일이 아닌 소집일부터 기산(起算)한다. 소집이란 각 국회의원에 대해 일정한 기일에 특정한 장소에 집회를 명하는 행위를 가리킨다.[32]

4. 회기연장

국회의 회기는 양원 일치의 의결로 이를 연장할 수 있는데 이것을 회기연장이라고 한다.[33] 이 경우, 회기연장에 관계되는 기간의 계산에 대해서는, 당초의 회기 말일의 다음 날부터 이를 기산한다. 회기연장은 상회는 1회, 임시회·특별회는 2회가 인정된다.

회기연장 횟수를 제한하는 국회법 개정은 자유민주당 단독정권 발족 후인 1958년에 이루어졌다. 연장제한은 자유민주당 발족 이전부터 검토되고 있었다. 이와 관련된 해석은, 회기연장을 지향하는 여당과 이를 저지하려고 하는 야당이 국회에서 종종 충돌했기 때문에, 여·야당의 타협안으로서 회기연장제한이 제도화되었다는 것이다.[34]

회기연장 절차는, 각 회파의 대표자로부터 '회기를 00월 00일에서 00월 00일까지 0일간 연장되도록 의장이 조처하여 줄 것을 원한다.'는 취지의 신청을 받아, 각 원의 의장이 그 원의 각 상임위원장 및 의원운영위원장의 의견을 청취한 다음, 다른 원의 의장과 협의한 후, 의원(議院)의 회의에서 이를 의결하도록 되어 있다.

이때 국회법 제10조 단서 규정의 취지에 따라 참의원 의원의 반수의 임

---

32) 青柳幸一 外, 『法律用語事典(補訂版)』(東京: 自由國民社, 2003), 121쪽.

33) 국회법 제12조(회기의 연장) ① 국회의 회기는, 양 의원 일치의 의결로, 이를 연장할 수가 있다. ② 회기의 연장은, 상회에 있어 1회, 특별회 및 임시회에 있어 2회를 초과하여서는 안 된다.

34) 增山幹高, 앞의 책, 221쪽 각주 28번, 大山礼子, 「國會改革の流れ」, 『レファレンス』 440号(1987), 115쪽.

기가 만기에 달할 때에는, 그날을 초과하여 회기를 연장할 수 없는 것으로 되어 있다. 중의원은 회기의 연장의결은, 회기 종료 당일 또는 전날 혹은 전전날에 행하는 것이 관례이나, 회기 종료일의 3일 전, 5일 전, 7일 전에 의결한 선례도 있다.[35]

회기의 연장은 양원 일치의 의결에 따르는 것이 원칙이나, 양원의 의결이 일치하지 않을 때 또는 참의원이 의결하지 않을 때는, 중의원의 의결이 우월한다. 각 원에서 회기연장을 의결했을 때에는 그 원의 의장은 즉시 그 결과를 다른 원 및 내각에 통지하도록 되어 있다.

제5절 회기불계속의 원칙

1. 의의

국회는 회기 중에만 활동하기 때문에, 그 국회의 의사(意思)는 회기마다 독립된 것으로 간주되며, 회기 중에 의결에 이르지 못한 안건은 다음 회기에 계속되지 않는다. 이를 '회기불계속의 원칙'이라고 한다.[36] 다음 회기에서 심의하기 위해서는 설령 동일한 내용의 의안이라 할지라도 재차 제출하지 않으면 안 된다.

이는 회기별로 국회가 각각 독립, 별개의 의견을 가져야 한다는 점에서 인정되어 왔다.[37] 오늘날까지 이 원칙을 고수하는 의회는 일본 등 일부

---

35) 國會法規研究會, 「國會の活動の終了(1)」, 『時の法令』 1653号(2001), 81쪽.

36) 오이시 마코토(大石 眞)는 일본국회가 준수하고 있는 '회기'제도는, 영국 중세 시대에, 국왕이 필요한 경우에만 '의회'를 소집하였을 때의 사고방식의 흔적을 메이지헌법(明治憲法) 제정 당시에 도입한 것이며, 그것을 오늘날까지 절대시해 온 결과에 불과하며, 따라서 의사·의안 계속의 원칙을 도입해야 한다고 주장한다. 大石 眞, 『議會法』(東京: 有斐閣, 2001), 136쪽.

37) 吉田善明, 『日本國憲法論(第3版)』(東京: 三省堂, 2003), 138쪽. 일본에서는 메이지(明治) 이래의 관례로서, 일본헌법 제정 이후에도 계승되어 내려오고 있다.

국가의 의회에 국한된다.[38] 회기별로 입법활동의 매듭을 짓고, 매 회기마다 새로운 기분으로 입법활동의 능률을 높여간다는 데에 이 원칙의 의의를 찾을 수 있다.

국회법에서는 이 원칙에 예외를 두어 상임위원회 및 특별위원회는 각 의원(議院)의 의결로 특히 부탁받은 안건에 관하여 폐회 중에도 심사를 행할 수 있도록 하였다. 이 경우, 폐회 중 심사된 의안 및 징벌사범의 건은 다음 회기에 계속된다.[39]

회기불계속의 원칙은 헌법에는 규정되어 있지 않는 일본국회법상의 원칙이다.

법안심의기간을 제한하는 회기제는, 의회 다수파에 대한 소수파의 합법적인 저항수단을 보장하는 의미가 있지만, 회기 그 자체는 연장이 가능하며, 안건이 증가하는 오늘날에는 회기는 장기화되는 경향이 있다. 소수파의 저항을 실제로 가능케 하는 것은 회기제 그 자체가 아니라 그와 결부된 회기불계속(discontinuity)의 원칙이다.[40]

2. 회기불계속의 원칙의 연혁

회기불계속의 원칙은, 의회가 회기마다 군주 측으로부터 제출되는 의제를 심의하고 있던 시대의 영국의회의 관행에서 유래하며, 각국의 의회에서 채택함으로써 각지에 전파되었다.

일본제국의회에서의 의안, 건의, 청원의 회기불계속을 규정한 의원법 제35조는, 직접적으로는 당시의 독일제국의회 의사규칙 제67조를 따른 것이다.[41]

---

38) 한국국회는 제5대 국회까지 회기불계속의 원칙을 채택했으나, 제6대 국회 이후 회기 계속의 원칙을 채택하고 있다. 光信一宏, 「會期制度」, 『ジュリスト増刊 憲法の争點(第3版)』(東京: 有斐閣, 1999), 184－185쪽, 黑田 覺, 「會期不繼續の原則」, 淸宮四郎・佐藤 功共編, 『憲法演習』(東京: 有斐閣, 1959), 114쪽 이하 참조.
39) 衆議院事務局, 『衆議院の動き』 11号(東京: 衆議院, 2004), 60쪽.
40) 抱 喜久雄・野畑健太郎・吉川 智編, 『新・初めての憲法』(京都: 法律文化社, 2004), 160쪽.

20세기에 들어서서 유럽의 의회에서는 의회의 임무 증대를 반영하여 회기의 장기화 경향이 현저해졌다. 근년에는 하기 휴회 등의 기간을 제외하고는 거의 1년 중 의회가 열려 있는 나라도 있다. 나아가 회기제도 그 자체를 폐지하여 이른바 연중 상시 회기제를 채택하는 나라도 생겨났다.

3. 효력

회기불계속의 원칙은 다음과 같은 3가지 측면에서 나타난다.[42]

1) 의결효력의 불계속

어떤 회기에 있어 유효하게 성립된 중의원 또는 참의원의 의사(意思)는, 그 회기에 한정된 것이며, 다음 회기에는 그 효력이 미치지 않는다. 예를 들면 특별위원회는 의원의 의결에 의해 설치되나, 그 특별위원회 설치의 의결은 당해 의결을 한 국회의 회기의 범위 내에서 유효하며, 폐회 중에도 그 특별위원회를 존속시키려고 할 때는 별도의 의결이 필요하며, 다음 국회에서 같은 종류의 특별위원회를 활동시키려고 할 때는 그 국회에서 새롭게 설치의 의결을 하는 것이 필요하다. 이것은 위원회의 의결일 경우에도 마찬가지인 것으로 이해되고 있으며, 예를 들면 소위원회의 설치의 의결이나 분과회 설치 의결도 1회기에 한정된다.

2) 안건의 불계속

한 회기가 종료할 때 미결인 상태로 중의원 또는 참의원에 계류되어 있는 안건은 회기의 종료, 즉 폐회와 함께 폐기된다. 법률안과 같이 중·참양원의 의결이 필요한 경우에는, 1원에서 가결된 안건이 다른 원(2원)에서 회기 중에 의결에 이르지 않았을 때에는 다른 원에서 당해 의안은 폐안이

---

41) 大山礼子, 『會期制度: 日本の制度の特色とその改革論議』(東京: 國立國會圖書館立法調査考査局, 1987), 3쪽.
42) 國會法規研究會, 「國會の活動の終了(2)」, 『時の法令』 1657号(2002), 81－82쪽.

되고, 또 가결한 의원의 의결의 효력도 불계속되므로, 동일한 내용의 법률안을 다음 회기에서 성립시키고자 한다면 다음 회기에 그 법률안을 중·참 양원에서 다시 가결해야 한다.

이 안건의 불계속에 관해서는, 국회법 제68조 단서 조항에 예외가 있으며, 동법 제47조 2항의 규정에 의해 폐회 중 심사에 회부된 의안 및 징벌 사범의 건은 다음 회기(後會)에 계속한다고 되어 있다.

3) 심의과정의 불계속

회기불계속의 원칙은 의결의 불계속에 그치지 않고 취지설명 등 의결 전에 행해진 여러 가지 의사(議事)도 다음 회기에 계속하지 않는데 이를 심의과정의 불계속이라고 한다. 이는 특히 중의원이 채택하고 있는 표면상의 방침으로서, 어떤 의안이 제출되면, 당해 의안은 취지설명·질의·토론이 과정을 거쳐 의결에 이르게 되는데, 그 과정을 일부 거쳤으나 의결에는 이르지 못하고 회기가 종료되어 당해 의안이 폐회 중 심사로 될 경우에는, 중의원에서는 다음 회기에는 그 의안의 심의는 최초의 취지설명 단계부터 다시 행하는 것이 원칙이다.

4. 회기불계속의 원칙의 장단점

일본국회에서 회기제를 채택하고 있는 것 자체가 법률안의 심의를 진행함에 있어 야당에 유리하게 작용하고, 또 거꾸로 정부·여당에 불리한 구도가 되어 있다. 그것은 정부·여당은 정책을 수행하기 위해, 국회에 제출한 법률안을 하루라도 빨리 성립시키고자 하는 한편 야당은 지지자나 관련 단체의 의향을 파악하고, 당의 방침에 맞지 않는 것은 끝까지 반대하여 법률안의 성립을 저지하고자 한다. 이 시점에서 법률안 등의 심의를 서두르는 정부·여당과, 가능한 한 시기를 연장시켜 폐안으로 몰고 가려는 야당이 격돌하여, 양자 간에 조건투쟁이나 흥정이 전개된다. 따라서 연간 복수 회기제와 회기불계속의 원칙은 실제로는 정부·여당 측에 커다란 시간적 제약이 되어 있다.[43] 이런 측면에서 보았을 때 일본에서 회기제도가 계속 유지되고 있는 것은 여야의 의사운영상의 필요성이 합치하고 있기 때문이다. 결국 회기불계속의 원칙은 회기의 결정이나 회기연장을 둘러싸고 여·야가 대립하는 중요한 요인을 제공하고 있다.

〈표 4-3〉 회기불계속의 원칙의 장단점 비교

장 점	단 점
정치상의 편의를 도모하기 위해 설치된 제도. 단순히 안건의 정리라고 하는 사무상의 편리, 혹은 의안의 부정이라고 하는 의사표시를 제시하지 않으려는 정치상의 편의에 기초한 것(杉山惠一郎)	회기불계속의 원칙이 작용하면 그 회기에서의 질의 등의 성과가 모두 파산되고 만다. 많은 시간과 노력을 허비했는데 폐회와 함께 소멸되고 마는 것이므로, 성과가 사장되고 만다(淸宮四郎)
회기의 종료와 함께 의결에 이르지 않은 안건을 폐기함으로써 다음 회기의 활동의 부담을 경감(水木惣太郎)	회기 말이 임박해 오면, 그 회기 내에서 안건이 성립되느냐 폐안이 되느냐에 따라 결과가 크게 달라지기 때문에, 여야 간의 대립이 격심한 안건에 대한 취급을 둘러싸고 심한 항쟁이 발생, 종종 그것이 야당의 심의거부와 여당의 강행표결행위로 연결(村上英明)
야당으로서는 찬성할 수 없는 법안을 회기 종료와 함께 폐기처분한다는 합법적 저항을 보장하고, 여당으로서는 회기 종료일부터 역산하여 일정한 기일까지 표결하여 성립을 노릴 수 있는 기능 보유(村上英明)	회기 말이 임박하면 계류 중인 많은 안건을 성립시키기 위해 심의를 가속화하지 않을 수 없는 상황 초래(村上英明)
입법기 중 안건이 계속된다고 하면 부결된 안건은 그 입법기 중 일사부재의의 원칙이 작용하여 재차 제출할 수 없으나, 회기불계속의 원칙이 있으면 다음 회기에 재차 제출 가능(村上英明)	폐기된 안건을 다음 회기에 다시 제출해야 하므로 경제적·시간적 손실이 점증한다. 행정·입법 등 국가기능의 확대로 인한 안건 증대에 적절히 대처하기 어렵다.

자료: 國會法規硏究會,「國會の活動の終了(2)」,『時の法令』1657号(2002), 86-87쪽. 필자가 일부 내용 추가

5. 회기불계속의 원칙을 둘러싼 학설

회기불계속의 원칙이 헌법상의 원칙인가에 관해서는 학설이 갈리고 있다.[44]

---

43) 藤本一美, 앞의 글, 27-28쪽.
44) 國會法規硏究會, 앞의 글, 84-85쪽.

1) 헌법상의 원칙이라고 하는 설

헌법이 국회에 회기제도를 인정한 것 자체가 국회에 독립성을 부여한 것이라고 해석해야 하며, 국회는 회기마다 각각 독립된 의사를 가져야 하며, 앞의 국회의 의사에 의해 뒤의 국회가 구속되는 것이 아니라 하여 헌법상의 불문의 원칙이라고 해석하는 설이다. 대표적인 논자는 스즈키(鈴木隆夫)이다.[45] 국회법이나 의원규칙에 별다른 규정이 없는 한, 의원의 운영은, 회기불계속의 원칙에 기초하여 행해지지 않으면 안 된다고 하는 의미에서 헌법상의 원칙이라고 하는 설이다.[46]

회기불계속의 원칙의 핵심은 의결효력의 불계속에 있으며, 국회법 제68조 본문은 이에 관련된 '하나의 양태'를 정한 것으로 이해되고 있다.[47] 이에 따르면, 제68조 단서가 계속을 인정하는 것은 미결안건뿐이며, 의원(議院)의 의사(意思) 그 자체는 아니라는 것이다. 따라서 예를 들어 중의원에서 가결된 의안이 참의원에 송부되어 폐회 중 심사에 회부되어 다음 회기에서 가결된 경우, 헌법 제59조 1항에서 말하는 양 의원의 가결이 이루어지지 않았기 때문에 의안은 성립되지 않으며, 재차 중의원에 되돌려 보내져야 할 필요가 있다고 한다.[48] 긍정설은 '헌법상 회기제도를 설치한 것 자체에서 유래하는 불문의 대원칙'이라고 한다. 긍정설은 헌법상의 근거로서, 중의원 우월규정(제59조~제61조, 제69조)을 열거하는데 이들 규정은 중의원의 의결의 효력은 동일 회기 내에 한정되어 다음 회기에는 미치지 않는다고 하는 입장이다.[49]

한편, 회기불계속의 원칙 특히 안건의 불계속성에 대해서 오이시 마코토는 근본적인 재검토 필요성을 제기했다.[50] 오이시는 회기불계속 대신

---

45) 鈴木隆夫, 앞의 책, 422 − 423쪽.

46) 黑田 覺,「會期不繼續の原則」, 淸宮・佐藤編,『憲法演習』(東京: 有斐閣, 1959), 116쪽.

47) 제68조(회기불계속) 회기 중에 의결에 이르지 않은 안건은, 후회(後會)에 계속하지 않는다. 단, 제47조 제2항의 규정에 의해 폐회 중 심사한 의안 및 징벌사범의 건은 후회에 계속한다.

48) 光信一宏,「會期制度」,『ジュリスト増刊　憲法の爭點(第3版)』(東京: 有斐閣, 1999), 185쪽.

49) 光信一宏, 앞의 글.

입법기 불계속의 원칙을 채택할 것을 주장했다.

2) 헌법상의 원칙은 아니라는 설

현재는 회기불계속의 원칙은 헌법상의 원칙은 아니고, 국회법이 채택한 원칙에 불과하다는 설이다. 논거는 헌법에 명문규정이 없다는 것이다. 회기제도 자체의 존재 이유도 정책적인 것이므로 회기불계속의 원칙은 헌법상의 원칙이라고까지는 할 수 없다는 주장이다. 주된 논자는 노나카 토시히코(野中俊彦)와 아사노 이치로(淺野一郎)이다.[51]

회기불계속의 원칙은 헌법상의 원칙이 아니며, 그 채택 여부는 국회의 재량 사항으로 파악하는 입장에서는 이 원칙을 당연히 부정하고 있다.

6. 회기불계속의 원칙의 예외 및 완화 경향

1) 회기불계속의 원칙의 완화 경향

회기불계속의 원칙에는 몇 가지 예외가 존재한다. 국회법 제47조 2항의 규정에 의해 위원회가 각 원의 의결로 특별히 부탁되어 폐회 중에 심사할 수 있다고 한 의안 및 징벌사범에 관해서는 다음 국회까지 계속된다고 되어 있는데 이것이 회기불계속의 원칙에 대한 예외이다.[52]

국회법 제68조에서는 단서 조항에서 폐회 중 심사에 회부된 의안 및 징벌사범에 관한 후회 계속을 인정하고 있는데, 국회법 제정 당시에는 이 단서 조항은 존재하지 않았다.[53] 동법 제47조에서는 제정 당시부터 폐회 중 심사를 인정하고 있었는데, 안건의 후회(後會) 계속은 인정되고 있지 않았다.

---

50) 大石　眞, 「憲法問題としての'國會'制度」, 佐藤幸治・初宿正典・大石　眞共編, 『憲法五十年の展望 Ⅰ, Ⅱ』(東京: 有斐閣, 1998), 195－196쪽.
51) 野中俊彦, 『憲法Ⅱ(第3版)』(東京: 有斐閣, 2001), 104－105쪽, 淺野一郎, 「會期制度」, 小嶋和司編, 『ジュリスト增刊 憲法の爭點(新版)』(東京: 有斐閣, 1985), 175쪽.
52) 國會法規硏究會, 「國會の活動の終了(3)」, 『時の法令』 1659号(2002), 77쪽.
53) 國會法規硏究會, 앞의 글.

그러나 제2회 국회에서 국회법 제68조가 개정되어, "단, 제47조 2항의 경우는 그러하지 아니하다."고 하는 단서 조항이 추가되어, 위원회가 폐회 중 심사를 한 안건은 후회에 계속한다고 하는 회기불계속의 원칙에 대한 예외 규정이 설정되었다. 그 후 국회법 제68조는 후회에 계속하는 것을 '안건'에서 '의안'에 한정하기로 한 제21회 국회에서의 개정을 거쳐, 제28회 국회에서는 의안 외에 폐회 중 심사에 회부한 징벌사범도 후회에 계속할 수 있도록 하는 개정이 이루어졌다. 제21회 국회의 개정을 별개로 하면, 전반적으로는 회기불계속의 원칙을 완화하는 방향으로 개정이 이루어지고 있다.[54]

회기불계속의 원칙의 쇠퇴는 세계적인 추세이다. 이는 곧 '회기의 장기화'가 세계적인 추세가 되었음을 의미한다.

2) 폐회 중 심사(계속심사)의 의미와 요건

현재 국회가 회기제도를 채택하고 있고, 의원(議院)은 회기 중에 한하여 활동하는 것으로 되어 있기 때문에, 의안의 심사와 같은 위원회의 활동도 '회기 중에 한하여' 행하는 것으로 되어 있다.

그러나 국회법 제47조는 2항에서 그 예외를 인정하고 있다. 즉 "상임위원회 및 특별위원회는, 각 의원(議院)의 의결로 특히 부탁된 안건(징벌사범의 건 포함)에 관해서는, 폐회 중에도 이를 심사할 수 있다."고 규정하고, 위원회는 회기 종료 후에도 심사를 행할 수 있도록 하였다.

이처럼 폐회 중 심사를 행하는 의미는 2가지가 있다.[55] ㉮ 각 의원(議院)의 자주적인 의사에 의하여, 위원회에 폐회 중에도 회기 중에 준하여 심사할 수 있도록 하고, 폐회 중에도 정부에 대해 국회의 의사를 반영시킴으로써, 중의원이 주장하고 있는 상치위원회(常置委員會)의 목적을 달성할 수 있다. ㉯ 위원회가 국회운영의 중심이 된 것과 관련하여, 다음 회기

의 국회활동에 대한 준비행위로서, 중요한 역할을 담당할 수 있게 되었다.

폐회 중 심사의 요건은 ㉮ 안건(징벌사범의 건 포함)일 것 ㉯ 의원(議院)에서 의결할 것 등이다.

3) 계속심의

국회법은, "각 의원(議院)의 의결로 특별히 부탁받은 안건에 대해서는 폐회 중이라도 이를 심사할 수 있다."(제47조)고 했으며, 안건은 "후회(後會)에 계속한다."(제68조)고 규정하고 있다. 법안에 대해서 위원회와 본회의에서 이렇게 폐회 중 심사 절차가 취해지면, 이 법안은 다음 국회에서 재차 심의할 수 있게 된다. 이를 계속심사라고 부른다. 계속심사가 되면, 다시 제출할 필요는 없으며, 정부·여당안은 그 법안에 대해 당의(黨議)·각의결정을 다시 할 필요도 없다.

7. 일사부재의의 원칙

회의에서 일단 부결된 의안은, 같은 회기 중에는, 다시 제출하지 못하도록 하는 것을 일사부재의(一事不再議)의 원칙이라고 한다.

일사부재의의 원칙은, 제국헌법에서는 제39조에서 이를 명문으로 인정하고 있었으나 일본헌법에서는 명문상의 규정은 없으나 회기제가 채택되고 있는 것과 함께 국회의 효율적 운영이라고 하는 관점에서 헌법적 원칙으로 활용되어야 한다고 해석되고 있다.[56] 이러한 원칙은 현재 헌법, 국회법, 중의원과 참의원의 규칙에서도 찾아볼 수 없다. 그러나 그 원리는 의사운영의 효율성이라고 하는 관점에서 보았을 때 당연히 요청되는 것으로 간주되기 때문에, 성문화된 규정은 없어도 의사운영상 인정되고 있다.[57]

학계 일부에서는 일본헌법에서 이를 인정하고 있는가에 관한 논의가 있

---

56) 間宮庄平,「國會の權限と活動」, 阿部照哉編,『新憲法敎室』(京都: 法律文化社, 1997), 251쪽.
57) 大石 眞,『議會法』(東京: 有斐閣, 2001), 136쪽.

다.58) 첫 번째 설은 헌법상의 원칙설로서, 헌법상 회기제도를 인정하고, 회기불계속의 원칙을 인정하는 이상 국회의 능률적인 운영을 위해 이 원칙을 인정할 수밖에 없다는 설이다. 두 번째 설은 헌법상의 관습설로서, 동일 회기 중에 중복하여 심의하는 것은 회의체의 운영을 가로막는다는 나름대로의 합리적인 이유가 있는 이상 헌법상 관습적으로 인정되고 있다고 볼 수 있다는 설이다. 세 번째 설은 조리원칙설로서 성문화된 규칙은 없지만 의사운영상의 조리로서의 원칙이라고 볼 수 있다는 설이다.

회기가 장기화하는 한편에서, 사회가 점점 복잡화하고 그 변화가 심해지는 상황 속에서는 동일한 회기의 사이에, 사회적·경제적·정치적인 사정이나 조건이 달라, 의원(議院)이 전과는 다른 의사를 갖거나, 동일한 문제에 관해서도 대응을 달리해야 하는 등의 상황 전개도 충분히 있을 수 있다. 이런 의미에서 일사부재의의 원칙의 중요성은 희박해지고 있다는 것이 일반적인 견해이다.

헌법은 중의원에서 가결되고 참의원에서 이와 다른 의결을 한 법률안에 대해, 중의원의 재심의(再審議)를 인정하고 있다(제59조 2항). 이는 일사부재의의 원칙에 대한 예외조항이다.

제6절 회기제도 비교

1. 현황과 추세

여러 나라에서 회기제도 자체를 부정하고 국회의원 임기와 동일한 기간을 '입법기'라고 하는 개념을 기초로 하여 제도를 도입하고 있다. 또 회기제도 자체는 유지하고 있으나, 미국처럼 의사(議事) 자체는 국회의원의 임

---

58) 이에 관해서는 淺野一郎, 「會期制度」, 小嶋和司編, 『ジュリスト增刊 憲法の爭點(新版)』(東京: 有斐閣, 1985), 175쪽 참조.

기까지 종료하지 않고 계속하는 것으로 간주하는 형태를 취하는 나라도 있다. 과거 널리 보급된 회기불계속의 원칙을 채택하고 있는 나라는 점차 감소하는 추세에 있다.

한편, 회기제도를 유지하고 있는 의회에서도 의안의 회기불계속의 원칙을 완화하여, 1회기를 초월하여 의안심의를 계속할 수 있도록 하는 의회가 증가하고 있다.

의회는 다른 정부기관과 달라서, 선거에 의해 구성원이 교체되므로, 선거결과 국회의원의 대폭적인 교체가 있은 후의 의회가 앞의 의회의 심의를 그대로 인계받는 것은 오히려 불합리하다고 하는 인식이 퍼지게 되었다. 이 점을 고려해서 회기불계속의 원칙을 채택하고 있지 않은 나라의 의회에서는, 회기를 대신하여 국회의원의 임기, 즉 의회기(국가에 따라 입법기, 선거기라고도 부름)를 활동기간으로 하여, 의안은 1회기 중에 한하여 계속하는 것으로 보고 있다.

미국의회 하원은 임기 2년을 하나의 의회기(A Congress)로 하여 이 의회기를 통상 약 1년간의 2개 회기(A Session)로 나눈다.59) 여기서 의회기는 같은 국회의원으로 구성되어 있는 구체적인 의회의 존속기간이다. 미국 수정헌법 제20조 제2절에서 "연방의회는 매년 적어도 1회 집회한다. 이 집회는 연방의회가 법률에 의해 별도의 일시를 정하지 않는 한, 1월 3일 정오 개회하는 것으로 한다."고 규정하고 있다. 이 규정에 의해 연방의회의 회기는 최장 1년으로, 1개 의회기가 적어도 2개의 회기에 의해 구성된다. 보통 홀수 년을 제1회기(the First Session), 짝수 년을 제2회기(the Second Session)라고 한다.

영국의회의 활동을 규율하는 시간적 틀로서 최상위의 단위는, 의회 또는 의회기(parliaments)이며, 하나의 의회기는 복수의 회기(sessions)로 나뉘어 있다. 의회는, 하원 의원 선거 후에 여왕에 의해 소집된다. 그리고 그 최초의 집회 시부터 다음 해산까지의 기간이 그 의회의 존속기간이며, 하

---

59) 연방의회는 발족 당시 영국의회를 본받아 회기불계속의 원칙을 채택해 왔다. 그러나 1816년에 상하 양원의 합동위원회로부터 의안의 차기 회기로의 계속을 인정하도록 권고하는 보고서가 제출된 이래 현재와 같은 의안의 회기계속의 원칙이 확립되었다.

나의 의회기이다.[60]

<표 4-4> 회기제도 비교

국가	회기제도	의회기 (해산)
미국 (하원)	매년 1월 3일 집회(1년 회기) 홀수 해 제1회기 짝수 해 제2회기	2년 (없음)
일본 (중의원)	상회: 매년 1월 중 집회. 연 1회 집회(회기 150일). 연장 1회 가능 임시회: 재적의원 4분의 1 이상의 요구 있을 때 내각의 소집 결정. 연장 2회까지 가능 특별회: 중의원 해산에 의한 총선거일부터 30일 이내 소집	4년 (있음)
한국	정기회: 매년 1회, 9월 1일 집회(회기 100일) 임시회: 매년 2월, 4월, 6월의 1일에 집회(회기 30일, 국회의원 선거가 있는 달은 제외). 휴회 중이라도 대통령의 집회 요구, 의장이 필요하다고 인정할 때, 재적의원 4분의 1 이상의 요구로 회의 재개	4년 (없음)

2. 회기제도 폐지

일본에서는 1992년에 민간인 유식자들로 구성되는 정치개혁추진협의회가 '연중국회 실현'과 '회기불계속의 원칙 폐지'를 제언한 바 있다.[61] 회기제도와 관련해서는 회기제도 자체를 폐지하는 폐지론과 회기불계속의 원칙 폐지론이 논의되고 있다.

회기 장기화의 결과, 1년 연중 국회회의가 열리게 되니, 일보 나아가 회기제도 그 자체를 폐지하는 나라도 생겨났다. 현재 회기제도를 폐지하고 연중 회기제를 채택하고 있는 나라는 독일, 이탈리아, 룩셈부르크, 네덜란드 등이다. 독일의회의 연중 회기제로의 진행은, 1919년으로 거슬러 올라간다. 그해에 제정된 바이마르헌법에 의해 자율적인 개회·폐회의 권한을

---

60) 山口和人·廣瀨淳子, 앞의 글, 11쪽.
61) 成嶋 隆, 「立法過程論と立法の復權」, 『法律時報』 72, 2(2000), 14쪽.

부여받은 의회는, 국회의원의 임기가 종료하기까지 한 번도 폐회하지 않고 사실상의 연중 회기제를 택하기에 이르렀다. 1949년에 제정된 서독기본법은, 바이마르헌법하의 관행을 추인하여, 회기제도에 관한 규정을 삭제하였다. 회기제도는 실질적으로도 형식적으로도 폐지되어, 의회의 활동은 국회의원의 임기(선거기)를 단위로 하여 행해지게 되었다.

일본에서 회기제도를 개선하지 않는 것은 결국 국회의 감시로부터 행정부를 자유롭게 함과 동시에, 효율적인 행정 운영에 임하게 하겠다는 행정부(내각)의 의중(의도)이 작용하고 있기 때문이다.

민간인 유식자들로 구성된 정치개혁추진협의회가 '연중국회 실현'과 '회기불계속의 원칙 폐지'를 제언한지 16년이 지나도록 회기제도가 개선되지 않고 있는 것은 국회에 대한 내각의 우위를 유지하려는 의도가 깔려 있기 때문이라고 해석할 수 있다.

현대 의회에서는 회기마다 의회의 의사는 독립된 하나라고 하는 전제 자체가 현실적으로 적합하지 않아, 그 합리성에 문제가 제기될 수 있으며, 회기불계속 나아가서는 회기제도 그 자체에 대한 재검토가 논의되고 있다.[62]

회기제도를 채택하고 있기 때문에 '회기불계속의 원칙'과 '일사부재의의 원칙'이 발생하는 것이므로 회기제도의 폐지 혹은 완화를 적극적으로 고려해 볼 필요성이 있다.

---

62) 川崎政司, 「國會審議の過程－國會審議のシステムとルール(5)」, 『國會月報』 616号(2000. 4), 43쪽.

제5장 입법과정

제1절 3권 분립 및 입법권의 주체

1. 3권 분립의 원리

입법부(국회)는 법률을 제정하고, 행정부(내각)는 법률을 집행하며, 사법부(법원, 재판소)는 법률을 해석하고 개개의 사안에 이를 적용하는 것이 전통적 의미의 3권 분립의 원리이다. 그런데 이 원리는 법률상의 형식적 명분에 그칠 뿐 실제의 국가운영을 설명하는 원리로는 적절치 않은 시대를 맞이한 지 오래이다.

입법(legislation)을 국회의 1차적인 중요 기능으로 간주하는 것은 형식논리에 불과하다. 행정부에도 법률안제출권을 인정하고 있는 한국국회가 그러하고 일본국회가 그러하다. 결국, 정부형태와는 관계없이 또 행정부의 법률안제출권 여부에 관계없이 행정부의 관료들은 법률안 제출에 있어 중심적 역할을 하고 있다.

일본은 행정부의 수장인 내각총리대신에게 법률상 정령·규칙 등의 제정권한을 부여하고 있다. 이는 복잡하고도 다양한 현대의 생활이나 각 부문에서 요구되는 전문성 등의 문제 그리고 정보수집문제에 입법부가 적절하게 대처하지 못하게 되면서 이러한 흐름이 당연한 것으로 인식되고 있다. 그리고 이것이 바로 국회의 역할이 저하되고 있다는 논리의 기본이다.[1]

국회에서의 일련의 법률행위만이 입법행위가 아닌 이상 입법을 곧 국회만의 역할이라고 생각할 필요는 없다.[2] 국회에 법률안이 제출되기 훨씬

---

1) 유럽의회의 역사에서 보듯이 입법기능은 의회만의 것은 아니었으며, 늘 행정부에 의해 우선적으로 행사되어 왔다. 또 재정 분야의 입법에 관해 의회가 주도권을 장악하고 있다고는 행정부도 의회도 생각하지 않았다. 근대적 의미의 의회제도 성립 초기부터 행정부가 주도한 관습이 지금도 대부분의 의회에 나타나고 있으며, 메이지 유신 후 서구의 의회제도를 일본에 도입한 선각자들도 행정부 중심의 헌법 및 의회구조를 고안하게 되었다고 할 수 있다.

2) 그동안 '입법'하면 입법부인 국회에서 이루어지는 행위의 총칭인 것으로 인식되었으나, 사실 '입법'이란 사회를 구성하는 여러 세력 간의 타협의 산물로서 입안되거나, 고위 정책결정자들의 의중이 투영된 정책적 노력의 산물이거나, 국민 여론의 반영

이전에, 현장의 풍부한 정보를 보유하고 있고 전문성을 갖춘 행정관청의 실무선에서 법률안 초안이 작성되고 심의되면서 법률체계가 갖추어지고 있기 때문이다. 또 법원에서 내려지는 판결은 행정부의 정책 입안에 중요한 참고자료로 활용되고 있음에 비추어 볼 때 행정부와 사법부의 행위 혹은 작용은 국회의 입법활동에 있어 적지 않은 영향을 미치고 있다고 볼 수 있다. 세계 여러 나라에 있어, 미국연방의회의 경우를 제외하면 대체로 의회 조직은 조직의 규모, 직원들의 전문성이나 현장정보 수집 및 분석에 있어 행정부의 그것에 비해 크게 취약한 실정에 있다. 이는 곧 국회 입법 보좌조직의 규모나 성과(법률안 제출 지원 등), 능력이 행정부의 그것을 앞서기 어렵다는 것을 반증하는 것이다.

입법과 관련하여 사법부의 역할이 다소 강화되었다고 하는 것은 흔히 말하는 사법적 입법 때문이다. 사법적 입법이란 '재판에 의한 여론 형성과 법의 형성'을 의미하는데, 재판에 있어 판례의 중요성과 그 영향을 크기를 일컫는 말이다.

〈표 5-1〉 3권 분립원리의 변화

구분	형식 논리	실제 작용	역할 변화
국회	법률 제정	법률 제정. 제출법안에 대한 심의, 의결	저하
행정부(내각)	법률 집행	실질적 법률 제정 및 집행	강화
법원, 재판소	법률 해석 및 적용	법률 해석 및 적용	유지, 다소 강화

2. 의회의 역할 저하

일본헌법은 국회는, 국권(國權)의 최고기관이자, 나라의 유일한 입법기관이라고 규정하여, 국회를 명실 공히 국정(國政)의 중심적 기관으로 함과 동시에 법률로서 규정해야 할 사항의 범위도 현저하게 확대하였다.[3] 법률

___

이라는 점에서 좀더 넓게 '입법'의 의미를 생각해 볼 때가 되었다.
3) 제국헌법(일명 메이지헌법)하에서 입법권의 주체는 천황이었다. 제국의회는 천황의

은 참의원의 긴급집회에서 취해진 조치인 경우를 제외하고는 모두 국회의 의결에 의하여 성립하도록 하였다.

의회의 역할 저하를 보여주는 현상으로는 위임입법, 법안심의과정에 나타나는 당의구속, 내각제출법안의 우월 등을 들 수 있다.[4] 여기에서 내각제출법안의 우월이란 제출 건수와 성립률에 있어 의회제출법안보다 앞선다는 뜻이다.[5] 이러한 경향은 정부형태에 관계없이 볼 수 있는 전반적인 현상이다. 영국을 비롯한 유럽의 여러 나라에서는 관행적으로 또는 법률적으로 법률안 제출 혹은 심의과정에서 행정부(내각)의 우위가 인정되고 있다.

일부 국가를 제외하고는 국회의 입법작용이란 행정부 수장의 입법계획을 심의하고, 수정하고, 가결하는 것이 되어버렸다.[6]

그리고 '족의원'으로 대표되는 관료와 정치인 간의 유착 현상은 결국 일본국회의 공동화를 초래했다는 것이 일반적인 견해이다.[7] 여당인 자유민주당은 자신이 먼저 심사를 마친 법안에 대해 실질적인 국회심의에 참여하지 않으며, 야당은 숫적으로는 패배가 불을 보듯 명료하기 때문에 반대논리를 전개하거나, 물밑교섭을 통해 다소의 양보를 얻어내는 데 그치고 있다.[8] 3권 분립의 원리는 형해화하고 있으나, 이를 대체하여 현상을 설명할 만한 이론은 아직 없다. 의회의 역할이 저하되고 있는 것은 단순히 3

입법권 행사에 협찬하는 기관에 불과하였다. 입법 사항에 관해서도 긴급칙령 기타 천황의 대권(大權)에 의한 입법이 널리 인정되었기에 제국의회의 역할과 기능은 한정되어 있었다.

4) 프랑스에서는 정부제출법안이 의원제출법안에 앞서서 우선적으로 심의되는 등 행정부의 입법부에 대한 우월이 제도적으로 규정되어 있다. 增田 正, 『現代フランスの政治と選擧』(東京: 芦書房, 2001), 239－240쪽.

5) 내각제출법안의 실질적인 부분은 국회의석 다수를 차지하는 여당(혹은 연립여당)에 의해 국회제출 전에 이미 승인을 받은 것이며, 다수결을 의사결정의 규칙으로서 채택하고 있는 국회는 법안에 대한 의결을 행할 뿐인 형식적인 것이 된다. 마스야마 미키타카는 일본국회에서의 입법과정은 형식적이라고 할 수 있는데 그것은 의원내각제라고 하는 제도적인 귀결이라고 보았다. 增山幹高, 『議會制度と日本政治－議事運營の計量政治學』(東京: 木鐸社, 2003), 15쪽.

6) 芦部信喜, 『憲法と議會政』(東京: 東京大學出版會, 1971), 242쪽.

7) 족의원에 관해서는 이 책 제11장 제3절 참조.

8) 五十嵐敬喜・小川明雄, 『議會: 官僚支配を越えて』(東京: 岩波書店, 1995), 71쪽.

부, 즉 행정부, 사법부, 입법부의 역할 변화만 가지고 설명하기는 어렵다. 사회의 복잡화, 전문화, 다양화는 입법과정 자체를 복잡하게 만들고 있으며, 급속히 발달하는 정보통신기술은 국민의 의사가 직접 입법과정에 투영되고 있고, 때로는 영향력을 미치고 있다.

의회의 역할 저하는 세계 여러 나라의 국가에서 전반적으로 볼 수 있는 현상이기는 하다. 하지만 모든 의회가 다 그렇다는 것이 아닐뿐더러, 의회 스스로 새로운 기능을 창출하는 노력을 함으로써 위상과 역할의 저하를 막을 수는 있다. 일본처럼 내각에 의한 법안 제출을 인정하는 체제하에서는 내각에 의한 국가운영의 주도를 막기는 어렵고 그렇게 할 필요도 없다. 그것은 이미 일본헌법 제정 당시 헌법 기초자들의 내각 중시 의도가 충분히 헌법에 반영되어 있기 때문이다.

제2절 법안의 유형

일본에서 법률을 제정하는 곳은 국회이나, 내각과 국회의원은 각기 법률안제출권을 갖는다. 따라서 법안에는 내각제출법안과 의원발의법안의 두 가지 종류가 있다.

내각제출법안이 대부분(약 80%)을 차지하고 있는 현실에 대해 의회가 그 본래의 기능을 발휘하고 있지 못하다는 비판도 있을 수 있겠으나 내각이 국정을 주도하는 의원내각제하에서는 어쩔 수 없는 것이 현실이다.[9]

국회법 및 의원규칙에서는 국회의원이 그 소속하는 의원(議院)에 의안을 제출하는 것을 의안의 발의라고 하고, 내각이 의원(議院)에 의안을 제안하는 것을 제출이라고 표현하고 있다. 위원회가 법률안을 제출하는 것도 제출이라고 한다.[10] '발의'나 '제출'의 사용 구분은 제국헌법에 유래하는 것으로서, 국회의원의 제안과 기관에 의한 제안을 구별하고자 한 것이다.[11]

---

9) 일본과 영국의회에서는 정부제출법안이 주로 심사의 대상이 되고 있다.
10) 川崎政司, 「議員提出法律案の立案過程(1)」, 『國會月報』 608号(1999. 8), 47쪽.

내각제출법안은 각의결정 후에 국회에 제출되는데, 중의원과 참의원 어디에 먼저 제출하는가에 관해서는 아무런 규정이 없으며 제출자의 의향에 따라 어디에든 먼저 제출할 수 있다.

1. 내각제출법률안

내각총리대신은 내각을 대표하여 의안을 국회에 제출할 수 있다.[12] 헌법에는 '법안'이라는 표현이 아닌 '의안'이라는 표현으로 되어 있다. 법안도 의안의 하나인 만큼 사실상 헌법에서 내각에 법안제출권을 인정하고 있는 것이라고 보는 것이다. 일본정부는 이 조문에 기초하여 법안을 제출하고 있는데, 이와 관련된 구체적인 법조문은 내각법에 있다. 내각법 제5조는, 내각총리대신은, 내각을 대표하여 내각제출법률안, 예산 기타의 의안을 국회에 제출하고, 일반 국무 및 외교관계에 관해 국회에 보고한다고 규정하고 있다.[13] 행정부인 내각에서 작성된 법안을 입법부인 국회에 접수시키는 경우, 법안이 양원(중의원·참의원) 중 어느 한 원에서 다른 원에 송부되는 경우, 그리고 각 위원회가 의원(議院)에 법안을 제안하는 경우에는 이를 '제출'이라고 한다.

내각제출법률안(Cabinet Bill)은 다음과 같은 특색을 갖는다.[14] ① 법안의 기초, 심의의 모든 과정에 관료기구가 관여한다, ② 기존의 법체계와의 정합성이나 합헌성까지 검토된 완성도가 높은 법안이다, ③ 위원회중심주의를 채택하고 있으면서 위원회에서는 실제로 법안의 축조심사는 이루어지지

---

11) 한국국회에서도 '제출'과 '발의'를 구분하여 사용하고 있는데, 이는 한국의 국회법 제정 당시 초안을 작성했던 의원 및 관계자들이 일본제국의회 의원법(議院法)의 영향을 받은 것이 아닌가 생각된다. 그런데 굳이 '제출'과 '발의'를 구분해야 할 뚜렷한 이유는 찾아보기 어렵다.

12) 의회의 의결을 요하는 안건으로서 안을 갖추고 있는 것을 '의안'이라고 한다.

13) 내각제출법안은 헌법에는 근거가 없거나 애매하여, 내각법에서 구체적인 제출근거를 찾고 있다.

14) 新 正幸, 「議員立法－議員立法, 政府提出立法」, 『ジュリスト』 1133号(1998. 5. 1－15 合併号), 112쪽, 廣瀬淳子, 「立法補佐機關－その意義とわが國の現狀」, 『ジュリスト』 1177号(2000. 5. 1－15合併号), 52－53쪽.

않으며, 법안의 배경이나 정책적인 논의가 그 중심이 되어 있다. 따라서 위원회 심사는 수정을 반드시 목적으로 하고 있지 않으며, 결과수정은 빈번하지 않다, ④ 실질적인 축조심사과정은 여당 내의 사전심사(preliminary review)에 상당 부분 위임되어 있다, ⑤ 야당은 국회대책위원회 등에서의 교섭을 통해, 종래 법안수정보다는 심의일정을 둘러싼 흥정을 통해 자신의 주장을 실현해 왔다, ⑥ 본회의에서는 실질적인 질의는 거의 이루어지지 않는다, ⑦ 여러 법안에 대한 일괄 표결이 흔히 행해진다.

이러한 특색은 결국 국회에서의 법률안 심의과정(입법과정)은 필연적으로 형식적인 것이 될 수밖에 없는 요인이라고 지적되고 있다.

내각제출법률안은 소관 사항에 대하여 행정 각 부처가 법률안을 작성하여 관련 부처와 협의한다. 또 내각법제국의 심사를 거치는데, 예산이 수반되는 법률안은 재무성의 심사를 추가로 거쳐야 한다.

1) 내각의 법률안제출권 관련 학설

내각의 법률안제출권과 관련해서는 긍정설과 부정설이 있다.[15] 다수설인 긍정설은, ① 법률의 발생은, 국회의 의결권을 구속하는 것은 아니며, 입법작용의 일부분이라고 볼 수 없다. 혹은 적어도 입법의 결정적 요소는 아니다, ② 의원내각제의 원칙(방침)에서 볼 때, 내각에도 법률안제출권을 인정한다는 것이 타당하다, ③ 헌법 제72조의 '의안'제출권 속에는 법률안도 포함되어 있다. 혹은 이 '의안'의 범위는 법률에 위임되어 있다, ④ 내각의 법률안제출권을 부인하더라도 내각총리대신 및 국무대신의 과반수가 국회의원이며, 국무대신이 국회의원 자격으로 발의할 수 있으므로, 실질적으로는 내각의 법률안제출권을 인정하는 것과 다를 바 없다, ⑤ 입법상의 해결(내각법 제5조) 및 국회에 의한 관행적 수용에 의해 이미 확립되어 있다는 것이 주된 내용이다.

이에 대해 소수설이자 근년에는 거의 거론되지 않는 부정설은 ① 법률

---

15) 野中俊彦, 「内閣の法律案提出權」, 小嶋和司編, 『ジュリスト增刊 憲法の爭點(新版)』
(東京: 有斐閣, 1985), 193－194쪽.

안의 제출이 입법작용의 일부이다, ② 국회 단독입법의 원칙을 관철해야 한다는 것을 주된 내용으로 하고 있다.[16]

2. 의원발의법률안

국회의원이 소속의원(議院)에 법안을 제출하는 것을 '발의'라고 한다.[17] 의원발의법률안(Member's Bill)은 정당이 스스로 정책표현으로써 발의하는 것으로서, 야당이 정부안에 대한 대안의 형태로 발의하는 것도 많다.[18] 이렇게 법안 자체가 그 정당의 정책이나 의지의 표현이기 때문에 정당에 구속되지 않는 의원발의법안은 없다고 할 수 있다.

이런 규정 때문에 의원 수가 적은 정당은 법안을 제출하기조차 어려운 것이 실정이다.

3. 위원회제출법률안

위원회제출법률안이란 의원발의법률안의 한 형태로서, 상임위원회 또는 특별위원회의 각 회파간에 대화를 통하여, 각각의 당 기관의 승인을 받아 공동으로 법률안을 제출하는 것을 말한다. 당해 위원회의 위원장 명의로 제출하며, 찬성자를 필요로 하지 않는다(국회법 제50조의 2). 위원회제출법률안은 이미 위원회의 의사가 조정, 정리된 것이기에 위원회의 심의를 생략하는 것이 관례로 되어 있다.

참의원에는 위원회 외에도 조사회가 설치되어 있는데, 조사회도 법률안을 제출할 수 있도록 되어 있으므로, 이 경우에는 조사회장이 제출자가 된다.

---

16) 사사키 소이치(佐佐木惣一)가 부정설의 대표적인 학자이다.

17) 淺野一郎·河野 久, 『新·國會事典』(東京: 有斐閣, 2003), 117쪽, 岸本弘一, 『讀本 日本の議會政治』(東京: 行政問題研究所, 1983), 148쪽.

18) 법안 제출 시 정당명칭은 표기되지 않으나 어느 법안도 정당집행부의 승인을 받아 각 당 국회대책위원장의 지도를 받아 제출된다. 이 때문에 제출자 또는 찬성자 속에 정당의 책임자(통상 국회대책위원장)의 이름이 포함된다.

예산을 수반하는 법률안은 사전에 내각의 의견을 들어야 하며, 법률 시행에 필요한 경비명세서를 첨부해야 한다.

제3절 입법과정(국회제출 이전)

좁은 의미의 입법과정은, 어떤 특정한 법안이 제출되어, 심의를 거쳐 성립 혹은 폐안에 이르는 과정과, 그 법안을 둘러싼 비공식 협의·흥정을 말한다. 입법권은 독점적으로 국회에 속해 있기 때문에, 공식적 입법과정은 국회에서의 의사결정 절차를 말한다.

넓은 의미의 입법과정은, 법률안의 원안(초고) 작성 단계에서부터 국회제출, 그리고 국회에서의 심의, 협의, 물밑교섭을 포함하는 제정·개정·폐기 등 일련의 과정을 가리킨다.[19]

입법이란 법의 제정 혹은 법의 제정행위 전반을 의미한다. 여기에서 법을 제정한다는 것은 통치를 위한 정책적·제도적 틀이 형성되는 것을 말한다.

1. 법안 작성

관청 내 하급부서(과 단위)에서 법안 초안을 작성한다. 행정부 내 법안 작성과정 단계는 다음의 <그림 5-1>과 같다.

〈그림 5-1〉 내각제출법률안의 국회제출까지의 과정(자유민주당 단독 내각)

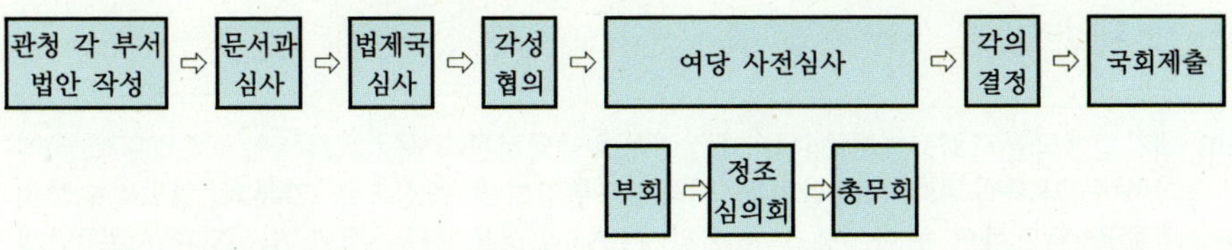

---

19) 입법과정은 투명해야 한다. 입법절차가 공개적이지 않고, 법에 의해 영향을 받을 수 있는 사람들의 방청 혹은 회의 기록 공개가 이루어지지 않는다면 법에 대한 국민의 지지는 약화되고 불신은 증대될 것이다.

2. 문서과 심사

먼저 관련 부서에서 법안 초안을 작성하면 문서과(文書課)로 넘겨 심사를 받는다. 문서과에서의 심사는 법제국 심사의 예행연습과 같은 것이다. 심사가 끝나면 법제국으로 넘겨 엄격한 심사를 받게 된다. 법제국의 심사를 통과하면 각성협의로 넘겨 관련 관청 간의 협의를 거친 후 여당의 심사 혹은 조정을 거쳐 각의로 넘긴다.

3. 내각법제국의 심사

국회의 입법보좌기관은 아니지만, 입법과 관련하여 큰 비중을 차지하고 있는 기관으로 내각법제국(內閣法制局, Cabinet Legislation Bureau)이 있다.[20]

내각법제국은, 법제적 측면에서 내각을 직접 보좌하는 기관으로서 설치되었으며, 각의에 회부되는 법률안, 정령안 및 조약안에 대한 심사, 법령해석 등을 주된 임무로 한다. 업무는 의견사무와 심사사무로 나뉜다.[21]

내각법제국은 내각에 속하면서도 그 독립성이 제고되어 왔다. 당시의 법제국의 권능은 단순히 법안의 기초나 조약안의 심사에 그치지 않고, 은사(恩赦)의 문제에서부터 청원처리에 이르기까지 행정, 사법, 입법의 3권에 걸친 광범위한 것이었다. 특히 칙령의 심사권을 법제국이 가지고 있었던 것은, 법제국이 의회를 대신하는 기능을 보유하고 있었음을 의미하며, 법제국의 권위가 높았음을 보여주는 것이다. 이처럼 법제국은 사실상의 입법권을 가지고, 칙령을 포함한 모든 법안이 법제국의 심사를 거치지 않으면 안 되었다.

---

20) 내각법제국은 1873년(明治6년) 태정관무호달태정관직제(太政官無号達太政官職制)에 의하여, 내사법무과로서 설치된 이래, 정부입법을 중심으로 일본의 입법파수꾼의 역할을 담당하여 왔다. 당초 법제의 기초, 수정을 하는 것이 임무였다. 1890년의 제국의회의 개설에 앞선 1885년(明治18)에 내각법제국이 설립되었다. 岩井奉信,『立法過程』(東京: 東京大學出版會, 1988), 52-53쪽, 議會制度研究會編,『國會がわかる本』(東京: 第一法規, 1991), 128쪽 참조.

21) http://www.clb.go.jp/law(검색일: 2008년 1월 20일).

전후의 개혁에 있어, 전전(戰前) 법제(法制) 확립의 중핵(中核)으로서, 법제국이 지목을 받게 되어 내무성과 함께 철저히 해체되었다. 1946년의 내각법에서 법제국은 단순히 내각의 사무를 돕는 기관으로 그 위상이 설정되었다. 그러다가 1952년에 내각법제국이 재편성되어 내각제출법안이나 조약안 등에 관한 심사권이 재차 확립되기에 이르렀다.

현재 내각법제국의 임무는 법안 조문의 심사에 한정되어 있는데, 그 심사내용이 극히 엄격하기 때문에, 법제국을 통과한 법안은 일반적으로 타협의 여지가 없을 정도로 완벽하다는 평가를 듣고 있다.22) 이는 한편에서 법체계의 일관성 유지에 기여하고 있으나, 국회의 재량 범위를 좁히고 있다고 한다. 동시에 법안의 완벽성 때문에 야당의 타협의 여지를 작게 하고 있는 점이나, 내각법제국의 견해가 일반적으로 정부의 통일견해가 되기 때문에, 그 견해를 둘러싸고 격한 여·야당 대립을 낳는 하나의 요인이 되고 있다는 것이다. 그리고 내각법제국 내부에서의 심사과정이나 검토결과가 공표되지 않기 때문에, 법안에 관한 정보가 국회 측에는 부족하게 되는 문제가 발생시키는데, 이는 결과적으로 국회의 기능을 제약하고 있다.23)

내각법제국의 조직은 내각법제국장관, 내각법제차장 밑에 장관총무실과 4개의 부(部)가 설치되어 있으며, 제1부는 법령 해석 등을 담당하며, 제2부부터 제4부까지는 법령 심사를 담당하고 있다.24) 법제국장관은 각의 출석이 허용되어 있다.25) 법제국장관의 업무는 다양한데 그중 하나는 법률문제와 관련하여 내각이나 내각총리대신, 각성대신(各省大臣)에게 의견을 진술하는 일이며, 나아가 정부로서의 통일견해를 정리·작성하는 일이다.26)

성·청(省廳)과의 관계에서 내각법제국이 큰 역할을 하게 되는 것은 법

---

22) 岩井奉信, 앞의 책, 54쪽.
23) 岩井奉信, 앞의 책, 55쪽.
24) 각 부는 참사관이 성·청을 담당하고 있는데, 구성원은 독자적인 직원을 보유하고 있는 것이 아니라 각 성·청에서 일시적으로 파견 나온 직원들로 구성된다.
25) 내각총리대신과 국무위원 외에 각의 출석이 허용되는 것은 내각관방부장관(사무담당)과 내각법제국장 2인뿐이다.
26) 本田雅俊, 『現代日本の政治と行政』(東京: 北樹出版, 2001), 144쪽.

령 심사 때이다. 내각법제국은 각의에 부의된 안건을 심사하여 의견을 첨부하고, 필요한 부분에 수정을 가하여 내각에 상신한다. 즉 법률안이나 정령, 조약안 등의 각의 사항의 법적인 문제점을 사전에 심사하여 필요한 부분에 재검토를 청하게 되는 것이다. 이때 내각법제국이 해석을 명확히 하기 위해, 표현이나 용자ㆍ용어(用字用語) 등을 직권으로 수정하는 것도 인정된다.27) 내각법제국은 내각의 보조기관이나 통상 각 성ㆍ청의 정책내용의 점검까지 간섭하지는 않는다. 오히려 헌법이나 기존의 법령과의 정합성을 심사함과 동시에, 그 해석을 명확히 하는 기관이다.

내각이 제출하는 법률안은 각의에 회부되기 전에 모두 내각법제국의 심사를 받는다. 내각법제국의 심사는, 본래 그 법률안에 관련되는 주관(主管) 성ㆍ청이 내각총리대신 앞으로 보내는 각의청의안 송부를 접수한 다음부터 개시되나, 현재, 사무적으로는 주관 성ㆍ청 내의 논의가 정리된 법률안의 원안에 대해, 이른바 예비심사의 형태로 진행하는 방법이 채택되었다. 따라서 각의청의안은, 내각법제국의 예비심사를 거친 법률안에 기초하여 행해진다.28)

내각법제국의 심사는, 주관 성ㆍ청에서 입안한 원안에 대해, ① 헌법이나 기타 현행 법제와의 관계, 입안내용의 법적 타당성, ② 입안의 의도가, 법문상 정확히 표현되어 있는지, ③ 조문의 표현 및 배열 등의 구성은 적당한지, ④ 용자ㆍ용어에 관련된 오류는 없는지 등에 관해 법률적, 입법기술적으로 여러 각도에서 검토한다.

성ㆍ청안이 확정되면 내각법제국이 그에 대한 예비적인 심사(각의청의 후의 심사)와 구별하여 '아래 심사(下審査)'를 행한다. '아래 심사'는, 성ㆍ청의 담당관과 내각법제국의 담당 참사관 사이의 회의에서 행해져, 성ㆍ청안이, 그 골자부터 시작하여, 구성, 각 조문 등의 단계별로 설명되어, 그에 대한 질의ㆍ응답, 토의가 이루어지고, 경우에 따라서는, 담당 성ㆍ청의 합의에 기초하여 성ㆍ청안에 대한 수정이 행해진다(이 각 단계를 제1독회, 제2독회, 제3독회라고 부른다).

---

27) 本田雅俊, 앞의 책, 145쪽.
28) http://www.clb.go.jp/law/11b.htm(검색일: 2008년 1월 25일).

내각법제국의 '아래 심사'를 받는 성·청은 그 내용이 다른 성·청에도 관련될 때에는, 그 성·청과의 의견조정에 만전을 기하는 것이 원칙이나 담당 성·청은 '아래 심사'와 병행하여 관련된 성·청과 폭넓게 조정을 행하는 경우가 많다고 한다.29) 이 조정을 '법령협의'라고 부르는데, 담당 성·청은 관련된 성·청에 성·청안을 제시하고, 질문 및 의견을 요청한다. 통상 질문 및 의견이 속출하는데, 담당 성·청은 질문에 답하고, 의견에 대해서는 관련된 성·청과 토의를 하여 조정을 도모한다. 조정은, 성·청 간의 해석이나 운용에 관한 확인 등에서 결말이 나는 경우도 있으나, 성·청안의 문안을 수정하지 않으면 안 되는 경우도 있다.30)

내각법제국의 심사는, 법제적인 관점에서 보았을 때 법안에 포함된 정책의 내용이 논리적으로 타당한 것인가를, 또 문구의 사용이 올바른 것인가를 중심으로 법안심사를 하는 것이다. 법제국 심사란, 정식으로는 법제국의 참사관에 대해 법제국 부장부터 행해지는 부장심사이나, 그것은 최종 확인적인 심사이다.31)

법제국 심사는 법안에 대해 극히 엄격한 심사를 행하고 있는데, 참사관에 의한 예비심사와 부장설명으로 구성된다. 사전에 참사관 예비심사가 행해지는 것은, 각의결정 후에 심사를 개시해서는 충분한 심사를 행하는 것이 곤란하다는 것과, 통상 내각법제국의 심사과정에서 대폭적인 수정이 행해지므로 사후처리가 복잡해지는 것이 그 이유이다. 부장설명은 예비심사가 종료되고 조문으로서의 형태가 완전히 갖추어진 뒤 부장에 대해 참사관에 의해 행해지는 것이며, 통상 부장설명 때에는 담당 사무관(과장 보좌)은 동석할 필요는 없고, 참사관으로부터의 문의나 질문이 있을 경우를 대비해 과내(課內)에서 대기하고 있으면 된다.32)

심사는, 크게 나누어 법안의 내용(입법내용의 법적 타당성)과, 조문의 문투(법률안의 형식, 문자 사용방법·용어 등 개별 조문의 글귀)에 대해 행

---

29) 木下博文, 「內閣提出法案」, 『立法と調査』 205号(1998. 5), 51쪽.
30) 木下博文, 앞의 글.
31) 田丸 大, 『法案作成と省廳官僚制』(東京: 信山社, 2000), 15쪽.
32) 田丸 大, 앞의 책, 20쪽.

해진다.

법안의 내용에 관해서는, ① 필요성, ② 공익성, ③ 법률 사항의 존재, ④ 정합성 등이 심사의 요점이다. 여기에서 필요성이란 새로운 법제도는 왜 필요한가, 공익성이란 그것은 필요한 만큼의 공익성을 가지는가, 과도한 이권제한을 하는 것은 아닌가, 법률 사항이란 기존의 법제도로는 해결이 곤란한 것인가, 또 정합성이란 헌법에 적합한가, 기존의 법제도 체계와 정합성이 유지되고 있는가 등에 관한 것이다.[33] 조문의 문투에 대한 심사는, 앞의 입법내용의 법적 타당성에 관한 검토가 이루어진 후에, 조문의 배열이나 용자(用字)·용어(用語)의 잘못은 없는지 등의 관점에서 행해지는 법 기술적인 심사이다.

4. 각성협의(사무차관등회의)

법제국 심사가 종료되고, 법안의 조문이 일단 확정된 후에 행해지는, 당해 법안에 관한 다른 성·청과의 사이의 협의를 각성협의(各省協議)라고 한다.[34] 각 성·청의 정책이 행정부 전체의 정책으로서 결정되고 채택되기 위해서는, 모든 성·청의 승인을 받아야 한다는 것이 전제조건이다.

관례상 사무차관등회의(事務次官等會議)에서 최종적인 사무적 조정을 행한다. 사무차관등회의의 운영원칙은 다음과 같다. 사무차관등회의의 설치·운영의 근거가 법령상 존재하는 것은 아니나, 그것은 '각의의 사전심사기관'임과 동시에, 각 성·청 간의 최종적인 연락조정의 장이라고 하는 성격을 가지며, 각의에 회부되는 안건(각의 사항)은, 조언·승인 등의 안건을 제외하고는 원칙적으로 사전에 내각관방장관, 내각관방부장관, 각 성·청 사무차관 등을 구성원으로 하는 사무차관등회의에서 양해를 얻지 못하면 각의에 회부할 수 없다.[35]

---

33) 田丸 大, 앞의 책, 21-22쪽.
34) 법안에 관한 각 성·청 간의 절충·협의에 관한 호칭은 법령협의, 각성절충, 합의, 각성협의 등 다양하다.
35) 大石 眞, 「內閣制度の再檢討－行政改革會議最終報告を中心に－」, 『ジュリスト』 1133

사무차관등회의는 각의 안건의 심의를 통해, 실질상 내각의 활동을 크게 좌우한다. 사무차관등회의는 각의에서처럼 전원일치제를 채택하고 있으며, 회의에서 양해가 이루어지지 못하는 경우, 그대로 각의에 부의(付議)하는 것은 피하고, 원칙적으로 양해에 이를 때까지 거듭하여 심의를 행하게 된다.[36]

각성협의는 법제국의 부장설명이 행해져 조문이 확정된 후에 행해지는 것이나, 시간이 절박한 상황에서는 참사관 예비심사가 종료된 단계에서 곧바로 각성협의에 들어가는 경우도 있다. 법안은, 당해 법안에 이해가 걸려 있는가에 관계없이, 일반적으로 궁내청을 제외한 모든 성·청에 배부되어 협의가 시작된다. 아주 긴박한 것이 아니면 법안 배부에 의한 협의 개시부터 각의까지 최소 2주간의 시간적 여유를 갖는 것이 관행(2주간 규칙)이다. 다마루 다이(田丸 大)는 다음과 같은 절차 흐름도를 제시하였다.[37]

〈그림 5-2〉 각성 협의 절충 절차

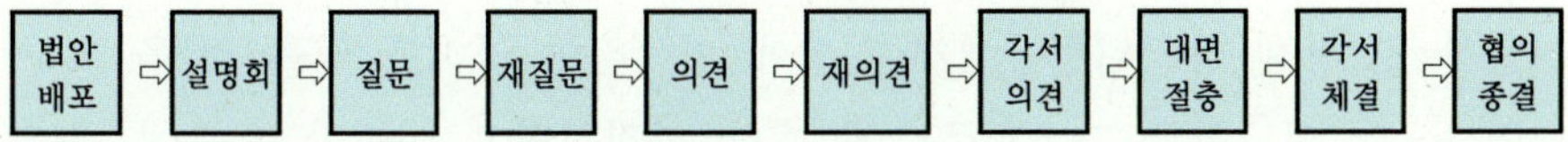

질문부터 각서 의견까지 각각에 대해 회답이 있으며, 질문 이후에 양자가 납득하면, 그 시점에서 협의는 종결된다.

사무차관등회의와 관련해서는 비판도 제기되고 있다.[38] 그 정책심의·종합조정기능 면에서 보는 한, 사무차관등회의의 역할이 과대평가되고 있으며, 그 회의는 사실은 형해화되고 있다는 것이다.

号(1998. 5. 1-15合併号), 86쪽.

36) 大藏省, 『內閣制度百年史(上卷)』(東京: 大藏省印刷局, 1985), 581쪽.

37) 田丸 大, 앞의 책, 28쪽.

38) 伊藤大一, 「內閣制度の組織論的檢討」, 日本行政學會編, 『年報行政研究21·內閣制度の研究』(東京: ぎょうせい, 1987), 48쪽.

5. 여당의 사전심사(여당조정)

여당은 사무차관등회의를 거친 법률안이 각의에서 결정되기 전에, 주로 그 정책과 법률안이 합치하는가 하는 관점에서 법률안에 대한 심사를 행한다. 이러한 여당의 사전심사는 자유민주당 장기 집권 하에서 정착된 관행 중의 하나이다. 다수당의 국회 의안심사권 중의 승낙거부권을 담보로 하여 이루어지는 입법과정에 대한 개입을 사전심사제도라고 부른다.

자유민주당의 총무회는 1962년 2월 23일부로 당시 아카기 무네노리(赤城宗德) 총무회장으로부터 내각관방장관 앞으로, '각 법안을 제출하는 경우에는 각의결정에 앞서 총무회에 연락 주실 것을 요망'하는 내용의 문서를 보낸 바 있다.[39] 또 자유민주당 국회대책위원회는 각 성·청의 관방장 앞으로 '요망 사항(1973. 12. 7)'을 발송했는데, 그 속에서 '각 성·청은, 제출예정법률안에 대해서는 국회대책위원회, 상임위원장의 의향을 사전에 충분히 양해를 받을 것과, 법률안의 제출 및 취급 등에 대해서는 국회대책위원장 및 당해 상임위원장에게 사전에 연락하여 양해를 얻을 것'을 요구하였다. 각 성·청의 자유민주당에 대한 사전설명은 이러한 요구에 근거한 것이라고 판단되고 있다.[40]

일반적으로 법률안을 국회에 제출하기 전에 자유민주당의 심사를 받고 양해를 구하는 것을 여당의 사전심사 혹은 여당조정이라고 부르는데 이 여당심사는 자유민주당의 정무조사회의 부회 및 심의회, 총무회, 그리고 국회대책위원회의 양해를 구하는 일이다.[41]

1)정무조사회

자유민주당의 정무조사회는, 정책의 조사연구 및 입안을 위한 기관이나, 당이 정책으로서 채택하는 의안은 정무조사회의 의결을 거치지 않으면 안

---

39) 小島和夫, 「立法過程における政黨の關與(その1)」, 『國會月報』 480号(1988. 12), 78쪽.
40) 小島和夫, 앞의 글.
41) 小島和夫, 앞의 글.

되는 것으로 되어 있다. 정무조사회에는 각 성·청이나 국회의 위원회에 대응하는 부회가 설치되어, 부회에 소속한 여당의원과 담당 성·청의 관료 사이의 교섭에 의해 법안 내용 조정이 이루어진다.

일본국회는 미국형의 위원회제도를 도입함으로써 상임위원회중심의 심의방식을 채택했다. 그러나 이 방식은 자유민주당이 장기에 걸쳐 정권을 유지하는 가운데 형해화되어 오늘날에는 그 실질적인 심의의 무대는 자유민주당 정무조사회의 각 부회로 이행했다. 이렇게 된 원인은, 관료에 필적할 만한 전문지식을 가진 국회의원이 증가함과 동시에, 자유민주당 전체의 정책입안과 심의능력이 높아졌기 때문인 것으로 지적되고 있다.[42]

각 성·청의 상급관료로부터 제기되는 초안은 먼저 여당인 자유민주당에 제시된다. 여당심사의 중심에는 정무조사회가 있다.[43] 정무조사회는 사안마다 관할하는 부회, 조사회, 위원회로 나누어 심의를 행한다. 그 후 부회가 개최되어 심의를 행하는데 사전에 부회장·부부회장회의가 열려, 예비적인 의견교환이나 조정을 행하는 경우도 있다. 부회에서는 담당국장이 설명하고 심사를 받는다.[44]

부회의 심사를 거친 후에는 심의회로 옮겨진다. 심의회는 정무조사회 내의 상부 기관이며, 통상 '정조심의회'라고 불린다. 부회에서 심사한 법률안을 부회장이 설명하고, 질의에 응답한다. 관련된 성·청의 담당국장 등도 보충설명에 나서기도 한다. 참고로 부회는 자유민주당 정권하에서 입법 및 정책결정과정에 결정적인 역할을 담당하고 있다.

2) 총무회

정무조사회의 심사를 마치면 총무회에 제출된다. 총무회에는 정무조사회의 부회장이 출석하여 설명한다. 정무조사회의 심사는, 정책내용부터 기술적 측면에 이르기까지 다양하게 심사하는데, 총무회에서는 주로 정치적

---

42) 小島和夫, 앞의 글, 79쪽.
43) 淺野一郎編, 『立法技術入門講座 1 立法の過程』(東京: ぎょうせい, 1988), 148쪽.
44) 淺野一郎編, 앞의 책.

관점에서 심사가 행해진다.[45]

당과 각 성·청 간의 여러 차례에 걸친 조정과 타협을 거치면서 최종안을 작성하기 위해 다듬는 작업을 행한다. 이 과정은, 선거에서의 유리한 전개를 고려하여, 필요에 따라 일본경제인단체연합회(經團連) 등의 이익단체와의 조정도 당을 통하여 동시에 진행한다. 자유민주당 의원의 족의원적인 혹은 파벌적인 특수이해관계도 조사회의 각 기관 내에서 조정된다. 안건은 정무조사회에서 총무회로 넘겨져, 당의결정을 기다리게 된다.

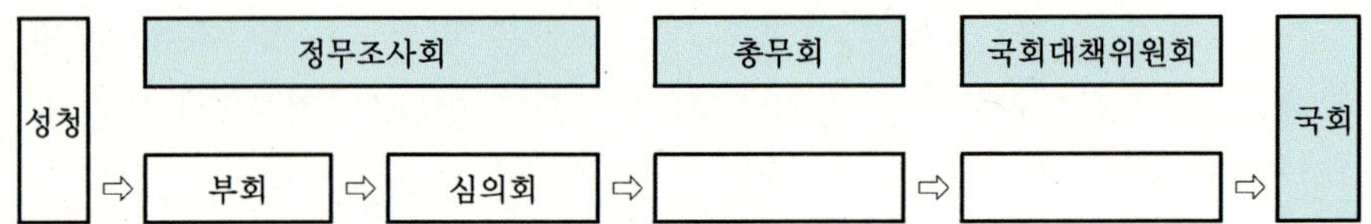

〈그림 5-3〉 여당의 사전심사과정

자료: 依田 博 外, 『政治』(東京: 有斐閣, 1993), 184쪽.

자유민주당 총무회는 전회일치의 관례에 따라 당의를 구속하고, 자유민주당 정무조사회는 법안에 대한 사전심사를 행한다. 사전심사를 받지 않는 법안은, 국회의 위원회 심사 전의 의원운영위원회의 의사일정에서 제외되어, 폐안시키라는 압력이 가해지게 된다.

여당심사(與黨審査)는, 법제국 심사, 각성협의를 마친 후 행정부 내에서 확정된 법안을, 이번에는 여당 국회의원에게 설명하고 찬동을 구하는 단계이다. 내각법제국의 법령 심사가 내각제출법안에 대한 법적인 심사라고 한다면 여당심사는 다분히 정치적 고려가 작용하는 심사과정이라고 할 수 있다. 국회라고 하는 공식적인 장(場)에 초점을 맞추면, 각 위원회에서의 질의나 본회의에서의 의결을 제시하는 것이나, 실제로는 법안의 내용이 거의 굳어지는 시점에서, 여당의 국회대책위원, 관련 부회(部會) 회원이나 당해 법안에 이해관계를 갖거나 흥미를 보일 것 같은 국회의원에 대해 행해지는 사전설명(국회사전절차, 이른바 네마와시)이 주된 것이라는 것이다.[46]

---

45) 淺野一郎編, 앞의 책.
46) 田丸 大, 『法案作成と省廳官僚制』(東京: 信山社, 2000), 15-16쪽.

3) 국회대책위원회

지금의 정부·여당체제에서는 자유민주당 내의 법안심사가 종료되지 않으면 정부제안법안을 국회에 제출할 수 없는 것으로 되어 있다. 자유민주당에서는 최고결정기관은 총무회이므로 법안 제출을 위한 최후의 관문은 총무회라고 할 수 있다. 총무회를 거치면 그 다음에는 국회대책위원회의 심의를 받는다. 여기에서는 법안에 대한 구체적인 심의는 행하지 않고, 야당과의 관계를 고려하여 어떤 법안을 언제 국회에 제출할 것인지를 정한다.

내각제출법안을 다루는 과정에서 여당의 사전심사는 가장 중요한 부분이며, 제도상 이를 피할 수는 없다. 각의청의 된 법률안에 대해서는, 각의석상에서, 내각법제국장관이 그 개요를 설명하며, 이의가 없이 각의결정이 이루어지면, 내각총리대신으로부터 그 법률안이 국회(중의원 또는 참의원)에 제출된다.[47]

6. 각의결정 및 국회제출

1) 각의청의(閣議請議)

법률안의 입안은, 가장 먼저 담당 성·청의 과(課), 국(局)에서의 검토부터 시작한다. 검토결과, 과, 국의 안이 입안이 되면, 대신관방문서과(大臣官房文書課) 등의 지시하에, 국의 안을 가지고 성·청 내부의 조정이 행해지며, 차관, 대신의 승낙을 받아야 법률안의 성·청안(省廳案)이 일단 확정된다.[48]

관계 성청은, 이 단계에서 법률안을 소정의 양식에 따라 작성하고, 결재를 받은 다음 내각총리대신 앞으로 각의청의 절차를 진행하게 된다. [49]

이 각의청의는, 이를 접수한 내각관방으로부터 절차를 밟아 그 국(局)에

---

47) 내각관방은, 내각의 보조기관으로서 설치되어(내각법 제12조), 각의 사항의 정리를 행하는 것 외에도 정령이 정하는 각종 사무를 관장한다. 국무대신이 내각관방장관이 되어 내각관방의 사무를 통괄한다.

48) 이때 심의회에 자문을 행하는 경우도 있다.

49) 關 守, 「內閣提出法案の立案過程」, 『ジュリスト』 805号(1984.1.1－1.15), 32쪽.

심사를 요구하기 위해 회부된다. 심사담당 참사관은 그 안에 관하여 예비심사의 결과와 비교(대조)해 보면서, 한 마디 한 마디, 구두점 등을 살피면서 최종 독회를 행한다.[50] 이 단계에서는 대폭적인 수정은 없으나 표현의 통일성이나 최종 독회에서의 수정에 따른 수정보완, 용어·용자의 보정 등이 행해지는 일은 가끔 있다. 시책의 내용에 대한 수정은 이 단계에서는 행하지 않는 것이 원칙이다.

2) 국회제출

관청에서의 일련의 심사를 거쳐 여당에 회부된 법안은 여당 내 심사와 조정을 거쳐 각의에 상정되고 여기에서 승인을 받으면 내각제출법률안으로서 국회에 제출된다. 내각총리대신은 내각을 대표하여 각의결정을 거친 법안을 국회에 제출한다.

내각제출법률안은 내각참사관실이 제출처인 의원(議院)의 의사부 의안과에 제출문을 첨부하여 접수시킨다.

제4절 입법과정(국회제출 이후)

법률을 제정하기까지의 국회의 입법과정은 심의와 의결로 나뉘는데, 국회에서는 그 심의에 관해 예비적 심의기관인 위원회에서의 경우를 '심사'라고 하고, 최종적인 의결기관인 국회 본회의에서의 경우를 '심의'라고 한다.[51]

법률안이 국회에 제출된 후에는 의원규칙에 따라 공식적으로는 의원운영위원회에서, 부탁된 후에는 부탁을 받은 위원회에서 행해지는데 실제로는, 각 회파를 대표하는 이사회(나아가서는 이사간담회)에서, 각 정당의 국회대책위원회와 연락을 취하면서 구체적인 일정을 결정한다. 이렇게 국회

---

50) 木下博文, 「內閣提出法案」, 『立法と調査』 205号(1998. 5), 51쪽.
51) 內田 滿編, 『現代日本政治小事典(2003年度版)』(東京: ブレーン出版, 2003), 100쪽.

운영은, 국회대책위원회가 주도하는 일정에 따라 행해진다.

1. 입법과정 기본절차

법률안이 국회에 제출된 이후의 입법과정을 단순화시켜 보면 6가지로
정리된다.

① 법률안 제출: 의원제출법률안은 발의자가 찬성자와 연서하여 그 의원
(議院)의 의장에게 제출한다. 내각제출법안은 내각총리대신이 중의원
또는 참의원의 의장에게 제출한다.

② 위원회부탁: 의장이 소관 위원회에 부탁한다. 본회의의 의결로 위원회
의 심사를 생략할 수 있다. 중요한 법률에 관해서는 본회의에서 취지
설명을 청취한 다음 부탁하는 일도 있다.

③ 위원회 심사: 위원회의 심사는 기본적으로 취지설명, 질의, 토론, 표결
의 순서로 행해진다. 또 공청회, 참고인 의견 청취, 관련 위원회와의
연합심사회를 행하는 경우도 있다.

④ 본회의 심의: 본회의의 심의는 기본적으로 위원장보고, 토론, 표결의
순서로 행해진다.[52]

⑤ 양원협의회: 양원의 의결이 다를 경우에는 양원협의회를 열 수 있다.
성안이 작성된 경우, 이를 양원에서 가결하면 성립된다.

⑥ 상주: 마지막 의결을 행한 의원(議院)의 의장으로부터 내각을 경유하여
천황에게 공포할 것을 상주한다.

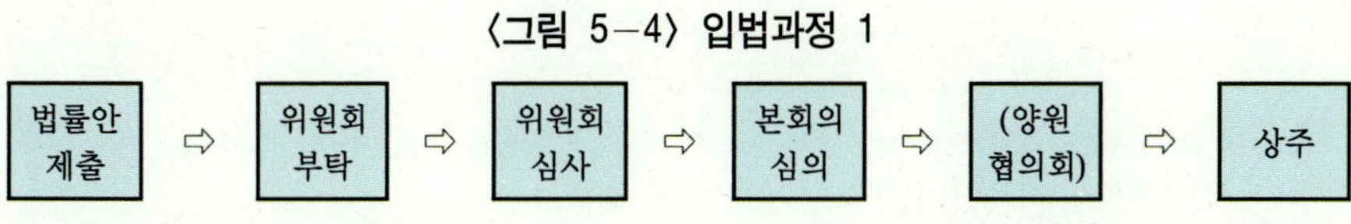

〈그림 5-4〉 입법과정 1

---

52) 양원에서 가결된 후 성립 단계에서 국무대신이 서명하고, 내각총리대신이 연서하
면 법안은 사실상 성립되며 천황이 이를 받아 공포하면 입법과정의 모든 절차가
완료된다.

국회제출 이후의 입법과정은 복잡한데 이를 정리하면 다음과 같다.

〈그림 5-5〉 국회제출 이후의 입법과정

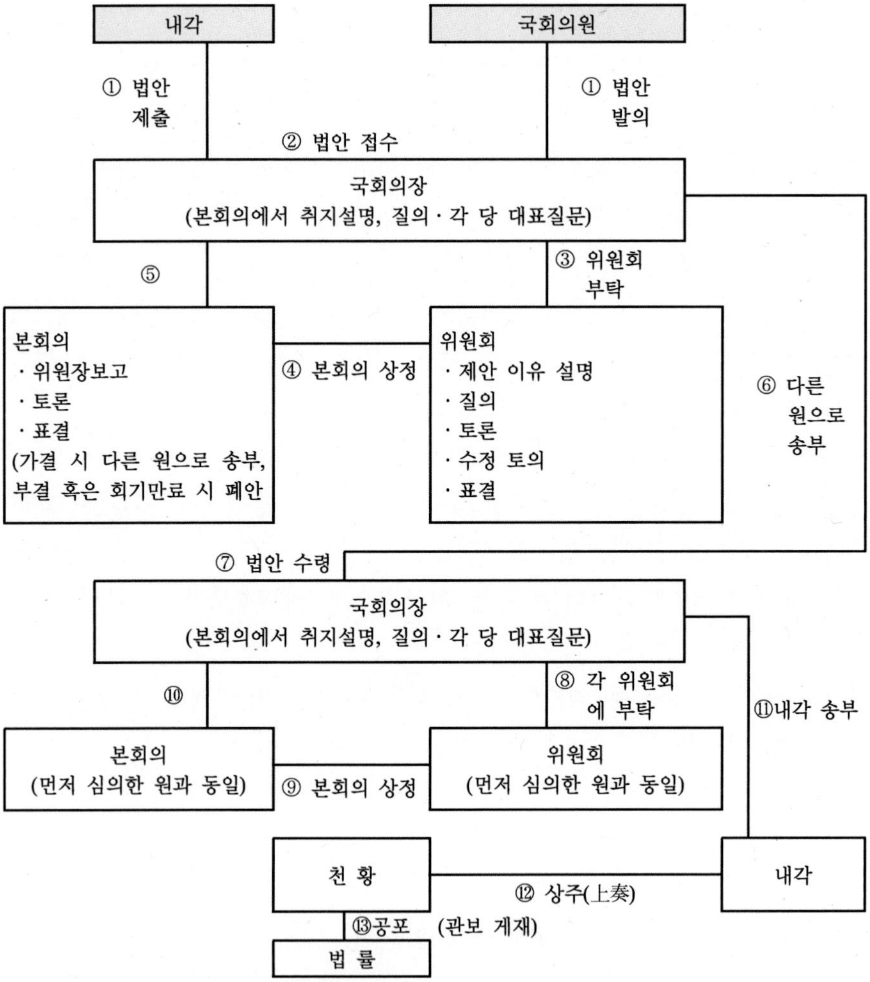

자료: 北學書院編輯部,『國會職員の仕事がわかる本』(東京: 北學書院, 2000), 43쪽, 岡田憲治,『政治制度のしくみ』(東京: ナツメ社, 1999), 62-63쪽.

2. 법률안 제출부터 법률 제정까지의 심의과정

1) 법률안 제출

법안은 국회에 제출되어 중의원, 참의원에서 각각 별도의 심사를 받는
다.[53] 법안은 제출된 원(院)의 각각의 '위원회'에서 검토, 수정된 후에 본
회의에 상정된다. 이처럼 국회에 제출된 법안은 먼저 각 관계 위원회에서
다루어지는데 이를 '부탁'이라고 한다.[54] 단, 중요한 법안에 관해서는 위
원회에 부탁 전에 본회의가 열리고 담당 대신(장관)이 법안의 취지설명을
한다. 이것은 국회의원 전원에게 그 법안의 중요성을 알리기 위한 것이다.

2) 본회의 취지설명, 질의 · 각 당 대표질문

본회의에서 법안의 취지설명이 이루어진다. 취지설명은 법안을 제출한
담당 성 · 청이 작성한 문장을 내각총리대신이나 각료가 읽는 경우가 많은
데, 내용이 무미건조하기 때문에 이를 국회용어로는 '경 읽기(お經讀み, 讀
經)라고 한다.[55]

취지설명이란, 의안의 제안 이유 및 그 내용에 관한 설명을 말한다.[56]
의안이 발의 또는 제출되면 먼저 위원회에 부탁된다. 따라서 의안의 '취지
설명'은 위원회에서 행해지는 것이 원칙이다. 본회의에서 의안의 '취지설
명'이 행해지는 것은, 위원회의 심사를 생략하는 의안 및 국회법 제56조의
2의 규정에 의해 의원운영위원회가 본회의에서 취지설명을 행할 것을 특
별히 필요하다고 인정한 중요한 의안에 한정된다.[57]

중의원은 본회의에서 위원회의 심사를 생략하는 의안이나 수정안의 취

---

53) 국회심의는 예산 이외에는 중의원이나 참의원 어느 쪽에서 먼저 심의해도 무방하
　　나 예산안만은 반드시 중의원에서 먼저 심의된다.
54) 한국에서의 위원회 회부 혹은 부탁과 같다.
55) 중요 법안의 성립을 지연시키기 위한 수단으로서, 내용이 가벼운 법안을 먼저 부탁 ·
　　심의하는 일이 있다. 이런 용도로 사용되는 법안을 '마쿠라(枕)법안'이라고 한다.
56) 藤乘一道,「本會議(趣旨說明)」,『立法と調査』208号(1998. 11), 10쪽.
57) 淺野一郎 · 河野 久,『新 · 國會事典』(東京: 有斐閣, 2003), 120 - 121쪽.

지를 청취하는 경우에는 '취지변명'이라고 하며, 의안을 부탁받은 위원회에서 그 취지설명을 듣는 경우에는 '제안 이유 설명'이라고 한다. 참의원은 어떤 경우이건 모두 '취지설명'이라고 한다.[58]

내각제출법안이면 야당으로부터, 의원제출법안이면 제출 회파 이외의 회파로부터, 각각 본회의 취지설명 요구가 첨부되는 일이 많으며, 실제로 제출된 법안이 즉시 위원회에 부탁되는 사례는 적다.

내각에 의해 의안이 제출되면, 의장은 소관 상임위원회에 부탁하는데 특히 중요하다고 판단되는 의안에 대해서는 의원운영위원회의 논의를 거쳐 본회의에서 취지설명 및 질의를 행하게 된다.

중요한 법안 등으로 의원운영위원회에서 필요하다고 인정된 경우에는, 본회의에서 제안취지의 설명과 질의를 행한다. 회파로부터 본회의 취지설명 요구가 있을 때에는, 통상, 법안은 위원회에 부탁되지 아니하므로, 위원회에서 법안을 심사할 수가 없다. 본회의에서 취지설명을 하도록 요구해 놓고 시간이 지나도록 취지설명을 행하지 않고 위원회 부탁을 지연시키는 것을 '쓰루시'라고 한다.

각 회파로부터 취지설명 요구가 있더라도, 반드시 모두 본회의에서 취지설명을 해야 하는 것은 아니며, 의원운영위원회이사회의 협의를 통해서 선별이 이루어지고 있다.[59] 이 협의에 따라 요구가 철회되면, 그 시점에서 위원회에 부탁되는데, 본회의에서의 취지설명이 행해지는 경우에는, 이에 대한 질의 종료 후에 위원회에 부탁하게 된다. 이러한 것에서 의안의 제출이 있더라도 취지설명 요구가 있을 때까지, 결과적으로 위원회에 부탁될 때까지 상당한 시일을 요하는 일도 있다.

---

58) 淺野一郎·河野 久, 앞의 책, 120 - 121쪽, 衆議院調査局議會制度等硏究グループ, 「日米英國議會における法案審議 - 委員會の法案審査における日米英國の比較 -」, 『RESEARCH BUREAU 論究』 1号(東京: 衆議院調査局, 2005. 1), 180쪽.
59) 과거 10년간 상회의 취지설명 청취 건수(계속의안 제외)는 寺西香澄, 「國會キーワード 議案の付託」, 『立法と調査』 213号(1999. 9), 51쪽 참조.

3) 위원회 제출·부탁

법률안 기타 의안이 국회(중의원 또는 참의원)에 제출되면 의장은 이를 적당하다고 판단되는 위원회에 부탁한다.[60] 법률안의 부탁을 받은 위원회는 회기 중에 그 법률을 심사한다. 중요한 법률안에 대해서는 본회의에서 취지설명을 들은 다음 부탁하는 일도 있다.

양원에 설치되어 있는 각 위원회 중 국회운영 등에 관한 것을 제외한 대부분의 위원회는 법무, 통상 등과 같은 각 행정 분야에 대응하고 있으며, 의안은 원칙적으로 소관 상임위원회에 부탁된다. 특히 긴급을 요하는 의안에 관해서는 의원(議院)의 의결로 위원회 심사를 생략하는 것이 가능하다. 또 중요한 의안에 관해서 의원운영위원회가 필요하다고 인정한 경우에는 본회의에서 의안의 취지설명을 청취할 수도 있으나, 일반적으로는 의안은 본회의의 의사를 거치는 일 없이 즉시 위원회 심사에 부쳐진다.

위원회는 소관 사항에 관하여 법률안을 위원장의 이름으로 그 의원(議院)의 의장에게 제출할 수 있다. 또 본회의 의결로 위원회의 심사를 생략할 수 있다.

질의 후에 각 관계 위원회에 부탁되는데, 이 단계에서 선물법안(御土産法案), 인질법안(人質法案), 베개법안(枕法案)을 재료로 여·야당 간의 공방이 시작된다. 중요 법안의 성립을 지연시키는 수단으로서, 내용이 가벼운 법안을 먼저 부탁·심의하는 수가 있는데 이럴 때 쓰이는 법안을 '베개(枕)법안'이라고 한다.

4) 위원회 심사

위원회의 심의는, 먼저 국무대신의 법률안의 제안 이유 설명부터 시작하여 심사에 들어간다. 심사는, 주로 법률안에 대한 질의응답의 형식으로

---

60) 법안이 먼저 심의한 원(院)에서 가결되면 다른 하나의 원(院)에 '송부'하여 똑같이 심의한다. 심의 도중에 회기가 종료되거나 국회가 폐회하게 되면 그 법안은 '심의 미료·폐안' 혹은 '차기 계속심사'가 되고 만다. 그래서 정부는 어떻게 해서든지 법안을 성립시키려고 회기를 연장하곤 한다.

진행한다. 위원회의 질의, 토론이 종료했을 때는, 위원장이 문제를 선고하고 표결에 부친다.[61] 위원회의 법률안 심의가 종료되면 그 심의는 본회의로 옮겨진다.[62]

위원회의 심사는 발의자의 취지설명으로 시작되어 발의자나 국무대신, 정부위원에 대한 일문일답 형식의 질의가 행해진다.[63] 중요한 의안에 대해서는 이해관계자나 학식경험자의 의견을 듣기 위한 공청회를 개최할 수도 있다.[64] 질의에 이어 각 회파를 대표하는 국회의원에 의한 찬반토론을 행하고 토론 종결 후 표결을 하게 된다. 제안 이유 설명, 질의, 토론, 수정토의를 거쳐 표결한다. 표결결과, 가부동수일 경우 위원장이 결재권을 행사한다.

위원회의 심의 정례일은 한 주간에 2~3회 정도이며, 각 정당 대표의 이사가 모이는 이사회의 전회일치(全會一致)가 가결요건이다. 야당은 이유를 붙여 심의거부를 도모하기도 하는데(이를 '잠잔다'는 의미의 '네루'라고 한다),[65] 여당은 의원운영위원회, 국회대책위원회에서 국회대책위원회를

---

61) 문제가 된 안건에 대하여 의원(위원)이 찬성·반대의 의사표시를 표명하는 것을 표결이라고 한다.

62) 어떤 특정한 날을 시행일로 하는 법률안이기 때문에, 그 날짜까지 성립시키지 않으면 국민생활이나 국정에 중대한 영향을 미치는 법률을 '히기레법안(日切れ法案)', 즉 '날짜한정법안'이라고 한다. 국가의 회계연도가 4월 1일부터 이듬해 3월 31일까지로 되어 있기 때문에 3월 31일을 기한으로 하는 법률이나, 4월 1일을 시행일로 하는 법률이 많으며, 결과적으로 연도 말까지 처리하지 않으면 형편이 좋지 않아지는 법률이 많아져, 연도 말에 히기레법안이 문제가 된다. 어느 법안을 히기레법안으로 할 것인가는 최종적으로는 여·야당 간의, 특히 국회대책부문의, 협의에 의해 결정된다.

63) 근년 국회에서의 질의는 종래의 질문메모와 답변메모의 낭독에서 실질적인 토론으로 변하고 있으며, 대신이 의원에 대해 거꾸로 질문을 하거나 반론을 하는 등 자유로운 토론 분위기가 연출되고 있다.

64) 중요한 법률안이나 규약 등을 의결하기 전에, 이해관계자, 중립자, 학식경험자 등을 초청하여 그 의견을 듣는 공개집회를 공청회라고 한다.

65) 국회용어로 '잠을 잔다'는 뜻의 '네루(寝る)'라고 하는 심의거부는 야당이 여당의 행위의 부당성을 호소할 때 흔히 쓰는 수단이다. '일어난다'는 뜻의 '오키루(起きる)'는 심의를 재개하는 것을 가리킨다. 또 심의를 거부하고 있었는데, 타협점을 찾게 되어 심의가 재개되는 것을 말한다. 毎日新聞取材班, 『國會は死んだか? 再生への大膽な提言』(東京: 毎日新聞社, 1996), 193쪽.

중심으로 이런저런 수단으로 심의거부를 철회시키는 작업(이를 '깨운다'는 의미의 '오코시'라고 한다)에 들어간다.66)

야당은 이런저런 방법으로 저항한다. 국회에 제출된 법안을 위원회에 부탁하지 않고 어중간한 상태에 두는 것을 '쓰루시'라고 한다.67) 그렇게 하여 중요 법안이 심의되지 않는 사이에 위원회에서 심의되는 법안을 베개법안(마쿠라법안)이라고 한다. 야당은 저지해야 할 정부의 중요 법안을 '쓰루시'와 '베개'를 사용하면서 심의의 연장을 도모한다.

쓰루시란, 제출된 의안을 위원회에 부탁할 수 없도록 함으로써 심의를 할 수 없는 상태로 만드는 의사방해의 일종이다. 제출된 의안은 의장이 즉시 소관 위원회에 부탁하도록 되어 있으나, 의원운영위원회가 특별히 그 필요를 인정했을 때에는 본회의에서 취지설명을 청취할 수 있다. 취지설명을 요구해 놓고, 본회의에서의 취지설명 일정의 결정에 응하지 않음으로써 법안을 위원회에 부탁할 수 없는 상태, 즉 쓰루시상태로 만들어 두는 것이다.

이러한 야당의 지연전술에 대하여 여당은 위원회에서 심의 중인 법안을 본회의에서 거론하여(動議), 위원장의 권한으로 즉시 의결을 행하는 경우도 있다. 이렇게 해서 본회의에 상정되어도 야당은 우보전술 등을 사용하여 또 정회하는 경우도 있다.68)

---

66) 여·야당의 대화가 원만히 이루어지지 않아, 위원장이 직권으로 심의를 중단하고, 강행표결을 행하는 경우 이를 '갓챤'이라고 한다. 강행표결로 난투가 벌어지는 경우도 있으며, 그때 사물 부딪치는 소리인 '갓챤'의 의성어이다.

67) 소속의원 10인 이상의 회파로부터 사전에 '본회의 취지설명 청취를 희망한다.'는 요지의 요구가 있는 의안에 대해서는 부탁을 유보하고(이를 흔히 '쓰루시를 건다'고 한다), 의원운영위원회의 결정을 기다린다. 동 위원회 이사회의 협의과정에서 요구가 취하되면(이를 흔히 '쓰루시를 내린다'고 한다), 취지설명을 청취하는 일 없이 위원회에 부탁된다. 근년에는 대부분의 의안에 대해서 '취지설명 청취희망'이 붙여져 있기 때문에, 즉시 부탁되는 일은 드물다. 寺西香澄, 「國會キーワード 27 議案の付託」, 『立法と調査』 213号(1999. 9), 51쪽 참조.

68) 우보란 본회의장에서 연단 앞으로 투표하러 갈 때, 의원들이 일부러 천천히 걸어 시간을 버는 것을 말한다. 이 행위에는 특정한 안건을 시간에 쫓겨 채결되지 못하게 함으로써 심의미료로 인한 폐안으로 몰고 가려는 의도가 숨어 있다. 국회에서는 신분에 관한 동의가 우선되기 때문에 야당은 중요 법안의 본회의 채결 전에 각료나 관계 위원장의 불신임결의안(참의원일 경우 문책결의안이라고 함)을 연발하

의원발의법안이라면 발의한 의원으로부터, 내각제출법안이라면 소관 대신으로부터 그 법안을 제안한 이유를 청취한다. 그 다음에 질의에 들어가는데, 이것은 각 위원이 발의한 의원이나 제출한 대신 등에게 일문일답의 형식으로 의문점에 관하여 질문하거나, 사고방식을 묻거나 한다. 중요한 법안에 관해서는 총리대신이 출석하기도 한다. 질의가 종료되면, 토론, 채결에 들어가는데, 법안을 수정하고자 하는 위원이 있으면, 그 전에 수정안을 작성하여 미리 위원장에게 제출한다. 수정안이 제출되면 제출자가 그 취지를 설명한다. 수정안 제출자에 대하여 질의를 행하는 일도 있다.

이러한 의사가 종료되면 토론에 들어간다. 토론이란 위원회의 의사를 정하기 전에 위원이 법안에 대하여 반대 또는 찬성의 의견을 진술하는 것인데, 현재는 회파를 대표하는 위원이 차례대로 그 회파의 의견을 표명한다. 토론이 끝나면 즉시 표결에 들어간다. 위원회에서 가장 많이 행해지는 표결방법은 찬성자의 기립을 요청하는 방법이다. 법안에는 국민의 권리의무에 현저한 영향을 미치는 것이 있으므로, 공청회를 열어 이해관계자나 학식경험자 등으로부터 의견을 들을 수 있다. 또 지방공청회를 열어 지방의 의견을 듣는 일도 있다. 다른 위원회의 소관과 관련되는 경우에는, 그 위원회와 연합심사회를 열기도 한다.

위원회는 통상 정례일에 열리나 개회일시의 결정권은 위원장에게 있다. 물론 위원회 운영은 이사회에 자문하여 결정되기 때문에 이사회에서 여·야당이 합의하면 문제될 것은 없다. 또 위원의 3분의 1 이상으로부터 개회요구가 있으면 위원회를 개회하여야 한다.[69]

심사 종료 후, 위원회는 보고서를 작성하여 의장에게 보고한다. 위원회 심사 시에는 "국회의원 외의 방청을 허가하지 않는다."는 것을 원칙으로 하고 있으나 실제로는 보도관계자 외에 일반 국민도 국회의원의 소개가 있으면 방청할 수 있으며, 텔레비전중계도 행해진다.[70]

여 시간을 번다.

69) 淺野一郎編, 『立法技術入門講座 1 立法の過程』(東京: ぎょうせい, 1988), 172쪽.

70) 국회의 텔레비전중계는, 심의를 널리 공개함으로써 정책결정과정을 알리고, 국회의원에게 회의장에서의 발언을 통해 유권자에게 다가갈 기회를 주어, 심의를 활성화하는 효과를 가져올 것으로 기대되어 시행하는 것이다. 일본에서는 1999년부터 방

5) 본회의 상정·심의

위원회 심사가 종료된 의안은 본회의의 의사일정에 기재되어, 위원장에 의한 심사경과 및 결과를 보고하는 것에서부터 본회의의 심의가 시작된다. 국회의원으로부터 신청이 있으면 질의 및 토론이 행해지나 위원장보고에 이어 곧바로 표결에 들어가는 일도 적지 않다. 질의는 위원회에서처럼 일문일답 형식은 아니고 질의 사항 전부를 정리하여 진술하고, 답변도 일괄하여 행하는 것이 원칙이다. 또 토론은 반대자부터 시작하고 가급적 반대자와 찬성자를 교대로 발언시킨다.

본회의 심의는 위원장보고, 질의, 토론, 표결의 순서로 진행된다. 위원장보고란, 위원회의 심사를 마친 안건이 본회의의 의제가 되었을 때, 당해 위원회의 위원장이 그 심사경과와 결과에 관해 행하는 구두보고를 말한다. 위원장보고는 위원회보고서(심사보고서)와 함께 국회의원이 의사를 결정할 때 귀중한 판단자료가 된다.

의원규칙(중의원규칙 제86조)은 위원회는 안건에 대해 심사 또는 조사를 종료했을 때에는 보고서를 작성하여 의장에게 제출해야 한다고 규정하고 있다. 이 보고서를 위원회보고서라고 부르는데, 참의원에서 심사를 종료했을 때 작성하는 보고서는 심사보고서라고 부른다. 부탁안건에 대한 심사를 종료했을 때 위원장이 의장에게 제출하는 심사보고서는 인쇄하여 각 국회의원에게 배부한다.

위원회보고서는 위원장이 아닌 위원회가 작성하는 것이므로 위원회의 의결을 거치지 않으면 안 된다. 보고서의 내용에 관해서는 위원장에게 일임하는 것이 관례이다.[71] 위원회보고서는 심사 또는 조사를 종료했을 때 작성하는 것이므로 위원회가 의원(議院)의 회의에 회부할 필요가 없다고 결정한 의안에 관해서도 보고서를 작성하지 않으면 안 된다. 이에 대해 위원회에서 심사미료된 의안에 관해서는 보고서를 작성할 필요는 없다.

위원회보고서는 법률안과 같은 통상적인 의안일 경우에는 '가결해야 할

송전문채널에 의한 중계 및 인터넷상의 중계가 시작되었다.

71) 淺野一郎·河野 久編, 『新·國會事典』(東京: 有斐閣, 2003), 132쪽.

것', '부결해야 할 것', '별지대로 수정해야 할 것'이라고 의결했다고 기재한다. 위원회보고서에는 의결 이유, 비용 기타에 관해 기재한다. 참의원은 위원회의 결정 이유, 비용, 기타에 관해 간단한 설명을 한 요령서(要領書)를 보고서에 첨부하는 것으로 되어 있다.

이 외에도 위원회가 폐회 중 그 심사조사를 끝내지 못한 안건에 관해서는 그 취지보고서를 작성하여 다음 회기 초에 의장에게 제출한다. 이 보고서도 인쇄하여 각 국회의원에게 배부한다.

본회의 표결은, 이의 없음 표결(특별히 이의제기 목소리가 없는 경우에는 전회일치에 의한 결정), 기립표결, 기명투표 중에서 적합한 방법으로 행한다. 기명투표의 결과는 회의록에 기재하도록 되어 있다(헌법 제57조 3항). 가부동수의 경우는 의장이 결재권을 행사하나, 위원장의 결재권이 비교적 자유롭게 행사되는 것에 비해 소극적으로 행사하는 것이 관례가 되어 있다.[72]

본회의는 공개가 원칙이다. 출석의원의 3분의 2 이상의 다수로 의결한 경우에 한하여 비밀회(秘密會)의 개최가 인정되나, 현행 헌법하에서 본회의를 비밀회로 한 사례는 존재하지 않는다.

6) 국회의장, 법률안 송부

국회의장은 위원회와 본회의에서 심사를 마치고 의결된 법률안을 다른 원(院)에 송부한다.[73]

7) 본회의 취지설명, 질의·각 당 대표질문

법률안을 중의원에서 먼저 심의했다면, 참의원 본회의에서 취지설명·질의·각 당 대표질문을 행한다.

---

72) 大山礼子, 「議事手續」, 『ジュリスト增刊 憲法の爭點(第3版)』(東京: 有斐閣, 1999), 186쪽.

73) 중의원과 참의원의 의결이 다를 때에는 양원협의회(Conference Committee)를 개최할 수 있다. 협의에 의해 성안을 만든 경우에는 이를 양 의원에서 가결시키면 성립된다.

8) 위원회 제출·부탁

국회의장은 법률안을 관련 위원회에 회부하여 심의를 부탁한다.[74]

9) 위원회 심사

제안 이유 설명, 질의, 토론, 수정토의를 거쳐 표결한다.

10) 본회의 상정·심의

위원회에서 의결된 법률안을 본회의에서 심의, 의결한다.

11) 국회의장, 법률안 내각 송부

본회의에서 가결된 법률안은 최종적으로 가결된 것이므로 내각에 송부한다.[75]

법률이 성립하면, 주임 국무대신이 서명하고, 내각총리대신이 연서한다. 이 서명이나 연서는, 법률을 성실하게 집행할 책임을 지는 내각이 그 책임을 명료히 하기 위하여 행해지는 것이다. 그렇지만 서명이나 연서가 없어도 법률은 이미 성립되어 있으므로 법률의 효력에 아무런 영향이 없을 뿐만 아니라 내각의 법률 집행 책임에도 관계가 없다.[76]

참고로, 참의원이 중의원에서 가결한 '법률안'을 접수한 후 60일 이내에 의결하지 않으면, '부결'로 간주된다. 참의원이 중의원에서 가결한 '예산 및 조약안'을 접수한 후, 30일 이내에 의결하지 않을 때에는, 중의원의 의결이 국회의 의결이 된다. 또 참의원이 중의원에서의 '내각총리대신 지명'

---

74) 갑' 의원에서 의결된 의안을 '을' 의원이 수정하여 그것을 '갑' 의원으로 보내는 경우에 이를 '회부'라고 한다.
75) '갑' 의원에서 가결 또는 수정하여 '을' 의원으로 의안을 보내는 것을 '송부'라고 한다. '갑' 의원의 송부안을 '을'의원에서 계속심사하여, 그 후의 회기에서 의결했을 때에는 재차 '갑' 의원에 보내지는데 이 경우에는, 후의 회기를 기준으로 하여 송부라고 한다.
76) 淺野一郎編著, 『ガイドブック國會－制度のすべて』(東京: ぎょうせい, 1990), 206쪽.

결의 후, 10일 이내에 지명을 위한 결의를 행하지 않을 때에는, 중의원의 의결이 국회의 의결이 된다(국회 휴회 중의 기간 제외).

12) 상주

법률이 성립했을 때에는, 나중에 심의한 의원(後議院)의 의장으로부터 내각을 경유하여 천황에게 상주한다.

13) 공포

① 공포 이유

국회에서 법률안이 가결되어도 일반 국민은 그 내용을 잘 모른다. 세간의 이목을 모으거나 중요한 법률일 경우에는 언론에서 그 법안 제출 시기나 심의과정을 상세히 보도하지만 완전하지는 않으며, 또 잘 알려지지 않은 법률일 경우에는 더더욱 일반에게 알릴 필요가 있기 때문에 법률의 공포라고 하는 절차를 요한다.

법률안이 국회에서 통과되면 최후의 의결을 한 의원(議院)의 의장이 내각을 경유하여 천황에게 법률안의 공포를 의뢰한다. 내각은 동시에 공포에 대한 조언과 승인을 의뢰한다. 공포는 법률의 전문을 관보에 게재하여 행한다. 공포는 법률의 효력발생의 요건이므로 중요한 절차로 간주된다.

법률이 현실적으로 발효하고 작용하기 위해서는 그것이 공포되어야 한다. 법률의 효력이 일반적, 현실적으로 발동하여, 작용하게 되는 것을 '시행'이라고 하며, 공포된 법률이 언제부터 시행되느냐 하는 것은, 보통 그 법률의 부칙에 표기된다.[77]

② 공포 절차

법률의 공포는 내각의 조언과 승인을 받은 후 천황이 행한다. 법률안에 대하여 최후의 의결이 있는 경우에는 그 원(院)의 의장으로부터, 중의원의

---

77) http://www.clb.go.jp/law/11b.htm(검색일: 2008년 1월 15일).

의결이 국회의 의결이 되는 경우에는 중의원 의장으로부터, 내각을 경유하여 상주(上奏)하며, 그 상주한 날부터 30일 이내에 공포하도록 되어 있다(국회법 제65조 1항, 제66조). 천황은 공포하지 않을 자유를 갖지 않는다. 만약 천황의 공포거부권을 허용하면 천황이 재가권 또는 거부권을 갖는 것과 같아져, 국정에 관한 권능을 갖지 않는다는(헌법 제4조 1항) 천황의 입장과 모순되기 때문이다.

③ 공포 시기 및 방법

법률은 법률 성립 후, 나중에 심의한 의원의 의장으로부터 내각을 경유하여 상주한 날부터 30일 이내에 공포되어야 한다. 공포를 위한 각의결정을 거친 후, 관보에 게재됨으로써 공포된다. 법률 공포일은 내각이 결정한다.

공포의 시점은, '이 법률은, 공포일부터 시행한다.'고 되어 있는 때이다. 법률은 공포된 후 시행됨으로써 실시된다. 물론 공포일 즉일 시행의 경우도 있으나, 시행되지 않으면 법률은 실제로는 움직이지 않는다. 시행일에 관해서는, ① 이 법률은 공포일에 시행한다, ② 이 법률은 1990년(平成 2) 4월 1일부터 시행한다, ③ 이 법률은, 공포일부터 기산하여 3월을 넘지 않는 범위 내에서 정령으로 정하는 날부터 시행한다 등의 여러 형태가 있다.[78]

공포의 방법은, 태평양전쟁 전에는 '공포령'에서 법률의 공포는 관보에 게재하는 것으로 되어 있었으나 이 공포령은 현행 일본헌법 시행과 동시에 폐지되었으며 그 후에 이를 대체하는 조치는 취해지지 않고 있다. 그러나 현재에도 법률은 관보에 의해서 공포되고 있으며, 최고재판소도 이를 승인하고 있다.

〈그림 5-6〉 입법과정 2

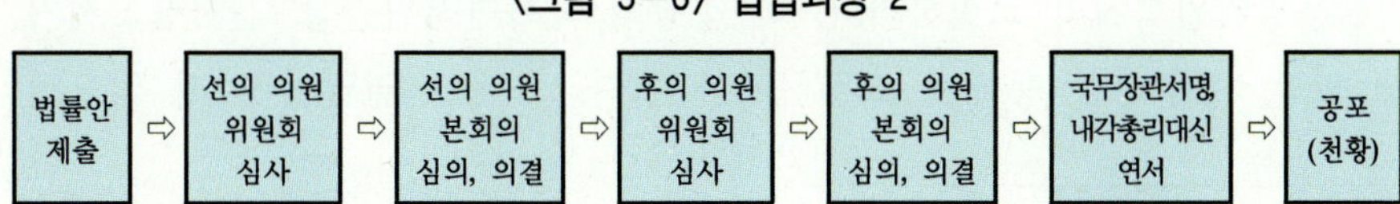

---

78) 淺野一郎編著, 앞의 책, 208쪽.

3. 법안심의

앞에서 입법과정을 개술했으나, 본회의와 위원회에서의 심의과정을 구체적으로 살펴보고자 한다.

내각제출법안은 먼저 본회의에서 법안에 대한 취지설명이 행해진다. 본회의나 위원회에서 제안자(대체로 소관 부서 장관)가 제출법안, 예산안 등의 의안에 대한 취지설명(제안 이유 설명)을 한다. 이에 대한 질의 후에 법안은 각 관계 위원회에 부탁(付託)되는데 이 단계에서 선물법안이나 인질법안, 베개법안(枕法案)을 재료로 하여 여ㆍ야당 간의 공방이 시작된다.[79]

내각제출법안, 예산안 등은 주무대신이 제안 이유 설명서를 낭독하는데, 사전에 의원, 위원에게 배포되기 때문에 빠른 속도로 낭독한다. 너무 빨라서 '내용은 잘 몰라도 듣지 않으면 안 되기 때문'에 흔히 '경 읽기'라고 한다.[80]

위원회에서도 담당 대신이 법률안의 취지설명을 한다. 어느 의원도 미리 그 내용을 알고 있기에 열심히 듣는 것 같지는 않고 단지 형식적인 절차의 한 단계로 인식되고 있다. 취지설명 다음에 담당 대신이나 담당 성ㆍ청의 국장 등 정부측 관료의 출석을 요구하여 심의에 들어간다. 이사회에서 미리 정한 일정대로, 질의가 종료되면 토론(각각 당을 대표하여 찬성ㆍ반대입장을 표명한다)을 한 후 표결에 들어간다. 그 후 위원장이 '보고서의 작성에 관해서는 위원장에게 일임해 줄 것을 부탁합니다.'라고 발언하며 위원들은 이를 승인하게 된다.

위원회에서 가결 또는 부결됨으로써 위원회에서의 심의는 종료된다. 야당이 반대하여 위원회 회의 개최가 어렵거나, 심의가 도중에 중지되거나, 표결이 되지 않거나 하는 일도 있다. 이럴 때에는 이사회에서 대화하거나 의원운영위원회에서 교섭하거나, 각 정당의 국회대책위원장, 간사장ㆍ서기장 회담, 당수회담 등에서 교섭하거나 한다. 그래도 결말이 나지 않으면

---

79) 선물법안(膳物法案, 御土產法案)이란 야당이 입법을 원하는 법안, 인질법안이란 입법을 성립시키지 않으면 야당도 곤란해지는 법안, 그리고 베개법안이란 먼저 심의하는 법안으로서 중요 법안의 심의시작을 늦추는 법안이다.

80) 五十嵐ふみひこ, 『國會がひとめでわかる本』(東京: 日東書院, 1986), 57쪽.

위원장이 직권으로 개회(법률상 위원장이 개회할 수 있으나, 관례상 이사회에서 대화하여 결정한다)하거나, 심의나 표결에 반대하고 있는 야당을 뿌리치고 심의나 표결에 나선다.[81]

위원회에서 의결결과 채택되면 본회의에 상정되는데 본회의의 정례일은 중의원·참의원 모두 주 3일이다. 여당은 중간을 생략하는 동의(motion)를 내기도 하고 또 야당은 위원회에서 쓰는 방법과 같은 전술이나 불신임동의로 지연작전을 펼친다. 이 과정이 중의원과 참의원 양원에서 반복되며 가결된 것은 법안으로서 공포된다.

본회의에서는 통상 위원장이 위원회에서의 심의의 경과와 결과를 보고한다. 심의가 진행되지 않을 때에는 위원장에게 중간보고를 요구하고 그것을 계기로 본회의에서 일거에 표결하여, 위원회 심의를 생략하고 의결해 버리는 수도 있다(위원회 심사생략).

위원회의 심의 정례일은 주 2~3회 정도로서 다소 느리며 각 정당대표의 이사가 모이는 이사회에서의 전원일치가 필요하다.

참고로 위원회의 법안심의의 유형은 다음과 같다.

〈표 5-2〉 법안심의 유형

유 형	내 용
평온형	평온하게 성립하는 경우. 정부제출법안 중에서는 모든 회파가 일치하여 찬성하는 것이 전형적이다. 정부제출법안으로 이에 해당하는 경우는, 제출된 후 바로 위원회에 부탁된다. 의원발의법안은 여당을 포함하여 초당파적으로 법률안을 제출하는 것이 전형적이다. 여당과 일부 야당의 공동 제안인 경우가 이에 준하며, 여당 제출이라도 각 야당이 이에 찬성하지 않은 채 양해해 주면 평온하게 처리할 수 있다. 전형적인 예로는, 위원장 제출로 하여 위원회에서 일치하여 입안하여 발의하는 경우가 가장 많다. 본회의에서는 위원장이 보고하고, 토론 없이, 위원장보고대로 의결된다.
조건형	정부제출법안은 대부분 이 형에 속하며, 의원입법은 적은 편이다. 야당 측이 당의 태도로서는 반대하나, 성립하는 것을 어쩔 수 없이 받아들이는 경우이다. 질의도 충분히 행하고, 문제점을 명료하게 밝히며, 정부 측의 행정상의 책임을 추궁한다. 법안 성립에 있어 일정한 조건을 내걸고 타협을 시도하게 된다. 심사상 특징으로는, 질의에 상대적으로 시간을 할애하며, 문제점을 명확히 하려고 한다는 점에서 어떠한 타협을 도모한다는 점이다.

---

81) 위원회에서의 표결 시 때로는 '우보전술'이나 강행표결 등의 실력 행사도 목격된다.

유 형	내 용
대립형	여당과 야당이 대립하여 대결자세를 유지한 채로 심의되는 법률안의 경우이다. 정부제출법안에 많으나, 사안에 따라서는 여당의 의원제출로 되기도 한다. 법안의 내용은 사회적으로 기본적인 견해가 대립되어 있는 것이 많다. 여당 측은 이를 성립시켜야 한다고 보기 때문에 강행처리하는 경향이 있고 이에 대해 야당 측은 절대 저지, 폐안을 지향하고 철저하게 저항한다.
방치형	제출은 되었으나 전혀 심사되지 않거나, 거의 심사되지 않은 채로 폐안이 되거나, 일단 계속심사가 되기는 하나 결국 폐안이 되는 경우이다. 의원제출법안이 대부분 이 유형에 포함된다. 의원입법은 정책표명형이 많으며, 즉시 성립되기는 어렵기 때문이다. 대립형은, 정부여당 제출 법률안이 중심이 되어 있으므로, 그 법률안이 성립하면 자연 폐기가 되는 운명에 있기도 하다.

자료: 淺野一郎編, 『立法技術入門講座 1 立法の過程』(東京: ぎょうせい, 1988), 178-189쪽.

4. 위원회 심사 단계에서의 당의구속

위원회 심사에서는 위원이 자유롭게 질의하고 의견을 개진할 수 있게 되어 있음에도, 현실적으로는 정부에 대한 질의가 중심이 되어 있어, 국회의원 간의 논의는 거의 없는 편이다. 질의시간은 회파의 소속위원 수에 따른 할당제로 운용되고 있으며, 정당에 의한 엄격한 당의구속이 위원회 심사의 초기 단계에서부터 영향을 미치고 있는 관계로 유연성을 상실하고 있다.

일본에서는 당의결정은 정당본부에서 행해지고, 그 '지령'이 본회의 직전에 열리는 중의원의원총회(代議士會) 혹은 참의원의원총회 등에서 하달된다. 즉 필연적으로 양원을 걸친 구속이 되어, 그것이 양원제의 의의를 형해화시키는 하나의 원인을 제공하고 있다.[82]

위원회중심주의제도하에서 본회의의 형해화가 진행되는 것은 제도상 어쩔 수 없는 면이 있다. 그러나 일본의 여러 정당의 당의구속은 상당히 강한 편이다. 베어월드가 지적하는 것처럼 너무 강한 당의구속은 국회의원 개인의 자유로운 정치활동을 저해할 뿐 아니라 국회심의 그 자체를 공동화시키는 요인 중의 하나이다.[83]

---

82) 堀江ふかし・笠原英彦, 『國會改革の政治學』(東京: PHP研究所, 1995), 117쪽.

83) Hans H. Baerwald, *Japan's Parliament: an Introduction*(London: Cambridge University Press, 1974), 45쪽.

〈표 5-3〉 당의구속 결정 시기와 대응

구분	여당	야당
내각 제출	국회제출 전	국회제출 후
여당 단독 제출	국회제출 전	국회제출 후
다른 정당 제출 대안	자당안(自黨案)의 결정시점에서 자동적으로 반대	자당안(自黨案)의 결정시점에서 자동적으로 반대
야당 선행안(先行案)	미결정으로 보류	국회제출 전
여·야당 공동 제출 (위원회 제출법안 포함)	국회제출 전	국회제출 전

자료: 谷 勝宏, 『議員立法の實證研究』(東京: 信山社, 2003), 189쪽.

의원내각제하에서는 의회의 다수파가 행정권을 장악한다. 의원내각제가 기능하기 위해서는 의회 내에 과반수를 갖는 단독 또는 연립에 의한 정권 정당의 존재가 불가결하며, 여·야당의 정당에 의해 행해지는 국회심의가 기본이 되어 있다. 이 때문에 동일 정당에 소속하는 의원이 국회에 제출되는 법안에 대해, 각기 산발적인 행동을 취하는 경우, 특히 그것이 예산안이나 중요한 법안이라면, 아무리 국회의원의 자유로운 의사표명이 존중되지 않으면 안 된다 하더라도, 정당정치 그 자체가 위기에 처할 수 있다. 즉 의원내각제하에서 당의구속이 극단적으로 강하면 의원 개개인의 존재감은 희박해지고, 반대로 극단적으로 약하면 의원내각제 토대 자체가 붕괴될 가능성이 있다.[84]

개인 및 집단의 이익이 점차 다원화하는 가운데 그러한 이익을 어떻게 '정책'으로서 집약시켜 가느냐 하는 것이 정당에 요구되는 기능의 하나라고 한다면 그 기반이 되는 안정된 정당조직이 요구된다. 따라서 정당정치가 건전하게 기능하려면 어느 정도 정당의 규칙 유지가 필요불가결하며 적어도 정당이 제시하는 중요 정책에 관해서는 소속의원은 소속정당의 당의구속을 받아들일 필요가 있다.

---

84) 1990년 2월에 시행된 제39회 총선거 당시 공보에서 자유민주당의 고노 요헤이 총재는 국회개혁의 하나로서 크로스보팅의 채택을 강하게 주장했다. 크로스보팅이란 상정된 법안에 대해 동일 정당 소속의원 간에도 자신의 입장에 따라 자유롭게 찬성이나 반대표를 던지는 투표를 말한다.

정당의 당의결정에 관해 자유민주당의 총무회를 예로 들어 보자. 자유민주당의 당칙 제3장에는 당의 의결기관으로 당 대회, 양원의원총회(兩院議員總會), 총무회의 3개가 올라 있다. 당 대회는 당의 최고기관이며 당의 최고의사결정이 행해지는 장이기는 하나, 법안에 대한 찬성·반대 등 일상적인 국회활동에 관한 당의 방침의 결정은 총무회가 행하도록 되어 있다. 또 총무회는 합계 30명의 총무로 구성되는데, 그 내역은 당 소속 중의원 의원의 공선에 의한 자가 15명, 참의원 의원의 공선에 의한 자가 7명, 총재지명에 의한 자가 8명이었다.[85]

자유민주당에서 정책을 실질적으로 심의하는 기관은 정무조사회 속에 설치되어 있는 부회이나, 총무회는 그 부회, 나아가서는 정조심의회에서 심의결정된 사항에 대해 권위적인 결정을 행하는 조직으로서 위치 설정되어 있다. 자유민주당의 당칙 제39조에, '총무회는 당의 운영 및 국회활동에 관한 중요 사항을 심의결정하는 기관'이라고 규정되어 있는 것처럼, 당의 사실상의 최고의결기관이며, 어떠한 정책안이라 할지라도, 총무회의 의결을 거쳐 승인을 받지 못하면 각의에서 결정되어, 국회에 상정되는 일은 불가능하다. 결국, 자유민주당 정무조사회는 당 운영 및 국회활동의 중핵일 뿐 아니라 정책결정에 있어 실질적으로 내각 그 자체를 통제하는 국가 속의 최고결정기관의 지위를 보유하고 있다고 할 수 있다.

5. 법안 수정

1) 위원회·본회의 수정

수정이란, 의제가 된 안건에 대해, 심사결과를 토대로 하여 그 내용에 변경을 가하는 것을 말한다.[86]

법률안을 수정하고자 할 때에는, 수정동의를 제출해야 하며, 그 경우에는 미리 수정안을 의장 또는 위원장에게 제출해야 한다. 본회의에서 수정

---

85) 堀江ふかし·笠原英彦, 앞의 책, 116쪽.
86) 川崎政司, 「國會審議の過程－國會審議の特色と課題(5)－」, 『國會月報』 638号(2002. 2), 48쪽.

동의를 의제로 하려면, 중의원에서는 예산 또는 그 증액을 수반하는 수정일 경우에는 의원 50인 이상, 그 이외일 경우에는 20인 이상, 참의원에서는 예산 또는 그 증액을 수반하는 수정일 경우에는 의원 20인 이상, 그 이외일 경우에는 10인 이상의 찬성을 요한다. 이에 대해 위원회에서 수정동의를 제출하는 경우에는, 본회의의 경우와는 달리 찬성자를 필요로 하지 않으며, 위원 1인이라도 제출할 수 있다.[87]

법률안에 대한 수정안으로서, 예산 또는 그 증액을 수반하게 되는 것에 대해서는, 본회의·위원회 공통으로, 수정결과 필요한 경비를 명확히 밝힌 문서를 첨부하여야 한다.

법률안의 수정에 대해서는 과거에는 본회의에서도 수정안이 제출되어, 본회의 수정이 이루어지는 일이 있었으나, 근년에는 본회의에 수정안이 제출되는 일 자체가 드물어지고, 대부분 위원회를 중심으로 수정이 이루어지고 있다.[88]

위원회에서는 수정안이 제출되면, 그 제안 이유 설명을 청취하고, 필요에 따라 수정안에 관한 질의가 행해지는 외에, 소위원회를 설치하여 수정안을 심사하는 일도 있다. 위원회에서의 수정안의 제출은, 법률안의 토론 전까지 행하는 것이 관례가 되어 있다. 또 수정안의 취지설명 청취는, 통상 법률안의 질의종료 직후에 이루어지는데, 중의원에서는 질의종료의 이전이라도 수정안에 대해 취지설명 청취를 행하여, 원안인 법률안과 함께 일괄하여 질의를 행한다.[89] 수정안에 대한 취지설명의 청취 혹은 그에 대한 질의가 종료되면, 수정안은 원안과 일괄하여 토론에 부쳐진다.

수정안이 제출되어 있을 때에는 수정안부터 표결하며, 수정안이 복수로 제출되어 있을 때에는 원안의 내용에서 먼 것부터 표결한다. 수정안이 가결되면, 그 다음에는 수정 부분을 제외한 원안에 대해 표결하게 된다.

---

87) 川崎政司, 앞의 글.
88) 川崎政司, 앞의 글.
89) 川崎政司, 앞의 글.

2) 내각수정

내각수정이란 내각이 제출한 의안에 대해 내각 스스로 그 내용을 수정하는 것을 말한다.[90] 내각이 각 의원의 회의 또는 위원회에서 의제가 된 의안을 수정하거나 철회하려면 그 원(院)의 승낙을 받아야 한다(국회법 제59조).

내각수정이 행해지는 사례로서는, ① 각 의원의 회의 또는 위원회에서 의제가 되기 전 ② 각 의원의 회의 또는 위원회에서 의제가 된 후의 2가지가 있다.[91] ①의 경우에는 그 원의 승낙을 요하지 않고 수정 가능하다. ②는 그 원의 승낙이 없으면 내각수정은 불가능하나, 내각수정 요청은 승낙되는 것이 관례이다. 위원회에서 심사 중인 내각제출의안에 관해, 내각이 의원(議院)의 승낙을 얻어 수정할 때에는 국무대신이 그 이유를 설명하는 것이 관례이다.

내각수정이 행해졌을 때에는, 그 수정은 원안에 포함시키도록 되어 있다. 내각수정에 의해 원안의 법률 제목이 변경되었을 때에는 안건제목도 자동으로 변경하도록 되어 있다. 내각제출법률안의 수정률은 근년의 상회(통상국회)에서는 약 10% 수준에 머물고 있다.[92]

제5절 의원발의법률안

1. 의원입법의 개요

의원입법(議員立法)이란, 법률안제출권이 국회의원과 정부 양측에 있는 국가에서 국회의원이 법률안을 국회에 제출하여 행해지는 입법행위 또는

---

90) 수정에는 내각수정, 본회의 수정, 위원회 수정 등 3종류가 있다.
91) 淺野一郞·河野 久編, 『新·國會事典』(東京: 有斐閣, 2003), 134-135쪽.
92) 川崎政司, 「國會審議の過程-國會審議の特色と課題(5)-」, 『國會月報』638号(2002. 2), 49쪽.

그 결과로서의 법률을 가리킨다. 여기에서 입법행위란 국회에 대해 법률안에 대한 심의·의결을 요구하는 행위 및 절차를 말한다.[93]

일반적으로 의회의 활동의 많고 적음을 나타내는 지표로 사용되는 의원입법은 국회의원이 법률안을 발의하여 행해지는 입법활동 또는 그 활동에 의해 성립된 법률을 가리킨다. 의원입법은 국회를 일본의 유일한 입법기관이라고 정한 헌법 제41조에 근거한 것이다.

의원입법의 입안협력기관으로는 ① 정당 사무국, ② 중의원 법제국, 참의원 법제국, ③ 국회도서관 조사및입법고사국, ④ 중의원 위원회조사실, 참의원 위원회조사실 등이 이다. 이 중에서 실제 입법에서 중요한 역할을 하는 곳은 각 의원의 법제국이다.

2. 의원입법의 요건

의원발의법률안은 중의원은 20인 이상, 참의원은 10인 이상의 찬성을 얻어 발의하는데, 예산이 수반되는 법률안은 중의원은 50인 이상, 참의원은 20인 이상의 의원이 찬성해야 한다.

20인 이상의 찬성을 요한다고 되어 있는 것은 국회의원의 의안제출권을 제한하는 조문이다. 이 외에도 선례로서, '의원이 의안의 제출자 또는 찬성자가 되기 위해서는, 그 의원이 소속하는 회파의 승인을 요한다.'고 하는 불문율이 있다.[94]

국회의원은 그 소속의원에 법률안을 발의할 수 있다. 일반적으로 국회의원이 법률을 발의하여 행하는 입법 또는 그것에 의해 성립된 법률 그

---

93) 미국이나 영국에서는, 헌법상 국회의원만이 '법률안'을 제출할 수 있으므로 굳이 '의원입법'이라고 이름붙일 필요는 없다.

94) 어떤 의원이 1993년에 찬동자 92인의 서명날인과 함께 법안을 제출하려고 했으나 중의원 사무국 의안과는 소속회파의 승인이 없다 하여 이를 접수하지 않았다. 그 의원은 법적 요건을 충족하고 있음에도 의안접수를 거부한 것에 대해 1995년에 손해배상청구소송을 냈다. 1999년의 최고재판소판결에서 사무국 측의 해명을 인정하기는 했으나 이 사례는 회파와 국회의원 간의 관계를 극단적으로 보여주었다. 法學書院編輯部, 『國會職員の仕事がわかる本』(東京: 法學書院, 2000), 59-60쪽 참조.

자체를 의원입법이라고 한다. 의원입법은 통상 정책비서 등 국회의원의 개인참모나 회파 사무국의 정책참모가 국회의원의 뜻을 받아 입법의 동기나 뒷받침이 되는 사회적 사실의 조사, 당해 사실에의 대응책의 검토 등의 작업을 개시함으로써 시작된다. 작업개시의 단서가 되는 문제의식은, 지지자, 지원단체의 국회의원에 대한 작용에 의한 것이 많다. 이러한 조사, 검토작업을 통해 정리된 정책내용은, 정책요강의 형태로 정리된다. 이때 참의원의 상임위원회조사실 및 특별조사실, 중의원의 사무국, 국립국회도서관의 조사및입법고사국 등의 보좌기관이 이용되기도 한다.

다음 단계로서, 정책요강을 법률안의 형식으로 정리하게 된다. 이 작업에는 각 의원에 설치된 법제국이 담당한다. 법제국은 법률안 입안을 의뢰받을 경우에는 담당 과에서 정책요강을 기초로 하여 법률에서 정하는 것에 익숙한 사항인가, 법적인 합리성은 있는가, 세부적인 것을 명확히 해두지 않으면 안 되는 사항이 있는가, 현행 법체계와의 정합성은 유지되는가 등과 같은 법제적인 관점에서 다각적으로 검토를 하여 필요에 따라 국회의원이나 정책참모와의 협의를 행하여 법률에 규정해야 할 사항의 범위를 좁혀 간다.

이때 새로운 법의 제정이 필요한가, 기존 법률의 일부 개정이 좋은가, 제명은 어떻게 할 것인가, 시행기일이나 경과조치를 어떻게 할 것인가 등 여러 가지 점을 결정할 필요가 있다. 그리고 초당파 혹은 여당의 국회의원에 의해 성립을 지향하여 작업에 진행되는 법률안일 경우에는 작업과정에서 집행을 맡은 행정청의 담당 부서와 의견교환을 하는 일도 중요하다. 이렇게 하여 법률안 요강 나아가 법률안 그 자체의 작성 작업이 진행되어 간다.

작성된 안문(案文)은, 법제국의 내부 심사를 거쳐 의뢰한 국회의원이나 회파 사무국에 전달된다. 조문화 작업과 병행하여 회파 내에서도 필요한 절차가 진행된다. 회파에 따라 방식은 다르나 정무조사회, 정책심의회와 같은 명칭의 정책결정기관, 의사결정기관의 양해를 요한다.

그리고 많은 경우, 발의하고자 하는 국회의원(회파)은, 다른 회파에도 작용하여, 다수의 회파에 의한 공동제안을 지향한다. 또 위원회 및 참의원의 조사회는, 그 소관에 속하는 사항에 관하여 법률안을 제출할 수 있다. 참의원에서는, 모든 의원의 찬성이 얻어지는 경우에 위원장(조사실장)이 제출자가 된다. 초당파의 의원입법일 경우에는, 이 형식에 의해 제출되는 일이 적지 않다.

3. 의원입법 발의 절차

의원제출법률안은 정당의 사무국 쪽에서 발의자나 찬성자의 서명을 모은 다음 제출문을 첨부하여 의사부 의안과에 제출한다. 제출된 법안에는 그 제출순서에 따라 내각제출일 경우에는 '각법(閣法) 제0호', 중의원의원제출일 경우에는 '중법(衆法) 제0호', 참의원의원제출일 경우에는 '참법(參法) 제0호'와 같이 일련번호가 붙여진다.

이때 법률안이 예산을 수반하는 것이라면, 그 시행에 소요되는 경비를 명확히 한 문서를 첨부해야 한다. 그 절차는, 정당의 사무국이나 비서가, 당내에서의 절차를 거쳐, 찬성의원의 서명을 모아, 법률안에 제출문을 첨부하여 의장 앞으로 보내는 문서형식을 갖춰 사무국에 제출한다.[95] 의안과에 접수가 되면 처리경과부(處理經過簿)에 건명, 발의자, 연월일 등을 기록하고 번호를 붙인다. 이어 제출문과 함께 법률안이 인쇄되어 각 국회의원에게 배부된다. 다른 원(院)에도 예비심사를 위해 송부하도록 되어 있다(중의원규칙 제29조, 참의원규칙 제25조).[96]

---

95) 淺野一郎·河野 久編, 『新·國會事典』(東京: 有斐閣, 2003), 113쪽.
96) 예비심사제도는, 선의의 의원의 심사가 종료된 후 후의의 의원이 심사를 개시하면 의안의 심사에 시간이 너무 많이 소요되므로, 선의의 의원이 의안을 송부해 오기 전이라도 후의의 의원이 예비적으로 심사를 행할 수 있도록 한 제도이다. 이를 뒷받침하기 위해, 내각이 하나의 의원에 의안을 제출했을 때에는, 예비심사를 위해, 제출일부터 5일 이내에 다른 원에도 동일한 의안을 송부해야 한다(국회법 제58조). 의원발의 의안으로 국회의 의결을 요하는 것은, 의장은 그 배부와 함께, 예비심사를 위해 다른 원에 이를 송부하도록 되어 있다(중의원규칙 제29조, 참의원규칙 제25조). 淺野一郎·河野 久編, 『新·國會事典』(東京: 有斐閣, 2003), 119쪽.

4. 의원입법의 유형

1) 유형별 분류

의원입법의 대상에 제한은 없으나 대체로 지역발전 도모, 재해대책, 혹은 국회의원이나 정당에 관련된 업계나 단체의 의향을 반영하는 내용을 담은 법안이 많으며, 그중에는 행정이 대응하기에는 부적절한 것이나 소관 문제 등으로 행정관청 간에 매듭지어지지 않은 사안이라서 의원입법으로 발의되는 경우가 많다.[97]

이를 좀 더 구체적으로 보면 국회에 관계되는 것, 국민적 기반으로 제정되는 것이 적당하다고 생각되는 것, 정부가 의뢰하는 것, 관청의 소관 사항 다툼 조정을 위한 것, 정당의 정책을 표명하기 위한 것, 국회의원의 개인적인 생각에 근거한 것, 특정 업계나 단체를 위한 것, 출신지역을 위한 것 등이 있다.

아사노 이치로(淺野一郎), 고지마 카즈오(小島和夫), 이가라시 타카요시(五十嵐)·오가와 아키오(小川明雄) 등이 제시한 유형을 발췌, 정리하면 다음과 같은 7개 형으로 조정된다.[98]

〈표 5-4〉 의원입법의 유형

유형	내용(분야)적 경향
정책 실현형	－자연재해가 발생했을 경우 그 복구나 재해방지를 위한 법률이 의원입법으로 되는 경우 －재해대책 기타 긴급을 요하는 정책관계법안(재해조위금의 지급 및 재해원호자금의 대부에 관한 법률)
정책 표명형	－지역진흥관계법안(산촌진흥법, 쓰쿠바연구학원도시건설법 등) －법률안의 성립, 불성립 여부를 떠나 각 정당 특히 야당이 자당의 정책을 표명하기 위해 발의하는 경우 －지역의 유권자나 지방자치체 혹은 경제계로부터의 요망에 따른 것으로서 여·야당이 어렵지 않게 합의에 도달할 수 있는 부분이 있는 경우

---

97) 淺野一郎·河野 久, 앞의 책, 114쪽.

98) 淺野一郎編, 『立法技術入門講座 1 立法の過程』(東京: ぎょうせい, 1988), 158-163쪽, 小島和夫, 『法律ができるまで』(東京: ぎょうせい, 1979), 五十嵐敬喜·小川明雄, 『議會: 官僚支配を越えて』(東京: 岩波書店, 1995), 108-109쪽.

유형	내용(분야)적 경향
국회 관련형	-국회, 선거, 정당, 정치자금관계법안(국회법, 국회직원법, 공직선거 법 등) -국회의 조직, 권한이나 운영, 국회의원의 신분, 입법보좌 업무 관련, 국회직원의 후생복지 등에 관한 법률안의 경우. 예를 들면 '국회의원의 세비, 여비 및 수당 등에 관한 법률(1947년 법률 제80호)'이 있다.
이익 대표형	-국회의원은 전 국민을 대표하지만 실제로는 특정 업계, 단체, 지역 등과 결부되는 경우가 있다. -업법(業法)·사법(士法) 관계법안(변호사법, 행정서사법, 미용사법)
정부 의뢰형	-정부가 제출하기 곤란한 것(화염병사용처벌법, 외국인교원임용특별조치법 등) -의원입법의 활성화를 위해 정부가 만든 법률안을 형식상 여당 의원의 명의를 빌려 제출하는 경우 -정부입법으로 해야 하나 행정부처 간의 관할다툼 등으로 정부 내의 의견이 정리되지 않을 때, 여당의 정치적 판단에 맡겨 여당의 법률안으로 하는 경우 -사회적인 사건의 대책을 제시하는 이른바 사후처리적 의원입법
국민 기반형	-정부입법보다도 의원입법으로 하는 것이 적당하다고 판단되는 경우 -국민의 지지하에 제정되는 형식을 원하는 경우(국민의 축일에 관한 법률, 성인의 날)
개혁 및 문제 해결형	-정치개혁을 포함하여 복지, 환경 등의 분야에서 문제를 해결하고, 미래의 사회변화를 예측하고 전망하면서 필요하다고 판단되는 법률을 정비하는 경우

5. 의원입법의 입안과정

1) 법안검토

법안검토가 시작되는 것은 사회의 다양한 변화, 흐름에 대비하여 새로운 법률이 필요해질 때이다. 사회적 요구(혹은 필요성)의 변화는, 늘 관련 정책을 실행하고, 이익단체 등과 접촉하고 있는 각 성·청의 관료에 의해 법안 기초를 위한 소재로 취급되는 경우도 있다. 언론매체에 의한 문제제기, 지적이 성·청의 관료들에게 소재를 제공해 왔기 때문이다. 외국정부로부터의 요구에 대응하기 위해 또는 새로운 국제 간 금융, 통상, 환경 등의 변화에 대응하기 위해 새로운 법안이 구상되거나, 각 성·청에 설치되어 있는 심의회가 계속하여 법 개정을 검토하여, 성·청에 제언하는 경우도 있다.

2) 담당 부서 초기 구상 및 시안 작성

어떤 경위로 법률을 검토하건 간에 구체적인 입안작업은 성·청의 담당 부서인 과(課)에서 시작하여, 과·국·성 내 조정, 관련된 성·청과의 조정이 계속된다.

입안과정에서 첫 단계는 법률안 초안을 작성하는 단계로서, 이를 통하여 제출하려고 하는 법률안의 취지와 목적 그리고 개략적인 내용 등이 드러나게 된다. 초안의 작성을 위하여 의원 또는 그 대리자는 행정부 각 성·청이나 특정 단체의 협력을 얻는 수가 있지만, 국회는 독자적인 입법활동을 추진하기 위하여 의회 내에 공식적인 보좌기관인 '조사및입법고사국'과 각 상임위원회의 조사실을 두고 있다. 이 두 기관은 소관 사항에 속하는 기초 조사를 하고 전문 분야별로 자료를 수집·정리하여 초안 작성의 토대가 되는 기초 자료를 제공하기도 하며 경우에 따라서는 법률안 초안 작성에 직접 간여하기도 한다.

그러나 입안과정에서 가장 중요한 보좌기관은 중의원과 참의원에 각각 설치되어 있는 법제국이다. 법제국에서는 법률안 초안을 토대로 하여 사실상 법률안 작성을 마무리 짓는다. 즉 '조사및입법고사국' 등의 협력을 얻어 법률안 초안이 작성되면 그다음 단계로서 고도의 법률적 전문지식과 전문기술을 가진 자들로 구성되어 있는 법제국이 관여하게 되고 여기서는 보다 전문적이고 입법기술적인 견지에서 법문화 작업을 완성시킨다.

3) 당 정책 심의기관 검토

의원입법은 제안의원이 당의 정책심의기관이나 관계 각 성·청과 협의나 상담을 계속하면서 대체로 다음과 같은 절차를 거친다.

장기간 동안 정권을 담당해 온 자유민주당은, 각의결정 전의 내각제출 법안을 심사하기 위한 관행인 사전심사제도를 만들어 운용해 왔다. 당내에서 사전심사를 주로 담당하는 것은 정무조사회이다. 정무조사회에는 각 성·청에 대응하는 부회가 설치되어, 부회에 소속하는 여당 의원과 담당 성·청의 관료 사이의 교섭에 의해 사실상의 입법과정이 진행된다.

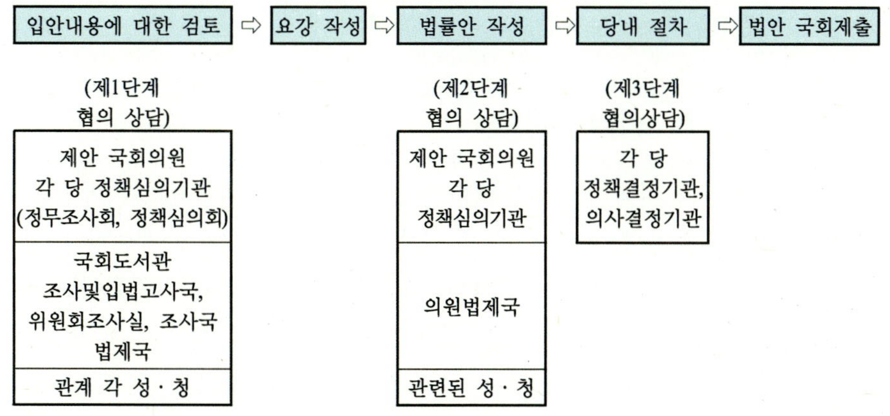

〈그림 5-7〉 의원발의법률안 입안과정(국회제출까지)

자료: 五十嵐敬喜, 『議員立法』(東京: 三省堂, 1994), 112쪽.

일련의 국회법 개정을 전후하여 정부·여당 간의 사전심사(사전협의) 절차의 제도화가 진행되었다. 자유민주당의 사전심사는 1962년에 당시 아카기(赤城) 총무회장의 내각에 대한 제안에 의해 시작된 관행이며, 그 후 10년 정도의 기간 사이에 사전심사를 위해 당내의 제도가 정비되어 왔다. 1970년대 초에는 일본형 입법과정이 거의 확립된 것으로 판단되며, 1970년대 이후 부회를 발판으로 활동하는 족의원의 존재가 관측되기 시작했다고 한다.[99]

부회 및 그 회원인 이른바 족의원은 자유민주당 정권하의 정책결정과정에서 중심적인 역할을 맡아 왔다. 사전심사의 대상은 내각제출법안에 한정되지 않고, 정령, 성령, 인사안건에까지 이르며, 특히 선거구에의 이익유도에 직결되는 예산안 결정에는 부회가 큰 영향력을 발휘해 왔다.[100]

부회의 의사결정은 전원일치를 원칙으로 하고 있기 때문에 부회장, 부부회장에 의한 사전협의나 의사운영순서, 심의에 있어 분규가 발생하여 처리를 일임받은 경우의 사후협의 등이 중요한 의미를 가지며, 정·부부회장으로서의 수완에 대한 평가가 각료나 당 간부에의 등용으로 연결되고 있다.

---

99) 猪口 孝·岩井奉信, 『'族議員'の研究−自民黨を牛耳る主役たち』(東京: 日本經濟新聞社, 1987), 278쪽.

100) 大山礼子, 앞의 책.

부회에서 결정된 법안은, 자유민주당 총무회의 승인을 받게 되면 당내의 절차가 완료되며, 사무차관회의를 거쳐 각의에 보내진다.[101]

4) 본회의 및 위원회 심사

완성된 법률안이 국회의원에게 배부되면, 국회의원은 법률안 발의에 필요한 일정 수의 의원의 찬성을 얻어 각 의원 사무국의 의안과에 제출한다. 법률안이 의안과에 접수되면 동 법률안은 심사를 위하여 소관 위원회에 회부된다. 소관 위원회는 취지설명, 질의, 토론, 표결의 절차를 거쳐 이를 본회의에 회부하게 되고 본회의에서도 마찬가지의 과정을 거쳐 법률안을 의결한다.

중의원 조사국의 조사실이나 참의원 상임위원회조사실 등이 중심이 되어 의원발의법안의 성립을 보좌한다. 법안 제출 예정이 있는 경우에는, 제출 전에 각 성·청으로부터 관련 자료를 수집하는 등의 준비작업에 착수하며, 제출 후에는 담당 성·청으로부터 공청회나 관계 자료에 대한 분석을 행하여, '법안참고자료'를 작성한다. 이 자료는 법안 제출 배경이나 법안의 논점을 정리한 것으로서, 위원회에 소속한 모든 위원에게 배포한다. 이 밖에도 위원회 질의의 초안 작성, 위원으로부터의 개별적인 의뢰에 응하여 자료 작성이나 설명, 법안수정을 위한 기초적 조사, 수정안 요강의 원안 작성, 위원회 결의나 부대결의가 행해지는 경우에는 원안 작성, 취지설명의 원안 작성 등을 행한다.[102]

의원입법의 경우, 법안이 중의원에 제출되면, 그 법안에 관계되는 위원회에 부탁하여 심사를 받게 되는데, 여·야당 대결법안이나 중요 법안은 부탁하기 전에 중의원 본회의에서 주지설명(主旨說明)을 행하는 것이 관행이 되어 있다.

5) 공포

양원제를 채택하고 있는 일본에서는, 일원(一院)에서 위원회 및 본회의

---

101) 大山礼子, 앞의 책, 221쪽.
102) 廣瀬淳子, 앞의 글, 52-53쪽.

를 거쳐 법률안이 의결되었더라도 다시 다른 원에 송부되어 그의 의결을 얻어야 한다. 다른 원의 심의와 의결을 거칠 때 법률안이 비로소 성립이 되며 그 시행을 위하여 천황의 공포를 기다리게 된다.

국회에서 성립된 법률은, 의장으로부터 내각을 경유하여 천황의 공포를 요구하는 절차를 거치게 되며, 30일 이내에 관보에 게재되고 법률의 효력이 발생한다.

6. 의원입법 분석

1) 법률안 성립률

법률안 성립률은 그 나라의 정부형태와 법제도상의 규정에 의해 크게 좌우된다. 다만, 사회가 필요로 하는 정책이 적정한 시기에 결정되어 실행되기 위해서는 내각이 안정되어 있어야 한다는 전제가 붙는다.[103]

일본처럼 의원내각제를 채택하고 있는 영국에서는, 의원입법은 정부제출입법에 비해 건수가 적은데, 정부법안의 성립률은 90% 전후이다.[104] 입법과정 전반에 걸쳐 정부 우위의 시스템이 작동하고 있기에 가능한 비율이다.

일본에서 의원발의법률안의 제출 건수 및 성립 건수가 정점에 달했던 시기는 그것이 내각제출법률안과 같았던 1945년경부터 1954년경이었다. 또 1960년대 말부터 1970년대에 걸쳐 사회적 쟁점이 된 공해문제나 복지대책, 석유 파동 등에 의한 인플레이션이나 불황에 대응하여 의원입법의 성립 건수가 증가하였으며, 전후 일본의 법제도의 구조개혁이 과제가 된 1990년대에 의원발의법률안 성립 건수가 재차 증가하였다.[105]

---

103) 1970년대의 일본에서는 오히려 거꾸로 내각의 불안정화가 두드러졌다. 이것은 여당인 보수당의 장기퇴조 경향이나 파벌항쟁의 격화에 의하는 바 크나, 그뿐만이 아니라 다당화, 여·야 백중 현상 등에도 영향을 미치고 있다.
104) 前田英昭, 「イギリス」, 讀賣新聞調查硏究本部編, 『西歐の議會: 民主主義の源流を探る』(東京: 讀賣新聞社, 1989), 23쪽.
105) 議員立法研究會, 「'法制大改革'の時代と議員立法の活性化」, 『法學セミナー』 527号 (1989. 11), 116-117쪽.

의원입법 중 야당 국회의원이 제출한 다수의 법률안은 결과적으로 심의 미료·폐기(불성립)되는 것이 많다. 그런데 성립되지 않은 법률안도 그 나름대로 의미가 있는데, 그것은 내각입법에 대한 대안(代案)의 성격을 가지기 때문이다. 법률의 제정에 있어 '입법기능' 외에 심의기능 혹은 행정감시기능이 있다고 인정되는 것이다.106)

종전에는 의원입법을 분석함에 있어 그 지표로서 '성립률'이라는 용어를 사용했다. 예를 들어 내각에서 100건의 법률안을 제출했는데 그중 95건이 가결되면 성립률은 95%라고 하고, 의원입법은 30건 제출했는데 10건이 가결되었다면 성립률은 33.3%가 된다. 분모에 대한 배려가 부족한 '성립률' 개념으로는 제대로 된 실태비교라고 보기 어렵다고 판단한 입법학연구회는 '점유율'이라고 하는 개념을 제시했는데, '점유율'은 내각제출법안에 대한 의원제출법안의 비율을 가리킨다.107)

의원내각제하에서는 통상 정부·여당이 제시하는 다수의 정책은 내각제출법률안의 형태로 제출되어 성립된다. 제출법안·성립법안 양면에 있어 의원입법을 압도해 온 내각제출법률안을 기준으로 삼아, 그 제출 건수·성립 건수에 대해 의원입법(중법·참법)의 제출 건수·성립 건수가 점하는 비율이 어느 정도인가를 보고 의원입법에 대한 수치화를 시도한 것이다.

여기에서 의원입법의 점유율이 100%라고 하면 내각제출법률안과 동등한 것이고, 50%라고 하면 내각제출법률안의 절반 정도의 수준이라는 것을 의미한다.

<표 5-5>에서 보는 것처럼 '전후 법제 형성기'는 제출점유율에 비해 성립점유율이 다소 낮은 편이다. 의원입법은 '1955년 체제 안정기'에는 제출점유율이 49.1%, 성립점유율 11.5%이다. '여·야 백중기'에는 제출점유율과 성립점유율이 동반 상승하여 국회의원의 입법활동이 활성화되고 있음을 보여주고 있다. '자유민주당 우위기'에는 제출점유율이 낮아졌고, 성립점유율도 낮아졌다. '중의원·참의원 비틀림기'는 여·야 백중기와 자유민주당 우위기의 중간 수준이다. 연립정권기에 들어서서는 특히 제2기에

---

106) 立法學硏究會, 「'議員立法'を分析する(1)」, 『時の法令』 1656号(2001), 50-51쪽.
107) 立法學硏究會, 앞의 글.

서 제출점유율은 크게 높아졌지만 성립점유율은 상대적으로 높아지지 않았다. 장기적인 관점에서 볼 때 의원입법 점유율이 점진적으로 높아지고 있는 것은 그나마 다행스런 일이다.

<표 5-5> 의원발의법안 성립상황

국회(회차)	시기 구분	의원입법	
		제출점유율	성립점유율
제1~22회	전후 법제 형성기	37.6%	25.7%
제23~72회	1955년 체제 안정기	49.1%	11.5%
제73~105회	여·야 백중기	69.4%	18.1%
제106~114회	자유민주당 우위기	28.4%	12.4%
제115~126회	중의원·참의원 비틀림기	44.3%	14.2%
제127~142회	연립정권(제1기): 자유민주당·사회당·사키가케 대(對) 신진당·민주당	49.2%	15.2%
제143~151회	연립정권(제2기): 자유민주당·자유당·공명당/자유주민주당·공명당· 보수당 대(對) 신민주당	74.9%	22.4%

자료: 立法學研究會, 「'議員立法'を分析する(1)」, 『時の法令』 1656号(2001), 54쪽.

7. 의원입법 활성화를 위한 과제

1) 의원입법의 최근 경향

입법과정에 있어 의원입법의 '내용적인 확대 경향'에 더하여 나타난 또 다른 변화는 그 과정이 변화했다는 것이다. 하나는, NPO법(특정비영리활동촉진법)이나 재해자생활재건지원법과 같이 입법과정에 종래의 압력단체와는 다른 '시민단체'가 관여하는 사례가 나타나고 있다는 점이다. 또 하나는 동일한 주제를 가지고 복수의 의원입법이 제출되어 국회의원 간에 활발한 정책논의가 전개되는 일이 증가하고 있다는 점이다.[108]

NPO법이나 장기이식법 등의 위원회 심사에서는 법안 제출자 간에 활발

---

108) 立法學研究會, 앞의 글, 61쪽.

한 정책논의가 전개되고 그 일부가 중·참 양원에서 수정(장기이식법안은 참의원에서 수정)되기도 했다. 이렇게 볼 때 의원입법의 활성화가 국회심의를 활성화함에 있어 가장 중요한 수단이 된다는 것이 입법학 연구회의 주장이다.

1955년의 국회법 개정에서는 상임위원회를 정리통합하고, 위원회에 법안제출권을 부여하는 규정을 신설하였으며, 그때까지 찬성자를 필요로 하지 않았던 국회의원에 의한 법안·수정안의 제출에 있어 중의원은 20인 이상, 참의원은 10인 이상(예산을 수반하는 것은 각각 50인 이상, 20인 이상)의 의원의 찬성을 요한다고 규정하였다. 이러한 의원입법에 대한 규제 강화는, 의원주도로 예산의 증액, 수정이나 이익유도목적의 법안을 가결하는 폐해가 현저해지면서 제안되었다. 당시로서는 어쩔 수 없는 선택이었다 하더라도 50년이 지난 현재에도 규제 완화 조치가 없는 것은 의원입법을 크게 규제하는 요인으로 남아 있다.[109]

2) 과제

의원내각제하의 의회에서 의원입법이 정부입법에 대해 제출 건수나 성립률 면에서 열세인 것은 제도운용상 어쩔 수 없는 일이다. 그렇지만 다원적인 국민의 의사 반영, 국민에 대한 복수의 선택 대안 제공, 행정에 대한 국민의 요망 사항 투입기능을 갖는 의원입법은 법안 제출 건수나 성립률, 영향력의 많고 적음에 관계없이 중요한 입법행위로 인식된다.[110]

앞에서 본 것처럼 의원입법은 '1955년 체제'하에서 그 정체 현상이 현저했으나, 연립정권 시대에 진입한 이래 활성화 분위기가 이어지고 있다. 그 배경으로서는 연립정권하에서 각 정당 간의 정책상의 상이가 축소되고 있고, 정치주도 지향이 강해지고 있는 사실 등이 지적된다. 주목할 것은, 건수의 증가뿐만 아니라 내용도 변화하고 있다는 점이다.[111] 종래의 의원입법의 경우 각 정당이 합의하기 쉬운 분야의 것이 중심을 이루었으나, 근년에는 예전

---

109) 大山礼子, 『比較議會政治論』(東京: 岩波書店, 2003), 232쪽.
110) 谷勝 宏, 『議員立法の實證研究』(東京: 信山社, 2003), 530쪽.
111) 憲法研究會編, 『圖解 いま日本政治は!』(大阪: 大阪經濟法科大學出版部, 2003), 44쪽.

에는 정부 측에서 검토해서 제출할 법한 분야까지 의원입법 움직임이 넓어
지고 있다는 점이다.

의원입법에 있어 문제를 제기하고 기본적인 정책방향을 설정, 제시해
주는 것은 개개인의 의원이나, 정당 등의 의원집단이다. 그런데 실제로 조
문을 작성하고 법안으로서의 형식을 갖추기 위해서는 법률지식이 풍부한
전문입법참모들의 존재를 요한다.

일본국회에서의 입법 건수는 법안의 제출과 성립, 정치·사회·경제적
인 환경의 변화에 따르는 새로운 정책의 형성이나 기존 정책의 변경 등
입법에 대한 수요에 대응하여 변동하고 있다.[112]

다니(谷)는 위원회에서 의원입법 심의를 여당 우위의 부탁순서뿐만 아니라
여당안과 야당안을 교차로 심의하는 관행을 도입할 것을 제의했다. 또 위원회
에서 충분히 심의할 것을 표결의 전제조건으로 삼을 것 등을 제시하였다.[113]

의원입법의 취약성은 국회·국회의원의 정책입안 및 형성능력의 취약성과
입법보좌제도의 불비에 있다. 의원입법의 결함은 여·야당이 사전교섭(이른
바 네마와시)을 행하여 국회에서 거의 논의가 되지 않은 채 법률로 성립되거
나, 당의구속이 강하여 야당의 법안이 거의 심의되지 않는 현상에 있다.[114]

내각에서 입안하는 법률안과는 달리 의원발의법률안은 충분한 입법정보
및 자료가 부족한 상태에서 입안이 이루어지는 경우가 많다. 따라서 의원
발의법률안이 어떤 경로와 어떠한 전문보좌조직의 협력을 얻어서 입안되
느냐에 따라서 법률내용의 질이 좌우되므로 입안과정이 매우 중요한 비중
을 차지한다.

국회의원이 더욱 활발한 입법활동을 할 수 있도록 하기 위해서는 3가지
조건이 갖추어져야 한다. 무엇보다도 법안 제출에 필요한 찬성의원의 수를
완화시켜야 하는 것이고, 회기 일수를 늘려 연중 상시국회운영체제가 갖추
어져야 하며, 입법보좌조직의 질적·양적 강화를 도모해야 할 필요가 있다.

---

112) 岩井奉信, 『立法過程』(東京: 東京大學出版會, 1988), 87-89쪽, 川崎政司, 「立法の
　　現狀と現代立法の特質(1)」, 『國會月報』 1996년 1월호, 51-53쪽, 佐藤誠二郎·松崎
　　哲久, 『自民黨政權』(東京: 中央公論社, 1986), 125-128쪽.
113) 谷勝 宏, 앞의 책, 527쪽.
114) 谷勝 宏, 앞의 책, 526-527쪽.

① 의원입법의 발의요건 완화

현재 국회의원이 법안을 발의하기 위해서는 20인 이상이 찬동해야 하나 이러한 조건은 의원입법에 있어 하나의 제약요인으로 작용하고 있다. 따라서 법안 제출에 필요한 의원의 수를 10인 또는 그 이하로 완화할 필요가 있다.

② 국회·국회의원의 입법능력 제고

국회의원을 보좌하는 참모진의 확충 및 전문화, 그리고 국회도서관의 기능을 강화한다. 일본에서는 4년 임기만료로 국회가 해산된 일은 과거에 단 한 차례 있었을 뿐 대부분 임기를 채우지 못하고 국회(중의원)가 해산되었다. 국회의원의 전문성 제고도 중요하지만, 입법보좌 인력의 전문성 강화가 보다 현실적인 입법능력 제고방안이다.

③ 의안심의의 효율화

위원회에서 의안을 원활하게 심의할 수 있는 체제와 분위기를 조성한다. 심의일정이 미리 정해져 있는 정례일 제도를 폐지한다. 그리고 연중 법안 심의가 가능하도록 회기제도를 완화한다.

④ 당의구속 완화

당의(黨議)란 국회의원만을 구성원으로 하는 원내 회파가 행한 결정을 가리키며 통상적으로 소속의원의 의원총회에서 확인된다. 이 결정에 따르도록 한 것이 당의구속인데 이를 없애거나 크게 완화하는 것은 현실적으로 쉽지 않다.115) 따라서 당의구속을 선택적으로 완화할 필요가 있다. 낙태와 같은 도덕적 쟁점이 되는 의원발의법률안이나, 일본에 영주하는 외국인에게 지방자치권 참여를 허용하는 법률안 등 인권차원의 법률안에 대해서는 의원 개개인이 자유롭게 투표할 수 있도록 해야 한다.

---

115) 당의결정에 반하는 투표행위를 하는 경우 경고처분이나 심한 경우 출당조치를 당하기도 한다. 따라서 국회에서 여당 의원의 역할은 심도 있는 논의보다는 얼마나 빨리 법안을 통과시키는 데 기여하느냐 하는 일종의 거수기로 전락하는 사태가 일상화하여 국회무용론이 심심찮게 나오고 있다.

제6절 내각제출법안

1. 정부입법의 유형

정부입법의 유형은 다음의 <표 5-6>과 같이 분류 가능하다. 아사노 이
치로(淺野一郎)의 유형 분류를 중심으로 하여 정리한 것이다.[116]

<표 5-6> 정부입법의 유형

유형	내용(분야)적 경향
정책 실현형	- 국정 집행상 필요한 법률이나 정부·여당의 정책결정에 기초한 법률. 국 　정 집행상 필요한 법률이나 정부·여당의 정책결정에 기초한 법률 - 행정을 실시하고 있는 관청에서 그 집행상 필요한 시책을 실현하기 위해 　법률안을 제정 혹은 개정하는 경우의 입법으로서 내각이나 총리대신의 지 　시에 의한 것, 여당의 지시에 의한 것 등이 있다(예: 화물자동차운송사업을 　종래의 도로운송법 중에서 분리하여 독립시킨 '화물자동차운송사업법', 　1989년 제정).
답신 반영형	- 심의회나 조사회 등의 답신에 기초하여, 법률의 제정·개폐가 행해지는 　경우이다. 예를 들면 중앙공해대책심의회의 답신을 받아 개정된 '수질오 　탁방지법등의 일부를 개정하는 법률'
재판 판결형	- 재판소의 판단이 내려진 것에 기초하는 법률 - 재판소의 위헌판결이 내려져도 그 효력은 당해 사건에만 미치고 당해 법 　률이 무효가 되는 것은 아니나 위헌판결이 나면, 그 취지에 따라 법률 　개정이 행해지는 경우가 있다(예: 1961년에 제3차 몰수의 절차가 헌법 　제31조에 위반한다는 최고재판소판결이 나오자 '형사사건에서의 제3자 　소유물의 몰수절차에 관한 응급조치법, 1963년' 제정).
기타 행정형	- 용어의 정리를 행하기 위한 법률 - 이른바 차별적 용어를 법률상 삭제하고 다른 용어를 대체하여 사용하기 　위한 경우이다(예: '장해(障害)에 관한 용어의 정리를 위한 의사법 등의 　일부를 개정하는 법률', 1981년 제정).

---

116) 淺野一郎, 『ガイドブック 國會－制度のすべて－』(東京: ぎょうせい, 1990), 172－175쪽.

2. 입법의 방향에 따르는 방식

1) 상향방식

정부입법, 즉 내각제출법안에 의한 입법은 주체로서의 내각 및 각 성·청(행정청)이 그 정책을 형성하고, 법안을 작성한다.[117] 정부입법에 의한 작성 절차는 관련 부서 기안, 법제국 심사, 여당심사, 각의결정으로 한다.

2) 하향방식

내각 혹은 대신으로부터 정책형성이 시작되어 기본적인 방침이나 개요가 결정되고 하부로 내려감에 따라 세부가 정비되어 가는 형식이다.[118] 내각총리대신의 지시가 있은 후 내각의 정책결정이 이루어진다.

국회기능론이 우세한 현재에도 실제로 내각제출법안을 기초하고 있는 것은 각 행정 성·청의 중견관료들이다. 기초된 법안은 성·청 내부의 조정과정을 거쳐 성의(省議)로 결정되어, 각 성의 대신으로부터의 각의청의(請議), 사무차관 회의에서의 조정, 각의결정 후 국회에 제출된다.[119]

내각제출법률안의 입안 및 국회제출은 각 성·청(省廳)의 담당 과에서 중견직원의 협의에 의하여 또는 장관이나 차관의 지시에 의하여 시작된다. 초안이 작성되면 부처의 심사와 조정이 이루어지고 장·차관의 설명이 있게 되고, 법률안의 내용에 따라 학자, 경험자, 이해관계자로 구성되는 심사회에 자문을 의뢰한다. 다음에는 원안을 각 성에 제시하여 절충을 하며 의견이 다를 때에는 총리실의 관방심사실(官房審査室)에서 조정을 하게 된다. 다음에는 내각법제국을 거쳐 내각총리대신 주재하에 각의 심의 절차가 행해진다. 이러한 절차와 병행하여 입안부처는 정당과의 협의 및 심사를 받는다. 당에서 결정이 되면 그 법률안은 당의 법률안으로서 결정되며 당은 그 법률안에 대한 국회대책방침을 결정하게 된다.

---

117) 淺野一郎編, 『立法技術入門講座 1 立法の過程』(東京: ぎょうせい, 1988), 110-113쪽.
118) 淺野一郎編, 앞의 책, 114-118쪽.
119) 大山礼子, 『比較議會政治論』(東京: 岩波書店, 2003), 220쪽.

관청 내부에서의 법안작성은 일반적으로 품의제(稟議制)보다도 회의 등을 통한, 초고 고쳐 쓰기에 의해 다듬어져, 국장 등의 간부에 대한 설명도 수시로 행해진다. 또 필요에 따라 각 당의 요구가 이 단계에서 법안 속에 포함되기도 한다.

이렇게 해서 만들어진 법안의 초안은, 하나의 관청 내부에서 국의(局議), 성의(省議)를 거쳐 내각에 제출되는 것인데, 그 사이에 각 성·청의 관방문서과(官房文書課) 등에서 법문의 심사가 행해진다. 이것은 법안이 내각에 청의(請議)되기 전에 반드시 행해지는 내각법제국에 의한 심사를 원만히 하기 위함이다.

3. 국회제출 이전의 과정

정무조사회에서 성·청별로 나뉘어 있는 부회(部會)에서 입안자(관료)의 설명을 청취하여 철저하게 논의하며, 거기에서 승인된 경우에는, 정무조사회 심의회(정조심의회), 이어서 총무회의 양해, 승낙(당의가 반영된 것)을 받은 후 각의에 올리게 된다. 이것은 여당 의원에게는 이미 이 단계에서 실질적인 법안심사가 종료했음을 의미한다.[120]

내각제출법안의 경우, 국회제출 이전의 단계에서 이미 여당 의원들은 법안의 내용을 숙지하고 원안 가결 혹은 수정을 가함으로써 실질적인 심의를 마친다. 따라서 국회에서의 법률안 심의과정은 필연적으로 형식적인 것이 될 수밖에 없다.

본래 실질적인 심의의 장인 위원회에서, 여당 의원들에게는 이미 여당 심사 단계에서 결말이 난 것이며, 강한 당의구속에 묶여 있기 때문에 오로지 그것을 성립시키는 데에만 주의를 기울이면서 심의에 임하게 되며, 어떻게 하면 효율적으로 성립시킬 것인가 하는 것만이 문제가 된다는 것이다.[121]

---

120) 新 正幸,「立法過程−議員立法, 政府提出立法」,『ジュリスト』 1133号(1998. 5. 1−15
　　合併号), 112쪽.
121) 新 正幸, 앞의 글.

야당은 이에 대항하여, 당의 기본방침을 따라, 타협할 수 있는 법안과 타협 불가한 법안을 선별하여, 전자는 수정안이나 부대결의 등으로, 후자는 심의거부 등으로 국회에서의 구체적인 수단이나 방책을 당의(黨議)로 결정하게 된다.

이렇게 해서 야당 의원은, 이 또한 당의구속을 받는 회파의 대표 내지는 일원으로서 심의에 임하게 되는데 타협할 수 없는 이른바 대결법안은, 여러 종류의 '비술'을 동원하여, 심의를 거부함으로써 회기만료, 심의미료에 의한 폐안으로 몰고 가려고 한다.

여당에 이에 대항하여 '단독표결' 또는 '강행표결' 등의 방법으로 상황 돌파를 시도한다. 이처럼 여·야당 모두에 위원회 심의의 단계에서 문제가 되는 것은 법률안의 내용에 대한 실질적인 심의가 아니라, 성립 혹은 불성립 여부이다.[122]

4. 내각제출법률안의 성립률

일본의 내각제출법률안의 성립률은 약 80% 정도로서 영국·프랑스·독일 3개국보다 낮은 수준에 있다. 의원입법의 성립률은 약 20% 정도로서 영국과는 비슷하고 프랑스보다는 높으며, 독일보다는 낮은 편이다. 의원입법의 제출 건수 자체가 적기 때문에 전체 성립법안에서 점유하는 의원입법의 비율은 그다지 높지 않다.

1947년부터 1997년까지의 법률안 성립 현황을 보면 내각제출법률안은 87.0%, 중의원의원제출법률안은 36.0%의 성립, 그리고 참의원의원제출법률안은 17.0%의 성립 비율을 보였다. 이를 성립 건수 구성비로 보면 내각제출법률안은 85.5%, 중의원의원제출법률안은 12.5%, 참의원의원제출법률안은 2.0%였다. 1989년부터 2001년까지 13년간의 의원발의법안의 성립비율은 다음의 표와 같다. 그동안 성립비율이 꾸준하게 증가하여 2000년대 들어서는 20%대를 유지하고 있다.

---

122) 小島和夫, 「立法過程の現狀と所見」, 中村睦男編, 『議員立法の研究』(東京: 信山社, 1993), 517-520쪽.

〈표 5-7〉 법안 성립 건수 및 비율(1989~2001)

	의원발의법안 성립 수(A)	내각제출법안 성립 수(B)	전체 성립법안(C)	전체 성립법안 수에서 점하는 의원발의법안 성립 비율(A/C)(%)
1989	4	75	79	5.1
1990	8	85	93	8.6
1991	10	108	118	8.5
1992	7	95	102	6.9
1993	7	85	92	7.6
1994	18	96	114	15.8
1995	18	119	137	13.1
1996	12	108	120	10.0
1997	18	114	132	13.6
1998	31	121	152	20.4
1999	26	200	226	11.5
2000	32	117	149	21.5
2001	32	126	158	20.3

* 의원발의법안 성립 수는 중의원 의원발의법안 수와 참의원 의원발의법안 수를 합친 수이다.
자료: 憲法研究會編, 『圖解 いま日本政治は!』(大阪: 大阪經濟法科大學出版部, 2003), 45쪽.

〈표 5-8〉 회기별 법률안 접수 및 처리 현황

국회 회차		소집일	회기 (일)	각법(閣法)		중법(衆法)		참법(參法)		의원입법		전체	
				제출	성립	제출	성립	제출	성립	제출%	성립%	제출 수	성립 수
1	특별	47.5.20.	204	161	150	20	8	2	0	22	8	183	158
2	통상	47.12.10.	209	225	190	21	20	10	3	31	23	256	213
3	임시	48.10.11.	51	40	32	5	4	3	1	8	5	48	37
4	통상	48.12.1.	23	23	22	5	5	9	6	14	11	37	33
5	특별	49.2.11.	110	212	198	22	14	11	7	33	21	245	219
6	임시	49.10.25.	40	60	53	11	10	4	2	15	12	75	65
7	통상	49.12.4.	150	196	187	32	29	11	8	43	37	239	224
8	임시	50.7.12.	20	20	17	14	11	2	0	16	11	36	28
9	임시	50.11.21.	19	43	39	11	10	3	2	14	12	57	51
10	통상	50.12.10.	178	181	173	70	59	27	22	97	81	278	254
11	임시	51.8.16.	3	1	0	0	0	0	0	0	0	1	0
12	임시	51.10.10.	52	54	52	8	6	3	3	11	9	65	61
13	통상	51.12.10.	235	249	241	80	64	19	11	99	75	348	316
14	통상	52.8.26.	3	0	0	1	0	0	0	1	0	1	0
긴급집회		52.8.31.	1	0	0	0	0	0	0	0	0	0	0

국회 회차		소집일	회기(일)	각법(閣法)		중법(衆法)		참법(參法)		의원입법		전체	
				제출	성립	제출	성립	제출	성립	제출%	성립%	제출 수	성립 수
15	특별	52.10.24.	142	187	50	59	25	16	2	75	27	262	77
긴급집회		53.3.18.	3	4	4	0	0	0	0	0	0	4	4
16	특별	53.5.18.	85	169	159	88	54	20	13	108	67	277	226
17	임시	53.10.29.	10	15	15	13	2	0	0	13	2	28	17
18	임시	53.11.30.	9	10	9	3	3	1	2	4	5	14	14
19	통상	53.12.10.	188	183	178	51	21	22	6	73	27	256	205
20	임시	54.11.30.	10	11	10	22	11	2	3	24	14	35	24
21	통상	54.12.10.	46	0	0	16	4	3	0	19	4	19	4
22	특별	55.3.18.	135	150	135	78	35	28	6	106	41	256	176
23	임시	55.11.22.	25	10	11	9	5	1	0	10	5	20	16
24	통상	56.12.20.	167	172	141	71	19	13	8	84	27	256	168
25	임시	56.11.12.	32	10	6	10	6	1	0	11	6	21	12
26	통상	56.12.20.	151	158	154	50	20	17	3	67	23	225	177
27	임시	57.11.1.	14	5	7	13	3	2	0	15	3	20	10
28	통상	57.12.20.	127	159	145	27	15	19	5	46	20	205	165
29	특별	58.6.10.	29	5	5	16	0	1	0	17	0	22	5
30	임시	58.9.29.	70	41	6	13	0	6	0	19	0	60	6
31	통상	58.12.10.	144	185	171	69	12	14	0	83	12	268	183
32	임시	59.6.22.	12	2	2	1	0	0	0	1	0	3	2
33	임시	59.10.26.	63	33	34	26	4	2	0	28	4	61	38
34	통상	59.12.29.	200	155	125	48	13	4	2	52	15	207	140
35	임시	60.7.18.	5	0	4	1	1	0	0	1	1	1	5
36	임시	60.10.17.	8	0	0	7	0	0	0	7	0	7	0
37	특별	60.12.5.	18	25	23	7	4	1	0	8	4	33	27
38	통상	60.12.26.	165	211	150	60	8	35	2	95	10	306	160
39	임시	61.9.25.	37	75	69	34	8	12	1	46	9	121	78
40	통상	61.12.9.	150	160	140	49	7	17	0	66	7	226	147
41	임시	62.8.4.	30	3	11	11	3	9	1	20	4	23	15
42	임시	62.12.8.	16	11	3	1	0	0	0	1	0	12	3
43	통상	62.12.24.	195	185	158	53	7	34	2	87	9	272	167
44	임시	63.10.15.	9	36	1	7	1	1	0	8	1	44	2
45	특별	63.12.4.	15	13	11	5	2	0	0	5	2	18	13
46	통상	63.12.20.	190	174	158	62	13	18	1	80	14	254	172
47	임시	64.11.9.	40	10	12	9	1	0	0	9	1	19	13
48	통상	64.12.21.	163	134	125	45	10	19	4	64	14	198	139
49	임시	65.7.22.	21	5	4	0	0	0	0	0	0	5	4

국회 회차		소집일	회기 (일)	각법(閣法)		중법(衆法)		참법(參法)		의원입법		전체	
				제출	성립	제출	성립	제출	성립	제출%	성립%	제출 수	성립 수
50	임시	65.10.5.	70	15	3	0	0	3	0	3	0	18	3
51	통상	65.12.20.	190	156	136	60	11	18	0	78	11	234	147
52	임시	66.7.11.	20	0	2	0	0	0	0	0	0	0	2
53	임시	66.11.30.	21	11	12	1	3	2	0	3	3	14	15
54	통상	66.12.27.	1	0	0	0	0	0	0	0	0	0	0
55	특별	67.2.15.	157	152	131	43	6	13	0	56	6	208	137
56	임시	67.7.27.	23	2	1	2	0	1	0	3	0	5	1
57	임시	67.12.4.	20	8	8	4	1	0	0	4	1	12	9
58	통상	67.12.27.	160	108	95	45	7	15	2	60	9	168	104
59	임시	68.8.1.	10	0	0	0	0	0	0	0	0	0	0
60	임시	68.12.10.	12	9	7	3	0	0	0	3	0	12	7
61	통상	68.12.27.	222	113	66	58	4	22	0	80	4	193	70
62	임시	69.11.29.	4	33	26	2	1	11	0	13	1	46	27
63	특별	70.1.14.	120	109	98	39	17	22	1	61	18	170	116
64	임시	70.11.24.	25	27	28	5	2	0	0	5	2	32	30
65	통상	70.12.26.	150	105	96	35	15	19	0	54	15	159	111
66	임시	71.7.14.	11	0	0	0	0	0	0	0	0	0	0
67	임시	71.10.16.	73	22	15	8	4	0	0	8	4	30	19
68	통상	71.12.29.	171	115	104	48	14	10	0	58	14	173	118
69	임시	72.7.6.	7	0	0	0	0	0	0	0	0	0	0
70	임시	72.10.27.	18	9	12	4	3	0	0	4	3	13	15
71	특별	72.12.22.	280	128	103	65	14	25	1	90	15	218	118
72	통상	73.12.1.	185	95	94	44	14	10	0	54	14	149	108
73	임시	74.7.24.	8	0	0	3	0	0	0	3	0	3	0
74	임시	74.12.9.	17	14	14	4	1	10	1	14	2	28	16
75	통상	74.12.27.	190	68	48	40	19	29	0	69	19	137	67
76	임시	75.9.11.	106	31	30	7	1	13	0	20	1	51	31
77	통상	75.12.27.	150	69	59	24	10	20	0	44	10	113	69
78	임시	76.9.16.	50	9	14	5	1	6	1	11	2	20	16
79	임시	76.12.24.	5	0	0	0	0	0	0	0	0	0	0
80	통상	76.12.30.	162	76	65	52	11	19	0	71	11	147	76
81	임시	77.7.27.	8	0	0	0	0	0	0	0	0	0	0
82	임시	77.9.29.	58	13	9	7	1	1	0	8	1	21	10
83	임시	77.12.7.	4	8	2	3	3	0	0	3	3	11	5
84	통상	77.12.19.	180	82	83	33	10	14	2	47	12	129	95
85	임시	78.9.18.	34	13	13	6	4	3	1	9	5	22	18
86	임시	78.12.6.	7	0	0	0	0	0	0	0	0	0	0

국회	회차	소집일	회기(일)	각법(閣法)		중법(衆法)		참법(参法)		의원입법		전체	
				제출	성립	제출	성립	제출	성립	제출%	성립%	제출 수	성립 수
87	통상	78.12.22.	175	68	45	36	8	11	0	47	8	115	53
88	임시	79.8.30.	9	30	3	22	0	9	0	31	0	61	3
89	특별	79.10.30.	18	0	0	7	0	0	0	7	0	7	0
90	임시	79.11.26.	16	25	15	4	1	0	0	4	1	29	16
91	통상	79.12.21.	151	92	75	58	9	17	1	75	10	167	85
92	특별	80.7.17.	10	2	0	0	0	0	0	0	0	2	0
93	임시	80.9.29.	62	31	25	18	5	2	0	20	5	51	30
94	통상	80.12.22.	167	74	72	54	16	14	1	68	17	142	89
95	임시	81.9.24.	66	5	5	2	1	1	0	3	1	8	6
96	통상	82.12.21.	244	81	79	41	17	10	2	51	19	132	98
97	임시	82.11.26.	30	5	4	1	1	0	0	1	1	6	5
98	통상	82.12.28.	150	58	52	18	8	7	0	25	8	83	60
99	임시	83.7.18.	6	0	0	0	0	0	0	0	0	0	0
100	임시	83.9.8.	82	13	18	4	3	5	0	9	3	22	21
101	특별	83.12.26.	227	84	70	45	8	18	0	63	8	147	78
102	통상	84.12.1.	207	84	85	39	14	7	1	46	15	130	100
103	임시	85.10.14.	69	12	16	3	3	1	0	4	3	16	19
104	통상	85.12.24.	150	87	73	23	9	11	2	34	11	121	84
105	통상	86.6.2.	1	0	0	0	0	0	0	0	0	0	0
106	임시	86.7.22.	4	0	0	0	0	0	0	0	0	0	0
107	통상	86.9.11.	101	28	24	9	1	3	0	12	1	40	25
108	임시	86.12.29.	150	100	72	21	9	4	0	25	9	125	81
109	임시	87.7.6.	76	9	20	11	5	3	0	14	5	23	25
110	통상	87.11.6.	6	0	0	0	0	0	0	0	0	0	0
111	임시	87.11.27.	16	5	8	1	0	1	1	2	1	7	9
112	임시	87.12.28.	150	83	75	15	9	3	0	18	9	101	84
113	임시	88.7.19.	163	17	24	8	6	0	0	8	6	25	30
114	통상	88.12.30.	175	78	60	10	4	2	0	12	4	90	64
115	임시	89.8.7.	6	0	0	0	0	0	0	0	0	0	0
116	임시	89.9.28.	80	8	25	10	5	14	1	24	6	32	31
117	통상	89.12.25.	31	5	0	0	0	2	1	2	1	7	1
118	임시	90.2.27.	120	70	66	16	8	8	0	24	8	94	74
119	특별	90.10.12.	30	2	1	0	0	0	0	0	0	2	1
120	임시	91.12.10.	150	93	84	18	10	3	0	21	10	114	94
121	임시	91.8.5.	61	6	7	9	4	1	0	10	4	16	11
1222	임시	91.11.5.	47	14	14	4	2	1	0	5	2	19	16
123	통상	92.1.24.	150	84	83	12	7	6	0	18	7	102	90

국회 회차		소집일	회기 (일)	각법(閣法)		중법(衆法)		참법(參法)		의원입법		전체	
				제출	성립	제출	성립	제출	성립	제출%	성립%	제출 수	성립 수
124	임시	92.8.7.	5	0	0	0	0	0	0	0	0	0	0
125	임시	92.10.30.	42	10	13	12	7	5	0	17	7	27	20
126	통상	93.1.22.	148	76	72	26	6	16	1	42	7	118	79
127	특별	93.8.5.	24	0	0	0	0	0	0	0	0	0	0
128	임시	93.9.17.	135	20	17	11	4	6	3	17	7	37	24
129	통상	94.1.31.	150	75	69	13	10	5	3	18	13	93	82
130	임시	94.7.18.	5	0	0	0	0	0	0	0	0	0	0
131	임시	94.9.30.	71	19	27	7	5	1	0	8	5	27	32
132	통상	95.1.20.	150	102	102	20	9	6	2	26	11	128	113
133	임시	95.8.4.	5	0	0	13	0	0	0	13	0	13	0
134	임시	95.9.29.	78	17	17	22	6	1	1	23	7	40	24
135	임시	96.1.11.	3	0	0	0	0	0	0	0	0	0	0
136	통상	96.1.22.	150	99	99	16	10	5	1	21	11	120	110
137	임시	96.9.27.	1	0	0	2	0	0	0	2	0	2	0
138	특별	96.11.7.	6	0	0	0	0	0	0	0	0	0	0
139	임시	96.11.29.	20	12	9	18	1	2	0	20	1	32	10
140	통상	97.1.20.	150	92	90	45	11	11	3	56	14	148	104
141	임시	97.9.29.	75	20	24	22	3	6	1	28	4	48	28
142	통상	98.1.12.	158	117	98	44	10	6	1	50	11	167	109
143	임시	98.7.30.	79	10	17	20	15	10	2	30	17	40	34
144	임시	98.11.27.	18	6	6	7	3	5	0	12	3	18	9
145	통상	99.1.19.	207	124	120	38	13	22	5	60	18	184	138
146	임시	99.10.29.	48	74	80	19	6	7	2	26	8	100	88
147	통상	00.1.20.	135	97	97	35	18	20	2	55	20	152	117
148	특별	00.7.4.	3	0	0	3	0	0	0	3	0	3	0
149	임시	00.7.28.	13	0	0	1	0	8	0	9	0	9	0
150	임시	00.9.21.	72	21	20	25	11	17	1	42	12	63	32
151	통상	01.1.31.	150	99	93	64	18	22	1	86	19	185	112

주: 각법은 내각제출법안, 중법은 중의원제출법안, 참법은 참의원제출법안

자료: 淺野一郞·河野 久, 『新·國會事典－用語による國會法解說』(東京: 有斐閣, 2003), 246－256쪽,
　　　立法學硏究會, 「'議員立法'を分析する(1)」, 『時の法令』 1656号(2001), 52－53쪽에서 발췌, 작성.

제7절 청원·진정

1. 청원

1) 청원의 의의

청원은 국민의 권리이익의 보호, 입법 기타 국정의 과정에 민의를 반영하는 행정 절차이다.[123] 일본헌법 제16조는 "누구라도, 손해의 구제, 공무원의 파면, 법률, 명령 또는 규칙의 제정, 폐지 또는 개정 기타의 사항에 관하여, 평온하게 청원할 권리를 가지며, 누구라도, 그러한 청원을 하였다는 이유로 어떠한 차별대우도 받지 않는다."고 하여 청원권을 보장하였으며, 이에 근거하여 청원법이 제정되었다(1947. 5. 3 시행).

청원은 행정부, 국회, 법원, 지방공공단체 등에 대해 고충이나 요망을 신청하여, 구제를 요구하는 행위이며, 국민이 국정에 관한 요망을 직접 국회에 요구하는 것은 헌법에서 국민의 권리로서 보장하고 있다. 이처럼 헌법은 청원권을 기본적 인권의 하나로서 보장하였다.[124]

국회에 대한 청원에 관해서는 국회법(제79조, 제80조, 제81조)과 의원규칙에서 규정하고 있다. 청원권의 주체는 일본국민에 국한되지 않으며, 외국인이라도 행사할 수 있다. 한마디로 청원이란 국민 혹은 주민이 국정에 대한 요망을 직접 국회에 대해 진술하는 것을 말한다. 중의원과 참의원은 각각 독립적으로 청원을 접수하며 서로 간섭하지 않는다.

청원권은 선거 이외의 장에서 주권자인 국민이 그 의사(意思)를 국회나 정부에 직접 전달하여, 그 의견이나 요망을 국정에 반영시킬 수 있는 수단으로서, 국회에 대해 청원하는 경우 국회 관련 정보 수집, 입법이나 행정통제, 민원 해결 등과 결부된다.

청원법 제5조는 청원을 수리하는 것에 그치지 말고 성실히 처리한다고

---

123) 청원제도는 본래 국민이 통치자에 대해 자신들의 요구 사항을 전달하는 수단이었다.
124) 渡辺久丸, 『請願權』(東京: 新日本出版社, 1995), 92쪽.

규정하고 있다. 그러나 권리의 법적 효과는 그 주변에 머물 수밖에 없을 것이고, 그 내용의 실현은 물론이고 일률적으로 그 심사를 의무화한 것이 아니기 때문에 '성실한 처리'에는 한계가 있다. 따라서 청원이 실제로 어떠한 역할을 하느냐 하는 것은, 청원권의 권리의 성격보다는 그 구체적인 제도와 운용 여하에 따라 달라진다.[125]

오늘날 민주정치의 발전과 더불어 청원 이외의 수단(보통선거제도 확립, 언론자유의 확대 등)이 발전함으로써 청원의 역할은 저하했다고 보는 시각도 있다. 그러나 채택된 청원이 의원입법으로 입법화되기도 하고, 그렇지 못한 경우라도 문제해결에 도움이 되기도 한다. 청원제도는 일부 회의적인 시각이 있음에도 아직 민의를 국회에 전달하는 유효한 수단으로 존속하고 있다.

2) 법률상 청원권의 소재

일본의 청원제도는 일본제국헌법(1889년 2월 11일 공포)에도 그 규정이 있었으며, 천황주권으로부터 국민주권으로 주권의 소재를 전환한 일본헌법(1947. 5. 3. 시행)에도 청원과 관련한 명문규정이 있다.[126] 대한민국헌법(제26조), 미국연방헌법, 스위스연방헌법 등 세계 여러 나라의 헌법에도 청원권이 명시되어 있다.

3) 청원 제출

청원을 제출함에 있어 몇 가지 유의해야 할 사항이 있다.[127] 첫째는 청원은 늘 문서의 형태로 제출되어야 한다는 것이다. 청원자는 청원내용은 물론 자신의 주소·성명을 기재해야 한다. 이때 총대표자의 명의로 제출

---

125) 川崎政司, 「國會審議の過程－國會審議の特色と課題(4)」, 『國會月報』 637号(2002. 1), 51쪽.
126) 바이마르헌법은 제1차 세계대전 후인 1919년 8월 11일, 바이마르에서 열린 국민회의에서 제정된 독일공화국헌법으로서, 기본적 인권을 최초로 명문으로 규정했으며, 세계 여러 나라의 헌법에 큰 영향을 주었다. 독일에서는 8월 11일을 민주주의가 시작된 날이라 하여 기념하고 있다.
127) 議會制度研究會編, 『國會がわかる本』(東京: 第一法規, 1992), 173쪽.

되는 것은 접수되지 않는다. 청원서는 일본어로 작성하는 것이 원칙이나, 외국어를 사용하는 경우에는 일본어 번역문을 첨부해야 하고, 수취인은 중의원 또는 참의원 의장으로 하는 것이 보통이다.128)

둘째는 반드시 국회의원의 소개가 있어야 한다. 국회의원의 소개가 없는 것은 청원이 아닌 진정으로 취급된다. 소개를 하는 국회의원은 청원서의 표지에 서명 또는 날인한 후 중의원 혹은 참의원의 의사부 청원과에 제출한다. 일본국회는 청원을 수리하는 기간을 회기 중으로 한정하고 있다. 개회 중에는 소집일부터 접수를 하나 회기 말에는 안건심의 등의 일정 때문에 회기 종료 5일에서 7일 전에는 접수가 마감된다.

제출된 청원은 관계 위원회의 심사를 거쳐 본회의에서 채택되는데 그중 내각이 조치하는 것이 적당하다고 인정되는 것은 내각에 송부되며, 내각은 청원의 처리경과에 관하여 매년 국회에 보고하도록 의무화되어 있다(국회법 제80조, 제81조).

청원은 계속심사의 대상이 되지 않는다. 이는 어떤 특정한 내용의 청원을 관철시키고자 하는 사람은 회기마다 청원을 제출해야 한다는 뜻이다.

청원은 국회가 개회되면, 소집일 당일부터 관련 부서에서 접수하며, 대체로 회기 종료일 7일 전에 마감하는 것이 관례로 되어 있다. 단, 극히 단기간의 국회일 때에는 청원을 접수하지 않을 때도 있다. 청원의 제출에 있어 국적이나 연령에 제한이 없다. 따라서 일본 국내에 거주하는 외국인 및 미성년자도 청원할 수 있다.129)

국회에 청원하고자 하는 사람은 중의원이나 참의원 어느 한쪽의 국회의원의 소개를 받아 청원서를 제출하도록 되어 있다(국회법 79조).130) 수리

---

128) 국회법 제79조(청원서의 제출) 각 의원(議院)에 청원하려고 하는 자는, 의원(議員)의 소개를 받아 청원서를 제출하지 않으면 안 된다. 제80조(청원의 처리) ① 청원은, 각 의원에서 위원회의 심사를 거친 후 이를 의결한다. ② 위원회에서, 의원(議院)의 회의에 회부함을 요하지 않는다고 결정한 청원은, 이를 회의에 회부하지 않는다. 단, 의원(議員) 20인 이상의 요구가 있는 경우에는, 이를 회의에 회부하지 않으면 안 된다.

129) http://www.shugiin.go.jp/itdb_annai.nsf/html/statics/tetuzuki/seigan.htm(검색일: 2008년 1월 15일).

130) 과거에는 원내 활동이 회파 중심으로 되어 있던 관계로 관행적으로 소속회파를

된 청원은 의장이 청원 문서표를 작성하여 의원에게 배부함과 동시에, 적당한 위원회에 부탁한다. 위원회의 심사는 회기 말에 행해진다. 위원회는 먼저 소개한 국회의원으로부터 취지설명을 듣고, 정부의 의견을 들은 후, 채택 여부를 의결하고, 채택해야 할 것과 의결한 것에 관해서는 내각에 송부할 필요가 있는지 없는지를 의결한다.

규정상 청원서는 국회의원의 소개가 있어야 제출할 수 있으므로 제출에 관한 구체적인 절차는 국회의원이나 그 비서가 행한다. 단, 매우 짧은 기간의 회기를 갖는 국회에서는 청원을 접수하지 않을 수도 있다.

청원을 하는 경우, 요망하는 내용을 간결하게 정리한 문서에 청원자의 주소와 성명을 명해야 하며, 청원자의 성명은 자필로 쓰는 것이 원칙이나 워드프로세서 등으로 인쇄한 문자를 사용할 때에는 날인을 요한다. 동일한 청원자가 동일 회기 내에 동일 취지의 청원서를 중복하여 제출할 수 없다. 이것은 소개하는 국회의원이 다르더라도 마찬가지이다. 국회 폐회후, 청원을 소개한 국회의원에게는 그 심사결과가 통지된다.

4) 청원심사 절차

수리된 청원에 대해서는 청원 문서표가 작성되어, 각 국회의원에게 배부됨과 동시에 위원회에 부탁되어, 위원회의 심사를 거친 다음 본회의에서 의결되도록 되어 있다.[131]

경유하였다. 회파 사무국이 청원의 내용이나 당의 정책방침과의 적합성 등에 관해 검토한 다음 청원을 제출했으나 근년에는 중의원과 참의원에서 국회의원이 직접 소개하고 제출하게끔 되었다.

131) 川崎政司, 「國會審議の過程－國會審議の特色と課題(4)」, 『國會月報』 637号(2002. 1), 52쪽.

〈그림 5-8〉 청원심사 절차

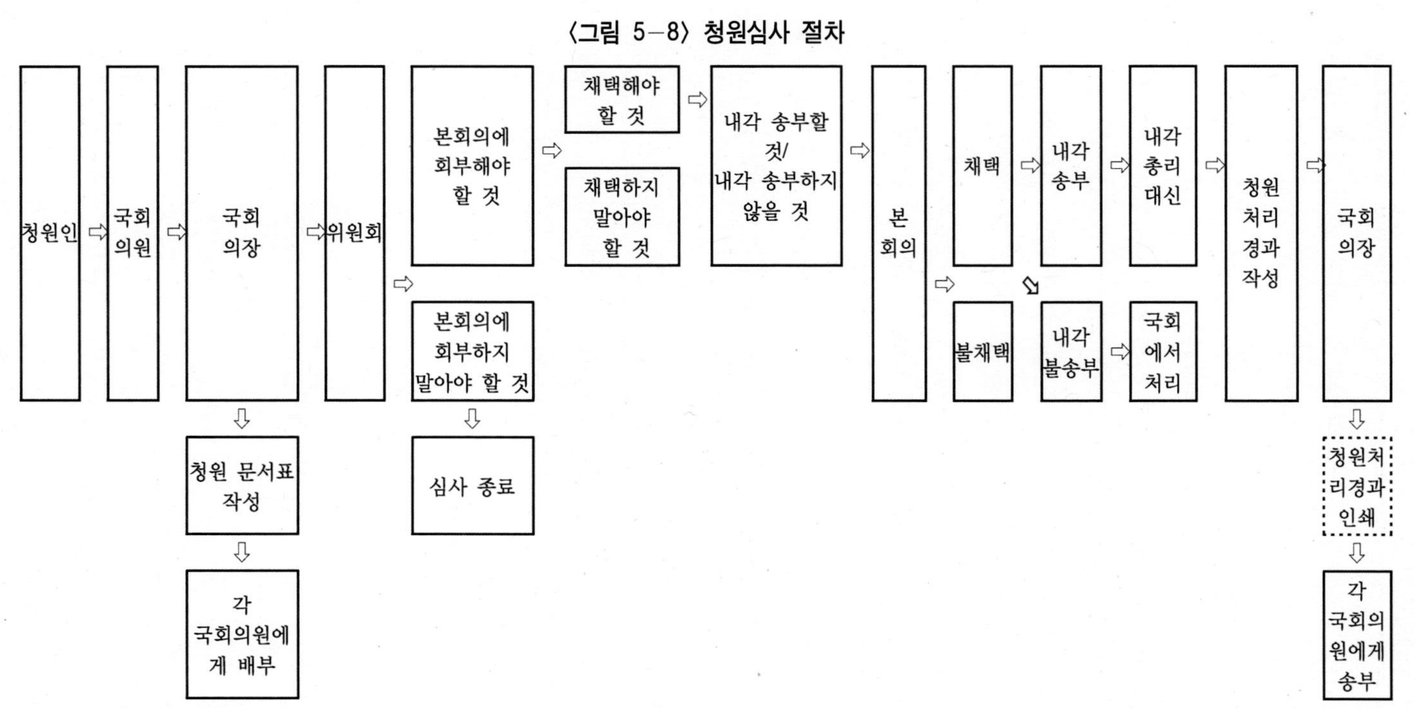

자료: http://www.shugiin.go.jp/itdb annai.nsf/html/statics/tetuzuki/seigan.htm(검색일: 2008년 1월 15일).

접수된 청원은 청원 문서표의 배부와 동시에, 청원의 취지에 따라 적당한 상임위원회 또는 특별위원회에 부탁된다. 위원회에서는 부탁된 청원에 관한 심사를 행하고, 의원(議院), 즉 중의원 또는 참의원의 회의에 회부하여 채택 여부를 결정하며, 채택해야 할 청원 중에서, 내각에 송부하는 것이 적정하다고 인정되는 것에 대해서는 그 취지를 부기하여 국회에 보고한다. 국회 본회의에서는, 회의에 부쳐진 청원에 관해 채택 여부를 결정한다.132) 채택된 청원 중 내각에서 조치하는 것이 적당하다고 판단되는 것은 의장으로부터 내각총리대신 앞으로 송부된다.

위원회에서의 청원심사는, 소개한 국회의원 또는 사무국으로부터 취지 설명을 듣고, 관계 정부당국으로부터의 의견 청취, 질의, 토론을 거쳐 중의원 또는 참의원의 회의에 회부를 요하는 것과 요하지 않는 것, 회부를 요하는 것 중에 채택해야 할 것, 채택하지 말아야 할 것, 그리고 채택해야 할 것에 대해서는 내각에의 송부를 요하는 것과 요하지 않는 것을 각각 구분하여 의결을 하게 된다.133)

실제의 위원회 심사는 이사회에서 사전에 청원의 취급에 관한 협의를 행하여, 소개한 국회의원의 설명, 질의, 토론 등을 모두 생략하고, 즉시 의결하는 것이 관례가 되어 있다.

위원회 심사결과에 따라, ① 본회의에의 회부를 요하는 것, ② 본회의에의 회부를 요하지 않는 것으로 구분된다. ①은 위원회 채택이며, ②는 위원회 불채택이다. 본회의에의 회부를 요하는 것, 즉 위원회 채택에 관해서는 이를 다시 내각에의 송부를 요하는 것(내각 송부)과, 내각에의 송부를 요하지 않는 것(내각 불송부)으로 구분하여 보고한다.134)

위원회 불채택일 경우, 소수의견자는 소수의견서를 낼 수 있다. 채택되지 않은 청원이라 하더라도 국회의원 20인 이상의 요구가 있을 때에는 이

---

132) http://www.shugiin.go.jp/itdb_annai.nsf/html/statics/tetuzuki/seigan.htm(검색일: 2008년 1월 15일).

133) 위원회에서 의원(議院)의 회의에의 회부를 요하지 않는다고 결정한 청원이라도, 국회의원 20인 이상의 요구가 있으면 본회의에 회부하지 않으면 안 된다.

134) 前田英昭, 「國會の請願審査 − '口利き'を透明化する方法 −」, 『國會月報』 641号(2002. 5), 57쪽.

를 본회의에 회부해야 한다. 위원회는 의원, 즉 국회의 의결기관은 아니고 예비심사기관이기 때문에, 그대로 위원회의 결정을 의원의 의결로 하는 것은 부당하므로 이의제기가 인정되고 있다.[135]

5) 청원처리 현황

제1회 국회(1947년)부터 제33회 국회(1959년)까지의 기간에 중의원에 접수된 청원의 합계는 6만 3309건이며, 연평균 5천 건 정도이다.

제34회 국회(1959년)부터 제62회 국회(1969년)까지 10년 동안에는 중의원에 8만 2,728건이 접수되어 연평균 8,272건이 접수되었다. 앞의 제1회 국회부터 제33회 임시국회(1959. 10. 26~1959. 12. 27)까지의 기간과 비교해 보면 연평균 3,000건 정도가 많다. 이는 1960년대의 고도경제성장기에 국민생활에 있어 갈등과 모순이 다양화하여 문제해결을 위한 청원의 증가로 연결된 것으로 분석되고 있다.[136]

1970년대에는 이러한 다양화 현상이 한층 더 진전되고 있다. 제63회 국회(1970년)부터 제81회 국회(1977년)에서는 7년 동안 7만 4,484건, 연평균 1만 641건이 접수되어 앞의 어느 기간보다 급증했음을 알 수 있다. 이와 같은 청원의 일상적, 대중적 행사는 1960년대와 1970년대의 시기에, 독점 자본의 고도경제성장정책과 국민생활과의 모순이 여러 방면에 걸쳐 다면적으로 분출되어, 갈등이 격화하여 국민의 요구가 다양해 진 것으로 분석되고 있다. 동시에 전후의 시기에 있어 민주주의가 발전하고 국민의 권리의식이 성장하였음을 의미하는 것으로 받아들여지고 있다.[137]

6) 내각에서의 청원처리

중의원 혹은 참의원에서 채택한 청원으로서, 내각에서 조치함이 적당하다고 인정하여 내각으로 송부한 것은, 내각에서 처리하고, 그 청원처리경

---

135) 前田英昭, 앞의 글.
136) 渡辺久丸, 『請願權』(東京: 新日本出版社, 1995), 34-35쪽.
137) 渡辺久丸, 앞의 책, 35-36쪽.

과를 매년 국회에 보고하도록 되어 있다. 국회에서 채택되어 내각에 송부된 것은, 내각으로부터 국회(중·참)에 처리경과보고가 제출되므로, 청원자는 그 결과에 대해 국회를 통해 알 수 있다.[138]

2. 진정

1) 진정의 의의

진정이란, 일정한 사안에 관한 이해관계자가 그 처리가 가능해 보이는 국가기관에 실정을 호소하여, 필요한 조치를 취해 줄 것을 요청하는 행위이며, 이를 서면으로 정리한 것이 진정서이다.

청원제도와 마찬가지로 진정제도는 태평양전쟁 전에도 존재하였다. 진정은 관련되는 행정관청이나 국회에 대해 행해지는 제도로서, 진정자는 국민, 지방단체, 지방의회의 의원이 많다. 그 중개를 국회의원이 행하는 경우가 많으며, 국회의원도 선거대책의 필요성 때문에 '진정'을 무시하기 어렵다. 이러한 진정, 진정정치는 때로는 이익유도정치, 정치부패의 온상이 되기도 하나 다른 한편에서 국회의원의 주요한 정보원이 되기도 한다.[139]

2) 진정서 제출

진정은 청원과는 달리 국회의원의 소개를 요하지 않는다. 진정을 하고자 하는 사람은 요청하고자 하는 내용을 간결하게 정리한 문서에 자신의 주소와 성명을 적어 우편 등으로 의장 앞으로 제출(발송)한다. 접수된 진정 중에서 의장이 필요하다고 인정한 것은 적당한 위원회에 참고하라는 취지에서 송부한다. 진정서는 위원회에서 심사의 대상이 되지는 않는다. 진정서는 청원과는 달리 문서표는 작성되지 않는다. 또 중의원 결산행정 감시위원회에서는 행정에 관한 고충을 접수하고 있다. 이 제도는 행정에

---

138) 前田英昭, 「國會の請願審査-'口利き'を透明化する方法-」, 『國會月報』 641号(2002. 5), 58쪽.
139) 淺野一郎編, 『國會入門』(東京: 信山社, 2003), 320쪽.

대한 국민의 고충을, 이 위원회가 행정감시활동을 행하기 위한 자료·정보원으로서 활용하고자 하는 것이다. 팩스, 우편, 전자우편으로도 접수할 수 있다.

3) 처리 절차

진정의 방법으로서는 구두진정, 서면진정, 인터넷 등을 통한 온라인진정 등이 있으며, 특별한 양식은 없으나 그 내용에는 목적, 취지, 누가 누구를 상대방으로 해서 행하는 진정인가를 명확히 밝혀야 한다.

진정은 지방자치단체 관계자나 지지자 등으로부터 연중 접수되고 있으며 그 진정처리에 국회의원과 비서가 많은 시간을 할애하고 있다.

진정에 대한 법적 근거는 국회법에서는 찾아볼 수 없다. 현행 국회법은 청원에 관해서는 제79조부터 제82조까지 규정하고 있으나, 진정에 대해서는 규정이 없다. 그러나 개정 전의 국회법 제41조는, "상임위원회는 좌(左)에 있는 대로 하고 그 부문에 속하는 의안, 청원, 진정을 심사한다."고 규정한 바 있다.[140] 국회에서의 진정에 대한 취급은, 중의원에는 규정이 있어도 참의원에는 없다. 중의원규칙 제180조에는, "진정 기타의 것으로서, 의장이 필요하다고 인정한 것은 적당한 위원회에 참고를 위하여 송부한다."고 되어 있다.

참의원에는, 개정 전에는 규칙 제173조에, "의원(議院)은, 진정 기타의 것으로서 그 내용이 청원에 적합한 것은, 이를 수리하여, 청원서와 같이 처리하지 않으면 안 된다."고 규정되어 있었으나 1955년에 이 조항이 삭제되었다.[141] 참의원의 경우, 법적으로는 '진정'이라는 문구가 삭제되었으나, 진정이 제출되었을 때에는 비서과에서 수리하여 처리하고 있다. 수리된 진정서는 중의원과 마찬가지로 의장의 판단에 의해 필요하다면 위원회에 참고 송부하는 것이 관례이다.

---

140) 中島正郎, 『請願·陳情ガイドブック』(東京: ぎょうせい, 1973), 101쪽.
141) 中島正郎, 앞의 책.

제6장 본회의

제1절 원 구성

1. 원 구성의 요건

중의원과 참의원이 실제로 활동을 시작하기 위해서는 각 원에서 먼저 임원선거를 행하여 조직을 정비해야 한다. 상회(통상국회) 소집일 당일에 조직구성을 행하는데 이를 '원 구성'이라 한다. 원(院)을 구성한다는 것은 국회가 활동을 개시하기 위한 전제이며, 소집일에 회기를 언제까지로 할 것인가를 정하고 심의를 시작할 수 있는 태세를 갖춰야 한다.

원 구성의 요건으로는, 의장·부의장 선출, 각 의원의 의석 지정, 회기결정, 상임위원회 위원 및 위원장 선출, 사무총장 선거, 특별위원회 설치 및 특별위원 선출 등이다.[1] 원 구성에 관한 법률규정은 없기 때문에, 의장·부의장 선출, 의석 지정, 회기결정, 상임위원회 위원 선임, 상임위원회 위원장, 정치윤리심사회 위원 선임으로 그 범위를 잡는 시각도 있다.[2]

또 총선거 후에 소집되는 특별국회에서는, 내각총리대신의 지명은 모든 안건에 선행하여 처리된다(헌법 제67조 2항)고 되어 있으나, 원의 운영을 위하여 먼저 '원 구성'이 행해진다. 보통 의장, 부의장, 의원운영위원장을 선출하고 '회기'를 결정한 후, 내각총리대신 지명을 행하는 경우가 많다. 따라서 기타 상임위원의 선임 및 상임위원장 선거는 그다음 날 이후로 넘어간다.

참의원의 의장 또는 부의장이 비개선의원(非改選議員)일 경우, 통상선거 직후의 국회에서 각각 사임하고, 새롭게 선거를 치르는 것이 관례이다.

---

1) 柳原修, 『國會と政治』(東京: ルーツ出版局, 1994), 47쪽, 岸本弘一, 앞의 책, 132쪽.
2) 淺野一郎·河野 久編, 『新·國會事典』(東京: 有斐閣, 2003), 24-25쪽.

2. 각파협의회

1) 각파협의회

중의원 선거(총선거)나 참의원 선거(통상선거)가 끝나고 국회가 소집되는 시기가 되면 그에 앞서서 소집 전후의 준비에 관하여 새로 선출된 의원들 간에 여러 가지 대화를 나누기 위해 '각파협의회(各派協議會)'라고 불리는 회합이 열린다.3) 이는 선거 후에 국회운영에 관하여 협의하는 정식기관인 의원운영위원회가 중의원에는 발족해 있지 않기 때문에 그 대신 열리는 것으로서, 협의 사항은 의석, 원 구성, 회기, 소집일, 개회식 등 광범위하다.

총선거 후 최초로 열리는 국회의 소집일 전 및 소집일에, 국회에 임하는 제반 준비 사항에 관해 협의하기 위해 사무총장은 각 회파의 대표의원의 참집을 요구하고, 각파협의회를 개최하는 것이 관례이다.4) 또 의장의 선거 후 의원운영위원회가 구성될 때까지는, 의장이, 각파협의회를 초집(招集)하여 의사의 순서 기타의 사항에 관해 협의한다.5)

총선거가 종료되고 당선자가 확정된 단계에서 정부·여당을 중심으로 하여 각 당의 간부들이 모여 국회소집일을 내정한다.6) 또 소집일에 앞서

---

3) 1904년(明治 37)의 제21회 제국의회부터 의장의 자문기관으로서 각파협의회가 설치되었다. 각파협의회는 의장과 각 회파 간 국회운영에 따르는 제반 문제를 협의하는 기관으로서, 1939년 1월의 제74회 제국의회부터 각파교섭회로 명칭을 변경하였으며, 제2회 국회까지 존속하였다. 武田美智代,「國會改革の軌跡－平成元年以降－」,『レファレンス』666号(2006. 7), 95쪽. 명칭 변경 당시 각파교섭회 규정이 작성되었다. 堀江ふかし・笠原英彦編,『國會改革の政治學』(東京: PHP硏究所, 1995), 102쪽. 각파교섭회는 의장 부의장, 각파의 임원(총무, 간사 등) 중에서 선임되는 의원들로 구성된다. 당시 각파교섭회 규정 제6조는, "각파교섭회의 의사는 전회일치로 결정한다."고 하였다. 1940년에 대정익찬회(大正翼贊會)가 결성되어, 의회에 '중의원의원구락부'라고 하는 회파가 유일하게 존재하게 되면서 각파교섭회는 소멸되고 '의원협의회'가 설치되었다.

4) 現代議會政治硏究會編,『議會用語ハンドブック』(東京: ぎょうせい, 1987), 101쪽.

5) 衆議院事務局,『衆議院先例集』(東京: 衆議院, 2003), 178쪽.

6) 藤本一美,「國會の仕組みと運營」, 藤本一美編,『國會機能論－國會の仕組みと運營』(東京: 法學書院, 1990), 29쪽.

중의원 사무총장을 중심으로 각 정당 대표에 의한 원내 각파협의회를 개최, 원 구성 준비를 시작한다. 이 각파협의회에는 의원운영위원회의 이사를 경험한 자 중에서 재선된 의원이 참석하는데, 협의내용은, 각 당이 획득한 의석수에 기초하여, 각 당, 각 국회의원이 의석 배정이나 상임위원 할당, 국회 내 각 정당 사무실(控室) 등을 내정함과 동시에, 회기의 폭, 의장·부의장 및 상임위원장의 배분과 그 선출방법 등에 관해 서로 의견을 교환한다.

참석자는 과거에는 각 정당의 간사장, 서기장급이었으나 최근에는 각 정당의 국회운영(대책)위원회에 소속되어 있는 각 정당의 중견 이상 인물이 출석하는 일이 많다.[7] 좌장에는 선거 전에 의원운영위원장이었던 사람이 맡는 경우가 많으며, 또 각 정당대표도 국회운영에 통달한 사람이 선임된다. 각파협의회에서 취급되는 것은, '원 구성'을 비롯하여 회기의 결정, 수상 지명, 소집일의 절차, 개회식과 같은 사항들이다.

2) 각파교섭회

각파교섭회를 둔 것은 원내에서의 의사운영을 원활히 하기 위한 것으로서, 의장이 필요하다고 인정할 때에는 원내 각 회파 대표자의 참집을 요구, 의사 및 발언순서 기타 제반 사항에 관하여 미리 의논하여 협의를 행하는 것을 관례로 하여 왔다.[8] 제국의회 당시 만들어진 이 관행과 제도는 전후 일본국회에도 계승되었다.[9]

---

7) 矢島孝一, 『國會』(東京: 行研, 1987), 127쪽.

8) 衆議院·參議院, 『議會制度百年史(議會制度編)』(東京: 大藏省印刷局, 1990), 86쪽.

9) GHQ는 각파교섭회가 비밀회(secret session)로 행해지는 것을 못마땅하게 생각하다가, 각파교섭회를 법규의 규정에 근거하여 투명하게 운영되도록 지시했다. 이에 따라 제2회 국회(1947. 12~1948. 7)에서 국회법이 개정되고, 각파교섭회를 대신하는 의원운영소위원협의회가 설치되었다. 당시 국회법 제55조의 2에서 "의장은, 의사의 순서 기타 필요하다고 인정되는 사항에 관하여, 의원운영위원회가 선임하는 소위원과 협의할 수 있다. 단, 의장은 소위원의 의견이 일치하지 않을 때에는, 이에 구속 받지 않는다."고 규정하였다.

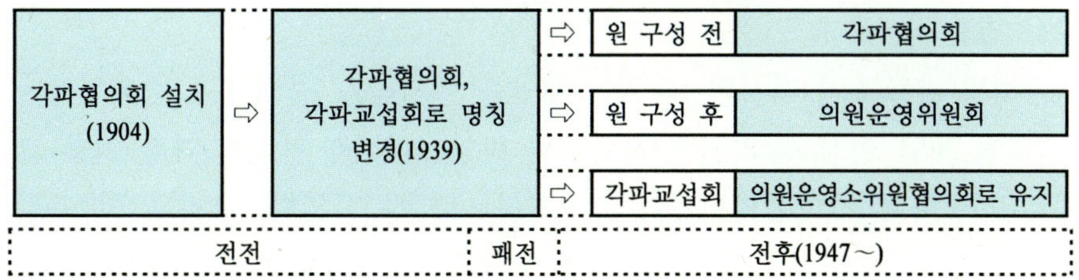

〈그림 6-1〉 의원운영협의기구의 변천

3) 의원운영위원회

전후 제1회 국회부터 의원운영위원회가 설치되었는데, 초기에는 의원운영위원회와 병행하여 각파교섭회도 개최되고 있었다. 의원운영위원회는 의원운영에 관한 기본적인 문제를 취급하고, 각파교섭회는 의장의 자문기관으로서 그날그날의 의사일정을 결정하거나 의사진행 등 정치적인 문제를 취급하도록 구상되었다. 그런데 연합군총사령부(GHQ)가 비공개로 열리는 각파교섭회에서 의사운영을 결정해서는 안 된다고 제지하고 나섬으로써 각파교섭회는 제2회 국회를 마지막으로 소멸되고, 그 임무는 의원운영위원회에 통합되었다.[10] 국회운영의 상세를 정하는 중의원규칙안을 협의하는 과정에서, 각파교섭회를 폐지하지 않고 의원운영위원회와 병행하여 존속시키는 것이 결정되었다.[11]

국회법에서는, 의장은 의사일정 기타 필요하다고 인정하는 사항에 관해 의원운영위원장 및 의원운영위원회가 선임하는 의사협의회 의원과 협의할 수 있다(제55조 2)고 하여, 의사협의회에 관한 규정을 두고 있다.

4) 원내교섭단체

각파협의회에는 아무 정당이나 대표를 보낼 수 있는 것은 아니다. 일정

---

10) 제국의회 시대의 각파교섭회와 현재의 의원운영위원회의 가장 큰 차이는 각파교섭회가 각파의 합의에 의해 설치된 비공식기관인 데 반해 의원운영위원회는 법률에 근거를 둔 정규 상임위원회라는 점이다.

11) 川人貞史, 「議院運營委員會と多數決採決」, 『レヴァイアサン』30号(2002 春), 11쪽, 川人貞史, 『日本の國會制度と政黨政治』(東京: 2005, 東京大學出版會), 143쪽.

한 의원의 수를 확보해야만 각파협의회에 나가서 자기 당의 주장이나 희망을 말할 수 있다.

국회법 제56조에 제시된 '의원이 의안을 발의하기 위해서는, 중의원에서는 의원 20인 이상, 참의원에서는 의원 10인 이상'의 기준에 따라 이를 그대로 적용하여 각파협의회에의 출석자격으로 하고 있다. 그리고 이 교섭자격을 갖는 회파(정당)를 통상 '원내교섭단체'라고 한다. 그러나 이 기관은 특별히 법적인 근거가 있는 것은 아니다.

물론 각파협의회에 이어서 상설 의원운영위원회가 출범하여 업무를 시작한 이후에도 이 위원회에서 각 회파의 협의에 참가하기 위해서는 '원내교섭단체'이지 않으면 안 된다. 각 정당이 선거에서 의석수의 확보에 총력을 기울이는 것은, 법안제출권의 획득뿐만 아니라 의원운영위원회의 위원직을 획득함으로써 국회운영에 직접 참여하려는 것이다.

이 의원운영위원회의 방침결정은 다른 위원회와 같이 대체적인 방침은 이사회에서 논의되기 때문에 이사회에서의 직위를 얻는 일이 그 다음으로 중요하다. 그러나 이사직은 상위 4개 회파로 구성되므로, 중의원에서 20석을 확보하고, 위원을 보낼 수는 있어도, 상위 4개 회파이지 않으면 옵서버의 자격밖에는 얻을 수 없어 실질적인 국회운영에는 참여할 수 없다. 따라서 원내교섭단체의 지위를 확보함과 동시에 이사직을 확보하는 당선자 획득이 각 정당(회파)에는 중요하다.

제2절 개회식

1. 개회식

1) 일시 및 참석자

각 회기의 시작에는 중의원 의장이 주재하는 개회식이 행해진다(국회법

제8조, 제9조).

개회식은 상회 때는 내각의 시정방침에 관한 연설이 행해지는 날에 거행하는 것이 관례이고, 특별회 때는 새 내각 성립 후, 내각의 시정방침 연설 또는 소신에 관한 연설이 행해지는 날에 거행하는 것이 관례이다.[12] 임시회에서는 소집일 또는 그다음 날에 거행하는 것이 관례이다. 단 소집일 다음 날 이후에 거행된 사례도 있다.[13] 개회식은 참의원 본회의장에서 행해진다.[14]

개회식에는 양 의원의 의장, 부의장, 상임위원장, 특별위원장, 참의원의 조사회장, 양 의원의 헌법조사회장 및 의원이 참석한다. 참의원 본회의장에서 행사가 거행되는 것은 과거의 흔적으로서 제국의회 귀족원 시대의 관례에 따른 것이다.[15] 이때 천황이 임석하여 이른바 '말씀'(おことば, 제국헌법하의 칙어에 해당)을 하는 관행이 계속되고 있다.[16]

2) 절차

개회식은 오전 11시에 시작되는데 행사는 약 7분 정도면 종료된다. 내빈자격의 천황이 국회의사당 현관에 도착하면 중의원 의장이 영접하여 참의원으로 안내한다. 일단 참의원 내의 '휴소(休所)'에 들어가고, 그곳에서 중·참 양원의 의장 및 부의장이 옆으로 줄지어 한 사람씩 천황이 앉아 있는 좌석으로 이동하여 인사한다. 그 후 본회의장으로 옮겨 중의원 의장이 양원을 대표하여 식사(式辭)를 하면, 천황은 이른바 '말씀'을 낭독한다. 낭독은 내용은 매우 의례적이고 담백하며 정치적 색채는 일체 포함되지 않는다.[17] 낭독이 끝나면 중의원 의장은 천황으로부터 '말씀'을 받아들고 뒷걸음질로 계단을 내려오면 행사는 종료된다.[18]

---

12) 예외로 연설이 행해지는 날 전에 행해진 사례도 있다.

13) 衆議院事務局, 『衆議院先例集』(東京: 衆議院, 2003), 32쪽.

14) 참의원규칙에는 개회식의 일시 및 장소는 참의원 의장이 중의원 의장과 협의하여 정한다고 되어 있으나 실제로는 본회의장에 이른바 옥좌(玉座)가 있는 참의원 본회의장이 사용되고 있다.

15) 每日新聞政治部, 『國會百年』(東京: 行硏出版局, 1990), 117쪽.

16) 大石 眞, 『議會法』(東京: 有斐閣, 2001), 34쪽.

17) 矢島孝一, 『國會』(東京: 行硏出版局, 1987), 96쪽.

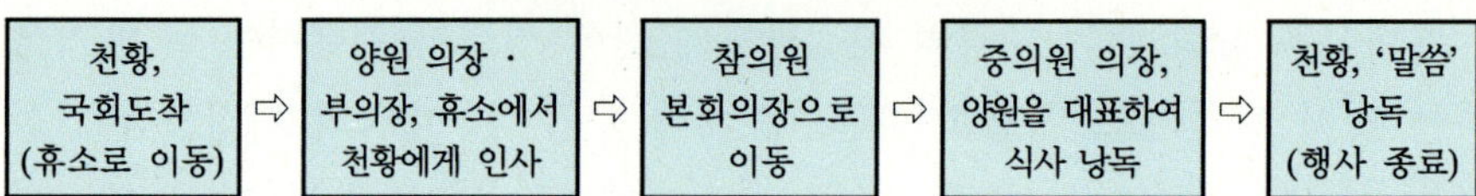

〈그림 6-2〉 개회식 행사순서

2. 개회식 주재 및 장소

1) 주재

개회식은 중의원 의장이 천황을 초빙하여 행하는 의전행사이다.[19] 개회식은 중의원 의장이 주재하며 중의원 의장에게 사고가 있을 때에는 참의원 의장이 주재한다.[20] 개회식의 식순 및 중의원 의장의 식사안(式辭案)도 일시, 장소와 마찬가지로 양원의 의장이 사전에 협의하여 정해둔다.[21]

2) 장소

개회식은 중의원과 참의원의 모든 의원들이 참석하는 가운데 참의원 본회의장에서 행해진다.[22] 참의원에서 행사를 하는 것은 제국의회 시대의 개원식이 귀족원 본회의장에서 행해진 관계 때문이며, 천황이 앉는 특별좌석 등

---

18) 후쿠나가 켄지 중의원 의장은 1960년 1월 10일과 1월 21일 2회에 걸친 개회식 연습에 참가했는데, 21일의 연습에서 후쿠나가 의장은 천황으로부터 '말씀'을 받아들고 뒷걸음질로 계단을 내려오다가 여러 번 비틀거려 옆에 있던 국회직원의 부축을 받았다. 이 일로 의장은 다음 날인 22일에 가쓰마타 부의장에게 의장직 사표를 제출했으며, 1월 24일의 중의원 본회의에서 선임된 사카다 미치타 신임 의장과 교대하는 일이 벌어졌다. 뒷걸음질로 계단 내려오는 일이 쉽지 않았던 탓에 의장직을 사임하는 일이 발생한 것이다. 鳥羽 賢, 앞의 책, 18-19쪽.
19) 천황의 개회명령을 듣기 위하여 열리는 제국헌법하의 제국의회 개원식과는 행사의 성격이 다르다.
20) 국회법은 "국회의 개회식은 회기 초에 이를 행한다."(제8조)고 규정하고 있으며, "개회식은, 중의원 의장(사고가 있을 때에는 참의원 의장)이 주재한다."(제9조)고 규정하고 있다.
21) 佐藤弘吉, 『注解 參議院規則(新版)』(東京: 參友會, 1994), 34쪽.
22) 군주제를 인정하지 않는 공산당은 '국회의 행사에 천황이 참석하면 안 된다.'는 입장에서 개회식 행사에는 일관되게 참석하지 않고 있다.

의 설비가 참의원의 본회의장에만 있기 때문이다. 또, 제국의회 개설 당시 참의원의 전신인 귀족원이 중의원보다 우월 시 되었기 때문이다.[23]

의장석이나 연단은 이동식으로 되어 있기 때문에 이를 철거하면 개회식 장으로 사용할 수 있다.

개회식에는 중·참 양원의 임원과 의원, 내각총리대신, 최고재판소장관, 회계검사원장, 국무대신 등이 참석하는데 천황이 임석하면 중의원 의장이 양원을 대표해서 식사(개회사)를 낭독한 후, 천황이 '말씀'을 낭독하고 중의 원 의장에게 이를 내려준다.

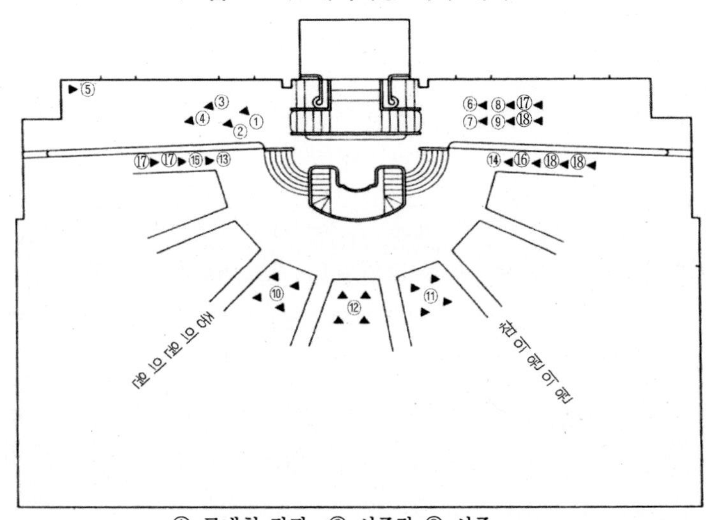

〈그림 6-3〉 개회식장 좌석 배치도

① 궁내청 장관 ② 시종장 ③ 시종
④ 행행주계원[24] ⑤ 계원

⑥ 중의원 의장	⑫ 내각총리대신,	⑬ 중의원 사무총장
⑦ 참의원 의장	최고재판소장관,	⑭ 참의원 사무총장
⑧ 중의원 부의장	국무대신,	⑮ 중의원 법제국장
⑨ 참의원 부의장	회계검사원장,	⑯ 참의원 법제국장
⑩ 중의원 상임·특별위원장,	국회도서관장	⑰ 중의원 참사
헌법조사회장		⑱ 참의원 참사
⑪ 참의원 상임·특별위원장,		
조사회장,헌법조사회장		

자료: 참의원 의사국, 참의원 선례집(1997년판), 40쪽.

---

23) 일본헌법하에서는 '중·참 양원'이라고 하여 중의원을 우선시하지만 제국헌법하에 서는 '귀·중(貴衆) 양원'이라고 하여 귀족원을 우선시하였다.

제국의회 당시에는 의회가 소집되었다고 해서 바로 활동을 한 것은 아니었으며, 개원식에서 천황이 개회의 칙어를 낭독하고, 의원들에게 의회활동을 명해야 활동능력을 갖는 것으로 간주되었다.[25] 이에 대하여 일본국회는 소집된 것만으로도 당연히 활동을 시작할 수 있다. 따라서 국회의 개회식은, 국권(國權)의 최고기관으로서 단순한 의식에 불과한 것으로 인식되고 있다.

제3절 본회의 의사진행

1. 본회의제도

1) 의의

일본국회를 구성하는 중의원, 참의원은 각각 독자적으로 회의를 열 수 있는데, 각 의원(議院)의 모든 국회의원으로 구성되는 회의를 본회의라고 한다.[26]

본회의(本會議, plenary sitting)라 함은, 그 의원에 속한 모든 국회의원으로 구성되는 합의체를 말하며, 의원, 즉 국회(중의원·참의원)의 최종적인 의사는 여기에서 결정된다.

본회의의 회의는 공개하도록 되어 있다(헌법 제57조 1항).[27] 회의의 공개는, 방청의 자유, 보도의 자유 및 회의록의 공표를 포함하며, 헌법은, 회의록의 공표에 관하여 회의록의 보존, 공표, 반포를 양 의원(議院)에 의무

---

24) 행행주계원(行幸主計員)이란 궁내청의 회계담당자를 가리킨다.
25) 태평양전쟁 전의 제국의회에서는 개회식을 '개원식'이라고 불렀는데, 이때는 천황이 의장에게 조칙(詔勅)을 주는 것부터 시작되었다.
26) 국회 자체를 여는 경우에는 '소집(召集)'을, 본회의를 여는 경우에는 '초집(招集)'이라는 용어를 사용한다.
27) 단, 출석의원의 3분의 2 이상의 다수로 의결했을 때는 비밀회를 개회할 수 있다.

사항으로 규정하였다(제57조 2항).28) 또 출석의원 5분의 1 이상의 요구가 있으면, 각 의원에서의 표결을 회의록에 기재토록 하여 표결의 공개에 관하여 규정하고 있다.

2. 의사운영 및 법안심의

본회의의 의사운영에 관해서는 헌법, 국회법, 의원규칙에 설정된 다수의 규정이나 선례에 따라 행해지는데, 운영내용은 그때그때 의원운영위원회 및 동 이사회의 협의에 의해 결정된다.

법안의 심의는 원칙적으로는 위원회의 심사를 종료한 법안에 대해 행해진다.29) 보통 의사일정에 기초하여 먼저 본회의의 의제가 되고, 그 후 위원장보고가 행해진 후 표결한다. 또 경우에 따라, 질의, 토론이나 본회의 수정안의 심의가 행해지는 일도 있다.

의안심의 이외의 주된 본회의의 의사로서는 의장 등 임원 선거, 상임위원의 선임, 특별위원회의 설치, 회기·회기연장 등 의원의 구성에 관한 건이나 내각총리대신 지명, 시정방침연설 등 국무대신의 연설·질의, 청원·폐회 중 심사 등의 의결이 있다.

일본국회는 미국의 제도를 본받아 위원회중심의 심의방식을 도입했으며, 위원회 단계에서 실질적인 법안심사를 행하고 있다. 이 때문에 본회의에서의 법안심의는 대체로 짧고 형식적인 것이 되었으나, 본회의가 의원(議院)의 최종 의사결정기관으로서 결정적인 역할을 하고 있는 것에는 변함이 없다.30)

---

28) 헌법 제57조(회의의 공개, 회의록, 표결의 기재) ① 양 의원의 회의는, 공개로 한다. 단, 출석의원의 3분의 2 이상의 다수로 의결했을 때에는, 비밀회(秘密會)를 열 수 있다. ② 양 의원은, 각각 그 회의의 기록을 보존하고, 비밀회의 기록 중에서 특히 비밀을 요한다고 인정되는 것 이외에는, 이를 공표하고, 그리고 일반에게 반포하지 않으면 안 된다. ③ 출석의원의 5분의 1 이상의 요구가 있으면, 각 의원(議員)의 표결은, 이를 회의록에 기재하지 않으면 안 된다.

29) 위원회에서 안건을 처리하는 것을 '심사', 본회의에서 안건을 처리하는 것을 '심의'라고 한다.

30) 衆議院調査局議會制度等研究グループ, 「日米英國議會における法案審議－本會議の法

의안은 위원회에 부탁하고 그 심사를 거친 후에 본회의에서 심의, 의결하는 것이 원칙이다(국회법 제56조 2항). 단, 특별히 긴급을 요하는 것은, 발의자 또는 제출자의 요구에 근거하여, 양원의 의결로 위원회에서의 심사를 생략할 수 있다.

위원회의 심사가 종료되고, 본회의의 의제가 된 법안의 심의는 먼저, 위원장으로부터 위원회의 심사경과 및 결과에 대한 구두보고(위원장보고)가 행해진다. 위원회에서 수정안이 가결된 경우에는, 당해 수정안은 법안이 본회의의 의제가 되었을 때 동시에 의제가 된다. 그 후 국회의원으로부터 통고가 있으면 질의, 토론을 하게 되는데, 법안 표결 때의 질의는 거의 행해지지 않는다. 본회의에서, 국회의원은 위원회의 경우와 마찬가지로 수정안을 제출할 수 있다. 수정안은 위원장보고 후, 의제가 되며, 수정안 제출자가 취지변명을 행하고 심의에 회부된다.31)

3. 본회의 개회

의장은 본회의의 의사를 원활히 하기 위하여 본회의의 개회 전에, 본회의의 의사순서, 발언순서, 발언시간 등 의사운영상 필요한 사항에 대하여 의원운영위원회 및 그 이사회 등에서 협의하여 정하도록 되어 있다. 단 여야가 대립하여 그 협의가 이루어지지 않을 경우 간혹 의장 직권으로 개회하는 일도 있다.

본회의는 회기 중이라면 언제든지 열 수 있으나, 중·참 양원의 회의 일정 조정이나 위원회의 활동과의 관계를 고려하여 '정례일'을 두고 있다. 중의원의 정례일은 화, 목, 금요일이고, 참의원의 정례일은 월, 수, 금요일로 되어 있다. 그러나 안건이 없으면 여·야당의 협의하에 열리지 않으며, 필요가 있으면 다른 요일에도 열릴 수도 있다. 개의시각은 원칙적으로 중의원은 오후 1시, 참의원은 오전 10시로 되어 있으며, 중요한 의사일 경우

案審査における日米英國の比較 -」, 『RESEARCH BUREAU 論究』 2号(東京: 衆議院 調査局, 2006. 1), 121쪽.
31) 衆議院調査局議會制度等研究グループ, 앞의 글, 125쪽.

에는 필요에 따라 이 이외의 시각에도 열리는 경우도 많다.

본회의를 개회함에 있어 의장이 미리 회의의 일시, 의제로 하는 안건[32] 및 그 순서를 기재한 의사일정을 광보(廣報)에 게재하여, 의원(議院)에 통고하도록 되어 있으며(국회법 제55조 1항), 동시에 관보에도 게재하여 일반 국민에게도 알리도록 하고 있다. 본회의의 의사는 의사일정에 기재된 순서에 따라 진행되나 의장이 필요하다고 인정한 경우나 국회의원의 동의가 있는 경우에는 의원(議院)과 협의하여 의사일정을 변경하거나 다른 안건을 추가할 수 있다.[33]

중의원의 본회의는 앞에서도 언급했듯이 화요일, 목요일, 금요일 오후 1시에 개의된다. 주말에 지역구에 돌아간 의원은 월요일 중에 도쿄로 돌아와, 화요일 오전 8시에 시작하는 부회(部會)를 시작으로 1주간을 맞는다. 월요일에 본회의가 간혹 열리기도 한다.

국회의원(중의원)은 본회의가 끝나는 금요일 밤에 지역구로 돌아가고 다음 주 화요일에 본회의에 참석하는 생활을 하는 경우가 많은데 이를 가리켜 '금귀화래(金歸火來)'라고 한다. 지역구에 가면 후원회 회합에 참석하고, 가두에서 연설하기도 하며, 각종 이벤트에 참석하고, 지지단체나 지역 신문사 방문 등의 활동을 하면서 지반을 굳힌다.

<그림 6-4> 본회의가 개의되기까지의 과정(중의원)

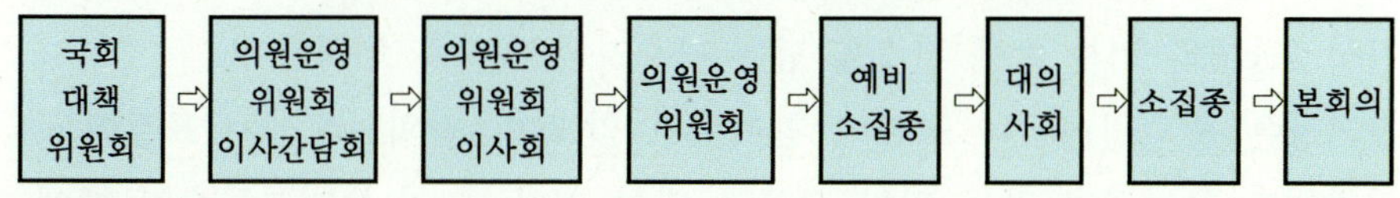

---

32) 안건은 널리 의사(議事)의 대상이 되는 것을 말하며, 의회의 의결을 요하는 사안의 총칭이다.
33) 동의(動議)는 본회의 또는 위원회에서 일정한 사항을 의제로 할 것을 요구하는 국회의원의 발의로서, 법률안과 같이 의안으로서 특별한 취급을 받는 것 이외의 것을 칭한다. 동의는 의안 이외의 국회의원의 발의이므로, 법률안 및 예산에 관해서도 그 수정은 동의의 형식으로 제출된다.

4. 본회의 의결

본회의는 국회의원 전원의 회의이며 의원(議院)의 의사는 여기에서 최종적으로 결정된다. 본회의에서 의사를 시작하여, 의결을 하기 위하여 필요한 출석의원 수(정족수)는 총 정원의 3분의 1 이상이다(헌법 제56조). 따라서 개회 시에 출석의원의 수가 정족수에 달하지 않을 때에는 의장은 본회의의 연회를 선고하게 되며, 또 본회의 도중에 일부 의원이 퇴장하여 정족수에 미달할 때에도 회의는 유회된다.

본회의에서 야당이 반대하는 중요 법안에 대한 표결이 있는 경우에 여당은 모든 소속의원에게 '금족령'을 내린다.[34] 그래도 정족수가 부족할 경우에는 본회의를 담당하는 여당 국회대책위원회 부위원장이 지시를 내리면 당 사무국에서 국회의원 차출에 나선다.

본회의 회의 중에 위원회를 개회하려면 의장의 허가를 요하며, 본회의에 중요 안건이 상정될 때 또는 본회의의 정족수가 부족할 것으로 예상될 때 등에는 의장은 전부 또는 일부 위원회의 개회를 허가하지 않으며, 또는 그 허가를 취소하는 일이 있다(중의원규칙 제41조, 참의원규칙 제37조, 중의원 선례집 제127조, 참의원 선례집 제123조).[35]

본회의에서 유효한 의사결정을 행함에 있어 필요한 찬성 표결수(表決數)는 출석의원의 과반수이다. 이 과반수의 취지는 기권이나 무효표를 제외한 찬성·반대의 의사 속에 반수를 넘는 다수자의 의사로 해석된다.

의장은 중의원에서는 표결에 참여하지 않으며, 참의원에서는 표결에도, 선거에도 참여하지 않는 것이 관례로 되어 있다. 그러나 가부동수일 때에는 의장이 결정하는 바에 따른다(헌법 제56조 2항, 중의원 선례집 311호, 참의원 선례집 332호).

자유민주당의 경우, 대의사회(代議士會)는 본회의 5분 전에 반드시 열리

---

34) 본회의가 그날의 몇 시에 열릴지 모를 때, 각 당이 소속 국회의원들에게 국회 주변에서 대기하도록 명을 내리는 것을 '금족(禁足)'이라고 한다. 보통 여야 간의 대립으로 긴박한 상황이 조성될 때 금족령이 내려진다.

35) 福元健太郎, 「國會定足數の政治的實態」, 『議會政治』 47(1998), 2쪽.

며, 의원운영위원회의 이사가 그날의 본회의의 내용과 표결에 관해 설명한다. 이때 이사는 이 법안에 대해서는 기립하라든가, 이 법안은 녹색 표찰을 가지고 투표하라고 친절히 설명해 준다. 이사는 설명 끝에 반드시 '지금의 의원운영위원회 이사로부터의 보고에 이의는 없으신지요?' 하고 묻는다.[36]

　본회의에서의 의안의 심의는, 위원회에서의 심의의 경과와 결과를 위원장이 보고하고, 소수의견이 있으면 그것도 보고된다. 법안에 관한 질의·토론은, 위원회에서보다 제한된다. 질의 종료 또는 질의 중단 등의 가결에 이은 토론도 발언순서가 사전에 정해진다.

5. 본회의 수정

　본회의에서는 의제가 된 법안에 대해 수정이 가능하다.[37] 수정 대상이 되는 의안은, 보통 위원회의 심사를 종료한 것이나, 위원회 심사를 생략한 위원회제출법률안 등이 수정 대상이 된다. 본회의 수정을 위해서는 국회의원이 수정동의를 제출해야 하는데 중의원은 의원 20인 이상, 참의원은 의원 10인 이상의 찬성을 요한다. 이 동의가 예산의 증액 또는 예산을 수반하는 것이라면, 중의원은 의원 50인 이상, 참의원은 의원 20인 이상의 찬성을 요하며, 수정의 결과 필요하게 되는 경비를 명확히 밝힌 문서를 첨부하도록 되어 있다. 이 인원수 요건은 의안 발의의 인원수 요건과 동일한 것이다.

　의안에 대한 수정동의는 미리 그 안을 갖추어서 의장에게 제출하지 않

---

36) 河野太郎, 『河野太郎の國會攻略本』(東京: 英治出版, 2003), 97쪽.

37) 국회에서는 법안심사가 위원회를 중심으로 행해지기 때문에 법안의 수정도 오로지 위원회 심사 단계에서 행해진다. 이 때문에 본회의에서 법안이 수정되는 일은 많지 않다. 중의원 본회의에서 지난 40년간 수정된 법안은 5회(10개 법안)이며, 이 중 4회(9개 법안)는 위원회에서 혼란 속에 표결이 행해져, 국회가 공전을 하게 되었는데, 그 후 여·야당의 협의에서 국회정상화의 조건으로서 당해 법안을 수정키로 하고, 그 합의를 실현하기 위해 본회의 수정을 행하는 등 특별한 사정에 의해 행해진 것이다. 衆議院調査局議會制度等研究グループ, 「日米英國議會における法案審議－本會議の法案審査における日米英國の比較－」, 『RESEARCH BUREAU 論究』 2号(東京: 衆議院調査局, 2006. 1), 146쪽.

으면 안 되는데, 위원회의 심사 종료 후, 의안이 회의의 의제가 될 때까지 제출하는 것이 관례이다.

국회의원이 제출한 수정안은 본회의에서 위원장보고 후에 의제가 된다. 이들 수정안에 대해서는 본안과 함께 질의가 허용된다. 질의종료 후, 토론에 들어가는 경우에는, 수정안은 본안에 대한 토론과 병행하여 행한다. 또 법안에 대한 수정으로서, 예산의 증액을 수반하는 것 또는 예산을 수반하게 되는 것에 대해서는 표결 전에 내각으로부터 의견을 청취하도록 되어 있다.

수정안의 표결은, 원안에 앞서 표결을 하는데, 수정안이 2개 이상 제출된 경우에는 국회의원이 제출한 수정안을 위원회의 수정안보다 앞서서 표결하며, 국회의원이 제출한 수정안이 여러 개 있을 때에는 원안에서 내용이 가장 먼 것부터 표결하도록 되어 있다.

6. 위원회 활동에 대한 견제

국회에서의 심의는 위원회중심으로 전개되며, 위원회는 경우에 따라서는 특정 의안을 보류시켜, 폐안으로 몰고 갈 수 있다. 다만, 위원회는 예비적인 심사기관이기 때문에, 위원회 심의에 본회의가 예외적으로 개입할 수 있는 길은 남아 있다. 예를 들면, 특별히 긴급을 요하는 의안에 관해서는, 제안자의 요구에 의하여 위원회의 심사를 생략할 수 있다. 또 위원회의 심사가 여간해서 진행되지 않는 경우에는, 위원회에 대하여 심사 중인 안건에 관한 중간보고를 요구할 수 있다. 그리고 중간보고가 있었던 안건에 대해서는, 특별히 긴급을 요한다고 인정할 때에는 위원회의 심사에 기한을 붙이거나, 본회의에서 그대로 심의할 수도 있다. 그러나 이러한 경우는 극히 드물며, 대부분은 위원회를 중심으로 한 국회운영이 이루어지고 있으며, 실질적인 심의의 장은 위원회이며, 본회의에서는 대부분 위원회의 보고대로 의결되고 있다.

7. 본회의 주재

본회의를 열고 의사를 주재하는 것은 의장이며, 의장에게 사고가 있을 때에는 부의장이 의장을 대신하여 그 직무를 행한다.

1) 의사진행계

본회의를 진행할 때 의장을 도와 의사의 진행을 도모하는 역할이 있다. 연단의 정면, 앞에서부터 7번째의 줄 좌석을 보면 그 통로 쪽에 마이크로폰이 준비되어 있다. 이 자리에 앉는 국회의원이 의장과 함께 의사를 진행하는 또 한 사람의 진행자이다.

그가 맡는 중요한 역할은, 의원운영위원회에서의 합의에 따라, 의사진행의 동의(動議)를 제출하는 일이다. 구체적으로 이 사람은, 미리 정해진 시간에 먼저 '의장-!' 하고 큰 소리로 외친 후, 이어 '……동의를 제출합니다-!' 하고 어미를 길게 늘어뜨리는 독특한 말투로 차례차례 동의를 제출하여 의사의 진행을 도모한다. 이 역할을 맡는 것은 의원운영위원회의 위원으로서, 당선 경력 2~3회의 의원 중에서 선임하는데, '젊은 엘리트의 등용문'이라고도 불린다.[38]

이렇게 본회의 의사진행을 돕는 의원들을 흔히 '의사진행계'라고 부르는데 공식적으로 그런 직책이 있는 것은 아니고 편의상 부르는 호칭이다.[39]

회의가 끝날 무렵에는 '의장! 금일의 회의는 이 정도로 하고, 산회해 주실 것을 요청합니다.' 하고 말한다. 앞의 '의장!'과 맨 뒤의 어미를 길게 빼는 독특한 말투가 특색이며, 큰 소리로 소리치는 것이 관례이다.

의원운영위원회에 속하는 자유민주당의 젊은 국회의원이 주로 선임되는

---

38) 議會制度研究會編, 『國會がわかる本』(東京: 第一法規, 1991), 79쪽.

39) 참의원 본회의장의 의장석에는 소란스러운 본회의장을 진정시키기 위한 '의사봉'이 놓여 있으며 본회의가 시작될 때 두드려진다. 1950년 참의원 의원단이 미국 상원을 시찰하였을 때 선물로 받은 것이 계기가 되어 일본에서도 벚나무를 써서 만들었다. 참의원은 중의원 측에 대해서도 '의사봉'을 만들 것을 권유하였으나 중의원은 이를 사용하고 있지 않다.

데, 발언내용은 대부분 의사를 원활히 운영하기 위한 '동의(動議)'이다.

규정상 본회의장에서 선거를 통해 선임하는 것으로 되어있는 상임위원장의 선거는 실제로는 사전에 각 정당 간의 절충으로 대부분 결정되어 있는 상태이기 때문에 본회의 시간 단축을 위해 의장이 지명하는 형태로 해 줄 것을 요청하는 모두 동의라든가, 일정변경을 요구하는 동의, 위원회의 중간보고를 요구하는 동의 등으로서 그 어느 것도 사전에 여야 간에 합의된 것들이다. 그렇기 때문에 본회의에 상정되어도 그 동의에 반대의견이 없는 것은 당연한 일로서, 하나의 의식화되어 있는 상태이다.[40] '의사진행계'에 속한 국회의원은 본회의장에서 '의장, 각 상임위원장 선거는 그 절차를 생략하고, 의장이 지명해 주실 것을 원합니다 - 아' 하고 큰 목소리로 길게 외쳐 의사를 원활히 하는 데 일조한다.[41]

의사진행계는, 회기마다 의원운영위원회(총선거 후 처음으로 소집되는 국회에서는 각파협의회)에서 결정된다.[42] 인원수는 1인이며, 여당의 의원운영위원 중에서 선출한다.[43] 이 '의사진행계'는 중의원에만 존재하며 참의원에는 설치되지 않는다. 본회의에서 의사일정 추가 등의 의사진행의 동의(動議)를 제출하는 의사진행계는, 회기 초에 여당에 있어, 의원운영위원 중에서 1인을 신고하여, 의원운영위원회에서 결정한다.

2) 의장내 교섭계(議場內交涉係)

중의원은, 본회의에서 어떤 사안에 대한 불충분한 설명 등으로 어떤 혼

---

40) 이 일을 그동안 남자 의원들만이 맡아 왔으나 2000년에 들어서 처음으로 여성의원인 노다 세이코(野田聖子)가 맡았다 해서 화제가 되었다. 佐藤孔亮, 「女性も登場した國會の'呼び出し係'」, 『政界往來』(2000. 1), 70 - 71쪽.

41) 제국의회가 시작된 지 얼마 되지 않은 시점에서 어떤 의원이 소란스러운 본회의장을 정리하기 위해 큰 소리로 국회의장에게 의사진행을 촉구한 것이 발단이라고 전해진다. 큰 목소리를 내는 것은 본회의장에 마이크가 없었던 제국의회(1890) 시절부터 내려온 관습이다.

42) 佐藤孔亮, 앞의 글.

43) 衆議院調査局議會制度等研究グループ, 「日米英國議會における法案審議 - 本會議の法案審査における日米英國の比較 - 」, 『RESEARCH BUREAU 論究』 2号(東京: 衆議院調査局, 2006. 1), 136쪽.

란이 발생할 경우 의원들이 의장석에 모여 교섭하는 것을 피하기 위해, 각 회파가 본회의장 내에 교섭계를 두어, 이들이 사무총장 등과 교섭하고 대책을 협의하게 하는데 이 교섭계를 '의장내 교섭계'라고 한다.

의장내 교섭계는 1925년의 제국의회의 각파교섭회에서, 의장 내에서의 발언통지 기타의 용무는 모두 각파교섭회가 서기관장(현재의 사무총장) 또는 서기관(현재의 참사)과 교섭하는 것으로 하고, 어떤 경우라도 다수가 등단하여 의장석 또는 연설자에게 다가가는 일이 없도록 협정을 맺은 것에서 시작되었으며, 이 협정에서는 교섭계는 각파 3인으로 할 것과, 등단하여 교섭을 하는 것은 교섭계 3인 중 1인으로 하였다.

일본국회는 제국의회의 이러한 관행을 계승하여 교섭계를 설치하였다.44) 의장내 교섭계는 매 회기마다 의원운영위원회(총선거 후 처음으로 소집되는 국회에서는 각파협의회)에서 인원수를 결정하여, 각 회파는 의원운영위원 중에서 이들을 선출한다. 회파에 따라 1~3인이 선출되며, 1~2인의 예비인원도 같이 선출된다. 교섭계는 본회의 개회 중, 의사운영에 관해 협의필요성이 있을 경우에, 모여서 대책을 협의한다.45) 의장내 교섭계를 설치할 수 없는 회파라도, 일정 인원수 이상의 회파에 관해서는 의장내의 교섭에는 참여하지 않으나, 교섭경과를 연락하는 계로서, 의장내 연락계를 설치할 수 있다.

참의원에는 이러한 의장내 교섭계는 설치되지 않는다. 의장 내에서 어떤 이유로 교섭하고 협의할 필요가 있을 때에는 의원운영위원회의 이사(理事)가 모여 교섭하고 협의하게 된다.

3) 호령, 진령

의원규칙(과거 제국의회 귀족원규칙 제153조, 중의원규칙 제178조)은 "의장이 호령(참의원은 진령)을 울릴 때에는 누구라도 침묵하지 않으면 안된다."고 규정하였다. 이 규칙은 현행 의원규칙에도(중의원규칙 제218조

---

44) 淺野一郎·河野 久編, 앞의 책.
45) 衆議院調査局議會制度等研究グループ, 앞의 글(2号), 136쪽.

등) 계승되었으며 양원의 의장석에는 작은 손잡이 종이 준비되어 있다. 이 작은 손잡이 종을 중의원은 호령(号鈴), 참의원은 진령(振鈴)이라고 부른다. 웬만한 일이 아니면 이 종은 울리지 않는다. 의장이 진령을 울린 것은 전전의 제국의회에서는 12회, 전후에는 1회 있었다고 한다.[46] 진령이 처음으로 울린 것은 1890년 12월 1일의 제국의회 제1회 본회의 중의원규칙기초위원선거에 관한 회의에서 방청을 허가할 것인가를 놓고 토론 중에 본회의장이 소란해져 수습이 어려워지자 의장이 두 번 진령을 울려 진정시킨 적이 있다.[47]

호령은 여간해서 울리지 않는데, 전후(戰後) 가장 먼저 호령이 울린 것은 1946년 6월 21일의 일이다. 당시 제90회 제국의회에서 신헌법 제정을 둘러싸고 대표질문 중 본회의장이 혼란에 빠지자 히가이 센조(樋貝詮三) 의장이 장내를 정리하기 위해 호령을 흔든 적이 있다.[48] 또 다른 사례는 1965년 11월의 한국과 일본의 국교정상화 안건을 다루는 이른바 일한국회 당시 시이나 에쓰사부로(椎名悅三郎) 외상 불신임안을 표결하는 과정에서 본회의장이 혼란스러워 졌는데 이때 우보전술을 행하고 있던 아리마 테루타케(有馬輝武) 사회당 의원이 호령을 잡아들고 흔든 적이 있다.[49]

8. 본회의장의 구조 및 의석 배정

1) 구조

본회의장은 정면 중앙의 높은 장소에 있는 의장석과 연단을 중심으로 하여 의석이 반원형으로 배열되어 있다.[50] 의석은 의원운영위원회에서 결

---

46) 老川祥一編, 『やさしい國會のはなし(改訂版)』(東京: 法學書院, 1993), 60쪽.
47) 「議長の振鈴」, 『國會月報』480号(1988. 12), 80쪽.
48) 現代議會政治研究會編, 『議會用語ハンドブック』(東京: ぎょうせい, 1987), 36쪽.
49) 자유민주당의석에서는 '의장조차도 손에 하지 않는 호령을 흔들었으니 의원사직감이야', '아니야, 징벌감이야' 등의 소리가 들렸다. 사회당이 물밑교섭을 벌임으로써 이 문제는 가까스로 수습되었다. 矢島孝一, 『國會』(東京: 行硏出版局, 1987), 143 - 144쪽.
50) 본회의장의 면적은 중의원과 참의원 모두 743평방미터이다. 본회의장은 중의원과

정한 각 회파의 구획에 기초하여 회파별로 지정된다. 중의원에서는 의장석에서 보았을 때 중앙으로부터 우측을 제1당, 그 좌측을 제2당 이하 회파별로 배정한다. 참의원에서는 중앙을 제1당이, 제2당 이하의 정당은 좌우로 의석을 배정받는다.[51] 좌석 배정은, 신인 국회의원들이 맨 앞줄 좌석에, 당선 횟수가 많을수록 뒤쪽 좌석에 앉는다.[52]

한편, 영국에서는 장관이나 '그림자 내각'의 각료, 경력이 많은 간부 국회의원들은 앞쪽 좌석에 앉고, 경험이 일천한 평의원(backbencher)은 뒤쪽 좌석에 앉는다. 영국의회는 테이블을 끼고 여야가 서로 마주보며, 총리나 야당 당수는 테이블 가까이에서 발언한다. 평의원들은 특정한 연단이 없으며 그 자리에서 기립하여 발언한다.[53]

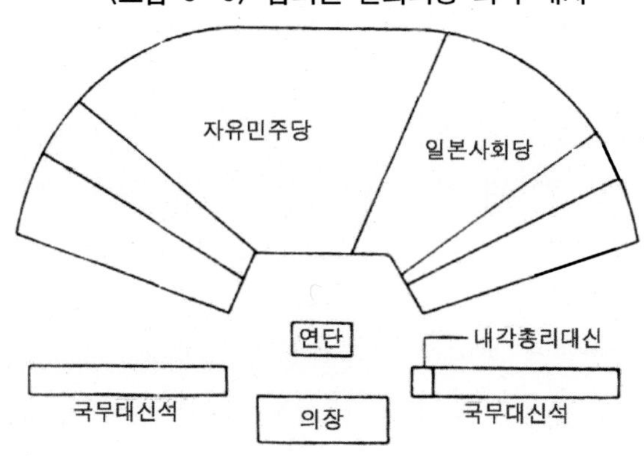

〈그림 6-5〉 참의원 본회의장 좌석 배치

2) 국회의원석

본회의장의 의석은 국회소집 당일에 각 국회의원에게 지정된다. 좌석

참의원 모두 의사당 2층에 있으며, 2층 공간과 3층 공간은 트여 있다.

51) 우익, 좌익의 표현은, 프랑스혁명 후 국민의회에서 의장석에서 보아 오른쪽에 온건파가, 왼쪽에 급진파가 의석을 점하고 있던 것에 유래한다.

52) 岸本弘一, 『讀本 日本の議會政治』(東京: 行政問題研究所, 1983), 133쪽.

53) 영국이나 프랑스 하원의 본회의장 구조는 五十嵐 仁, 『現代日本政治-「知力革命」の時代-』(東京: 八朔社, 2004), 69-70쪽, 大石 眞, 『議會法』(東京: 有斐閣, 2001), 60-61쪽 참조.

지정 규칙은, 각 국회의원이 소속하는 회파별로, 맨 앞줄을 초선의원으로 하고, 뒤로 갈수록 당선 횟수가 많은 의원의 의석으로 정하도록 되어 있다. 맨 뒷줄에는 현직이나 전직 의장, 총리, 당 간부 등 거물급 의원에게 의석을 배정한다. 의석에는 각기 번호가 매겨져 있는데, 기명투표 시에는 1번부터 번호순서대로 성명 호명을 들은 후 연단에 올라가 투표한다.[54] 본회의장에 출석한 의원은 의석에 있는 자신의 성명 표찰을 세워 두는 것이 관례이다.

3) 국무위원석

본회의장 내의 각료석(국무위원석)은 흔히 '히나단(ひな壇)'이라고 불린다.[55] 국무위원석은 일반 의원들의 좌석과 마주보는 형태로 의장석을 중심으로 하여 좌우 일렬로 자리한다. 이때 각료가 앉는 위치에 따라 그의 내각 내의 서열을 나타내기 때문에 주목을 받는다.[56] 의원석에서 정면, 즉 국무위원석을 바라보았을 때 의장석의 바로 왼쪽자리가 내각총리대신 지정석이고, 제2인자인 부총리 격은 의장석의 오른쪽 자리, 제3인자는 내각총리대신의 왼쪽자리에 앉는 것이 보통이며, 의장석에서 멀어질수록 그 서열은 낮아진다.

단, 근년에는 답변관계 때문에 재무대신과 외무대신을 내각총리대신의 옆 자리에 앉히기도 한다. 이 좌석 배치는 내각관방에서 원안을 만들고 여기에 내각총리대신이 정치적 배려를 가미하여 결정한다.[57] 서열을 정할 때에는, 각료 재직일수와 국회의원 재직일수를 계산하여, 각각에 대해 모든 각료의 합계일수에 점하는 비율을 산출한 후에, 2개의 백분율을 더하여 종합점수를 낸 것을 기본으로 한다.[58]

---

54) 이를 '순번 투표하기(堂堂巡り)'라고 한다.
55) '히나단'이란 계단식으로 된 인형 진열대를 말하는데, 국회에서는 국무위원석의 속칭으로 쓰이고 있다.
56) 五十嵐ふみひこ, 『國會がひとめでわかる本』(東京: 日東書院, 1986), 45쪽.
57) 예를 들면, 자유민주당이 다른 정당과 연립정권을 형성한 경우, 다른 정당에서 영입한 각료를 그 각료의 실제 서열보다 약간 높여서 각료석을 배정한다.
58) 議會制度研究會編, 『國會がわかる本』(東京: 第一法規, 1991), 76쪽. <그림 6-5>참조.

9. 본회의 방청

본회의는 원칙적으로 자유롭게 방청할 수 있다. 방청석은 국회의원의 소개에 의한 소개석과 본회의 당일 선착순으로 방청할 수 있는 자유석으로 나뉘는데, 방청하기 위해서는 주소, 성명, 연령을 기입한 방청권을 교부받아야 한다.

10. 의사일정의 기재순서

본회의의 의사일정이란, 본회의 개최(開議)의 일시와 본회의에 회부할 안건, 순서를 기재한 의사순서를 가리키며, 중·참 양원의 공보에 게재하여 이를 소속의원에게 통지한다(중의원규칙 제108조~제110조, 참의원규칙 제86조·제87조). 의사일정에 기재하는 것을 일반적으로 본회의 상정이라고 한다. 일본에서는 형식상 그 결정이 의장의 전권 사항으로 되어 있으나(국회법 제55조 제1항), 회파 중심의 국회운영이 정착해 있는 관계로, 의장이 회파 간의 협의를 무시하고 의사일정을 결정하는 일은 의사혼란을 가져올 수 있어 어렵게 되어 있다. 그래서 의원운영에 책임을 지는 기관이 실질적으로 결정하는 방법이 채택된 것이다.[59]

기재순서는 선례에 의하여 거의 정해져 있으며, 중의원의 경우에는 다음과 같다.

① 의원의 구성에 관한 일(의장 및 부의장 선거, 회기의 건, 상임위원장 선거, 특별위원회설치의 건, 의원 체포 수락의 건 등)
② 내각총리대신 지명 등(내각불신임결의안 등)
③ 국무대신의 연설 및 이에 대한 질의, 의안의 취지설명 및 질의
④ 의안(예산, 양원협의회 성안·회부안, 결의안, 조약, 법률안, 결산 등. 위원회의 보고순서에 의하여 위원회별로 기재하는 것이 선례이다.)

---

59) 大石 眞, 앞의 책, 63쪽.

11. 본회의 정족수

정족수란 본회의나 위원회를 열어 심의를 행하고, 의안을 의결하기 위한 필요 최소한의 출석자 수를 말한다. 헌법 제56조 1항은 "양 의원은, 각각 그 총 의원의 3분의 1 이상의 출석이 없으면, 의사를 시작, 의결할 수 없다."고 하여, 정족수를 총 의원의 3분의 1이상이라고 규정하였다.

<표 6-1> 정족수 및 표결수

	위원회	본회의	양원협의회
회의성립요건(정족수)	1/2	1/3	2/3
의사성립요건(표결수)	1/4	1/6	4/9

본회의는 공개가 원칙이며 개의하기 위해서는 총 의원의 3분의 1 이상의 출석이 필요하다. 그 의사는 특별한 경우를 제외하고는 출석의원의 과반수의 찬성을 요한다. 가부동수일 때에는 의장이 이를 결정한다.[60]

<표 6-2> 사안별 정족수

사항	표결수	헌법조문
자격소송재판에 의해 국회의원의 의석을 상실케 하는 경우	출석의원의 3분의 2 이상	제55조
의원(議院)의 비밀회를 개최하는 경우	출석의원의 3분의 2 이상	제57조 1항
의원(議院)이 국회의원을 제명하는 경우	출석의원의 3분의 2 이상	제58조
중의원이 법률안의 재의결을 하는 경우	출석의원의 3분의 2 이상	제59조 2항
헌법 개정을 발의하는 경우	각 의원(議院)의 국회의원의 3분의 2 이상	제96조 1항

자료: 小川光夫編, 『制定秘話から學ぶ日本國憲法』(東京: 淸水書院, 2000), 124쪽.

본회의를 열었을 때 출석의원이 정족수에 미달하게 되면 의사를 진행할 수 없으므로 의장은 연회를 선포할 수 있으며, 본회의 도중에 정족수가 부족하게 되면 휴식하든가 연회를 하게 된다.

---

60) 衆議院事務局, 『衆議院の動き』11号(東京: 衆議院, 2004), 317쪽.

헌법 개정의 발의(헌법 제96조 1항)는 총 의원의 3분의 2 이상의 찬성을, 또 의원(議員)의 자격쟁송재판에 의하여 의석을 상실하는 경우(헌법 제55조), 비밀회를 개최하는 경우(헌법 제57조 1항), 의원을 제명하는 경우(헌법 제58조 2항) 및 중의원에서 법률안의 재의결을 하는 경우(헌법 제59조 2항)에는 모두 출석의원의 3분의 2 이상의 다수에 의한 의결을 요한다.

〈그림 6-6〉 헌법 개정 정족수 및 절차

| 중의원 | 2/3 이상의 찬성 의결 | ⇨ | 국민투표 시행, 과반수 찬성 시 승인 | ⇨ | 천황, 개정헌법 공포 |
| 참의원 | 2/3 이상의 찬성 의결 | | | | |

참고로 세계 여러 나라의 의회는 <표 6-3>에서 보는 것처럼 의사정족수를 규정하고 있지 않으며, 정족수 규정이 있더라도 그 조항을 신축적으로 적용하고 해석함으로써 의회 입법활동의 활성화를 도모하고 있다.

영국, 독일, 프랑스의 의회는 본회의의 의사를 시작함에 있어 일정 수의 의원이 출석하고 있는지의 여부는 크게 문제되지 않는다.

〈표 6-3〉 각국 의회 본회의 정족수

국가	의회	의사정족수	의결정족수
영국	하원(평민원)	없음	40인
	상원(귀족원)	3인	30인
미국	하원	현재 의원 수의 과반수	현재 의원 수의 과반수
	상원	현재 의원 수의 과반수	현재 의원 수의 과반수
독일	연방의회	없음	법정 의원 수의 과반수
	연방참의원(평의회)	없음	총 표결수의 과반수
프랑스	하원	없음	현재 의원 수의 과반수
	원로원	없음	현재 의원 수의 과반수
일본	중의원(하원)	총 의원의 3분의 1	총 의원의 3분의 1
	참의원(상원)	총 의원의 3분의 1	총 의원의 3분의 1
한국	국회	재적의원 5분의 1	재적의원 과반수 출석, 출석의원 과반수 찬성

주: 안건에 따라 정족수가 달라지는 경우가 있으며, 한국은 필자가 추가하였음.
자료: 川崎政司, 「國會審議の過程(9)」, 『國會月報』 620号(2000. 8), 44쪽.

12. 본회의 일정

일본국회에서 의사일정은 의장이 결정하고, 사전에 이를 의원(議院)에 보고하는 것으로 되어 있다. 의장이 의사일정을 정하고 중의원 공보에 기재하고, 이를 미리 각 국회의원에게 배부하여 보고하는 것이 관례이다. 그러나 실제로는 의원운영위원회의 이사회 및 위원회가 개회되어 본회의 개회일시, 내용 등에 관해 협의하고 있으며, 의장은 의원운영위원회 이사회의 협의나 위원회의 결정에 기초하여 의사일정을 결정하고 있다.

의사일정에는 원(院) 구성에 관한 것, 내각총리대신 지명, 기타 국무대신의 연설 및 이에 대한 질의, 의안의 취지설명 및 이에 대한 질의, 예산·법안·결의안 등 및 청원이 기재된다. 의사일정에 기재된 안건의 순서를 변경하고자 할 경우에는 의장의 발의 또는 국회의원의 동의(動議)에 의해, 토론 없이 의원(議院)에 자문하여 이를 결정할 수 있다.

법안은 위원회로부터 심사 종료했다는 보고가 있을 때 의사일정에 기재한다. 법안의 취지설명 질의를 행하는 경우, 법안에 위원회 심사생략이 있는 경우 등도 본회의의 안건으로서 기재된다.[61]

법률안 등은 본회의에서 의결된 때에 그 의원의 의사가 최종적으로 확정되는 것으로서 위원회의 심사는 어디까지나 그 심사의 결과를 가지고 본회의에서 의결하는 데 판단자료를 제공하기 위하여 예비적으로 행해지는 것이다. 위원회는 법률안의 심의를 종료한 때에는 의안의 취지, 목적, 의결, 이유 등에 관해서 간단히 설명한 보고서를 작성하여 의장에게 제출한다. 이 보고서의 제출에 의하여 의안은 본회의 심의 단계로 들어가게 되는데 의장은 보고서를 인쇄하여 각 의원에게 배부함으로써 위원회 심사결과를 일반 의원에게 미리 알리고 의사일정으로 게재할 수 있다.

그러나 의사실무상으로는 위원회 심사보고서에 앞서 위원장은 심사 종료 통지서를 의장에게 제출하여 이 통지서에 의하여 의사일정을 작성한다. 보고서의 인쇄, 배부가 의안의 상정 전까지 이루어지지 아니하여 위원

---

61) 衆議院調査局議會制度等研究グループ, 앞의 글, 131쪽.

장의 구두보고만으로 의결되는 예가 흔히 있다. 또는 위원회에서 부결된 법률안도 보고, 심의된다.

의사일정에 기재되어 있지 않은 법안이라도 당해 법안에 관해 본회의 개회 시까지 위원회가 심사를 종료하고, 보고하고 있는 법안에 대해서는 당해 위원회로부터의 신청에 기초하여, 의원운영위원회의 결정에 따라, 동의(動議)로 일정에 추가하여 심의의 대상으로 할 수 있다.

중요 법안에 관해서는 대체로 소관 위원회의 심사에 들어가기 전에 의원운영위원회의 결정에 의해, 본회의에서 취지설명이 행해지고, 취지설명에 대해서는 질의를 행하는 것이 관례가 되어 있다(중의원 선례 252호). 그 경우, 취지설명을 행하겠다는 것을 의사일정에 기재하게 되는데 대부분의 경우, 본회의 전날까지의 의원운영위원회 이사회 등에서 취지설명·질의의 실시에 관해 합의한 후, 위원회의 정식결정은 본회의 당일에 이루어지므로, 의사일정에 기재되는 일 없이 본회의에서 취지설명·질의가 행해진다.62)

13. 휴식·연회·산회

본회의는 일반적으로 중의원은 오후 1시부터, 참의원은 오전 10시부터 시작된다.

1) 휴식

의장은 위원회의 심사보고를 기다리거나, 본회의장이 소란해져 일시적으로 냉각시간을 두어야 할 때, 또는 의사정리 형편상 필요가 인정될 때에는 언제라도 '휴식'을 선포할 수 있다. 또 긴급상정안건이 예상될 때에는 의장은 휴식을 선고할 수 있다. 휴식동의가 가결되면 의장은 휴식을 선고한다.

---

62) 衆議院調査局議會制度等研究グループ, 앞의 글.

2) 연회(延會)

본회의 출석의원이 정족수에 미치지 못할 때에는, 의장은 상당한 시간을 두고 계산시켜, 계산을 2회 거듭해도 정족수에 미치지 못할 때에는 연회를 선포하지 않으면 안 된다. 회의 중이라도 정족수를 결여하게 되면 의장은 휴식 또는 연회를 선포한다.

의사일정에 기재된 의사 도중이라도, 중의원 의장은 오후 6시를 지난 시점에서는 의원(議院)에 자문하는 일 없이 연회를 선고할 수 있으며, 참의원 의장은 필요하다고 인정할 때에는 의원(議院)에 자문하여, 오후 4시를 지났을 때에는 자문하지 않고, 연회를 선고할 수 있다. 연회된 의안은 다음 국회의 의사일정의 윗부분에 기재하는 것이 관례이나, 시간의 제약으로 의사일정의 작성이 곤란한 경우가 많기 때문에, 연회의 형식에 따르지 않고, 의장의 발의 또는 국회의원의 동의에 따라, 의사일정을 연기하여 그날은 산회하는 것이 관례이다.[63]

3) 산회(散會)

의장은 진행 중인 의사를 마칠 수 없다고 인정할 때에는 토론 중 혹은 표결 중이라 하더라도 산회를 선포한다. 의장이 산회, 연회 또는 휴식을 선고했을 때에는 어느 누구도 의사에 관해 발언할 수 없다.[64]

제4절 본회의 의사와 심의

1. 본회의 의사

국회에 제출된 법률안은 중의원 또는 참의원의 각 위원회에서 심의된

---

63) 淺野一郎·河野 久編, 앞의 책, 89쪽.
64) 회기는 최종일 오후 12시에 종료한다.

다. 어느 법률안을 어느 위원회에서 심의할 것인지(=위원회 부탁), 중의원
과 참의원 어디에서 먼저 심의할 것인지는 각각의 의원운영위원회에서 정
한다. 여·야당의 찬반의견이 갈려 강하게 대립되는 법률안(중요 법안이라
고 불림)은 경우에 따라서는 본회의에 회부된다. 본회의에서 담당 대신이
법률안의 개요를 설명(취지설명이라고 함)한 다음 질의응답이 있으며, 그
다음에 담당 위원회에 보내져 심의를 받게 된다.

본회의의 의사진행은 의원운영위원회에서 협의하는데, 본회의에서 행하
는 의사(議事)는 다음과 같은 것이 있다.65) ① 의장, 부의장 및 상임위원
장 선거, 특별위원회 설치 등 의원(議院)의 구성에 관한 건 ② 회기에 관
한 건(회기결정 및 회기연장) ③ 내각총리대신 지명, 내각불신임결의안 및
국무대신불신임결의안 결의 ④ 시정방침연설 등 국무대신의 연설 또는 보
고 및 이에 대한 질의 ⑤ 중요 의안에 대한 취지설명 및 이에 대한 질의
⑥ 재판관탄핵재판소 재판원 기타 각종 위원 선거 ⑦ 긴급질문 ⑧ 위원회
에서 심사 종료된 의안(예산, 결산, 조약, 법률안, 의결·승인 또는 승낙을
요구하는 건, 청원) 등에 대한 심의, 표결 ⑨ 위원회의 심사·조사를 폐회
중에도 계속하는 건 ⑩ 예산, 조약, 법률안, 결산 등의 의결 ⑪ 국가공무
원 등의 임명에 관한 건 ⑫ 청원의 의결 등이 있다.

본회의의 정례 개의일에 관해서는, 성문으로 된 규정은 없으며, 의원(議
院)의 관례로 정해져 있다. 이에 따르면, 회기 중에는 원칙적으로 중의원
은 화·목·금요일의 오후 1시부터, 참의원은 월·수·금요일의 오전 10
시부터, 각각 개의하는 것으로 되어 있다(중의원규칙 제103조·중의원 선
례집 210호, 참의원규칙 제81조).

폐회 중 2개 이상의 상임위원회 사이에 소관과 관련하여 다툼이 있을
때에는 의장이 의원운영위원회에 자문한다.66)

---

65) 淺野一郎·河野 久編, 앞의 책, 48쪽.
66) 衆議院事務局, 『衆議院先例集』(東京: 衆議院, 2003), 167쪽.

2. 본회의 심의

국회에서 최종 결정이 행해지는 것은 본회의이다. 위원회는 예비심사기 관으로서의 심사의 장(場)이지 결정의 장은 아니다. 위원회에서도 표결이 행하여지지만 그것은 어디까지나 본회의에서의 의결에 있어 참고 사항에 지나지 않는다. 왜냐하면 본회의는 국민의 대표 전원에 의해 구성되는 데 반해 위원회는 그 일부만에 의하여 구성되기 때문이다. 이 때문에 위원회 의 표결을 거쳤다고 할지라도 다시 본회의의 결정을 거치는 것이 불가결 한 요건으로 되어 있는 것이다.

본회의의 심의는, 위원장으로부터의 심사경과 및 결과보고(위원장보고) 에 의해 시작된다. 국회의원으로부터의 신청이 있으면 질의 및 토론이 행 해지는데, 위원장보고에 이어 바로 표결에 들어간다.[67) 중요 법안에 대해 서는 위원회 부탁 전에 본회의에서 취지설명을 행하는 일이 많은데, 그 경우 취지설명에 이어 질의를 행하므로, 위원회 심사 종료 후의 질의는 생략된다.

위원회에서 심사된 후 본회의에 상정된 법률안에 대한 심의는 위원장에 의한 위원회의 법률안 심사보고에 의하여 개시된다. 또한, 본회의에서의 심의는 위원회 심사와 비교해 볼 때 여러 제약이 따른다. 예를 들어 본회 의에서 질의하는 경우 자신의 의견을 진술하는 횟수에 제한이 있어 동일 한 문제에 대하여 3회를 초과하여 질의를 할 수 없는 것이 선례로 정착되 어 있다.

법률안에 대한 질의가 종결되면 토론에 들어간다. 토론은 회파를 대표 하여 행해지며 찬성 혹은 반대 의견이 표명된다. 그 순서를 보면 먼저 반 대자의 의견표명이 있게 되고 그 다음에는 찬성자의 의견표명이 있으며 그 이후에는 찬반토론이 교차하여 행해진다. 다만, 중요한 법률안에 대해 서만 토론이 행해지고, 많은 법률안일 경우 토론이 생략되고 그다음 단계 인 표결에 들어간다.

---

67) 大山礼子, 『國會學入門(第2版)』(東京: 三省堂, 2003), 119쪽.

일본에서는 양원제의 의회제도를 채택하고 있으므로 법률안이 앞의 절차를 거쳐 어느 일원(一院, 중의원 또는 참의원)을 통과한 경우에도 법률안이 최종적으로 성립하기 위해서는 다시 타원에 송부되어 마찬가지의 위원회 심사 및 본회의 심사과정을 거쳐야 한다. 그리고 중의원에서 가결된 법률안이 참의원에서 수정 가결되어 중의원에 회부되었을 경우 그것이 회기 중에 중의원에서 재동의를 하였을 때에는 그 법률안은 법률로서 성립되는 것이며 또한 참의원에서 부결 혹은 수정 가결되었을 경우 중의원이 3분의 2 이상의 다수로 재의결하거나 또는 양원협의회를 열어 합의를 하였을 경우에도 법률로서 성립한다. 유의할 것은 법률안 심의에 있어 양원의 의사가 불일치할 때에는 중의원의 단순다수로서는 국회의 의사가 성립될 수 없다는 점이다.

제5절 본회의 질문제도

1. 질문제도

질문제도는 의회의 정부통제권의 하나이다. 당초 의원내각제에 있어 질문제도는 대신(大臣)출석요구권, 즉 장관출석요구권과 한 조를 이루고 있다. 의회 측에서 질문을 하려고 해도 정부 측 인사들의 출석요구를 수반하지 않으면 의미가 없기 때문이다. 헌법 63조에는, 내각총리대신 기타 국무대신이 "답변 또는 설명을 위하여 출석을 요구받았을 때에는 출석하지 않으면 안 된다."고 규정하고 있다.

일본국회에서의 질문제도란 원칙적으로 문서에 의해 국회의원이 국정 일반에 관해 내각에 의문 사항을 묻는 행위를 말한다. 각 의원의 국회의원이 내각에 질문하고자 할 때에는 간단한 질문주의서(서면질문서)를 작성하여 의장에게 제출해야 한다. 의장 또는 의원(議院)이 승낙한 질문은 의장이 그 질문주의서를 내각에 전송한다. 내각은 질문주의서를 받은 날부터 7일 이내에 답변하지 않으면 안 된다. 질문에 대한 답변은 문서로 행해지는 것이 원칙이며, 각의를 거쳐 내각총리대신의 명의로 국회의장에게 송부된다.

질문은 서면으로 하는 것이 원칙이며, 구두질문은 긴급을 요할 때만 할 수 있도록 제한되어 있다.[68]

2. 질문주의서(質問主意書)

질문은, 국회의원이 의제와는 관계없이 국정 일반에 관해 내각에 대해 사실관계 설명을 요구하거나, 정부 측의 소견을 묻는 행위이다. 질문은 서면으로 하는 것이 원칙이며, '질문'을 하기 위해서는 질문 사항을 간단명료하게 기재한 주의서(主意書)를 작성하여 국회의장에게 제출하고 그 승인을 받아야 하는데 이 주의서를 '질문주의서'라고 한다.

질문주의서는 의장에게 제출하며, 의장으로부터 내각에 전송된다.

이것은 국회의원에게 인정되는 권능의 하나로서 질문권이라고 불린다. 널리 국정 전반에 걸쳐, 내각에 대해 설명이나 의견을 요구하는 것이다. 국정에 관해 알고 싶은 것이 있으면 국회의원을 통해서 정보를 얻을 수 있는 제도이다.

질문서의 제출은, 의안이나 청원의 제출과 마찬가지로 국회 회기 중에 한정된다. 실제 사무는 의원사무국의 의사부 의안과가 창구가 되어, 국회의원의 소속회파 사무국을 통해 제출된다. 내각에 대해 자료를 요구하는 것은 질문은 아니며, 또 내각에 대한 자료의 요구는 의원(議院) 또는 위원회의 의결을 요하므로, 단순히 자료 요구를 목적으로 하는 질문주의서는 접수되지 않는다.[69]

---

68) 질문이란 국회의원이 현재의 의제와 관계없이 국정 전반에 관하여 내각에 대해 사실의 설명을 요구하거나 소견을 듣기 위해 행하는 행위이며, 질의는 의제와 관련하여 의의를 묻는 일이다. 內田 滿編, 『現代日本政治小事典(2003年度版)』(東京: ブレーン出版, 2003), 96쪽.

69) しぎたに じゅん, 「文書質問制度の現狀」, 『國會月報』 477号(1988. 9), 27쪽.

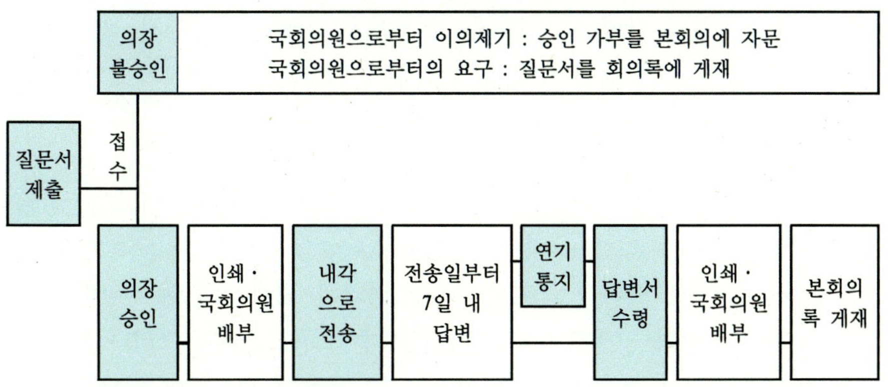

〈그림 6-7〉 질문서의 제출에서 답변까지의 과정

자료: しぎたに じゅん, 「文書質問制度の現狀」, 『國會月報』 477号(1988. 9), 27쪽.

3. 질문방법

1) 일반질문

국회의원이 각 대신에 대하여 국정에 관련된 사안을 묻기 위해 행하는 질문은 일반질문이라고 한다.

2) 문책질문

정부 측의 정치책임을 묻기 위해 행하는 질문을 문책질문(interpellation)이라고 한다.

4. 구두질문과 문서질문

정부에 대한 질문에는 구두질문과 문서질문이 있다. 질문을 행하는 형식이 구두냐 서면이냐 하는 것이 아니라, 요구받는 답변의 형식이 구두냐 서면이냐의 차이이다. 어느 것도 정부의 국정 운용상의 문제에 관한 것으로서, 모두 간단한 서면(質問主意書)을 제출해야 한다는 점이 공통점이다.

특히 구두질문은 간단한 취지를 기술한 취의서(趣意書)를 제출한 후 본회
의에서 국무대신의 답변을 요구하는 것으로서, 의원내각제에서 볼 수 있
는 특유의 정부통제방법이다. 본회의에서 구두질문은 정부통제권의 하나
로서 논의를 활성화시키는 수단이다.

1) 구두질문

일본에서는, 질문(질의를 포함)은 의원 개인의 권리라고 생각되어 단지
헌법 등에서 의원의 직권으로서 열거되는 데 그치고 있다. 그러나 질문제
도는 의회의 행정부 통제권한의 하나로서 그 위치가 설정되어 있다.

일본에서는 질문제도는 그다지 활용되고 있지 않다. 먼저 구두질문에
대해서는, 긴급질문으로 한정되어 있는데다가 이것 또한 제한적으로 운용
되고 있다. 국회법은, 질문이 긴급을 요할 때 에는 의원(議院)의 의결에 의
해 구두로 질문할 수 있다고 규정하고 있다.

중·참 양원 본회의는 1주에 3일 간 밖에는 열리지 않는다. 여러 외국
의 의회에서는 대체로 1주에 4~5일 간은 본회의가 열리므로 질문시간이
확보되는 것에 반하여, 일본국회에서는 그 시간을 충분히 확보하기 어려
운 실정에 있다.[70]

2) 문서질문

문서질문 또한 그다지 활발하게 운용되고 있지는 않으며, 대체로 질문
제도에 의한 행정부 통제는 거의 기능하고 있지 않다.[71] 질문제도의 이용
이 저조한 것은 여러 가지가 있으나 무엇보다도 질문제도(본회의에서의
구두의 질의·질문)가 의원내각제의 논리의 요구이며, 헌법 제63조의 요청
이라고 하는 의식이 빈약한 때문인 것으로 보고 있다.[72]

문서질문은, 서면으로 질문함과 동시에 답변도 서면으로 행해지는 것으

---

70) 大石 眞, 앞의 책, 117쪽.
71) 문서질문은 한국의 서면질의에 해당한다.
72) 大石 眞, 앞의 책.

로서, 정부로부터 관련 정보의 공개를 요구하거나, 국정 상 필요한 정도를 획득하거나, 정부의 실태를 공격하거나 하는 수단으로 사용된다. 의원내각제하의 의회에서는 널리 이용되고 있다.

5. 긴급질문

긴급질문은 천재지변, 소요 기타 의원운영위원회에서 긴급하다고 인정한 것에 한하여 이를 허가한다. 의원운영위원회의 판단에 따라 그 범위가 약간 확대될 수도 있다.[73]

제6절 본회의 표결방법

1. 본회의 의결의 효력

국회법에서 '회의'라고 하면 중의원과 참의원 본회의에서의 회의를 가리킨다. 본회의는 의원(議院)의 의사를 결정하는 장소이며, 그 의결은 위원회의 의결을 뒤집는 힘이 있다. 의원의 의결이 일단 결정되면, 동일 회기 중에는 같은 문제를 재차 심의할 수 없는데 이를 '일사부재의의 원칙'이라고 한다.

2. 의결방법

의결방법으로는 단순다수결(상대다수결), 절대다수결(과반수), 특별다수결의 세 가지로 대별된다. 일본헌법에서는 '출석의원의 과반수'에 의한 의결을 원칙으로 하고 있으며(제56조 2항), 예외적으로 비밀회의 결정·의원

---

73) 『平成15年版　衆議院先例集』(2003), 421쪽, 前田英昭 「形骸化した政府演說と代表演說(下)」, 『議會政治硏究』 72号(2004. 12), 74쪽.

제명·중의원에 의한 법률 재의결 등에 대해서는 출석의원의 3분의 2 이상이라고 하는 특별다수결제도를 채택하고 있다.

국회의장의 결재권은 중의원과 참의원에서 약간 다르다. 중의원에서는, 제국헌법 시대 이래, 의장은 선거의 투표에는 가담하나, 의안의 표결에는 가담하지 않는 것으로 되어 있으며, 참의원에서는, 의장은 내각총리대신 지명 선거를 포함하는 모든 표결에 가담하지 않는 것으로 되어 있다.

3. 표결방법

본회의 표결방법에는 세 가지 방법이 있다. 그 방법은 크게 이의 없음, 기립표결, 기명투표로 나뉜다. 여기에서 표결이란, 국회의원이 의안에 대하여 찬반의 의사표명을 행하는 것을 말하며, 일반적으로 투표에 의하여 그 의사가 표명된다. 여기에 참의원에서만 행해지는 누름 버튼식 표결방법을 더하면 네 가지가 된다.

실제에 있어 어느 표결방식에 의할 것인가 하는 것은 의원운영위원회에서의 각 정당 간의 절충으로 결정된다. 중요 법률안을 표결하는 경우에는 기명투표가 행해지는 것이 보통이다.

1) 이의 없음 표결

반대의견이 없을 것으로 보이는 법안에 대해서는 의장이 의원들에게 이의가 있는가를 묻고, 의원들은 '이의 없음' 하고 답하여 가결시키는 방법이 있다.

이의 유무의 확인은 일반적으로 각 정당 간에 의견의 일치가 확인된 법률안에 대해 행해지는 것으로서 의장이 장내를 향하여 법률안에 대한 이의 유무를 묻는 것이다.

2) 기립표결

찬반의견이 갈릴 것으로 보이는 법안에 대해서는 의장이 의원들에게 기립해 줄 것을 요구하는 방법이 있다. 기립표결은, 다수파·소수파가 명확하지 않으면 행하지 않는 것이 보통이며, 일정한 수의 국회의원의 요구가 있는 경우나 의장이 필요가 있다고 인정한 경우에는 기명투표를 행한다.

3) 기명투표

중의원은 중요 법안을 표결할 때는 기명투표를 실시한다. 의장이 필요하다고 인정할 때, 또는 출석의원의 5분의 1의 요구가 있으면 기명투표가 가능하다.[74]

중의원에서는 첫 등원 때 총리대신, 의장, 부의장을 선출하기 위한 투표가 행해지는데, 이 때 이름을 기입하는 '기명투표'가 행해진다.[75]

중·참 양원의 규칙에는 "의장이 기립자의 다소를 인정하기 어려울 때에는 기명투표로 채결한다."고 되어 있다. 어떠한 경우에 기명투표로 하는가는 의원운영위원회 이사회에서 결정하며, 본예산안은 기명투표로 하는 것이 관례로 되어 있다. 문제가 되는 법안, 여·야당이 대결하는 법안, 그리고 모든 야당이 반대하는 법안 등은 기명투표로 하게 된다.[76]

기명투표방법은, 의원 한 사람 한 사람의 이름이 호명되고, 호명된 의원이 특정한 안건에 대해 찬성할 때에는 의석에 준비된 백색 목패(白札), 반대할 때에는 청색 목패(靑札)를 의장석 앞에 놓여 있는 투표함에 투입하는 방법이다.[77] 중의원에서는 첫 등원 때 내각총리대신, 의장, 부의장을 선출하기 위해 모두 3회의 기명투표를 행한다. 이를 위해 중의원 의원 전체가 연단 주위를 빙글빙글 도는 광경을 볼 수 있다. 이렇게 의원들이 차례로

---

74) 중의원의 경우, 작은 회파부터 큰 회파의 순으로 국회의원의 이름이 호명되는데, 호명된 의원은 백색 목패(찬성) 또는 청색 목패(반대)를 들고 의장석을 향해 좌측부터 등단하여 표찰을 넣은 후 우측으로 내려온다.
75) 기명투표를 행할 때에는 본회의장의 입구를 폐쇄하는데, 그렇게 하는 것은 기명투표를 하는 데 시간이 소요되므로 먼저 입구를 폐쇄하여 표결 수를 확정한다는 취지이다.
76) 기명투표를 할 때에는 국회의원 각 의석에 비치된 백색 목패(木牌, 木札) 또는 청색 목패를 사용하는데 목패는 가로 3.15센티미터, 세로 9센티미터의 규격이며, 두께 0.6센티미터의 노송나무 판자로 만든다.
77) 松本或彥, 『現實政治學』(東京: 中央大學出版部, 2005), 68쪽.

나아가 투표하는 것을 '도도메구리(堂堂巡り)'라고 하는데 보통 3시간 이상 소요된다.

4) 누름 버튼식 투표

참의원은 제142회 통상국회(1998. 1. 12~1998. 6. 18)부터 '누름 버튼식' 투표제도를 도입하여 시행하고 있다. 국회의원이 자신의 의석에서 찬성 또는 반대 버튼을 누르면 그 결과가 즉시 전광게시판에 표시된다.

표결방법 중 가장 많이 행해지는 것이 이 '누름 버튼식' 투표이며, 이 방법을 통해 기명투표가 행해지는 경우 각 국회의원의 표결결과가 회의록에 기재된다.

〈표 6-4〉 본회의 투표 방법

투표 유형	설 명
이의 없음 표결	전회일치로 찬성이 예상되는 안건으로서, 국회의장이 '이의 있음, 없음'을 파악하여, 이의가 없으면 가결로 선고한다. 단, 안건에 관해 또는 의장의 선고에 대해 출석의원 20인 이상으로부터 이의제기가 있을 때에는 의장은, 중의원은 기립 표결에 의해, 참의원은 기립 표결, 기명투표, 누름 버튼식 투표의 방법 중에서 선택하여 표결하지 않으면 안 된다.
기립 표결	찬성자를 기립시켜, 그 많고 적음에 따라 국회의장이 가결, 부결을 판단한다. 안건에 대해 반대자가 있을 것으로 예상될 때 택하는 방법이다. 의장은 안건에 대해 찬성하는 의원을 기립시켜 기립자의 다소를 판단하여 가부를 선고한다. 기립자의 다소를 인정하기 어려울 때 또는 의장의 선고에 대해 출석의원의 5분의 1 이상으로부터 이의제기가 있을 때에는, 중의원은 기명투표로, 참의원은 기명투표 또는 누름 버튼식으로 표결한다.
기명 투표	의장이 필요하다고 인정할 때 또는 출석의원의 5분의 1 이상의 요구가 있을 때 행해진다. 이 방법을 택할 때에는, 의장의 선고에 의해 본회의장의 입구를 폐쇄한다. 폐쇄 후, 참사의 성명 점호에 따라 안건에 찬성하는 의원은 백색목패, 반대하는 의원은 청색목패를 연단으로 가져가면, 연단에서 기다리고 있는 참사가 이를 받아 투표함에 투입한다. 목패에는 모두 국회의원의 성명이 기재되어 있다. 의장이 투표시간을 제한했을 때 그 시간 내에 투표하지 않으면 기권으로 간주될 수 있으며, 가부의 다소는 기권자를 제외한 투표 총수를 기준으로 결정한다.
누름 버튼식 투표	참의원의 독자적인 방법으로서 국회의장의 '투표 개시' 선포에 따라 각 의원이 의석에 설치되어 있는 투표기의 버튼을 눌러 찬성·반대의사를 표명한다. 투표결과는 본회의장 내의 전광표시판에 표시된다. 투표 시 본회의장은 폐쇄하지 않는다. 흔히 사용되는 방식 이다.

4. 비밀회

헌법은 출석의원의 3분의 2 이상의 다수로 의결하였을 때에는 비밀회 (秘密會)를 개최할 수 있도록 하였다(제57조 1항 단서). 한편에서 비밀회 회의 기록 중에서 특히 비밀을 요한다고 인정되는 것 이외에는, 이를 공표하지 않으면 안 된다고 규정하여, 엄격한 요건하에서 공개원칙의 예외를 인정하고 있다(본회의 회의공개의 원칙).

어떠한 때에 '비밀회'로 한다는 특별한 규정은 없으나, 공개가 국가의 불이익을 초래할 수 있다고 인정되는 경우 및 국회의원의 인권에 관한 사안을 다룰 때이다. 국회의원의 체포에 관해 허락을 요구한 경우 이유 설명, 질의, 신상변명은 비밀회(위원회)에서 행한다는 선례가 있다.

비밀회라도 속기는 하고 있다. 그 원본은 공개한 회의의 기록과 같이 보존한다. 그러나 비밀회 회의 기록 중 특히 비밀을 요한다고 의결한 부분은 공표하지 않을 수 있다(헌법 제57조 2항, 국회법 제63조).

비밀회는 의장 또는 국회의원 10인 이상의 발의에 의해, 출석의원 3분의 2 이상의 의결이 있을 때에는, 이를 공개할 수 있다. 일본국회에 들어와서는 의원(議院)의 회의를 비밀회로 한 사례는 없다.[78]

5. 본회의 역전가결

역전가결이란, 위원회에서는 부결되었으나 본회의에서 가결되는 상황을 가리킨다.[79] 위원회에서 부결되었어도 본회의에서 가결되면 역전가결이 되는데, 여·야당 백중의 국회에서는 진기한 일은 아니었다.

일본의 민주화 및 국회기능 강화는 위원회중심주의를 채택하면서 시작

---

84) 제국의회 당시에는 비밀회는 속기사로 하여금 기록하게 하는 것이 상례였으며, 그 속기는 반문정서(反文淨書)한 다음 밀봉하여 보관했다. 衆議院事務局, 『衆議院先例集』(東京: 衆議院, 2003), 492쪽.

85) 1948년의 제2회 국회 당시 일본정부가 제출한 예산이 중의원의 위원회에서 부결되었으나 본회의에서 가결되었다. 또 1979년 3월 중의원 예산위원회에서 부결된 예산안이 본회의에서 가결된 사례가 있다.

되었다. 의원내각제를 채택한 일본의 내각은, 위원회로의 권력분산화로 인해 예기치 않은 어려움을 겪기도 했다. 내각은 야당과의 대립뿐만 아니라, 여당 의원 특히 족의원과의 대립에 직면하게 되었다. 위원회는, 내각, 여당, 야당, 국회의원 간의 2중, 3중의 대립과 긴장 속에서 법안 성립을 둘러싸고 다툼의 무대가 되어 왔다. 게다가 내각은, 내각의 정책을 담은 법안의 성립을 국회의 위원회에 맡기고, 위원회는 생사여탈권을 장악함으로써 내각으로서는 법안의 성립에 난항을 겪어 왔다. 내각은 관계자를 위원회에서의 협의의 장에 정식으로 출석시킬 수 없었다.[80] 어쩔 수 없이 내각은, 위원회의 상부 기관이라고 할 수 있는 의원운영위원회나 여당의 국회대책위원회, 나아가서는 비공식의 여·야당 협의의 장에 작용하여 위원회 심사에 있어 내각의 주도성 확보에 노력했다.[81] 한편, 국회도 내각이나 여당의 요망에 부응하여 궤도 수정에 나서, 본회의에서의 중간보고제도, 위원회 결정을 본회의의 표결로 번복시키는 '역전가결', 본회의에서의 법안 취지설명 등의 제도를 도입했다.

6. 심의기관의 형해화

제도상으로 위원회 심사는 국회에서의 의사의 중심에 있으나, 현실적으로는 위원회에서조차 의안의 축조심의는 거의 이루어지고 있지 않으며, 결과적으로 국회심의과정에서의 의안의 수정은 극히 저조하게 이루어지고 있다.[82] 다만, 의제와는 직접 관계가 없는 관련 질의는 폭넓게 인정되고 있다. 특히 예산위원회의 질의(총괄질의 및 일반질의)에서는 국정 일반에 관한 사항이 취급되어 정부 대 야당의 논전의 장으로서 기능하고 있다.

위원회에서 정부 대 야당의 국정 일반에 관한 논전을 실시하는 것은 본회의의 형식화, 형해화로 연결되어 왔다.

위원회를 중시하는 미국연방의회에서 위원회 심의 후에 또 본회의에서

---

86) 淺野一郎編, 『國會入門』(東京: 信山社, 2003), 151쪽.
81) 淺野一郎編, 앞의 책, 152쪽.
82) 大山礼子, 앞의 글.

의 심의를 거치는 것은 '당의구속'이 없는 관계로 위원회와 본회의에서도 결론이 동일하지 않을 수 있기 때문이며, 본회의에서는 재차 법안 통과를 둘러싸고 다수파 공작이 행해진다.[83] 다만, 본회의에서는 법안수정을 목적으로 하는 실무적인 심의를 행하는 것은 불합리하고 또 불가능하므로, 위원회에서 정리한 수정안에 대한 찬반토론이 심의의 중심이 되고 있다.

일본의 정책과정의 특색은 실질적인 법률안의 수정작업이 국회제출 이전의 여당의 내부 절차(자유민주당 정무조사회의 각 부회에 의한 심사 등)에 위임되어 있는 점에 있다.[84] 국회심의의 단계에서는 정부·여당이 일치하여 원안 가결을 지향하기 때문에, 위원회에서 축조심의를 시행할 여지는 좁아지며, 본회의를 앞서서 하는 듯한 총론적 논의에 그칠 수밖에 없다. 결국, 여당의 사전심사 관행이 위원회의 본회의화(本會議化)를 초래하고, 나아가 본회의의 형해화를 유발하고 있다는 지적이다.[85]

일본국회의 위원회는 심의 강도에 있어 미국연방의회의 그것에는 미치지 못하나 어느 정도 시간을 할애하여 심의하고 있는 편이다. 반면 본회의의 심의는 형해화가 두드러지고 있다.[86] 이러한 현상은 위원회중심주의를 채택하고 있는 국회라면 어디서든 볼 수 있는 현상이다. 일본국회에서는 사전심사 단계에서 대체로 내용조정이 이루어지기 때문에 본회의의 형해화는 더욱 부각될 수밖에 없다.

유럽대륙의 의회에서는 위원회 단계에서 실시되고 있는 실질적 심의가 일본국회에서는 사전에 여당 내에서 결말을 보고 있기 때문에, 위원회에

---

83) 미국연방의회는 본회의 심의시간이 결코 짧지 않다.

84) 大山礼子, 「議事手續」, 『ジュリスト增刊 憲法の爭點(第3版)』(東京: 有斐閣, 1999), 187쪽.

85) 大山礼子, 앞의 글.

86) 일본국회의 심의시간을 외국과 비교한 통계를 보면 일본국회 본회의에서의 심의시간이 짧다는 것을 알 수 있다. 사전 물밑교섭을 중시하는 풍토 때문에 국회 외부에서 이미 심사가 진행되고 내용이 다듬어진 관계로 국회에서의 심의는 형식화되고 있다. 개의일수는 점증하는 추세에 있으나 본회의의 개회 횟수, 심의시간 모두 감소하고 있다. 2000년 중의원 통계를 보면 개회 횟수 65회, 심의시간 73.2시간으로 회복하기는 했으나, 영국 하원의 1442시간(1999~2000회기), 프랑스 하원의 858시간 25분(2000~2001회기) 등과 비교하면 크게 부족한 시간인 것으로 지적되고 있다. 大山礼子, 앞의 책, 228-229쪽.

서 정부·여당 대 야당 간의 논전이 전개된다.[87] 결과적으로 본회의에서는 심의해야 할 것이 없어지는 상태가 된다는 것이다. 사전심사제도가 본회의를 형해화시키는 최대의 요인이 되고 있다.

제7절 정부연설과 대표질문

1. 정부연설의 연혁

일본국회에서는 시정방침연설과 소신표명연설이 행해진다. 이는 법률상으로 규정이 있는 것은 아니다. 중의원규칙에 '회기 초에 내각총리대신이 시정방침에 관하여……' 정도로 기술있는 것이 전부이며, 본래는 제국헌법 시절부터 내려온 관례이다.[88]

또 내각총리대신, 외무대신, 대장대신 및 경제담당 대신에 의한 연설이 행해지기 시작한 것은 제15회 특별국회(1952. 10. 24∼1953. 3. 14)부터이다.[89]

2. 각료대신의 연설(정부 4연설)

국회가 시작되면 먼저 행해지는 것이 정부연설인데, 정부연설은 통칭이

---

87) 大山礼子, 앞의 책.

88) 정부연설(대신연설)의 연혁은 1890년의 제1회 제국의회(1890. 12. 6)까지 거슬러 올라간다. 당초 연설은 중의원은 내각총리대신과 대장대신이 행하는 경우가 많았으나, 외무대신이 같이 하는 경우도 있었고, 내각총리대신만 행하는 경우도 있었다. 1909년(明治 42) 1월의 제25회 제국의회부터, 총리, 대장, 외무의 3대신이 행하는 것이 관례가 되었다. 참의원은 당초 제1회 제국의회에서 대장대신연설이 행해진 외에는, 전쟁 등 특별한 사정이 없으면 행해지지 않다가, 제20회 제국의회(1904)에서 러시아에 대한 선전포고(開戰)에 즈음하여 내각총리대신 및 외무대신이 연설을 행했고, 이후 총리대신의 연설이 행해지게 되었으나, 중의원과 마찬가지로 제25회 제국의회부터 3연설이 관례가 되었다. 淺野一郎·河野 久編, 앞의 책, 160쪽.

89) 松下和史, 「政府4演說と代表質問」, 『立法と調査』 203号(1998. 1), 24쪽.

고 정식명칭은 '각료대신의 연설'이다.[90)

개회식 후 양원 본회의에서 각료대신의 연설이 먼저 행해진다. 통상국회나 통상국회와 겹친 총선거 후의 특별국회에서 행해지는 내각총리대신의 연설은, 신년도의 국정 전반에 걸친 시정의 기본자세를 제시하기 때문에 '시정방침연설'이라고 하며, 이 외에도 외무대신에 의한 '외교연설', 재무대신에 의한 '재정연설', 경제재정정책담당대신에 의한 '경제연설' 등 4가지의 정부연설이 행해진다. 이를 '정부 4연설'이라고 부른다.

정부 4연설에 대한 질의는 연설한 날부터 하루를 두고 중·참 양원에서 2일간 행해진다. 질의 전날 의원규칙에 기초하여 각 회파로부터 의장 앞으로 질의통고가 제출된다.[91) 질의통고에는 질의를 행하는 안건(대신연설의 경우, 국무대신의 연설에 관한 건), 질의자, 질의의 소요시간 및 답변요구대신이 기재된다.[92)

<표 6-5> 정부 4연설

국회 \ 연설	연설 호칭 및 내용		비고
상회 (통상국회)	− 시정방침연설(총리대신) − 재정연설(재무대신) − 외교연설(외무대신) − 경제연설 　(경제재정정책담당대신)		4연설
임시국회		− 소신표명연설(총리대신)	
특별국회		− 소신표명연설(총리대신)	

---

90) 그런데 매 회기 초에 중의원과 참의원에서 각각 별도로 행해지고 있는 정부연설에 대해 한 번에 합동연설로 하면 좋지 않겠는가 하는 견해가 제기되고 있어 머지않은 장래에 중참 양원 합동 본회의가 개최될 수 있을 것으로 전망된다. 정부연설은 법령상의 근거는 없다. 영국, 프랑스, 독일의회에서는 합동연설이 행해지고 있다. 島原 勉, 「衆參兩院合同本會議」, 『議會政治研究』 65号(2003. 3), 1-5쪽.

91) 참의원에서, 질의를 행하는 인원은 1회파 1인에서 3인, 질의시간은 1회파 10분에서 65분 정도이며, 소속의원의 수에 따라 변동한다.

92) 松下和史, 「政府4演說と代表質問」, 『立法と調査』 203号(1998. 1), 24쪽.

3. 시정방침연설

  매 회기 초 개회식이 종료되면 중의원과 참의원의 본회의에서 국무대신이 연설을 하도록 되어 있다. 내각총리대신의 시정방침연설은, 예산안을 심의하기 전에 차후 1년간의 정치방침을 명확히 밝히는 연설이다. 구체적으로는 그 해의 국회의 개회에 임하면서 국정 전반에 관한 정부의 정책이나 정치의 운영방침(시정방침)을, 국민과 그 대표인 국회에서 설명하는 것이다. 시정방침연설은 매년 1월에 소집되는 통상국회에서 행해진다. 시정방침연설이 행해질 때에는 재무대신의 '재정에 관하여'(재정연설), 외무대신의 '외교에 관하여'(외교연설), 경제재정정책담당 대신의 '경제에 관하여'(경제연설)라는 제목으로 연설이 행해진다.[93]

  상회(통상국회)에서는 내각총리대신(수상)이 시정방침연설을 하고 그 밖에 외무대신, 재무대신, 경제재정정책담당대신이 연설한다. 특별국회와 임시국회에서는 내각총리대신이 연설하며, 경우에 따라서는 다른 대신이 연설하는 것이 관례로 되어 있다. 이들 연설에 대하여 각 당을 대표하는 국회의원이 질의하고 내각총리대신을 비롯한 각 대신들이 답변하는 순서로 되어 있다.

  특히 내각총리대신이 행하는 시정방침연설이 중시되는데, 그것은 그 내각의 내정이나 외교에의 기본자세, 정치관 등을 국민에게 제시하는 것이기 때문이다. 그 내용은 국회논전 속에서 주요 주제가 되기 때문에 이 연설을 작성하기까지 정부 측은 빈틈없는 검토작업을 행한다. 이 연설의 작성 절차는 총리대신마다 다르기는 하나, 총리대신이 자기 생각을 밝히면 각 성·청이 그 소관 분야별로 과제나 의견을 각각 제출하여 내각참사관실 또는 수상비서관 등이 이를 정리하며, 최종적으로 총리대신이 읽은 후에 수정·가필하는 형태로 마무리한다.

  정부연설은 같은 날, 중의원, 참의원의 순서대로 행해진다. 연설에 대한 대표질문은 각 회파별로 행하는데 첫째 날은 중의원에서, 둘째 날은 참의

---

93) 松本或彦, 『現實政治學』(東京: 中央大學出版部, 2005), 56-57쪽.

원, 중의원의 순서로, 셋째 날은 참의원에서(양원 합쳐 3일간) 행해진다. 심의 광경은 공영 NHK 텔레비전, 중의원 홈페이지 등으로 실황중계가 이루어지고 있다.[94]

4. 소신표명연설

매 회기 초에는 보통 개회식 후에 본회의에서 국무대신의 연설이 행해지는데 내각총리대신에 의한 시정방침연설과 소신표명연설이 그 중심에 있다. 같은 연설이라도 상회(통상국회)에서 행하는 것을 시정방침연설, 임시국회에서 행하는 것을 소신표명연설이라고 한다. 중의원 총선거 후에 열리는 특별국회에서는, 통상국회와 겹치면 시정방침연설이 되고 그렇지 않을 경우에는 소신표명연설이 된다.

임시국회나 연도 도중의 특별국회의 경우에는 '당면하는 정치과제'에 관한 생각을 표명하므로 '소신표명연설'이라고 불리며, 경우에 따라서는 다른 대신의 연설이 행해지는 일도 있다.

5. 대표질문

회기 초에 중·참 양원 본회의에서 행해지는 정부연설에 대해 각 회파를 대표하는 국회의원이 행하는 질문을 대표질문이라고 한다. 정부연설이 끝나면 이에 대해 여·야당의 대표가 중의원과 참의원의 본회의에서 질문에 나서게 된다. 이 질문은 본래 여당이 먼저 행하게 되어 있으나 관례적으로는 야당 제1당이 먼저 행하고 있다. 대표질문은 보통 중·참 양원에서 2일씩 행해지며, 정부연설과 같이 각 정당의 기본방침·정책을 제시하여 자기 당에의 이해와 지지를 구하는 좋은 기회이기도 하기 때문에 당수나 서기장급의 간부가 질문에 나선다. 질문에는 내각총리대신을 비롯하여 각 각료대신이 답변한다. 이 내용은 극히 형식적이어서 '그냥 말하기, 그냥 듣기'식

---

94) 衆議院事務局, 『衆議院の動き』 11号(東京: 衆議院, 2004), 48쪽.

이다. 본격적인 일문일답은 그 뒤에 열리는 예산위원회에서 이루어진다.[95]

야당은 당수급, 여당은 자유민주당일 경우 정조회장이 대표질문에 나선다. 대표질문을 행하지 않으면 안 된다는 법령은 없으나, 제국의회 시대부터의 관례이기에 계속되고 있다.[96]

여당의 대표질문이 국회회의록에서 전문 삭제된 사례가 있다. 1956년 11월, 일·소 공동선언을 비준하기 위해 열린 중의원 본회의에서, 자유민주당의 나카소네 야스히로(中曾根康弘) 자유민주당 의원이 행한 '찬성연설'이 그것이다.[97] 일본과 소련 간의 국교정상화가 내용인 공동선언은 그해 10월 하토야마 이치로 총리가 소련을 방문하여 조인되었으며 이로 인하여 일본과 소련 간의 전쟁상태가 정식으로 종지부를 찍었고, 시베리아억류자들이 일본으로 돌아오게 되었다. 이 선언은 조약과 동일하게 국회에서 비준을 받아야 효력을 발하게 되어 있었다. 중의원에 이 비준승인이 요청된 것은 11월 27일인데 그날 오후 1시에 본회의가 시작되고 먼저 공동선언의 전문이 낭독되고, 이를 심의한 '일·소 공동선언등특별위원회'의 우에하라 에쓰지로(植原悅二郎) 위원장이 보고하였다. 보고 후 각 당의 토론이 시작되었는데 그 첫 번째가 여당 자유민주당의 나카소네 야스히로였다. 나카소네는 1시간 가까이 연설하였으나 내용이 극히 비판적이어서 국회회의록에는 그 내용이 전문 삭제되었다.[98] 연설 후 장내가 소란해지자 스기야마 모토지로(杉山元治郎) 부의장은 오후 4시 33분, 20분간의 휴게를 선포했다.

본회의는 그날 오후 7시 18분에 재개되었는데 나카소네를 대신하여 '자유민주당의 대표'로서 스나다 시게마사(砂田重政) 의원이 찬성토론을 하였다.

그런데 나카소네는 자신의 연설 후 중의원 의원이기도 한 요미우리신문사의 쇼리키 마쓰타로(正力松太郎)를 찾아가서는 자신의 연설 초고를 신문에 게재해 줄 것을 부탁했다. 쇼리키는 이를 수락했고 연설 초고는 다음 날 아침 요미우리신문에 전면 게재되었다. 그의 연설내용은 결론은 찬성

---

95) 矢島孝一, 『國會』(東京: 行研出版局, 1987), 104쪽.
96) 內田 滿編, 『現代日本政治小事典(2003年度版)』(東京: ブレーン出版, 2003), 104쪽.
97) 若宮啓文, 『忘れられない國會論戰－再軍備から公害問題まで』(東京: 中央公論社, 1994), 233쪽.
98) 若宮啓文, 앞의 책, 235쪽.

이지만 시작부터 반대와 찬성이 오가는 험한 내용이었다.[99]

제8절 본회의 심의

1. 발언

법안 중 중요한 것은 본회의에서 ① 발의자 또는 제출자로부터의 취지설명 청취와 이에 대한 '질의'가 행해지며, 또, ② 위원회 심사 후의 위원장보고에 이어 '토론'이 행해지는 일이 있다. 이 2가지가 국회의원에게는 주된 발언기회이다.

본회의의 운영을 협의결정하는 기관은 의원운영위원회인데, 발언기회나 그 시간은 이 위원회에서 결정한다. 구체적으로는 ① 취지설명을 청취하는 의안결정 ② 질의 또는 토론의 발언자 수 및 그 순서에 대해서는 각 회파의 소속의원 수의 비율 및 그 대소(大小)에 따라 결정 ③ 질의, 토론에 관한 발언에 관한 발언시간 결정 등이다. 그 발언시간은 질의는 대략 1인당 15분 이내, 토론은 1인당 10분 이내 등이다.

2. 질의

본회의에서는 일문일답식을 채택하고 있는 위원회의 질의와는 달리, 질의항목이 복수라도, 질의자는 한 번에 이를 모두 발언하며, 이에 대해 답변자도 모든 질의항목에 대해 한 번에 답변을 행하는 것이 관례이다(중의원 선례집 제254호). 질의는 동일한 국회의원에 대해 동일한 의제로 3회를 초과할 수 없기 때문에, 답변이 불충분하다고 생각하는 질의자는 의장의 허가를 받아 자기의 질의시간 내에서 재차 질의할 수 있다.[100]

---

99) 연설내용은 若宮啓文, 앞의 책, 236-244쪽 참조.

3. 토론

위원회 심사 후의 위원장보고에 이어지는 토론에 있어서는 법안에 대한 찬반의사 표명이 있게 된다.

토론의 발언순서는 중의원규칙상 의장은 처음에 반대자를 발언케 하고, 다음에 찬성자 및 반대자로 하여 가급적 교차하여 지명 발언시키도록 되어 있다.[101]

4. 표결순서

위원회의 심사를 종료한 의안이 의제가 되었을 때에는 먼저 위원장이 위원회에서의 심사경과 및 결과를 본회의에 보고한다. 위원장보고는 국회의원이 의사결정할 때의 판단자료가 되므로, 위원장은 객관적으로 보고해야 하며, 자기의 의견을 추가해서는 안 된다. 그 후 질의, 토론이 행해지는 경우에는 이를 모두 거친 후에 표결한다.

의안은 위원회보고대로 가결할 것인가 부결할 것인가에 관해 표결하는 것이 관례이다. 그러나 위원회의 보고가 부결일 경우에는 원안에 대해 표결하는 것이 관례이다.

---

100) 衆議院調査局議會制度等研究グループ, 「日米英國議會における法案審議 − 本會議の 法案審査における日米英國の比較 −」, 『RESEARCH BUREAU 論究』 2号(東京: 衆 議院調査局, 2006. 1), 139쪽.

101) 자유로운 토의, 토론문제는 당의구속이나 여당의 사전심사문제와도 연관이 되는 만큼, 단순히 위원회와 본회의의 심사 · 심의과정에 토론과정을 설치하는 것만으로는 해결하기 어려운 면이 있다. 미국이 일본정부에 요구한 국회 민주화 개혁의 핵심은 충실한 의안심의기관의 존재인데, 구체적으로는 '자유토의제도'의 채택이었다. 일본국회는 1947년에 이 제도를 도입했다. 전후 최초의 총선거 후에 열린 특별국회 본회의에서는 자유토의가 16회 행해졌으며, 1회에 14인 이상의 의원이 연설에 나서기도 했다. 그러나 그 후 시간이 지나면서 본회의의 자유토의는 시간만 끈다 하여 1955년에 폐지되었고 그 후의 국회운영은 본회의중심주의에서 위원회중심주의로 변경되었다. 이는 GHQ의 시사(示唆)에 따라 국회에 자유토의제도를 도입하여 수년간 시행해 보았지만 유용치 못하다는 판단에서 나온 결정이었다. 松本或彦, 『現實政治學』(東京: 中央大學出版部, 2005), 58쪽, 前田英昭 「形骸化した政府演說と代表演說(下)」, 『議會政治研究』 72号(2004. 12), 74쪽.

5. 양원 불일치 의결

일본에서 법률이 성립하려면 중의원과 참의원 모두에서 가결되어야 하는 것이 원칙이다(헌법 제59조 1항). 그런데 어떤 법안에 대한 의결이 양원에서 각기 달랐을 때 그 조정수단으로 2가지의 방법이 있다. 하나는 법안의 재의결이고, 다른 하나는 양원협의회의 조정이다.[102]

법안의 재의결이란 중의원에서 가결되었으나 참의원에서 부결 혹은 수정의결을 한 법안에 대해 중의원에서 출석의원 3분의 2 이상의 다수로 재차 가결했을 때에는 법률로 성립하는 것을 가리킨다. 또 참의원이 장기간에 걸쳐 그 의사를 명확히 하지 않을 때에도 중의원은 재의결을 할 수 있다. 즉 참의원이 법안을 수령 한 후 국회 휴회 중인 기간을 제외하고 60일 이내에 의결하지 않을 때에는 중의원은 참의원이 부결한 것으로 간주할 수 있으며, 중의원에서 3분의 2 이상의 다수로 가결하면 법률로 성립된다. 이러한 재의결 사례는 초기 국회에서 종종 보였으나 제1회 국회(1947년)부터 제26회 국회(1957년)까지 약 10년간 29건을 기록했으나 그 이후에는 재의결 사례는 없었다.[103]

<표 6-6> 본회의와 위원회의 차이점(2008. 1 현재)

	본회의	위원회
공개 여부	헌법 제57조에서 공개를 원칙으로 한다.	국회법 제52조에서 국회의원 외에는 방청을 허락하지 않는 비공개를 원칙으로 한다.
의사운영 상의 질의	중의원규칙 제133조에서 본회의 질문에서 의견을 진술해서는 안 된다. 질문 횟수나 시간에 제한이 있다.	중의원 참의원의 의원규칙에 의해 위원은 자유롭게 질의응답 및 의견을 진술할 수 있다. 질문 횟수에 제한은 없으며 시간도 길다
비교	형식적	실질적

자료: 五十嵐ふみひこ, 『國會がひとめでわかる本』(東京: 日東書院, 1986), 30쪽.

---

102) 양원협의회의 조정에 관해서는 이 책 제3장 참조.
103) 衆議院調査局議會制度等研究グループ, 앞의 글, 155쪽.

〈표 6-7〉 중의원과 참의원의 차이점(2008. 1 현재)

구분	중의원	참의원
의원 정수	480인 (소선거구 300인, 비례대표 180인)	242인 (선거구 146인, 비례대표 96인)
임기	4년(국회해산 있음)	6년(국회해산 없음)
피선거권 연령	만 25세 이상	만 30세 이상
개회를 알리는 예비벨	10분 전에 3회	5분 전에 3회
개회를 알리는 벨	2분 전	1분 전
위원회에서의 표결방법	기립	거수
본회의에서의 투표	백표(찬성), 청표(반대)	백색표(찬성), 청색표(반대)
기명투표 시 표찰	백표·청표	백색표·청색표
기명투표 경로	시계방향	시계반대방향
의장의 투표권	의장도 투표 가능	의장은 투표 불가능
의장석의 의사봉(종)	호령(号鈴, 손잡이 달린 작은 종) －회의장이 소란할 때 사용	의사봉(원형 목재판 및 방망이) －개회 선고 시 사용
참고인 부르기	'출두'를 요구	'출석'을 요구
성명	예명, 필명 사용 가능	본명만을 사용
위원회 좌석 배치	위원장이나 정부 측과 위원이 마주앉는 '교실방식'이 많다.	위원끼리 마주보는 '원탁방식'이 많다.
위원회 방 호칭	위원실	위원회실
위원회 표결방식	이의 없음 표결 이외에, 위원의 기립에 의한 표결 등	예산위원회의 경우를 제외하고는 거수에 의한 표결 등
예산위원회 질의시간	질문과 답변을 포함한 시간을 계산하는 왕복방식	질문시간만을 계산하는 편도방식
예산 상세심의	분과회를 개최하여 검토	그 부분을 소관하고 있는 위원회에 위촉하는 '위촉심사' 방식
위원회의 회의록	위원회의록	위원회회의록
위원회의 보고서	위원회보고서	위원회 심사보고서

구분	중의원	참의원
의원의 임기 시작	총선거일부터 임기를 계산하는 것이 원칙이나, 임기만료에 의한 총선거가 그 임기가 만료하기 전에 행해졌을 때에는, 전임자의 임기만료일 다음 날부터 계산한다.	전임자의 임기만료일 다음 날부터 임기가 시작되는 것이 원칙이나, 통상선거가 그날 이후에 행해졌을 때에는, 통상선거일부터 임기를 계산한다.
내각에 대한 불신임 권한	있음. 불신임결의안(헌법에 근거)	없음. 문책결의안(법률적 규정 없으나 정치적, 도의적 책임)
본회의 정례일	화, 목, 금	월, 수, 금
기명투표시 동선	의장석을 바라보고 좌측에서 올라가고 우측으로 내려옴	의장석을 바라보고 우측에서 올라가고 좌측으로 내려옴
폐회 중의 심사	폐회 중 심사	계속심사

자료: 議會制度研究會編, 『國會がわかる本』(東京: 第一法規, 1992), 23쪽, 95쪽, 向大野新治, 『衆議院－そのシステムとメカニズム』(東京: 東信堂, 2002), 67쪽 등에서 발췌, 작성.

6. 본회의 정례일

중·참 양원에는 본회의의 정례일이 있는데 정례일을 두는 이유는 첫째, 중의원과 참의원에서 같은 위원회가 동시에 열리는 경우 소관부처의 대신(장관)이 어느 한쪽 원(院)의 회의에는 참석할 수 없기 때문이고 둘째, 전후 미국식의 위원회중심제도가 채택되면서 국회의사당 내의 회의실이 부족해진 탓에 정례일을 정하여 방의 사용을 조정해야 할 필요가 있었기 때문이다. 1969년에 의사당 분관이 건축되어 중·참 양원 모두 충분한 회의공간을 확보하게 되었으나 정례일 제도만큼은 하나의 유산으로 남아 있다.[104]

국회 발족 후 약 10년간 비교적 충실히 발휘된 국회심의기능이 1955년경을 경계로 급격히 약화된 사실이 보고되었다.[105] 그 원인으로는 1955년 체제 형성에 의한 여당 내에서의 사전심사 관행, 정례일 제도의 시행 및 예산위원회의 여타 위원회에 대한 우월적 지위의 획득과 같은 관행의 성립도 적지 않은 영향을 미쳤다는 것이다.

---

104) 老川祥一編, 『やさしい國會のはなし(改訂版)』(東京: 法學書院, 1993), 84쪽.

105) 河世憲, 「國會審議過程の變容とその原因」, 『レヴァイアサン』27号(2000 秋), 125－154쪽.

미리 정해진 날에만 심의할 수 있는 '정례일 제도'를 재검토해야 한다는 문제제기가 이어지고 있다. 이 문제는 당초 일본국회의 한정된 회의공간 때문에 도입된 것으로 알려져 있는데, 새로운 공간을 확보하거나 회기제도를 변경하거나 하는 등의 조치 없이는 큰 개선은 이루어지기 어려운 것으로 보인다.

제9절 의사방해

1965년 11월, 대한민국과의 국교정상화조약안건을 둘러싸고 정부·여당이 강행처리 자세로 나오자 야당은 격한 의사방해 자세를 취함으로써 국회는 큰 혼란에 빠졌다. 11월 12일 중의원 본회의에서 의장 직권에 의한 의사일정의 변경, 안건 일괄상정, 위원장보고 생략, 토론 생략, 표결이라고 하는 기습적 방법에 의해 한일조약 강행처리가 행해졌다.[106] 당시 언론에서는 소의 걸음을 의미하는 '우보'라는 표현을 사용하여 야당의 안건처리 저지상황을 전했다.

1. 의사방해의 사유 및 수단

합법적인 의사방해(filibuster)수단에는 결석, 퇴장, 장시간의 연설, 동의 연발, 우보전술 등이 있다. 다수파의 뒤가 켕기는 사인이 있을 때에는 의사방해가 성공을 거둘 수 있으나, 다수파가 결속하여 여론의 지지를 받고 있을 때에는 의사방해는 실패할 가능성이 크다.[107]

의사방해는 여러 나라 의회에서 볼 수 있는 현상이지만 심의거부는 한국이나 일본 등 극히 한정된 국가에서 볼 수 있는 현상이다.[108] 소수야당

---

106) 당시의 현장상황은 西 修·戶津正勝, 『衆參兩院議長の地位と權限』(東京: 教育社, 1978), 120 - 123쪽 참조.
107) 中野邦觀, 「議事妨害と審議拒否」, 讀賣新聞調査研究本部編, 『西歐の議會: 民主主義の源流を探る』(東京: 讀賣新聞社, 1989), 364 - 365쪽.

은 구미 여러 나라에서도 장시간 연설이나 불신임의 연발 등 저항수단은 있으나 일본처럼 심의를 거부하여 국회를 공전시키는 일은 선진국에서는 찾아보기 어려운 현상이다. 합법적인 심의지연은 용인되어야 하나, 의논, 토론을 피하기 위한 심의거부는 종식되어야 한다.

1) 심의거부

나카노 쿠니미(中野邦觀)는 심의거부가 발생하는 배경으로 ① 국회대책위원회가 국회심의의 전반에 걸쳐 개입하는 독특한 국회운영방식을 들었다. 일본에서는 국회에서 심의를 행하기 전에, 국회대책위원회가 심의를 해야 할 것인가, 심의를 하는 것은 언제쯤이 좋을 것인가, 법안의 내용을 어떻게 할 것인가 등을 결정한다. ② 여·야당이 일치하지 않으면 법안심의일정을 결정하지 못하는 관행이, 심의거부의 원인이다.[109] ③ 회기불계속제도가 있고, 회기가 짧게 토막이 나 있다는 것이다. ④ 일본에서는 정당이 결정한 방침에 따르지 않으면 제명 등의 엄한 처분을 받게 되는 당의구속이 너무 강한 것 등 4가지를 들었다.[110]

2) 심의방해

심의방해는, 각 위원회에서의 질의 단계에서부터 의사진행의 중단 혹은 지연이라고 하는 형태로 행해진다. 위원회에서의 의사방해는 마쿠라(枕)법안을 통하여, 혹은 정부답변에 불만을 표시하거나, 또 질의 중의 정부·여당 측의 '실언'을 문제시하여 '그 책임을 묻겠다.'며 심의거부에 돌입하는 형태로 나타난다.[111]

---

108) 나카노 쿠니미(中野邦觀)는 심의거부 현상은 일본에서만 볼 수 있는 현상이라고 했는데 이는 올바른 표현은 아니다. 中野邦觀, 앞의 글, 364쪽.
109) 일본인에게는 만장일치(전회일치)로 사물을 결정하는 습관이 있는데, 마을에서 결정한 것을 따르지 않는 사람을 마을 사람들이 따돌리는데 이를 '무라하치부(村八分)'라고 한다.
110) 中野邦觀, 앞의 글, 366-367쪽.
111) 마쿠라법안이란, 법안이 위원회에 부탁된 순서로 심의가 행해지는 것을 이용하여, 중요 법안의 심의시작을 지연시키기 위해, 특별히 반대하지 않는 선의(先議)법안

특히 예산안이 심의되는 통상국회에서는 예산을 '인질'로 하여 장기간, 심의가 공전하는 사례가 많다.

일본국회는 회기제와, 법안의 회기불계속의 원칙을 택하고 있으며 회기는 비교적 짧은 편이다. 이것을 이용하여 반대당은 심의거부나 갖가지 관례를 이용하여 심의를 지연시켜, '회기마감 폐안'을 지향한다. 이러한 야당의 저항에 대항하는 여당 특히 자유민주당에 의한 강행표결은 1965년 이후 절정기를 맞이한다.112) 특히 대학분쟁저지를 지향한 대학운영임시조치법 등 대결법안이 관심의 초점이 된 1969년의 제61회 통상국회(1968. 12. 26~1969. 8. 5)는 중의원과 참의원을 합하면 모두 18회의 강행표결을 기록하였다.

3) 우보전술

본회의에서의 표결이 기명투표로 가는 경우, 야당은 '소 걸음'을 의미하는 우보전술을 택하는 경우가 있다. 본회의장을 폐쇄하는 일은 여간해서 없으나 중요 법안 처리를 놓고 우보전술이 전개될 때에는 화장실에 가고 싶어도 마음대로 갈 수 없다. 1992년 6월 6일, 유엔평화유지활동(PKO)협력법안을 둘러싸고 사회당 등이 철저한 우보전술을 전개하여, 하나의 결의안(의원운영위원장해임결의안) 표결에 11시간 34분을 요한 참의원 본회의 첫날에는 퇴장자가 속출하여, 정족수 84인에서 겨우 5인을 넘기는 상태가 되었다. 이 때문에 참의원 의원운영위원회는 화장실에 가는 경우에 한하여 본회의에서 퇴장했다가 재입장할 수 있다고 의결하였다. 이 예외 조치는 그 후에 이어진 장시간의 우보를 가능케 하는 하나의 요인이 되었다.

우보전술 등 지연작전을 방지하기 위하여, 중의원의 규칙에서는, 시간 내에 투표하지 않은 의원은 기권으로 처리할 수 있는 권한을 의장에게 부여하고 있다. 그러나 실제로 이 규정이 적용된 사례는 없다.

의 심의에 시간을 끄는 법안이다. 대결법안일 경우 법안의 위원회 부탁 전에 본회의에서의 취지설명을 요구함으로써, 취지설명이 행해질 때까지 법안을 쓰루시 상태에 두고, 위원회 심의에의 부탁을 지연시키는 것이다.

112) 柳原 修, 『國會と政治』(東京: ルーツ出版局, 1994), 159쪽.

야당이 심의를 연장하기 위해 사용하는 상투적인 수단으로는 내각에 대한 질문공세를 들 수 있다. 내각은 질문주의서를 수령한 후 7일 이내에 답변해야 하며, 그 기간 내에 답변하지 못하는 경우에는 그 이유와 답변가능 기한을 명시하지 않으면 안 된다. 야당은 또 내각불신임이나 문책결의의 동의(動議)를 계속 제기하고 그 모든 것에 대해 기명투표를 요구할수도 있다. 이런 기명투표에서는 '우보전술'이라고 불리는 것처럼, 법안에반대하는 의원은 천천히 연단의 투표함을 향해, '소 걸음'을 함으로써 의도적으로 투표가 종료되지 않도록 의사진행을 방해할 수 있다.[113]

여당으로서도 야당의 이러한 공세에 대응할 수 있는 수단은 있다. 본회의에서 질의가 속출하여 쉽게 종료되지 않을 때에는, 의원 20인 이상에의해 질의종료의 동의를 제출할 수 있도록 한 것이다.

국회법 제61조는 의장에게 질의, 토론, 기타의 발언에 시간제한을 할 수있도록 했으며, 의장은 투표시간도 제한할 수 있는 것으로 해석되고 있다(국회법 제19조).[114]

야당의 심의연장에 대해서 여당이 강경한 자세를 취하는 경우, 야당은물리적인 심의방해나 심의거부와 같은 수단에 호소하는 일도 있다. 결과적으로는 여당이 야당에 대해 유화책을 취하는 것보다도 시간적·정치적비용이 커지는 일도 있다.[115]

---

113) 前田英昭, 「國會審議と議事妨害」, 『議會政治研究』 23号(1992), 1-15쪽, 佐藤·松崎, 앞의 책(1986), 128-130쪽, 岩井奉信, 앞의 책(1988), 131쪽.

114) 增山幹高, 『議會制度と日本政治-議事運營の計量政治學』(東京: 木鐸社, 2003), 60쪽.

115) 岩井奉信, 「保革圖式の風化と多黨化國會:昭和三十年-昭和四十八年立法過程」, 內田健三·金原左門·吉屋哲夫編, 『日本議會史錄(5)』(東京: 第一法規, 1990), 373-377쪽.

제7장 위원회

제1절 위원회제도

1. 위원회제도의 의의 및 기능

일본국회의 입법과정은 패전 전에는 본회의를 중심으로 이루어져 왔으나 패전 후에 새로 제정된 국회법에서는 3독회제(3讀會制)를 폐지하고 심의의 중점을 위원회중심주의에 두고 있다. 이것은 미국의 위원회제도의 영향을 받은 것인데, 일본헌법은 위원회제도에 대해 특별히 규정하지 않고 다만 국회법 및 의원규칙(議院規則)에 위임하고 있다.

국회의 위원회제도는 국회의원들이 전문적 지식을 익히거나 활용함에 있어 매우 유익한 제도이다. 위원회는 국회의원 중에서 지명된 특정한 의원(위원)에 의해 구성되는 소규모의 합의체 조직이다.

중의원과 참의원의 최종 의사는 각각 그 원의 본회의에서 결정된다. 그러나 다수의 국회의원으로 구성되는 본회의를 능률적으로 운용하기 위해 예비적인 심사기관으로서 양원에 다수의 위원회가 설치되어 의안심사, 국정조사 등을 행하고 있다.[1]

위원회는 회기 중에 한하여, 부탁된 안건을 심사함과 동시에, 소관 사항에 관해 조사를 행할 수 있다. 폐회 중에는 원칙적으로 위원회의 활동은 정지되나, 의원의 의결에 따라 특히 부탁된 안건에 관해서는 폐회 중에도 이를 심사조사할 수 있다. 폐회 중에는 일체 열리지 않는 본회의와는 대조적이다.

위원회에서의 위원의 질의, 토론 기타의 발언은 사전에 이사회에서 협의한 순서나 시간에 기초하여 행해진다. 위원회에서는 위원장과 각 정당(회파)에서 1인씩 나와 있는 이사가 모여 이사회를 여는데 여기에서 심의 일정이나 각 정당의 질의시간을 정한다. 질의시간은 각 정당의 의석수

---

1) 의안심의에서는 의안의 제출(발의) ⇨ 위원회 부탁 ⇨ 위원회 심사(의안의 취지설명 ⋯→ 질의 ⋯→ 토론 ⋯→표결) ⇨ 본회의 심의(위원장보고 ⋯→토론 ⋯→ 표결)의 과정을 거쳐 의원(議院)의 의사(意思)가 형성된다.

에 따라 정해지는데 의석수가 많은 정당일수록 긴 질의시간을 갖게 된다.

위원회제도는 의회제도가 정착된 어떠한 나라에서도 그 정도의 차이는 있을지언정 국회활동의 중심이 되어 있다. 본회의가 형해화하여 단순한 의결기관화하고 있는 상태에서는 위원회의 심사활동이 국회의 실질적인 중심활동이 되어 있다.

국회가 심의의 대상으로 하는 영역이 확대되고 사안이 복잡해짐에 따라, 심의에는 그에 상당하는 전문지식이 요구되고 있다. 심의를 합리적으로 진행시키고, 국회의 권능을 충분히 발휘할 수 있도록 하기 위하여 각 의원에는 예비적, 전문적인 심사기관으로서 설치된 것이 위원회이다.

2. 상임위원회중심주의

일본제국의회는 본회의중심주의를 채택하였으나, 패전 후의 일본국회는 GHQ의 지시에 따라 상임위원회중심주의를 채택하여 시행하고 있다. 일본의 의회제도는 제국의회 당시 영국의 의원내각제를 본보기로 하여 도입한 것이며, 패전 후에는 기존의 영국식 의회제도에 미국의회의 요소를 도입하여 활용하고 있다. 특히 상임위원회제도는 미국의회 상임위원회제도를 전면적으로 수용한 것이다.

1947년의 국회법 제정에 의하여 이전 제국의회에서 채택하였던 본회의중심주의가 상임위원회중심주의로 이행되는 커다란 변화가 있었는데 이때부터 상임위원회는 법안 등 안건의 심의에 있어 중심적인 역할을 하게 되었다.

의사운영의 제도적 권한은, 의회법규상으로는 국회의 다수를 점하는 여당의 손에 있는 것이며, 입법의 실질적인 초점은, 법안이 어떻게 회기 중에 표결까지 도달하는가 하는 의사일정의 관리로 좁혀진다.[2]

상임위원회중심주의하에서 위원회가 '회의에 회부할 필요가 없다.'고 의결하면 본회의에 상정하지 않는 것이 위원회중심의 국회운영이다. 그러나

---

2) 增山幹高, 『議會制度と日本政治－議事運營の計量政治學』(東京: 木鐸社, 2003), 61쪽.

위원회가 본회의를 대신할 수는 없으므로, 국회의 최종적인 의사는 늘 본회의에서 결정한다고 하는 원칙은 변하지 않는다.[3]

그런데 전후 행해진 국회의 내부조직 개혁에서 가장 성공을 거두지 못한 것은 소관 사항별 상임위원회제도이다. 이러한 개혁은 주로 GHQ에서 행한 것이고 그 바탕이 된 것은 미국의회였다. 형식상으로는 미국의회를 모방했지만 그 실질내용까지는 이식하지 못하였다. 형태와 실질내용에 어긋남이 발생한 것은 여러 가지 이유가 있을 수 있는데 중요한 것은 일본 국회는 여전히 행정부(내각)의 지배하에 있었다는 점이다. 그리고 행정부는 국회 양원의 어떤 부문이라도 자기 수중에 넣고 마음대로 쓸 수 있도록 하기 위해 여러 가지 장치를 활용했다. 총리대신을 선출하는 것은 헌법규정상 국회에 있다. 그러나 자유민주당대회에서 총재가 선출된 때에 사실상 총리대신이 결정된 것이나 마찬가지이기 때문에 국회에서의 총리대신 선출도 형식화되어 있다.[4] 행정부의 지배만큼은 아니지만 미국의 제도에 대한 심리적인 반감 또한 상임위원회제도의 효율적 운용에 저해요인으로 작용한 점도 있다.

3. 위원회제도의 장단점

흔히 본회의에서의 심의의 형해화가 지적되는데 이는 의회 심의기능의 저하가 아니라 심의의 중심이 위원회로 이행했음을 뜻한다.[5] 그것은 일본 헌법에서 상임위원회중심주의를 채택했을 때 이미 예견된 일이다. 오늘날 입법과정 속에서 위원회는 중추적인 위치를 점하고 있으며 실제로 여러 가지 이익을 통합하고 입법기술상의 작용을 포함한 실질적인 심의를 행하고 있다.

---

3) 讀賣新聞研究調査本部編, 『日本の國會: 證言・戰後議會政治の步み』(東京: 讀賣新聞社, 1988), 57쪽.
4) ハンス H. ベァワルド(橋本 彰・中邨 章譯), 『日本人と政治文化』(東京: 人間の科學社, 1974), 205쪽.
5) 萩野芳夫, 「國會の委員會制」, 田畑 忍編, 『議會制民主主義の研究』(京都: 法律文化社, 1978), 78, 90쪽, 圓藤眞一, 『憲法と政黨』(東京: ミネルヴァ書房, 1977), 64쪽.

　이러한 위원회제도에도 결함이 있는데 그것은 첫째, 행정관료의 지배적 경향을 막기보다는 오히려 조장하는 경향을 갖는다는 것, 둘째, 입법부에서의 위원회제도의 중요성 때문에 이익집단의 활동에 강대한 채널을 제공하게 된다는 점이 지적되고 있다.6) 그러나 이는 일본국회 위원회에서의 한 단면일 뿐 일반적인 현상이라고는 할 수 없다.

　위원회는 개회 중에만 활동하고 폐회 중에는 활동을 중지하는 것이 원칙이나, 본회의에서 특별히 인정된 안건에 관해서는 폐회 중이라도 심사, 조사할 수 있다. 실제로 위원회는 특정한 안건의 유무에 관계없이 언제라도 소관 사항에 관한 조사가 가능하도록 계속 조사의 절차를 정해 두는 것이 보통이다.

<표 7-1> 위원회제도의 장단점

장 점	단 점
- 위원회는 소수의 위원으로 구성되는 회의체이기 때문에 심의를 효율적으로 행할 수 있다. - 다수의 위원회에 국회의원이 나뉘어 소속하기 때문에 다수의 의안에 대해 동시에 회의를 열 수 있다. - 소수의 전문성을 갖는 위원들이 전문적인 관점에서 심도 있게 의안을 심의한다. - 위원회의 회의는 많은 경우 비공개로, 또 간단한 의사절차에 의하기 때문에 외부의 압력이나 번잡스러운 절차에 얽매이지 않고 충분히 심의에 임할 수 있다.	- 소수의 전문적, 기술적인 심의결과가 본회의의 의결을 좌우하고, 대부분의 의원은 의안의 심의에 실질적으로 참여할 수 없다. - 책임소재가 애매해진다. - 전문화의 결과, 의안의 심의가 소관의 전문적 견지에서만 행해져, 전체적인 통일이 곤란해질 수 있다. - 국회의원의 능력이 충분하지 못하고, 관료정치의 전통에 익숙한 곳에서는 상임위원회가 관료의 지배하에 놓이게 된다. - 비밀거래를 발생하게 한다.

---

6) 小林直樹, 「立法過程の問題點」, 淸水　睦編, 『議會制民主主義』(東京:　三省堂,　1977), 140-141쪽.

제2절 위원회의 종류

일본국회는 제도상 상임위원회(Standing Committee)와 특별위원회(Special Committee)의 두 가지 종류의 위원회를 설치하고 있다.[7] 상임위원회는, 그 부문에 속하는 의안(결의안을 포함), 청원 등을 심사한다.

2008년 3월 5일 현재 중의원에는 상임위원회 17개, 특별위원회 6개, 참의원에는 상임위원회 17개, 특별위원회 5개가 설치되어 있다.

1. 상임위원회

1) 위원의 임기

상임위원은, 회기 초에 의원(議院)에서 선임하여, 국회의원의 임기 중 그 직책에 있는 것으로 한다(국회법 제42조 1항).[8]

국회의원은, 적어도 1개의 상임위원회의 위원이 된다. 상임위원 및 특별위원은, 각 회파의 소속의원 수의 비율에 따라, 이를 각 회파에 할당하여 선임한다. 위원이 선임된 후, 각 회파의 소속의원 수에 이동(異動)이 있어, 위원의 각 회파 할당 수를 변경할 필요가 있을 때에는, 의장은, 의원운영위원회의 의결을 거쳐 위원을 변경할 수 있다.

2) 역할 및 임무

상임위원회의 역할은 안건 심사에 있어 전문가들로부터 깊이 있는 심의를 행하고 주로 본회의에서의 최종적인 의결을 효율적으로 행함에 있다. 위원회의 제1의 임무는 의원(議院)에서 부탁을 받은 안건을 심사하여 그

---

7) 국회법 제40조(위원회의 종류) 각 의원(議院)의 위원회는 상임위원회 및 특별위원회의 2종으로 한다.

8) 영국의 상임위원회는 대부분 법안별로 새로 구성되며, 그 법안에 대한 심사가 종료되면 위원회가 해체된다는 점이 일본국회의 상임위원회제도와 다르다.

결과를 보고하는 것에 있다. 위원회에는 국정조사권이 부여되는데 위원회
는 소관 사항에 관한 조사를 행함으로써 행정을 통제할 수 있다. 국정조
사를 시행할 때, 중의원에서는 상임위원회가 조사를 행함에 있어 의장의
승인을 요하며, 참의원에서는 상임위원회의 소관 사항이 사항별로 열거되
어 있기 때문에 다시 승인을 받을 필요는 없다.

3) 분류

위원회는 존속기관과 활동목적에 따라 분류할 수 있다.[9] 먼저 존속기간
에 따라 구분해 보면 부탁된 안건의 유무에 관계없이 상설되는 위원회는
상임위원회라고 하는데 이 위원회는 국회법이나 의원규칙 등에 의해 설치
가 결정된다. 상임위원회는 일정한 소관 사항을 가지며, 안건의 유무에 관
계없이 상설되어 있는 위원회로서, 그 소관에 속하는 의안, 청원 등의 심사
를 행한다. 상임위원회의 수, 명칭, 소관 사항은 국회법으로 정하고 있다.
한편, 부탁된 안건에 대한 심사가 종료되면 소멸하는 위원회를 특별위원회
라고 하는데 이 위원회는 본회의에서의 의결에 의해 설치가 결정된다.

〈표 7-2〉 상임위원회의 본질적 특성

구분	의미
상설성	안건의 유무에 관계없이 위원회 자체로서 계속적으로 존속한다.
상임성	하나의 입법기의 기간에, 국회의원은 특정한 위원회에 소속하여, 국회의원 신분으로 있는 기간에 전문성 있는 활동을 한다.
정파 대표성	원내 각 회파의 세력이 위원회의 구성에 반영된다. 회파는 정당의 원내 출장소와 같은 성질의 기관이므로 각 위원회는 본회의의 정치세력의 축소판이 된다.
행정관청 대응성	중앙행정관청의 각 부처에 대응할 수 있는 형태로 위원회가 설치된다. 이렇게 함으로써 국회가 행정부에 대한 견제를 효과적으로 행할 수 있으며, 각 행정관청에 대응하는 전문적인 위원회가 있어야 행정부로부터 필요한 정보를 받을 수 있다.

---

9) 大石 眞, 『議會法』(東京: 有斐閣, 2001), 64쪽.

위원회를 활동목적에 따라 분류하면 두 가지가 있는데, 법안 기타 의안의 심사를 목적으로 하는 위원회를 입법위원회라고 하고, 국정 운영상의 특정 정책이나 사실에 관한 조사·보고를 행하는 위원회를 조사위원회라고 한다.

입법위원회는 다시 의안의 여과기능(screening function)과 입안기능(drafting function)으로 구분할 수 있다.[10] 국회에 제출된 법률안 중에서 일정 부분을 조정하는 것을 여과기능이라고 하고, 심사하기로 한 법률안에 대한 본격적인 검토를 행하는 것을 입안기능이라고 한다.

<표 7-3> 위원회의 분류

구분	기능 및 구성
상임위원회	부탁된 안건의 유무에 관계없이 상설되는 위원회(국회법이나 의원규칙 등으로 설치가 결정됨). 국회에서 각 회파의 의원 수에 비례하여 구성되며, 특정한 사항을 심의하기 위한 위원회
특별위원회	부탁된 안건에 대한 심사가 종료되면 소멸하는 위원회(본회의에서의 의결에 의해 설치가 결정됨). 성·청의 조직에 관계없이 사안별로 구성
입법위원회	법안, 기타 의안의 심사를 목적으로 하는 위원회
조사위원회	국정 운영상의 특정 정책이나 사실에 관한 조사·보고를 행하는 위원회

일본에서는 입법위원회와 조사위원회의 구별은 제도상 모호한 면이 있다. 특별위원회의 형태로 조사위원회를 설치하는 경우에는 본회의에서의 의결을 요하는데, 입법위원회인 상임위원회도, 그 '국정조사승인요구서'를 의장이 승인하는 형태로, 그대로 강제력을 갖는 국정조사로 간단히 이행할 수 있다.[11]

<표 7-4> 중의원 상임위원회

구분	위원 수	소관 사항
내각위원회	30	○ 내각의 소관에 속한 사항(안전보장회의의 소관에 속한 사항 제외) ○ 궁내청의 소관에 속한 사항 ○ 공안위원회의 소관에 속한 사항 ○ 기타의 상임위원회의 소관에 속하지 않은 내각부(內閣府)의 소관에 속한 사항

---

10) 大石 眞, 앞의 책, 142쪽.
11) 大石 眞, 앞의 책, 67쪽.

구분	위원 수	소관 사항
총무위원회	40	○ 총무성의 소관에 속한 사항(문부과학위원회, 경제산업위원회 및 환경위원회의 소관에 속한 사항 제외) ○ 지방공공단체에 관한 사항 ○ 인사원의 소관에 속한 사항
법무위원회	35	○ 법무성의 소관에 속한 사항 ○ 재판소의 사법행정에 관한 사항
외무위원회	30	○ 외무성의 소관에 관한 사항
재무금융위원회	40	○ 재무성의 소관에 속한 사항(예산위원회 및 결산행정감시위원회의 소관에 속한 사항 제외) ○ 금융청의 소관에 속한 사항
문부과학위원회	40	○ 문부과학성의 소관에 속한 사항 ○ 교육위원회의 소관에 속한 사항 ○ 일본학술회의의 소관에 속한 사항
후생노동위원회	45	○ 후생노동성의 소관에 속한 사항
농림수산위원회	40	○ 농림수산성의 소관에 관한 사항
경제산업위원회	40	○ 경제산업성의 소관에 속한 사항 ○ 공정거래위원회의 소관에 속한 사항 ○ 공해등조정위원회의 소관에 속한 사항
국토교통위원회	45	○ 국토교통성의 소관에 속한 사항
환경위원회	30	○ 환경성의 소관에 속한 사항 ○ 공해등조정위원회의 소관에 속한 사항(경제산업위원회의 소관에 속한 사항을 제외)
안전보장위원회	30	○ 방위청 소관에 속한 사항 ○ 안전보장회의의 소관에 속한 사항
국가기본정책위원회	30	○ 국가의 기본정책에 관한 사항
예산위원회	50	○ 예산에 관한 사항
결산행정감시위원회*	40	○ 결산 ○ 예비비 지출의 승낙에 관한 사항 ○ 결산조정자금으로부터 세입으로의 편입 승낙에 관한 사항 ○ 국고채무부담행위총조서 ○ 국유재산증감 및 현재액 총계산서 및 무상대부상황 총계산서 ○ 기타 회계검사원의 소관에 속한 사항 ○ 회계검사원이 행하는 검사의 결과 및 총무성이 행하는 평가 및 감사 및 총무성이 평가 및 감시와 관련하여 행하는 조사의 결과에 관한 조사에 관한 사항 ○ 행정에 관한 국민의 고충처리에 관한 사항 ○ 앞에 열거된 사항에 관련된 행정감시 및 이에 근거한 권고에 관한 사항
의원운영위원회	25	○ 의원(議院)의 운영에 관한 사항 ○ 국회법 및 의원의 제반 규칙에 관한 사항 ○ 의장의 자문에 관한 사항 ○ 재판관탄핵재판소 및 재판관소추위원회에 관한 사항 ○ 국립국회도서관에 관한 사항
징벌위원회	20	○ 의원(議員)의 징벌에 관한 사항 ○ 의원(議員)의 자격쟁송에 관한 사항

* 중의원의 결산행정감시위원회는 1998년 2월에 결산위원회를 개조한 것이다. 이 위원회는 종전처럼 결산만을 취급하는 위원회가 아니라, 행정의 문제점을 점검하는 감시기능을 더했으며, '헤이세이(平成)의 직소함(直訴函, 目安箱)'을 설치하여 국민으로부터 직접 행정에 대한 불편이나 고충 등을 팩스, 편지, 엽서 등으로 접수하고 있다.

자료: http://www.shugiin.go.jp/index.nsf/html/index_honkai.htm(검색일: 2008년 3월 5일).

중의원은 예산, 결산, 의원(議院)운영, 징벌위원회를 제외하고는, 그 소관의 결정이 행정관청별로 되어 있는 데 반하여, 참의원은 정책 분야별(대상 사항별)로 나뉘어 대응하고 있다.[12]

<표 7-5> 참의원 상임위원회

구분	위원 수	소관 사항
내각위원회	20	○ 내각 및 내각부의 소관에 속한 사항(총무위원회, 외교방위위원회, 재정금융위원회 및 경제산업위원회의 소관에 속한 사항을 제외) ○ 궁내청의 소관에 속한 사항 ○ 국가공안위원회의 소관에 속한 사항
총무위원회	25	○ 총무성의 소관에 속한 사항(환경위원회의 소관에 속한 사항을 제외) ○ 인사원의 소관에 속한 사항
법무위원회	20	○ 법무성의 소관에 속한 사항 ○ 재판소의 사법행정에 관한 사항
외교방위위원회	21	○ 외무성의 소관에 속한 사항 ○ 방위청의 소관에 속한 사항 ○ 안전보장회의의 소관에 속한 사항
재정금융위원회	25	○ 재무성의 소관에 속한 사항(예산위원회 및 결산위원회의 소관에 관한 사항 제외) ○ 금융청의 소관에 속한 사항
문교과학위원회	20	○ 문부과학성의 소관에 속한 사항
후생노동위원회	25	○ 후생노동성의 소관에 속한 사항
농림수산위원회	20	○ 농림수산성의 소관에 속한 사항
경제산업위원회	21	○ 경제산업성의 소관에 속한 사항 ○ 공정거래위원회의 소관에 속한 사항
국토교통위원회	25	○ 국토교통성의 소관에 속한 사항
환경위원회	20	○ 환경성의 소관에 속한 사항 ○ 공해등조정위원회의 소관에 속한 사항
국가기본정책위원회	20	○ 국가의 기본정책에 관한 사항
예산위원회	45	○ 예산

---

12) 마쓰시타 케이이치(松下桂一)는 위원회제의 중핵인 상임위원회가 심의의 효율이라는 이름 아래 종적 할거(縦割り) 구조의 성·청별 방식이 된 것을 비판하고 국회 발족 직후에 도입했던 것처럼 문제별 방식으로 제도 및 운영을 변경할 것을 주장한 바 있다. 松下桂一, 『政治·行政の考え方』(東京: 岩波書店, 1998), 마쓰시타 케이이치(최은봉 역), 『전후 일본의 정치·행정 구조』(서울: 소화, 2000), 112쪽.

구분	위원 수	소관 사항
결산위원회	30	○ 결산 ○ 예비비 지출의 승낙에 관한 사항 ○ 결산조정자금으로부터 세입으로의 편입에 관한 사항 ○ 국고채무부담행위총조서 ○ 국유재산증감 및 현재액 총계산서 및 무상대부상황 총계산서 ○ 회계검사에 관한 사항
행정감시위원회	30	○ 행정감시에 관한 사항 ○ 행정평가에 관한 사항 ○ 행정에 대한 고충에 관한 사항
의원운영위원회	25	○ 의원(議院)의 운영에 관한 사항 ○ 국회법 기타 의원의 법규에 관한 사항 ○ 국립국회도서관에 관한 사항 ○ 재판관탄핵재판소 및 재판관소추위원회에 관한 사항
징벌위원회	10	○ 의원(議員)의 징벌에 관한 사항

자료: http://www.sangiin.go.jp/japanese/frameset/fset d05_01.htm(검색일: 2008년 3월 5일).

4) 상임위원회와 정당의 부회

정당의 부회(部會)는 상임위원회제도와 밀접한 관계가 있다. 특히 1955년에 자유당과 민주당의 통합에 의해 창당된 자유민주당 정무조사회의 부회는 상임위원회에 완전히 대응하는 체제이며, 자유민주당의 당칙에는, 당 소속의원은 반드시 부회에 소속해야 한다고 규정되어 있는데, 이는 "의원은 반드시 1개의 상임위원회의 위원이 된다."고 규정되어 있는 국회법의 규정에 대응하는 것이다.[13]

2. 특별위원회

1) 설치 및 운영

각 원(院)에는 상임위원회 외에 회기마다 각 원에서 특별히 심의할 필요가 있다고 인정하는 안건, 또는 상임위원회의 소관에는 속하지 않는 특정한 안건을 심사하기 위하여 각 의원의 의결에 의하여 특별위원회가 설치된다.[14] 한번 설치되면 같은 안건에 관해 몇 회기라도 계속하여 존속하는

---

13) 知野虎雄, 앞의 글, 64-65쪽.
14) 예를 들면 2007년 9월의 제168회 국회(임시회)에서는, 중의원에 북한에 의한 납치 등에 관한 제 문제를 조사하고, 그 대책 수립에 대한 자문을 목적으로 '북조선에

특별위원회도 있으며, 중의원의 안전보장위원회처럼 특별위원회로서 장기 간 설치된 후에 상임위원회로 성격이 바뀐 특별위원회도 있다.[15)

특별위원회는 회기별로 각 의원에서 필요하다고 인정할 때, 그 의원의 의결로 설치되며, 위원의 수나 소관 사항도 그때 결정된다.[16) 따라서 양원 에 설치된 특별위원회가 그 목적, 명칭, 위원의 수 등에 있어 일치한다고 볼 수는 없다. 특별위원회는 부탁받은 안건이 그 의원(議院)에서 의결되면 자연소멸된다. 회기 중에 부탁된 안건의 심사, 조사가 종료되지 않을 때에 는 회기의 종료와 동시에 소멸하게 된다. 폐회 중 심사를 하게 될 경우에 는, 폐회 중에도 존속하나, 다음 국회소집 전에 소멸된다.[17) 위원의 수는 이제까지의 예를 보면, 중의원은 25인의 경우가 가장 많았으며, 40~50인 으로 구성되기도 한다.[18)

상임위원과 특별위원은 각 회파의 소속의원 수의 비율에 따라 각 회파 에 할당하며, 각 회파에서 신청한 자에 대해서 의장의 지명에 따라 선임 된다. 상임위원장은 본회의에서 선거되며, 특별위원장은 그 위원회에서 호 선하도록 되어 있다. 위원회에는 몇 사람의 이사를 두는데, 이사는 위원장 대리를 하는 것 외에도 위원회의 운영에 관해 협의한다.

특별위원회는 그 설치목적 자체에 '조사'가 포함되어 있는 것이 보통이다.

의한 납치문제 등에 관한 특별위원회'가 설치되어 활동하였다.

15) 衆議院調査局議會制度等研究グループ, 「日米英國議會における法案審議－委員會の法 案審査における日米英國の比較－」, 『RESEARCH BUREAU 論究』 1号(東京: 衆議院 調査局, 2005. 1), 156쪽.

16) 국회에서 새로운 위원회를 설치하려고 할 때 또는 선례가 없는 일을 결정하려고 할 때에는 여당 측은 사전교섭에 고충을 겪게 된다. '안정보장특별위원회'를 제91 회 국회(1979. 12. 21~1980. 5. 19)부터 설치하게 되었을 때, 이 설치에 관해서는 안보방위문제에 대한 각 정당의 생각이 달라 몇 해 동안이나 분규를 겪은 일이 있 었다. 이 특별위원회를 통하여 자유민주당은 안보방위문제를 많이 논의하여 국민 적인 합의를 넓히고자 하였고, 사회당은 이러한 자유민주당의 움직임에 관하여 국 회 논전을 통하여 제동을 걸어, 정부·자유민주당에 이용되지 않게 하려고 하였다.

17) 특별위원회는 특정한 안건이 발생할 때마다 설치되는 것이 보통이나 근년에는 한 번 설치되면 일정 기간 계속하여 같은 동일한 명칭의 특별위원회가 설치되는 경향 이 있다.

18) http://www.shugiin.go.jp/index.nsf/html/index_kokkai.htm(검색일: 2008년 1월 20일).

2) 위원장 및 위원

위원장은 위원의 호선에 의해 선임된다는 점에서 상임위원회와는 차이가 있으나, 각 회파의 의석수를 고려하여 배분하고 있는 점은 동일하다. 또 위원회의 구성, 이사 · 위원의 선임방법, 각 회파에 대한 할당은 상임위원회와 거의 같다.

특별위원회 위원은 국회의원 중에서 선임하며, 그 위원회에 부탁된 안건이 그 원(院)에서 의결될 때까지 위원의 자격을 갖는다.

특별위원회의 위원은 특별위원회의 설치와 동시에 상임위원의 경우와 같이 의장의 지명에 의하여 선임되어, 특별위원회가 존속하는 동안 그 직위에 있게 된다. 특별위원회의 위원 수는 그 설치 때에 결정된다. 이 특별위원과 상임위원 간의 겸무에 관해서는 아무런 제한도 설정되어 있지 않다.

3. 소위원회

1) 설치 이유

각 상임위원회 또는 특별위원회는 의안심사나 특정 사안에 대한 심사, 조사, 법률안의 기초 등을 위해 위원회 안에 소위원회(sub-committee)를 설치할 수 있다. 이는 효율적인 운영을 도모하기 위해 소위원회를 설치하여, 전문적인 지식이나 경험을 갖는 소수의 인원으로 하여금 부탁된 안건을 깊이 있게 심사할 수 있도록 하기 위한 것이다. 소위원회의 구성이나 운영에 관해서는 특별한 규정은 없으며, 실제 운영에 있어 위원회의 절차가 적용되고 있다. 어떤 소위원회를 설치하느냐 하는 것은 그때의 상황에 따라 달라진다. 의원운영위원회는 국회법 개정 등에 관한 소위원회를 설치하는 것이 관례화되어 있다.

예산위원회나 결산위원회에서는, 위원 전원을 여러 개의 '분과회'로 나누어 각각의 분과회가 분담을 하여 심사를 하게 한다.

2) 소위원장 선임

소위원장 및 소위원은, 위원장의 지명을 받아 임명되는 것이 관례로 되어 있으며, 소위원의 각 회파 할당은, 각 회파 소속의원 수의 비율에 따르는 것이 관례이다.

3) 심사 · 조사결과 보고

소위원회는 그 심사 또는 조사를 마쳤을 때에는 소위원장이 그 경과 및 결과를 위원회에 보고하도록 되어 있다.

제3절 위원회의 구성

1. 위원장과 의사통제권

1) 상임위원장의 권한

위원장은, 위원회 운영의 중추적인 존재로서, 위원회의 의사(개회일시의 결정, 발언의 허가, 가부동수일 경우의 결재권 등)를 정리하고 ② 질서(방청허가, 발언의 취소, 퇴장명령 등)를 유지하며, 위원회를 대표(위원회제출법안의 제출, 위원회의 경과 · 결과 보고 등)한다.[19]

위원장은 구체적으로는 위원회 개최일시 결정, 심사일정 및 의사순서 결정, 개회 · 연회 · 산회 · 휴식 선언, 의사정리 및 결재, 위원의 발언 금지, 취소 · 퇴장명령 · 방청허가, 본회의에서 위원회 심의경과 · 결과 보고, 표결 시 가부동수일 때 결정권 등의 권한을 갖는다.

---

19) 鈴木隆夫, 『國會運營の理論』(東京: 聯合出版社, 1953), 72쪽.

① 위원회의 질서유지에 관한 권한

위원회에서의 질서유지는 위원장이 가지는데, 구체적으로는 위원, 증인, 참고인 등의 회의출석자나 방청인 등이 위원회에서 법규에 위반하고, 질서를 어지럽게 하고, 의원(議院)의 품위를 손상시킬 때에는 위원장은 이를 제지하거나 발언을 취소시킨다. 위원장의 명령에 따르지 않을 때에는 그 날의 위원회가 종료될 때까지 발언을 금지하거나 퇴장을 명할 수 있다.[20]

위원회에서 물품 등을 제시하고자 할 때에는 위원장의 허가를 받아야 한다. 위원회의 의사를 정리하기 어렵거나 징벌사범이 있을 때에는 휴식을 선고하거나 산회할 수 있다. 방청허가 및 그 퇴장명령도 위원장이 행한다. 징벌사범이 있을 때에는 의장에게 보고하고, 처분을 요청한다.

② 위원회 회의에 관한 권한

위원장은 개회일시를 결정하는 일, 위원회의 의사 표결 시 가부동수일 경우에 위원장이 결정하는 일 등의 권한을 갖는다. 법안심의의 우선순위, 심의시간, 질문순서, 표결 시기 등은 위원장의 발언에 의하여 결정되는데, 그 내용은 여·야당의 대표가 출석하는 이사회에서의 대화에서 결정되기 때문에, 실질적인 위원장의 재량의 폭은 그렇게 넓은 것은 아니다.[21] 현실적으로 위원회 이사회에서 위원장의 권한에 속하는 사항을 포함하여 위원회 회의 및 운영에 관한 사항을 협의하여 결정하고 있다.

---

20) 國會法規研究會, 「國會活動の保障措置(1)」, 『時の法令』 1669号(2002), 59쪽.

21) 국회운영상 안정성 여부를 판단할 수 있는 기준이 되는 것은, 다수를 점하는 여당이 위원장직을 취하면서 위원의 수에 있어 야당이 여당을 상회하는 이른바 '역전위원회'의 출현 여부이다. '역전위원회'는 제도상의 위원회는 아니고 상황에 의하여 만들어지는 위원회이다. 위원회의 과반수가 야당의 위원으로 채워져, 그 구성이 본회의의 구성과 다른 위원회를 말한다. 보혁백중 현상이 있었던 1975년부터 1980년의 시기에 양원에서 다수의 '역전위원회'가 발생하였다. 그 당시 '역전위원회'에서는, 내각제출법안이 부결되거나, 담당 대신에 대한 계고 결의가 의결되는 등의 사태가 있었다. 그러나 위원회에서 부결된 법안이라도 본회의에 상정될 수 있기 때문에, 이들 안건은 여당이 다수를 점하는 본회의에서는 가결되는 일이 많았다.

③ 위원회를 대표하는 권한

법안 표결에 있어 가부동수일 때에는 위원장에게 결재권이 주어진다.
위원장은 또 본회의에서 위원회 심의의 경과와 결과를 보고한다.

2) 상임위원장 선거

위원장은 본회의에서 선거에 의하여 선임되도록 되어 있으나 실제로는
국회의원의 동의(動議)에 의한 선거의 절차를 생략하고 이를 의장에게 일
임, 의장의 지명에 의하여 선임되고 있다.[22] 국회법에서는, "상임위원장은,
각 의원에서 각각 그 상임위원 중에서 선거한다."고 명시하고 있으나, 양
의원(議院)은 모두, '의원(議院)은 상임위원장의 선임을 의장에게 위임할
수 있다.'는 해석에 입각하여, 상임위원장의 선거는, 그 절차를 생략하고,
그 선임을 의장에게 위임하는 것을 선례로 하고 있다.

양원의 선례에 의하면, 의장에 의한 상임위원장의 지명은, 의원운영위원
회이사회에서 결정된 각 회파 할당·배분에 기초하여, 각 회파로부터 미
리 신청된 후보에 대해 행해진다.[23]

3) 특별위원장 선거

특별위원회 위원장은 상임위원장과는 달리 '국회의 임원'으로 분류되지
는 않는다. 특별위원장은 상임위원장과 마찬가지로 위원회의 의사를 정리
하고, 질서를 유지하며, 위원회를 대표하는 직무권한을 갖고 있으나, 특별
위원회는 회기 때마다 설치되어, 부탁안건이 그 국회에서 의결되면 그 특
별위원회는 소멸하는 성격 때문에 상임위원회와 같은 필요불가결한 기관
이라고는 생각되지 않는다. 특별위원장의 선임은 위원 간의 호선에 의하

---

22) 衆議院事務局, 『衆議院の動き』11号(東京: 衆議院, 2004), 212쪽.

23) 위원장의 각 회파에의 할당은, 중의원은 그때그때의 정치상황에 따라 일정치 않으
    나, 제121회 국회(1992년) 이후에는 항상 야당 회파에 대해서도 위원장이 할당되고
    있으며, 각 회파의 의석수를 고려하여 배분되고 있다. 衆議院調査局議會制度等硏究
    グループ, 「日米英國議會における法案審議－委員會の法案審査における日米英國の比
    較－」, 『RESEARCH BUREAU 論究』1号(東京: 衆議院調査局, 2005. 1), 155쪽

며, 그 사임도 불신임도 위원회가 결정한다.

특별위원장직은 상임위원장과 마찬가지로 실제로는 각파협의회나 의원운영위원회 이사회에서 각 정당의 세력에 따라 배분이 결정된다.

4) 의사통제권

위원회에서의 의사통제권자는 위원장이다. 국회심의의 주된 무대는 위원회이기 때문에 어떠한 경우건 위원장의 존재와 그 권한은 크다. 여·야당 간에 위원장직 배분에 있어, 여당이 먼저 대립적인 법안을 다루게 되는 위원장직부터 확보해 가는 것도 그러한 위원장 권한에의 배려가 있기 때문이다.[24]

의사통제권이 중시되는 이유는, 예를 들면 어떤 법안이 표결하기만 하면 다수여당의 찬성으로 수정 없이 가결이 될 것이 분명할 때에 야당 출신 위원장이 표결하지 않겠다고 위협함으로써 여당으로 하여금 내용을 수정토록 하게 하거나 그 처리를 보류할 수 있기 때문이다. 의사통제권자인 위원장은 법안 자체의 표결에 참가할 수 없으므로 표결권이 없음에도 그 표결을 할 것인가 말 것인가를 결정하는 의사통제권을 통해 간접적으로 결정적인 영향력을 행사할 수 있다.[25]

---

24) 과거 자유민주당이 절대다수의 의석을 가지고 있을 때, 야당이 반대하는 대결(對決)법안에 관하여, 위원장이 당의 국회대책위원장의 지시에 따라 '의사정리(議事整理)'의 권한을 사용하여 강행표결에 나서거나, 야당 의원의 질문 도중에 여당 측에서 낸 질의중지동의를 위원장이 받아들여 표결에 부치거나, 그러한 위원장에 의한 '강권발동(强權發動)'은 적지 않았다. 그 반대인 경우도 있다. 1973년 중의원 사회노동위원회의 다나베 세이이치(田川誠一) 위원장(자유민주당, 나중에 신자유클럽대표)은, 당으로부터 건보법(健保法) 개정안을 강행처리하라는 지시를 받았다. 자유민주당으로서는, 내각위원회에서 방위2법안, 문교위원회에서 쓰쿠바(筑波)대학법안, 그리고 사회노동위원회에서 건보법 개정안을 일제히 표결에 부친 후, 정리하여 야당과의 교섭에 나설 생각이었다. 그러나 방위2법안은 강행표결되었으나, 다나베 위원장만은 수정을 하여 회기 내에 성립시킬 수 있다고 판단하였기 때문에 강행처리를 거부하였다. 그리고 이 개정안은 1주일 후에 수정 가결됨으로써 다시 한 번 위원장의 권한이 강하다는 것을 보여주었다.

25) 福元健太郎, 「立法」, 平野 浩·河野 勝編, 『アクセス日本政治論』(東京: 日本經濟評論社, 2003), 145쪽.

2. 위원회 위원 선임

특별위원회는 언제나 중·참 양원에 필요에 따라 설치되는데, 그 소관이나 위원 수는 설치할 당시에 결정된다.

위원의 선임은, 의장의 지명에 의하여 이루어지나 실제로는 의원운영위원회(이사회)나 각파협의회에서 각 회파에 대한 할당을 결정하며, 이에 근거하여 의장이 지명하는 것으로 되어 있다.[26] 각 회파에 대한 위원 할당 수는 각각 회파의 소속의원 수의 비율에 따라 결정된다.[27] 참의원의 통상선거일 경우에는 반수(半數)의 개선이기는 하지만, 비개선조(非改選組)의 의원까지도 포함하여 모든 상임위원에 대하여, 선거 후의 국회에서 선임을 행하도록 되어 있다.[28]

국회법(제42조)은 국회의원은 적어도 어느 하나의 상임위원회의 위원이 되지 않으면 안 된다고 규정하고 있다.

1) 위원 할당방법

상임위원은 총선거 후 최초로 소집되는 국회 초에, 특별위원은 위원회 설치를 의결하는 날에, 각 회파의 소속의원 수의 비율에 따라 각 회파에 할당하는데, 각 회파가 신청한 의원에 대해 의장이 지명한다. 따라서 위원회에서의 각 회파의 세력 분포는 의원(議院)의 각 회파의 비율과 대체로 같게 된다.[29]

구체적인 위원 할당방법은 다음과 같다. 2002년 현재의 예를 들어보면 위원 총수가 610명(50인 위원회 1, 45인 위원회 2, 40인 위원회 6, 35인 위원회 1, 30인 위원회 5, 25인 위원회 1, 20인 위원회 1)에 대해, 중의원 의원 총수는 480인이므로, A당이 소속의원 수 200인, B당 140인, C당 70인,

---

26) 大山礼子, 『國會學入門(第2版)』(東京: 三省堂, 2003), 102쪽.
27) 이것은 제국의회에서 시작된 관행을 전후 국회법에서 명문화한 것이다.
28) 위원 이외의 의원이라도 '위원교체'라는 방법에 의해 위원회에 출석하여 발언할 수 있다.
29) 向大野新治, 『衆議院－そのシステムとメカニズム』(東京: 東信堂, 2002), 67쪽.

D당 40인, E당 20인, 무소속 10인이라고 가정한다면, A당이 30인 위원회
에서 배분받는 위원의 수는 200 ÷ 480 × 30 = 12.5가 된다. 똑같이 계산하
면 B당은 8.75, C당 4.37, D당 2.5, E당 1.25, 무소속 0.065(무소속의원은
10인이라 하더라도 계산상은 1인이 된다). 소수점 이하가 큰 순서대로 반
올림하면 A당 13인, B당 9인, C당 4인, D당 3인, E당 1인, 무소속 0이 된
다. 이러한 작업을 모든 위원회에 걸쳐 행한 것이 <표 7-7>인데, 이 표를
보면 17개 위원회에서 A당 합계 260인, B당 181인, C당 90인, D당 52인,
E당 27인이 된다.[30)]

다만, 여기에서 문제가 되는 것은 국회법 제42조 2항에 의해 무소속의
원도 반드시 1개의 상임위원이 되어야 한다는 것이며, 앞의 계산으로는
무소속의원에게는 상임위원 할당이 되지 않는다. 그런데 위원 총수 610인
중 각 당에 대한 할당이 어떠한가를 계산해 보면 <표 7-6>에서 보는 것
처럼 A당=254.16666, B당=177.91666, C당=88.95833, D당=50.83333, E당
=25.41666이 된다. 무소속의원일 경우에는 1.27083이다(무소속의원이 10인
있으므로, 이 1.27083이 10개 있는 것이다).

<h3 align="center">〈표 7-6〉 회파별 위원 세부 할당</h3>

회파	실제 할당	비고
A	200/480 × 610 = 254.16666	255
B	140/480 × 610 = 177.91666	178
C	70/480 × 610 = 88.95833	90
D	40/480 × 610 = 50.83333	51
E	20/480 × 610 = 25.41666	26
무소속(10)	1/480 × 610 = 1.27083	1
계	604	

자료: 向大野新治(2002), 69쪽.

<표 7-6>을 보면 A당부터 E당까지의 정수 부분의 합계는 594이며, 여
기에 무소속 10을 더하면 604가 된다. 위원 정수는 610명인데 부족분 6을

---

30) 向大野新治, 앞의 책, 67쪽.

소수점 이하의 숫자가 큰 순서대로 더해 가면, C당에 ＋1, B당에 ＋1, D당에 ＋1, E당에 ＋1, 끝으로 무소속의원 중 2인에게 각각 ＋1이 된다. 그런데 무소속의원에게 2개의 자리를 주면, 1인이 2개의 자리를 갖게 되어 다른 회파와 형평이 맞지 않으므로, 기본적으로는 무소속의원에게는 하나의 자리만 내어주는 것으로 한다. 그래서 A당에 1을 더하고, 나머지 1은 재차 소수점 이하의 숫자가 제일 컸던 C당에 준다. 그 결과는 A당 255인, B당 178인, C당 90인, D당 51인, E당 26인이 된다. 즉 A당, B당, D당, E당은 각각 5인, 3인, 1인, 1인을 토해 내지 않으면 안 된다. 자리를 어느 위원회에서 토해 낼 것인가는 각각의 회파에 위임되어 있으며, 그 토해 낸 부분을 무소속의원에게 배분하게 된다. 이렇게 해서 각 회파별로 할당되는 위원의 수가 결정된다.31) 이 계산방법은 A당의 경우를 보면 <표 7-7>에서 260명 할당으로 되어 있으나 <표 7-6>에서 실제로 할당되어야 할 인원수는 255명이므로 5명을 줄여야 하는 것이다.

그런데 의장, 부의장, 내각총리대신 기타의 국무대신, 내각관방부장관, 내각총리대신보좌관, 부대신 및 정무관은 상임위원을 사퇴할 수 있다고 규정되어 있는데(국회법 제42조 2항), 현재 정무관을 제외하고는 대부분 상임위원을 사퇴하고 있다. 상임위원을 사직한 경우에는, 그 의원이 속한 회파의 의원이 그 위원을 겸직할 수 있다(국회법 제42조 3항). 의장, 부의장은 선출시점에서 이미 무소속이 되어 있는 상태이므로 대신하여 겸직해 줄 수 있는 의원이 없으며 그대로 결원된 상태로 둔다. 내각총리대신 등에 대해서는 그 소속회파의 의원이 겸직하게 된다. 단, 위원 총수가 의원 총수를 상회하고 있는데다가, 이러한 대신 등의 위원사퇴가 있기 때문에, 의원의 위원겸직은 상당한 수에 달한다. 위원회가 동시에 개최되는 것을 피할 수 없는 관계로, 위원은 어떤 위원회에 출석하게 되면 다른 위원회에는 결석하지 않을 수 없는 경우가 적지 않다.32)

---

31) 向大野新治, 앞의 책, 69-70쪽.
32) 向大野新治, 앞의 책, 70쪽.

<표 7-7> 회파별 위원 할당(2002년의 경우)

위원회 \ 회파 위원 정수 \ 소속위원 수	A 200	B 140	C 70	D 40	E 20	무소속 10
내각	30	13	9	4	3	1	0
총무	40	17	12	6	3	2	0
법무	35	15	10	5	3	2	0
외무	30	13	9	4	3	1	0
재무금융	40	17	12	6	3	2	0
문부과학	40	17	12	6	3	2	0
후생노동	45	19	13	7	4	2	0
농림수산	40	17	12	6	3	2	0
경제산업	40	17	12	6	3	2	0
국토교통	45	19	13	7	4	2	0
환경	30	13	9	4	3	1	0
안전보장	30	13	9	4	3	1	0
국가기본	30	13	9	4	3	1	0
예산	50	21	15	8	4	2	0
결산행정감시	40	17	12	6	3	2	0
의원운영	25	11	7	4	2	1	0
징벌	20	8	6	3	2	1	0
총계	610	260	181	90	52	27	0

자료: 向大野新治(2002), 68쪽.

　　각 위원회의 위원은, 위원회의 구성이 그 의원(議院) 전체의 축소판이 되도록, 각 회파에 대하여 그 소속의원 수에 따라 할당된다. 그 구체적인 방법은, 먼저 각 위원회의 위원 정수에 각 회파의 의석률(의원 총수에 대하는 소속의원 수의 비율)을 곱하여, 소수점 이하 네 자리까지 산출하며, 다섯 자리 이하는 버린다). 이에 근거하여 처음에 정수로 위원 수를 배분하고, 나머지를 소수점 이하의 큰 숫자 순으로 각 회파에 할당해 간다. 이에 의하여 할당된 각 위원회의 위원 수의 합계와 위원 총수에 각각의 회

파의 의석률을 곱한 수가 일치하지 않으면, 여·야당이 협의한 후 조정하
게 된다.

2) 위원의 소속위원회 변경

국회의원은 소속위원회를 변경할 수 있다. 이러한 변경은 정족수나 표
결요원을 확보하거나, 소속위원회 이외에서 질의를 행하거나 할 경우에
행해진다. 변경을 할 때는 정식으로는 의장에 의한 위원 사임허가와 보결
의 선임이라고 하는 형식이 취해지는데 그때에는 소속회파로부터 의장 앞
으로 위원의 변경원(變更願)이 제출되고 의장이 그에 근거하여 위원변경의
결정을 행하고 있다. 이러한 위원의 변경은 참의원에는 1인 1일 1회만 인
정되나, 중의원에는 이러한 제한이 없다.

3) 위원회 개회

위원회를 개회하기 위해서는 위원 과반수의 출석을 요하며, 의사(議事)
는 출석위원의 과반수로 결정된다. 중의원의 경우 가부동수일 때에는 위
원장이 결정한다. 위원회의 개회일은, 각각의 위원회에서 정례일을 정하고
있는데 구체적인 개회일, 개회시각 등은 위원회 이사회에서 협의하여 결
정한다.

3. 위원회 이사회

1) 이사(理事)의 위치

일본국회의 위원회 이사제도는 미국이나 영국의회에는 없는 특이한 제
도이다.

위원회 이사는 위원장의 업무 수행 및 위원회 운영을 보좌한다. 의장이
국회운영에 있어 의원운영위원회의 협의를 존중하는 것처럼, 각 상임위원장
은 위원회 운영에 관해 그 위원회에 소속하는 이사와 협의하게 되어 있다.

이사는 위원장과는 달리 의원규칙상의 존재에 지나지 않으나, 위원장에게 사고가 있을 때 위원장의 직무를 행함과 동시에, 위원회 개회일시·질의의 순서 및 시간 등 위원회의 운영에 관해 위원장의 협의기관이 되는 이사회의 구성원으로서 중요한 역할을 담당하고 있다.[33]

2) 이사 선임방법

의원규칙상, 이사의 선임은 위원의 무기명투표에 의해 호선하도록 되어 있다. 그러나 위원장 선거처럼 이사의 선임방법에 대해서는 의원규칙과 선례 사이에는 다소의 어긋남이 있다.[34]

이사는 위원의 호선에 의하여 선임되도록 되어 있으나, 실제로는 의원운영위원회가 정한 이사의 선임기준에 의하여, 소속위원의 수에 따라 각 회파에 할당되어, 그 회파의 신고에 근거하여 위원장이 지명하고 있다.[35]

3) 이사의 수

이사는 국회의 의원운영위원회에서 위원회별로 몇 명씩 결정된다. 위원회에는 여러 명의 이사를 두며 위원회별로 각 정당(회파)을 대표하는 이사회(理事會)가 설치된다.

이사는 그 위원 중에서 호선하는데, 각 위원회는 5~9명 정도 선임하고 있으며 상임위원과 마찬가지로 국회 내의 세력에 대응하여 각 회파에 할당된다. 중의원은, 20명 정원의 위원회는 5명의 이사를, 25명 이상의 위원회는 8명의 이사를 두는데, 예산위원회와 의원운영위원회만은 9명의 이사를 두고 있다. 참의원은 원칙적으로 위원회의 위원 수 5명당 1명의 이사를 두는 것으로 되어 있다. 즉 각 회파에 비례하여 배분하는 것이 관례이다.

---

33) 大山礼子, 앞의 책, 104쪽.
34) 大石 眞, 「委員會制度－その理念と現實」, 『ジュリスト』 1177号(2000. 5. 1－15合併号), 47쪽.
35) 위원장과 이사 선임방법에 관해서는 중의원규칙 및 大石 眞, 「委員會制度－その理念と現實」, 『ジュリスト』 1177号(2000. 5. 1－15合併号), 47쪽을 참조.

4) 이사회 운영

위원회의 운영은 이사회에서의 협의하에 결정된다. 위원장, 이사, 옵서버가 출석하고 회의 개의시각이 되면 위원회 이사회가 개회되는데 이사회는 비공개로 행해진다.[36]

이사회는 심의일정이나 질문순서의 결정 등 그 위원회 운영 전반에 관하여 가능한 한 대화에 근거하여 합의를 이끌어 내기 위하여 설치되는 협의기관이며, 각각의 당의 국회대책위원장이나 연립여당의 정무간사회 등과 연락을 취하면서 위원회 운영에 중요한 역할을 하고 있다.

위원장과 이사에 의한 이사회는, 비공식적인 기관으로서 협의에 있어 원칙적으로 채결을 행하지 않으며, 전회일치의 규칙이 존중되어 오고 있다. 이 결정은 어디까지나 내부적인 상담이며 구속력은 없으나 각 정당 간의 신의에 의하여 지켜지는 것이 관례로 되어 있다. 또 이사회보다도 더욱 내부적인 협의의 장으로서 간담회 형식에 의한 이사간담회라고 하는 형태의 비공식협의가 이루어지기도 한다.

이사는 위원장에게 사고 등이 있는 경우에 위원장의 직무를 대행하는 외에도, 위원회에서의 각 회파의 대표로서, 심사일정·질의의 순서·시간 배분에서 자료 요구, 대신(大臣)·정부위원·증인·참고인의 출석요구, 공청회 개최, 위원의 파견에 이르기까지 위원회의 운영 전반에 관하여 위원장과 협의를 행한다. 이를 위한 협의기관으로서, 위원장은 이사와 이사회를 개최하나, 위원회의 운영은 거의 이 이사회에서의 협의에 근거하여 행해지고 있다.

위원회의 이사회는 공식적으로는 위원회의 정식결정기관이 아니기 때문에, 그곳에서의 결정은 전회일치가 관례로 되어 있으며, 이 전회일치의 관례가 국회에서의 야당의 영향력의 원천이기도 하다.[37]

이사가 갖는 법률상의 권한은, 위원장에게 사고가 있을 때, 위원장의 직무

---

36) 사무국 위원부는 이사회가 원활하게 진행되도록 위원장을 보좌하고, 합의된 확인 및 결정사항을 정확하게 파악하여, 산회 후에 위원회 관계자에게 연락한다.

37) 坂本孝治郎, 「議院運營委員會と各黨國會對策委員會の機能·構成について」, 『ジュリスト』1177号(2000. 5. 1－15合倂號), 107쪽.

를 행하며, 위원회 회의록은 위원장 및 이사가 서명하고 보존하는 일에 국한 되나, 위원장이 위원회의 운영에 관해 협의하기 위해, 이사회를 개최한다(중 의원위원회 선례 제27호)고 되어 있어, 이사회는 부탁받은 법안이나 위원회 운영에 관한 협의를 행하는 일이 주된 역할임을 알 수 있다.[38]

이사회가 하는 일은 구체적으로는, 부탁받은 법안의 취급, 위원회의 개회일 시, 위원회에서 심사하는 안건, 의사순서, 국무대신·정부참고인중인 참고인 등의 출석요구, 자료 요구, 공청회 개최 등 위원회 운영 전반에 걸쳐 있다.

법규상 위원장의 권한으로 되어 있는 사항에 관해서는 이사회에 자문하 여 협의결정하고 있으나, 위원회의 운영에 관해서는 이사회에서 협의하는 것이 선례가 되어 있기 때문에, 이사회는 위원회 운영에 큰 영향력을 발 휘하고 있다. 중요 법안의 취급 등으로 이사회에서 협의가 이루어지지 않 을 때에는 위원회의 개회 등은 곤란해지며, 원활한 위원회 운영은 기대할 수 없게 된다.[39] 이럴 때에는 이사회를 주재하고 위원회를 대표하는 위원 장이 최종적으로 결정하게 된다.

4. 위원회 이사간담회

이사회에서의 협의에 있어 원칙적으로 표결을 행하지 않으며, 모두 대 화에 의한 합의에 이르는 것이 관례화되어 있다.

이사회는 흔히 위원회 개회 직전에 열리고 있다.[40] 이는 위원회의 운영 에 관한 사항에 관해 결정하기 위해서는 위원회 개회 직전까지의 제반 사 항을 근거로 할 필요가 있다. 그러나 위원회를 개회함에 있어, 그 준비 형 편상 개회 전날 정도까지는 회의의 개략적인 결정을 해 둘 필요가 있다. 또 위원장이나 이사 사이에는 이사회라고 하는 형식을 빌리는 일 없이 위 원회 운영을 둘러싸고 의견교환을 행할 필요도 있다. 이런 목적에서 위원

---

38) 衆議院調査局議會制度等硏究グループ, 앞의 글, 161쪽.
39) 松澤浩一, 『議會法』(東京: ぎょうせい, 1987), 372쪽.
40) 국회에서 분규가 발생하고 위원회는 종종 심의가 중단되어, 다음 날의 일정밖에는
    결정할 수 없는 답답한 상태를 가리켜 '각역정차'(各驛停車)라고 한다.

장과 이사가 협의하는 것을 이사간담회(理事懇談會)라고 한다.41) 이사간담회는 공보에 게재하지 않으며 구두 등의 방법으로 통지되며, 위원장과 이사 전원이 모여 협의할 때에는 이사회의 옵서버 위원도 출석하는 것이 일반적이다.

이렇게 이사간담회는 위원회 이사회보다도 더 내부적인 협의의 공간으로서 비공식협의가 이루어지는 곳이며, 위원회운영과 관련하여 의견조정이 필요할 때에는 언제든지 개최되고 있다.

제4절 위원회 운영

1. 개회

위원회는 의원(議院)으로부터 의안의 부탁을 받아 심사를 행하거나 그 소관 사항에 관하여 조사를 행하는데, 이 위원회의 개회와 그 일시는 위원장이 이사회나 이사간담회에서 각 회파의 이사와 협의하여 결정하도록 되어 있다. 실제로는 각 위원회의 정례일은 미리 정해져 있으며, 또 개회 시각은 대체로 오전 10시로 되어 있다. 그러나 회기 말에 심의일정이 밀려 있거나 하여 시간조정을 해야 할 필요가 있을 때에는, 그 이외의 일시에 위원회가 열릴 수도 있다.

위원장은, 위원의 3분의 1 이상으로부터 개최요구가 있을 때에는 위원회를 개최하지 않으면 안 된다. 위원회의 일정이 결정되면, 위원장은 그 일시, 안건, 위원회실을 공보에 게재하여 각 위원에게 통지한다.

위원회 개회 당일은, 사전에 반드시 이사회가 개최되며, 이사회에서는, 위원회에서의 질의, 토론 등의 순서, 할당시간 등이 협의되어, 그 결과에 기초하여 위원회가 운영된다. 이때, 질의시간의 할당은, 각 회파의 소속의

---

41) 淺野一郎·河野 久編, 『新·國會事典』(東京: 有斐閣, 2003), 51쪽.

원 수의 비율에 의하여 우선 회파에 할당되며, 각각의 회파 속에서 각 소속위원에 배분하도록 되어 있다.

2. 정족수

정족수란, 회의체가 회의를 열어 의사를 진행하고, 의결하는 데 필요한 최소한도의 구성원의 인원수를 말한다. 정족수에는 회의를 열어 의사를 계속하는 데 필요한 의사정족수와, 회의체가 의사를 결정하는 데 필요한 의결정족수가 있다.

개회시각이 되어 정족수(定足數) 이상의 위원이 모이면, 위원장이 위원회의 개회를 선고하고, 위원회에서의 심사가 시작된다. 위원회 개회에 필요한 의사정족수는 위원 정수의 과반수이다(국회법 제49조). 운용상, 개회 시에 정족수를 충족하면 그 후 출석자가 감소하여도 의사를 계속할 수 있다.[42]

국회법에서 "위원회는, 그 위원의 반수 이상의 출석이 없으면 의사를 시작하여 의결을 할 수 없다."(제49조)고 정하고 있다. 그러나 실제로 위원회에서는 정족수가 부족한 상태에서 심의가 진행되는 일이 흔하며, 따라서 이 점은 각 정당의 양해하에 탄력적으로 운영되고 있다고 할 수 있다. 물론 의결은 거의 모든 위원들이 출석한 가운데 행해지고 있다.

정족수는, 위원회에서는 '그 위원의 반수 이상'이라고 규정되어 있는데, 그 산정의 기초가 되는 '그 위원'의 의미는, 법정수(法定數)인지 현재원수(現在員數)인지가 확실치 않다. 법정수란, 상임위원회에서는 중의원규칙 제92조에서 정해진 인원수를 가리키며, 특별위원회에서는 중의원규칙 제100조에 의해 본회의의 설치의 의결로 정해진 인원수이다. 현재원수란, 위원에 결원이 있는 경우에는, 정수(定數)로부터 그 수를 뺀 수를 가리킨다.[43]

정족수의 산정기초로서, 중의원에서는 위원의 법정수, 참의원에서는 위

---

42) 大山礼子, 『比較議會政治論』(東京: 岩波書店, 2003), 222쪽, 大山礼子, 「議事手續」, 『ジュリスト 增刊 憲法の爭點(第3版)』(東京: 有斐閣, 1999), 186쪽.

43) 小松幸喜・管野　亨・橋本和吉・牛丸禎之 「委員會の表決と議決」, 『議會政治研究』 51号(1999), 36쪽.

원의 실수(實數)를 사용하고 있다.

3. 질문채취

참의원 제1별관에는 각 성·청별로 정부위원실이라고 불리는 방이 있다. 국회 개회 중에, 각료, 정부위원이나 설명원의 방으로 사용되는 공간인데, 여기에 상주하는 관료는 중요한 임무를 수행하고 있다. 위원회에서 질문하는 의원과 질문일시가 결정된 후, 의원회관에 있는 그 의원의 사무실을 방문, 질문내용을 알아내는 일을 맡고 있기 때문이다. 이를 '질문채취'라고 한다. 과장보좌급이 질문채취에 나서는데, 질문내용을 입수하자마자 본성(本省)에 연락하여 질문항목에 따라 담당 부서에서 각료나 국장급의 답변원고를 작성하도록 한다.[44] 통상 질문자와 답변자 사이에는 질문내용에 대한 어느 정도 암묵적 합의는 이루어지고 있다.

4. 위원회의 의사

위원회의 의사(議事)는, 위원의 반수 이상의 출석에 의한 의사·의결, 출석위원의 과반수에 의한 의결제도 및 의원 외에는 방청을 허가하지 않는 비공개원칙이 정해져 있다(국회법 제49조, 제50조, 제52조).

위원회에서는, "위원은, 의제에 관하여, 자유롭게 질의하고, 의견을 말할수 있다."(참의원규칙 제42조 1항, 중의원규칙 제45조 1항)고 되어 있으나, 현실적으로는 질의, 토론 등은 이사회에서 미리 각 회파의 소속위원 수 등을 고려하여 결정된 발언순서에 따라서 발언을 하게 되는 것이 보통이다.

위원회의 심사방식으로는 일반적으로 그 심사의 필요에 따라 소위원회를 설치할 수 있으며, 예산·결산위원회에서는 분과회를 설치할 수도 있다.

각 위원회의 의사(議事)는 국회법상은 위원장이 주도하나 실제로는 그

---

44) 질문채취 시 국회의원 쪽에서 자료청구를 행하는 일도 있다. 五十嵐ふみひこ, 『國會がひとめでわかる本』(東京: 日東書院, 1986), 226－228쪽, 內田 滿, 『現代日本政治小事典(2003年度版)』(東京: ブレーン出版, 2003), 97쪽.

위원회의 이사회에서 결정된다. 과거에는 야당이 여당주도의 의사운영에 불만이 있을 경우에, 의사운영에 관한 전회일치의 규칙을 활용하여 위원회의 개회를 저지하는 일이 있었다.45)

본회의의 회의는 헌법 제57조에서 공개가 원칙이라고 규정되어 있다. 반면 위원회는 위원장의 허가를 얻은 것을 제외하고는, 국회법 제52조에서 "의원 외에 방청을 허가하지 않는다."고 규정하고 있다. 그러나 실제 운영상에서는 위원회도 위원장의 허가에 의한 '예외'를 폭넓게 인정하는 형태로 공개하고 있다.46)

위원회에서의 의사(議事)는 과반수로 결정된다. 이때 위원장은 표결에는 참가하지 않으나, 표결결과 가부동수일 때에는 위원장이 결재권을 행사한다.

5. 위원회 중간보고

의장은 위원회에서의 법안심사 지연이 현저하고 회기 내에 본회의에서 의결을 행하기 어려울 것으로 판단될 때에는, 예외적인 조치로서 위원회에 중간보고를 요구할 수 있다. 중간보고 후, 필요에 따라 위원회 심사에 기한을 설정하거나, 직접 본회의에서 심의하는 것도 인정되고 있다(국회법 제56조의 3).47)

---

45) 本田雅俊, 『現代日本の政治と行政』(東京: 北樹出版, 2001), 152쪽.
46) 중의원에서는 위원회 회의가 열리는 공간을 위원실(委員室)이라고 한다. 중의원에서는 의사당 본관에 제1위원실부터 제5위원실까지 있고, 의사당 분관에 제11위원실부터 제18위원실까지 설치되어 있다. 위원실은 좌석의 배열형태에 따라 교실형(또는 학교형), 원탁형, 말발굽형의 3가지 종류가 있다. 교실형은 예산위원회나 중요한 특별위원회 등이 개최되는 공간이고, 원탁형은 원형 테이블에 각 위원석에 마이크가 설치되어 있어 자유토의심사에 적합한 공간이다. 말발굽형은 말 그대로 말발굽처럼 좌석이 배치되어 있으며, 통역장치가 설치되어 있어 국제회의 때에 사용되기도 한다.
47) 실제로 중가보고가 행해진 사례는 많지 않다.

6. 연합심사회와 합동심사회

1) 연합심사회

연합심사회란, 심사 또는 조사를 위해 2개 이상의 상임위원회가 한꺼번에 같이 여는 회의를 말한다.[48]

위원회는 사안에 관련이 있는 다른 위원회 또는 참의원의 조사회와 협의하여, '연합심사회'를 열 수 있다(중의원규칙 제60조, 참의원규칙 제36조). 연합심사회는 국회법에는 규정이 없으며, 의원규칙으로 정해진 제도이다.[49]

위원회의 심사 또는 조사는 부탁을 받은 위원회에서 행하는 것이 원칙이나 관련이 있는 다른 위원회와 연합하여 심사회를 열어, 다른 위원회의 위원이 심사 또는 조사에 참여하는 것을 인정하고 있다. 연합심사회는 독립된 심사기관으로 설치된 것이 아니기 때문에 안건에 대한 설명을 청취하고, 질의 등을 할 뿐, 표결을 하지 않는다. 이런 의미에서는 위원회 심사의 특별형태의 하나로 볼 수 있다.[50]

연합심사회는 안건을 부탁받은 위원회가 그 안건에 관련이 있는 다른 위원회로부터 개회요청을 받은 후 이를 수락했을 때 열리게 된다. 단, 개회요청에 대해 거부하는 사례가 있다.

연합심사회를 행할 수 있는 것은, 각 의원(議院)의 위원회 상호간이라면, 상임위원회 상호간에 한정되지 않는다. 중의원 내의 특별위원회와 상임위원회, 특별위원회와 특별위원회, 상임위원회와 조사회도 조합이 가능하다. 마찬가지로 참의원 내의 여러 위원회 간의 조합도 가능하다. 연합하는 위원회의 수는 제한이 없다.[51] 연합심사회의 절차에 관해서는 특별한 규정

---

48) 向大野新治, 앞의 책, 90쪽.
49) 연합심사회는 한국국회의 연석회의와 유사한 회의체이다. 연석회의는 안건을 심사하는 소관 위원회가 안건의 심사에 필요한 관련 위원회의 의견을 수렴하기 위해 관련 위원회와 함께 개최하는 회의이다. 안건을 심사하는 소관 위원회는 다른 위원회와 협의하여 연석회의를 열고 의견을 교환할 수는 있으나 표결은 할 수 없다.
50) 淺野一郎·河野 久編, 앞의 책.
51) 淺野一郎·河野 久編, 앞의 책, 65쪽.

은 없으며, 위원회의 절차를 준용하고 있다.

2) 합동심사회

합동심사회란, 양원의 각각의 특정한 안건의 소관 상임위원회가 합동하여 회의를 여는 것을 말한다.[52] 이것은 양원에서의 심의의 중복을 가급적 피하고, 효율적으로 신속하게 심사 또는 조사를 하기 위한 수단이다.

위원회 심사과정에서 양원의 상임위원회가 서로 모여 의사소통을 도모하는 것은 의미가 있는 일이라 하여 합동심사회제도가 인정되었다. 합동심사회는 연합심사회와는 달리 하나의 의원 내에 있는 여러 위원회에 의해 열리는 것은 아니며, 양원의 상임위원회가 합동하여 개최하는 것이다.

합동심사회의 운영은 양 의원의 의결에 의해 제정된 상임위원회 합동심사회 규정에 의한다. 합동심사회는 독립된 심사기관은 아니며 위원회 심사의 특별한 형태로서 질의하고, 의견을 진술할 수 있으나 법률에 특별한 규정이 있는 경우를 제외하고는 표결할 수 없다.

제1회 국회부터 제6회 국회 사이에는 몇 번 개최되었으나, 장기간 동안 개최되지 않다가 제146회 국회(1999년)에서 예산위원회 합동심사회에서 당수토론(Question time)이 시작되어, 제147회 국회(2000년) 이후에는 국가기본정책위원회 합동심사회에서 당수토론이 계속하여 행해지고 있다.[53]

7. 위원회 심사시간

국회의원들은 위원회 단계의 심사를 가볍게 보는 경향이 있다. 자유민주당 소속의원들은 대체로 이것을 귀찮게 보는 경향이 있으며 시간낭비라고 본다.

심사 종료 후, 위원회는 보고서를 작성하여 의장에게 보고한다. 위원회

---

52) 어떤 의안이 예를 들어 먼저 중의원에 제출되면 다른 원, 즉 참의원에도 예비부탁되므로, 부탁위원회 및 예비부탁위원회라고 하는 관계가 성립한다. 向大野新治, 앞의 책, 91쪽.

53) 淺野一郎·河野 久編, 앞의 책.

심사를 종료한 의안은 본회의의 의사일정에 기재되어 위원장에 의한 심사 경과 및 결과보고(위원장보고)로 본회의의 심의를 받게 된다. 국회의원으로부터 신청이 있으면 질의 및 토론이 행해지나, 위원장보고에 이어 즉시 표결에 들어가는 경우가 많다.

위원회의 심의시간은 1990년 전후까지는 감소추세를 보였으나, 그 후 증가세를 보여 2000년 중의원 통계로는 개회 횟수 620회, 합계 심의시간 1365시간 53분이었다.[54]

8. 위원회 심사생략

국회법 제56조 2항 단서는, 특히 긴급을 요하는 의안에 대해 발의자 또는 제출자의 요구에 근거하여, 의원(議院)의 의결로 위원회의 심사를 생략할 수 있다고 규정하고 있다.[55] 위원회중심주의를 채택하고 있는 일본에서는 위원회에서의 신중한 심사에 시간이 걸리는 것이 사실이다. 따라서 긴급히 의안을 성립시키고 싶을 때에는 발의자 또는 제출자가 발의 또는 제출 시에 위원회 심사생략을 요구할 수 있도록 하고 있다.[56]

중의원 혹은 참의원으로부터 다른 원(院)에 제출하는 경우, 혹은 내각제출의안이 선(先) 의원으로부터 후(後) 의원에 송부되는 경우에는, 그때에 위원회 심사생략을 요구하지 않으면 안 된다.

심사생략을 하는 경우, 의장은 먼저 의원운영위원회에 자문하고, 그 답신을 기다려 본회의에 상정하며, 원의(院議)에 따라 당해 의안을 의제로 하게 된다(중의원위원회 선례집 제229호, 참의원위원회 선례집 제266호).

위원회제출의안에 관해서는, 위원회 심사생략 요구가 있었던 것으로 간주한다. 이 경우, 본회의에서는 먼저 의사진행계가 '○○의안에 관해서는

---

54) 영국 하원에서 법안심사를 담당하는 상임위원회의 개회 횟수는 합계 연간 350회 정도에 불과하며, 프랑스 하원의 6개 상임위원회의 통계(2000~2001 회기)는 352회, 526시간 21분이었다.
55) 위원회의 심사생략 요구 또는 의안의 정오(正誤)는 서면으로 한다. 衆議院事務局, 『衆議院先例集』(東京: 衆議院, 2003), 201쪽.
56) 向大野新治, 앞의 책, 63쪽.

위원회의 심사를 생략하고 바로 상정하여, 그 심사를 진행할 것'을 요구하는 동의를 제출하며, 이에 따라 즉시 의제로 하여 곧이어 제출자인 위원장의 취지변명을 듣고 채결을 하게 된다.[57]

위원회의 심사를 생략하기로 결정한 의안은, 발의자 또는 제출자가 먼저 그 취지변명을 한다.[58]

〈표 7-8〉 위원회 심사생략·중간보고

	요구자 (요구 시기)	요구가능 한 법안의 종류	절차
위원회 심사생략 (국회법 제56조 2항)	발의자 또는 제출자 (발의 또는 제출 시)	특히 긴급을 요하는 법안 * 위원회제출법률안에 관해서는 위원회의 심사를 생략하는 것이 관례이다(중선례 233).	본회의에서의 의결(의결되면, 발의자 또는 제출자가 취지변명을 행하고, 질의·토론이 있으면, 그 종료 후에 표결이 행해진다.)
중간보고 (국회법 제56조의 3)	각 국회의원 (본회의에서의 동의에 의함)	위원회에서 심사 중인 법안	본회의에서의 의결(의결되면, 위원장으로부터 중간보고를 청취한다. 청취 후에는, 위원회 심사에 기한을 설정하는 경우와 동일(同日) 혹은 다른 날에 본회의에서 법안심의를 행하는 경우가 있다.)

자료: 衆議院調査局議會制度等研究グループ(2006), 135쪽.

9. 위원교체제도

일본국회의 위원회에는 '교체(差し替え)'라고 하는 제도가 있다. 위원회의 위원이 아니더라도, 어느 특정한 문제에 관해 꼭 질문하고 싶을 때에는, 그날만 누구에게 위원을 교대해 달라고 할 수 있는 제도이다.[59]

야당이 국회대책전술로써 정족수 확보를 요구하는 경우, 법안의 신속한 국회통과를 바라는 여당은 정족수 때문에 시비가 걸리지 않도록 대책을 강구하게 된다. 이때 가능한 조치로는 대리 출석과 의원 차출이 흔히 이용된다.[60] 원칙적으로 위원은 결석하게 되는 경우, 자기 대신 출석해 줄

---

57) 向大野新治, 앞의 책, 64쪽.
58) 衆議院事務局, 『衆議院先例集』(東京: 衆議院, 2003), 300쪽.
59) 河野太郎, 『河野太郎の國會攻略本』(東京: 英治出版, 2003), 36쪽.

사람을 찾아야 하는데 여의치 못할 경우에는 정족수 확보를 위해 초선의 국회대책위원회 위원 또는 동 위원회 부위원장이 대리 출석하도록 하는 경우가 있다.[61]

10. 본회의 취지설명

중요한 의안에 대해 의원운영위원회가 필요하다고 결정했을 때에는 위원회 부탁을 전후한 시점에서 본회의에서 취지설명을 청취할 수 있다(국회법 제56조의 2). 이 경우 내각제출의안은 관계 국무대신이, 의원발의 의안은 발의자가 각각 의안의 취지설명을 한 후에 그에 대한 질의를 행한다. 이때 본회의 취지설명도 종종 여·야당 간에 의사운영상의 흥정대상이 된다.[62]

취지설명은 법안을 제출한 담당 성·청이 작성한 문장을 수상이나 각료가 낭독하는 경우가 많으며, 무미건조하기 때문에 일본국회용어로는 '경(經) 읽기'라고 부르기도 한다.[63] 또 본회의에서 취지설명을 하도록 요구해 놓고서도 언제까지나 취지설명을 행하지 않고 위원회 부탁을 지연시키

---

60) 福元健太郎, 「國會定足數の政治的實態」, 『議會政治』 47号(1998), 6쪽.
61) 자유민주당에서는 당선 1회의 신인 국회의원은 전원이 국회대책위원이 된다고 한다. 후쿠모토(福元)가 자유민주당 국회대책위원회 사무부장(保科 弘)과 인터뷰 (1998. 7. 16)한 내용 재인용. 福元健太郎, 앞의 글.
62) 大石 眞, 『議會法』(東京: 有斐閣, 2001), 143쪽.
63) 취지설명은 본래 본회의중심주의를 채택한 제국의회에서, 의안심의의 일환으로서 행하던 제도이다. 전후 미국식 위원회중심주의를 채택한 일본국회는 본회의에서의 취지설명도 폐지되고, 제출된 의안은 즉시 소관 위원회에 부탁하여 심의하게끔 되었다. 그런데 중요 법안에 대해서는 모든 국회의원의 이해를 구할 필요가 있다 하여 본회의에서의 취지설명이 부활, 1948년의 국회법 개정에서 "각 의원(議院)에 발의 또는 제출된 의안에 관해 의원운영위원회가 특히 그 필요를 인정하는 경우에는 의원(議院)의 본회의에서 그 의안의 취지를 청취할 수 있다."는 규정이 추가되었다. 그때 본회의에서의 취지설명은, "의안 그 자체를 의제로 하는 것은 아니고, 그 취지를 듣는 것이 목적이며, 의장이 의안을 소관 위원회에 부탁하는 것을 방해하는 것은 아니며, 취지설명이 종료될 때까지 위원회 심의를 할 수 없는 것은 아니다."로 확인되었다. 국회법 개정(1948) 이후의 여·야당 대결형의 국회운영에서, 야당은 취지설명을 반대법안의 심의지연수단으로 사용하였다. 淺野一郎編, 『國會入門』 (東京: 信山社, 2003), 153－154쪽.

는 것은 '공중에 매단다'고 하여 '쓰루스'라고 한다.

11. 중간보고

위원회에서 심사가 지연될 것에 대비하여, 위원회 부탁안건을 신속하게 본회의의 의제로 이행하기 위한 절차로서 이른바 중간보고제도가 설치되어 있다.

법률안이 국회에 제출되면, 위원회에 부탁되어, 그 심사를 거쳐, 위원장이 그 심의의 경과와 결과를 본회의에 보고하여 의결하는 것이 원칙으로 되어 있다. 그런데 국회법 제56조의 3은 "각 의원은, 위원회의 심사 중의 안건에 대하여 특별히 필요가 있을 때에는, 중간보고를 요구할 수 있다." 고 되어 있다. 중간보고가 있었던 안건에 대하여 의원(議院)이 특히 긴급을 요한다고 인정하였을 때에는, 위원회의 심사에 기한을 설정하거나 또는 의원(議院)의 회의에서 심의할 수 있다고 정하고 있다. 즉 위원회에 부탁된 법률안에 대하여 심의가 종료되기까지 기다리지 않고 중간보고를 행하여, 심의의 기한을 설정하거나, 본회의에서 즉시 심의할 수 있는 것이다. 기한을 설정한 경우에도, "그 기간 내에 심사를 끝내지 못하였을 때에는, 의원(議院)의 회의에서 이를 심의하는 것으로 한다."고 하고 있다.

12. 고발

위원회는 필요하다고 인정할 때에는 국정조사권을 행사하여 필요한 자료의 제출을 요구하거나, 증인이나 참고인을 부를 수 있다. 또 이해관계자나 학식경험자로부터 의견을 듣기 위한 공청회를 개최하거나, 조사를 위하여 위원을 파견하는 일도 가능하다.

위원회는 증인이 위증, 불출두, 서류 불제출, 선서·증언 거절의 죄를 범했다고 인정될 때에는 고발할 수 있다. 고발에는 출석위원 3분의 2 이상의 찬성이 필요하다.

13. 본회의에의 보고

위원회에서의 심사가 종료되면, 그 의안은 본회의에서 심의하게 되는데, 위원회에서는 그에 앞서 심사보고서를 작성하여 위원장이 의장에게 제출한다. 이 심사보고서의 작성은 위원장에게 일임되는 것이 보통이다.

위원회의 심사를 거친 의안이 본회의에 상정되면, 먼저 위원장이 그 의안의 위원회에서의 심사경과와 결과에 대하여 보고를 행한다. 소수의견 존중의 견지에서, 본회의에서 위원장보고에 이어 소수의견의 보고를 행하는 것이 인정되어 있으나 최근에는 거의 행해지고 있지 않다.

필요에 따라 질의, 토론을 행하여 표결하게 되는데, 위원회의 심사를 거친 것에 관하여 질의가 행해지는 일은 거의 없다. 또 표결에서는 먼저 위원회의 보고대로 해도 좋은가를 묻는데, 대부분 위원회의 보고대로 의결되고 있다. 참의원에서는 형식적으로는 의안 자체가 표결의 대상이 된다.

<표 7 - 9> 상임위원회와 본회의의 관계

경우	관계
지위	상임위원회는 국회의 최종 의결기관인 본회의의 하부 기관
위원회가 회부된 안건에 대해 심사하는 경우	상임위원회는 본회의의 예비적 하부 심사기관으로서 본회의에 완전히 종속된다.
위원회가 독자적으로 조사활동을 행하는 경우	상임위원회는 고유의 조사권을 부여받아 자주적인 활동이 가능하다. 다만, 중의원에서는 의장의 승인을 받아야 한다. 참의원은 의장의 승인을 받지 않아도 된다. 본회의에 대한 종속도는 약한 편이다. 위원회에는 법률안제출권이 인정되어 있다.
위원회가 본회의에 대해 영향력을 행사하는 경우	상임위원회가 조사활동을 벌인 결과에 의거하여 입법으로 연결시킬 수 있는 제안권도 인정되고 있다. 의안 제출이 필요한 경우, 위원회의 조사보고서 중에 입법권고를 하거나, 위원중심의 토의를 거친 후 의원이 발의하는 형태를 취한다.

14. 휴식 · 산회

위원회의 의사를 정리하고, 질서를 유지하는 권한을 갖는 것은 위원장이다. 위원회의 휴식 또는 산회는 위원장이 필요하다고 인정할 때에는 이를 선고할 수 있으며, 때로는 위원회에 자문하여 결정하는 수도 있다. 위원장은 위원회의 의사가 정리하기 어려워졌을 때 또는 징벌사범이 있을 때에는 휴식 또는 산회를 선고할 수 있다.

제5절 위원회의 입법심사활동

1. 심사 절차

국회법에서는 위원회에서의 심의를 '심사'라고 한다. 위원회에서의 심사는, 안건에 관한 질의를 중심으로 하여 행해진다.

위원회에서의 입법심사활동은 ① 의안 제출자의 설명 ② 질의응답 ③ 토론 ④ 표결 순으로 진행된다.[64]

<그림 7-1> 심사 절차

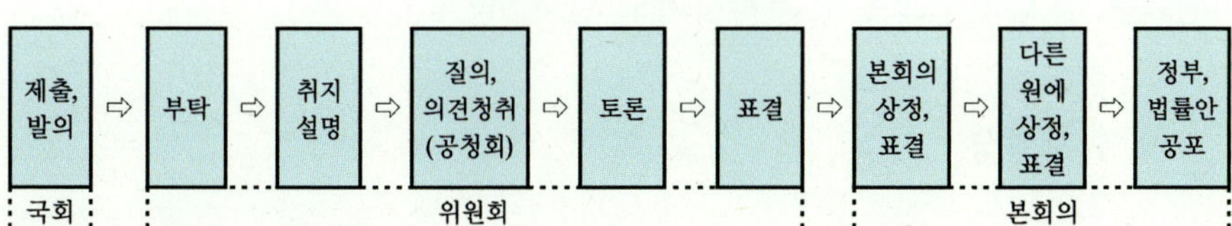

1) 제출, 발의

위원회에서 심사되는 법률안에는 의원제출법안과 정부제출법안의 두 가지 종류가 있다. 의원제출에 의한 법률안은 소속하는 원(院)의 의장에게, 정부제출법안은 중의원이나 참의원 어느 한쪽에 제출한다. 또 제출되지 않은 원(院)에도 예비심사를 위해 같은 법률안을 송부한다.[65]

---

64) 宮崎淸隆, 「委員會 - その活動」, 『立法と調査』 209号(1999. 1), 23쪽.

65) 제출되지 않은 원이란, 어떤 법률안을 참의원에 제출했다면 중의원이 제출되지 않은 원이 되고, 중의원에 제출했다면 참의원이 제출되지 않은 원이 된다.

2) 부탁

위원회의 법안심사는 법률안이 위원회에 부탁되면서 시작된다. 일본에서는 법안이 제출되면 의장은 적당한 위원회에 이를 부탁하도록 되어 있다(국회법 제56조). 그러나 부탁된 법률안에 본회의 취지설명 요구가 첨부되어 있는 경우, 요구가 첨부된 법률안은 즉시 위원회에 부탁되는 일은 없으며, 본회의에서 실제로 취지설명이 행해지든가 아니면 본회의 취지설명 요구가 취하될 때까지의 사이, 심사되지 않는 상태에 놓이게 된다.

국회에 제출된 법률안은 상임위원회에 회부되지만 어느 상임위원회에 회부되는가는 의장이 의원운영위원회와 협의하여 결정한다. 특별위원회가 설치되어 있는 경우에는 필요에 따라 그 위원회에 법률안이 회부된다. 예외로서 특히 긴급을 요하는 법률안에 대해서는 발의자 또는 제출자의 요구에 따라 의원(議院)의 의결로서 위원회의 심사를 생략할 수 있다.

의장은, 제출 또는 다른 원에서 송부된 법률안을 적당한 상임위원회에 부탁하는데, 특별히 필요가 있다고 인정한 법률안 또는 상임위원회의 소관에 속하지 않는 특정한 법률안에 대해서는 의원(議院)에 자문하여 특별위원회를 설치하여 그곳에 부탁하기도 한다.

3) 취지설명

부탁을 받은 위원회에서는 먼저 법률안의 취지설명을 청취한다. 이때 의원제출법안이라면 발의자, 정부제출법안이라면 소관 대신(大臣)으로부터 설명을 청취한다. 다른 원(院)에서 수정이 행해지고 있는 경우에는, 당해 위원회의 수정안 제출자 등으로부터 그 수정 부분에 대한 설명을 청취한다.

위원회의 심사는 법안의 취지설명부터 시작하며, 이어 담당 대신 등에 대한 일문일답식의 질의가 행해진다.[66] 이 취지설명에 의해 입법자의 의

---

66) 과거 이 단계에서 각 성·청의 관료가 '정부위원'으로서 대신을 보좌하여 실질적으로 답변에 임했으나, 정부위원제도는 1999년의 국회심의활성화법 제정에 따라 폐지되고, 현재는 부대신, 대신정무관, 인사원 총재, 내각법제국장관 등으로 한정되어 '정부특별보좌인'으로서 국회 출석 및 발언이 인정되고 있다(제69조). 단, 법안의 기술적 측면 등에 관해 관료의 설명이 필요하다고 판단되는 경우에는 위원회의

도, 목적, 동기가 명백해진다.

4) 질의

취지설명에 이어 질의에 들어가는데 위원회 심사의 중점은 여기에 있다.

질의란 의제와 관련하여 제출자에게 그 취지나 의의(疑義)를 묻는 것이다.

일본국회는 위원회중심주의를 채택하고 있기 때문에, 법안에 대한 질의는 주로 위원회에서 이루어진다. 정부제출법안에 대한 질의는 정부(대신, 부대신 등)에 대해 행해지며, 의원제출법안의 심사일 경우에는 주로 발의자에 대해 질의가 행해지는데, 사실 확인이나 법안에 대한 정부의 소견을 청취하기 위해 질의가 행해진다. 필요에 따라 참고인의 출두를 요구하고, 그 의견 등을 청취하고, 질의를 행하며, 중요 법안에 대해서는 공청회를 개최하여 이해관계자 등으로부터 의견을 청취하는 일도 있다. 총예산이나 중요한 세입법안에 관해서는 공청회를 개최하지 않으면 안 된다.[67]

질의는 일문일답식으로 행해지며 질의자의 회파별 인원과 각 질의시간 및 질의순서는 이사회에서 협의하여 결정한다. 각 회파별 질의시간은 국회의 의석 비율에 따라 정해지지만 과거 자유민주당의 경우는 자신의 질의시간의 일부를 야당에 할애하는 것이 관례화되어 있었기 때문에 위원회에서는 상대적으로 야당의 질의시간이 길게 되어 있다. 국회 내 심의에 있어 야당의 질의가 입법적인 영향력 행사에 한계가 있는 야당의 태도표명에 불과하다는 것이 최근의 연구에 의해 입증되기도 하였다.[68]

또한, 위원회에서 심의 중인 안건에 대하여 본회의에서 중간보고를 요구하고, 경우에 따라서는 본회의에서 심의하는 길을 열어 주는 '중간보고제도'가 채택되어 있다. 이것은 본회의가 개입함으로써 위원회중심주의를

의결을 거쳐 '정부참고인'으로 초치할 수 있다.

67) 衆議院調査局議會制度等研究グループ, 「日米英國議會における法案審議－委員會の法案審査における日米英國の比較－」, 『RESEARCH BUREAU 論究』 1号(東京: 衆議院調査局, 2005. 1), 164쪽.

68) 增山幹高, 「立法における變換vs態度表明－國會審議と附帶決議－」, 『レヴァイアサン』 38号(2006 春), 148쪽.

완화하기 위한 것이지만 다수당에 의한 의사촉진의 수단으로 쓰이는 경우가 있다.

위원회에서의 질의는, 본회의와는 달리, 일문일답의 형식으로 행해지기 때문에 면밀한 의논이 가능해진다. 이렇게 심사를 거쳐 법률안에 관련된 문제점에 대한 해명이 끝나면, 위원장은 질의종료를 선고한다. 수정을 희망하는 위원이 있는 경우에는 질의종료 후에 수정안을 제출하면 된다.

5) 토론

질의가 종료되면 토론에 들어간다. 이는 법률안에 대한 찬반의 의견을 상호 개진하는 것이다. 다만, 내용이 간단한 법률안이나 각 정당이 모두 찬성하는 법률안 등은 토론신청이 없는 경우에는 토론이 생략된다. 토론자는 안건에 대한 찬반 여부를 명확히 하고, 원안에 대해 반대, 찬성의 순서로 번갈아 가면서 발언하되, 회파의 규모가 큰 순서부터 토론을 행한다.

수정안이 제출되어 있을 때에는, 원안과 함께 토론을 행한다. 일본국회에서는 위원회에서 법안에 대한 수정안을 심사할 때 법안 전체를 대상으로 심사를 행하고 있다. 법안을 수정하고자 할 때에는 미리 수정안을 위원장에게 제출하지 않으면 안 되며, 이는 원안에 대한 토론에 들어갈 때까지 행해져야 한다. 수정안은 제출자로부터 그 취지설명을 요구하는 것이 관례이다. 수정안에 대해서는 질의를 행할 수 있으며, 국무대신 등에게 의견을 요구하는 일도 적지 않다. 수정안에 대한 토론은 질의종료 후에 원안과 일괄적으로 행한다.

위원회의 심사에 있어 위원은 의제와 관련하여 자유롭게 질의하거나 의견을 진술할 수 있으며, 요구순서에 따라 위원장이 이를 허가하는데, 실제로는 이사회에서의 협의에 따라 미리 발언순서가 정해지는 것이 관례이다(중의원 선례 제42호).[69]

위원장은 위원회에 자문하여, 질의, 토론 기타의 발언에 관해 시간을 제

---

69) 위원회에서의 질의, 토론 등의 발언은 그 형편, 위원장의 허가를 얻어 행해진다. 그 경우 발언자는, 발언 전에 '위원장' 하고 허가를 청하고, 위원장이 예를 들면 '스즈키 군(鈴木君)' 하고 불러 발언을 허가하는 것이 일반적인 형식이다.

한할 수 있으며, 사전에 시간을 제한하는 경우에는, 각 위원에 대해 균등 적용해야 한다(중의원규칙 제68조)고 되어 있으나 현실적으로는 소속의원 수의 비율에 따라 각 회파에 발언시간이 할당되고 있다.

6) 표결

위원회에서 표결이란, 위원이 문제에 대해 찬성·반대의 의사를 표명하는 행위이다.

표결의 주된 원칙으로는, 표결을 하려고 할 때 위원실에 없는 위원은 표결에 참여할 수 없으며, 위원은 표결의 변경을 요구할 수 없다. 표결을 할 수 있는 자는 위원뿐이며, 의안 기타 안건에 대한 표결권은 그 위원회에 소속하는 위원에게만 인정된다.[70]

일본국회의 위원회에서 표결의 대상이 되는 범위는, 법안에 대한 찬반을 묻는 표결에서는 법안 전체(수정안이 제출된 경우에는 수정안 전체)가 된다.

토론이 종료되었을 때에는 즉시 표결이 행해지는데, 수정안은 원안보다 먼저 표결된다. 수정안이 복수일 경우에는 위원장이 표결순서를 정하는데, 원안에서 가장 먼 것부터 표결하는 것이 원칙이다(중의원규칙 제145조). 수정안은 동의(動議)에 의해 제출되는데, 하나의 동의에 복수의 조항의 수정이 포함되어 있는 경우라도 그 표결은 조항별이 아닌 수정안별로 행해진다.[71]

표결순서로서는, 위원회에서 수정안이 제출된 경우, 먼저 수정안에 대해 표결하고, 가결된 경우에는 그 수정 부분을 제외한 원안에 대해 표결을 행한다. 수정안이 복수 제출되어 그것들이 동일한 의제에 관한 것일 때에는 원칙적으로 원안의 내용에서 먼 것부터 표결을 행한다.

---

70) 小松幸喜·管野　亨·橋本和吉·牛丸禎之, 「委員會の表決と議決」, 『議會政治研究』 51号(1999), 36쪽.
71) 衆議院調査局議會制度等研究グループ, 앞의 글, 171쪽.

7) 본회의 상정

위원회에서 가결된 법률안은 본회의에 상정된다. 법안이 제출되었을 때 본회의 취지설명 요구가 첨부되지 않는 한, 형식적으로는 국회의원은 자신이 소속하는 위원회 이외의 위원회에 부탁된 법안에 대해서는 그 내용에 관해 충분하게 알 기회가 없다. 이 때문에 위원회보고서는, 본회의에 있어 구두로 행해지는 위원장보고와 마찬가지로 국회의원이 본회의에서 표결을 행할 때 중요한 판단재료가 된다.[72]

위원회가 부탁안건에 관해 심사 또는 조사를 마쳤을 때에는, 의결 이유, 비용, 기타에 관해 간단히 설명한 보고서를 작성하여, 위원장이 이를 의장에게 제출하도록 되어 있다. 위원회보고서는 위원장이 보고서 작성에 관한 의결에 의해 일임을 받은 후, 위원장의 명령에 따라 담당 조사국, 조사실이 작성사무를 맡는다. 보고서에는 법안의 목적 및 요지, 법안의 가결 이유가 기재되어 있으며, 비용이 드는 경우에는 법안시행에 요하는 경비가 기재된다. 또 위원회에 수정안이 제출된 경우에는 수정안 제출 회파 및 위원회에서의 의결결과(가부), 위원회에서의 부대결의를 회부할 것을 결정한 경우에는 그 취지도 기재한다.

보고서는 인쇄를 마친 다음 각 국회의원에게 배부됨과 동시에 당해 법안이 본회의의 의제가 된 달의 중의원 회의록(관보 호외)에 게재된다.[73]

8) 다른 원에 상정, 표결

한 원(院)에서 가결되어 다른 원으로 송부된 법률안이 동일 회기 내에 본회의에서 가결되면, 즉 양원에서 가결되면 일단 국회에서의 입법절차는 모두 마치게 된다.

---

72) 衆議院調査局議會制度等研究グループ, 앞의 글, 176쪽.
73) 衆議院調査局議會制度等研究グループ, 앞의 글, 177쪽.

9) 법률안 공포

법률안이 국회 양원에서 가결되어 행정부로 이송되면 공포 절차를 거치게 되는데 이 공포 절차를 거쳐야만 법적인 효력을 발생하게 된다.

2. 위원회 심의에 대한 평가

가와사키 마사시는 국회심의에 관한 평가는 최종적으로는 국민의 다양한 의사를 어떻게 하면 반영·조정·통합하고 있는가 하는 응답성(민주성)의 측면과, 현실수요에 어떻게 적절하고 신속하게 대응하고 있는가 하는 효율성의 측면에서 판단하게 된다고 주장한다.[74]

그렇지만 '민주성'과 '효율성'을 객관적으로 측정하기가 쉽지 않은데다가, 일본과 같이 여당의 사전심사 그리고 이사회 및 이사간담회 등에서 사전에 물밑작업이 이루어지는 곳에서는 위원회 심의에 대한 평가가 어느정도 신빙성을 줄것인지는 의문이다. 의원발의법률안의 점유율, 내각제출법률안에 대한 수정률 등에 관한 수치가 일정부분 평가기준이 될것이나, 그와 동시에 개개의 법안에 대한 내용분석이 행해져야 기본적인 평가가 가능할 것으로 보인다.

제6절 위원회 표결제도

1. 의결의 의의

의결이란 회의체(본회의 또는 위원회)의 의사를 결정하는 일이다. 표결은 의결의 선행행위이며, 표결결과가 의결이 된다. 표결결과, 전회일치가

---

74) 川崎政司, 「國會審議の過程－國會審議の特色と課題(6)－」, 『國會月報』 639号(2002. 4), 23쪽.

아니고 과반수에 의해 의결되었다 하더라도 과반수의 위원 또는 의원(議員)의 의사는, 위원회 또는 의원(議院) 자체의 기관의사(機關意思)가 된다.[75]

2. 의결의 양태

위원회에서의 의결의 양태는 의결의 대상에 따라 다양하다.[76]
① 가결(수정의결을 포함) ② 승인 ③ 시인 ④ 이의 유무 ⑤ 승낙 ⑥ 징벌
⑦ 허락 ⑧ 동의 ⑨ 채택

3. 표결 시기 및 방법

위원회에서 토론이 종료되었을 때에는 위원장은 즉시 표결을 하도록 해야 한다.

위원회에서의 표결 방법으로는, 기립에 의하거나 구두로 이의가 있는지의 여부를 묻는 것이 보통이다. 단, 거수에 의한 표결과 기명투표에 의한 표결도 있다. 기립 표결의 경우, 반드시 사안에 대해 가(可)하다고 하는 자, 즉 찬성자의 기립을 요구하지 않으면 안 되는데 이것은 의안 혹은 기타 사안을 처리하기 위해서는 적극적인 의사표명이 있어야 하기 때문이다.[77]

참의원의 위원회에서는 거수에 의한 표결이 행해지고 있다.

4. 부대결의

1) 부대결의의 의의와 내용

위원회에서는 법률안이 가결되면 그것에 부대결의가 붙여지는 경우가 적지 않다.

---

75) 小松幸喜·管野 亨·橋本和吉·牛丸禎之, 앞의 글, 39쪽.
76) 小松幸喜·管野 亨·橋本和吉·牛丸禎之, 앞의 글, 39-40쪽 참조.
77) 小松幸喜·管野 亨·橋本和吉·牛丸禎之, 앞의 글, 37쪽.

부대결의란, '행정부에 대하여 희망, 요망, 경고, 권고 등을 표명하기 위하여, 위원회에서의 부탁안건의 의결에 즈음하여, 안건의 표결에 이어 당해 안건에 부대하여 행해지는 위원회의 결의'를 말한다. 즉 그 안건의 내용, 그것에 대한 정당(政黨), 국회의원의 태도, 그 당시의 정치·경제정세 등의 사정이 얽혀 여러 가지 다양한 정부에의 요망을 행하는 것이 부대결의이다. 좀더 구체적으로는 ① 그 법률이나 조약에 근거하여 제정되는 법률이나 정령, 명령 등의 내용이나, 그에 근거하는 권한발동의 본연의 모습 ② 법률, 조약의 내용에는 불만이나, 가까운 장래에는 개정해야 한다는 내용으로서 제도의 개선 요망 ③ 법률이나 조약의 실시에 필요한 예산의 증액 요망 등의 내용이 포함된다.[78]

부대결의를 붙일 것인가 말 것인가, 그 내용을 어떻게 할 것인가는 위원회의 이사회에서 협의하여 안을 정리하는데, 내각제출법률안에 대해 야당으로부터의 신청을 계기로 하여 붙이는 경우가 많아지고 있다.[79]

부대결의란 정부가 법률을 집행함에 있어 유의사항을 제시한 것인데, 실제로는 조문을 수정하기까지는 이르지 않았어도, 이를 부대결의에 담아 둠으로써 그 후의 운용에 국회로서 주문(注文)을 달아두는 모양새라고 할 수 있다. 말하자면 위원회의 '제2의 생각'이 부대결의인 것이다.

부대결의는 법령(국회법, 중의원규칙)에 규정은 없으나, 위원의 동의 또는 위원장의 발의에 의해, 본안(本案)의 심사 속에서 행해진 의논 등에 근거하여, 본안의 실시에 임하는 기본자세, 유의사항 등을 위원회의 의사로서 표명하는 위원회의 의결이다.[80]

---

78) 태평양전쟁 전에는 부대결의가 내각을 붕괴시킨 사례가 있다. 1914년(大正3), 오쿠마 내각은 러일전쟁의 전비조달을 목적으로 하여 발행된 공채의 상환액을 5,000만 엔에서 3,000만 엔으로 감액하여 예산을 제출하였으나, 이에 불만을 품은 귀족원에서 '경제정세가 호전되면 상환액을 5,000만 엔으로 되돌린다.'고 하는 희망결의를 붙였다. 그런데 오쿠마 내각은 다음 예산에서 이를 무시하였기 때문에, 결의를 무시하였다 하여 공격을 받았고 결국 실질적인 예산수정을 행하게 되었다. 이때의 일이 탈이 나 결국 오쿠마 내각은 총사직하게 되었다. 中野邦觀, 『國會と外交』(東京: 信山社, 2000), 256쪽.

79) 衆議院事務局, 『衆議院の動き』11号(東京: 衆議院, 2004), 347쪽.

80) 부대결의는 의회제도의 다수주의에 기초하고 있으며, 여당주도의 의사운영을 촉구하는 입법절차로서 정착함과 동시에 여당과 내각의 융합을 상대적으로 완화하고

때로는 법률안을 수정하기보다는 부대결의를 함으로써 여·야당의 타협이 모색되기도 한다. 이런 의미에서 타협의 산물인 부대결의는 여야 간의 입장이 각각 반영되고 서로 다소 간의 어려움을 피할 수 있는 완충지대의 역할을 하는 것이라고 볼 수 있다.

2) 부대결의의 효력

부대결의에는 정치적 효과가 있을 뿐, 법적 효과는 없다. 부대결의는 법적 구속력은 없으나 당해 위원회에서, 부대결의안을 가결한 후, 소관 대신이 이를 존중하겠다는 취지의 발언을 하는 이상 상당한 정치적 의미를 내포한다.[81] 위원회의 의사(意思)로서의 무게를 가지는 부대결의가 붙게 되면 소관 대신 등은 이에 대한 소신을 진술하는 것이 관례가 되어 있다. 단 부대결의는, 의결된 안건에 관한 것이기는 하나, 어디까지나 그것과는 별개의 것이며, 더군다나 안건의 의결에 조건을 붙이는 것도 아니고, 안건의 일부가 되는 것도 아니다.[82] 이 때문에 부대결의는, 본회의에서는 위원장보고에 의해 그 가결사실이 보고되는 것으로 그치며, 그 의결의 대상이 되는 것은 아니다.

3) 부대결의의 연혁

부대결의는 일본제국헌법 시대에 의회가 협찬기관에 불과한 것에서 생겨난 관례를 그 기원으로 한다.

있는 국회의 권력분립이라고 하는 헌법적 귀결로서 입법을 둘러싼 여야 간 교섭기능이 있다. 增山幹高, 「立法における變換vs態度表明−國會審議と附帶決議−」, 『レヴァイアサン』38号(2006 春), 148쪽.

81) 小松幸喜·管野 亨·橋本和吉·牛丸禎之, 앞의 글, 41쪽.

82) 川崎政司, 앞의 글.

제7절 국가기본정책위원회

1. 설치목적과 의의

국가기본정책위원회는 국가의 기본정책에 관해 내각총리대신과 야당 당수 간에 1 대 1의 토론의 장을 마련하기 위해 설치되었다.

국회활성화법[83]은 오부치(小渕) 내각 시대인 1999년의 제145회 통상국회에서 성립되었으며, 이때부터 국회개혁이 본격화되었다. 당시 국회에서는 ① 중의원·참의원에 국가기본정책위원회를 설치한다, ② 정부위원제도를 폐지하고, 국무대신을 보좌하기 위해, 내각관방 부장관과 정무차관을 국회 본회의 및 위원회에 출석할 수 있도록 한다,[84] ③ 정무차관을 증원한 후, 부대신·부장관과 대신정무관·장관정무관의 설치를 행한다 등의 내용을 결정하였다. 또 이 법률에 따라, 국가기본정책위원회의 관할 사항은, 국가정책의 기본에 관한 것으로 정해졌으며, 각 당의 당수들이 직접 논의하는 당수토론제도가 도입되었다.[85]

제146회 임시국회(1999. 10. 29 소집)에서는 정부위원제도가 폐지되었다. 정부위원제도가 폐지됨에 따라 국회에서의 답변은 국무대신과 정무차관이 주로 하도록 되었다. 이에 따라 국회심의는 여·야 정치인들끼리의 의논이 활발하게 전개되게 되었다.

국회활성화법에 따라 2000년의 제147회 통상국회(2000. 1. 20 소집)부터

---

83) 법률의 정식명칭은 '국회심의의 활성화 및 정치주도의 정책결정시스템의 확립에 관한 법률'이다.

84) 정부위원은, 국회에서 국무대신을 보좌하기 위해, 그 소관에 속하는 사항에 관하여 본회의, 위원회, 참의원의 조사회 등에 출석하여 발언하는 공무원이다. 정부위원은, 매 국회의 회기 초에 양원의 의장의 승인을 얻어 내각에 의해 임명되고, 회기 중 그 지위를 유지한다. 정부위원제도는 메이지(明治)의 제국의회 이래 계속되어 온 제도이다.

85) 중의원은 2000년 1월 25일에 제1회 위원회를, 참의원은 1월 21일에 제1회 위원회를 개회하였다. 2월 23일에 처음으로 국가기본정책위원회합동심사회가 개최되어 오부치 수상과 하토야마 민주당대표 간에 당수토론이 있었다.

양원에 총리와 야당 당수 사이에 토론하는 국가기본정책위원회가 설치되었다. 국가기본정책위원회는 영국식의 정당 당수·총리 간의 토론제도, 즉 영국의회의 '총리에 대한 퀘스천 타임'을 모델로 하여 도입한 것이다.86)

정부위원제도를 폐지하여, 국회의원으로부터의 질의에 대해 답변하는 정부직원을 관료로부터 정치가로 변경한 것은 큰 변화이다.87) 정부위원제도의 폐지는, 위원회 등에서의 국회의원의 질문에 대해 중요한 부분은 정부위원(관료)이 답변하는 것을 막기 위한 조치였다. 이 제도의 폐지로 대신이 직접 회의에 출석하여 답변하는 일이 잦아졌기는 하나 그 뒷면에서는 관료와의 면밀한 협의나 서류의 교환 등이 행해지고 있다. 또 영국의회의 '퀘스천 타임(question time)'을 참조하여 당수토론(黨首討論)제도를 도입한 것이다.88) 이 법의 시행 이래 관료의 출석이 반감했고, 부대신이나 대신정무관의 출석은 2배 가까이 증가하였다.89)

당수토론은, 총리와 각 정당의 당수가 마주앉아 의견을 주고받는 장이다. 그러나 각 정당에는 의석수에 따라 사용할 수 있는 시간이 있는데 그것이 짧은 관계로 소기의 목적을 달성하고 있지 못한 상태에 있다. 이 제도의 모형이 된 것은 앞에서 말한 것처럼 영국의 당수토론제도인데, 양대정당구도의 영국에서와는 달리 하나의 정당이 시간을 충분히 사용할 수 없는 형편에 있는 일본의 입장에서는 각 정당의 시간을 늘려 주지 않는

---

86) 1999년 5월 영국에 파견된 중의원 의원단이 우연히 하원의 퀘스천 타임(질문시간)을 방청한 후 자극을 받아 같은 종류의 심의를 일본국회에서 하기 위한 기관으로 국가기본정책위원회를 설치하게 되었다. 국가기본정책위원회는 정부위원제도를 개선하기 위해 도입된 것이다. 정부위원제도는 일본제국의회에서 시작된 것으로서 제국헌법은 제54조에서, 정부위원은 언제라도 각 의원(議院)에 출석하여 발언할 수 있다고 규정하였다. 大山礼子,「黨首討論とイギリス型議員內閣制」,『ジュリスト』1177号(2000. 5. 1-15合倂號), 93쪽.

87) 그동안 국장급(혹은 과장급) 관료 등 정부위원이 정부답변의 실질적인 부분을 담당해 온 것에 대한 비판을 수용하여 이를 폐지한 것이다. 대신 국무대신의 부담이 증대되는 것을 피하기 위해 부대신 및 대신정무관을 두어 적극적으로 답변하도록 했다. 단 정부참고인이 각 의원의 규칙에서 규정되어, 운용에 있어 다수의 국장급 공무원이 이를 맡고 있는 관계로 관료는 예전과 다름없이 위원회에 출석하고 있다.

88) '퀘스천 타임'은 야당의 당수가 총리에게 국정 전반에 관해 질문하고, 총리가 답변하는 영국의회의 관행이다.

89) 鈴木法日兒,「政府委員制度の廢止」,『ジュリスト』1177号(2000. 5. 1-15合倂號), 101쪽.

한 활발한 논의는 어렵다고 할 수 있다.

영국의회에서의 퀘스천 타임이란, 구두질문(questions for oral answer), 긴급질문(private notice questions), 서면질문(questions for written answer)의 세 가지 종류의 질문에 대해 본회의장에서 각료가 답변하는 시간을 말한다. 질문시간은 본래 당수 간 토론의 장이라기보다는 오히려 일반 의원들에게 평등한 활약기회를 주기 위한 것이다.90) 그러나 영국의 퀘스천 타임 중에 총리 대 야당 당수 간의 논전이 전개되기도 하기 때문에 일본에서는 퀘스천 타임을 흔히 당수토론제도라고 부르고 있다.

이제까지의 위원회가 의안의 심사나 행정에 대한 감시로 대표되는 국정조사를 주된 목적으로 하고 있었던 것을 고려할 때 국가기본정책위원회는 그 설치목적을 크게 달리한다. 종래의 국회에서의 논의는, 관료가 작성한 답변이나 각료에 의한 답변에 대표되는 것처럼, 잘못하면 형식에 흘러 활성화되지 못하고 정치적 책임도 명확하지 않은 경우가 많았는데, 의원들 간의 토론을 유도하여 심의를 활성화시키는 것을 도모함과 동시에, 정치적 책임을 명료히 하려는 것이었다. 이는 그 근거법인 국회활성화법 제1조에서 정하고 있는 내용으로서, 행정기관에 대한 정치우위의 정책결정시스템의 확립이라고 하는 입장에서, 일본국회의 역할을 재구축한 것이다.

이에 따라 국가기본정책위원회의 무대에서는 정치적 논쟁을 의제라든가 형식 등에 구속됨이 없이 당당하게 행할 수 있게 되었다.

말하자면 '반론권(反論權)'이 인정됨에 따라 야당 측이 질의하고 정부·여당 측이 그에 답변하는 이제까지의 국회심의와는 달리 상호간에 정책을 경합하는 토론을 벌일 수 있게 됨으로써 국회심의는 보다 활성화되었다.

2. 정부위원

정부위원이란 각료를 대리하여 출석하는 인사를 가리키는 말인데, 그가 하는 답변은 정부를 구속하게 되므로 중시되어 왔다.91) 메이지(明治) 시대

---

90) 영국의 퀘스천 타임과 일본의 당수토론제도의 유사점, 차이점에 관해서는 大山礼子, 앞의 글, 93-99쪽 참조.

의 제국의회시절부터 정부관료가 정부위원으로서 국무대신을 보좌하여 답변해 왔었다.

앞부분에서 살펴 본 국가기본정책위원회는 영국의회 하원의 당수토론을 모방하여, 국정 전반에 관하여 총리와 야당 당수가 토의하기 위한 장(場)이나, 권력투쟁의 하나의 형태를 무대 위로 올려 국민 앞에 제시하게 되었다는 점에서는 일본의회정치사상 획기적인 제도 개선이라고 할 수 있다.

제2차 세계대전 직후, 연합군총사령부(GHQ)는 당초 국회의 재편문제를 제국의회의 위원회로 하여금 담당케 하였으나, 국회 측의 대응이 만족스럽지 못하자 GHQ 민정국을 중심으로 국회운영제도 재편에 나섰다. 그 결과 21개 상임위원회 설치, 150일간의 회기, 증인환문권, 중요 안건에 대한 공청회 개최, 국립국회도서관 설립 등 국회의 심의를 충실화하기 위한 제반 개혁이 행해졌다.

이때, 국회법 제69조의 정부위원의 규정을 둘러싸고 GHQ와 극동위원회(FEC) 사이에 대립이 있었다.[92] FEC는 국회의원 이외의 관료, 즉 정부위원이 각료를 대신하여 국회에 출석하여 발언하는 것은 내각이 국회에 대해 책임을 진다고 하는 의원내각제의 기본원칙에 위배 되는 것이라고 주장하였다.

이에 대한 GHQ 최고사령관 맥아더의 회답은, "정부위원제도는 일본의회의 관습 및 관행에 따른 것이며, 어떠한 민주적 원칙도 침범해서는 안 되며, 내각이 국회에 대해 책임을 진다고 하는 원칙에도 위배 되지 않는다."는 내용을 담고 있어 정부위원제도를 용인하였다. 그때부터 하나의 제도로서 지속되어오다가 1999년에 폐지된 것이다.

---

91) 堀江ふかし・笠原英彦, 앞의 책, 130쪽.
92) FEC는 연합국최고사령관의 점령관리를 원조, 감시할 목적으로 설치되어 영국, 프랑스, 중국, 호주, 소련 등 11개국으로 구성되었는데 실제 점령관리는 미국 및 GHQ 주도로 행해졌다.

3. 위원회 구성 및 운영

1) 구성

국가기본정책위원회는 중의원은 30명, 참의원은 20명의 위원으로 구성한다. 이 위원회의 소관 사항은 국가의 기본정책에 관한 사항이며, 국가정책에 관한 다양한 사안들이 각 당의 당수토론에 의해 광범하게 논의된다.

2001년 1월부터는 국회개혁의 일환으로서 중앙 성·청 개편에 맞추어 정무차관을 폐지하고 각 성에 '부대신(副大臣)'을 2인(관방부장관을 제외), '정무관(政務官)' 26인을 배치하고 있다.[93] 부대신은 각료를 보좌하여 국회 답변을 담당하고, 정무관은 중·참 양원의 각 위원회의 이사를 겸무하면서 국회대책을 분담한다.

2) 운영방식

국가기본정책위원회는 합동심사회 방식으로 운영된다. '상임위원회 합동심사회 규정'은 합동심사회가 중·참 양원의 관계 위원의 의견교환의 장이며, 위원은 의제에 관해 질의하고 의견을 진술할 수 있으나, 특별한 경우를 제외하고는 표결은 불가하다고 규정하고 있다.[94]

당수토론에 의해 의논은 활성화되고 있으나, 위원이 토론을 할 수 없기 때문에 위원회의 실질성이 크게 훼손되고 있다. 특히 참의원에서의 개최는, 위원이 당수토론을 듣기만 하는 장소가 되고 있다는 지적을 받고 있다.[95]

3) 일시, 시간, 장소

중의원과 참의원에 '국가기본정책위원회'가 신설되고, 총리와 야당 당수가 주 1회 마주보고 1 대 1로 논의하는 '당수토론'제도가 일본헌정사상 처음으

---

93) 藤岡 進,『日本國憲法と政治』(岡山: 大學敎育出版, 2000), 154쪽.
94) 內田 滿編,『現代日本政治小事典(2003年度版)』(東京: ブレーン出版, 2003), 91쪽.
95) 內田 滿編, 앞의 책.

로 도입되었다(2000. 2. 9 시행). 그 무대는 중·참 양원 모두 제1위원회실이다.[96] 좌석 배치도 여·야당 의원들이 마주보는 '대치형'으로 변경하였다.

당수토론시간은 합계 40분으로, 1999년의 임시국회에서 시범적으로 시행된 적이 있고, 2000년의 제147회 국회(2000. 1. 20~2000. 6. 2)부터 본격적으로 시행되고 있다. 40분은 각 정당의 의석수에 따라 배분되므로 짧은 시간을 활용하기 위해서는 논의의 요지를 잘 파악하여 질문하는 것이 바람직하다. 이 위원회는 매주 수요일에 개최되고 있다.

4. 위원회의 특색과 과제

1) 특색

① 발언자는 늘 총리와 야당 당수(중의원 혹은 참의원에서 소속의원 10명 이상을 보유하는 야당 회파)이며, 다른 위원에게는 발언할 기회가 부여되지 않는다. ② 합동심사회장은 첫 회에는 중의원 측의 위원장이 맡으며, 그 후에는 참의원과 교대하며 맡는다. 기본적으로는 회장이 속하는 의원(중의원 제1위원실 혹은 참의원 제1위원실)에서 개회하는데, 위원실의 형편에 따라 다른 원(院)이 될 수도 있다. ③ 위원의 수는, 중의원 30인, 참의원 20인이며, 늘 중·참 양원의 합동심사회의 형태로 행해진다. ④ 위원석은 여·야당이 마주보는 대면방식이다. ⑤ 총리와 당수는 직접 마주보고 토의한다. ⑥ 총리 이외의 대신은 배석한다. ⑦ 회기 중 주 1회 수요일 오후 3시에 개회한다. 야당 당수에 배분되는 토의시간(총리발언시간을 포함)은 합계 40분으로, 그 배분은 기본적으로는 회파 소속의원의 수로 배분하게 되나, 야당 간의 조정도 가능하며, 2회분을 1회로 정리하여 행하여도 상관없다. ⑧ 의안이나 청원에 대한 심사는 행하지 않는다.[97]

위원회의 이러한 특색은 국회활성화법 제정을 위한 정당 간 합의, 국가기본정책위원회의 운용 등에 관한 정당 간 합의, 그리고 이러한 합의에 입각

---

96) 藤岡 進, 앞의 책, 153쪽.
97) 向大野新治, 앞의 책, 158-159쪽.

하여 정규기관인 국회기본정책위원회 양원합동간사회(위원회 이사회에 해당하는 기관)에서 행해진 운용에 관한 합의에 의하여 결정된 것이다.[98]

2) 과제

이 위원회의 과제로는 국회심의의 활성화를 위해서는, 대신(大臣, 장관)에 대한 보좌를 정부위원(관료)으로부터 관방부장관(官房副長官, 국회의원) 등으로 변경했다면, 보좌를 받는 대신과 보좌를 하는 관방부장관 간의 연계가 유효하게 기능하여, 국회의원 상호간의 의논이 충실해질 필요가 있다는 점이다.[99]

스즈키(鈴木)는 다음과 같은 과제를 제시했다. 종래의 위원회에서는 볼 수 없는 특색 있는 기능이나 역할을 가지고는 있으나 횟수가 적다는 한계가 있다. 매주 1회 개회가 원칙인데 실제로는 내각총리대신이 중의원 혹은 참의원의 본회의, 예산위원회 혹은 중요 의안심사의 위원회에 출석하는 주에는 개회하지 않는다는 구속이 앞의 합의에 포함되어 있다. 이 때문에 예를 들면 이 위원회가 설치된 제147회 국회에서는, 수요일이 18회나 있었음에도 결과적으로는 6회 개회로 끝난 점을 들 수 있다. 두 번째는 질의시간이 짧으니 이를 늘려야 한다는 것이다. 합계 40분이라고 하는 것은 영국의회의 프라임미니스터 퀘스천 타임의 30분을 참고로 한 것이라고 하는데 시간상으로는 결코 짧은 것만은 아니다. 단, 영국의회처럼 예리한 일문일답으로 어떻게 하면 상대에게 유효하게 질문을 던져 얻고자 하는 답변을 듣는가가 중요한 곳에서는 시간의 길고 짧음은 크게 의미 있는 일은 되지 못할 수도 있다.[100] 위원의 발언권에도 문제가 있다. 중의원규

---

98) 부대신(副大臣)제도에 관한 협의회에서의 '국회심의활성화법 제정을 위한 정당 간 합의'(1999. 6. 14) 및 이에 관한 자유민주, 민주, 공명·개혁, 자유국회대책위원장 합의(1999. 11. 6), 신제도에 관한 양원합동협의회에서의 '국가기본정책위원회의 설치 등을 위한 합의'(2000. 1. 18) 및 이에 관한 자유민주, 민주, 공명·개혁, 자유국회 대책위원장합의(2000. 1. 19), 2000년 2월 16일부의 합의 등에 의한 것이다.

99) 鈴木法日兒, 앞의 글, 102쪽.

100) 영국에서는 발언통고가 인정되어 의사일정에 기재되어 있는 자, 야당 제1당 당수, 제2당 당수, 그리고 의장의 지명에 의하여 발언할 수 있도록 되어 있다.

칙 제45조 1항에서는, "위원은, 의제에 관하여 자유롭게 질의하거나 의견을 진술할 수 있다."고 규정하고 있음에도, 실제로는 합의에 의하여, 발언자는 총리와 야당 당수로 제한되어, 다른 위원은 모두 방청자 격이 되어 있다.

3) 평가

해결해야 할 과제가 있기는 하나, 큰 틀에서 보면 정치를 무대 뒤로부터 무대 전면으로 끌어올림으로써 정치과정을 보다 투명화함과 동시에 정치책임의 소재를 보다 명확히 하였다는 점은 평가할 수 있다.

제8절 예산위원회

1. 위원회 개요

국회에서 심의의 중심이 되고 있는 예산위원회는 위원회 중 가장 주목을 받고 있다. 예산위원회는 국가의 세립세출의 예산에 대한 심사를 행하는데, 이때 내각총리대신을 비롯한 모든 국무대신의 출석을 요구하고, 국정 전반에 관해 각 회파의 대표위원이 질의를 하는 것이 관례로 되어 있다.

예산은 국회제출 후, 본회의에서 재무대신에 의한 재정연설이 행해지고, 이에 대한 질의가 종료된 후 예산위원회에 부탁된다. 그리고 참의원에서의 재정연설 및 이에 대한 질의 종료 후, 중의원의 예산위원회에서 제안이유 설명을 청취하게 된다. 심사는 다음 날부터 시작된다.

중의원과 참의원의 본회의에서의 대표질문이 끝나면 논전의 무대는 중의원 예산위원회로 옮겨진다. 예산안의 심의가 본래의 목적이지만, 모두의 총괄질의는 국정 전반에 거쳐 행해진다. 심의는 ① 총괄질의 ② 일반질의 ③ 공청회 ④ 분과회 심의(참의원에서는 다른 위원회에 위촉심사) ④ 매듭 총괄

질의 ⑤ 토론, 채결의 순서로 진행된다. 매듭 총괄질의의 전에 공청회를 열어
학식경험자 등으로부터 의견을 듣는 것이 의무화되어 있다(국회법 제51조).

2. 위원회 구성

예산위원회는 상임위원회의 하나이며, 중의원은 50인, 참의원은 45인으
로 구성된다. 세금을 어떻게 분배할 것인가를 논의하는 예산위원회에 대
한 국민의 관심이 많기 때문에 종종 텔레비전으로 중계되기도 한다. 예산
위원회에서 실질적인 심의가 있은 후 양원의 본회의에서 표결이 행해지는
데 여기서 가결되면 예산이 성립되는 것이다.

이 위원회에서의 동향과 운영은 국정에 커다란 영향을 미치기 때문에
각 정당은 상임위원회 중에서도 예산위원회를 특히 중시하며, 고참 국회
의원들을 중심으로 위원을 선임하며, 위원장도 여당의 실력자 위원(각료경
험자나 이에 준하는 위원)이 선임되는 경우가 많다.

3. 예산심의 및 확정

국가의 정책집행을 지탱하는 것은 국가의 재정이다. 헌법 제83조는, "국
가의 재정을 처리하는 권한은, 국회의 의결에 기초하여 행사하지 않으면
안 된다."고 규정하고 있다. 이 기본원칙에 기초하여 조세법정주의를 정하
여, 국비의 지출과 국가의 채무부담에 대한 국회의 의결 및 예산에 관한
국회의 의결, 예비비의 설정과 그 사용에 관한 국회의 의결, 황실의 재산
과 비용에 관한 국회의 의결, 공금 기타의 공공의 재산의 지출과 이용에
관한 제한, 결산의 국회심사, 재정상황의 국회에의 보고[101] 등, 구체적으
로 재정활동에 관하여 필요한 규정을 두어, 국가의 재정을 국회의 통제하
에 두는 재정입헌주의를 규정하고 있다.

---

101) 제91조(재정상황의 보고) 내각은, 국회 및 국민에 대하여, 정기적으로, 적어도 매
　　년 1회, 국가의 재정상황에 관하여 보고하지 않으면 안 된다.

예산안을 작성하여 국회에 제출하는 것은 헌법상 '내각의 직무'로 되어 있다.[102) 국회의원이나 국민에게는 예산안을 작성하거나 이를 국회에 제출하는 일은 못하게 되어 있다. 국회법에서는 "예산의 수정을 요구하거나, 예산을 증액하거나 예산을 수반하지 않으면 안 되는 법률안을 제출하거나 수정할 때에는, 중의원에서는 50인 이상, 참의원에서는 20인 이상의 의원의 찬성이 필요하다."고 정하고 있다. 예산안은 먼저 중의원에 제출하도록 규정되어 있다(중의원의 예산선의권).

통상국회에서는 먼저 중의원 예산위원회에서 예산심의가 시작된다. 이렇게 예산의 의결에 대해서는 법률과는 다른 절차를 규정하고 있다. 예산위원회는 1월 하순부터 약 2개월 간 국가의 예산을 심사한다.

예산안 심의 중에는 참의원 예산위원회에서의 총괄질의가 종료할 때까지 다른 위원회는 거의 열리는 경우가 없으며, 또 총괄질의의 모습은 TV로 중계된다. 이 총괄질의에서는 총리 이하 전 각료가 출석하는 것이 큰 특징이다. 이 때문에 질문자에는 각 정당 모두 서기장, 정조회장, 정책심의회장급의 거물급의원을 내세워 논쟁을 전개한다. 그런데 예산위원회에서는 예산 자체의 심의는 별로 행하지 않는다. 이에 관해서는 메이지(明治) 때에는 국회의원이 한쪽 손에 주판을 들고 심의하였다고 하는데 지금은 '예산은 널리 국정 일반에 관계된다.'는 이유로 예산위원회에서는 국정 전반에 관하여 어떠한 질문을 행하여도 좋은 것으로 되어 있다.[103)

---

102) 제86조(예산) 내각은, 매 회계연도의 예산을 작성하고, 국회에 제출하여, 그 심의를 받아 의결을 거치지 않으면 안 된다.

103) 1989년 예산위원회가 리쿠르트사건으로 나카소네 전 총리의 증인환문 요구를 둘러싸고 중단되었다. 다케시타 총리는 예산 성립 후에 퇴진한다고 표명하였으나 수습되지 않자, 자유민주당이 중의원에서 예산안을 단독으로 표결하였는데, 이때 중의원에서 51일, 참의원에서 9일간 공전되었다. 1996년 주전국회(住專國會) 예산위원회에서 하시모토총리가 내건 주택금융전문회사(주전)의 처리방안을 둘러싸고 여야가 대립하였다. 예산안의 표결을 저지하려고 신진당 소속의원들이 중의원 예산위원회의 회의실 앞에서 약 3주간 장기 농성을 벌였는데 이때의 공전일수는 23일이었다.

4. 예산의 종류

예산에는 본예산(총예산), 잠정예산, 보정예산의 3종류가 있다. 이들 예산은 국회에서의 심의방법이 다른데, 잠정예산과 보정예산은 본예산에 비해 심의가 간편하다.

<표 7-10> 예산의 종류

구 분	내 용
본예산 (本豫算)	① 일반회계예산 일반회계예산은 세금 등의 일반적 세입에 의하여 사회보장, 교육, 방위 등 국가의 일반적인 기본적인 경비 혹은 각 분야에 걸친 시책을 실시하기 위한 경비를 마련하는 예산을 말한다. ② 특별회계예산 특별회계예산은 국가가 특정한 사업을 행하는 경우나, 특정한 자금을 보유하고 그 운용을 행하는 경우, 혹은 특정한 세입을 가지고 특정한 세출에 충당하는 경우 등의 경비로서 설치되는 예산이다. ③ 정부관계기관예산 정부관계기관예산은 국민금융공고, 주택금융공고 등의 공고와, 일본수출입은행 및 일본개발은행 등의 예산을 일괄한 예산을 가리킨다.
보정예산 (補正豫算)	회계연도 도중에 경비가 부족한 경우에 쓰이는 예산이다. 예산은 사전의결의 원칙에 의하여 모든 당해 회계연도의 개시 전에 작성하여 국회의 의결을 거치지 않으면 안 된다. 따라서 국회의 의결로 확정된 예산에 관하여, 그 후의 내외의 정세 변화 등 사정의 변경과 기타의 상에 의하여 과부족이 발생하여 당초 예산을 변경해야 할 때가 있다. 이때 확정된 예산에 변경을 가하는 것을 예산의 보정(補正)이라고 하며, 보정하는 예산을 보정예산이라고 한다. 재정법 제29조는 보정예산에 추가를 행하는 경우와 추가 이외의 변경을 가하는 경우 두 가지로 나누고 있으나 그 어느 것도 예산의 보정이다. 한국의 추가경정예산이다.
잠정예산 (暫定豫算)	신년도 예산이 어떤 이유 때문에 확정되지 않을 경우 우선 집행하는 분을 편성하는 예산이다. 여기에서 회계연도란 4월 1일부터 다음해 3월 31일까지를 가리킨다. 잠정예산은 곧 본예산의 심의가 지연되는 경우 편성되는 최저한의 예산을 말한다.

국가의 예산은 국회에서 일괄하여 심의하고, 의결을 거치지 않으면 안 된다. 단, 일반적으로는 국가의 예산을 말할 때에는 '일반회계예산'을 가리

킨다. 국가의 예산은 모두 당해연도 개시 전에 국회의 의결을 거쳐서 확정 의결된다. 이때 확정되는 예산을 본예산이라고 한다.[104]

재정법은 잠정예산 제출의 시기 및 기간은 내각의 재량에 위임하고 있다. 따라서 여러 사정에 의하여 당해연도 개시와 동시에 예산이 성립할 전망이 서지 않을 때에는, 내각은 본예산의 국회심의 상황 기타의 사정을 고려하여, 그 성립 시기를 예측하여 기간을 정하고 다음 연도 개시 전에 국회의 의결을 얻을 수 있도록 잠정예산을 제출하게 된다.

내각이 그 예측을 잘못하여 잠정예산을 제출하지 못한 채, 본예산도 국회에서의 심의가 종료하지 않아 다음 연도 개시와 동시에 성립하지 않는 경우도 있다.[105]

5. 예산의 국회제출 및 심의

국가예산은 내각이 작성하고 국회에서 심의된다. 먼저 내각총리대신 직속 부서인 경제재정자문회의가 예산의 방향을 결정한다. 그리고 그에 맞춘 예산의 원안을 재무성 주계국(主計局)에서 작성한 후 그 원안을 각 성·청에 알려, 각 성·청과의 절충을 통해 수정안을 만들고, 그것을 각의에 회부하여 결정한 후 국회에 제출한다.

예산심의는 법률안과 같이 중·참 양원에서 다루게 되는데 예산과 관련해서는, 국민의 의사를 반영하기 쉬운 입장에 있는 중의원에 우월적인 지위가 부여되어 있다. 예산심의는 중의원에서부터 시작하도록 헌법에 규정되어 있으며, ① 중의원이 가결한 후 30일이 지나도록 참의원에서 의결하지 않는 경우, 혹은 ② 참의원에서 부결되어, 양원협의회에서 의견이 일치하지 않는 경우에는, 중의원의 의결이 국회의 의결이 된다.

---

104) 본예산은 국회법상으로는 '총예산'이다. 총예산은 일반회계예산, 특별회계예산 및 정부관계기관예산에 관계된 본예산을 총칭하는 용어이다.
105) 예산 관련 법안을 흔히 고메지루시법안(米印法案)이라고 한다. 내각제출법안(閣法)의 일람표에, 이 법안명의 앞머리에 ※표가 있기 때문에 '쌀 표'를 뜻하는 고메지루시법안이라고 한다. 예산 관련 법안은 정부제출법안 중에서도 조기에 성립시킬 필요가 있기 때문에 위원회 심사에서도 심사가 우선적으로 진행된다.

헌법 제60조는 예산의 국회제출권은 내각에만 있으며, 예산은 중의원에 먼저 제출하도록 되어 있다고 정하여, 중의원에 예산선의권(先議權)을 부여하였다.

또 예산과 관계되는 법률, 예산 관련 법안도 일반과는 다른 취급을 하는데, ① 그 제출은 예산과 함께 제출하지 않으면 안 된다, ② 의원입법일 경우에는 사전에 내각의 의견을 들을 필요가 있다, ③ 일반법안은 중의원일 경우 20명이면 제출 가능하나, 예산 관련 법안일 경우에는 50명을 필요로 한다 등의 제약이 있다.

일반적으로 예산의 심사는 다음과 같은 절차를 거치는데 순조롭게 진행된다면 표결까지의 실질 심사는 20일 정도 소요된다. 예산은 중의원 본회의에서 가결 후, 즉시 참의원에 송부되는데 참의원도 중의원과 같은 절차에 의해서 심의가 진행된다.

1) 제안 이유 설명

재무대신이 제안 이유 설명을 행하나, 그때 계속하여 재무성 주계국장(主計局長)은 예산·결산·회계 등 재정규모 등에 관하여, 주세국장(主稅局長)은 조세·인지수입 등에 관하여, 이재국장(理財局長)은 재정투자·융자계획 등에 관하여, 각각 보충설명을 행한다. 또 동일 중에 참의원의 예산위원회에서도 제안 이유 설명을 행하는 것이 통례가 되어 있다.

2) 총괄질의(5~7일간)

총괄질의에서는 내각총리대신 이하 전 각료의 출석을 요구하여, 내각총리대신을 비롯하여 관계 각료에 답변 내지 설명을 요구할 수 있다. 예산에 관한 문제는, 국정 전반에 걸친 것이므로, 질의에서 거론되는 주제도 국정에 관한 총론이 다루어지고 있다.

3) 일반질의(4~7일간)

총괄질의에 이어 일반질의가 계속된다. 질의하는 의원의 요구에 의하여 질의 사항에 따라 출석해야 할 소관 대신이 결정된다. 일반질의에서는 국정의 특정 분야의 문제를 주제로 하며, 주로 각 성·청 각각의 시책이나 문제가 거론되어 질의된다.

4) 공청회(2일간)

널리 일반 국민의 목소리를 예산심의에 반영하기 위한 목적으로 공청회가 열린다.[106]

국회법 제51조 1항은, "위원회는, 일반적 관심 및 목적을 갖는 중요한 안건에 관해, 공청회를 열어, 진정으로 이해관계를 갖는 자 또는 학식경험자 등으로부터 의견을 청취할 수 있다."고 규정하고 있다. 2항에서는, "총예산 및 중요한 세입법안에 대해서는 공청회를 열지 않으면 안 된다. 단, 이미 공청회를 개최한 안건과 동일한 내용의 것에 대해서는 그러하지 아니한다."고 규정하여 예산심의에는 공청회의 개최를 의무화하고 있다. 따라서 공청회를 열지 않으면 최종적인 표결을 행할 수 없게 되어 있다.[107]

공청회를 개최하려면 위원회의 결의는 물론 의장의 승인이 필요하다. 구체적 절차는 ㉮ 이사회에서의 공청회 개회 여부에 관한 협의, ㉯ 공청회 개회승인을 요청하는 위원회의 결의, ㉰ 의장의 승인(개회 여부를 의원운영위원회에 자문·답신), ㉱ 의장의 승인 후, 공청회 개회 공시(관보 등)·공술인 공모, ㉲ 이사회에서 공술인 선정 등이다. 개회 승인요청 절차부터 개회까지 1주일 정도의 기간을 요한다.

---

106) 일본국회에서의 공청회는 미국의회의 공청회와는 다르다. 미국의 공청회는 일본의 위원회 심사(대정부 참고인 증인 질의 공청회) 그 자체에 해당한다. 衆議院調査局議會制度等研究グループ, 「日米英國議會における法案審議－委員會の法案審査における日米英國の比較－」, 『RESEARCH BUREAU 論究』 1号(東京: 衆議院調査局, 2005. 1), 151쪽.

107) '총예산 및 중요한 세입법안'에 대해서는 반드시 공청회를 개최하도록 되어 있는데, 공청회에서 의견을 진술하는 사람을 공술인이라고 한다. 공술인은 스스로 신청할 수도 있으나 대부분은 정당의 추천으로 선임된다.

5) 분과회(3~5일간)

중의원에서는 일반질의의 다음에 분과회가 행해진다. 예산은 광범하기 때문에 위원들을 몇 개의 분과회로 나누어 분과회별로 분담심사를 행한다.

분과회에서는 각 성·청별로 각각 담당 대신 또는 정부위원으로부터 예산의 세목에 관한 설명을 듣고, 질의를 행한다. 분과회가 심사를 종료하면 주사(主査)로부터 보고서가 위원장에게 제출되어, 위원회에서 그 내용이 주사로부터 보고된다.

한편, 참의원에서는 분과회 대신에 예산위원회로부터 다른 위원회에의 심사촉탁과 같은 수단이 취해진다(위촉심사). 이는 '참의원 예산위원회는 다른 위원회에 대하여 심사 중의 총예산에 대하여, 당해 위원회의 소관에 관계되는 부분의 심사를 기한을 정해 위촉할 수 있다'는 참의원규칙(제74조의 4)에 의한 것으로서, 각 위원회의 소관 사항에 관한 전문적인 지식경험을 활용하고자 하려는 것이다.

6) 총괄질의(1일~2일간)

분과회의 심사가 종료되면 내각총리대신 이하 전 각료의 출석을 요구하여 재차 매듭 총괄질의를 행한다. 심사의 전체를 정리하여 최종적으로 심사를 마무리하기 위하여 행해지는 것이다.

질의는 위원회에서처럼 일문일답 형식은 아니며, 질의 사항 전부를 정리하여 진술하며, 답변도 일괄하여 행하는 것이 원칙이다.[108]

7) 토론과 표결

총괄질의에서 모든 질의가 종료되면 토론에 들어간다. 각 회파를 대표하는 위원이 회파의 큰 규모 순으로, 그 회파의 당의(黨議) 결정에 따라 찬반의 의견을 표명하고, 토론 후에 표결에 들어가는데 통상적으로 기립 또는 거수로 표결한다.

---

108) 大山礼子, 『比較議會政治論』(東京: 岩波書店, 2003), 223쪽.

실제로 토론이 행해지는 것은 여·야당의 대결법안이나 어느 한 야당이 반대의사를 분명히 할 것을 희망하는 경우로 한정된다. 특히 본회의에서는, 위원회 심사가 종료된 안건에 대해서는 질의를 행하지 않는 것이 관례가 되어 있으며, 토론도 위원장보고 다음에 필요가 있으면 행하고 있다.[109]

일본국회에서는 정당에 의한 당의구속이 이른 단계부터 행해지고 있기에, 토론에 의해 위원이나 의원의 의견이 변경될 여지는 거의 없다. 또 위원회·본회의 모두 토론은, 표결 직전에 안건의 전부에 대해, 원칙적으로 원안에 반대·찬성의 순서로 교차하여 큰 회파 순서대로, 동일한 의제에 관하여 1회파 1인 1회로 제한하여 행해지는 것으로 되어 있다.[110]

사정이 이러하기 때문에, 실제로 행해지는 토론은, 각 당 각파를 대표하여 찬반과 그 이유를 최종적으로 표명하는 장에 머물러 형식화되어 가고 있다. 표결 결과, 가부동수일 경우에는 위원장이 결재권을 행사한다.

8) 본회의 의결

위원회에서 예산이 가결되면, 대개는 그날 중으로 위원장은 의장에게 심사보고서를 제출하고, 의장은 본회의에 예산을 긴급 상정한다. 위원장의 위원회 보고 후에 찬반토론이 행해지고 기명투표에 의한 표결이 행해진다.

9) 참의원 이송

중의원에서 가결된 예산안은 참의원으로 이송되어 먼저 예산위원회의 심사를 거쳐 본회의에 상정되어 처리되는 과정을 거쳐 확정된다.

---

109) 川崎政司, 「國會審議の過程－國會審議の特色と課題(5)－」, 『國會月報』 638号(2002. 2), 46쪽.
110) 川崎政司, 앞의 글, 47쪽.

제8장 입법보좌조직

제1절 입법보좌조직 개요

1. 입법보좌의 의의

입법보좌의 의의는 국회의원의 법률 제정, 개정, 폐지행위에 대해 전문적 지식과 경험, 그리고 관련 자료를 제공함으로써 정책을 형성 또는 변경하게 하고, 국회의원의 선거구 활동이 입법활동으로 이어지도록 돕는 데 있다.

국회의 입법보좌진은 각 개인이 헌법기관이자 정책결정자인 국회의원에 대해 필요한 정보를 제공하거나 자료를 정리하여 제공하는 일을 맡는다. 국회에서 국회의원이 의원입법을 행하거나 대정부질문 등을 함에 있어 정확하고 적절한 정보·자료를 보유하는 것은 정부의 정책에 대한 편향 되지 않은 평가 혹은 정부정책의 수행으로 인해 발생할지도 모르는 오류를 방지하고 개선함에 있어 필수적인 조건이다. 입법보좌능력이 곧 의원입법의 수준에 비례하기 때문이다.

국회의 입법보좌조직은 의원입법을 성사시키기 위해 존재하지만 정부제출법안에 대한 검토와 분석도 행하고 있다. 이를 위해서 입법보좌진은, 담당 분야의 전문가로서 관련 정보의 수집·분석·정리에 전문성과 사명의식을 갖고 임해야 하며, 그 분야에 관해서는 관계 행정관료와 논의 가능한 전문적 지식을 가져야 할 것이고, 또 그러한 지식을 검색하고 조사할 수 있어야 한다.

2. 입법보좌조직의 기능

입법보좌조직은 ① 국회의원·위원회에 대한 정보 제공, ② 국회의원·위원회의 의정활동 보좌, ③ 행정사무 보좌 등 3가지 기능을 갖는다.

미국의 1946년 입법부개혁법은, 의회가 본래의 기능을 충분히 발휘할 수

있으려면 의회의 기구 속에 조사기능을 갖고 전문지식을 제공하는 입법보
좌기관이 필요하다는 이념의 강한 표출이었다. 의회의 입법보좌기관의 설
치를 인정하고 그 구체적인 조치를 취한 최초의 입법이라는 점에서 1946
년법은 의회제도사상 중요한 의미를 부여받고 있다. 일본국회의 입법보좌
조직은 점령 당시 이러한 미국연방의회를 본보기로 하여 설치된 것이다.[1]

3. 입법보좌조직의 현황과 과제

일본국회에 설치된 입법보좌조직으로는 중의원 사무국, 중의원 조사국,
중의원 법제국, 참의원 사무국, 참의원 법제국, 국립국회도서관 조사및입
법고사국, 참의원 위원회조사실 등이 있다.

입법보좌조직 중에서 입법조사 업무를 담당하고 있는 조직으로서는, 양
원(兩院)의 각 상임위원회 및 특별위원회, 참의원의 조사회에 설치되어, 위
원회의 입법조사활동을 보좌하는 조사실과, 의원입법의 입안이나 법령 해
석 등 법제 면에서 보좌를 담당하는 법제국, 국회의 부속기관으로서 외국
의 제반 제도나 입법 사례 등을 중심으로 내외정책의 정보 면에서의 보좌
를 담당하는 국회도서관 조사및입법고사국이 있다.

일상적인 업무 수행에서 수집하는 각종 정보를 수집할 수 있는 행정기
관과는 달리 국회의 입법보좌조직은 그러한 정보나 자료를 쉽게 입수할
수 없다는 문제를 안고 있다. 따라서 국회 입법보좌조직의 충실화, 전문
화, 체계화가 절실히 요구된다. 입법보좌조직의 정비는 그 의회의 기능 활
성화에 직결된다는 점에서 장기간 동안 논의의 대상이 되어 있다.

국회도서관의 조사및입법고사국, 중의원 조사국, 참의원 위원회조사실,
중의원 법제국, 참의원 법제국이 각각 독립하여 국회의원의 의뢰·요망에
대응하고 있다는 것이 문제점의 하나로 지적되고 있다.

---

1) ジャスティン・ウィリアムズ, 『マッカーサーの政治改革』(東京: 朝日新聞社, 1989),
   제8장, 廣瀬淳子, 「立法補佐機關 － その意義とわが國の現狀」, 『ジュリスト』 1177号
   (2000. 5. 1－15合倂号), 51쪽.

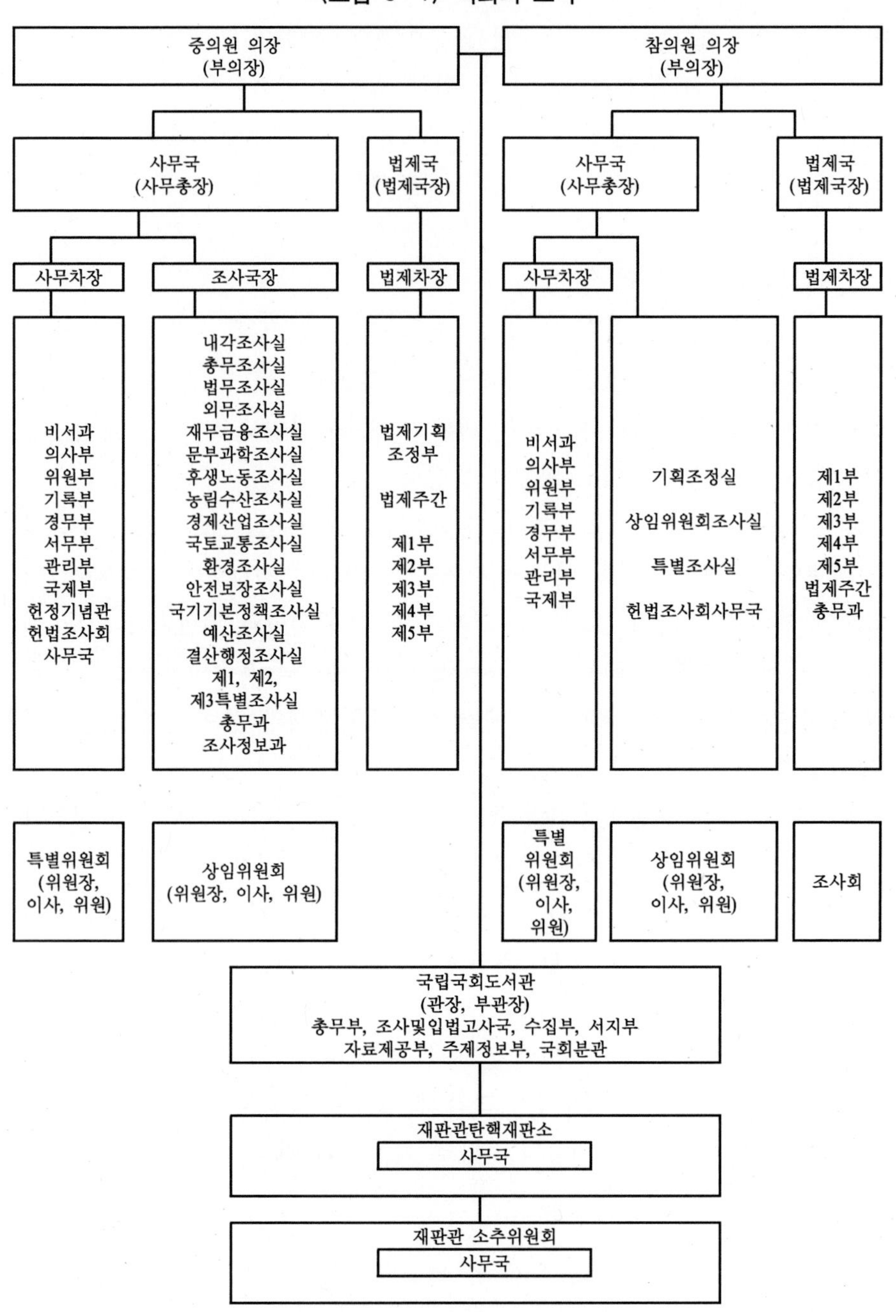
〈그림 8-1〉 국회의 조직

중의원 의장
(부의장)

참의원 의장
(부의장)

사무국
(사무총장)

법제국
(법제국장)

사무국
(사무총장)

법제국
(법제국장)

사무차장

조사국장

법제차장

사무차장

법제차장

비서과
의사부
위원부
기록부
경무부
서무부
관리부
국제부
헌정기념관
헌법조사회
사무국

내각조사실
총무조사실
법무조사실
외무조사실
재무금융조사실
문부과학조사실
후생노동조사실
농림수산조사실
경제산업조사실
국토교통조사실
환경조사실
안전보장조사실
국기기본정책조사실
예산조사실
결산행정조사실
제1, 제2,
제3특별조사실
총무과
조사정보과

법제기획
조정부

법제주간

제1부
제2부
제3부
제4부
제5부

비서과
의사부
위원부
기록부
경무부
서무부
관리부
국제부

기획조정실

상임위원회조사실

특별조사실

헌법조사회사무국

제1부
제2부
제3부
제4부
제5부
법제주간
총무과

특별위원회
(위원장,
이사, 위원)

상임위원회
(위원장, 이사, 위원)

특별
위원회
(위원장,
이사,
위원)

상임위원회
(위원장,
이사, 위원)

조사회

국립국회도서관
(관장, 부관장)
총무부, 조사및입법고사국, 수집부, 서지부
자료제공부, 주제정보부, 국회분관

재판관탄핵재판소
사무국

재판관 소추위원회
사무국

제2절 중의원의 입법보좌조직

1. 중의원 사무국

일본국회는 중의원과 참의원으로 구성되어 있고, 각 원이 독립적으로 활동하고 있는 관계로 입법보좌조직도 독립적으로 조직, 운영되고 있다.

중의원·참의원에는 사무총장, 참사, 기타의 직원으로 구성되는 사무국을 둔다. 사무국(Secretariat)은 국회의장 밑에서 국회의 사무를 집행하는 사무부서이다.[2] 사무총장은 사무국의 장으로서, 국회의장의 감독하에 사무국의 일체의 사무를 총괄하고, 소속직원을 감독한다. 국회법은 사무국에 참사(參事), 기타 필요한 직원을 두도록 하고 있는데, 사무총장 이하 직원은 국회직원이며, 사무국의 조직은 별도로 의원사무국법에 의하여 규정된다.

1) 조직

사무국의 조직은 중의원과 참의원이 그 조사 부문에서 조금 다르다. 중의원 사무국은 <그림 8-1>에서 보는 것처럼 사무총장 밑에 사무차장(차관급)과 조사국장(차관급)을 두고 있다. 사무차장 밑에는 비서과, 의사부, 위원부, 기록부, 경무부, 서무부, 관리부, 국제부, 헌정기념관, 그리고 헌법조사회사무국을 두고 있다.

---

2) 1889년 2월 11일의 제국헌법 발포 후, 일본정부는 각국의 의회제도 등을 조사하기 위해 동년 6월에 추밀원 서기관 가네코 킨타로 외 4인을 구미 여러 나라에 파견했다. 또 동년 10월 14일에는 내각에 임시제국의회사무국을 칙령에 의해 설치하고, 총재에 법제국장관 이노우에 카오루(井上 毅)를 임명했다. 임시제국의회사무국은, 각 의원규칙 등 내부의 정리에 필요한 제반 규칙의 조사, 입안, 기타 의회 개회에 관한 제반 준비를 했으며, 1890년 가네코 등이 귀국하자마자 그 의견을 들어 성안케 하였고, 동년 8월에는 이노우에 총재가 준비가 끝났음을 내각총리대신 야마가타 아리토모(山縣有朋)에게 보고했다. 이 보고 후 임시제국의회사무국은 동년 8월 25일에 폐지되었다. 양원의 서기관장이 칙임된 것은 1890년 5월 26일이며, 양원의 사무국 관제가 공포된 것은 동년 7월 11일이다. 中村 淸, 「議院事務局槪史」, 『議會政治研究』(2006. 3), 20-63쪽 참조.

각 부(部)에 부장과 부부장을, 각 과에는 과장을 둔다. 부장과 부부장은 사무총장이 의장의 동의를 얻어 참사 중에서 임명하며, 과장은 사무총장이 참사 중에서 임명한다.

직원 수는 2008년 1월 현재 약 1,800명이며, 일반직원은 사무국이 독자적으로 시행하는 중의원 사무국 직원채용시험에 의해 채용된다.[3]

2) 직무 내용

사무국은 중의원 소속 국회의원의 의정활동을 직접 보좌하고, 사무를 처리한다. 사무국이 행하는 사무는 부서별로 분장 되며, 본회의나 위원회 운영의 보좌를 비롯하여 의회 전반에 관한 사무를 행한다. 업무의 정점은 사무총장이며, 사무총장은 일체의 사무를 총괄하는 외에도 사무국 직원의 임면·감독 등을 행한다.

사무국의 소관 업무는 다양하기 때문에 중의원과 참의원의 사무국 모두 국회의장 등의 비서 업무를 행하는 비서과, 본회의나 의안 등에 관한 사무를 행하는 의사부, 위원회 운영 등을 담당하는 위원부, 속기나 회의록을 담당하는 기록부, 의원경찰(議院警察)이나 방청 등을 담당하는 경무부, 국회의원의 신분·세비(歲費), 의회예산 등에 관한 사무를 담당하는 서무부, 의원회관이나 자동차 등을 담당하는 관리부, 의회 바깥의 외사(外事)에 관한 것이나 국회의원의 해외파견을 담당하는 국제부 등의 부서로 나뉘어 있다.[4]

헌정기념관은 의회정치의 역사자료 등에 관한 사무를 맡는 부서로서. 헌정에 관한 문헌·자료의 수집·보관·전시에 관한 사무를 담당한다.[5]

---

3) 직원 규모는 1990년에는 중의원 사무국의 직원 정수 1,715명, 참의원 사무국 1,267명이었다. 2001년에는 중의원 사무국 1,733명, 참의원 사무국 1,282명으로 소폭 증가하였다.

4) 大石 眞, 『議會法』(東京: 有斐閣, 2001), 57쪽.

5) 헌정기념관이 소재한 언덕(도쿄 高臺)은 무로마치(室町) 시대에 오타 도칸(太田道灌)이 "우리 암자는 소나무 가로수가 이어지고 마쓰바라와 연결된 바다 부근 후지산(富士山)의 높은 봉우리를 처마 끝에서도 바라볼 수 있네."라고 읊은 소나무 가로수의 일각에 이어진 경승지였다. 이곳은 에도(江戸) 시대 초기에는 가토 키요마사(加藤淸正)가 저택을 건립하였고, 그 후 히코네번(彦根藩)의 무사가 사는 저택이 되었으며, 에도막부 말기에는 다이로(大老) 이이 나오스케(井伊直弼)도 이 집에 거주하였다. 메

헌정기념관은 일본의회가 1970년에 의회개설 80년을 맞이하여 이를 기념하고, 의회민주주의에 관한 일반 시민의 인식을 제고하기 위해 건축을 시작하여 1972년에 3월에 개관하였다.

헌정기념관은 국회의 조직이나 운영 등을 자료나 영상에 의해 알기 쉽게 소개함과 동시에, 헌정의 역사나 헌정공로자에 관계되는 자료를 수집하여 전시하는 한편 특별전이나 강연회 등을 개최하고 있다.6)

막부 말기부터 현대에 이르기까지의 정치가(군인, 관료, 사업가 등 널리 정치에 관련된 인물들을 포함)가 수중에 소장하고 있던 문서류, 연합국 최고사령관총사령부(GHQ/SCAP) 문서를 중심으로 한 일본 점령 관계 자료 등을 소장하고 있다.7)

헌법조사회사무국은 헌법조사회의 운영·사무조사를 맡는다. 동서 냉전 구도의 붕괴와 '1955년 체제'의 종언으로, 사회당이 안보정책을 전환함으로써 헌법 논의를 회피해야 할 이유가 없어진 것과, 최대의 호헌세력이던 사회당의 당세가 쇠퇴한 것이 헌법조사회(Research Commission on Constitution)를 설치하게 된 주된 원인이다.8) 개정국회법은 1999년 7월 6일 중의원 의원운영위원장의 명의로 중의원 본회의에 제출되어 가결되었으며, 참의원 본회의는 7월 26일 참의원에도 헌법조사회를 설치한다는 내용으로 법안수

이지(明治) 시대에는 참모본부·육군성이 위치하였던 곳이다. 이 토지는 1952년 중의원의 소관이 되었고, 1960년에는 입헌정치의 공로자인 오자키 유키오(尾崎行雄)를 기념하여 오자키기념관이 건립되었는데, 그 후 이를 흡수하여 현재의 헌정기념관이 완성되었다. 오자키 유키오는 중의원 의원으로 25회 당선되었고, 국회의원으로서 60년 7개월을 재직하여, 중의원으로부터 헌정공로자로 표창을 받았다.

6) 헌정자료 개개의 문서는, 단순히 정치에 머물지 않고, 구소장자의 각각의 활동에 따라서 법률, 외교, 군사, 재정, 산업, 교육, 문화 등 다방면에 걸쳐 있다. 이들 문서는, 구소장자 개인과 밀접불가분의 관계에 있기 때문에, 예를 들면 이토 히로부미(伊藤博文) 관계 문서, 사이토 미노루(齋藤實) 관계 문서와 같이, 옛 소장자마다 '분가(分家) 문서'로서 정리하여, 이용할 수 있게 하였다. 그 밖에도, 일본의 근현대정치사에 중요한 역할을 행한 인물부터의 증언을 청취하여 기록한 정치담화녹음이 있다.

7) 태평양전쟁 후, '일본국회사 편찬소 설치에 관한 청원'이 양원에서 채택되어, 국회도서관에 헌정자료실이 개설되었다. 전쟁 전에 수집한 자료에 추가하여, 막부 말기부터 태평양전쟁 이후까지의 정치가, 군인, 사업가, 사상가 등 널리 정치에 관련된 인물이 소장하고 있던 자료를 수집하여 오늘에 이르고 있다.

8) 田村重信, 「憲法調査會の設置について」, 『國會月報』 610号(1999. 10), 46-47쪽.

정을 하여 중의원에 회부함으로써 가결되었다.

헌법조사회란, 일본헌법에 관하여 광범하고 종합적으로 조사를 행하는 기관으로서, 2000년 1월부터 중의원 및 참의원에 설치되어 있는 기구이다. 중의원의 헌법조사회는 먼저 '일본국 헌법의 제정경과'에 관한 조사부터 시작하여, '전후의 주된 위헌 판결', '21세기 일본의 본연의 자세'에 관한 조사를 행하였다. 2002년 1월부터는, 개별 논점에 관하여 전문적이고 효과적인 조사를 행하기 위해 헌법조사회 밑에 4개의 소위원회를 설치하였다. 학식경험자를 참고인으로 초치하여, 그 의견을 청취함과 동시에, 이들 참고인에 대해 질의를 행하고 또 위원 간의 자유로운 토의를 통해서 조사를 행하고 있다. 나아가 국민 각층의 의견을 청취하기 위하여 전국각지에서 지방공청회(open hearing)를 개최하는 것 외에도 헌법에 관해 널리 국민의 의견을 수렴하는 창구로서, '헌법의 광장'을 설치하는 등의 활동을 행하고 있다.

헌법조사회에는 의안제출권이 인정되지 않는다. 헌법조사회는 독자적으로 사무국을 갖는데, 사무국의 소관 업무는 총무과와 조사부문으로 나뉘어 행해지고 있다.9)

---

9) 헌법조사회의 운영에 관하여, 헌법조사회의 회장과 간사 등이 협의하기 위하여 간사회가 개최되는데 총무과의 담당 직원은 사전에 회장·간사 등과의 중간에서 조사회의 운영방침, 다음 조사회의 개회일시 등에 관한 조정에 나서는 한편, 간사회에서의 협의 사항을 정리한 자료를 작성한다. 그런 다음 간사회의 개회 중, 회장·간사 등의 지시에 따라 조사회의 운영에 관하여 조언을 행한다. 간사회에서 다음 조사회의 일시가 결정되면, 중의원 공보로 각 위원 기타 관계자에게 통지하는 것 이외에도, 사전에 의원회관의 각 위원 사무실, 참고인 등에게 연락한다. 또 타임 테이블(조사회 당일의 회의에 회부하는 안건, 질의자 명단, 질의시간 등을 기재)이나 순서표(회장의 의사정리에 참고로 하기 위해 발언요지를 정리한 것) 등을 작성하여, 조사회의 개회에 즈음하여, 관계 자료를 관계자에게 배부한다. 또 필요에 따라 참고인 의견 청취 등의 절차에 관한 사무 등도 행한다. 조사회 개회 중에 담당 직원은, 위원의 출석상황을 파악하는 등 회의 운영의 원활한 진행에 신경을 쓰고, 또 조사회 산회 후에는 중의원 공보에 헌법조사회 경과를 게재함과 동시에, 헌법조사회회의록의 두서부분(頭書部分, 조사회회의록 중 개회일시, 출석자, 위원 간사의 이동, 회의에 회부한 안건의 건명 등에 관한 부분, 의사에 관한 부분에 대해서는 기록부에서 편집)을 작성하는 등의 사무를 행한다. 그 외에 총무과에서는 헌법조사회사무국의 서무 등도 담당하고 있다. 한편, 조사 부문의 담당 직원은 헌법조사회 회장의 지시를 받아, 일본헌법에 관한 소요 자료를 작성하여 조사회에서의 조사에 편의를 제공한다. 조사회에서 의논되는 테마에 관계되는 사항을 정리한 자료나, 관계 법률조문집 등을 작성한다. 국회의원 개인으로부터의 의뢰를 받아 일본국 헌법의 제정경위, 조문 해석이나 외국의 헌법규정 등에

<표 8-1> 중의원 사무국의 조직 및 소관 업무

부서		소관 업무
사무총장		-사무국 업무 총괄
사무차장		-사무총장 업무 보좌
비서과	업무	-의장·부의장·사무총장의 비서사무나 국회의원의 사직, 청가(請暇), 결석 등에 관한 사무를 행함.
의사부	부서	• 의사과 • 의안과 • 청원과 • 자료과
	업무	-본회의 운영에 관한 사무, 의안·청원의 수리 등에 관한 사무, 국회에 관한 문헌자료의 조사·수집을 행함 -본회의, 각 상임위원회·특별위원회에서의 법률안 등의 심의, 국정조사 등의 활동에 관한 보좌, 의사절차, 회의에 관한 자료 작성, 각 회파, 각 성·청 등 관계 방면과의 연락조정 기타 회의 운영 전반에 걸친 사무를 행한다. 의사부 의사과는 본회의의 안건으로서, 총선거 후의 특별국회에서의 의장, 부의장, 상임위원장의 선거나 내각총리대신의 지명, 국무대신의 연설 질의, 국회동의인사(國會同意人事) 안건에 관한 동의 등이 있다. 본회의 중에는, 의원의 출석상황이 정족수를 충족시키고 있는가를 점검하며, 표결 시에는 가부의 확인을 행한다. 본회의 하루 전날은 의사일정 작성, 공보게재, 의원운영위원회 및 위원회 준비안건 의장의 순서표 작성, 발언표 작성 등을 행함.
위원부	부서	• 총무과 • 조사과 • 의원운영과 • 제1과~제7과
	업무	-위원회의 운영에 관한 사무를 행함. -위원회의 개회일시 위원실 회의에 회부하는 안건에 관하여, 중의원 공보로 위원 기타 관계자에게 통지하는 것 외에도, 사전에 위원, 정부참고인 등에게 연락하여 타임테이블10), 발언표, 순서표를 작성.
기록부	부서	• 제1과~제4과 • 속기사 양성소
	업무	-본회의 위원회의 속기 및 본회의록·위원회회의록의 편집을 행함. 회의록의 데이터화, 회의록 데이터의 관리·운용을 행함. -속기 및 회의록의 편집 등에 관한 사무를 맡는다. 주로 본회의, 위원회 등의 속기 및 회의록 편집, 데이터화 등에 관한 사무, 속기사 양성, 속기의 연구 등에 관한 사무 등.

관한 조사회답에 임하는 한편, 적당하게 자료를 작성하여 소요의 설명을 행하는 경우도 종종 있으므로, 국회의원의 요망에 정확하게 응할 수 있도록 자기 연찬을 행한다. 헌법조사회는, 조사회 회원으로 구성된 외국의 헌법에 관한 해외조사의원단의 조사결과를, 조사회의 활동에 활용하고 있다. 이러한 해외조사에 앞서 방문단의 헌법규정이나 헌법 사항을 정리한 자료를 작성하거나, 조사보고서 원안의 작성을 통하여 조사의 성과를 정리·분석한다. 헌법조사회의 동향은 국회도서관 조사및입법고사국에서 간행하는 회기별 『國政課題の槪要』에서 볼 수 있다.

10) 타임테이블은, 위원회 당일의 회의에 회부하는 안건, 개회 예정시각, 질의자 명단, 회파, 질의시간대 질의시간 등을 기재한 것이다. 발언표는 질의자, 답변자 등으로부터 발언통고를 수리한 후에, 질의자마다, 어느 국무대신 정부참고인 등으로부터 답변이 있는가를 명기한 것이고, 순서표(順序表-次第書)는 위원장이 의사정리하는 데 참고가 되도록 하기 위해 발언요지를 정리한 것이다.

부서		소관 업무
경무부	부서	• 경무과 • 경비과 • 조정과 • 방재과
	업무	− 의장의 지휘를 받아 의원 내부의 경찰을 행함. 국회견학 온 참관자를 안내하고 설명함 − 의원경찰(議院警察), 방청, 참관, 기장, 소방 등에 관한 사무 등
서무부	부서	• 의원과 • 문서과 • 인사과 • 회계과 • 영선과 • 전기시설과 • 심의중계정보과
	업무	− 인사나 회계 등 의원·직원에 관한 전반적인 서무를 행함. 중의원 홈페이지 작성 등 정보화 추진 − 의원의 국내 파견 등에 관한 사무, 국회의원의 서위 서훈, 의원호조연금, 국회의원 자산공개, 의원·의원비서에 관한 사무, 행위규범에 기초한 신고서 제출 등에 관한 사무 및 인사 업무
관리부	부서	• 관리과 • 인쇄과 • 업무과 • 제1의원회관과 • 제2의원회관과 • 자동차과 • 후생과
	업무	− 의원숙소·의원회관 관리나 자동차의 배차 등을 행함. 의원·직원의 복지후생에 관한 사무를 행함 − 회계, 후생 등 사무국의 관리운영에 관한 사무, 의원활동에 필요한 사무실, 식당, 숙소, 이동 등에 관한 사무 등
국제부	부서	• 총무과 • 섭외과 • 국제회의과
	업무	− 국회의원의 해외출장 시 출국수속이나 의회의 외사(外事)사무와 번역을 행함. IPU 등 국제회의 관련 사무를 행함 − 국회의원의 해외파견, 의원(議院)의 외사(外事) 사무, 번역 및 국회의원의 국제회의 등에 관한 사무
헌정기념관	부서	• 자료관리과
	업무	− 헌정기념관의 관리·운영을 행하고, 입헌정치에 관한 문헌·자료의 수집·보관·전시 등을 행함
헌법조사회 사무국	부서	• 총무과 • 조사 부문
	업무	− 헌법조사회의 운영. 헌법에 관한 조사사무를 행함
조사국장		
조사국	부서	• 내각조사실 • 총무조사실 • 법무조사실 • 외무조사실 • 재무금융조사실 • 문부과학조사실 • 후생노동조사실 • 농림수산조사실 • 경제산업조사실 • 국토교통조사실 • 환경조사실 • 안전보장조사실 • 국가기본정책조사실 • 예산조사실 • 결산행정감시조사실 • 제1특별조사실 • 제2특별조사실 • 제3특별조사실 • 총무과 • 조사정보과
	업무	− 조사사무를 맡는다. 주로 법률안 등의 요강, 취지설명, 위원회보고서 등의 원안 및 문제점 참고자료 작성, 청원의 조사, 청원심사보고서 원안 작성, 위원회 주보(週報), 위원회 심의 요록, 정기간행물 작성, 소관 사항에 관한 조사의뢰의 처리 등의 사무, 예비적 조사(위원회의 특명조사)에 관한 사무. − 각 위원회에서의 의안 등의 심사나 국정조사에 필요한 참고자료를 작성함. 의원 개인의 의뢰를 받아 시책의 실시상황 등을 설명함. 위원회의 명에 따라, 또 40인 이상의 의원으로부터 요청이 있을 경우 예비적 조사를 행함

자료: http://www.shugiin.go.jp/index.nsf/html/index_kokkai.htm(검색일: 2008년 3월 2일). 필자가 내용 보강.

2. 중의원 조사국

1) 조직 및 직무

중의원 사무국 내의 한 부서인 조사국은 1998년 1월에 전신인 '상임위원회조사실'이 확대 개편되면서 '조사국'으로 발족하였다.[11] 조사국 내에는 조사국장 밑에 의원운영위원회와 징벌위원회를 제외한 각 상임위원회를 담당하는 조사실과, 특별위원회를 담당하는 조사실, 총무과 그리고 조사정보과가 설치되어 있으며, 기타 필요에 따라 특별조사실을 부속할 수 있게 되어 있다.[12] 각 조사실은 10명에서 20명 정도의 조사원으로 구성되나 결산행정감시조사실의 경우만 40명의 조사원으로 구성된다.

각 조사실에는, 상임위원회 전문원이 맡는 조사실장 외에, 조사국 조사원을 두고 있으며, 조사국 조사원에는 관리직인 수석조사원 및 차석조사원과 조사원을 두고 있다.

조사국의 업무는 전문원의 지시에 따라 행해지는 위원회의 조사사무가 주된 업무이다.

2) 예비적 조사(위원회의 특명조사)

예비적 조사제도는 위원회가 심사 또는 조사를 위해 조사국장 또는 법제국장에게 그 심사 또는 조사를 위해 필요한 예비적인 조사를 수행할 것을 명할 수 있도록 한 제도이다(중의원 규칙 제56조의 2). 예비조사는 위원회의 국정조사를 보완하기 위한 것이다. 또 40인 이상의 국회의원으로부터 요청이 있으면, 위원회는 예비적 조사명령을 내릴 것을 요구할 수 있다(동 제56조의 3). 40인 이상의 국회의원으로부터 예비적 조사요청서를 받은 위원회는, 위원회 이사회에서 그 요청내용이 형사소추를 받고 있는

---

11) 藤井忠義, 「衆議院調査局の概要と活動」, 『議會政治研究』 51号(1999. 9), 1쪽.
12) 각 조사실은, 국회도서관의 조사및입법고사국, 의원법제국과 임무가 중복되고 있으나, 조사실은 의안에 직접 관련되는 조사를 행하는 일이 많다. 양원의 사무국은 각각 독자적으로 시험을 실시하여 직원을 채용하는데, 각 행정 성·청으로부터 직원을 받기도 하고, 또 직원을 각 성·청에 보내기도 한다.

사건에 관한 것이 아닌 것, 기본적 인권을 부당하게 침해할 우려가 없을 것 등 두 가지 요건에 관해 이의제기가 없다는 취지의 확인을 하는 경우, 위원회의 의결을 거치지 않고 조사국장 등에 대해 예비적 조사명령을 발할 수 있다.

다만, 이 제도는 강제적인 조사권한이 아니며, 국회의원 개인의 조사권의 발동이 인정되지 않고 집단적 조사권만을 인정하고 있다.[13]

예비적 조사제도는 중의원의 위원회 활동 등의 활성화를 통한 행정감시 기능의 강화책의 일환으로서 그 보좌기구의 조사권한 강화를 도모하기 위해 1997년 12월의 국회법 개정에 의해 창설되어, 1998년 1월부터 활동을 시작하였다.[14]

의원내각제하에서는 정부·여당의 다수의견이 국회운영의 중심이 되기 때문에, 소수 회파가 다수결로 운영되는 위원회 등에서 행정감시와 같은 정부의 이익과 상반되는 사안에 관하여 조사를 행하는 것은 곤란하다. 이 때문에 행정감시에 필요한 정리된 정보를 소수 회파에도 입수하기 쉽도록 하기 위해 40인 이상의 국회의원으로부터의 요청이 있으면, 그 내용에 관해서 '기본적 인권을 부당하게 침해할 우려'가 없는 한 예비적 조사명령을 발령할 수 있다는 발상에 근거하여 예비적 조사제도가 도입된 것이다.[15]

3) 예비적 조사제도의 과제

현재 예비적 조사는 조사국의 각 조사실 조사원 등에 의한 프로젝트팀을 겸무체제로 조직하여 시행하고 있다. 그러나 각 조사실에서는 각각의 위원회 전문원(실장) 밑에 10명 전후의 참모가 있어, 종전처럼 각 위원회의 소관에 관한 조사사무를 행하고 있다. 따라서 조사원의 조사능력의 향상이나 인원 증원, 외부 전문가나 외부 기관과의 연계를 보다 충실히 해야 하는 과제를 안고 있다. 각 성·청의 행정관료들이 전문성, 권한을 갖고 있는 데 비해 국회 조사실의 참모진은, 국회의원과의 관계에 있어 늘

---

13) 原田一明, 「國政調査權」, 『ジュリスト』 1133号(1998. 5. 1−15合併号), 122쪽.
14) 杉若吉彦, 「豫備的調査の實施狀況」, 『議會政治研究』 51号(1999), 5쪽.
15) 杉若吉彦, 앞의 글, 8쪽.

상의하달의 관계에 있으며, 국회의원에 대해서는 조사의뢰를 받은 범위
내에서만 그 전문지식을 제공하는 소극적인 입법보좌에 그치고 있는 실정
에 있어 개선해야 할 과제가 되고 있다.

<그림 8-2> 예비적 조사의 흐름도

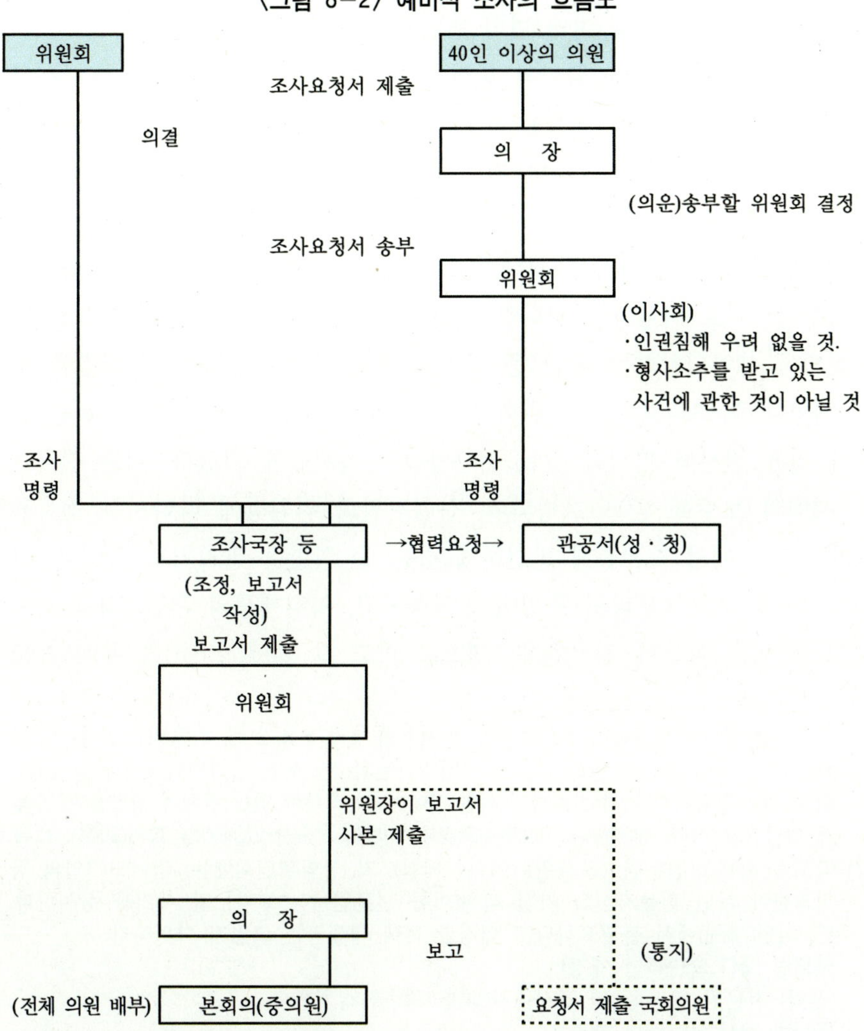

주: '의운'은 의원운영위원회의 약어임.
 자료: 杉若吉彦,「豫備的調査の實施狀況」,『議會政治硏究』 51号(1999), 7쪽.

4) 조사국의 연혁

① 전문조사원·전문원 제도

일본국회의 조사기구는 태평양전쟁 패전 후, 새로 제정된 국회법에서 규정된 이래 특히 중의원은 전문원, 상임위원회조사실, 조사국과 그 기구의 개편과 함께 제도상 여러 번의 변천을 거듭해 왔다.

국회법이 국회에서의 심의의 중심을 상임위원회에 둔 것에서, 그 부문에 관하여 특히 전문적 지식을 갖는 참모(staff)를 두어, 위원의 심사, 조사를 돕는다는 취지에서 복수의 전문조사원 및 서기로 구성되는 '전문조사원제도'가 먼저 시행되었다.[16]

1947년의 국회법 제정에 의하여 그 이전의 본회의중심주의에서 상임위원회중심주의로 이행하는 커다란 변화가 있었는데 이때 상임위원회제도가 확립되어 상임위원회는 법안 등 안건의 심의에 있어 결정적인 역할을 하게 되었다.[17] 그리고 상임위원회의 심사, 조사 등을 돕기 위하여 소관 사항에 깊은 전문적 지식을 갖는 전문가를 배속시키게 되었다. 이들 전문가는 고액의 보수를 받고 초빙되어, 상임위원회 위원장에 따라서는 전문원에게 위원회에서 자유롭게 발언하게 하는 등 역할을 맡기기도 하였다. 그러나 그 후 외부로부터의 초빙이 곤란해지고, 지휘계통의 혼란, 역할의 변질 등의 이유 때문에 전문원은 1명으로 하고 그 밑에 실(室)을 두는 제도

---

16) 당시 위원회에서 위원장이 전문조사원 및 서기의 경력 등을 소개, 추천하고 위원회의 양해를 얻은 후 이들을 임명하였다. 당시 상임위원회 전문원은 상임위원장이나 상임위원회의 활동에 정책 면에서 기여하기 위한 것이며, 그 직무에 있어 정치적 경향을 띨 수밖에 없었다고 한다. 熊谷得志,「衆議院調査局の役割」,『議會政治研究』72号(2004), 32쪽.

17) 국회법 제43조(전문원·조사원)(1947년 제정). 각 상임위원회에는, 적어도 2인의 국회의원이 아닌 전문지식을 가진 직원(이를 전문원이라 한다) 및 서기를 상치한다. 단, 의원(議院)에서 불필요하다고 인정한 것에 대해서는 그렇지 아니하다.
국회법 제43조(1948년 개정)
(생략) 전문원, 조사원 및 조사주사(調査主事)를 상치한다.
국회법 제43조(1955년 개정)
상임위원회에는, 전문지식을 가진 직원(이를 전문원이라 한다), 조사원 및 조사주사를 둘 수 있다.
국회법 제43조(1959년 개정)
(생략) 전문원 및 조사원을 둘 수 있다.

로 변경되었다.[18]

1947년에 신설된 전문조사원제도는 위원회 활동을 충실화하기 위하여 위원회의 담당 분야에 관한 전문가를 배치하여 위원의 활동을 지원하기 위한 것이다. 이 전문조사원제도를 포함하여 의원의 입법·조사활동을 보좌하는 기관인 의원법제국, 국립국회도서관의 정비는 연합군사령부(GHQ)의 주도하에 이루어졌다. 당시 미국연방의회에서도 입법보좌기구의 정비·확충이 진행되어 각 위원회에 고유의 전문참모진과 사무직원의 고용이 인정되었다.

1948년 상임위원회에서 '전문조사원'의 명칭이 '전문원(專門員)'으로 개칭되었는데, 이것은 같은 해에 제정된 국립국회도서관법에 따라, 국회도서관에 새롭게 '전문조사원'을 설치하도록 하였기 때문에 혼동을 피하기 위함이었다.[19]

② 상임위원회조사실 제도

전문원제도에서 조사실제도로 발전되는 내용을 담은 1955년의 제도개정은, 전문원을 복수제에서 1인제로 변경하였으며, 각 상임위원회에 조사실을 설치하여 실장은 전문원으로 충원하였다. 이는 이제까지의 전문원 개인의 지식과 경험에 의지하여 운영되어 온 위원회의 조사 업무를 전문원과 조사원이 일체가 되는 조직으로 변경하여 기능 강화를 도모한 것이다.[20] 이로써 조사기구는 전문원제도에서 조사실제도로 변경되었다.[21]

1955년에 상임위원회조사실이 창설되면서 중의원 상임위원회조사실 규정이 제정되었다. 이에 따라 전문원 및 조사원은 국회법에 기초하여, 중의원 상임위원회조사실은 중의원 상임위원회조사실 규정에 의해, 상임위원

---

18) 개혁을 위한 회의, 조치, 제안 등은 武田美智代, 「國會改革の軌跡－平成元年以降－」, 『レファレンス』 666号(2006. 7), 95－120쪽 참조.

19) 藤井忠義, 「衆議院調査局の概要と活動」, 『議會政治研究』 51号(1999. 9), 1쪽.

20) 熊谷得志, 앞의 글.

21) 1948년 당시에는 전문원이라고 하지 않고 '전문조사원'이라고 칭하였다. 또 일부의 상임위원회에는 전문조사원을 두지 않았으며, 일부의 상임위원회에는 전문조사원을 3명 둔 곳도 있었다. 서기에 관해서는 1948년 이후에는 조사원 및 조사주사였다. 淺野一朗, 『國會－制度のすべて』(東京: ぎょうせい, 1990), 290쪽.

장 및 위원회의 활동을 보좌하게 되었다.

1961년의 제40회 통상국회(1961. 12. 9~1962. 5. 7)에서 중의원 상임위원회조사실 규정 일부가 개정되고, '중의원 상임위원회 전문원 임기 내규'의 제정이 의원운영위원회에서 결정되었다. 규정 개정내용은 첫째, 각 조사실에 주임조사원 1명을 두고, 조사실장에게 사고가 발생하는 경우 또는 결원이 되는 경우에 주임조사원이 조사실장의 직무를 대행하는 것, 둘째, 조사실의 사무에 관한 규정을 정비하고 조사의 기능을 증진함과 동시에, 국회의원의 입법 및 조사활동에 도움이 되도록 한 것 등이다.[22]

상임위원회조사실은, 상임위원회가 행하는 안건의 심사나 조사를 전문적으로 보좌하는 참모집단으로서, 의원운영위원회와 징벌위원회를 제외한 상임위원회에 설치된다. 각 조사실마다 1명의 전문원과 10명 전후의 조사원이 있으며, 전문원이 실장이 되어 상임위원장의 명을 받아 실(室)의 사무를 관장한다.

③ 특별위원회조사실 제도

중의원과 참의원에는 대부분 성·청에 대응하는 상임위원회가 있으며, 이것과는 별도로 특별한 주제별로 특별위원회가 있다. 이 위원회를 보좌하기 위해서 참고자료의 수립이나 작성, 법률안의 초안 등을 작성하기 위한 조사를 행하는 전문원과 조사원이 있다.

국회에서 입법과정상 충실한 보좌를 받으려면 조사원의 수를 대폭 늘리지 않으면 안 된다는 주장, 즉 입법보좌요원의 확충 및 기능 강화를 요구하는 주장들이 제기 된지 오래이다.[23]

④ 상임위원회조사실에서 조사국으로의 개편

조사국이 발족하게 된 데에는 몇가지 요인이 있으나, 무엇보다도 1995년부터 1996년에 걸쳐 중앙 관청(성·청) 등에서 불상사가 연이어 발생하고, 국회의 행정감시기능이 강화되어야 한다는 여론이 높아진 것에 있

---

22) 熊谷得志, 앞의 글, 32쪽.
23) 松下圭一, 『政治・行政の考え方』(東京: 岩波書店, 1998), 166쪽－167쪽.

다.24) 이러한 정세하에서 1996년 9월에 중의원이 해산되고, 각 당은 국회에 의한 행정감시기능 강화를 그 후에 실시된 제41회 총선거에서의 공약으로 내걸었으며, 총선거 후에도 미국의 GAO(회계감사원)와 같은 기관을 국회의 부속기관으로 설치해야 한다는 등의 국회개혁 논의가 각 당 간에 행해졌다.25)

그 후 의회제도협의회 등의 협의의 장에서 '국회의 행정감시기능의 강화에 관한 정책요강' 및 '정책요강을 실시하기 위한 관계 법률 등의 개정안 요강'이 정리되어 법제화되기에 이르렀다. 그 결과 1998년 12월에 국회의 행정감시기능을 강화한다는 취지에서 국회법 등의 개정이 행해졌다. 동시에 중의원에 소수자조사권(少數者調査權)제도의 도입을 도모한다는 관점에서 예비적 조사제도가 도입되었다. 이에 따라 중의원규칙과 의원사무국법의 개정이 이루어지고, 종래의 상임위원회조사실을 개편하는 형태로 중의원 조사국이 신설되었다.

⑤ 조사국 산하의 상임위원회조사실 운용

중의원에는 조사국 산하에 15개의 상임위원회조사실과 3개의 특별위원회조사실, 총무과 그리고 조사정보과가 설치되어 있다(2008년 3월 현재).

상임위원회조사실은 조사원이 국회의원을 직접 보좌하며, 조사실로서 정보를 수집하고, 그 축적된 정보를 국회의원에게 제공하는 역할을 하고 있다.

각 상임위원회조사실에는 전문지식을 갖춘 전문원, 조사원 기타의 직원을 두고 있다. 조사실장은 상임위원장의 명을 받아 상임위원회조사실의 사무를 관장하며, 주임조사원은 조사실장에게 사고가 있는 경우 또는 조사실장이 결여될 경우에 조사실장의 직무를 대행한다.

중의원과 참의원의 조사실의 위상이나 조직은 약간 다르다. 중의원에서는 위원회가 심사준비를 위해 사무국 기구에 조사를 행하게 하는 예비적 조사제도를 도입한 것과 관련하여, 이에 대응하기 위해 종래의 상임위원

---

24) 熊谷得志, 앞의 글, 34쪽.
25) 미국의 회계감사원은 제1차 세계대전 중에 연방정부의 재정관리가 무질서해졌다는 지적에 따라 1921년 예산회계법에 의해 설립된 기관이다.

회조사실을 개조하여, 중의원 사무국에 조사국을 설치하여, 위원회의 소관에 대응하는 조사실은 조사국의 내부조직으로서 운용하게 되었다. 이에 대해 참의원은 상임위원회조사실로서, 종전대로 각 상임위원회에 조사실을 두고 있다.[26]

각 상임위원회조사실에는 실장, 수석조사원, 조사원 및 기타의 직원을 둘 수 있도록 되어 있으며 필요가 있는 경우 차석조사원을 둘 수 있다. 특별조사실에는 실장, 상석조사원(上席調査員), 특별조사원 기타의 직원을 둘 수 있다. 조사실에 배치되어 있는 조사원의 수는 많은 곳에는 20명 정도, 적은 곳에는 10명 정도이다.

5) 조사실의 직무 및 구성

① 기본 직무

조사실의 직무는 위원회의 활동 전반을 보좌하는 것에 있다. 구체적으로는 위원회보고서나 위원장보고 원안 작성에서부터, 법안작성을 위한 자료나 요강의 작성, 법안 등의 문제점의 조사나 참고자료의 작성까지 위원회의 권한의 전부에 걸치며, 때로는 위원의 질문 작성을 거들기도 한다.

조사실에서는 위원회 심사 종료 후에 위원장으로부터 의장 앞으로 제출하는 위원회보고서나 본회의에서의 위원장의 구두보고 원안, 본회의에 배부하는 의안요지를 작성한다.

② 전문원

전문원은 한편에서 전문적 지식을 갖는 참모임과 동시에 다른 한편에서 참모인 조사원의 집단인 상임위원회조사실의 장으로서 그 조사실의 조사원을 지휘·감독하는 관리운영의 책임자로서의 지위에도 있다. 전문원은 상임위원장의 제청에 의하여 사무총장이 의장의 동의 및 의원운영위원회의 승인을 거쳐 임면하도록 되어 있다.

각 상임위원회조사실에는 1명의 전문원과 10명 내외의 조사원으로 구성

---

26) 川崎政司, 「議員提出法律案の立案過程(2)」, 『國會月報』 609호(1999. 9), 45쪽.

되어 있으며 전문원은 그 소속상임위원회의 상임위원장의 명을 받아 다음의 사무를 행한다. ① 상임위원회가 제출하는 법률안, 의원이 발의하는 법률안 기타 의안 등에 관하여 그 기초를 위한 조사, 참고자료의 작성 및 원안의 요강의 작성 ② 부탁안건의 제안 이유, 문제점, 이해득실 기타 필요하다고 인정되는 사항의 조사 및 참고자료의 작성 ③ ①번 외의 소관 사항에 관한 법률의 제정 및 개폐 및 국정조사에 도움을 주기 위한 조사 및 자료의 작성 ④ 조사보고서의 원안의 작성 ⑤ 부탁안건의 위원회보고서 및 의원(議院)의 회의에 있어 위원장의 구두보고의 원안 작성 ⑥ 기타 소관 사항에 관한 기초적 조사 ⑦ 앞에 열거된 자료의 수집·정비

③ 주임조사원

전문원(조사실장)을 직접 보좌하며, 전문원에게 사고가 있는 경우 또는 전문원이 결원일 때는 전문원의 직무를 대행한다. 각 상임위원회에 조사원 중 1명의 주임조사원이 있으며 주임조사원은 상임위원장의 승인하에 조사실장의 제청에 의하여 사무총장이 임명한다.

④ 조사원

조사원은 상임위원장 및 상임위원회조사실장의 지휘감독을 받아 다음의 사무에 종사한다. 상임위원회는, 당해 위원회에 부탁된 법률안 기타 안건에 관한 질의, 논쟁을 전개하는데 사무국으로부터는 반드시 위원부(委員部) 및 당해 상임위원회조사실의 직원이 참석하게 된다. 이때 위원부의 역할은 상임위원장의 밑에서 정부의 시책, 제출의안 등에 관한 국회법, 의원규칙 등에 준거하여 정확하게 상임위원회의 안건 심사 및 조사가 이루어지도록 사무적으로 배려하며 심의의 진행에 도움을 주는 일이다. 조사원은 개개인이 독립하여 국회의원에 대한 참모의 역할을 한다.[27]

---

27) 谷 勝宏, 『現代日本の立法過程』(東京: 信山社, 1995), 239쪽.

〈표 8-2〉 위원회조사실제도의 변화

일 시	주요 내용
1947. 4.	• '국회법' 및 '의원사무국법' 제정 • 각 상임위원회에 위원의 심사·조사를 보좌하기 위해, 그 분야에 관해 특히 전문적 지식을 가진 자(전문조사원)를 적어도 2인씩 배치. 전속 서기(書記)도 배치
1948. 7.	• 각 상임위원회에, 적어도 2인의 전문적 지식을 가진 직원(전문원), 조사원 및 조사주사를 배치
1955. 1.	• 상임위원회의 정리통합(16개로 감축). 전문원 복수제를 폐지하고 1인제를 규정
1955. 7.	• 참의원상임위원회조사실 규정 제정. 상임위원회에 조사실을 설치하고, 전문원, 조사원 등을 둠. 또, 조사실의 분장사무, 실장의 권한 등을 규정
1959. 3.	• 상임위원회조사원, 조사주사의 구분을 폐지하고 상임위원회조사원으로 통일
1962. 3.	• '상임위원회조사실의 인사의 쇄신에 관한 요강' 제정. 실장의 근무연한, 조사원의 인사교류를 규정.
1962. 7.	• 주임조사원제도 설치(상임위원회조사실 규정 개정)
1964. 3.	• 조사실이 공동 발행하는 '입법과 조사(立法と調査)'지 창간
1966.	• 공동조사제도 발족
1973. 10.	• 상임위원회에 서무실(庶務室)을 설치(사무총장 결정)
1974. 2.	• '물가 등 대책특별위원회'의 설치에 따라, 특별위원회의 조사실로서는 최초로 동 특별위원회조사실을 설치(사무총장 결정)
1979.	• 특별위원회 상석조사원 제도 신설
1982. 2.	• 참의원 개혁협의회, 보고서 제출. 총예산 위촉심사제도 신설
1982. 3.	• 예산위원회, 분과회(分科會)를 폐지하고 위촉심사제도 도입
1982. 10.	• 객원조사원제도 발족
1983. 7.	• 조사특별위원회 설치에 따라 제1특별조사실, 제2특별조사실, 제3특별조사실을 설치하고, 종래의 3개 특별위원회조사실을 폐지 • 상임위원회서무실 폐지, 연락조정실 설치
1986. 7.	• 연락조정실을 기획조정실로 개조 • 조사실장회의(調査室長會議) 설치
1986. 10.	• 위탁조사제도 창설(조사실장회의 결정)
1993. 7.	• 주임조사원의 명칭을 수석조사원으로 변경
1995. 5.	• '입법과 조사(立法と調査)' 전면 시판화
1998. 1.	• 참의원제도개혁검토회 답신에 기초한 위원회 재편, 행정감시위원회 설치 및 조사실 재편 • 중의원 상임위원회조사실 제도를 개조, 조사국 설치
2000. 1.	• 헌법조사회 및 국가기본정책위원회 설치
2001. 1.	• 위원회 재편에 따른 조사실 재편
2002. 8.	• 기획조정실장 산하에 '조사정보실' 설치

자료: 堀田光明,「參議院の調査補佐體制」,『議會政治研究』72号(2004), 45쪽.

3. 중의원 법제국

1) 직무 · 기능

법제국은 내각입법에 대응하는 기능을 갖는 기관이다.[28]

법제국의 직무는 국회의원(국회)의 법률 제정에 관한 입안을 보좌하는 일이다. 첫째는 의원입법에 대한 보좌이고 둘째는 법률문제의 조회에 대한 조사회답이다. 특히 의원제출법률안과 관련하여, 의원들의 요구에 따라 조사하고 입안한다. 그 외에도 각 원에서 심사 중인 내각제출법률안 또는 기타의 법률안에 대하여 의원들의 요구에 따라 검토하고, 수정안을 제출하고, 또 헌법 · 법률의 해석 기타 법률문제에 관하여 의견을 제시한다.

법제국의 직무는 다음과 같은 7가지로 정리할 수 있다: ① 의원발의법률안 기초 ② 법률안에 대한 수정안 기초 ③ 위원회의 명을 받아 행하는 법제에 관한 예비적 조사 ④ 국회의원 등이 요청하는 법률문제의 조회(照會)에 대한 조사회답(reference) ⑤ 법제에 관한 자료 수집, 정리 및 조정 ⑥ 외국 법령에 관한 자료 수집 및 분석 ⑦ 헌법에 대한 해석 및 의견제시

2) 조직 및 구성

법제국은 의원의 입법활동을 보좌하기 위하여 양원에 각각 설치되어 있다. 중의원의 경우 법제국장을 포함하여 82명의 직원으로 구성되어 있다(2008년 3월 5일 현재). 그 규모는 내각법제국과 거의 같다.[29]

법제국의 장은 법제국장이며, 국회의장이 의원(議院)의 승인을 얻어 임면한다. 법제국장은 의장의 감독하에 법제국의 사무를 통리한다.

법제국에 참사 기타 필요한 직원을 두도록 하고 있으며, 법제국장이 의장의 동의 및 의원운영위원회의 승인을 얻어서 임면한다(국회법 제131조 2항, 5항).

---

28) 내각법제국은 법안의 조문 심사는 행해도 조문 작성까지는 하지 않으나, 국회의 법제국은 조문의 작성까지 해 준다는 점에 그 기능적 차이가 있다.
29) 내각법제국은 1885년(明治 18)에 설치되었다.

<표 8-3> 중의원 법제국의 조직과 소관 업무

부서	소관 업무
법제국장	국(局) 업무 총괄
법제차장	국장 업무 보좌
법제기획조정부	
기획조정과	결산행정위원회·의원운영위원회·징벌위원회·납치문제위원회 담당, 법제에 관한 예비적 조사에 관한 사무 등
기본법제과	국가기본정책위원회, 윤리선거위원회, 헌법조사회 담당
총무과	서무·인사행정
조사과	입법례 조사, 법령대장 정비, 기타 법제에 관한 자료의 수집 및 정리 등
제1부	
제1과	내각위원회, 안전보장위원회, 오키나와·북방위원회, 테러·이라크위원회 담당
제2과	총무위원회 담당
제2부	
제1과	법무위원회 담당
제2과	재무금융위원회, 예산위원회 담당
제3부	
제1과	외무위원회, 문부과학위원회, 청소년위원회 담당
제2과	경제산업위원회, 환경위원회 담당
제4부	
제1과	농림수산위원회 담당
제2과	국토교통위원회, 재해위원회 담당
제5부	
제1과	후생노동(노동)위원회 담당
제2과	후생노동(후생)위원회 담당
법제주간	법제국장의 특명 등 수행

자료: http://www.shugiin.go.jp/index.nsf/html/index_kokkai.htm(검색일: 2008년 3월 5일).

　　법제국장 밑에는 법제차장을 두고 있다. 법제국은 6개의 부(部)로 나뉘어 있으며, 각각 담당하는 상임위원회 및 특별위원회별로, 그 법제에 관한 사무를 맡고 있다. 또 중요한 법률문제에 관한 사무를 맡아서 처리하기 위해, 법제주간(法制主幹)을 두고 있다. 직원은 중의원 법제국이 독자적으로 시행하는 공개시험에 의해 선발된다.

3) 연혁

법제국은 그 전신을 법제부(法制部)라고 칭했는데, 법제부는 일본의회사상 처음으로 국회의원의 입법활동을 돕기 위해 설치된 것으로서 각각 양원 사무국 내의 한 부서로 1947년 5월 3일(일본헌법 시행일)에 발족하였다.

법제국(法制局)은 1947년 '사무국 법제부'라는 이름으로 발족하였으며 1948년에 독립하여 법제국으로 편성되었다. 국회의원·회파의 개별적 의뢰에 대응하여 입법에 의해 실현하고자 하는 정책의 합리성, 법제 면에서의 검토, 문안의 작성에서부터 국회심의에서의 예상문답집의 작성까지 행하며 때로는 당내의 회의나 위원회 심사에 동석하여 조언한다. 의원제출법안에 의원법제국의 사전심사를 의무 사항으로 하는 법령은 없으나 실제로는 모든 의원입법이 의원법제국의 심사를 거치고 있다. 인사 면에서는 일부 행정 성·청으로부터 직원을 받기도 하나, 독자적으로 매년 2~3명의 직원을 입법보좌를 위한 전문직원으로 시험을 거쳐 채용하고 있다.[30]

일본헌법에서는 국회가 국가의 '유일한 입법기관'으로 규정되어 있기 때문에 각 의원(議院)은 국회의장 밑에 각각 의원사무국에서 독립한 별도의 기구인 의원법제국을 창설하기에 이르렀다.[31]

1947년에 법제부를 설치한 이유는, '금후의 입법은 신헌법의 정신에 비추어, 국회를 구성하는 각 의원(議院)의 의원들 자신의 손에 의하여 행해지는 것이 많을 것으로 예측되는 관계상, 그 입안을 보좌하기 위하여 기구를 설치하고, 거기에 법제에 관한 전문직을 배치하는 것이 의원의 편의를 돕는 데 있어 필요불가결'이라고 생각되었기 때문이다. 법제부가 설치되어 곧 그 실제 운용상황에 비추어 그 기구를 확충·강화할 필요가 있음이 인식되어, 논의와 검토를 거쳐 각 의원의 의장 밑에 의원사무국에서

---

30) 內田 滿編, 『現代日本政治小事典(2003年度版)』(東京: ブレーン出版, 2003), 84쪽.
31) 衆議院法制局, 『衆議院法制局の沿革』(東京: 衆議院, 1968), 1-7쪽.

독립된 별도의 기구인 의원법제국을 창설해야 한다는 결론에 도달하였다. 그 결과 당시의 국회법 제131조가 전면적으로 개정되었고, 의원법제국이 1948년 7월 5일에 설치되었다.[32] 발족 당시의 중의원 법제국의 기구는 3부 6과, 정원은 50명이었다. 그 후 입안(立案) 업무량의 증가에 따라 부서와 인원이 증가하고 있다.

제3절 참의원의 입법보좌조직

1. 참의원 사무국

1) 구성

사무국에는 사무총장과 사무차장이 있어 국(局)의 사무 업무를 지휘한다. 사무총장 이하 1,300여 명의 직원으로 구성되어 있다.

2) 조직 및 직무

사무국은 회의 운영·총무·관리 부문 및 헌법조사회사무국에 관해서는 중의원 사무국과 거의 같으나, 참의원에는 예비적 조사제도가 없기 때문에 조사국은 설치되어 있지 않다. 참의원에는 그 대신 3개의 참의원 조사회에 대응하는 특별조사실을 두고 있다.

운영 면에서 회의체를 지원하는 '회의운영 부문', 정책입안을 지원하는 두뇌집단인 '조사사무 부문', 홍보활동, 국제교류 등 참의원의 활동을 여러 방면에서 지원하는 '총무 부문'의 3개 부문이 있고, 그 외에 속기를 행하는 기록부, 국회 내부의 경찰을 행하는 경무부가 있다.(표 8 - 4 참조)

사무국에서 법률의 제정에 직접 관련되는 업무를 담당하고 있는 곳은

---

32) 衆議院法制局, 『衆議院法制局の由來』(東京: 有斐閣, 1988), 1쪽.

회의 운영 부문과 조사사무 부문이다.

3) 회의운영 부문

회의운영 부문에는 비서과, 의사부, 위원부가 있는데, 이들 부서에서는 본회의나 위원회에서 의장이나 위원장을 보좌하는 등 주로 회의의 진행을 담당한다.[33]

제출된 법률안을 가장 먼저 취급하는 곳은 의사부 의안과이다. 의안과는 법안의 접수, 위원회에의 부탁 및 송부, 상주(上奏) 등 의안의 취급에 관한 사무 전반을 행한다. 사전에 법안의 제출일시나 선의(先議)로 할 것인가 등에 관해 내각과 연락조정을 행함과 동시에, 법률안의 위원회 부탁에 있어, 그 내용을 검토하거나 각 회파의 의견을 조정하면서 심사하기에 적당한 위원회에 관해 검토한다.

부탁받은 위원회에서의 회의 운영사무는 위원부가 담당한다. 위원부의 각 과에는, 상임위원회, 조사회 및 특별위원회 각각의 담당이 있다. 위원회 담당자는 각 위원회의 위원장 및 이사 등에 의한 이사회 또는 이사간 담회 등의 장소에서의 협의에 관해, 각 회파, 사무국 관계 부서, 정부 측과 연락조정을 도모하면서 회의를 설정하고, 또 참고인 등의 출석이나 자료의 제출, 시찰·파견 등 그 진행상 필요한 사무 절차를 행한다.

위원회 표결을 거친 법률안은 본회의에 상정된다. 본회의에서 의장의 의사진행을 보좌하는 것은 의사부 의사과이다. 의사과는 의원운영위원회의 결정에 근거하여 의사일정(당일의 본회의 진행)의 조정, 필요한 자료의 작성, 기명투표, 기립 등에 의한 표결의 확인 등 본회의 운영에 관한 사무 전반을 담당한다. 이렇게 하여 본회의의 의결을 거친 법안은 다시 의안과에 의해 상주(上奏) 혹은 송부 절차를 밟게 된다.

---

33) 松尾理宣,「參議院事務局」,『立法と調査』207号(1998. 9), 15쪽.

<표 8-4> 참의원 사무국의 조직과 소관 업무

부서	소관 업무
사무총장	사무국 업무 총괄
사무차장	사무총장 업무 보좌
비서과	의장, 부의장, 사무총장의 비서사무
의사부	
의사과	본회의 운영 전반, 의원운영관계법규 제정·개폐·해석 등
의안과	의안의 접수, 부탁, 의결된 의안의 상주(上奏)·송부, 질문주의서 등
청원과	청원·진정 접수, 청원의 부탁·진정서 송부, 청원 문서표 등
위원부	
조정과	이사회·이사간담회를 포함한 위원회 운영 전반에 관한 업무, 징벌위원회, 정치윤리심사회, 양원협의회, 위원회 선례집 편집 등
의원운영과	의원운영위원회, 상임위원장 간담회 등
제1과~제8과	징벌위원회·의원운영위원회 이외의 상임위원회, 특별위원회 및 조사회를 분담하여 담당
기록부	
기록기획과	본회의, 위원회 등의 속기, 회의록 등 기록물의 교열편집에 관한 사무 기획 및 조정
속기 제1과~속기 제3과	본회의, 위원회 등의 속기, 회의록 등 교열편집
경무부	
경무과	의원(議院)경찰의 기획, 의원기장(記章)·방청권 등

경비 제1과
   경비 제2과
   경비 제3과
	의사당 본관 등의 의원경찰, 경비 배치
	의사당 분관 등의 의원경찰, 방청·참관·면회
	소방, 의원회관 등의 경비, 위시(衛視)의 교양·훈련

서무부	
문서과(정보화 추진실)	공문서류의 관리사무 총괄, 참의원 공보의 편집, 회의록·의안류의 인쇄·배부, 종합창구 업무, 업무의 기계화 등 업무 개선 등
광보과	국회홍보 및 TV중계에 관한 사무
자료조사과	의회 관계 자료 등의 조사·수집·정리, 의원운영관계 법규집의 편집 등

부서	소관 업무
의원과(議員課)	의원의 신분·영전·세비·호조연금, 재산 등 공개보고서의 접수, 의원비서 등에 관한 사무
인사과	직원의 인사 전반, 직원의 정원 등
회계과	예산·결산, 회계, 물품의 구입·출납·보관
후생과	직원의 건강관리·복리후생, 참의원공제조합
관리부	
관리과	국유재산의 관리, 의원숙사, 의원대기실 등
영선과(營繕課)	건축·기계·위생시설, 영선공사의 계획조정
전기시설과	전기시설, 정보시스템
의원회관과	의원회관, 의원회관의 자치위원회의 사무
자동차과	의원(議院)의 자동차의 배차·정비, 차고
국제부	
국제교류과(국제기획실)	의원(議院)의 외사사무, 의원의 해외파견, 우호의원연맹, 문서의 번역 등
국제회의과	국제의원연맹, 의원의 국제회의 참석
기획조정실	국가기본정책위원회의 조사에 관한 사무, 각 조사실, 헌법조사회사무국의 업무에 관계되는 기획 및 조정 등에 관한 사무(조사실 등의 인원배치·업무개선의 기획·조정, 조사실 등의 기계정보 관리), 2 이상의 조사실의 소관 업무에 관련된 조사의 기획·조정
상임위원회조사실 (내각, 총무, 법무, 외교방위, 재정금융, 문교과학, 후생노동, 농림수산, 경제산업, 국토교통, 환경, 예산, 결산, 행정감시)	법률안 등에 관련되는 조사, 요강 원안·참고자료 등의 작성에 관한 사무, 소관 사항에 관계되는 조사 및 자료의 작성에 관한 사무 본회의에서의 구두보고, 조사보고서의 원안의 작성에 관한 사무
특별조사실 (제1특별조사실~제3특별조사실)	법률안 등에 관련되는 조사, 요강 원안·참고자료 등의 작성에 관한 사무, 소관 사항에 관계되는 조사 및 자료의 작성에 관한 사무 본회의에서의 구두보고, 조사보고서의 원안의 작성에 관한 사무
일본헌법에 관한 조사특별위원회 및 헌법조사회사무국 총무과	소관 사항에 관계되는 조사, 자료의 작성 및 회의 운영에 관한 사무

자료: http://www.sangiin.go.jp/japanese/aramashi/chisiki/11_2.htm(검색일: 2008년 3월 5일).

4) 조사사무 부문

법률안의 내용 면에서 각 국회의원을 보좌하는 것이 조사사무 부문이며, 상임위원회조사실 및 특별조사실에 전문참모진이 있다. 조사실에서는 법률안이 제출되면 주로 위원회 심사에 필요한 자료의 수집이나 분석조사, 문제점의 유무 등에 관해 조사한다.[34] 조사사무 부문에는 기획조정실, 특별조사실, 상임위원회조사실이 있다.

5) 총무 부문

직접 법률 제정 사무에 관계하지는 않으나 각 원(院)을 운영하는 데 있어 중요한 역할을 담당한다. 서무부, 관리부, 국제부 등이 있다.

6) 헌법조사회사무국

'참의원 헌법조사회 규정'(1999. 7, 의결) 제24조에 근거하여, 헌법조사회 사무국이 설치되어 운용되고 있다. 사무국에는 사무국장 1인 기타 필요한 직원을 둔다고 규정했으며, 그 업무의 내용은 중의원 헌법조사회사무국의 그것과 같다.

2. 참의원 법제국

1) 조직 및 구성

참의원 법제국은 참의원 소속 국회의원의 입법활동을 보좌하는 기관이며, 국회의원의 의뢰를 받아 법률안 및 수정안의 입안, 법률문제 조사 등의 업무를 행하는 부서이다.

법제국의 조직은, 직원임면권을 갖는 법제국장의 통괄하에 의원입법의 입안 등을 담당하는 제1부부터 제5부, 법제국장의 특명사항을 담당하는

---

34) 松尾理宣, 앞의 글, 15쪽.

법제주간 및 인사 등을 담당하는 총무과 그리고 조사과가 설치되어 있다. 각 부에는 2개 또는 3개의 과가 설치되어 있으며, 각 과가 담당하는 입안 등의 사무는, 참의원의 위원회의 소관에 대응하여 할당되고 있다. 법제국 장 외에 75명의 직원으로 구성되어 있다(2008년 3월 5일 현재).

2) 직무

① 의원입법보좌

법제국은 참의원 의원의 입법활동을 보좌하는 기관이며, 참의원 의원의 의 뢰를 받아 법률안 및 수정안의 입안, 법률문제의 조사 등의 업무를 행한다.

의뢰자로부터 입법의뢰가 있으면, 소관 부서인 과(課)에서는 의뢰자가 어떠한 정책적 의도하에 법률을 제정하려고 하는가, 즉 입법취지가 무엇 인가를 확인한 후 입법내용 검토에 착수한다.

법률안의 내용이 어느 정도 정해지면, 법률안 요강을 작성하며, 이어 조 문화 작업에 들어간다. 이 단계에서는 표현의 정확성 · 명확성 · 이해의 용 이함 · 현행 법률조문과의 정합성 등 입법기술 측면에서 세심한 검토를 행 한다. 이때 의뢰자의 정책의도가 최대한 실현되도록 법률안을 작성하는 일에 착수함과 동시에 헌법 적합성 · 현행 제도와의 조화 · 법 정책의 합리 성 등에 관하여 법률전문 참모진으로서 검토를 행하고, 의뢰자와도 협의 를 계속한다.[35] 법제국은 입법내용 검토 단계에서 조사 · 자료 작성, 의뢰 자에 대한 설명 및 협의를 행한다.

이렇게 소관 과(課)에서 작성된 법률안 원안은, 국내(局內)의 단계적인 심사를 거쳐, 법제국장의 결재를 받은 후, 국(局)에서 작성한 법률안으로서 의뢰자에게 전달된다.

국에서 작성한 법률안이 국회에서 심의되는 단계에서는, 답변용 메모 등 관계 자료를 작성하는 등 제안자로서의 보좌를 행한다. 국의 직원이 법제기술적인 면에서 답변에 나서는 경우도 있다.

---

35) http://houseikyoku.sangiin.go.jp/introduction/job.htm(검색일: 2008년 3월 2일).

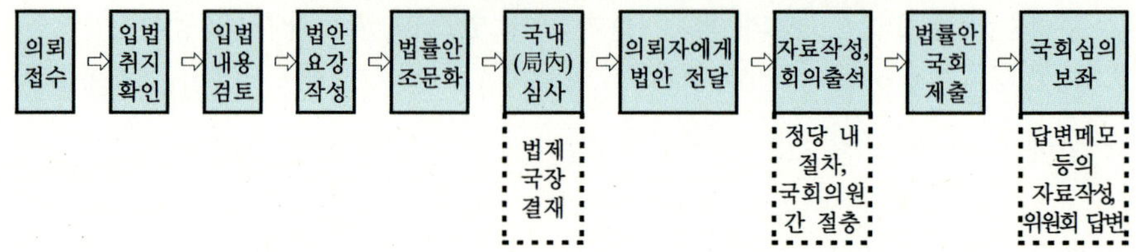

〈표 8-5〉 참의원 법제국의 조직과 소관 업무

부 서	소관 업무
법제국장	국(局) 업무 총괄
법제차장	국장 업무 보좌
법제주간	법제국장의 특명사항 수행
제1부	
제1과	국가기본정책, 행정감시, 의원운영, 징벌, 헌법조사회
제2과	내각, 외교방위
제2부	
제1과	후생노동(사회복지, 사회보장, 공중위생, 원호)
제2과	후생노동(노동, 고용)
제3부	
제1과	총무(행정 일반, 지방자치 · 선거)
제2과	총무(전기통신 · 우정사업), 경제산업
제4부	
제1과	재정금융, 예산, 결산
제2과	농림수산, 환경
제5부	
제1과	법무, 문교과학
제2과	국토교통
총무과	인사, 문서, 회계 등
조사과	조사, 도서, 정보처리 등

자료: http://houseikyoku.sangiin.go.jp/introduction/organization.htm(검색일: 2008년 3월 5일).

② 수정안 작성 보좌

국회의원은 국회에서 심의되고 있는 법률안에 대해 동의(動議)의 형태로 수정안을 제출할 수 있다.

법제국은 소속의원의 의뢰를 받아 수정안 안문화(案文化) 작업·심사를 행한다. 이 작업은 기본적으로는 법률안의 작성·심사의 경우와 같은데, 수정안은, 법률안 심의의 최종 국면이 되어 내용이 확정되는 일도 적지 않으며, 표결까지의 제한된 시간에 수정안을 준비하지 않으면 안 되는 제약을 수반하기도 한다. 수정안은 여·야당 간에 타협에 의해 법률안의 내용을 변경하게 되어 제출하는 경우나, 법률안 내용의 일부에 관해 정당이 독자적으로 정책을 표명하기 위해 제출하는 경우 등이 있다.

③ 법제에 관한 조사

법제국은 소속의원의 법제에 관련된 다양한 의뢰나 조회요구에 응하여 조사 및 회답을 행한다. 의뢰나 조회에는 현행 법령에 대한 해석, 정책 등의 법적 문제점 검토, 학설·판례 조사, 외국의 법·제도 조사 등 다양하다.

3. 참의원 상임위원회조사실

참의원에서 조사사무를 담당하고 있는 조직은 상임위원회조사실, 특별조사실, 기획조정실(이하 이 3개 조직을 조사실이라 한다) 및 헌법조사회사무국이다.[36] 조사실은 14개의 상임위원회조사실, 3개의 특별조사실 및 기획조정실로 구성된다.[37]

조사실이 설치되어 있지 않은 곳도 있다. 즉 국가기본정책위원회, 의원운영위원회, 징벌위원회 등 3개 위원회인데, 이 중 국가기본정책위원회의 조사사무는 기획조정실이 담당하고 있고, 필요한 경우에는 각 조사실의 협력을 받아 행하도록 되어 있으므로 실질적으로 조사실이 설치되지 않은 곳은 2개 위원회이다. 이 2개 위원회에는 국회법이 제정된 당시부터 조사

---

36) 堀田光明, 「參議院の調査補佐體制」, 『議會政治研究』 72号(2004), 39-40쪽.
37) 기획조정실은, '기획조정실 설치에 관한 건'(1986. 7, 사무총장 결정)에 근거하여 설치된 조직이며, 실장(전문원), 차장(次長), 차석조사원(次席調査員), 주간(主幹), 주사(主査), 계장(係長), 조사원, 기타의 직원을 두도록 되어 있다.

실이 설치되어 있지 않았는데 그 이유는 그 소관 업무의 특성 때문인 것
으로 이해되고 있다.

1) 직무

중의원·참의원에 각각 설치되어 있는 상임위원회조사실 및 특별조사
실[38])은 의원의 입법·조사활동을 지원하는 보좌기관의 하나이다. 상임위
원회조사실의 업무는 크게, 의안심사에 관련된 업무, 기타의 위원회 활동
에 관련된 업무, 기타의 업무로 분류할 수 있다.

2) 직원

국회법 제43조는, "상임위원회에는, 전문지식을 가진 직원(이를 전문원
이라 한다) 및 조사원을 둘 수 있다."고 규정하고 있다. 이에 근거하여 '참
의원 상임위원회조사실 규정(1955. 7)'에서 구체적으로, ① 각 상임위원회
에 상임위원회조사실을 둘 것, ② 실장(전문원) 1인, 수석조사원 1인(특히
필요가 있을 경우에는 2인 이상), 차석조사원 (필요가 있을 경우), 조사원
기타의 직원을 둘 것을 정하고 있다. 또 이들 임면에 관해서도 의원사무
국법에서 규정을 두어, "상임위원회 전문원 및 상임위원회 조사원은, 상임
위원장의 요청에 의해, 사무총장이 의장의 동의 및 의원운영위원회의 승
인을 받아 이를 임면한다."(의원사무국법 제11조)고 하여 다른 직원과는
다른 형태를 규정하고 있다. 단 실제로 이러한 절차를 밟는 것은 현재로
서는 상임위원회 전문원에 국한되고 있다.[39]

각 상임위원회조사실에 배치되어 있는 직원의 정수는, 소관 범위의 차
이에 따라 다르며, 규모가 큰 곳에서는 실장 이하 16인, 작은 곳에서는 8
명이다.[40]

---

38) 특별조사실은 중의원의 특별위원회조사실에 해당한다.
39) 堀田光明, 앞의 글, 39쪽.
40) 堀田光明, 앞의 글, 40쪽.

<표 8-6> 조사실의 소관 위원회

조사실 명칭	소관 위원회 · 조사회
내각위원회조사실	내각위원회, 이라크인도부흥지원활동 등 및 무력공격사태 등에의 대처에 관한 특별위원회(담당)
총무위원회조사실	경제위원회, 정치윤리의 확립 및 선거제도에 관한 특별위원회(담당)
법무위원회조사실	법무위원회, 정치윤리의 확립 및 선거제도에 관한 특별위원회(담당)
외교방위위원회조사실	외교방위위원회, 이라크인도부흥지원활동 등 및 무력공격사태 등에의 대처에 관한 특별위원회(담당), 북조선에 의한 납치문제 등에 관한 특별위원회(담당)
재정금융위원회조사실	재정금융위원회
문교과학위원회조사실	문교과학위원회
후생노동위원회조사실	후생노동위원회
농림수산위원회조사실	농림수산위원회
경제산업위원회조사실	경제산업위원회
국토교통위원회조사실	국토교통위원회, 재해대책특별위원회(담당)
환경위원회조사실	환경위원회
예산위원회조사실	예산위원회
결산위원회조사실	결산위원회
행정감시위원회조사실	행정감시위원회
제1특별조사실	국제문제에 관한 조사회, 오키나와 및 북방문제에 관한 특별위원회(담당)
제2특별조사실	경제·산업·고용에 관한 조사회
제3특별조사실	소자고령사회(少子高齡社會)에 관한 조사회
기획조정실	국가기본정책위원회
헌법조사회사무국	헌법조사회

자료: 堀田光明, 「參議院の調査補佐體制」, 『議會政治研究』 72号(2004), 40쪽.

4. 참의원 조사회

1) 설치

참의원은 중의원에 대한 억제와 보완의 역할을 해 줄 것을 기대하여 설치된 기관이다. 따라서 참의원은 그 독자성 발휘를 위해 위원회제도 이외에 조사회(調査會)제도를 두게 된 것이다. 조사회는 1986년 5월에 '국정의 기본적 사항에 관하여, 장기적이고 종합적인 조사를 행하기 위해' 설치되었다.

조사회는 참의원 의원의 임기가 6년이고 참의원이 해산되지 않기 때문에 안정된 장기간의 임기를 유효하게 활용할 수 있는 점에 착안하여, 국정의 기본적 사항에 관하여 중장기적이고 종합적인 관점에서 조사를 행하고, 그에 근거하여 정책제언 등을 행할 것을 목적으로 창설된 참의원의 독자적인 기관이다.41) 조사회는 참의원 통상선거 후 최초로 소집되는 국회에서 설치한다.

2) 참의원 조사회의 권능 및 존속

설치되는 조사회의 명칭, 조사 사항 및 위원 수는 기본적으로는 통상선거 후 최초로 소집되는 국회에서, 의원(議院)의 의결로 결정된다. 이렇게 해서 설치된 조사회는 약 3년 간(의원의 반수의 임기만료일까지) 존속한다.

조사회는 조사를 행함에 있어, 참고인으로부터의 의견 청취, 정부로부터의 설명 청취, 내각·관공서 등에 대한 자료 요구, 위원 파견 등을 행할 수 있으며, 또 조사결과, 입법조치가 필요한 경우에는 법률안을 제출(제안)하는 등 상임위원회와 거의 동등한 권능을 갖는다.42)

이 외에도 조사를 위해 공청회를 열고, 널리 국민의 의견을 청취할 수 있는데 이것도 조사회에만 인정되어 있다.43)

---

41) 역대 참의원 의장은 참의원 개혁을 위한 노력을 계속해 왔으며, 실제로 운영 및 조직에 관해 많은 개혁 조치들이 이루어졌다. 예를 들면 의장·부의장의 당적 이탈, 총예산의 위촉심사제 도입, 참의원에서의 실질적인 심의기간을 확보하기 위해 상회(통상국회) 1월 소집, 국회TV중계 실시, 행정감시위원회 설치, 결산심사 충실화, ODA(정부개발원조)조사를 위한 의원파견 실시 등이 주요한 업적이다. 조사회제도는 이러한 참의원 개혁의 성과의 하나이며, 1986년 5월, 참의원개혁협의회의 답신(1985년 11월)에 기초하여 국회법 및 참의원규칙의 개정을 거쳐 참의원 독자의 제도로서 창설되었다.
42) 조사회는 법률안에 대한 심사는 행하지 않는다.
43) 독자적인 권능을 갖기는 하지만, 조사회가 오로지 장기적이고 종합적인 조사를 행하는 기관이기 때문에 법률안, 예산, 청원 등을 심사하거나 조사함에 있어 증인환문은 행하지 않는다.

조사회장은 매년 조사 사항에 관하여 조사의 경과 및 결과를 기재한 보고서를 의장에게 제출하여야 한다. 또 조사의 경과 및 결과에 관해 본회의에서 구두보고할 수 있다.

3) 조사회 운영

참의원 조사회에도 위원회와 마찬가지로 이사(理事)가 설치되며, 역시 위원회와 마찬가지로 이사회 및 이사간담회가 개최된다.[44]

조사회의 운영은, 의원운영위원회에서 결정된 운영기준에 기초하여, 각 조사회별로 자주적으로 이루어진다. 그 구체적인 절차는 대개 위원회에 준한다.

조사에 앞서 각 조사회의 이사회에서, 조사를 행할 필요가 있다고 판단되는 구체적인 과제를 '조사항목'으로 선정하며, 선정된 조사항목에 관하여 3년간에 걸쳐 종합적인 조사를 행한다.[45]

조사는, 참고인으로부터의 의견 청취, 정부로부터의 설명 청취, 공청회 개최, 위원 간의 자유토의, 위원 파견 등에 의한 현지조사가 행해진다. 또 필요에 따라 소위원회를 설치하여 조사를 진행시키는 경우도 있다.

조사회의 보고서에서 언급된 정책제언 등에 관해, 정부의 시책이나 대응을 확인하는 등 사후처리에도 관심을 갖고 제언내용의 실현을 위해 노력한다. 조사회는 다양한 조사활동을 행하며, 정책제언 등을 포함한 조사보고서를 정리하여 의장에게 제출한다. 활동 마지막 해에는 3년간의 조사활동을 망라한 최종보고서를 작성하여 제출한다.

조사회는 전적으로 국제문제, 국민생활, 행정·재정기구(行政財政機構) 등 국정의 기본적 사항에 관한 조사를 행하며, 위원회와는 달리 의안(예산, 법률안 등) 등에 대한 심사를 행하지 않는다.[46] 조사회의 명칭, 조사사항, 위원의 수는 본회의의 의결에 의하여 결정된다. 조사회는, 조사의

---

44) 淺野一郎·河野 久編, 『新·國會事典』(東京: 有斐閣, 2003), 51쪽.
45) 매년 다른 조사 주제를 선정하는 조사회도 있다.
46) 행정·재정기구 및 행정감찰에 관한 조사회는 1997년 6월의 중간보고에서, 행정감찰을 위한 상임위원회를 설치한다는 안을 제시하였다. 이를 바탕으로 1998년 1월에 소집된 제142회 통상국회(1998. 1. 12~1998. 6. 18)부터 '행정감시위원회'가 설치되었다.

결과, 어떠한 입법조치가 필요하다고 판단되는 경우에는, 스스로 법안을 제출할 수 있을 뿐만 아니라 관계 위원회에 입법을 권고할 수도 있다. 또 조사회의 조사결과에 관해서는, 의장에게 보고서가 제출되어, 본회의에서 보고하도록 되어 있다. 참의원의 기능이 발휘되는 장으로서, 조사회의 활동이 크게 기대되고 있다.

4) 직원

참의원의 조사회의 설치 및 직무에 관해서는 국회법에는 규정이 없으며, 참의원규칙에 "조사회의 조사를 돕기 위하여, 전문지식을 가진 직원 기타 필요한 직원을 둘 수 있다."(제80조의 7)고 되어 있으며, 특별조사실이 조사회의 회의에 관한 조사사무를 행하고 있다.

참의원 개혁의 일환으로서 참의원 독자의 기관인 조사회(국회법 제54조의 2)에 관해서는, 참의원규칙 제80조의 7에, "조사회의 조사에 도움을 주기 위해, 전문지식을 갖는 직원 기타 필요한 직원을 둘 수 있다."고 규정하고 있다. 그리고 특별위원회 및 조사회의 조사의 사무를 행하는 조직으로서 특별조사실이 설치되었다. 여기에서는, ① 참의원 사무국에 제1, 제2 및 제3특별조사실을 둘 것, ② 실장, 수석조사원, 조사원 기타의 직원을 둘 것을 정하고 있다. 배치된 직원의 정수는, 특별조사실의 소관 업무의 차이를 고려하여 실장 이하 13인에서부터 8인까지로 되어 있다.

5) 참의원 조사회와 위원회의 차이

조사회는 위원회와 동등한 권한을 갖고 조사에 임하여, 그 결과를 의원(議院)에 보고할 뿐만 아니라, 스스로 법률안을 제출하거나 법률안 제출을 권고할 수 있다는 점에서 유사성이 있다.

조사회와 위원회의 차이점은, ① 조사회는 매년 통상선거 후의 국회에서, 회파 비례배분주의에 따라 위원을 선임하여 설치하며, 3년간 존속한다, ② 의장에게 매년 보고서를 제출한다, ③ 조사회는 위원회와는 달리 의안의 예비심사는 행하지 않으나, 위원회와 같이 법안제출권을 갖는 한

편, 다른 위원회에 대한 법안제출권고권을 갖는다 등이다.[47]

제4절 국립국회도서관

1. 설립목적

국립국회도서관은 국회의원의 조사연구를 보좌하기 위해 1948년 법률 제5호에 의해 설립되었다.[48]

국립국회도서관(이하 국회도서관)은 일본 국내에서 간행되는 출판물을 납본제도에 의해 널리 수집하고,[49] 국민의 문화적 재산으로서 영구히 보존함과 동시에 그 목록인 전국서지(全國書誌)를 데이터베이스화 및 기타의 형태로 작성하여 국회, 행정 및 사법 부문 그리고 일반 국민에 대한 서비스를 행한다. 국회도서관의 임무는 국회의원에게 정확한 정보와, 간결하게 분석된 자료를 신속히 제공하여 국회의원이 적절하고 합리적인 판단을 할 수 있도록 지원하는 데에 있다.

---

47) 大石 眞, 「委員會制度 - その理念と現實」, 『ジュリスト』 1177号(2000. 5. 1 - 15合倂号), 46쪽.

48) 패전 후 일본제국의회는 GHQ의 지도하에 대일본제국헌법을 폐지하고 일본헌법을 만들었다. 그때 국회법을 제정하면서 그 속에 국회도서관 설치에 관한 규정이 신설되고 나중에 국립국회도서관법이 제정되는데, 자세한 설립경과는 小林 正, 「國立國會圖書館法制定史稿」, 『レファレンス』 576号(1991. 1), 12 - 26쪽 참조.

49) 국립국회도서관은 일본 유일의 납본도서관이며, 국립국회도서관법(1948년 법률 제5호)에 규정된 납본제도에 따라 일본 국내의 출판물(지도, 레코드, 마이크로필름 등을 포함)을 널리 수집하고 있다. 2000년 10월부터는 패키지 계열의 전자출판물도 납본대상이 되었다. 국가나 지방공공단체의 출판물은 복수 부수, 민간출판물은 1부가 납입되고 있다. 민간출판물의 납본에 대해서는, 출판에 소요된 비용상당액(원칙적으로 정가의 반액)을 청구에 따라 대상금(代償金)으로 지불하도록 되어 있다. 이렇게 수집된 출판물은 모두 "일본전국서지(日本全國書誌)"나 기타 자기(磁氣) 테이프판(版) "져팬마크(JAPAN/MARC)"에 수록되어 국내외에 널리 반포되고 있다. JAPAN/MARC란 데이터베이스화된 서지정보를 말하는데, 정당한 이유 없이 납본하지 않았을 때에는 그 출판물의 소매가액의 5배에 상당하는 금액 이하의 과료를 부과하도록 되어 있다.

국립국회도서관법은, 그 전문에서 "진리가 우리를 자유롭게 한다고 하는 확신에 입각하여, 헌법이 서약하는 일본의 민주화와 세계평화에 기여할 것을 사명으로 하여 설립한다."고 그 설립이념을 밝혔고, 그 제2조에서 "도서 및 기타의 도서관 자료를 수집하고, 국회의원의 직무 수행에 이바지함과 동시에, 행정 및 사법의 각 부문에 대해, 나아가 일본국민에 대해, 이 법률에 규정하는 도서관 봉사를 제공한다."고 그 목적을 정하고 있다.[50]

1) 국회에 대한 봉사

국회의원에 대한 도서관 서비스와 함께, 국회의원의 입법활동의 기초가 되는 조사연구를 행하여, 국회의 기능을 최대한 발휘할 수 있도록 한다.

2) 행정·사법 부문에 대한 봉사

주로 각 행정관청 및 최고재판소에 설치되어 있는 지부(支部)도서관을 통해 서비스를 하고 있다. 이들 지부도서관과 중앙관인 국립국회도서관은 네트워크를 형성하여, 각 행정관청의 간행물 교환, 자료의 상호 대출, 지부도서관 직원에 대한 연수 등 도서관 활동 전반에 관해 제휴협력관계에 있다. 또한, 행정·사법 분야 기관의 정보화가 추진되면서 서비스의 고도화를 도모하기 위한 계획도 수립되고 있다.

3) 국민에 대한 봉사

국회와 행정·사법 각 부문으로부터의 요구를 방해하지 않는 범위에서 국민에 대해 최대한의 봉사(자료의 직접 열람, 공립도서관 등을 통해 행하는 간접 서비스 등)를 하고 있다. 시각 장애인을 위해 전국점자도서·녹음도서 도착정보도 홈페이지에서 제공하고 있으며, 전자출판물도 수집하고 있다.

고도정보화 사회로 진입하면서 전자정보의 중요성이 크게 증대함에 따라 2차 자료는 물론 1차 자료(문헌 자체)를 전자화하여 인터넷을 통해 일

---

50) http://www.ndl.go.jp/jp/aboutus/outline_01purpose.html(검색일: 2008년 2월 10일).

반 시민에게 제공하고 있다. 이 외에도 세계 각국의 도서관이나 관계기관과 도서관 협력활동을 행하고 있다.

2. 국회도서관의 조직

국회의원은 복잡한 정책과제에 관해 간편한 형태로 정리된 분석결과를 얻고, 그에 기초하여 타당한 판단, 즉 비판, 수정, 혹은 새로운 정책대안을 제시 할 수 있어야 하는데 이를 위해서는 국회도서관의 풍부한 자료와 전문조사·연구인력을 필요로 한다.[51]

국회도서관은 입법부인 국회에 속하여, 중·참 양원 의장, 구체적으로는 양원의 의원운영위원회의 감독을 받는다. 양원의 의장은 의원운영위원회와 협의한 후, 국회의 승인을 얻어 도서관장을 임명한다. 또 도서관의 운영에 필요한 제반 규정이나 예산에 관해서는 양원의 의원운영위원회가 심사, 승인한다.

국회도서관 관장은 '국립국회도서관법'에서 관장에 국무대신급(장관급)의 대우를, 부관장에게는 행정부처 차관급의 대우를 한다고 규정했다.[52]

관장·부관장(1명)을 포함하는 직원 수는 2007년 8월 현재 923명이다.[53] 국회도서관은, 중앙관(中央館)(총무부, 조사및입법고사국, 수집부, 서지부, 자료제공부, 주제정보부), 국회분관(國會分館), 간사이관(關西館), 국제어린이도서관, 지부동양문고(支部東洋文庫) 및 행정·사법 각 부문의 지부도서관(26관)으로 구성되어 있다.

행정·사법 각 부문의 지부도서관은, 정부 각 부·성(府省)과 최고재판소에 설치되어 있으며, 소속하는 관청의 직원에게 도서관 서비스를 제공함과 동시에, 중앙관이나 지부도서관 상호간에 문헌의 임차 등을 행하는 등 국가가 발행하는 출판물의 납입창구가 되어 있다.[54] 이 지부도서관제

---

51) 中野捷三, 「現代の議會圖書館」, 『レファレンス』 611号(2001. 12), 41쪽.
52) 淺井 淸, 『國會概説』(東京: 有斐閣, 1948), 169쪽.
53) http://www.ndl.go.jp/jp/aboutus/outline_03finances.html(검색일: 2007년 8월 1일).
54) 도서관 서비스를 제공하기 위해, 각 부·성·청(府省廳) 및 최고재판소에 2005년

도는 일본에서만 시행되는 독특한 제도이다.

〈표 8-7〉 국회도서관의 조직

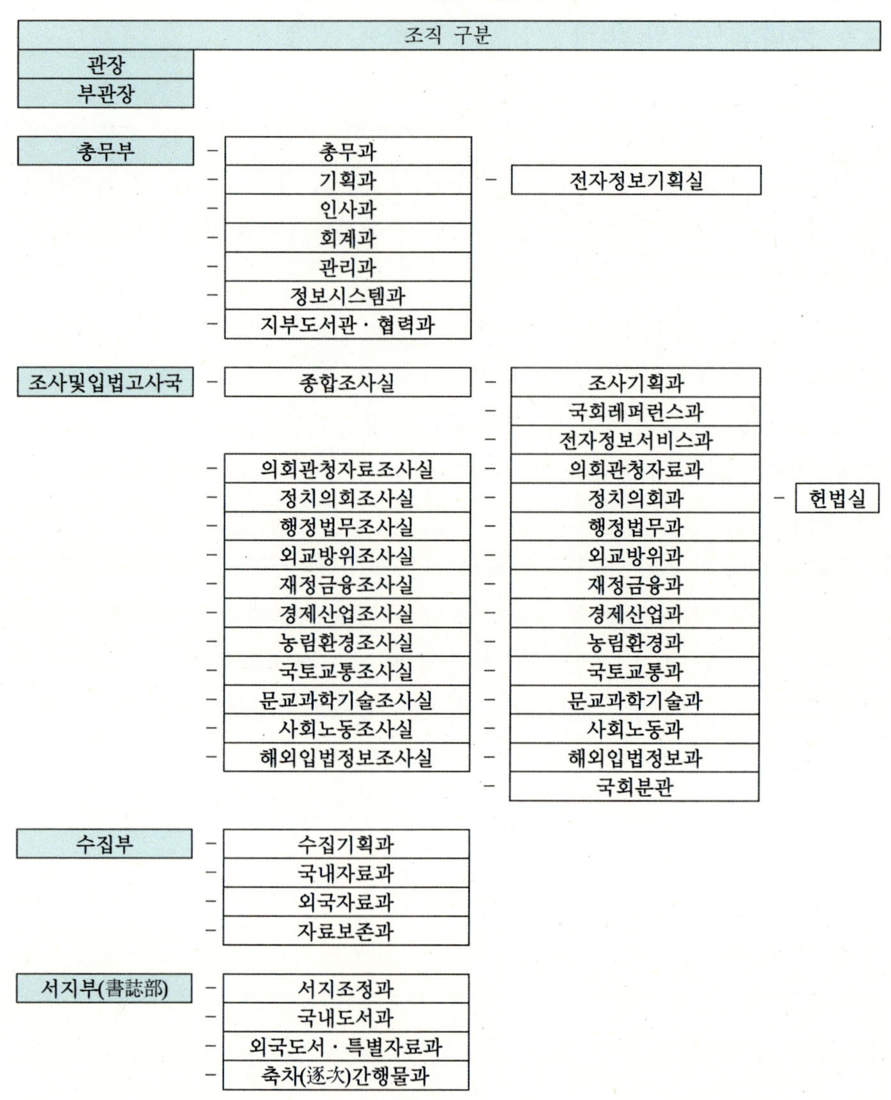

10월 현재 26관(館)의 지부도서관이 설치되어 있다. 각 지부도서관은 각각 특색 있
는 장서를 보유하고, 당해 분야에 관한 전문도서관으로서, 소속기관의 직원의 업무
수행을 지원하고 있다. 지부도서관제도는 국립국회도서관법에 근거하여, 국회도서
관 본관을 중앙관으로 삼아 지부도서관으로 도서관 연결망을 형성하고 있다.

자료제공부	–	이용자서비스기획과
	–	복사과
	–	도서과
	–	잡지과
	–	전자자료과

주제정보부	–	참고기획과
	–	과학기술·경제과
	–	인문과
	–	정치사료과
	–	고전적과(古典籍課)
	–	신문과

간사이관(關西館)	–	총무과
	–	문헌제공과
	–	아시아정보과
	–	수집정리과
	–	도서관협력과
	–	전자도서관과

국제어린이도서관		기획협력과
		자료정보과
		아동서비스과

| 지부동양문고 (支部東洋文庫) |

| 행정사법부문 |
| 지부도서관 26관 |

자료: http://www.ndl.go.jp/jp/aboutus/outline ornanizationaltree.html(검색일: 2008년 2월 23일).

3. 기능

국립국회도서관은 국회의원의 의정활동을 보좌하는 국회도서관인 동시에 국립중앙도서관으로서의 역할과 기능을 수행하고 있다. 상임위원회조사실과 달리 주로 일반적인 문제에 관하여, 국회의원의 조사연구를 뒷받침하기 위하여 설치된 것이다.

국립국회도서관은 크게 2가지의 서비스를 행한다. 하나는 국정에 관한 조사 및 정보제공 서비스(입법조사 서비스)이고 다른 하나는 도서관 자료의 열람, 대출, 복사, 레퍼런스 등의 서비스(도서관 서비스)를 행하고 있으며, 동시에 국가의 중앙도서관으로서의 기능을 하고 있다.

국회도서관은 국민의 지적 활동의 성과를 인쇄물에서부터 전자정보에 이르기까지 광범위하게 수집, 정리하여 국민이 공유할 수 있도록 정보자원을 구축함은 물론, 국정과제에 관한 조사, 분석 및 정보를 제공함으로써 국회의원의 입법활동을 보좌한다. 이는 국회에 대한 서비스, 행정·사법에 대한 서비스, 일반 국민에 대한 서비스, 자료 수집 및 보존, 자료의 조직화(정리·서지·색인 작성), 도서관 협력 등의 업무로 나타난다.

1) 입법조사 서비스

입법조사 서비스는 조사및입법고사국에서 맡아 하는데, 여기서는 소장자료나 데이터베이스를 사용하여, 내외의 정치·경제·사회 등에 관한 조사나 정보서비스를 행하고 있다.

조사및입법고사국이 행한 조사는 2003년에 25,000여 건, 2004년에 34,000여 건, 2005년에 40,855건으로 증가 일로에 있다. 자료에 의한 회답이 높은 비중을 점하고 있으나, 문서에 의한 회답도 증가추세에 있다. 2004년 10월부터 도서관 자료 및 그 복사물 등을 의원회관까지 배송하는 서비스에 추가하여, 의원회관에서의 대출자료 회수 서비스를 시작하였다. 국회도서관은 2006년 2월에 '국회서비스지침'을 책정하였으며, 국회서비스의 목표로서 '입법부의 브레인'과 '국회의원을 위한 정보센터'라고 하는 2가지 가능의 강화를 시도하고 있다.[55]

조사및입법고사국에서는, 국회에서 논의의 대상이 될 것으로 예측되는 사항에 관한 조사도 행하고 있으며, 그 성과는 "레퍼런스(レファレンス)" 등의 간행물이나 국회에 대한 홈페이지인 "조사의 창(調査の窓)"에서 제공하고 있다. "조사의 창"은 2004년 4월부터 국회의원이 국회 외부나 지역선거구에서도 이용할 수 있도록 인터넷에 의한 자료제공을 시작하였다. 그 외에 입법조사 서비스의 조직기반 정비의 하나로서 2004년 10월, 국회의원 공설비서를 위한 특별연구실을 도쿄본관 5층에 설치하였다.

---

55) http://www.ndl.go.jp/jp/aboutus/statistics_02.html(검색일: 2007년 8월 3일).

2) 도서관 서비스

국회의사당 중앙부 4층에 있는 국회분관은, 국회의원과 국회관계자에게 신속한 도서관 서비스를 제공하고 있다. 2003년에 도입한 국회본관 정보시스템에 등록된 이용자카드 발행자 수는 2005년 3월 현재 의원비서 652명, 국회관계자 1,154명, 기타 216명, 합계 2,012명으로서 전년도에 비해 증가세를 보이고 있다.

4. 국회도서관 자료 수집 및 서지정보 서비스

1) 장서

국회도서관은 2004년 말 현재 도서 8,369,233책, 축차 간행물 187,342종의 장서를 보유하고 있다.[56]

2) 전자도서관 서비스 및 장서

발달된 정보통신기술을 활용하여 시간적·지리적인 제약에 구속받지 않는 전자도서관 구축에 나서고 있는 것이 세계의 도서관계의 전반적인 추세인데 이는 디지털 콘텐츠 구축과 제공, 디지털 아카이브 구축, 국회도서관 홈페이지 서비스 강화 등으로 나타나고 있다. 국회도서관 전자도서관은 ① 디지털 아카이브 구축[57] ② 정보자원에 관한 정보의 충실[58] ③ 디지털 아카이브 포탈기능[59] 등 3가지를 서비스 목표로 삼고 있다.

---

56) 그 내역과 비도서 자료의 소장 수는 http://www.ndl.go.jp/jp/aboutus/statistics.html 참조.

57) '디지털 아카이브 구축'과 관련해서는, 도서관 이용에 있어 발생하는 지역적 격차를 개선하여 이용자의 편의를 도모하기 위한 자료의 전자화를 추진하고 있으며, 온라인 계열의 정보자원을 수집하여 소실을 방지함과 동시에 이용자가 정보자료를 지속적으로 이용, 활용할 수 있는 체계를 갖추는 것이며 이를 위해 저작권법에 따라 도서관 소장 자료의 디지털화를 추진하고 있다.

58) '정보자원에 관한 정보의 충실'은 디지털 아카이브의 개개의 정보에 도달하기 위한 수단이나 정보의 충실화 및 전문검색 등의 검색수단 충실화를 기하고, 수집 보존되고 있는 자료의 해제정보나 소개, 참고정보 등의 충실화를 기하기 위한 시도이다. 여기에는 검색 인터페이스의 정비와 정보자원 툴(Tool)의 충실화가 포함된다.

국회도서관 홈페이지에 접속하면 직접 전자매체의 자료를 열람할 수 있는 전자도서관의 장서에 연결된다.

3) 서지정보 제공

일본 국내에서 간행된 모든 출판물에 대한 기록인 "일본전국서지"를 편찬하여 홈페이지에 공개하고 있다. 또 작성된 서지정보를 일괄적으로 검색할 수 있는 목록 '국립국회도서관 장서 검색·신청시스템(NDL-OPAC)'을 홈페이지에서 제공하고 있다.

2005년도의 서지자료 작성 건수는 도서 289,868건, 잡지 4,326건, 신문 194건, 비도서 자료 143,381건, 잡지 기사색인 562,544건 등이다.

5. 조사및입법고사국

1) 업무 개요

국회도서관의 부서 중 국회의원의 입법조사활동에 대하여 직접적으로 봉사하는 곳은 조사및입법고사국(Research and Legislative Reference Department)이다. 조사및입법고사국은 미국의회도서관의 의회조사국(CRS, Congressional Research Service)을 참고하여 1948년에 설치된 조직이다. 이곳에서는 주로 법안의 분석·검토, 내외의 제반 제도나 입법례, 실태 등에 관한 조사·연구 등을 행하며, 국회의원으로부터의 참조회답(reference)에도 대응하고 있다.[60]

소관사무 중 중심이 되는 것은, 국회(중의원·참의원, 위원회, 국회의원)에 대한 입법조사 업무이다. 입법조사 업무는, 국회의원 등의 의뢰를 받아 행하는 조사(의뢰조사)와, 의뢰를 예측하여 미리 행하는 조사(예측조사)로

---

59) '디지털 아카이브 포탈기능'은 국립국회도서관의 홈페이지와는 별도로 이용자가 필요로 하는 정보를 한 번에 얻을 수 있는 창구를 구축함에 있어, 디지털 아카이브에 그치지 않고, 이용자가 국가 등의 공적 기관을 중심으로 한 전자적 정보자원이나 정보제공 서비스를 이용할 수 있도록 안내하는 시스템을 가리킨다.
60) 조사및입법고사국은 그 임무의 수행에 있어 불편부당한 자세를 견지하며, 또 조사상 획득하게 된 비밀을 엄수한다.

구분된다.

<의뢰조사>

의뢰조사에는 정치·경제·사회 각 분야에 걸친 국정과제나, 내외의 사정·제반 제도에 관한 조사, 법률안 기타의 안건에 대한 분석 및 평가, 법안요강 작성 등이 포함된다.[61] 의뢰 건수는 해마다 급증하고 있다.

연도별 회답 건수를 보면, 2000년 29,656건, 2001년 26,914건, 2002년 28,370건, 2003년 30,350건, 2004년 26,900건, 2005년 34,014건이다.

<예측조사>

예측조사는 장차 국회의원으로부터 조사의뢰가 예측되는 국정과제에 관해 조사담당직원이 미리 행하는 조사이다. 그중에서도 기본적인 사항에 관해서는 매년도 '기본조사업무계획'을 책정하여, 계획에 따라 예측조사를 행한다.

국회의 회기 초에는 당해 회기 중에 있어 특히 논의의 대상이 될 것으로 예측되는 사항을 '중점조사항목'으로 정리하여 예측조사를 행한다. 기본조사업무계획의 일부로서, 복수의 조사실에 걸쳐 있는 중요한 과제에 관해 실지조사(實地調査)를 포함하는 '종합조사'를 실시하고 있다. 예측조사 성과의 일부는 조사및입법고사국의 간행물에 게재되며, 동 부서의 홈페이지인 "조사의 창(調査の窓)"에서도 제공하고 있다.[62]

2) 직무

앞에서 본 것처럼 국회에 대한 서비스는 입법조사 서비스와 도서관 서비스로 나뉘는데, 입법조사 서비스는 조사및입법고사국의 소관 업무 중 가장 중요한 업무이다. 입법조사 서비스는 국회의원 등의 의뢰를 받아 수행하

---

61) 정치·행정·외교 분야에서의 주요 조사 사항 중 2~3가지 예를 들면, '긴급사태 대처(유사법제)', '지구 온난화', '아프가니스탄 부흥지원'이 있다.
62) http://www.ndl.go.jp/jp/aboutus/diet_service_02.html#outline(검색일: 2007년 8월 3일).

는 의뢰조사와 앞으로 있을 국정심의의 논점을 예측하여 실시하는 예측조
사로 구분된다.

〈표 8-8〉 조사및입법고사국의 직원 및 업무

직위	업 무 내 용
국장	-상사의 명을 받아 국(局)의 업무를 관장한다.
차장	-국장을 도와 국(局)의 업무를 정리한다.
전문조사원	-각 전문 분야에 관하여, 국립국회도서관법에서 규정하는 사무, 즉 조사및입법고사국의 업무 중 중요한 사항을 담당한다. 전문조사원에 따라서는, 국(局)에 설치되는 종합조정실 및 각 조사실의 주임으로서 실무(室務)를 관장하기도 한다.
주간(主幹)	-국(局)에 약간명 두며, 상사의 명을 받아 국이 관장하는 조사사무 중, 특히 중요한 사항의 기획 및 조정에 참여, 그 일부를 총괄관리, 또는 특히 중요한 사항의 조사를 담당한다. 또 국의 조사실에 있으면서 주임의 명을 받아 실무(室務)를 담당한다.
주임조사원	-국에 약간명 두며, 상사의 명을 받아 국이 관장하는 조사사무 중, 특히 중요한 사항의 기획 및 조정에 참여, 그 일부를 총괄관리, 또는 특히 중요한 사항의 조사를 담당한다. 또 국의 조사실에 있으면서 주임의 명을 받아 과무(課務)의 일부를 처리한다.
과장	-각 조사실에 대응하는 과의 과장은, 당해 조사실의 주임으로부터 그 조사사무에 관하여, 필요에 따라 지시를 받아 과무(課務)를 담당한다.

조사및입법고사국의 직무는, ① 법안·안건에 대한 분석평가를 통해 중
의원·참의원의 위원회를 보좌하는 일, ② 중의원·참의원, 위원회 및 국회
의원에 대해 국정심의에 도움이 되는 자료를 제공하는 일, ③ 요구에 응하
여 의안기초 서비스를 행하는 일, ④ 국회봉사에 지장이 없는 한, 행정·사
법 각 부문, 일반 공중에 대해서도 일정한 봉사를 행하는 일 등이다.

3) 조직 및 간행물

2007년 10월 현재 조사및입법고사국은 12개의 실(室)과, 15개의 과(課)로
구성되어 있다. 실·과는, 조사나 조사를 위한 기획조정을 행하는 실·과
와, 서무, 자료 정비 등을 담당하는 실·과로 대별된다.

직원 수는 약 190명이며, 조사실에는 전문조사원, 주간(主幹) 또는 주임 조사원을, 조사과에는 과장 이하 여러 명의 조사원을 배치하고 있다. 또 특수한 분야를 조사하기 위해 외부의 학식경험자를 객원조사원, 조사원(비상근)으로 위촉하고 있다.[63]

조사및입법고사국에서 간행하는 자료는 5가지인데, 월간 "레퍼런스(レファレンス)"는 각 분야에 걸친 조사논문 등을 게재하며, 부정기 간행물인 "조사와 정보(調査と情報 − ISSUE BRIEF −)"는 국정과제에 관해 간결한 해설을 붙이고 있는 자료이고, 계간인 '외국의 입법 입법정보 · 번역 · 해설(外國の立法 立法情報 · 飜譯 · 解說)'은 외국법령의 번역소개, 제정경위 해설, 외국법령정보 등을 소개하는 자료이다. 부정기 간행물인 '조사자료(調査資料)'는 특정한 테마의 조사보고 · 자료이고, 역시 부정기 간행물인 '레지스메이트(れじすめいと legis − mate)'는 국회 · 국회의원을 위한 홍보물이다.

---

63) http://www.ndl.go.jp/jp/aboutus/diet_service_04.html#system(검색일: 2007년 8월 3일).

제9장 국정조사

제1절 국정조사의 의의 및 목적

1. 의의

국정조사란 국회가 국정에 관한 특정 사안에 대하여 조사하는 것을 말하며, 국정조사권이란 헌법이 국회에 부여한 입법, 재정, 조약비준 등 여러 권한을 행사하여 행정집행의 적합성, 타당성을 조사 혹은 감시하는 것을 말한다. 행정권이나 사법권의 간섭을 받는 일 없이 국회 내부에서 스스로 결정하여 조사를 행할 수 있는 권한이다.

국정조사는 '임의의 협력을 얻어서 또는 강제적으로, 국정의 일정한 사안에 관하여 국회가 정보를 수집하고, 이를 분석하여 사실을 발견하고, 인정하기 위한 의사(議事)'이며, '입법 및 재정에 관한 권능, 행정(재판소 내부의 사법행정을 포함)을 감독하는 권능 등, 국회가 갖는 권능을 갖고 적절히 행사하기 위하여, 각 의원에 인정된 권능'이라고 정의되기도 한다.[1]

2. 목적

국회가 국정조사를 행하는 주된 목적은, 입법활동에 필요한 관련 정보의 수집, 행정집행에 대한 감독, 국민의 '알 권리' 충족, 국회 내부의 윤리나 조직·운영의 향상 등에 있다. 이러한 목적을 달성하기 위해 국회는 입법, 예산심의, 행정감독, 국회의 자율권 등 국회가 보유하는 권능을 실효적으로 행사하고 있다.[2]

국회의 활동은 민의를 반영하고, 국민의 '알 권리'에 끊임없이 부응할 것을 요구받고 있다. 이는 주권자인 국민의 국정에 대한 일상적인 비판·감시에 의해 지탱되고, 통제받아야 한다는 것을 의미한다.[3] 대표자의 행동

---

1) 松澤浩一向, 『議會法』(東京: ぎょうせい, 1987), 426－427쪽.
2) 上田正一・森本敦司・生駒正文編著, 『アクセス憲法』(東京: 嵯峨野書院, 2004), 110쪽.

은 끊임없이 주권자인 국민에게 설명할 수 있는 것이지 않으면 안 되며, 또 설명을 못 할 때에는 국민에 대해 책임을 지는 것이 마땅하다.[4]

3. '국정'의 범위

헌법 제62조는, 양원(중의원·참의원)은 각각 국정(國政)에 관한 조사를 행하며, 이와 관련하여 증인의 출두 및 증언, 기록의 제출을 요구할 수 있다고 규정하고 있다. 여기에서 법조문상 '국정'의 범위는 양원의 권능이 미치는 범위와 일치한다는 것을 알 수 있다.[5]

국정조사권이라고 하는 것이, 앞에서 보는 것처럼, 국회 각 원(院)의 권능으로부터 파생되는 것이라고 해석되는 이상, 국회 각 원의 권능이 미치지 않는 사안에 관해, 그 조사권이 인정되지 않는다고 해석하는 것은 당연하다고 보는 것이다.[6]

4. 국정조사의 법적 근거

국정조사권은 그 제도적 본질에 있어 근대 대의제 민주주의 국가의 기구와 운영에 근원을 둔다. 영국은 17세기 이래 의원(議院) 스스로 증인환문을 행하여, 증언에 응하지 않는 증인을 의원모독제로 의사당 내에 구금할 수 있게 하는 관습법을 발달시켰는데 이것을 국정조사권의 시작으로 볼 수 있다.[7]

일본제국헌법에서의 국정조사는 영국이나 미국과 같은 의회모독에 대해 처벌하는 전통이 없었으며, 정부나 법원, 개인 등의 호의적 협력에 의존할 수밖에 없어서 그 실효성을 인정받지 못하고 있었다. 즉 제국헌법에서는 국

---

3) 孝忠延夫, 「議會の機能の強化」, 『ジュリスト』 1133号(1998. 5. 1-15合倂号), 106쪽.
4) 국회에 대한 정부의 설명책임(accountability)문제는, 의회와 행정부와의 관계를 결정 짓는 중요한 잣대의 하나가 된다.
5) 宮澤俊義. 『憲法と政治制度』(東京: 岩波書店, 1968), 106쪽.
6) 淺野一郎, 앞의 책, 67쪽.
7) 大山礼子, 『國會學入門(第2版)』(東京: 三省堂, 2003), 202쪽.

정조사권이라고 하는 권리는 없었으며, 대신이나 정부위원에 대해 설명을 요구할 수 있었을 뿐이며, 정부는 기록의 제출요구를 거부할 수 있었다.[8]

일본에서 국정조사권이 헌법에 규정된 것은 전후 제정된 현행 헌법에서이다. 헌법 제62조는, 양원은 각각 국정에 관한 조사를 행하며 이와 관련하여 증인의 출두 및 증언, 기록의 제출을 요구할 수 있다고 규정하고 있다. 이 규정은 강제권의 부여로 해석되며, 국회는 강제적으로 정부나 국민을 조사(구체적으로는 증인이나 참고인으로서 국회에 출석)할 수 있게 되었다. 단, 그 강제권에도 일정한 한계는 설정되어 있다.[9]

국정조사권은 국회법과 의원규칙에 상세한 사항이 규정되었고, 1949년 12월 '의원에서의 증인선서 및 증언 등에 관한 법률(의원증언법)' 등 3개의 법률이 제정됨에 따라 실질적으로 권한이 있는 조사권을 행사할 수 있게 되었다. 또 참의원의사규칙과 중의원의사규칙에서 국정조사권이 규정되고 있다.

국회법 제103조는 각 의원(議院)은, 의안 기타의 심사 또는 국정에 관한 조사를 위하여 또는 의원(議院)에서 필요하다고 인정하는 경우에는 국회의원을 파견할 수 있다고 규정하고 있다.

중의원규칙에서는, 상임위원회는 회기 중에 한하여 의장의 승인을 얻어 그 소관 사항에 대한 국정조사를 인정하고 그 절차를 규정하고 있으며, 의원의 결의에 의한 특별위원회 조사는 이에 구애받지 않고 실시된다. 위원회는 의장을 경유하여 증인의 출석 및 내각 관공서 기타에 대하여 보고 또는 기록의 제출을 요구할 수 있다.

---

8) 제국의회 당시 의원법(議院法)은 국정조사와 관련하여, ① 각 의원(議院)은, 인민에 대해, 고시(告示)를 발할 수 없다, ② 각 의원은, 심사를 위해, 인민을 소환하고, 의원(議員)을 파출할 수 없다, ③ 각 의원은, 국무대신 및 정부위원 외에 다른 관청 및 지방의회에 대해 조회 왕복할 수 없다고 규정하고 있었다. 또 제국의회의 각 의원이 그 조사를 행함에 있어, 보유하는 수단은, 정부에 대해 필요한 보고 또는 문서를 요구하는 것뿐이었으며, 그 경우에도 정부는 '비밀과 관련이 있는 것'에 대해서는 그 요구에 응하지 않아도 되었다.

9) 淺野一郞, 「國政調査權」, 讀賣新聞調査硏究本部編, 『西歐の議會: 民主主義の源流を探る』(東京: 讀賣新聞社, 1989), 215쪽.

5. 기능

일본국회는 헌법상 국가권력의 최고기관으로서 여러 권한과 기능을 갖는데, 그중에서도 국정조사권은 입법활동과 동등하게 인식되는 국회의 중요한 기능이다.

국정조사는 행정집행 관련 감독기능, 심의공개 기능, 국정에 관한 정보공개 기능, 쟁점제기 기능 등을 갖는다.

이처럼 국정조사는 국정의 어떤 사안에 대하여 그 정보를 수집, 분석하여 대책을 세우기 위한 제도로서 입법활동에 빼놓을 수 없는 중요 기능이자 국회가 행정을 통제하기 위해 보유하고 있는 중요한 수단이다. 국가정책의 수립과 집행에 즈음하여 행정부가 우월적 지위에 있는 것이 일반적 현상인 현대국가에서 의회가 담당해야 할 기능으로서의 행정통제가 중시되기 때문이다.[10]

그러나 실제로는 입법을 위한 사전조사라고 하기보다는 야당 측이 행정상의 실패나 정부·여당의 불상사 등을 추궁하는 사문적(査問的)인 성격을 가지며, 사실상 정부를 추궁하는 수단이 되어 있다. 그리고 무엇보다도 1949년과 1953년에 발생한 2건의 사건(우라와 미치코사건, 스이타 묵도사건)에 의해 입법부와 사법부 간의 국정조사권 및 사법권 독립의 경계 문제가 야기된 이래 일본국회의 국정조사권은 적극적으로 해석되고 있지 않다.

---

10) 木下和朗, 「國政調査權の意義と限界」, 『ジュリスト　增刊　憲法の爭點(第3版)』(東京: 有斐閣, 1999), 176쪽.

제2절 국정조사권의 본질

1. 국정조사권

1) 학설

국정조사권의 본질과 관련하여 2가지 학설이 있는데 하나는 독립권능설이고 다른 하나는 보조적 권능설이다. 국정조사권의 본질문제는 국정조사권이 국회의 권한을 유효적절하게 행사하기 위한 보조적 권능인가 아니면 헌법 제41조가 "국회는, 국권의 최고기관이다."라고 규정하고 있는 것에 근거하여 국회의 권한 사항과는 별개로 독립적으로 부여된 권능인가 하는 것에 있다.[11]

국정조사권을 국회의 '국권의 최고기관성'에 유래하는 권능이며, 국회가 갖는 헌법상의 권한으로서 정해진 것과는 독립된 것이라고 하는 사고방식을 독립권능설이라고 하며, 국정조사권을 국회가 갖는 헌법상의 권능을 유효적절하게 행사하기 위해 인정된 보조적 권능이라고 보는 사고방식을 보조적 권능설이라고 한다.

보조적 권능설은, 최고기관성에 관한 '정치적 미칭설'의 입장에서, 국정조사권은 어디까지나 입법작용 등의 보조로서 필요한 경우에만 인정되는 것이라는 입장이다.[12]

국정조사권에 관해서는 행정감독권으로서의 측면에 무게를 둘 것인가, 국민의 알 권리를 보장하기 위한 정보제공기능을 중시할 것인가에 의해서도 그 해석이 달라질 수 있다.[13]

---

11) 淺野一郎, 앞의 책 229쪽.
12) 정치적 미칭설은, 헌법상 중의원이 최고기관으로 되어 있는 것은 아니라는 입장이다. 즉 1원만이 국가적 권능을 갖는 것은 아니고, 어디까지나 2원(양원)으로 구성되는 '국회'가, 최고기관이라는 입장이다. 이 점에서 양원관계는, 국회 내에서의 의사형성 절차의 문제에 불과하다는 것이다. 原田一明, 『議會制度』(東京: 信山社, 1997), 81-83쪽, 吉田榮司, 앞의 글, 101쪽 참조.

2) 통설

앞의 2개의 학설은 모두 국정조사의 범위를 입법, 행정, 사법의 3권 전부를 포함한다는 점에서는 동일하나, 그것을 구체적으로 어디까지 인정하느냐 하는 것에 대해서는 약간의 견해 차이를 보이고 있다.[14]

본질문제에 관한 상징적인 사건이 바로 우라와 미치코사건인데 이 사건은 사법권에 대해 어디까지 국정조사권을 행사할 수 있느냐 하는 문제를 제기했다. 참의원 법무위원회는 독립권능설에 따라 국회가 국정의 일부인 사법의 운영을 조사하고 비판하는 것에 대한 정당성을 주장했으나, 최고재판소는 보조적 권능설에 따라, 참의원 법무위원회의 주장은 '조사'의 범위를 일탈한 것이라고 주장했다. 당시 학자들 중 다수가 최고재판소의 입장을 지지했기 때문에 지금은 보조적 권능설이 학계의 통설이 되어 있다.[15]

2. 독립권능설

독립권능설은, 입법권·조약승인권 등의 권능의 행사와는 관계없이 각 의원(議院)은 국정에 관해 자유롭게 조사할 수 있다고 하는 입장이다. 강력한 조사권을 인정하는 독립권능설은 헌법 제41조가 국회를 국권의 '최고기관'이라고 하고 있는 것에서 그 근거를 찾고 있다. 그러나 이 '최고기관'이라고 하는 용어는, 단순히 국민주권국가 일본에서 주권자인 국민에 직결된 국가기관으로서의 국회가 '가치적'으로 가장 높은 위치에 있다고 하는 것을 진술한 것으로서, 이 3권 분립 구조 속에서 국회만이 내각과 최고재판소와 비교하여 특별히 강한 '실력'을 부여받았다는 것을 의미하는 것은 아닌 것으로 해석되기도 한다.[16]

---

13) 大山礼子, 앞의 책, 203쪽, 淺野善治, 「國會はどのような活動をしているか」, 淺野一郎編, 『國會入門』(東京: 信山社, 2003), 242쪽.

14) 藤本一美編, 『國會機能論－國會の仕組みと運營』(東京: 法學書院, 1990), 156쪽.

15) 淺野一郎, 「國會を考えるために」, 淺野一郎編, 『國會入門』(東京: 信山社, 2003), 32쪽, 淺野一郎·河野 久編, 『新·國會事典』(東京: 有斐閣, 2003), 16쪽.

16) 自由國民社編, 『法律用語事典』(東京: 自由國民社, 2003), 129－130쪽.

독립권능설은 국권을 통괄함에 있어 필요한 조사를 행할 수 있는 권능이며, 국회의 권능에 부수하는 보조적인 권능에 불과한 것이 아니라, 그 자체 독립된 권능이며, 국권의 통괄에 필요한 경우, 조사의 대상은 국정 전반에 미친다는 설이다.[17]

독립권능설을 주장한 것은 '우라와 미치코사건'에 즈음한 참의원 법무위원회의 1949년 5월 24일자 성명이다. 이 성명서에 의하면, "국회는 국가의 최고기관이고, 국가의 유일한 입법기관인 것은 헌법에서 정하는 바와 같다. 따라서 헌법 제62조의 국회의 국정조사권은 단순히 입법준비를 위해서뿐만이 아니라 국정의 일 부문인 사법의 운영에 관해 조사·비판하는 등 국정 전반에 걸쳐 조사할 수 있는 독립의 권능이다."라는 것이다.[18]

사사키 소이치(佐佐木惣一), 이토 오사무(伊藤 修) 등이 이 학설을 택하고 있다. 사사키는 국권의 최고기관은, 국권의 발동을 통괄하는 기관이며, 국회의 통괄작용은 재판소에 대해서도 행해지고 따라서 재판소의 작용에 관해서도 주시하는 것을 방해하지 않는다고 주장했다.[19]

제62조가 특별히 명문으로 정하는 바의 국정조사권은 그러한 파생적 권능(보조적 권능)이 아니라, 국회의 최고기관성에 기초하여 국정 전반에 관한 국민의 다수의사를 모든 국가기관에 알리는 독립적 권능인 것으로 해석해야 한다는 것이다.

나미카와 케이고(並河啓后)는 독립권능설의 입장에서 보조적 권능설을 비판했다. 그는 국정조사권에 관한 연구논문 대다수가 '사법권 독립' 문제와의 관련에 있어 이론전개가 행해지고 이를 축으로 하여 국정조사권의 목적이나 범위 등으로 논의가 전개되었다고 지적했다. 따라서 그는 1948년 5월에 시작된 당시의 참의원 법무위원회의 우라와 미치코사건 등에 관

---

17) 今井 威, 「國政調査權の目的と限界」, 小嶋和司編, 『ジュリスト增刊 憲法の爭點(新版)』(東京: 有斐閣, 1985), 176쪽.
18) 최고재판소는 참의원 앞으로 보낸 제의서(1949. 5. 20.)에서, "헌법 제62조에서 정하는 의원(議院)의 국정에 관한 조사권은, 국회 또는 각 의원(議院)이 헌법상 부여되어 있는 입법권, 예산심의권 등의 적법한 권한을 행사함에 있어 그 필요한 자료를 수집하기 위한 보충적 권한이다."라고 밝혔다. 淺野一郎, 앞의 책, 69쪽.
19) 이 밖에도 磯崎辰五郎 교수, 大石義雄 교수, 鈴木安藏 교수 등이 있다. 이들의 소견에 대해서는 淺野一郎, 앞의 책, 64-66쪽 참조.

한 국정조사권활동과 최고재판소와의 격심했던 대립, 또 1953년의 스이타 묵도사건에서처럼 중의원 재판관소추위원회의 조사활동과 같은 특수한 경위가 존재했던 일이 참작되어야 한다고 강조한다.[20]

3. 보조적 권능설

보조적 권능설은 '국권의 최고기관'의 의미는, 법적인 것은 아니고 '정치적 미칭', '입법국가의 정치적 선언', 즉 국회는 선거를 통해 직접 주권자인 국민에게 연결되어 있는 만큼 다수의 국가기관 중 가장 큰 중요성을 인정받는 것을 의미하는 것에 머문다고 해석하는 입장이다.

보조적 권능설은, 국정조사권은 법률안이나 예산심의·의결권 등의 각 의원이 헌법에 의해 부여받은 권능을 행사함에 있어 필요한 사항을 명확히 하기 위한 보조적 권능 내지 수단으로서 인정되는 것이며, 따라서 조사의 대상은 그러한 목적의 범위 내에 한정된다고 해석한다.[21]

보조적 권능설을 주장한 것은 미야자와 토시요시(宮澤俊義)·아시베 노부요시(芦部信喜) 등이다. 그들은 국회가 입법 기타 헌법상의 권능을 행함에 있어, 제반 조사를 행할 필요가 있는 것은 당연한 일이며, 따라서 국회가 그 권능을 행하는 데 필요한 조사를 할 권리를 갖는 것은, 별다른 규정을 기다릴 것도 없이 자명한 일이라고 해석한다.

아시베 노부요시는 헌법 제62조의 국정조사권이 국권의 최고기관인 국회의 지위를 배경으로 하고 있는 것은 확실하나, 헌법상 국회에 조사권이 인정된 사실은, 최고기관성에 근거하여 국회의 권한 사항으로부터 독립적 권능으로서의 조사권을 특별히 부여한 것이라고 해석해서는 안 된다는 시각, 즉 국정조사권은 여러 나라에서처럼 국회의 보조적 권능이라고 해석하는 것이 옳다는 견해를 밝히고 있다.[22]

---

20) 並河啓后, 「國會兩議院の國政調査權」, 田畑 忍編, 『議會制民主主義の研究』(京都: 法律文化社, 1978), 66-67쪽.
21) 今井 威, 「國政調査權の目的と限界」, 小嶋和司編, 『ジュリスト增刊 憲法の爭點(新版)』(東京: 有斐閣, 1985), 176쪽.

아시베는 조사권은 의원의 헌법상의 여러 권능을 실질적으로 뒷받침하고, 그 실효적인 행사를 가능케 하기 위한 필수적인 것으로서 인정된 보조적 권능이므로, 일본의 조사권도 이와 다른 해석을 허용하는 적극적 이유를 발견하지 못한다면, 의원의 권능이 미치는 범위 외의 사항에 관해서는 조사권을 인정할 수 없다고 했다.[23]

국회의 기능상 입법작업에는 국정 전반에 걸친 조사가 필요하다는 것은 두말할 필요가 없는 것이기에, 이 권능은 근거법규정의 유무에 관계없이 중의원 혹은 참의원이 그 권한 행사상, 당연히 보유해야 할 고유의 '보조적 권능'이라고 보는 것이 적당하다는 견해도 있다.[24]

보조적 권능설은 영국·미국·프랑스·독일의 학설 및 판례에서 일반적으로 승인을 받은 학설이기도 하다.

국회에 주어진 권한은, 입법기능에 한정되어 있는 것은 아니다. 행정감독기능이나 재정결정기능도 국회에 부여된 본래의 권능이다. 국정조사권도 국회에 주어진 이러한 기능을 행사하기 위해 필요한 국정에 관한 정보의 수집, 조사의 수단으로서 인정된 것으로 보는 것이 적절할 것이다. 국회의 기능은, 널리 국정 전체에 미치는 것이며, 보조적 권능으로서 그 행사의 범위에 한계가 있는 것은 아니다. 물론 국정조사권도 헌법에서 인정된 범위 내에서 행사할 수 있는 것이며, 헌법이 인정하는 다른 요청, 예를 들면 사법권의 독립 등을 범하는 경우에는, 당연히 조정이 필요하다. 이러한 점 때문에 사법권의 독립과의 관계나, 기본적 인권과의 관계에 있어 국정조사권에는 한계가 있다. 국정조사권의 한계는 보조적 권능에 의한 것에서 도출되는 것은 아니고 독립권능으로서 파악한 경우에 관해서도 존재한다.[25]

---

22) 芦部信喜, 『憲法と議會政』(東京: 東京大學出版會, 1971), 151-152쪽. 이 밖에도 和田英夫(와다 히데오) 교수, 齋藤秀夫(사이토 히데오) 교수, 佐藤 功(사토 이사오) 교수 등이 보조적 권능설의 입장에 서 있다. 和田英夫, 「議院の國政調査權」, 淸水 睦 編, 『議會制民主主義』(東京: 三省堂, 1977), 150쪽.

23) 芦部信喜, 앞의 책.

24) 鈴木絳夫, 『國會運營の理論』(東京: 聯合出版社, 1953), 305쪽, 向大野新治, 『衆議院』 (東京: 東信堂, 2002), 150쪽에서 재인용.

25) 淺野善治, 「國會はどのような活動をしているか」, 淺野一郎編, 『國會入門』(東京: 信山

4. 독립권능설 · 보조적 권능설의 공통점과 차이점

독립권능설은 조사의 범위와 관련하여 헌법에 별도로 규정하는 바가 없는 한, 국정(입법, 행정, 사법)의 전반에 미친다고 해석하는 반면, 보조적 권능설은 조사의 범위는 국정 전반이 아니라 국회의 권능이 미치는 범위에 한정된다고 해석한다.

보조적 권능설과 독립권능설의 차이는, 첫째, 제62조의 존재의의에 대해서 보조적 권능설은 의회의 자연권이라고 할 수 있는 사실관계의 조사권을 실효화하는 수단으로서, 증언강제권 및 제출요구권을 의원(議院)에 부여한 점에 있다고 해석한다. 이에 대해 독립권능설은, 헌법상 독자적인 법적 성질을 갖는 조사권의 근거로서, 제62조의 존재를 강조한다. 둘째, 두설의 대립은 종래, '국권의 최고기관'인 국회의 지위에 관한 해석을 둘러싸고 정치적 미칭설과 통괄기관설의 대립에 대응하며, 또 조사권의 범위 내지 한계에 관한 해석에 차이를 보이고 있는 것으로 인식되었다.26)

아사노 이치로(淺野一郎)는 국정조사권은 국회의 다른 권한 행사를 위한 수단이라고 해석하지 않을 수 없기 때문에 보조적 권능이라고 본다. 그 권능이 미칠 수 있는 범위가 넓은지 좁은지의 문제는, 본래의 의원의 권능이 미칠 수 있는 범위 자체의 문제이다. 엄격한 3권 분립의 원칙을 채택하고 있는 미국연방헌법하에서도 입법권의 부수적, 보조적 권능으로서 의원의 조사권을 파악함으로써, 조사권 행사로서의 증인환문, 문서 제출의 강제권 및 의회모욕죄로서의 처벌권을 사법부에 대한 침해가 아니라고 보고 있는 것이다.27)

社, 2003), 242쪽.

26) 木下和朗, 「國政調査權の意義と限界」, 『ジュリスト增刊　憲法の爭點(第3版)』(東京: 有斐閣, 1999), 176쪽.

27) 현재 가장 강력한 국정조사권을 행사하고 있는 곳은 미국연방의회이다. 미국의 국정조사권은 영국의 전통을 이어받아 의회모독처벌권에 뒷받침된 권한으로서 발전해 왔는데, 다수의 참모(staffs)를 동원하여 행하는 사전조사나 증언내용에 관한 면책 부여 등의 수법을 구사하여 조사의 실효성을 높이고 있다. 미국에서는 의회가 국정조사를 위해 사용 가능한 수단으로 범칙부과 소환장(Subpoena), 의회직원에 의한 선서증언 녹취(Staff Deposition), 의회에 의한 면책 부여(Congressional Grants of

그런데 보조적 권능설이라 하여 사법에 관한 입법이나 예산심의를 위해 재판소의 구성이나 재판의 운영의 실제에 관해서 조사할 수 있는 권한을 부정하는 것은 아니며, 또한 사법행정에 관해서, 내각의 권한에 속하는 사항은 물론 최고재판소의 감독작용에 관해서도 조사의 대상이 된다고 해석하는 것이다. 다른 한편에서 독립권능설도 국회가 재판소의 재판에 영향을 미치는 것은 안 된다고 함과 동시에, 구체적인 재판을 지휘·감독하는 것도 불가능하다고 하는 입장이기 때문에 결국, 어느 학설도 '사법권의 독립'을 침해하는 것은 용납되지 않는다는 점에서는 일치하고 있다.28)

두 학설의 차이는, 독립권능설이 '사법권의 독립'이란 재판관이 구체적 사건에 관해 다른 이로부터 지휘감독을 받지 않는다는 것, 법률상 재판관의 자유로운 판단에 따르는 있는 것으로 해석되기 때문에, 국회는 구체적인 재판의 지휘감독을 행하지 않는 한, 재판소의 재판행동에 관해서도 조사를 할 수 있다고 보는 것에 대해, 보조적 권능설은, '사법권의 독립'이란, 재판관이 독립적으로 재판을 함에 있어, 사실상 중대한 영향을 주는 국가기관의 개입을 배제하는 것이라고 해석하기 때문에, 국회가 재판소의 재판행동에 관해 조사하는 것을 원칙적으로 부정하는 것이 된다고 하는 점에 있다.29)

국회에 주어진 기능과는 별개로, 국회가 국정에 관한 사실을 규명하는 데 있어 방해를 받는 일은 생각하기 어렵다. 이렇게 보면 국정조사권은, 국회의 여러 권능에 내재적으로 인정된 보조적 수단으로서의 권능이 되겠으나, 그 범위는 국정 전반에 미치는 것이며, 독립권능으로서 파악한 경우와 실질적으로 차이는 없다. 국회에는 그 주어진 권능을 행사하기 위해 필요한 사항을 심의하고 사실을 규명하는 일이 당연히 요구되기 때문이다.

Immunity) 등이 있다. 또 증언 등을 강제하는 수단으로서는 의회모독죄(Contempt)와 위증죄가 있다. 廣瀨淳子, 「議會の行政監督と國政調査(4)」, 『國會月報』 619号 (2000. 7), 24쪽.

28) 淺野一郎, 앞의 책, 71쪽.

29) 淺野一郎, 앞의 책.

5. 신독립권능설

보조적 권능설이 일본학계에서 장기간 학계의 통설로 되어 있었으나 근년 하라다 카즈아키(原田一明) 등을 중심으로 독립권능설에 대한 새로운 해석 내지 논의가 전개되고 있다. 보조적 권능설은, 미국 대통령제(엄격한 권력분립이념)하에서 입법부를 염두에 둔 입법위원회를 전제로 한 사고방식이다. 여기에서 상정되는 국정조사는, 입법의 예비작업으로서만 행해지는데, 이러한 사실로부터는 국정조사권이 보조적인 권능으로 판단되는 것은 당연한 일이라는 것이다.[30]

이에 대해 의회 다수파와 정부 간의 동질성을 전제로 하는 통치구조하에서는, 국정조사권의 본질은, 광범한 '정부'통제라고 하는 측면에 역점을 두게 되며, 바로 이 부분이 제도의 중심관념으로 인식되는 것에서, 독립권능설을 논하는 것이야말로 올바른 것이라고 주장될 수 있다.

하라다 카즈아키는, 학설의 관심이 독립권능설의 방향으로 옮겨 가지 않은 것에 대해 의문을 제기한다. 그는 그것은 아마도 우라와 미치코사건을 중심으로 한 일본국회 초창기에 국회를 무대로 전개된 국회 측의 상당히 강경했던 입장(자세)이 훗날 학계에서의 논의에 부정적인 영향을 미쳤기 때문인 것으로 본다. 여기에서는 국정조사권의 본질논의는, 국회의 '최고기관'성과 '사법권의 독립'과의 사이에서 저울에 올려졌으며, 그것도 정부통제라고 하는 측면은 망각되어, 의회 - 재판소 간 관계에서 논의가 전개되지 않았기 때문이라는 것이다.[31] 그는 국정조사권의 본질론은, 이러한 국가기관 상호 관계만을 고려하여 논의되고 있지는 않다고 했다.

고츄 노부오(孝忠延夫)는 국정조사권을 '정부에 대한 의회의 통제권'과 연계시키고, "국회에서의 토의·토론에 있어, 주권자인 국민의 통제가 미치도록 함과 동시에, 국회·국회의원의 결정이 행정부에 의해 충실히 집행되고 있는지의 여부를 감시·비판하는 시스템"이라고 하여 재구성할 것을 제안했다. 즉 국가기관 간의 관계에, 국민과의 관계를 추가하여 3면적

---

30) 原田一明,「國政調査權」,『ジュリスト』1133号(1998. 5. 1 - 15合倂号), 118쪽.
31) 原田一明, 앞의 글.

인 고찰 필요성을 강조하였다. 고츄 노부오의 논의는 근년 거론되고 있는
독립권능설은 반드시 종래의 헌법 제41조의 틀에서 봐야 하는 것은 아니
라는 점을 강조한다.[32] 아직 기존의 통설을 대체하지는 못했지만 이들의
주장은 다시 한 번 독립권능설의 현대적 의의를 생각해 볼 필요가 있다는
점을 상기시키기에 충분하다.

제3절 국정조사권 행사주체 및 행사방법

1. 행사주체

국정조사권은 국회에 부여된 국정 상의 중요한 권한을 유효하고 적절하
게 행하기 위하여 양원(중의원·참의원)이 행사하도록 인정되어 있으나,
실제 운용에 있어 국회 스스로 행하는 일은 없으며, 그 전부 또는 일부를
위원회가 위임받아 행하고 있다.[33]

상임위원회는 그 소관 사항에 관하여 조사를 행하는데 이 조사는 의안의
심사와 함께 위원회 활동의 근간이 되어 있다. 또 특별위원회에 대해서도
일반적으로 그 설치목적의 범위 내에서 국정조사의 권한이 부여된다.[34]

각 위원회에서는 개회 중·폐회 중에 관계없이 필요한 때에 국정조사를
위한 위원회를 개최하는 일이 가능하다.

일본에서 국정조사권 행사주체는 다음과 같은 세 가지 종류가 있다.

1) 참의원 조사회: 참의원에만 설치되어 있으며, 국정의 기본적 사항에
   관해 조사하는 기관이다.[35]

---

32) 제41조는 "국회는, 국권의 최고기관이며, 국가의 유일한 입법기관"이라고 규정하고
    있다.
33) 淺野一郎, 『議會の調査權』(東京: ぎょうせい, 1983), 76쪽.
34) 예를 들면 제113회 임시국회(1988. 7. 19~1988. 12. 28)의 '리쿠르트문제에 관한 조
    사특별위원회'와 같이 특정한 사항을 조사토록 하기 위하여 특별위원회가 설치되
    는 경우도 있다.

2) 상임위원회: 중의원의 각 상임위원회는 소관 사항에 관해 국정조사를
   행한다. 상임위원회는 회기 중에 한하여 그 소관 범위 내에서 조사할
   사항을 결정하여 의장의 승인을 얻은 후 조사를 행한다.[36]

중의원규칙은 이와 관련하여 "상임위원회는, 회기 중에 한하여 의장의
승인을 받아 그 소관에 속하는 사항에 관하여, 국정에 관한 조사를 할 수
있다."고 규정하고 있다(제94조 1항). 의장의 승인의 효력은 다음 회기(後
會)까지는 미치지 않으므로, 각 상임위원회는 다음 국회의 회기에 앞의 국
회에서와 동일한 사항에 관하여 국정에 관한 조사를 하는 경우에는, 다시
그 회기에 의장의 승인을 받지 않으면 안 된다.[37]

3) 특별위원회: 회기마다 반드시 설치되는 상임위원회의 성격을 갖는 특
   별위원회는 설치목적의 범위 내에서 국정조사를 행하며, 그 대상이
   상임위원회의 소관 사항과 경합하는 경우에는 특별위원회 쪽이 우선
   한다. 어떤 특정한 중요 사항을 중점적으로 조사하기 위해 임시로 설
   치되는 특별위원회는, 그 중점 사항에 관해서만 조사한다. 특별위원
   회는 부탁받은 조사안건에 대해서만 조사를 행한다.

2. 국정조사 절차

국회법은 국정조사에 관하여 내각, 관공서 기타에 대하여 각 의원(議院)
또는 위원회로부터 필요한 보고나 기록의 제출요구가 있을 때에는 이에
응하도록 의무를 부과하였으며, 심사 또는 조사에 응하기 위하여 출석한
증인 또는 참고인에게 여비 및 일당을 지급하는 것 외에, 조사를 위한 국
회의원의 파견을 인정하고 있다.

---

35) 참의원 조사회의 설치목적과 조직 등은 이 책 제8장 입법보좌조직 참조.
36) http://www.shugiin.go.jp/index.nsf/html/index_honkai.htm(검색일: 2008년 2월 3일).
37) 鈴木隆夫, 『國會運營の理論』(東京: 聯合出版社, 1953), 321-322쪽, 淺野一郎, 『議會
    の調査權』(東京: ぎょうせい, 1983), 77쪽.

〈그림 9-1〉 국정조사의 흐름

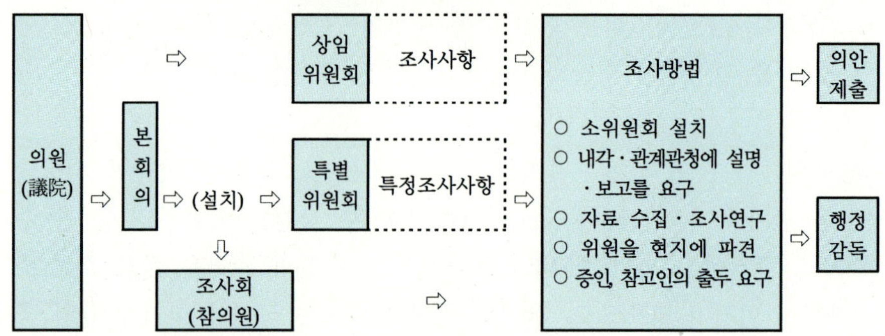

자료: 衆議院·參議院編, 『議會制度百年史(目で見る議會政治百年史)』(1990), 220쪽.

국정조사는 위원회에서 조사를 의결한 다음, '국정조사 상임요망서(常任要望書)'를 의장에게 제출하고, 승인을 얻은 후부터 실시한다. 단, 참의원은 의장의 승인을 요하지 않는다.[38]

국정조사권의 행사방법에 관해서는 강제권을 수반하는 것과 강제권을 수반하지 않는 것이 있다.[39] 강제권을 수반하는 것으로는 증인환문과 서류 제출요구,[40] 수반하지 않는 것으로는 보고나 기록의 제출요구, 국무대신·내각관방부장관·부대신 등으로부터의 설명 청취, 참고인으로부터의 의견 청취(참고인 초치 혹은 출두 요구), 위원의 파견, 회계검사원에 대한 특정 사항의 검사 요청 등이 있다.[41] 중의원의 위원회는 심사 또는 조사를 위하여 사무국의 조사국장 또는 법제국장에 대해 필요한 조사를 명할 수 있다. 또 40인 이상의 국회의원의 찬성이 있을 때에는 위원회에 대하여 조사명령을 발하도록 요청할 수 있다.

---

38) 土屋和惠監修, 『圖解でわかる日本の政治』(東京: 自由國民社, 2003), 41쪽.

39) 淺野一郎, 「國會を考えるために」, 淺野一郎編, 『國會入門』(東京: 信山社, 2003), 37쪽.

40) 위원회가 증인의 출석을 요구하는 결의를 한 경우이며, 그에 응하지 않으면 1년 이하의 금고 또는 10만 엔 이하의 벌금이 부과된다.

41) 헌법 제62조는 "증인의 출두 및 증언 및 기록의 제출을 요구할 수 있다."고 정하고 있는데, 이는 요구를 받은 자는 의무가 있다는 것, 즉 강제권을 수반하는 조사가 가능함을 규정하고 있다. 의원증언법에서는, 증인환문, 서류의 제출요구 절차와, 이를 거부한 경우의 벌칙이 정해져 있다. 이들 수단 외에도 주거에의 강제진입 조사, 가택수사, 서류 압수, 신체의 구속 등의 강제적 수단이 허용되느냐 안 되느냐가 문제가 된다. 廣瀨淳子, 「議會の行政監督と國政調査(4)」, 『國會月報』 619号(2000. 7), 24쪽.

제4절 국정조사권의 범위와 한계

1. 현주소

위원회에서의 조사는, 관계 장관에 대한 질의의 형식으로 행해진다. 그리고 국회의원은, 이 질의를 통하여 정부의 정책을 추궁·비판하고, 국민의 의견을 대표하여 정책을 주장하고, 여론을 환기시키는 등 정부에 영향을 미친다. 이때 필요한 자료가 있으면, 위원회는 각 성·청에 필요한 자료의 제출이나 보고를 요구할 수 있다. 또 관계자나 학식경험자 등의 의견을 듣기 위하여 그들을 참고인으로 부르거나, 사전조사를 위하여 위원을 파견하는 일도 가능하다.

그렇게 하여도 만족할 만한 결과를 얻지 못하였을 때에는, 의원증언법이 정하는 강제수단이 있는데, 위원회는 중의원 혹은 참의원을 통하여, 증인의 출두를 요구하고, 증언이나 기록의 제출을 요구할 수 있도록 되어 있다. 이 요구가 있을 때에는 누구라도 이에 응하지 않으면 안 되며, 정당한 이유가 없음에도 거부하면 1년 이하의 금고·1만 엔 이하의 벌금 벌칙의 대상이 된다.

그런데 이 증인환문은, 절차가 너무 엄격하며, 또 때로는 사법의 독립이나 증인의 인권과 관련한 문제가 발생하기도 하였기 때문에, 최근에는 정치적 추문의 경우가 아니면 행해지지 않는 관행이 만들어졌다.

위원회의 조사가 끝나면 그 결과는 조사보고서의 형태로 의장에게 제출된다. 그러나 현실적으로는 위원회의 조사대상은 광범위하고 추상적으로 정해져 있기 때문에, 조사가 종료되는 것을 기대하기는 어려운 형편이다.

2. 범위 및 수단

일본에서의 국정조사권은 이제까지 정치적 의혹이 제기되었을 때 적발

위주로 행사되었다.42) 의혹사실관계를 규명하는 것이 목적이라면, 증인으로
부터 어떻게 하면 사실을 이끌어 내느냐 하는 심문이어야 하지만 실제에
있어서는 일방적인 발언이나 관객을 의식한 발언이 되곤 했다. 국정조사권
의 본질은 사실관계의 인정과 그 냉정한 분석에 있다. 또 국정조사권을 정
치적 의혹 적발 중심적인 것으로만 인식하고 사용하는 것은 불충분하며, 의
원입법의 책정, 법안 기타의 심의에 유효하게 행사해야 한다.

<그림 9-2> 국정조사의 한계

수 단	한 계
증인의 출두 증언 · 기록 제출요구	기본적 인권
	증언 거절권
	공무원의 비밀수호 의무
	사법권 · 검찰권의 행사에 영향을 미치는 조사

3. 한계

일본헌법 제정 당시 헌법 초안 작성에 관여한 가나모리 토쿠지로(金森
德次郎)는, 국회는 국회 외부에 대해서는 약간의 권능을 갖는다고 하여 국
회의 국정조사권의 한계가 있음을 처음부터 시사한 바 있다.43)

국정조사권이라고 해서 어느 사안이나 대응할 수 있는 것은 아니다. 3
권 분립제를 채택하는 이상 행정이나 사법의 영역을 부당하게 침범하는
조사는 행할 수 없다.44) 또 조사대상자의 개인의 사생활을 침해하는 조사
도 행할 수 없다.

국정조사권은 국정의 최고기관이며 유일한 입법기관인 국회가 당연히
행사할 수 있는 것으로 인식되면서도, 헌법상 이에 관련된 명문규정이나
세부규칙 등이 없고, 국회법에서도 국회가 국무대신 및 정부위원이 아닌

---

42) 淺野一郎, 「國會を考えるために」, 淺野一郎編, 『國會入門』(東京: 信山社, 2003), 38쪽.
43) 金森德次郎, 『國議論』(東京: 文壽堂出版部, 1947), 49-64쪽.
44) 上田正一・森本敦司・生駒正文編, 『アクセス憲法』(東京: 嵯峨野書院, 2004), 109-110쪽.

자와 교섭하는 것을 금지함과 동시에 보고 또는 문서 제출을 정부의 재량
에 맡기고 있었기 때문에 실질적으로는 거의 효과를 발휘할 수 없었다.

국정조사권의 한계는, 특히 사법권과의 관계, 행정권과의 관계 및 인권과
의 관계라고 하는 3개의 각도에서 문제가 된다. 조사의 대상·방법에 관해서
는 권력분립과 인권존중의 원칙에서 다음과 같은 제약이 따를 수 있다.[45]

1) 사법권과의 관계

의원(議院)은 사법에 관한 입법이나 예산심의 등을 위해 필요가 있을 때
에는, 판결이나 재판 절차 등에 관해서도 국정조사의 대상으로 삼을 수 있
다. 이 경우에는 '사법권의 독립'의 의미를 어떻게 해석하느냐에 따라 그
한계에 관해 학설이 갈라진다. '사법권의 독립'이란, 재판관이 법적으로,
다른 국가기관의 지휘·명령에 구속되지 않는 것이며, 재판관이 재판에
관해 법률상 다른 어떤 자로부터도 지휘명령을 받지 않고, 자신의 자유로
운 판단으로 법률을 해석·적용하여 판결을 내리는 것이다.

현재 재판이 진행 중인 사건에 관해, 재판관의 소송지휘 등을 조사하거
나, 재판내용의 옳고 그름을 비판하는 조사를 하거나 하는 것은 재판관의
독립을 침해하므로 기본적으로 용납되지 않는다. 단, 재판소에서 심리 중
인 사건의 기초가 되어 있는 사실과 같은 사실을 전혀 다른 목적(입법목
적, 행정감독목적 등)으로 재판과 병행하여 조사하는 것은, 재판소의 목적
과 전혀 다른 목적임을 명확히 하고 행하면 사법권의 독립을 침해하는 것
으로는 해석되지 않으므로 용납된다.[46]

사법권과 관련된 국정조사권의 범위를 생각하게 하는 대표적인 사례는
우라와 미치코사건이다.

○ 우라와 미치코사건

이 사건은 1949년 3월 30일 남편이 생업을 돌보지 않으므로 앞날을 비관

---

45) 淺野一郎, 앞의 글, 33-34쪽.
46) 芦部信喜, 『憲法(新版)』(東京: 岩波書店, 1997), 284쪽.

한 부인이 아이들 3명과 동반자살을 시도했는데, 아이들은 사망했으나 본인은 죽지 못하고 자수한 우라와 미치코(浦和充子)에 대해 지방재판소가 징역 3년, 집행유예 3년의 판결을 내렸는데, 당시 '검찰 및 재판의 운영에 관한 조사'를 행하고 있던 참의원 법무위원회가 이를 거론하여, 형량이 부적당(너무 가볍다는 내용)하다는 결의를 한 것에서 시작되었다.[47] 지방재판소에서 내려진 판결의 형량을 둘러싸고, 참의원 법무위원회가 피고, 검사 등을 증인환문하고, 판결을 비판한 것이다.[48] 국정조사권과 사법권과의 관계에 관해, 참의원 법무위원회와 최고재판소 간에 격론이 전개되었다.

최고재판소는 법무위원회의 조치는 '사법권의 독립을 침해하고, 그야말로 헌법상 국회에 허용된 국정에 관한 조사의 범위를 일탈하는 것'이라 하여 강하게 항의했다. 법무위원회는 국권의 최고기관성의 규정에 근거하여 행사되는 국정조사권은 사법권에 대해서도 감독권을 갖는다고 반론하였다.[49] 그 후 학설은 대부분 최고재판소를 지지하였다.

사법권의 독립과 관련된 주된 학설은, 국정조사권은 재판관의 독립과 모순되지 않으며 재판내용에 대한 조사 및 비판은 가능하다는 긍정설(참의원 법무위원회 등)과, 재판내용에 대한 조사 및 비판은 명료하게 재판관의 독립을 침해하기 때문에 허용될 수 없다는 부정설로 나뉜다.[50]

㉮ 긍정설

긍정설은, 헌법 제41조의 '국권의 최고기관성'을 국정조사권을 국권을 총괄하기 위한 '독립적 권능'으로 해석하여, 제62조의 '국정(國政)'은 사법을 포함하는 국정 전반을 뜻하는 것이기 때문에 국회는 사법작용에 주의하여 그 비판을 표시하는 일이 가능하다고 생각한다. 긍정설 속에는 국회 우월의 원리가 자리잡고 있으며, 재판에 대한 조사·비판이야말로 사법의 민주화를 위해 유효하다고 하는 사고가 들어 있다.

---

47) 최경옥, 「일본의 국정조사권과 사법권의 독립 - 우라와 미치코사건과 스이타 묵도 사건을 중심으로」, 한국헌법학회 편, 『국회 국정감시·통제 기능의 합리화 방안』, 제5회 한국헌법학회 국제학술대회 논문집(서울, 2005. 8. 26), 77 - 89쪽.

48) 矢島孝一, 『國會』(東京: 行研出版局, 1987), 53쪽.

49) 芦部信喜, 앞의 책, 283쪽 참조.

50) 作間忠雄, 「議院の國政調査權と司法權の獨立」, 『ジュリスト』300号(1964. 6. 15), 42쪽.

㉯ 부정설

부정설은, 국정조사권은 국회에 행정부와 사법부에 대한 감독권이 인정
된다고 하더라도 어디까지나 국회의 헌법상의 권한 행사를 위한 보조적
권능이라고 생각해야 하며, 행정부와 사법부의 고유 권한에 대한 침해는
용납될 수 없는 것은 물론, 실질적으로 그들의 작용에 직접 영향을 미치
는 조사를 하는 것은 허용되지 않는다고 생각한다.[51] 1949년의 참의원과
최고재판소간의 대립에 관하여 학설 다수가 부정설을 주장하고 참의원 측
의 반성을 촉구한 결과 그 이후에는 재판내용에 대한 조사는 행해지고 있
지 않다.

부정설은 일부 부정설(宮澤, 芦部 등)과 전면 부정설(清宮, 佐藤 功, 최
고재판소의 견해)로 나뉘는데, 일부 부정설은 현재 재판소에 계류 중인 사
건에 관해 그 재판내용의 당부(當否)를 비판하는 것만을 불가하다고 하는
반면, 전면 부정설은 재판내용에 대한 비판 자체를 목적으로 하는 조사는
어떠한 경우라도 불가하다고 하는 점에서 차이가 있다.

2) 검찰권과의 관계

수사에 영향을 미칠 만한 조사는 용납되지 않는다. 검찰사무는 행정권의
작용이므로 국정조사권의 대상이 된다. 검찰작용은 재판과 밀접하게 관련
되는 준사법적 작용이므로, 사법권에 유사한 독립성이 인정되지 않으면
안 된다.[52] 행정작용인 검찰사무에 대해서 헌법 제66조 3항은, 내각은 행
정권의 행사에 관해 국회에 대해 연대하여 책임을 진다고 했으나, 그것은
사법재판과 밀접한 관련이 있다 하여 사법권의 독립에 준하는 독립성이
요청되므로, 조사과정에서 검찰당국에 압력을 가하는 등 그 공정한 사무
의 수행을 방해하는 일은 허용되지 않는다.[53]

---

51) 作間忠雄, 앞의 글, 43쪽 참조.
52) 芦部信喜, 『憲法と議會政』(東京: 1971), 156쪽, 芦部信喜, 『憲法(新版)』(東京: 岩波書
　　店, 1997), 284쪽.
53) 今井　威, 「國政調査權の目的と限界」, 小嶋和司編, 『ジュリスト增刊　憲法の爭點(新
　　版)』(東京: 有斐閣, 1985), 177쪽 참조.

3) 행정권과의 관계

행정권과의 관계에 있어 문제가 되는 것은 법률에 따라 비밀수호의무가 있는 공무원의 '직무상의 비밀'에 관한 사항이다. 이에 관해서는 '의원에서의 증인 선서 및 증언 등에 관한 법률(의원증언법)' 제5조 및 국회법 제104조에 그 취급에 관해 규정되어 있는데, 공무원이 직무비밀로서 종국적으로 지키고자 하려는 사항은 '국가의 중대한 이익에 악영향을 미치는' 것에 한정된다.

국회는 내각의 행정작용을 직접적으로 통제할 수 없는 것으로 되어 있다. 국회는 행정사무의 '직무상의 비밀'에 관련된 사항에 대해 조사할 수 없다. 여기에서 '비밀'이라고 하는 것은 국가이익과의 관련성이 있어야 한다. 이 점에서 국정조사는 공무원의 수비의무와의 관계가 늘 문제가 된다. 그렇기 때문에 무엇이 행정상의 기밀 혹은 비밀에 해당하는 것인가 하는 최종적인 판단은 내각에 일임되어 있다.[54]

국회(중의원·참의원), 위원회 또는 중의원·참의원의 합동심사회는 공무원이 직무상 알게 된 사실에 관해 본인 또는 당해 행정관청 또는 그 감독청의 승인이 없으면 증언·서류의 제출을 요구할 수 없다(의원에서의 증인의 선서 및 증언 등에 관한 법률 제5조 1항). 행정관청은 이 '승인'을 거부한 경우, 그 이유를 소명하지 않으면 안 된다.[55]

내각은 '행정비밀'을 이유로 '증인의 출두 및 증언 및 기록의 제출요구'를 거부할 수 없는데, 이는 국민주권국가에서는 주권자인 국민에 대한 '비밀'의 존재는 법리적으로 용납되지 않는다는 것이다.[56] 그러나 행정부는 국회에 종속하는 것이 헌법이 정하는 통치의 기본원칙이므로, 직무상의 비밀의 범위는 가능한 한 한정하여 생각하지 않으면 안 된다. 국회법 제

---

54) 비밀의 개념에 관한 재판 사례는 石村 健, 『議會立法』(東京: 信山社, 1997),, 377쪽 이하 참조.

55) 제5조에는, 공무원의 직무상의 비밀에 관한 증언 또는 서류의 제공에는, 근무처의 공무소(公務所) 또는 그 감독청의 승인을 요하며, 공무소 또는 감독청은 이유를 소명하여 승인을 거부할 수 있도록 되어 있다.

56) 並河啓后,「國會兩議院の國政調査權」, 田畑 忍編, 『議會制民主主義の研究』(京都: 法律文化社, 1978), 74쪽.

104조는 비밀을 이유로 하여 기록 등의 제출을 거부하는 권리를 행정권에 인정하지 않으며, 또 의원증언법 제5조는 직무상의 비밀을 이유로 행정권이 증언·서류의 제출을 거부한 경우, 이유의 소명·내각성명과 같은 추적수단을 국회 혹은 위원회에 인정하는 것은 그러한 취지이다.[57]

국회가 승인거부 이유를 수락할 수 없을 때에는, 내각에 대해, 그 증언 또는 서류의 제출이 '국가의 중대한 이익에 악영향을 미치는 취지'의 성명을 요구할 수 있으나, 내각의 성명이 나오는 경우, 국회에는 그것을 뒤엎을 권한은 없다.[58] 또 의원증언법과는 별개로, 국회법에도 "의원(議院) 또는 위원회로부터 내각·관공서에 대해 필요한 서류의 제출을 요구할 수 있다."는 규정이 있으나, 1997년의 국회법 개정에 따라, 이 요구에 관해서도 내각성명에 이르는 절차가 추가되었다.[59]

국가공무원법의 수비(守秘) 의무규정과 관련해서는 오래전부터 비밀의 개념에 대해 논의가 계속되고 있다. 비밀에 관해서는, 그 사항이 일반인에게 널리 알려지지 않은 것이어야 한다는 비공지성(非公知性)의 요건과, 그와 같은 요건을 갖추는 사항이다.[60] 여기서 비공지성이란, '공개되지 않은 것'이며, '공개가 된다'고 하는 것은 '불특정 다수의 사람들이 알게 된 상태'에 있는 것을 말한다. 여기에 그 사항을 일정 기간 동안 일반에게 알려서는 안 된다고 하는 비익(秘匿)의 필요성이 있어야 한다고 하는 요건과의 2개의 요건이 존재할 것을 요한다는 점에서는 이론의 여지가 없는데 다만

---

57) 芦部信喜, 『憲法(新版)』(東京: 岩波書店, 1997), 285쪽.

58) 국회법 제104조(관공서에 대한 보고·기록 제출의 요구) ① 각 의원 또는 각 의원의 위원회로부터 심사 또는 조사를 위하여, 내각, 관공서 기타에 대해, 필요한 보고 또는 기록의 제출을 요구했을 때에는 그 요구에 응하지 않으면 안 된다. ② 내각 또는 관공서가 전항의 요구에 응하지 않을 때에는, 그 이유를 소명하지 않으면 안 된다. 그 이유를 그 의원 또는 위원회에서 수락하는 경우에는, 내각 또는 관공서는, 그 보고 또는 기록을 제출할 필요가 없다. ③ 전항의 이유를 수락할 수 없는 경우에는, 그 의원 또는 위원회는, 다시 그 보고 또는 기록의 제출이 국가의 중대한 이익에 악영향을 미친다는 취지의 내각의 성명을 요구할 수 있다. 그 성명이 있을 경우에는, 내각 또는 관공서는, 그 보고 또는 기록을 제출할 필요가 없다. ④ 전항의 요구가 있은 후 10일 이내에, 내각이 그 성명을 발표하지 않을 때에는, 내각 또는 관공서는, 앞서 요구된 보고 또는 기록을 제출하지 않으면 안 된다.

59) 이 절차가 사용된 예는 아직 없다.

60) 石村 健, 앞의 책, 376-377쪽.

후자의 요건에 대해서 의논이 집중되고 있다.

4) 인권과의 관계(증인의 인권에 대한 배려)

개인의 사생활 침해 등 기본적 인권을 침해하는 조사는 용납되지 않는다. 예를 들면 자신의 사상이 노출될 수밖에 없는 질문에 답변을 요구받았을 때에는 증언을 거절할 수 있다.

국정조사권의 행사에 있어 기본적 인권의 침해가 용납되지 않는 것은 당연한 일이다. 사상·정치적 신조 등의 표명을 요구하는 것은 불가하며, 통신의 비밀을 범하는 것도 용납되지 않는다. 조사에 임해서는 자기부죄(自己負罪, self-incrimination)를 거부하는 권리가 인정되지 않으면 안 된다. 증인환문에 대해서는 의원증언법 제정 이래 증인의 인권보호 측면이 미흡하다는 지적이 있어 왔다. 1976년 록히드의혹사건이 발생했을 때 국회에서 증인을 환문했는데 이때 증인의 인권보호 결여가 문제시되어 많은 논의가 있었다.

1988년 12월에는 국회에서 리쿠르트의혹사건에 대한 조사가 있었는데 이를 계기로 의원증언법의 개정이 이루어졌다. 당시 야당이 리쿠르트사건 관계자에 대한 증인환문을 요구하자 자유민주당은 증인의 인권보장 강화를 위한 의원증언법 개정이 선결문제라고 주장했고, 결국 양측이 의견접근을 보아 법을 개정하였다. 개정된 주된 내용은, ① 증인에게는 증언 등의 거절에 관하여 조언하는 보좌인을 선임하는 것을 인정(단, 의장이나 위원장의 허가 필요), ② 선서나 증언거부권에 관한 준용규정을 민사소송법에서 형사소송법으로 변경, ③ 의장 또는 위원장의 판단으로 위협적·모욕적인 심문 등은 제한 가능, ④ 심문 중에는 텔레비전 등에 의한 촬영 금지,61) ⑤ 위증죄·증언거부죄 등의 고발요건을 출석의원의 과반수에서 3분의 2 이상으로 변경 등이다.

---

61) 당시 심문 중의 촬영을 금한 것은 보도의 자유를 제한하고, 국민의 알 권리를 침해하는 것이라는 비판이 있었으며, 1998년 법 개정 시에는 촬영·녹음은 위원장이 증인의 의견을 들은 다음 위원회의 의사를 물어 허가할 수 있도록 하였다.

4. 조사기간

상임위원회는 회기 중에 한하여 국정조사를 할 수 있다.

5. 조사방법

1) 상임위원회

상임위원회의 국정조사 시행은 의장의 승인을 요한다. 상임위원회는 특정한 소관 사항의 범위 내에서 조사대상을 정하여 의장의 승인을 회기 초에 받아 놓는 것이 관례이다.[62]

2) 특별위원회

특별위원회는 위원회가 설치될 때 조사대상이 결정되는데, 조사 진행방법은 다음과 같다. 위원회가 조사안건을 의제로 하여, 관련된 대신 및 성·청의 고위 공무원의 설명을 듣고, 이에 대해 위원이 질의를 행한다. 위원회는 회기 종료 후에도 계속해서 조사할 수 있도록 절차를 밟게 되므로 폐회 중의 조사도 가능하다. 이렇게 위원회는 1년 중, 국정조사 필요성이 있을 때에는 언제라도 위원회를 개회할 수 있다.

6. 조사명령 발동

중의원의 위원회는, 중의원 사무국의 조사국장 또는 중의원 법제국장에 대해 그 심사 또는 조사를 위해 필요한 조사(예비적 조사)명령을 내릴 수 있다. 또 40인 이상의 중의원 의원이 예비적 심사의 명령을 내도록 요청한 경우에는, 의장은 그 조사가 국민의 기본적 인권을 부당하게 침해할 염려가 있다고 인정되는 것을 제외하고는, 명령을 발할 수 있다(중의원규

---

62) 藤本一美編, 앞의 책, 159쪽.

칙 제56조의 2, 제56조의 3)고 되어 있다.

제5절 증인환문

1. 의원증언법 제정 배경

의원증언법은 1947년에 제정되었다.[63] 사회 전체가 혼란상태에 있던 제
1회 국회(1947. 5. 20 소집) 당시 국회는, 방대한 군수물자의 방출을 계기
로 은퇴장물자(隱退臟物資)[64] 등의 전모를 밝히고, 이들 물자가 정당하게
유통되도록 함과 동시에 위기상태에 있는 일본의 경제재건에 공헌할 것을
목적으로 하여 1947년 7월 25일, 은퇴장물자 등에 관한 특별위원회를 중
의원에 설치하여 조사를 행하였다. 그런데 출석한 관계자의 발언이 서로 달
라 심의가 난관에 부딪히자, GHQ가 같은 해 12월에 법률 제정을 시사하
여 의원증언법이 긴급 제정되었다.[65] 이어 열린 제2회 국회(1947. 12. 10~
1948. 7. 5)에서는, 이 법률에 근거하여 출두를 요구받은 증인이 264인에
달하였고, 그중에는 현직 국회의원 42인, 전직 국회의원 13인도 포함되어
있었다.[66]

---

63) 이 법률의 정식명칭은 '의원에서의 증인의 선서 및 증언 등에 관한 법률'이며, 제1
조(증인의 출두·서류제출의 의무)는, "각 의원(議院)으로부터, 의안 기타의 심사
또는 국정에 관한 조사를 위해, 증인으로서 출두 및 증언 또는 서류의 제출을 요
구받았을 때에는, 이 법률에 별도의 규정이 있는 경우를 제외하고는, 누구라도 이
에 응하지 않으면 안 된다."고 규정하고 있다.
64) '은퇴장물자'란 사용하지 않고 숨겨 둔 물자를 말한다.
65) 柳原修,『國會と政治』(東京: ルーツ出版局, 1994), 137-138쪽.
66) 은닉물자 적발과 관련하여 제정된 의원증언법은 증인의 인권보호에 관한 배려가
충분치 않아 자살자가 나오기도 했다.

2. 증인환문과 참고인 초치

1) 근거

국정조사의 일환으로서 국회가 강제적으로 증인에게 출두를 명하는 것이 '증인환문'이다. 위증했을 때에는 징역, 금고, 벌금 등 엄격한 형벌이 뒤따른다. 증인환문의 절차는 의원증언법에 의한다. 참고인은 의안의 심사나 국정조사에 있어 당사자나 학식경험자로부터 경험이나 전문지식을 듣는 것이 목적이다. 출석 혹은 불참 여부는 본인의 자유의사에 따르게 되어 있다. 공청회에서 학식경험자로부터의 청취 등이 일반적이나, 추문의 추궁에 관하여 참고인의 초치라고 하는 형태를 취하는 일이 있다.

2) 참고인

조사 및 의안의 심사를 행하는 경우, 학식경험자나 이해관계자로부터 의견을 청취할 수 있도록 설정된 것이 참고인제도이다. 위원회는 심사 또는 조사를 위해 필요가 있을 때에는 참고인의 출두를 요구하고, 그 의견을 청취할 수 있다. 출두를 요구할 때에는 위원회에서 참고인 출두를 요구하는 결의를 행하고, 위원장이 의견을 요구하는 안건, 일시 및 장소를 기재한 공문서를 발송한다.

내각총리대신 기타의 국무대신은 언제라도 의안에 관해 발언하기 위해 의원에 출석할 수 있으며, 답변 또는 설명을 위해 출석을 요구받았을 때에도 출석하도록 되어있다. 위원회는 의장을 경유하여 내각총리대신 기타 국무대신 및 내각관방부장관, 부대신 및 대신정무관 및 정부특별보좌인(인사원 총재, 내각법제국장관 등)의 출석을 요구할 수 있다. 단, 위원회가 심사 또는 조사 중인 안건에 관해 정부의 설명 또는 의견을 요구할 필요가 있을 때, 보통 위원장으로부터 직접 내각총리대신 기타의 국무대신 및 내각관방부장관, 부대신 및 대신정무관의 출석을 요구하는 것이 관례이다. 위원회가 심사 또는 조사 중인 안건에 관해 행정에 관한 구체적 또는 기

술적 사항에 관해 설명을 청취할 필요가 있다고 인정할 때에는, 정부참고
인으로서 정부직원의 출석을 요구하여 설명을 듣는다.[67]

3) 증인

중의원·참의원으로부터 의안 기타 심사 또는 국정에 관한 조사를 위해
증인으로서 출두, 증언 또는 서류의 제출을 요구받았을 때에는 이 법률에
별도의 규정이 있는 경우를 제외하고, 누구라도 이에 응하지 않으면 안
된다. 위원회는 의장을 경유하여 심사 또는 조사를 위해 증인의 출석을
요구할 수 있으며, 절차로는 먼저 위원회에서 증인출두를 요구하는 결의
를 행하고 의장에게 증인출두요구서를 제출한다.

중의원 혹은 참의원은 증인으로 출두해야 한다는 취지의 요구를 할 때
에는 출두해야 할 날의 5일 전까지는 증인에게 그 취지를 통지한다(의원
증언법 제1조의 3).

증인에 대한 심문은 통상 위원장이 총괄질문을 한 다음 순서대로 위원
이 행하며, 동일한 문제에 관해 출두한 증인이 여러 명 있을 때, 증언은
개인별로 행하는 것이 관례이다. 단, 여러 명의 증인을 동석시켜 증언을
들은 일도 있다. 위원회에 출두한 증인은 선서를 한 후 서명날인한다. 선
서한 증인이 허위의 진술을 했거나 정당한 이유 없이 증인이 출두하지 않
거나 혹은 증언을 거부한 경우 등에는 의원증언법에 따라 위원회의 고발
에 의해 처벌된다.

4) 증인과 참고인의 차이

증인은 사실증언을 해야 하는 중요한 사람이므로 출두나 증언은 강제적
으로 행해진다. 반면 참고인은 그 사람의 의견을 듣는 것에 목적이 있으
므로 그 출두는 임의에 의한다.[68]

---

67) 衆議院調査局議會制度等研究グループ,「日米英國議會における法案審議－委員會の法
案審査における日米英國の比較－」,『RESEARCH BUREAU 論究』1号(東京: 衆議院
調査局, 2005. 1), 165쪽.

증인환문과 참고인 초치는 대상자에 대한 호출에 강제력이 있느냐 없느냐 하는 것에 차이가 있다. 증인환문은, 헌법에 규정된 국정조사권의 행사에 해당하기 때문에 강제적으로 불러낼 수 있다. 호출된 대상자는 반드시 국회에 출석하지 않으면 안 된다. 참고인 초치의 경우에는, 헌법상의 권리에 근거한 것이 아니기 때문에 호출을 받았다 하더라도 그에 응할 것인가 아닌가는 본인의 판단에 따라 참석 혹은 불참할 수 있다.

위증을 했을 경우에도 증인환문과 참고인 초치는 차이가 있다.

증인환문의 경우 위증(거짓증언)을 하면 증인선서를 위반한 것이 되므로 위증죄로 3개월 이상 10년 이하의 징역이 부과되고, 정당한 이유 없이 증언을 거부한 때에는 1년 이하의 금고 또는 10만 엔 이하의 벌금을 물게 된다.[69] 참고인을 초치하는 경우 참고인이 위증을 했을 때에는 도의적인 책임은 있으나 법률적인 책임을 묻지는 못한다.

3. 증인환문 절차

1) 증인환문 결정

국회의원, 위원회는 내각, 관공서, 기타에 대하여 보고 또는 기록의 제출을 요구할 수 있다(국회법 제104조, 의원증언법 제1조). 증인에 대해서는 출두 및 증언, 기록의 제출을 요구할 수 있다.

참의원에서는 특별위원회의 조사권과 의원(議院)에 의한 폐회 중의 조사가 명문으로 인정되고 있으며, 기타의 절차는 중의원과 같다.

<그림 9-3> 증인환문의 흐름

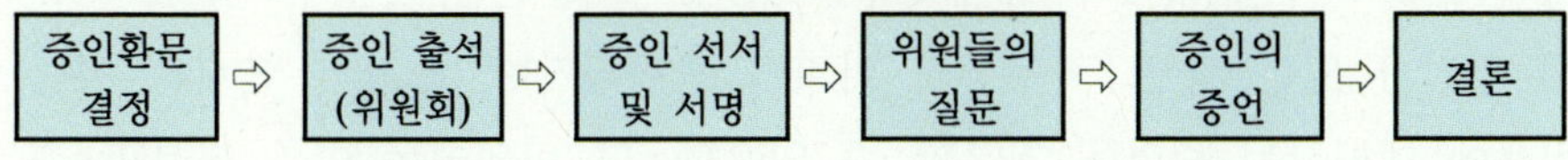

---

68) 증인이란 어떤 사실을 증명하는 사람이고, 환문이란 증인을 불러내 캐어묻는 것을 말한다. 참고인이란 어떤 사실에 참고가 될 만한 같은 사람이다.

69) 青柳幸一 外, 『法律用語事典(補訂版)』(東京: 自由國民社, 2003), 194쪽.

2) 증인 출석

위원회에서 조사에 필요한 증인이 결정되면, 의장에게 증인출두요구서가 제출되며, 이에 근거하여 의장명의의 출두통지가 증인에게 배달증명이 붙은 속달우편으로 우송된다. 출두를 요구받은 증인은 이에 응할 의무가 있으며, 정당한 이유가 없는데도 출두하지 않을 때에는 1년 이하의 금고 또는 10만 엔 이하의 벌금에 처해진다. 지병 등의 사유로 인하여 증인이 출두하기 어려울 때에는, 의원(議院) 외의 장소에서 이른바 임상심문(臨床尋問) 등을 행하는 것도 가능하다.

3) 증인선서 및 서명

증인은 증언하기 전에 선서를 하게 된다. 선서는 증인, 위원장, 위원 등 전원이 기립하여 엄숙한 분위기 속에서 증인이 양심에 따라 진실을 말하고, 아무것도 감추지 않으며, 또 아무것도 덧붙이지 않을 것을 서약한다는 내용의 선서를 낭독하고 이에 서명날인한다. 정당한 이유 없이 선서를 거부하면 벌칙의 대상이 된다.

4) 위원들의 질문

증인에 대한 위원들의 질문이 행해진다.

5) 증인의 증언

증인에 대한 심문은 위원장이 먼저 종합적으로 행한 다음, 각 위원이 각각의 할당시간 내에서 행하도록 되어 있다. 증인은 자기부죄(自己負罪)의 염려가 있는 경우, 직무상의 비밀에 관련되거나, 조사의 한계를 넘는 질문에 대해서는 증언을 거부할 수 있으나, 그 이외에는 이를 거부할 수 없으며, 정당한 이유 없이 증언을 거부하면 1년 이하 금고 또는 10만 엔 이하의 벌금에 처해진다.

6) 결론

① 고발

위원회는 증인이 위증, 불출석, 서류 불제출, 선서·증언의 거절의 죄를 범하였다고 인정될 때에는 고발 조치할 수 있다. 이때 고발을 하기 위해서는 출석위원의 3분의 2 이상의 찬성이 필요하다.

국정조사권의 활성화를 도모하기 위해서 의원증언법이 개정되어야 할 필요가 있다는 주장은 오래전부터 있었다. 예를 들면 인권을 배려하면서, 국민의 '알 권리'에 봉사하는 국정조사권의 기능을 중시하고, 증인심문의 촬영을 인정해야 한다는 주장이 그것이다. 또 보고서의 작성과 공표를 의무화해야 한다는 주장과, 증인환문은 각 위원회의 이사회(전회일치 제도)에서 결정하지 말고 위원장의 판단 혹은 소수자조사권을 도입해야 한다는 주장 등이다.[70]

제6절 국정조사 운용상의 논점과 과제

1. 논점

1) 국정조사보고서 작성 결여

일본국회 양원에서는 국정조사가 종료하더라도 정식 보고서를 작성하는 일은 거의 없다.[71] 국정조사권은 정부통제를 위한 보조적 권능이므로, 의회의 권능과의 관계를 명확히 하기 위해 반드시 보고서를 작성, 공표해야 할 필요가 있다.

---

70) 孝忠延夫, 「國政調査權の現狀 – 政府·行政統制機能の擴充」, 『ジュリスト』 1177号 (2000. 5. 1 – 15合倂號), 91쪽.

71) 大石 眞, 「日本における國會の政府統制機能と國政調査權」, 한국헌법학회편, 『국회 국정감시·통제 기능의 합리화 방안』, 제5회 한국헌법학회 국제학술대회 논문집 (서울, 2005. 8. 26), 59 – 61쪽.

2) 증인에 대한 심문방법과 증인보호

증인의 보호라는 관점에서 문제가 있다. 즉 경우에 따라서는 강압적이고 위압적인 심문이 행해졌던 과거 경험을 거울로 삼아 증인에게는 보좌인을 붙임과 동시에, 증언을 요하는 사항과 관계가 없는 심문이나 위협적·모욕적인 심문은 제한할 수 있도록 하였다. 이것은 자기부죄(自己負罪)가 될 것 같은 증언을 거절할 수 있는 것과 같이 조사목적과 관련이 없는 사항이나 개인의 사생활에 해당하는 사항에 대한 심문이나 자료 제출요구 등에 대해서는 거부하는 것이 가능하며, 이런 경우에는 '정당한 이유'가 있으면 처벌하지 않는다는 것을 의미한다.

3) 심문 중의 촬영 금지 문제

심문 중의 촬영은 허가되고 있지 않다. 이 점에 관해 국민의 '알 권리'를 제한한다는 비판이 있지만, 심문 중의 모양은 그림의 형태로 방송되고 있으며, 촬영 금지가 진실규명에 영향을 미친다고 보는 것은 아직 시기상조라는 견해가 지배적이다.

4) 국정조사를 위한 위원회의 형식과 절차

국회의 외부에 대해 강한 구속력을 갖는 국정조사를 행할 때에는 특별절차를 요하는 특별위원회를 설치해야 한다는 것이 오이시 마코토의 생각이다. 그는 특별한 절차 없이 행해지는 상임위원회에 의한 국정조사의 방법에는 문제가 많다고 지적한다. 사법 절차와 유사한 강제력을 갖춘 국정조사권을 발동함에 있어 부여된 권한 행사를 위해서는 특별위원회를 설치, 가동해야 한다는 주장이 설득력을 얻고 있다.

2. 과제 - 보고서 채택

일본국회 중의원은 1950년경까지 빈번히 국정조사를 행했으나, 1964년을 끝

으로 위원회로부터 국정조사보고서가 제출된 사례가 없다. 이러한 사실은 국
정조사권이 갖는 정보제공기능, 쟁점명시기능의 발휘를 현저하게 저해하는
일이라고 지적되고 있다.[72] 따라서 입수한 정보를 충분히 분석하고 보고서에
정리하여 국민에게 제공하는 노력이 필요하다.

일본은 의회제도가 발달한 국가치고는 국정조사문제에 있어 그다지 큰
성과를 거두지 못하고 있다. 그것은 국회에서의 의사운영이나 법률안 등
의안 처리에 있어 사전조정 관행이 일반화되어 있고, 국회에서 국정조사
를 행하더라도 질문만 많이 하고는 '조사를 종료하기에 이르지 못하였다'
는 요지의 보고서를 내는 데 그치고 있기 때문이다.[73]

국정조사권은 정부통제를 위한 권능이며, 국민에 대한 사법 절차를 닮
은 강제력을 이용하여 행해지는 것이므로, 본래의 권능과의 관계를 명확
히 하기 위해서도 반드시 보고서를 작성, 공표해야 한다. 일본국회는, 양
원 모두 국정조사가 종료되어도 정식보고서를 작성하는 일이 없는데 이는
강제조치를 취하면서까지 사실관계를 조사하면서, 보고서를 내지 않는 것
은 국회로서 최종적으로 어떤 사실관계를 인정했느냐 하는 것이 분명치
않아 논란이 계속되고 있다.[74]

따라서 강제권을 수반하는 국정조사는 특별한 원의(院議) 결정을 요하는
조사특별위원회를 설치하여 행해야 하며, 보고서의 작성·공표가 의무화
되지 않으면 안 된다.

중의원규칙에 의하면 보고서의 작성이 의무화되어 있는 것은 '부탁안건'
에 관해 조사가 종료되었을 때(제86조 1항)로 되어 있으므로, 특별위원회
에 조사사건이 부탁될 때에는 보고서의 작성이 의무화되는데, 상임위원회
가 자주적으로 행하는 국정조사에 관해서는 보고서의 작성은 의무화되어
있지 않다.[75] 국정조사권이 갖는 국민의 알 권리에 응답하는 기능(정보제

---

72) 大山礼子, 『國會學入門(第2版)』(東京: 三省堂, 2003), 208쪽.

73) 前田英昭, 「イギリス議會から學ぶもの」, 堀江ふかし編, 『統治システムと國會』(東京: 信山社, 1999), 209쪽.

74) 大石 眞, 「日本における國會の政府統制機能と國政調査權」, 한국헌법학회편, 『국회
국정감시·통제 기능의 합리화 방안』, 제5회 한국헌법학회 국제학술대회 논문집
(서울, 2005. 8. 26), 59쪽.

공기능, 쟁점명시기능)이 발휘되고 있지 않는 것이다.

위원회는, 조사가 종료될 때에는 보고서를 만든 후 이를 의장에게 제출하는 것이 바람직하다. 이를 위해서는 국회차원의 제도 개선 노력이 있어야 할 것이다.

---

75) 淺野一郎, 「國會を考えるために」, 淺野一郎編, 『國會入門』(東京: 信山社, 2003), 37쪽.

제10장 국회해산

제1절 국회해산의 의의

1. 국회해산제도의 의의

의원내각제 정부형태에 기초한 일본의 내각은, 국회의 신임하에 성립되는 기관이다. 때문에 국회(중의원)에서 내각불신임결의안이 가결되든가, 내각신임결의안이 부결되는 경우, 즉 국회가 내각에 대해 부정적인 태도를 표명했을 때, 내각은 그 존립의 기초를 상실하게 되므로 총사직하여 책임을 지도록 되어 있다.[1] 그런데 내각으로서는 내각을 신임하지 않는다고 하는 중의원의 의사가, 때로는 국민의 의사와 다르다고 생각할 수도 있는 일이다. 그래서 내각이 국민의 신임을 물을 필요가 있다고 판단하는 경우에 해산권을 행사하여 총선거를 치르게 된다.[2]

해산제도는 일반적으로 행정부와 국회 사이의 대립 혹은 양자 간에 정책적 갈등이 발생했을 때 국민이 그 옳고 그름을 판단하기 위한 제도로 이해되며, '국민의 판단'을 받아야 할 상황이 발생했을 때에는 국민에게 의사표명기회를 주는 것에 해산제도의 의의가 있다.[3]

2. 국회해산의 사유

일본헌법은 해산의 목적이나 사유에 대해서는 어떤 명문규정도 두고 있지 않다. 즉 어떠한 때에 해산할 수 있다는 내용은 없다.

---

1) 松本或彥, 『現實政治學』(東京: 中央大學出版部. 2005), 53쪽.
2) 내각불신임은 지금까지 3차례 가결되었는데, 어느 경우에도 내각은 중의원 해산을 선택했다. 일본에서 국회가 내각에 대해 책임을 추궁할 수 있는 수단으로는 국정조사, 결의안 제출, 질의 등이 있으나 내각불신임결의는 그 어느 것보다도 중요한 수단이다.
3) 藤田晴子, 「解散制度の役割と性格」, 讀賣新聞研究調査本部編, 『日本の國會: 證言・戰後議會政治の步み』(東京: 讀賣新聞社. 1988), 84쪽, 宮澤俊義, 『憲法と政治制度』(東京: 岩波書店, 1968), 57-58쪽, 大石 眞, 『立憲民主制』(東京: 信山社, 1996), 198쪽.

헌법학자인 미야자와 토시요시(宮澤俊義)는 중의원이 해산되는 사유로 다음의 다섯 가지를 상정하고 있다: ① 중의원에서 내각불신임결의가 성립하거나, 또는 내각신임결의가 성립하지 않을 경우,4) ② 중의원에서 내각의 중요한 법안이나 예산이 부결되거나, 또는 보류된 경우, ③ 정당의 재편성이 이루어져, 그 결과, 내각이 중의원의 다수의 지지를 얻지 못하게 되는 경우, ④ 새롭게 중대한 정치상의 사건(평화조약의 체결 등)이 발생하는 경우, ⑤ 내각이 그 정책의 근본적인 변경을 행하고자 하는 경우(새롭게 재군비를 주장하는 경우 등).5)

아시베 요시노부(芦部信喜)는, 해산은 헌법 제69조의 경우를 제외하면 다음의 다섯 가지로 한정되어야 하며, 이 외에 내각의 일방적인 형편이나 당리당략으로 행해지는 해산은 부당하다고 했다.6) ① 중의원에서 내각의 중요 안건(법률안, 예산 등)이 부결되거나 심의미료 되는 경우, ② 정계 재편 등에 의해 내각의 성격이 기본적으로 변경된 경우, ③ 총선거의 쟁점이 아니었던 새로운 중대한 정치적 과제(입법, 조약체결 등)에 대처하는 경우, ④ 내각이 기본정책을 근본적으로 변경하는 경우, ⑤ 국회의원의 임기만료 시기가 근접해 있는 경우 등이다.

두 학자의 견해는 대체로 같은데 이를 정리해 보면, 여·야당 간의 대립으로 인하여 중요 법안에 대한 국회심의가 막다른 골목에 도달했을 때, 국민의 대표기관인 중의원과 국민과의 사이에 의사(意思)에 커다란 괴리가 있는 것으로 판단될 때, 정계 개편 등에 의해 내각의 성격이 기본적으로 변했을 때, 총선거 당시의 쟁점이 아니었던 새로운 중대한 정치적 과제(입법, 조약체결 등)에 대처해야 할 때, 또는 내각이 기본정책을 근본적으로 변경할 때 경우에 해산을 결정할 수 있다는 것이다.

---

4) 의원내각제하에서는 국회와 내각은 서로 견제하는 방법을 가지고 있는데, 국회가 갖고 있는 가장 강력한 방법이 내각불신임결의이다. 불신임결의라 함은 하원이·내각에 대한 신임을 거부하는 결의를 말한다. 의원내각제는 국민의 대표기관인 국회의 지지하에 성립된 내각이 국정을 이끌어 가는 제도이다. 국회가 내각을 더는 지지하기 어려워졌을 때 국회는 '내각불신임결의안'이라고 하는 카드를 꺼내게 된다.

5) 宮澤俊義, 『全訂日本國憲法』(東京: 日本評論社, 1978), 116쪽

6) 芦部信喜, 『憲法(新版)』(東京: 岩波書店, 1997), 299쪽.

앞의 원칙론적인 해산 사유와는 달리 해산의 실제 사유는 정파의 이익 차원에서 행해지는 경우가 대부분이다.

해산제도는 민의를 묻기 위한 것이지만 실제 제도 운용 면에서는 '언제 민의를 표명시킬 것'인가는 국민이 결정하는 것이 아니라, 정부·여당의 형편에 맞추어 해산이 행해지고 있는 것이 현실이다. 법안이나 예산심의 등에 있어서 참의원보다 우월적인 지위에 있는 중의원의 선거는 과거의 경험으로 볼 때 내각총리대신이 중의원을 해산함으로써 실시되는 경우가 대부분이다.

해산은 형식적으로는 정권의 정당성을 묻기 위해 행해지는데, 실제로는 안정된 정권기반을 확립하기 위해 행해지는 경우가 많다. 또 자유민주당 총재의 임기가 2년인데, 총재선거를 유리하게 치르고, 재선 가능성을 높이기 위해 해산이 행해지는 경우도 적지 않다. 내각총리대신이 새롭게 지명이 되었는데 정권으로서 그 구심력이 약하고, 독자색이 발휘되지 못하는 경우에 중의원의 해산이 행해지는 일도 있다. 내각총리대신으로서는 국회해산이 자신의 파벌을 확대할 절호의 기회가 되기도 한다.

3. 해산의 기능

국회해산은 의회제도 발생 초기에는 국왕이 의회에 대해 징벌을 가하는 수단이었다. 오늘날의 해산은 해산 후 시행되는 총선거 결과에 나타나는 국민의 뜻을 국정에 반영시키는 민의표출 및 반영기능(민의반영기능), 국가기관 상호간의 분쟁해결기능(분쟁해결기능), 내각과 국회의 협조관계가 파탄되는 경우에 대처하여 내각을 안정시키는 기능(내각안정기능), 그리고 국회와 내각의 의견이 서로 다를 때 두 기관 간에 상호견제기능(국회와 내각의 상호견제기능) 등 4가지 기능이 있다.[7]

총선거는 해산에 의한 것이 일반적인 현상으로 굳어져 있는데, 해산제

---

7) 藤岡　進, 『日本國憲法と政治(新版)』(岡山: 大學教育出版, 2003), 189쪽, 辻村みよ子, 『比較憲法』(東京: 岩波書店, 2003), 芦部信喜, 『憲法(新版)』 (東京: 岩波書店, 1997), 298쪽.

도에 관해서는, 내각과 중의원 간의 분쟁해결기능, 국민투표기능 등 그 민주적인 의의와 기능이 강조되어 왔다. 그러나 현실적으로는 민의를 묻기보다는 해산권을 갖는 내각총리대신이나 여당의 정치적인 고려나 당리당략에 의해 해산 시기가 결정되고 있기 때문에 반드시 민주적인 기능을 하고 있다고는 보기 어렵다.8)

이렇게 볼 때 해산과 관련하여 민의반영기능은 상실되어 가고 있고, 분쟁해결기능과 상호견제기능은 약화되었으며, 내각안정화기능만이 유력하게 유지되고 있다고 볼 수 있다.

의회(하원)의 내각불신임권과 내각의 의회해산권은 의원내각제의 중요한 기본원칙의 하나이다.9) 의원내각제에서는 내각의 성립과 존속이 의회의 신임에 의존하고, 내각이 의회에 대하여 연대책임을 지게 되지만, 그 대신 내각도 의회해산권을 가지고 의회의 내각불신임권에 대항하여 의회를 견제할 수 있다. 이러한 제도를 통하여 입법부와 행정부 간에 권력적 균형이 유지된다. 일본에서 해산은 행정수반의 통치권한 강화 수단으로 기능하기도 한다.10)

제2절 기본 개념

1. 해산 · 해산권

일본헌법에서 말하는 국회의 해산(dissolution)은, 하원 격인 중의원(衆議院) 소속의원의 임기가 만료되기 전에 공직자인 국회의원 전원의 자격이

---

8) 川崎政司, 「民主的な立法を目指して(3)－立法とマス · ミディア」, 『國會月報』 650号 (2003. 2), 44쪽.

9) 長谷川正安, 「解散論爭の盲點－佐藤功氏の所說を契機として－」, 淸水 睦編, 『議會制 民主主義』(東京: 三省堂, 1977), 261쪽.

10) 수상의 지도력이 강화되어야 한다고 하는 입장에서 해산권을 본 견해로는 加藤秀 治郎, 『憲法改革の政治學』(東京: 一藝社, 2002), 59－71쪽 참조.

나 신분을 상실시켜, 중의원의 존립을 상실시키는 행위이다.[11] 여기에서 '중의원'을 명시한 것은 상원 격인 참의원은 어떠한 경우에도 해산되지 않기 때문이다.

일본이 양원제를 채택하고 있는 사실에 기초하여, 국회의 해산이란 '넓은 의미로는 국회 또는 그 1원(院)의 국회의원의 전부가 자격이나 신분을 상실하고, 국회가 일시로 그 존립을 상실하는 것이고, 좁은 의미로는 국회 또는 그 1원의 국회의원 전체에 대하여 그 임기만료 전에 국회의원 자격이나 신분을 소멸시켜 국회의원의 임기를 임시로 단축하는 행위'라고 정의되기도 한다.[12]

해산권이란, 해산을 행할 수 있는 능력, 즉 중의원 소속의원 전원의 임기를 단축시켜 의원 신분을 상실케 하는 행위를 할 수 있는 권한을 말한다. 내각이 갖는 중의원 해산권은, 중의원이 갖는 내각불신임결의권과 쌍벽을 이루는 대항적 권한으로서 의원내각제의 주요 원리로 인식되고 있다. 이처럼 국회가 내각의 정책에 반대하는 경우 또는 내각을 신임하지 않는 경우, 국민에게 그 신임을 묻는 기회를 내각에 부여하기 위해 설치된 것이 중의원 해산권이다.

2. 국사행위

국사행위(國事行爲)란, 헌법상 국가기관으로서의 천황이 행하는 것으로 되어 있는 '국사에 관한 행위'를 가리키며, 구체적으로는 헌법 제4조 2항, 제6조 그리고 제7조에 열거되어 있는 행위를 말한다.[13] 천황의 이러한 행위에는 내각의 조언과 승인을 요하며, 행위에 대한 최종 책임은 내각이 지도록 되어 있다. 여기에서 '국사(國事)'란, 천황이 할 수 있는 행위의 범위

---

11) 武永　淳,「議院內閣制」, 阿部照哉編, 『新憲法敎室』(京都: 法律文化社, 1997), 259쪽, 齋藤　壽, 『現代議會構成原理の硏究』(東京: 勁草書房, 1984), 194쪽, 宮澤俊義, 『日本國憲法』(東京: 日本評論新社, 1963), 119쪽.

12) 土橋友四郎, 『國會・內閣と憲法上の諸問題』(東京: 學藝書房, 1960), 11쪽.

13) 法律用語硏究會編, 『法律用語辭典』(東京: 有斐閣, 2000), 484쪽, 和田　進,「象徵天皇制」, 阿部照哉編, 『新憲法敎室』(京都: 法律文化社, 1997), 39-40쪽.

를 한정하기 위해, '국정(國政)'에 대립되는 개념으로 사용되고 있으며, 국가의사의 형성과는 관계없는 형식적·의례적인 국가의 사무를 지칭한다.[14]

또 '국정'이란, 헌법 제4조를 보면, '국사에 관한 행위'를 제외한 개념으로 사용되는데, 일반적으로 국가의사의 형성 또는 결정에 실질적 영향을 주는 행위를 가리킨다.[15]

만약 국사행위의 형식성을 초월한 어떠한 실질적인 국정에 관해, 내각이 천황에게 조언과 승인을 하게 된다면, 그것은 헌법에 아무런 규정이 없는 위헌행위가 된다.[16] 따라서 어떠한 의미에서도 국사행위에는 결정권적인 성격은 인정되지 않는다.[17] 형식적 국사행위 자체가 갖는 고도의 정치적 기능은 별개로 하고, 천황은 정치적 성격을 띠는 행위를 공적으로 행해서는 안 된다. 천황의 권능의 범위가 국사행위로 한정된 것과 병행하여, 천황의 국사행위가 엄격한 규율하에 놓여 있는 것 또한 천황관련 헌법 조문의 중요한 특징이다.

3. 조언과 승인

헌법 제3조와 제7조에는, 내각의 '조언과 승인'이라는 문구가 들어 있다.[18] 내각의 '조언과 승인'을 둘러싼 문제 중에서 논란이 되는 것은 행위

---

14) 그렇다고는 하나, 형식적이기는 해도 천황이 국권의 최고기관인 국회를 소집하거나, 중의원을 해산하거나 하는 것은, 마치 천황이 국회나 중의원보다도 상위에 있는 것 같은 인상을 국민에게 주게 될 수도 있다. 橫田耕一, 『憲法と天皇制』(東京: 岩波書店, 1990), 78쪽 참조.

15) 헌법 제4조(천황의 권능의 한계, 천황의 국사행위의 위임) ① 천황은, 이 헌법에서 정하는 국사에 관한 행위만을 행하며, 국정에 관한 권능을 갖지 않는다. ② 천황은, 법률이 정하는 바에 따라, 그 국사에 관한 행위를 위임할 수 있다. 제6조(천황의 임면권) ① 천황은, 국회의 지명에 기초하여, 내각총리대신을 임명한다. ② 천황은, 내각의 지명을 근거로 하여, 최고재판소의 장인 재판관을 임명한다.

16) 長谷川正安, 『憲法解釋の硏究』(東京: 勁草書房, 1974), 124쪽.

17) 小針 司, 『憲法講義(全訂第3版)』(東京: 新山社, 2003), 117쪽.

18) 헌법 제3조(천황의 국사행위에 대한 내각의 조언과 승인) 천황의 국사행위에 관한 모든 행위에는, 내각의 조언과 승인을 요하며, 내각이 그 책임을 진다. 제7조(천황의 국사행위) 천황은, 내각의 조언과 승인에 의하여, 국민을 위하여, 좌(左)의 국사(國事)에 관한 행위를 행한다. ① 헌법 개정, 법률, 정령 및 조약을 공포하는 일 ②

의 실질적 결정권자가 누구인가 하는 것과, 문구 해석 그 자체이다.[19] 아
시베 요시노부(芦部信喜)는 해산의 실질적 결정권자와 관련하여, ① 제69
조설·제도설과 ② 제7조설로 분류하였다.[20] 먼저 제69조설·제도설은,
'조언과 승인'은 실질적 결정권을 포함하지 않으며, 어떤 기관이 중의원 해
산을 실질적으로 결정하느냐 하는 근거를 헌법 제7조 이외의 다른 조항에
서 찾아야 한다는 설이다. 한편, 제7조설은, 내각의 '조언과 승인'은 실질적
결정권을 포함하는 경우도 있다고 하는 입장에서, 내각이 '조언과 승인'을
행하는 전제로서 행위의 실질적 결정을 행했더라도 그 결과로서 천황의
국사행위가 형식적·의례적인 것이 된다면 헌법정신에 위배되지 않으며,
제7조 3호의 중의원 해산이라고 하는 국사행위에 대한 내각의 '조언과 승
인'을 근거로 하여 내각은 자유로운 해산결정권을 갖는다는 것이다.

그리고 '조언과 승인'이라고 하는 문구의 해석을 어떻게 하느냐에 따라
내각과 천황의 권능 설정은 영향을 받게 된다. '조언과 승인'을 문자 그대
로 2개의 의미(조언, 승인)를 갖는 것으로 볼 것인지, 아니면 단일 의미를
갖는다고 해석할 것인지에 관한 연구자들의 견해는 엇갈린다. '조언'은 해
석상 어려움은 없으나, '승인'은 해석상 논란이 있을 수 있기 때문이다.[21]

국회를 소집하는 일 ③ 중의원을 해산하는 일 ④ 국회의원 총선거의 시행을 공시
하는 일 ⑤ 국무대신 및 법률이 정하는 기타의 관리의 임면 및 전권위임장 및 대
사 및 공사의 신임장을 인증하는 일 ⑥ 대사(大赦), 특사(特赦), 감형, 형의 집행의
면제 및 복권(復權)을 인증하는 일 ⑦ 영전(榮典)을 수여하는 일 ⑧ 비준서 및 법
률이 정하는 기타의 외교문서를 인증하는 일 ⑨ 외국의 대사 및 공사를 접수하는
일 ⑩ 의식을 행하는 일
19) 국사행위의 실질적 결정권의 소재에 관해서는 학설이 대립되고 있다(結城光太郎,
1985a: 41-42, 結城光太郎, 1985b: 43 참조). 첫째는, 중의원 해산과 같이 누가 실
질적으로 해산을 결정하느냐가 규정상 분명치 않은 경우의 실질적인 결정권은, 천
황의 국사행위에 조언과 승인을 하는 내각의 권한 속에 포함되어 있다는 설이다.
둘째는, 조언과 승인은 이미 결정된 일정한 국정행위에 형식적·의례적인 국사행
위를 결부시키는 것이므로 이 또한 형식적 행위라고 해석해야 하며, 따라서 국사
행위의 실질적 결정권을 조언과 승인권 속에서 찾으려고 하는 것은 올바르지 않으
며, 국사행위의 실질을 이루는 개개의 국정행위의 성질이나 제도상의 취지 등을
고려하여 논의해야 한다는 설이다.
20) 芦部信喜, 『憲法(新版)』(東京: 岩波書店, 1997), 48쪽.
21) '조언과 승인'이란, 절차상 천황의 국사행위에 관해 행해지는 내각의 행위로서 반
드시 각료회의, 즉 각의(閣議)에서 행해지도록 되어 있다.

'조언과 승인'은 곧 '내각의 보좌'와 같은 의미라고 하는 해석이 있다.[22] 이는 내각의 '조언', '승인'과 같은 용어 자체의 구분적 의미에 구애받지 않는 견해이다. 법률용어사전의 설명에서도, '조언과 승인'은 2개의 용어로 구성되어 있으나 실제로는 천황이 국사행위를 행하도록 '내각의 동의를 요한다.'는 하나의 의미로 해석되고 있으며, 의미구별은 중요하지 않다고 했다.[23]

처음부터 천황제를 폐지하려고 했던 연합군총사령부(GHQ)가 일본헌법 초안 작성과정에 미친 영향을 고려하면, '조언과 승인'은 편의상 도입한 관용적 표현이라고 판단하는 것이 적절하다. '조언과 승인'은 '동의(同意)가 전제된 발의(發意)'의 의미로 해석할 수 있다.[24]

제3절 해산에 관한 학설

1. 해산의 유형

해산의 기본적인 유형으로는 임기만료해산, 타율해산, 자율해산의 3가지가 있다. 일본에서 전후 행해진 21회의 해산을 유형적으로 보면 1회는 임기만료해산이고, 나머지 20회는 타율해산이다.

1) 임기만료해산

임기만료해산은 법정임기의 시한에 따른 해산이므로 이는 당연해산 또

---

22) 고바리 쓰카사는 '조언'과 '승인'을 별개로 해석해 보기도 했는데 그 경우 '승인'이라고 하는 것은 아무래도 천황에게 주도권이 있음을 시사하는 것이 아닌가 하는 점 때문에 적어도 이 시점에서는 이를 채택하기 어렵다고 했다. 고바리의 견해는 천황에게 해산의 주도권이 있다고 해석될 일말의 소지가 있음을 완곡히 시사한 것으로 볼 수 있다. 小針 司, 『憲法講義(全訂第3版)』(東京: 新山社, 2003), 117-118쪽.

23) 法令用語研究會編, 『法律用語辭典』(東京: 有斐閣, 2003), 118쪽 참조.

24) 김현우, 「일본국회의 해산권 논쟁 소고」, 『의정논총』 창간호(2006), 233-237쪽 참조.

는 자연해산이라고도 한다.

다른 권력에 기초하여 국회의원의 자격 또는 신분을 상실케 하고 그 결과로서 국회의 존립을 중지시키는 것만이 해산이 아니라 국회의원의 임기만료에 따라 의회의 존립을 중지시키는 것도 해산이라고 칭한다.[25]

2) 타율해산

타율해산은 국회가 다른 권력기관의 의사결정에 따라 해산되는 제도로서 해산의 가장 일반적인 유형이다.[26] 여기에서 다른 기관이란 대통령, 국왕, 수상 등 국회 외의 다른 권력기관을 가리킨다.[27]

타율해산설은 제7조설, 제69조설, 제65조설, 제도설로 나뉘는데, 4가지 설 모두 해산권의 주체를 내각이라고 보는 점에서는 같지만, 그 결론에 도달하는 과정은 다르다. 그 차이는 주로 천황의 국사행위나 내각의 조언·승인에 관한 해석상의 차이에 연유한다.

○ 제7조설

헌법 제7조 3호에 의해 해산권은 천황에게 있다. 그러나 헌법 제4조에 의해 천황은 국정능력(권한)을 갖지 않으므로 천황의 해산권은 형식적이다. 따라서 해산의 실질적 결정권을 갖는 것은 내각이다. 이는 천황의 국사행위가 곧 해산에 대한 내각의 조언·승인권 속에 포함되어 있는 것이라고 해석해야 하기 때문이라는 것이다.

---

25) 미키 타케오(三木武夫) 내각 하에서 1976년에 유일하게 임기만료로 인한 국회해산이 있었다.
26) 結城光太郎, 「衆議院解散權」, 『ジュリスト』 300号(1964. 6), 44쪽.
27) 타율적 해산의 변형된 형태의 하나로 국민투표에 의한 해산이 있다. 이 해산은, ㉮ 국민청원에 근거하여, 또는 ㉯ 정부의 요구 또는 다른 국가기관의 의결 혹은 결정에 근거하여, 의회해산의 국민투표에 따라 행해지는 해산이다. 국민투표결과 해산해야 한다는 의견이 많으면 의회는 해산하게 된다. 藤田晴子, 「解散制度の役割と性格」, 讀賣新聞研究調査本部編, 『日本の國會 證言 戰後議會政治の步み』(東京: 讀賣新聞社, 1988), 81-82쪽.

○ 제69조설

천황은 헌법 제4조에 의해 이미 국정에 관한 권한을 갖고 있지 않기 때문에, 제7조 3호를 원용하여 천황에게 해산권이 있다고 할 수는 없는 일이다. 천황의 국사행위는 본래 형식적·의례적인 행위이므로, 이에 대한 내각의 조언·승인권 속에서 실질적 결정권을 찾아낸다고 하더라도, 그것은 '억지 주장'에 그친다는 것이다. 제7조 3호 속에는 해산권의 주체나 해산의 경우 등을 도출해 낼 만한 근거는 들어 있지 않다. 그런데 제69조에는 해산의 경우가 명확히 규정되어 있으며, 그 외에 이런 종류의 규정은 없으므로, 해산은 제69조의 경우에 한정된다는 것이다.

○ 제65조설

행정권은 헌법 제65조에 의해 포괄적으로 내각에 부여되어 있으므로 해산의 경우를 제69조의 경우에 한정하는 것은 올바르지 않다는 것이다. 해산도 하나의 행정개념으로 파악하는 입장이다.

○ 제도설

제7조 3호의 해석에 관해서는 제69조설과 같은 견해를 취하고 있으며, 제69조의 해석과 관련해서는 제7조설과 같은 입장이다. 즉 해산을 제69조의 경우에 한정하지는 않으나, 해산권 주체를 보는 시각이 독특하다. 널리 제도 전체, 즉 자율해산의 불채택, 천황의 국정에 관한 무권능(無權能), 권력분립제와 의원내각제의 채택과 같은 제도 전체의 구조나 제도의 취지에서 볼 때 내각이 해산권을 갖는다는 것이다.

3) 자율해산

국가원수 또는 행정부의 행위에 의한 해산, 즉 타율적 해산 외에 국회의 자율적 해산을 인정한다.[28] 자율해산은, 국회 자신의 결의에 따라 스스

---

28) 국회가 스스로 해산의결을 행하는 자율해산은 극히 일부 국가에서 찾아볼 수 있다. 양원제 의회제도를 택하고 있는 오스트리아에서는 보통의 법률에 의하여, 즉 국회 자신의 의결로 국민의회를 해산하게 되어 있으나, 이것도 일종의 자율해산이다.

로 해산하는 것으로서, 국회 자신이 여러 가지 정치상의 사정으로 인하여 국정에 관한 국민의 판단을 구하는 것이 바람직하다고 판단할 때, 그 결의를 거쳐 해산하는 것이다.[29]

자율해산은 해산결의설과 총사직설로 나뉜다.[30] 해산결의설에 따르면, 해산은 중의원의 해산결의에 의해 자율적으로 행하는 것이 원칙이며, 제69조의 경우의 타율해산은 중의원의 불신임결의에 대항하는 수단으로서 내각에 해산을 인정한 특례에 불과하다는 것이다. 따라서 제7조 3호만에 기초한 타율해산은, 이를 인정할 여지가 없으므로, 제7조 3호는 자율해산과 제69조 해산이 결정되었을 때 천황이 이를 형식적·의례적으로 선포하는 것을 정한 것에 불과하다. 총사직설은, 국민주권원리에서 볼 때 천황이나 내각은 그 고용주에 해당하는 중의원을 해산할 수 있는 자격은 본래 없으므로 해산은 중의원의 총사직에 의해서만 행할 수 있다는 것이다.

해산결의설은 하세가와(長谷川)가, 총사직설은 오자키 유키오(尾崎行雄)가 제시했으나 이 두 가지 설 모두 현재에는 거의 언급되지 않는 소수설이다.

2. 해산의 성질에 관한 학설

1) 균형본질설

국회와 내각이라고 하는 독립기관이, 서로 상대를 제압할 수 있는 무기, 상대로부터 자신을 보호할 수 있는 무기를 갖고, 상로 견제하고, 균형을 이룬다는 것이 균형본질설의 기본이다.

균형본질설은, 의원내각제하에서 내각의 중의원 해산권을 인정한다. 의원내각제의 본질을 균형본질설의 시각에서 볼 때 해산권은 '내각의 전결사항'이 된다.

---

29) 土橋友四郎, 『國會·內閣と憲法上の諸問題』(東京: 學藝書房, 1960), 4-5쪽.
30) 結城光太郎, 「衆議院解散權」, 『ジュリスト』 300号(1964. 6), 45쪽.

2) 책임본질설

국회와 내각 사이의 신뢰관계가 상실되었을 때 '내각 총사직'이라고 하는 형태로 '책임'의 내용을 이해하려고 하는 것이 책임본질설이다.[31]

책임본질설은, ① 중의원에서 중요 안건이 부결되거나 심의미료가 될 경우, ② 정당 내부나 정당 간에 의견이 대립되어 수습이 어려워져 국정이 혼란해질 때, ③ 내각의 기본정책을 변경하는 경우, ④ 정계 개편이 이루어져 내각의 성질이 변질되는 경우, ⑤ 국론을 양분시키는 새로운 정책과제가 발생했을 때 등이 해산권을 행사할 수 있는 근거가 된다고 보는 입장이다.[32]

책임본질설은, 해산권의 근거를 의원내각제에서 찾을 수는 없으며, 천황의 국사행위(헌법 제7조)에의 '내각의 조언과 승인' 규정 등을 근거로 삼고 있다.

3. 해산의 법적 근거에 관한 학설

해산의 법적 근거를 둘러싼 논쟁의 핵심은 중의원 해산권의 근거를 헌법상 어느 조문에서 찾느냐 하는 것에 있다. 헌법상 국회해산을 언급하고 있는 것은 제7조, 제54조, 제69조 등 3개 조문인데, 이 중 제7조와 제69조가 주로 언급되고 있다.[33]

제7조에 의한 해산이 관행처럼 정착되면서 논쟁의 중심은 내각의 해산결정권에 일정한 한계가 있느냐 하는 문제로 옮겨졌다.[34]

해산을 둘러싼 논쟁이 계속되고 있는 가장 큰 이유는 일본헌법에 국회

---

31) 다카미 카쓰토시(高見勝利)는 균형본질설과 책임본질설 양론의 비현실성을 지적하고 있다. 高見勝利, 「'この國のかたち'の變革と'議員內閣制'のゆくえ」, 『公法研究』 62号(2000), 11 – 15쪽.

32) 藤岡 進, 『日本國憲法と政治(新版)』(東京: 大學教育出版, 2003), 191쪽.

33) 제54조는 그 내용이 해산 후의 총선거 실시와 참의원 긴급집회에 관한 것이기 때문에 해산권 논쟁에서는 그다지 거론되고 있지 않다.

34) 大石 眞, 「衆議院解散權の根據と習律上の制約」, 『ジュリスト』 1311号(2006. 5. 1 – 15), 13쪽.

해산과 관련하여 '누가 해산결정 주체인가, 또 해산권을 행사할 수 있는 것은 어떤 경우인가'에 관해 명시하고 있지 않기 때문이다. 헌법 제69조나 제7조의 규정은 그 속에 '중의원을 해산하는 일'이 들어 있는데, 누가 해산을 시키는 것인가는 명료하지 않다.

이렇게 해산과 관련하여 규정이 불완전하기 때문에, 현재는 관행적으로 제7조에 의하여 내각이 국회해산을 결정하고, 그것도 제69조의 불신임결의가 있는 경우에 한정되지 않는다는 설이 정착되고 있다.35)

헌법상, 중의원의 해산과 관련하여 해산의 주체가 누구에게 있는지, 천황에게 있는 것인지 아니면 내각에 있는 것인지 명확하지 않은데 이렇게 해산권의 주체가 명시되지 않은 것은 전후 헌법 제정 당시 일본정부당국자들이 어떤 형태로든 천황이 전후에도 전치에 영향을 미칠 수 있도록 양원제 채택을 강력히 주장했던 것과 같은 맥락에서 이해할 수 있다.36) 해산권의 소재가 천황에게 있는지 아니면 내각에 있는지를 둘러싼 대립은 시간이 흐르면서 내각에 있다는 쪽으로 학설이 정리되었다.

일본국회에 관한 논의는 국정조사권과 국회해산권 문제부터 시작되었다. 제1회 해산은 GHQ의 알선이 있기도 하여 제69조에서 정하는 절차에 따른 것이나, 1952년에 양원의 법규위원회가, 중의원의 해산에 관해 제7조만을 근거로 하는 '권고'를 발표하였고, 이를 받은 요시다 총리가 급거 중의원의 해산을 단행함으로써 헌법학계에서 본격적인 논의가 시작되었다.

결국, 사토 교수에 의해 전개되고 미야자와(宮澤) 교수에게 계승된 제7조 무한정 해산설이 학계의 지지를 받음으로써, 제7조만을 근거로 하는 정치적 관행이 1950년대에 거의 정착하게 되었고, 최고재판소도 통치행위론에 입각하여 정부견해를 추인했다. 1960년대 중반의 학계는, 이 논쟁과 관련하여 후카세 타다카즈(深瀨忠一) 교수는 '이미 제7조 해산설로 종지부가 찍혔다'고 보았다.37)

---

35) 讀賣新聞研究調査本部編, 『日本の國會　證言: 戰後議會政治の步み』(東京: 讀賣新聞社, 1988), 96쪽.

36) 당시 단원제를 채택하려 했던 GHQ는 일본정부의 요구를 수용하면서 상원 격인 참의원의 성격을 전전의 귀족원과 같은 지명 혹은 세습직이 아니라 중의원과 같이 유권자들이 직접 선거하는 선출직 의원으로 하였다.

해산권에 관한 학설은 크게 '제69조 한정설'(이하 제69조 해산설)과 '제
69조 비한정설'로 분류되는데, 제69조 비한정설은 다시 제7조 해산설, 제
65조 해산설, 제도설 등으로 나뉜다.[38] 여기에서는 제69조 해산설과 제7조
해산설의 경위, 핵심 논지 등을 적시함과 동시에 제65조설에 대해서도 간
략히 언급하고자 한다.

□ 제69조 해산설

헌법 제69조는, "내각은, 중의원에서 불신임의 결의안을 가결하거나, 신
임의 결의안을 부결하였을 때에는, 10일 이내에 중의원이 해산되지 않는
한, 총사직하지 않으면 안 된다."고 규정하고 있다.

내각불신임결의안이 가결된 후 내각에 의해 행해지는 중의원 해산은
'제69조 해산'이라고 불리는데, 제69조 해산이라 하더라도 해산조서에는
'헌법 제7조에 의해 중의원을 해산한다.'고 표기되고 있다.[39]

해산은, 제69조의 경우에만 한정되어, 그 해산권은 내각에 속한다. 이에
관해서는 해석상 제69조가, 해산이 행해지는 경우를 한정한 규정이라고는
단정하기 어려우며, 또 선거 당시 직접 쟁점이 되지 않았던 중대 문제가
발생하는 경우 또 국회의 통일적 의사형성에 장애가 발생하여, 내각이 책
임 있는 정책을 수행할 수 없게 되는 상태가 되는 경우 등에는 해산에 의
해 국민의 의사를 묻는 일은 제한되어서는 안 된다는 비판이 있다.

일본의 내각은 의원내각제이며, 국회의 신임하에 성립된다. 제69조 해산
은 중의원에서 내각불신임결의안이 가결되든가, 내각신임결의안이 부결되
는 경우, 즉 내각에 대해 국회가 부정적인 태도를 표명했을 때, 내각은 그
존립의 기초를 상실하게 되므로 총사직하여 책임을 지는 방법의 하나이다.

---

37) 深瀬忠一, 「衆議院の解散」, 『日本國憲法体系 4』(東京: 有斐閣, 1964), 128쪽.
38) 제69조 한정설은 해산 가능성을 좁게 보는 학설로서, 내각이 불신임되든가, 신임이
    부결되는 경우에만 해산을 할 수 있다고 해석하는 것이고, 제69조 비한정설은 제
    69조의 경우 이외에도 해산권의 행사를 인정하는 것으로서, 해산 가능성을 상당히
    넓게 본다. 이 학설은 제7조를 근거로 폭넓게 해산을 인정한다. 제65조 해산설과
    제도설은 헌법조문에 해산과 관련한 직접적인 언급은 없다.
39) 제69조 해산의 경위는 김현우, 앞의 글, 240쪽 참조.

이 해산은 중의원에서 내각불신임결의안이 가결된 경우에 행할 수 있는 해산이다. 내각은 내각불신임결의안이 가결된 경우 내각총사퇴를 할 것인지 아니면 중의원을 해산할지 양자택일해야 한다. 과거 네 차례의 내각불신임결의안이 가결되었으나 모두 중의원 해산이 선택되었다. 이 규정은 헌법 제69조에 규정되어 있다 하여 '제69조 해산'이라고 불린다.[40]

제69조 해산설은 해산의 실질적인 결정권에 관해 헌법에 규정이 없고, 내각의 불신임결의가 있는 경우에는, 내각이 해산을 결정할 수 있다고 추측할 수 있다는 설이다.[41] 행정권은 헌법상 명시적으로 부여된 권한만을 행사할 수 있는 것이 입헌주의의 통칙이므로, 내각은 제69조에서 정하는 바에 한해서만 해산을 결정할 수 있다고 생각하는 입장이다.

근년에는 제69조설을 주장하는 견해가 증가하고 있다.[42] 헌법이 제69조 안에 '내각불신임안'과 병립하여 '신임안'을 규정하고 있으며, 이 내각의 신임안 제출권을 가지고 내각과 중의원과의 균형을 확보하고, 해산제도를 '협동'의 틀 속에 위치 설정하고 있다고 봐야 한다는 견해가 있다.[43] 또 헌법의 통치기구 규정은, 가능한 한 조문에 충실하게 해석해야 한다는 '입헌주의'로부터는 제69조가 중의원 해산을 행할 수 있는 경우에 관하여 정한 유일한 규정이다. 따라서 내각이 해산결정권을 가지며, 해산은 제69조의 경우에 한정되지 않는다는 학설은 주권자를 대표하는 기관을 견제하는 권한을 헌법의 조문보다도 완만하게 인정한다는 의미로서, 국민주권원리에도 저촉되지 않을 수 없다고 한다는 주장이 제기된 지 오래이다.[44]

일본헌법에서는 제41조에서 국회는 국권의 최고기관의 위상을 부여하고

---

40) 내각불신임결의안 가결 사례: ① 1948년 12월 요시다 시게루 내각 ② 1953년 3월 요시다 시게루 내각 ③ 1980년 5월 오히라 마사요시 내각 ④ 1993년 6월 미야자와 키이치 내각

41) 藤岡 進, 앞의 책, 190쪽.

42) 吉田善明, 『日本國憲法論(新版)』(東京: 三省堂, 1995), 138쪽, 手島 孝, 『憲法解釋二十講』(東京: 有斐閣, 1980), 180쪽.

43) 吉田榮司, 「衆議院の解散」, 樋口陽一・野中俊彦編, 『憲法の基本判例(第2版)』(東京: 有斐閣, 1996), 189쪽.

44) 村田尙紀, 「國會・內閣」, 奧平康弘・杉原泰雄編, 『憲法を學ぶ(第3版)』(東京: 有斐閣, 1996), 293쪽.

있으므로 행정부에 의한 해산권의 남용을 방지하는 것이 좋다고 판단하였
으며, GHQ도 제69조를 중시한 바 있다.[45)]

1) 제69조 해산설의 핵심

제69조 해산설은, 해산권은 내각에 속하며, 해산은 내각불신임결의안이
가결되거나 내각신임결의안이 부결된 경우에 한해서만 내각이 중의원을
해산할 수 있다고 보는 설이다.

헌법에 명확하게 규정되어 있는 중의원의 해산은 중의원이 내각불신임
결의안을 가결하거나 내각신임결의안을 부결하고, 내각이 총사직을 하지
않는 경우에 한정된다는 것이 제69조 해산설을 신봉하는 학자들의 공통된
견해이다. 즉 헌법상의 해산권 관련 규정은 제69조뿐이며, 중의원이 내각
불신임을 표명한 경우에만 내각이 중의원을 해산할 수 있으며, 이때 의례
적으로 천황의 행위가 참여한다는 것을 밝힌 것이 제7조의 규정이라는 것
이다. 이 설은 제7조 3호의 '천황의 국사행위'는 그 행위가 처음부터 형식
적·의례적이라고 간주하고, 천황에게 해산권이 있다고 하는 견해 그 자
체를 부정한다.

이처럼 제69조 해산설은, 천황의 국사행위는 그 자체가 본래 형식적·
의례적이며, 제7조 3호에 보이는 '중의원 해산'의 문구도 해산을 결정하는
행위를 포함할 수는 없으며, 이미 결정된 해산을 표시한다고 하는 형식적
의례적인 행위에 불과한 것이며, 내각의 '조언과 승인'도, 그러한 형식적
표시행위에 대한 조언과 승인에 불과한 것이라고 본다.

2) 제69조 해산설의 문제점

헌법 제69조는, 중의원에서 불신임결의안이 가결되든가, 신임결의안이
부결되면 해산된다는 것을 규정하고 있을 뿐이다.

다수의 학자는 제69조는 중의원에서 내각불신임결의안이 가결된 경우에

---

45) 田中 浩, 『戰後日本政治史』(東京: 講談社, 1996), 134－135쪽.

내각이 취해야 할 태도에 관해 특별히 규정한 것일 뿐 해산이 행해져야할 경우를 한정하는 것은 아니라고 해석한다.[46] 즉 내각이 총사직하지 않는 경우에 중의원이 해산된다는 것을 정한 규정에 머무는 것이며, 이 경우에만 해산이 행해지는 것을 정한 규정이 아니라는 것이다. 후지오카 스스무(藤岡 進)도 헌법에는 해산의 실질적인 결정권에 관한 규정이 없으며, 내각불신임결의안이 가결된 경우에는, 내각이 해산을 결정할 수 있다고 '추측'할 수 있다는 태도를 보였다.[47] 이처럼 제69조에는 누가 해산하는가에 관한 언급이 없으며, 적어도 제69조는 진정으로 내각에 해산권이 있다는 것을 정한 규정은 아니나, 그렇게 해석할 수 있는 여지를 다분히 남기고 있을 뿐이라는 데에 문제가 있다.

이처럼 미야자와, 사토, 시노다, 후지오카 등은 제69조가 해산 조항이기는하나, 단지 해산이 '추측' 가능한 조항이라고 해석한다. 이에 반해, 제69조는명시적인 해산 조항이라는 견해를 밝히는 학자가 있는 것을 볼 때 제69조해산설을 지지하는 학자들 간에도 입장의 차이가 있음을 알 수 있다.[48]

혼다 마사토시(本田雅俊)는, 여당이 중의원에서 다수의석을 점하고 있다면 내각불신임결의안이 중의원 본회의에 상정된다 하더라도 가결될 가능성은 희박하다고 지적한다.[49] 이렇게 볼 때 해산요건의 범위를 너무 좁게잡고 있는 제69조 해산설은 결과적으로 국회해산 자체를 어렵게 하고 있는 것이 사실이다.[50]

이 때문에 해산은 반드시 제69조의 경우에 한정되지 않으며, 국민의 의사를 확인할 필요가 있다고 내각이 판단하면, 해산할 수 있다고 해석해야한다는 주장[51]에 주목할 필요가 있다. 총선거 당시에는 쟁점이 되지 않았

---

46) 미야자와 토시요시(宮澤俊義, 1968: 89), 사토 이사오(佐藤 功, 1994: 414), 시노다 토모히토(信田智人, 1994: 77) 등이 대표적인 논자이다.

47) 藤岡 進, 앞의 책, 190쪽.

48) 吉田善明, 『日本國憲法論(第3版)』(東京: 三省堂, 2003), 146 - 147쪽.

49) 本田雅俊, 『現代日本の政治と行政』(東京: 北樹出版, 2001), 62쪽.

50) 불신임안이 가결될 가능성은 낮지만, 허를 찔리는 사례도 있다. 1980년 5월 19일 오히라 총리 당시 내각불신임안이 여당 내의 불협화음으로 인하여 가결되자 총리 는 중의원을 해산하였다.

51) 野中俊彦・浦部法穂, 『憲法の解釋 Ⅲ 統治』(東京: 三省堂, 1992), 113쪽.

거나, 언급되지 않았지만 상황의 변화에 따라 국가정책 수행상 문제가 발생하는 경우, 국회의 의사형성에 장애가 발생하여, 내각이 책임 있는 정책을 수행할 수 없게 되는 상태가 될 경우 등에는 해산에 의해 국민의 의사를 묻는 일은 제한되어서는 안 된다는 주장이다.

□ 제7조 해산설

헌법 제7조는 '천황은, 내각의 조언과 승인에 의하여, 국민을 위하여, 좌(左)의 국사(國事)에 관한 행위를 행한다'고 규정하고 있다. 거기에는 ① 헌법개정, 법률, 정령 및 조약을 공포하는 일 ② 국회를 소집하는 일 ③ 중의원을 해산하는 일 ④ 국회의원의 총선거의 시행을 공시하는 일 ⑤ 국무대신 및 법률이 정하는 기타의 관리의 임면 및 전권위임장 및 대사 및 공사의 신임장을 인증하는 일 ⑥ 대사, 특사, 감형, 형의 집행의 면제 및 복권을 인증하는 일 ⑦ 영전을 수여하는 일 ⑧ 비준서 및 법률이 정하는 기타의 외교문서를 인증하는 일 ⑨ 외국의 대사 및 공사를 접수(接受)하는 일 ⑩ 의식을 행하는 일.

이렇게 '천황의 국사행위'에 의한 해산을 규정하고 있으나, 이것은 '내각의 조언과 승인'이 필요한 상징 천황의 형식적 행위이므로 해산을 실질적으로 결정하는 권한은 내각에 있다고 보는 설이 제7조설이다.

중의원·참의원의 법규위원회는 1952년 7월에 제7조 해산을 인정하는 보고서를 제출하였다.

그리고 1952년 8월, 요시다 내각이 헌법 제7조를 근거로 이른바 '기습해산'을 행했고 이것이 최고재판소 재판에서 합한 판결을 받게 되자 그 후에는 제7조 해산이 통상적인 해산의 형태가 되었다.

1952년의 중의원 해산의 합헌성을 둘러싼 1953년의 도쿄지방재판소 판결, 1954년의 도쿄고등재판소 판결 및 1960년의 최고재판소 판결(도마베치 사건 苫米地事件)이 있으며, 여기에서 '통치행위'에 관한 사법심사권이 부결되어, 내각의 임의에 의한 해산권 행사가 승인을 받았다.[52] 이 판결은 그 후의 일본정치에 큰 영향을 미치게 되는 계기가 되었다.

내각총리대신의 정치적 판단에 근거하여 행해지는 해산이 '제7조 해산'이다. 이것은 중의원의 의사가 어떠하건 내각총리대신의 정치적 판단에 의하여 결정되는 것이다. 천황의 국사행위에 조언과 승인을 부여하는 것은 내각이며, 그 내각에서 중의원의 해산을 발의하는 것은 내각총리대신이다.

제7조 해산은 일본에서는 '전가(傳家)의 보도(寶刀)' 혹은 '내각총리대신의 전결 사항'처럼 여겨진다. 복잡한 정치적 판단에 따라 행사되는 이 해산은 앞의 제69조 해산과는 달리 내각총리대신이 능동적으로 취할 수 있는 권한인데다가 의원들의 지위를 박탈하는 것이므로 그 시기와 정치상황을 숙고한 후에 내각의 총의로서 결단을 내리는 것이 바람직하다.

내각총리대신이 해산을 행하는 주된 이유는 ① 지금 선거를 치러야 여당에 유리한다고 판단할 때, 즉 여당에 대한 지지율이 높을 때, ② 여야 간의 대립으로 인해 중요 법안에 대한 국회에서의 심의가 막다른 골목에 도달했을 때, 이를 국민에게 판단하도록 하기 위해, ③ 국민의 대표기관인 중의원과 국민과의 사이에 커다란 어긋남이 있을 때 등이다.

이 해산은 정책과제와 관련하여 국민의 신임을 묻는다는 표면상의 이유가 있지만 실제로는 야당 측에 커다란 정치적 추문이 있는 시기나 경제가 안정되어 있어서 국민이 현 체제의 유지나 강화를 바라고 있는 것으로 판단될 때 내각총리대신이 중의원을 해산하는 경우가 많다.53) 현실적으로 제7조 해산은 정략의 도구화하였다.

도마베치사건소송(苫米地事件訴訟)에서는 과거 제국의회에서처럼 내각이 의회를 해산할 수 있겠느냐 하는 것이 쟁점이 되었다.54) 통치행위론에 관련해서는 1960년 6월 8일의 '기습해산'의 유효·무효에 관한 이른바 도마베치판결(苫米地判決)을 예로 들 수 있다.55) 1952년 8월 28일의 기습해산

---

52) 吉田榮司, 앞의 글, 93쪽.
53) 오이시 마코토는 이 해산을 성격상 '재량적 해산'이라고 본다.
54) 도마베치사건소송은, 1952년에 있었던 중의원 해산의 효력을 다툰 소송으로서, 민주당의 도마베치 기조(苫米地義三) 의원이 해산무효소송을 제기하면서 시작되었다.
55) 제1심 판결의 요지는, 중의원의 해산은 헌법 제69조의 경우에 한정되지 않는다. 어떠한 경우에 해산을 명할 수 있는가에 헌법은 명시하고 있지 않으나 내각의 정치

에 관하여, 헌법 제7조만에 의한 절차에 따라, 그리고 적법한 각의결정을
결여한 해산을 위헌무효라고 하고, 중의원 의원으로서의 자격확인과 세비
청구 소송을 제기한 도마베치 기조(苫米地義三)에 대해, 1심의 도쿄지방재
판소는, 내각의 조언이 없었다는 이유로 해산을 위헌무효라고 하고, 청구
를 용인하였다(1953. 10. 19).56) 그러나 도쿄고등재판소는, 내각의 조언과
승인이 있었던 것으로 인정하여 1심판결을 취소하고, 청구를 기각하였다
(1954. 9. 22). 이에 대해 최고재판소는, 통치행위론에 입각하여 해산의 합
헌성에 관한 재판소의 심사권을 부정하고, 상고를 기각하였다.57)

여기에서 제7조 해산의 이론적 근거를 제공한 양원 법규위원회의 입장
표명 시기(1952. 6. 17)에 주목할 필요가 있다. 1952년이라면 한국전쟁이
계속되고 있던 시기로서, 일본에서는 전쟁의 일본으로의 비화를 우려하고
있었고, 한편에서 공직추방령이 해제되어 정계에 복귀한 하토야마 이치로
(鳩山一郎)가 세력을 정비하고 있어 요시다 총리는 자신의 지도력 강화문
제로 고심하고 있을 때였다. 또 자유당 내의 반요시다파(反吉田派)가 요시
다 총리와 이케다 하야토 장관의 경제정책을 비판하고, 새로운 경제정책
을 제시할 준비를 하고 있었기 때문에 요시다 총리로서는 정국 타개를 위
한 특별한 대책이 요구되고 있던 때이기도 하다.58)

1) 제7조 해산설의 핵심

제7조 3호는 '천황의 국사행위'의 하나로서 '중의원 해산'을 규정하고 있
으나, 이는 내각의 '조언과 승인'이 필요한 상징 천황의 형식적 행위이므로

적 재량에 위임되어 있다. 野村敬造, 「內閣」, 和田英夫編, 『判例憲法』(東京: 日本評
論社, 1973), 227-228쪽. 1960년 6월 8일의 도마베치사건 상고심 판결에서는, 여러
국가행위가 무제한 사법심사의 대상이 된다고는 속단할 수 없으며, 직접 국가통치
의 기본에 관한 고도의 정치성이 있는 국가행위는, 재판소의 심사권 밖에 있다고
했다. 小林弘人, 「司法」, 和田英夫編, 앞의 책, 235쪽 중의원의 해산 효력은 소송의
전제문제로서도, 재판소의 심사권한의 밖에 있다고 하여 상고를 기각했다. 覺道豊
治, 「統治行爲論」, 和田英夫編, 앞의 책, 246쪽.

56) 岸本弘一, 앞의 책, 99쪽.
57) 岸本弘一, 앞의 책.
58) 信田智人, 『總理大臣の權力と指導力』(東京: 東洋經濟新報社, 1994), 91쪽.

해산을 실질적으로 결정하는 권한은 내각에 있다고 보는 것이 제7조 해산설의 핵심이다. 즉 내각에 자발적인 해산권이 있다고 보는 입장에서, 해산을 행하는 경우나 그 시기에 관해 아무런 제한을 두고 있지 않기 때문에, 해산결정은 내각의 자유로운 재량에 위임되어 있는 것으로 간주하는 것이다.[59] 이처럼 제7조 해산설은, 국민에게 호소하는 점에 해산의 본질이 있다고 하는 시각에서 내각의 해산권 행사를 정당화하려고 한다.

2) 제7조 해산설의 문제점

제7조 해산설은 사실상 내각에 대해 무제한의 해산권을 인정하는 것으로 해석되고 있다. 그러다 보니 내각총리대신은 정부·여당에 유리하다고 판단되는 시점에서 적합한 명분도 없이 해산을 단행하기도 한다.

해산결정이 내각의 재량에 위임되어 있다고 하더라도, 제도의 취지에 반하는 운용은 허용되지 않는다. 그런 의미에서 중의원 해산에 관한 내각의 재량권은 결코 무제한이 될 수 없다는 학자들의 견해[60]는 되새겨 볼 필요가 있다. 중의원 의원의 임기를 평균 2년 6개월 정도로 단축시키고 있는 해산권의 자의적 운용에 대한 대응이 필요한 것은 바로 그러한 연유이다. 따라서 제7조 해산설은 내각에 의한 해산권 남용이라는 비판으로부터 자유롭지 못하며, 실제로 해산권을 남용해 온 것이 문제로 지적된다.

제7조 해산설을 인정하는 학자 중 상당 부분은 습률상의 제약을 단서 조항처럼 강조하고 있다.[61] 특히 후카세 타다카즈는, 내각의 해산권 행사에는 이 제도가 예정하는 본질과 일본 및 외국의 해산제도의 역사 및 경험에 귀납되는 헌법 습률적 제약이 있다는 점을 강조한다.[62] 그는 내각과 중의

---

59) 淺野一郎·河野 久編, 『新·國會事典』(東京: 有斐閣, 2003), 36쪽.

60) 吉田榮司, 「議會制論の50年」, 樋口陽一·森 英樹·高見勝利·辻村みよ子編, 『憲法理論の50年』(東京: 日本評論社, 1996), 102–103쪽, 淸宮四郎, 『憲法Ⅰ(三版)』(東京: 有斐閣, 1979), 201–202쪽.

61) 大石 眞, 「衆議院解散權の根據と習律上の制約」, 『ジュリスト』 1311号(2006. 5. 1–15), 9–17쪽 참조.

62) 深瀬忠一, 「衆議院の解散–比較憲法史的考察」, 田中二郎 編輯代表, 『日本國憲法体系(4) 統治の機構 Ⅰ』(東京: 有斐閣, 1962), 204쪽.

원 간의 의사(意思)가 충돌하는 경우, 정권담당자의 정치적 기반 성격이 변경되는 경우, 전번 총선거 당시 국민의 승인을 받지 않은 중대한 입법·조약 체결 기타 중요 정책을 새롭게 행하는 경우, 선거법의 대대적인 개정이 있는 경우, 임기만료 시기가 근접한 경우에 한해 해산이 가능하다고 했다.

사실적 정황과 해산 관련 자료에 대한 후지모토 카즈미의 분석을 통해 보면, 제7조 해산은 앞의 해산요건을 상당 부분 충족시키지 못하고 주로 내각총리대신의 판단에 따라 단행되어 온 것에 제7조 해산설의 기본적인 문제가 내재되어 있다.[63] 과거의 해산 사례를 보면 내각총리대신의 권한이 강력할 때 해산도 가능한 것으로 나타나고 있다.

따라서 해산이 내각에 의해 난용될 위험도 충분히 고려되어야 할 것이다. 따라서 일본헌법의 운용에 있어 제69조 이외의 해산이 행해지지 않도록 관행을 만들어 가는 일이 중요하다고 하는 것은 오래전부터 고지마 카즈시(小島和司), 오다카 아사오(尾高朝雄), 이리에 토시로(入江俊郎) 등 제69조 해산론자들에 의해서 제기되어 왔다.

내각에 해산권이 인정된다 하더라도, 해산은 국민에 대해 내각이 신임을 묻는 제도이므로, 그에 걸맞은 해산 사유가 있어야 한다.

□ 제65조 해산설

헌법 제65조는, "행정권은 내각에 속한다."고 규정하고 있다. 해산의 실질적 결정권은, 그 형식적 선시(宣示)와는 달리, 그에 선행하는 행위이므로, 후자에 관한 조언과 승인이 인정되므로, 당연히 전자의 기능이 귀속된다고는 볼 수 없으며, 제7조 이외에 그 근거를 찾아, 권력분립과 의원내각제의 채택이라고 하는 헌법의 전체 구조나 제도의 취지 혹은 제65조의 행정권 규정을 근거로 하여 내각에 해산권을 귀속시킨다.

해산권을 제65조에서 정하는 내각의 행정권의 하나로 보는 것이 '제65조 내각설'이다. 국권을 입법·사법·행정의 3권으로 나누면 해산은 결국

---

63) 藤本一美, 『戰後日本政治史 '解散'の政治學』(東京: 第3文明社, 1996) 참조.

행정권에 속한다는 것이다.

제4절 해산의 주체, 효력, 한계

1. 해산권의 주체

의원내각제를 채택하고 있는 일본에서 국회해산과 관련하여 문제가 되는 것은 중의원 해산권의 소재, 즉 누가 중의원을 해산시키느냐 하는 것에 있다. 내각이 중의원을 해산할 수 있는 것은, 중의원이 내각불신임결의를 행하는 경우에 한정되는가 아니면 내각은 재량적으로 해산을 결정할 수 있는 것인가 하는 문제이다. 현실적으로는 내각에 의한 재량적 해산이 행해지고 있으며, 판례 및 다수 학설도 이를 뒷받침하고 있다.64) 단, 그 근거를 둘러싼 논쟁은 계속되고 있다.

해산권의 주체에 관해서는 앞부분의 법적 근거에 따른 학설에 따라 그 주체가 누구인지 달라질 수 있다.

중의원에 대한 해산권은 내각총리대신만이 갖는 권한이며, 내각불신임결의는 중의원에서만 가능하다. 하세가와는 제7조 3호는, "실질적으로는 물론, 법적으로도 권한 있는 기관이, 이미 결정된 해산에 관하여, 천황의 이름에 의한 해산조서를 발하는 것에 의해, 그 행사에 형식적 요건을 갖추어, 그것을 완전히 성립시키는 규정"이라고 해석한다.65) 그는 이 형식적 행위가 국사행위(國事行爲)이며, 내각이 이 형식적 국사행위에 대해서만 조언과 승인을 부여하는 것은 제3조의 내용으로 볼 때 명백하다고 한다.66)

한편, 사토 이사오(佐藤 功)는, "제7조 3호는 해산권의 소재, 즉 그것이

---

64) 憲法研究所編, 『圖說 いま日本政治は!』(大阪: 大阪經濟法科大學出版部, 2003), 64쪽.
65) 長谷川正安, 「解散論爭の盲點－佐藤功氏の所說を契機として－」, 淸水 睦編, 『議會制民主主義』(東京: 三省堂, 1977), 262쪽.
66) 長谷川正安, 앞의 글, 262쪽.

천황에게 속하고 있음을 정하고 있는 것임과 동시에, 그것이 행해지는 경우를 아무런 한정 없이 서술해 놓았기 때문에, 해산은 제7조에 의해 무제한 행해진다고 말하지 않을 수 없다."고 했다. 그는 "실질적으로 결정권은 내각에 있다. 그러나 그것은 제69조에 의해서 결정권을 갖는 것은 아니고, 제7조 그 자체에 의해서 결정권을 갖는 것이다. 즉 내각은 해산에 관해 조언 승인자이나, 그 조언 승인의 내용으로서, 해산의 실질적인 결정권을 갖는 것이다."라고 했다.

결국, 사토와 하세가와는 내각이 실질적인 결정을 내린다는 점에서는 같은 결론이지만, 그것이 제7조에 의한 것인지 제69조에 의한 것인지에 대해서는 의견을 달리한다. 사토는 '천황의 존재'에 무게를 두었고, 하세가와는 '내각의 권한'에 무게를 두고 법을 해석하고 있다.

일본에서는 해산제도는 중의원에만 적용되고 참의원은 해당하지 않는다. 제국헌법하의 제국의회 시절에도 해산은 제1원인 중의원에만 적용되었고 제2원인 귀족원에는 적용되지 않았다. 제국헌법하에서는, 중의원의 해산은 천황 대권에 속하였으며, 천황은 국무대신의 보필을 받아 이를 행사하였다. 실제로 해산을 결정한 것은 늘 내각이었다.

해산권은 내각총리대신의 고유권한으로서, "내각은, 중의원에서 불신임의 결의안을 가결하고, 또는 신임의 결의안을 부결하였을 때에는, 10일 이내에 중의원이 해산되지 않는 한, 총사직을 하지 않으면 안 된다."(헌법 제69조)는 조항과, "천황은, 내각의 조언과 승인에 의하여, 국민을 위하여, 좌의 국사(國事)에 관한 행위를 행한다."(헌법 제7조)는 두 가지 논거에 근거한다.

앞의 무성한 해산권 논쟁과는 별개로, 현실적으로는 내각총리대신이 해산권을 행사하고 있으며, 일반 국민 대다수도 그것을 당연한 것으로 인식하고 있다. 해산권 논쟁은 학계에서만 무성할 뿐 일반 국민 앞에는 그 논의가 제대로 알려지거나, 적어도 무엇이 문제인가에 관해서 거론되고 있지 않고 있는 것이 더 큰 문제라고 할 수 있다.

나카소네 총리는 1985년 6월 24일의 중의원 본회의에서, 해산권은 내각에 부여된 중요한 기능이며, 법적으로 제약받지 않으며, 민의를 묻는 것은 국정 운용상 가장 중요한 일이라고 발언하였다.[67] 이 발언은, 국민에게 호소하는 것(즉 국민의 신임을 묻는 것)에 해산의 본질이 있다고 한 사토 이사오(佐藤 功)의 인식과 동일선상에 있는 인식의 표출이다.

헌법 제69조는, 중의원에서 불신임결의안이 가결되든가, 신임결의안이 부결되면 해산된다는 것을 규정하고 있을 뿐이다.[68] 헌법에 명확하게 규정되어 있는 중의원의 해산은, 제69조, 즉 중의원이 내각불신임결의안을 가결하거나, 신임결의안을 부결하고, 내각이 총사직을 하지 않는 경우이다.[69] 그러나 실제로는 여당이 중의원에서 다수의석을 점하고 있다면 내각불신임결의안이 가결될 가능성은 매우 낮다.

2. 해산의 시기

국회의원의 신분을 박탈하는 해산권은 일단 내각총리대신에게 주어진 권능이기는 하나, 그것을 행사하는 시기(때)를 맞추는 일은 쉽지 않다.

해산·총선거는 내각총리대신의 정치적 판단에 따라 행해진다.[70] 중요 법안에 대한 국민의 의견을 묻는 경우도 있으나, 선거를 행했을 때 정권

---

67) 吉田善明, 『議會·選擧·天皇制の憲法論』(東京: 日本評論社, 1990), 123쪽.

68) 齋藤 壽, 『現代議會構成原理の研究』(東京: 勁草書房, 1984), 195쪽, 信田智人, 앞의 책, 77쪽.

69) 내각불신임결의안 표결 전 총사직한 사례(2건)는 다음과 같다. 제20회 국회(1954. 11. 30 소집) 기간 중인 1954년 12월 6일 불신임결의안이 제출되자 제5차 요시다 내각은 다음 날인 12월 7일에 총사직하였다. 또 제129회 국회(1994. 1. 31 소집) 기간 중인 1994년 6월 23일 불신임결의안이 제출되자 하타 내각은 이틀 후인 6월 25일에 총사직하였다. 그리고 내각불신임결의안이 표결 직전에 해산된 사례(4건)는 다음과 같다. 제28회 국회(1957. 12. 20 소집) 기간 중인 1958년 4월 25일(제1차 기시 내각), 제88회 국회(1979. 8. 30 소집) 기간 중인 1979년 9월 7일(제1차 오히라 내각), 제100회 국회(1983. 9. 8 소집) 기간 중인 1983년 11월 28일(제1차 나카소네 내각), 제147회 국회(2000. 1. 20 소집) 기간 중인 2000년 6월 2일(제1차 모리 내각) 각각 해산하였다.

70) 요시다 총리(자유당)는 3회, 이케다 총리, 사토 총리, 오히라 총리, 나카소네 총리, 고이즈미 총리(이상 자유민주당)는 각각 2회, 하토야마 총리(민주당), 기시 총리, 다나카 총리, 가이후 총리, 미야자와 총리, 하시모토 총리, 모리 총리(이상 자유민주당)는 각각 1회 국회를 해산하였다(1947년 5월~2007년 9월 현재).

이 한층 안정된다고 하는 확신이 있을 경우에 행하는 경우가 대부분이다. 문제는 어떤 경우에 중의원이 해산되는가 하는 것이다. 진정으로 국민에게 신임을 물을 필요가 있는 경우는 대체로 여당에 불리한 상황이기에 해산과 총선거 시행은 경원되기 쉽다. 거꾸로 여당에 유리한 상황하에서는 해산을 바라는 목소리가 높아진다. 중의원의 해산과 총선거는 내각총리대신이 최적의 시기를 계산하여 실시하기 때문에 여당이 대패하여 내각총리대신이 교체될 가능성은 낮다. 자유민주당 정권하에서 행해진 해산을 살펴본 혼다 마사토시에 의하면, 중의원은 임기만료를 회피하기 위해, 정권의 독자성을 보이기 위해, 혹은 총재 재선을 지향하기 위한 어느 요인인가가 특히 더 강하게 작용했다는 것이다.[71]

해산 시기가 사전에 예측된다면, 조직 굳히기나 자금수당 등 준비태세를 갖출 수 있다. 반대로 해산 시기를 잘못 예측하면 너무 빠른 자금투입으로 인해 정말 중요한 시기의 활동경비가 부족해지는 사태까지 맞이할 수 있다.[72] 무엇보다도 해산에 관한 정보를 조기에 입수하고 싶은 것은 여·야당을 막론하고 정당·정치가의 절실한 희망사항이 되었다.

3. 해산의 원인과 효과

내각에 의한 중의원의 해산권은, 중의원의 내각불신임권과 쌍을 이루는 대항적 권한이며 의원내각제의 주요 원칙이다. 해산은 주권자인 국민에게 '민의의 심판'을 받아야 하는 상황이 발생했을 때 국민에게 의사표명의 기회를 주는 제도이다. 가토 슈지로는 해산의 원인을 다음과 같은 세 가지 경우로 분류하였다.[73]

① 의회와 내각간에 교착상태가 발생하는 경우, 그 상황을 타개하기 위해 행해지는 해산

② 정권이 여당 내의 사정으로 인해 변화한 경우, 여당은 같은데 내각

---

71) 本田雅俊, 『現代日本の政治と行政』(東京: 北樹出版, 2001), 62쪽.

72) 伊藤惇夫, 『永田町 權力者たちの情報戰爭』(東京: 光文社, 2003), 128쪽.

73) 加藤秀治郎, 『憲法改革の政治學(增補改訂版)』(東京: 一藝社, 2005), 77쪽.

총리대신만 다른 인물로 교체했을 때, 더 늦어지기 전에 민의를 묻
는 해산

③ 국민의 판단을 요청해야 할 중요 문제가 발생했을 때, 직접 국민의
판단을 요청하고자 행하는 해산

이상 세 가지는 모두 적어도 민주제의 이념에서 보았을 때 해산의 의의
가 인정된다. 그러나 현실적으로는 정부·여당의 형편에 따라 행해지는
해산이 많으며 여당이 선거에서 승리할 가능성이 있는 시기를 기다렸다가
행하는 해산이 많다.

이와는 반대로 해산으로 국민의 신임 여부를 물어야 한다고 생각되는 때에
는, 해산이 회피되고 있다. 비(非)자유민주 연립정권이 붕괴되고 자유민주·사
회·사키가케 3당연립에 의한 무라야마 내각이 발족했을 때 등은 국민의 신임
여부를 물었어야 했지만, 자유민주·사회 양당의 지지자들에게 동요가 발생하
고 있다는 판단 때문에 해산 및 총선거는 행해지지 않았다.

<그림 10-1> 해산

해산 요인/유인	행위	해산의 기대 효과
야당의 대립법안 제출 의안심의 교착상태 도달		국회운영의 교착상태 타개
의회와 내각간에 불신임 상황 발생	⇨ 중의원 해산 총선거 시행 ⇨	국민의 신임 확보
총선거 시행이 여당에 유리하다고 판단		여당 또는 총리대신의 파벌세력 확대

자료: 福岡政行編(1992), 61쪽. 필자가 수정, 보완.

역대 해산 사례는 해산은 총리의 권한이 강할 때 가능한 것으로 나타나
고 있다. 유일하게 임기만료해산을 경험한 미키 총리는 해산을 단행하고
자 했으나 그의 권력 지지기반이 받쳐 주질 못해 임기만료까지 간 적이
있다.74)

---

74) 1976년은 록히드사건으로 어수선했던 한 해였다. 작은 파벌이면서 정권을 담당하

해산은 당연히 국회의원 개인은 물론 정당에도 큰 영향을 미치게 된다. 해산 후에는 반드시 총선거가 시행되는데, 선거결과에 따라서는 여당 내의 역학구도가 변화할 수 있어 정치권의 구도변경을 예상할 수 있다. 집권당이 선거에서 패배하는 경우에는 정권이 교체되거나, 연립여당을 형성해야만 정권을 유지할 수 있는 정치상황을 초래할 수 있다.

중의원의 해산은 정권의 향방에 변화를 초래할 뿐만 아니라 대외정책에도 영향을 미치기 때문에 내외의 관심을 끄는 중대한 정치적 사건이다. 그것은 의원의 임기가 만료하지 않은 상태에서 내각이 국회의원 전원을 사직시키고 총선거를 시행하기 때문이다.

총선거 결과를 보면 해산 후, 해산경위야 어찌되었건 해산을 행한 총리가 이끄는 정당이 의석수를 늘려 총리의 정치력을 증대시킨 사례를 볼 수 있다. 그 대표적인 예가 이케다 총리, 사토 총리, 나카소네 총리 등이 행한 해산이다.[75]

이와는 반대로 '소비세 국회'의 경우에는, 다케시타 총리는 '해산 바람'을 불게 하지 않음으로써, 당내의 결속을 강화하는 한편, 공명·민사 양당 당수에게 '해산하지 않는다'는 언질을 주어 '자공민(自公民) 주도'에 의해 국회문제를 극복하기도 했다.[76]

게 된 미키 수상은 다나카 가쿠에이 전 수상이 연루된 록히드추문을 철저히 규명함으로써 미키 정권의 선명성을 부각시키고자 했다. 수상의 그러한 자세에 위기감을 느낀 다나카파, 후쿠다파, 오히라파 등 파벌연합이 '거당체제확립협의회'라고 하는 집단을 결성하고 '미키 끌어내리기'에 나섬으로써 자유민주당은 사실상 양분되는 상황을 맞이하였다. 미키 수상은 중의원 해산은 물론이고 평균 재직기간이 1년을 넘는 각료들에 대한 인사마저 손대기 어렵게 되었다. 미키는 그해 9월 '거당체제확립협의회' 측과 내각개조는 하되 중의원은 해산하지 않는다는 데 합의했다. 국회의원 임기만료를 3개월 남겨 놓은 시점의 일이다. 총선결과 자유민주당은 분열 속에서 선거를 치렀기 때문에 참패하였고 미키 정권은 퇴진하였다. 佐藤孔亮, 「'解散時期'の徹底研究」, 『政界往來』(2000. 2), 68쪽 참조.

75) 기시 수상의 뒤를 이어 수상이 된 이케다 하야토는 자신의 경제정책을 내걸고, 그 1개월 후에 국민의 신임을 묻기 위해 중의원을 해산했고 선거과정에서 소득배증론을 쟁점으로 하여 그가 속한 자유민주당은 296석이라고 하는 대승을 거두었다. 이케다의 뒤를 이은 사토 수상도 1969년 11월, 미국과의 오키나와협상을 성공적으로 마무리하고, 그 성과를 가지고 중의원을 해산하여 300석에 달하는 의석을 확보하여 정권을 안정시켰다.

76) 大井啓資, 「與野黨會の攻防 － 消費稅國會を中心に」, 藤本一美編, 앞의 책, 87－88쪽.

4. 해산의 효력 발생

해산의 효력은 해산조서가 중의원에 전달된 시점에서 발생한다. 1948년의 경우에는 내각으로부터 본회의장의 국회의장에게 전달되고 그 조서가 낭독되었을 때 효력이 발생했는데, 본회의가 열리지 않은 상태에서 해산하는 경우에는 조서가 의장에게 전달되는 시점에서 그 효력이 발생한다.

5. 해산의 한계 및 해산 남용 방지

해산은, 헌법 제69조의 경우를 제외하면, ① 중의원에서 내각의 중요 안건(법률안, 예산 등)이 부결되거나 심의미료될 경우, ② 정계 재편 등에 의해 내각의 성격이 기본적으로 변화하는 경우, ③ 총선거에서 쟁점이 아니었던 새로운 중대한 정치적 과제(입법, 조약체결 등)에 대처하는 경우, ④ 내각이 기본정책을 근본적으로 변경하는 경우, ⑤ 국회의원의 임기만료 시기가 접근해 있는 경우 등에 한정된다.[77]

본래 국회해산제도는 입헌군주제 헌법하에서 민선대표로 구성되는 국회가 과격한 행동을 할 때에 그에 대한 대항책으로 사용되었으나 국회해산을 아무런 제한 없이 행하게 되면 국회의 지위를 크게 약화시키고 정부독재를 초래할 가능성이 있다. 이 때문에 각국 헌법은 국회해산에 대해 여러 가지 제한을 설정해 두기도 한다.

어느 나라이건, 국회를 해산할 때에는 그 국회의 소속의원과 유권자, 즉 국민에게 해산의 당위를 설명할 수 있는 충분한 명분이 필요하다. 명분뿐만 아니라 해산의 시기와 방법도 중요하다. 해산행위 자체가 정권의 연장과 밀접한 관련이 있기 때문에 국회해산에 관해 엄격히 규정해 두는 일은 대의민주주의제도를 유지, 발전시키는 데 있어서 중요한 일이다.

고바야시 유키오(小林幸夫)는 해산권 난용 방지책으로 다음을 제시하였다.[78] ① 총선거 후 일정 기간 동안(기간 명시) 해산을 금지한다. ② 직전

---

77) 芦部信喜, 『憲法(新版)』(東京: 岩波書店, 1997), 299쪽.

의 해산에서 제시된 해산 사유와 같은 사유에 의한 해산은 금지한다. ③ 국회의원의 임기만료 전의 일정 기간은 해산을 금지한다. ④ 해산권의 행사에는 상원의 동의를 요한다. ⑤ 대통령이 주도권을 장악한 해산권 행사에는 총리 및 양원 의장과의 협의를 조건으로 한다. ⑥ 총리에 대한 신임안이 부결된 경우에 한해서 해산권의 행사를 가능한 것으로 한다.

중의원 해산권은 매우 강력한 무기이므로 내각총리대신이라 할지라도 함부로 해산권을 행사해서는 안 된다. 먼저 내각의 각료들을 설득해야 하고, 자파 및 여당 내부의 각 파벌의 동의를 요한다. 여기에 때에 따라서는 어느 정도 야당의 합의를 이끌어 내는 일도 필요하다.[79]

해산을 하기 위해서는 대의명분이 필요하고, 정부·여당을 총선거에서 승리로 이끌어 자파세력을 확장하기 위해서는 그 대의명분을 유권자에게 설명해야 한다. 내각총리대신이 그 세력을 확장시킬 수 있느냐 없느냐 하는 것은 어디까지나 유권자의 판단에 의하기 때문이며, 총선거 결과가 내각총리대신의 향후의 지도력을 크게 좌우하기 때문이다.[80]

유럽 여러 나라에서는 의원내각제를 채택하고 군주 또는 대통령의 의회해산권을 인정하는 경우에도 해산권에 어떤 제한을 두는 예가 적지 않다. 그 주된 제한방법으로서는, 해산의 절차에 관한 제한, 해산의 사유 또는 목적에 관한 제한, 해산의 시기에 관한 제한, 연속 해산에 대한 제한 등인데 이들 나라의 사례가 일본국회의 해산에 주는 시사점은 크다고 할 수 있다.[81]

---

78) 小林幸夫, 「衆議院の解散制度の制限と現實的活用」, 加藤秀治郎編, 『憲法改革の構想』 (東京: 一藝社, 2003), 103－104쪽.

79) 信田智人, 『總理大臣の權力と指導力』(東京: 東洋經濟新報社, 1994), 100쪽.

80) 信田智人, 앞의 책, 100쪽.

81) 영국, 영연방제국, 아일랜드, 독일 등에서는 해산하지 않고 정권교대의 가능성이 있는가를 원수(총독)가 판단하여, 해산을 거부(회피)할 수도 있다. 독일연방의회에서는, 총리신임결의안이 부결된 경우, 21일 이내에 국회를 해산할 수 있으나, 그 사이에 다른 인물을 연방의회의원 과반수의 찬성으로 총리로 선출하게 되면 해산권은 소멸된다. 또 노르웨이의 의원내각제가 의회의 해산 없이도 잘 지내온 것은 국민투표가 의회해산의 충분한 대체물로 간주되어 왔기 때문이다. 프랑스와 스웨덴에서는 조각 후 일정한 해산금지기간을 설정해 두고 있다. 이들 나라의 사례는 初宿正典(1994), 347－348쪽, 藤田晴子(1988), 92－93쪽, 加藤秀治郎(2002), 71쪽 참조.

고바야시는 중의원 해산과 내각불신임 문제를 제안하기에 앞서, 해산결정권이나 신임·불신임의 대상에 관해, 현행 헌법과 같은 내각연대책임제를 포기하고, 내각을 대표하는 내각총리대신의 개별책임제를 택할 것을 주장한다. 그 이유는 현행 규정에서는, 국회가 지명하는 것은 내각총리대신인데, 국회에 대한 책임은 내각총리대신이 아니라 내각으로 되어 있는데 이것은 정합성이 없다는 논지이다.[82] 이는 곧 해산제도와 내각총리대신의 지도력 강화를 연계시킨다는 발상이다.

제5절 해산 절차

1. 제69조 해산

중의원 본회의에 상정된 내각불신임결의안이 가결되든가 내각신임결의안이 부결되면 내각총리대신(수상)은 내각을 총사직하든가 아니면 중의원을 해산하게 된다.[83] 해산을 선택하는 경우, 총선거 실시 및 특별회 소집 등의 과정은 제7조 해산의 경우와 같으며, 특별회에서 내각총리대신을 지명하게 된다. 다만, 불신임결의안이 가결되고, 내각총리대신이 해산을 선택하는 경우, 실질적으로는 제69조 해산이나 해산조서에는 제7조에 의한 해산이라고 표기된다.[84]

<그림 10-2>에서 보는 것처럼, 제69조 해산은 중의원의 의사(意思)가 제시된 후의 해산인 데 반해, <그림 10-3>의 제7조 해산은 중의원의 의사가

---

82) 小林幸夫,「衆議院の解散制度の制限と現實的活用」, 加藤秀治郎編,『憲法改革の構想』
   (東京: 一藝社, 2003), 103-104쪽.

83) 불신임결의안은 현재까지 4회 가결되었는데 당시의 내각총리대신은 모두 중의원
   해산을 선택했다. 내각불신임결의안 가결 당시의 내각: ① 1948년 12월 제2차 요시
   다 시게루 내각 ② 1953년 3월 제4차 요시다 시게루 내각 ③ 1980년 5월 제2차 오
   히라 마사요시 내각 ④ 1993년 6월 미야자와 키이치 내각

84) 1948년 12월 23일의 공모해산의 경우에만 '제69조 및 제7조에 의한 해산'이라고
   표기되었다.

제시된 후 또는 제시 전이라도 내각총리대신의 정치적 판단으로 해산·총선거 시기를 자유롭게 결정할 수 있는 해산이라는 점이 다르다.

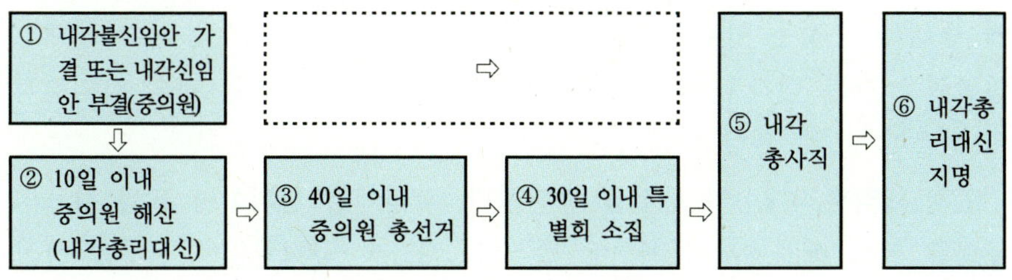

〈그림 10-2〉 해산·총사직 흐름도 1

내각이 총사직하는 경우에는 국회(중의원·참의원)에서 바로 내각총리대신을 지명하면 되나, 중의원을 해산하는 경우에는 다음과 같은 절차를 밟아야 한다.

내각불신임안이 가결되거나 내각신임안이 부결되면 내각 총사직을 하지 않는 이상, 내각총리대신은 10일 이내 중의원을 해산해야 한다. 중의원이 해산되면 40일 이내 중의원 총선거를 시행해야 한다. 총선거가 종료되면 그로부터 30일 이내에 국회 특별회를 소집하게 되는데 이때 내각은 총사직하도록 되어 있다.

총선거가 끝나고 중의원에 새로운 국회의원들이 들어오면 내각은 그 중의원과 참의원을 소집(특별국회)하여 바로 총사직한다. 그리고 국회는 곧바로 새로운 내각총리대신을 지명하여 새 내각을 구성한다. 소집된 특별회에서 내각총리대신을 지명하는 절차를 밟는다.

2. 제7조 해산

내각총리대신은 특별한 상황이 전개되었을 때 자신의 해산 의지를 굳힌다.

해산은 중요한 정치행위이기 때문에 내각총리대신이 결심을 했다 하더라도 반드시 각의에서 논의되고 결정되지 않으면 안 된다. 이를 각의결정이라고 하는데 각의결정은 전회일치, 즉 전원의 찬성이 있어야만 사안을 결정할 수 있다.

각의(閣議)를 열어 동의를 구하고 모든 각료의 서명을 받게 된다. 그는 각료들에게 해산의 당위를 설명하고 설득하지만 언제나 모든 각료가 해산에 동의하는 것은 아니다. 해산에 반대하는 각료가 있는 경우, 국무대신 임면권을 갖는 내각총리대신은 그 각료를 파면하고 원하는 바의 각의결정을 이끌어 낼 수 있다.

먼저 내각총리대신이 해산을 결단하면, 각의에서 상의하여 모든 각료의 동의를 얻어 해산조서에 서명을 받는다. 해산은 국회의원의 신분을 상실케 하는 중요한 결정이므로 전 각료의 일치에 의하여 결정하지 않으면 안 된다. 만약 해산에 반대하는 각료가 있어 각의서(閣議書)에 서명하기를 끝까지 거부하는 경우 내각총리대신은 해산을 단념하든가, 그 각료를 파면하고 교체하든가 하여 각의에서 해산을 결정한다.

모든 각료의 서명을 받은 내각총리대신은 천황에게 해산조서에 대한 재가를 요청하는데, 천황은 이에 대해 거부하거나 이의를 제기하거나 하는 일 없이 재가하게 된다.

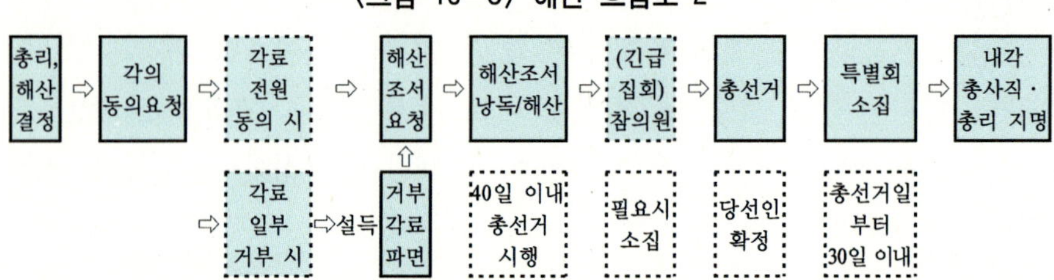

〈그림 10-3〉 해산 흐름도 2

"천황은, 내각의 조언과 승인에 의해 국민을 위해, 국사에 관한 행위를 행한다."고 한 헌법 제7조에 근거하여 조서에 천황의 어명어새(御名御璽)를 받기 위해 내각 관방의 수석참사관이 궁중(宮中)에 들어가 천황의 해산 재가를 받아오고 내각총리대신이 해산조서에 부서(副書)하면 해산조서는 완성된다. 해산조서는 보라색 보자기에 싸여 국회 내의 내각참사관실에 잠시 보관되다가 수석참사관이 내각관방장관에게 건네준다. 내각관방장관은 조서를 들고 중의원 본회의장으로 가 사무총장을 통해 의장에게 전달한다.

내각총리대신이 서명하고 일시를 기록(부서)한 해산조서는 내각총리대신으로부터의 전달서(傳達書)와 함께 '보라색 명주 보자기'에 싸여 검은색으로 칠한 쟁반에 올려져, 관방장관이 중의원 본회의장으로 들고 가 전달한다. 오늘날에는 '무라사키노 후쿠사(紫の袱紗, 보라색 명주 보자기)'는 국회해산의 대명사가 되었다.[85] 그런데 보라색 보자기에 싸여 본회의장으로 정중히 운반되는 해산조서는 실은 모필(毛筆)로 옮겨 적은 것이며, 원본은 내각참사관실의 금고에 보관되고 있다.

해산조서를 전달받은 의장은 즉시 의사를 중지하고 "지금 내각총리대신으로부터 조서가 발부되어 전달되었으므로 낭독하겠습니다."라고 말한다. 그러면 의장을 포함한 모든 의원이 기립한 가운데 의장이 '헌법 제7조에 의하여 중의원을 해산한다.'는 내용의 조서를 낭독하면 해산이 되는 것이다.

해산조서는 회의 중이거나 비회의 중을 가리지 않고 전달된다.[86] 해산조서가 회의 중에 전달되었을 때에는, 의장은 즉시 의사를 중단하고 조사를 낭독한다.[87]

해산조서가 낭독되면 의원들은 '만세! 만세!' 하고 외치며 본회의장이 떠나갈 정도로 박수를 치고 환호성을 올린다.[88] 그리고 의원들은 동료의

---

85) 이 보라색 보자기는 가로세로 각각 68센티미터, 겉은 보라색, 속은 순백의 견직물이다.

86) 衆議院事務局, 『衆議院先例集』(東京: 衆議院, 2003), 25쪽.

87) 衆議院事務局, 앞의 책, 31쪽.

88) 중의원 의장이 해산조서를 낭독하여 해산이 효력을 발하는 순간 국회의원들은 일제히 손을 들어 만세를 외치며 박수를 한다. 해산 시 국회의원들이 만세를 부르는 것은 역사가 깊어서 제국의회 시절로 거슬러 올라간다고 한다. 해산 시 의원들이 왜 만세를 부르는지 그 이유는 명확하지 않다. 다만, 치열한 선거전에서 승리하여 다시 돌아오겠다는 기합을 넣는 의미, 또는 출전의지가 담겨 있는 것으로 이해되고 있다. ≪産經新聞≫ 2000년 6월 2일자. 단, 공산당 소속의원들은 만세를 부르지 않는 것을 관례로 하고 있다. 만세를 부를 때, 의원들은 손바닥을 앞으로 향하고 들어올리는 것이 아니라, 마주보는 모습으로 들어올리는데 그 이유는 손바닥을 앞으로 보이게 하면 '항복'을 의미하기 때문이다. 의원들이 만세를 부르는 것은 제국의회에서 전해져 내려오는 관습의 하나이다. 제국의회 시대인 1917년(大正 6) 1월 데라우치 마사타카(寺內正毅) 내각하에서 행해진 해산 때 '만세' 하고 외치는 자 있고, 박수하는 자 있다고 중의원의 의사속기록에 기록되어 있다고 한다.

원들과 악수를 하거나 재회를 기약한다.

폐회 중에 해산조서가 전달되었을 때에는 국회의장은 의장응접실로 각 회파 대표자의 참집을 요청한 후 조서를 낭독하며, 중의원 사무국은 중의원 공보를 통해 각 국회의원에게 통지한다.[89]

중의원이 해산되었을 때에는 내각은 정부성명 또는 내각총리대신 담화의 형식을 빌려 해산 이유를 발표하는 것이 관례로 되어 있다.

중의원이 해산되면 그 순간부터 의원으로서의 자격을 상실한다. 그리고 해산 후 40일 이내에 총선거를 행하고 총선거일부터 30일 이내에 '특별회'를 소집하도록 되어 있다. 중의원이 해산되었을 때에는 참의원은 그와 동시에 폐회한다.[90]

총선거가 시행되고 난 후에 열리는 국회를 특별회(특별국회)라고 하는데, 내각은 특별회 소집과 동시에 총사직한다. 그 후 중의원·참의원 양원에서 내각총리대신을 지명하는 선거가 행해진다.

---

89) 야당에 의한 본회의 참석 심의거부 등으로 본회의에서 조서 전달이 없었던 해산은 1952년의 기습해산, 1980년의 해프닝해산, 1986년의 정수시정해산 등 3회이다. 五十嵐ふみひこ, 『選擧のしくみがわかる本』(東京: 明日香出版社, 1992), 26-27쪽. 1986년 6월 2일(제105회 임시국회) 당시 나카소네 수상에 의한 해산은, 해산에 반대하는 야당의 본회의 불참이 명백해지자 본회의를 열지 않고 중의원 의장 응접실에서 자유민주당 관계자 10명 앞에서, 관방장관이 가지고 온 조서를 낭독하고 의회를 해산한 이례적인 사례이다.

90) 공직선거법 제31조 ① 중의원 의원의 임기만료로 인한 총선거는, 의원의 임기가 끝나는 날의 전(前) 30일 이내에 행한다. ② 전항의 규정에 의하여 총선거를 행해야 할 기간이 국회 개회 중 또는 국회 폐회일부터 30일 이내에 걸리는 경우는, 그 총선거는, 국회 폐회일부터 31일 이후 35일 이내에 행한다. ③ 중의원의 해산에 의한 중의원 의원의 총선거는, 해산일부터 40일 이내에 행한다. ④ 총선거의 기일(期日)은, 적어도 12일 전에 공시하지 않으면 안 된다. ⑤ 중의원 의원의 임기만료로 인한 총선거 기일의 공시가 있은 후 그 기일 전에 중의원이 해산되었을 때에는, 임기만료로 인한 총선거의 공시는, 그 효력을 상실한다.

제6절 긴급집회

1. 의의

일본의 양원제 의회제도하에서 상원 격인 참의원은 하나의 독특한 기능을 하고 있다. 중의원이 임기만료 전에 해산되었을 때 참의원은 해산과 동시에 폐회하도록 되어 있는 것은 앞에서 본 바와 같다. 다만, 내각은 국가에 긴급한 필요가 있을 때, 참의원에 긴급집회를 요구할 수 있도록 되어 있다. 즉 참의원은 중의원의 해산과 동시에 폐회되지만 국정 수행에 공백이 있어서는 안 되기 때문에 국정 수행의 계속성 기능을 하도록 한 것이다.

중의원이 해산되어 총선거가 시행되고, 특별회가 소집될 때까지의 기간에, 법률의 제정·예산의 개정 기타 국회의 개회를 요하는 긴급한 사태가 발생했을 때, 국회를 대행할 수 있도록 한 것이 참의원의 긴급집회제도이다.[91]

국회는 중의원과 참의원의 '동시활동'을 원칙으로 하고 있는데, 참의원의 긴급집회는 이 원칙에 대한 예외이다.[92] 긴급집회는 다른 나라의 의회에 그 예가 거의 없는 독특한 제도이다.[93]

2. 소집권자 및 소집

긴급집회의 소집권자는 참의원 의장이며 중의원의 해산 중에 긴급한 필요가 있을 때 '집회 통지'를 보내 소집한다.

긴급집회는 헌법 제54조에 규정되어 있으며, 그 절차는 국회법(제99조)

---

91) 芦部信喜, 『憲法(新版)』(東京: 岩波書店, 1997), 275쪽.

92) 제국헌법하에서는 '긴급명령제도'가 있어서, 일본제국정부는 제국의회 폐회 중, 또는 폐회 중이지만 임시의회를 소집할 시간이 없을 때, 천황의 대권에 의해, 긴급조치를 취할 수 있도록 되어 있었다. 淺井 淸, 『國會槪說』(東京: 有斐閣, 1948), 180쪽. 참조.

93) 國會法規硏究會, 「國會の活動の終了(7)」, 『時の法令』 1667号(2002), 63쪽.

에서 정하고 있다.[94] 단, 이 절차는 국회의 소집과 같다고 할 수는 없으므
로 천황의 국사행위라고는 해석되지 않는다.[95]

3. 긴급집회 개최요건

긴급집회의 요건으로는 다음의 세 가지가 있다: ① 중의원이 해산 중이어
야 한다. ② 국가에 긴급한 필요가 있어야 한다. ③ 내각의 요청이 있어야
한다. 즉 내각총리대신은 집회기일을 정하여, 안건을 제시하고, 참의원 의장
에게 이를 청구해야 한다. ④ 앞의 항의 규정에 의한 청구가 있을 때에는,
참의원 의장은, 이를 각 국회의원에게 통지하고, 국회의원은 앞의 항에서
지정한 집회기일에 참의원에 집회해야 한다.[96] 이 중 ①번, ③번 그리고 ④
번은 명백한 가시적 혹은 절차적 요건이나, ②번은 '국가에 긴급한 필요'라
고 하는 의미에 관해 해석상 논란의 소지가 있을 수 있다. 긴급집회는 내각
이 요청하기 때문에 '국가에 긴급한 필요가 있을 때'에 해당하는지 아닌지
에 관한 구체적인 판단은 오로지 내각에 위임되어 있기 때문이다.

여기에서 '국가에 긴급한 필요'라고 하는 것은 일반적으로는 총선거 후 특
별히 소집을 기다릴 수 없을 정도로 절박한 국가적인 필요가 발생한 경우를
가리키는 것으로 이해된다.[97] 또 법률의 제정, 예산의 의결, 자위대의 방위출
동 및 재해긴급조치에 대한 승인 등 국회의 의결을 요하는 일이 긴급히 요청
되어, 역시 총선거 후의 특별회 소집을 기다릴 여유가 없는 경우를 말하는
것으로 이해된다.[98] 그런데 '국가에 긴급한 필요'에 해당하는지 아닌지의 판

---

94) 헌법 제54조(중의원의 해산·특별회, 참의원의 긴급집회) ① 중의원이 해산되었을
    때에는, 해산일부터 40일 이내에, 중의원 의원의 총선거를 행하고, 그 선거일부터
    30일 이내에, 국회를 소집하지 않으면 안 된다. ② 중의원이 해산되었을 때에는,
    참의원은, 동시에 폐회한다. 단, 내각은, 나라에 긴급한 필요가 있을 때에는, 참의
    원의 긴급집회를 요구할 수 있다. ③ 전항(前項) 단서의 긴급집회에 있어 취해진
    조치는, 임시적인 것으로서, 다음 국회 개회 후 10일 이내에, 중의원의 동의가 없
    는 경우에는, 그 효력을 상실한다.

95) 原田一明, 『議會制度』(東京: 信山社, 1997), 226쪽.

96) 竹內重年, 「參議院の緊急集會の權能」, 小嶋和司編, 『ジュリスト增刊 憲法の爭點(新
    版)』(東京: 有斐閣, 1985), 178쪽.

97) 竹內重年, 앞의 글.

단은, 참의원에 대한 긴급집회를 요구하는 권한을 갖는 내각이 행하는데, 가능하면 엄밀하게, 한정적으로 행해져야 한다는 견해가 일반적이다.[99]

헌법은, 긴급한 필요를 발생하는 사태를 그러한 국가비상사태의 경우로만 한정하고 있지 않다는 것이 일반적인 견해이다. 비상사태이건 아니건 간에 특별회 소집까지 기다릴 여유가 없는 사태를 '국가에 긴박한 필요가 있을 때'로 해석하는 것이 타당하다고 본다.

긴급집회는 과거 2회 있었는데, 1952년 8월의 긴급집회는, 헌법 제79조 2항이 정하는 최고재판소 재판관의 국민심사사무관리에 나서야 할 중앙선거관리회 위원을 지명하기 위해 열렸다. 또 1953년 3월에는 잠정예산의 의결 등을 하기 위해 열렸다.[100]

긴급집회에서는 내각이 제시한 안건에 관해 심의하고 의결을 행하나, 가부 간의 판단은, 내각의 의향과는 관계없이, 참의원이 독자적으로 행한다. 긴급집회가 국회의 권능을 대행하는 것이기는 하지만, 내각총리대신 지명이나 헌법 개정 발의는 할 수 없는 것으로 해석되고 있다.[101] 긴급집회의 회기에 관해서는 헌법이나 국회법에서 아무런 규정을 두고 있지 않다.

4. 긴급집회 요구 절차 및 심의

내각총리대신은 집회의 기일 및 안건을 제시한 문서를 참의원 의장에게 청구해야 한다(국회법 제99조 1항). 내각이 참의원에 대해 긴급집회를 청구할 때 그 청구기일에 관한 규정은 없으나 적어도 집회기일의 3일 전에 청구한 선례가 있다.

참의원 의장은 긴급집회 청구가 있으면 이를 각 국회의원에게 통지하고, 각 국회의원은 지정된 기일의 오전 10시에 참의원에 집회하지 않으면 안 된다.

긴급집회에서는 내각총리대신이 제출한 안건에 대해 심의하고 의결한다.

---

98) 宮澤俊義, 『全訂日本國憲法』(東京: 日本評論社, 1978), 406쪽.
99) 國會法規研究會, 「國會の活動の終了(7)」, 『時の法令』 1667号(2002), 63쪽.
100) 竹內重年, 앞의 글.
101) 淺野一郎・河野 久編, 『新・國會事典』(東京: 有斐閣, 2003), 37쪽.

의안의 발의권은 원칙적으로는 내각에 속하며, 참의원 소속의원은 긴급집회에서는 당해 안건에 관련이 있는 것에 한하여 의안을 발의할 수 있다.

긴급집회에서의 심의는 통상적인 회기에서의 심의와 같은 절차로 행해진다. 내각이 제출한 법률안을 수정하는 일도 인정되고 있다. 단, 아직까지 법률안을 심의하기 위해 긴급집회가 개최된 적은 없다.

긴급집회는 국회의 대행기관으로서의 기능을 맡는 것이기 때문에, 원칙적으로 국회의 기능인 법률이나 예산의 제정 등에 이르나, 어디까지나 긴급한 필요가 있는 것에 한정되어야 하는 것으로 해석되고 있다.[102]

〈그림 10-4〉 긴급집회의 절차 및 효력 발생

중의원 해산	⇨	참의원 폐회 (중의원 해산 즉시)	⇨	내각, 긴급 집회 청구	⇨	긴급집회 (특정 사안 의결)	⇨	중의원 특별회 개회	⇨	긴급집회의 의결내용에 동의할 경우 ⇨ 유효
										의결내용에 동의하지 않을 경우 ⇨ 실효

5. 긴급집회 종료 및 사후 동의

긴급한 안건이 모두 의결되면 의장은 긴급집회가 끝났음을 선고하며, 이 선고로 긴급집회는 종료된다. 긴급집회에서 안건이 가결된 경우 참의원 의장은, 공포를 요하는 것은 내각을 경유하여 상주(上奏)하고, 기타의 것은 내각에 송부한다. 또 참의원 사무총장은 집회한 기간 및 긴급집회에서 성립한 법률의 공포, 예산의 송부 등에 관해 중의원 사무총장에게 통지한다.

긴급집회에서 취해진 조치, 즉 법률안이나 예산의결 등의 행위는 임시의 것으로서 다음 국회 개회 후 10일 이내에 중의원의 동의가 없을 때에는 그 효력을 상실한다(헌법 제54조 3항). 효력을 상실하는 것은 장래를 향한 것이며, 소급하여 무효가 되는 것은 아니다.[103] 조치가 효력을 상실하는 시기에 관해서는, 중의원의 동의가 없는 것이 확정된 시점, 즉 중의원이 참의원의 긴

---

102) 吉田善明, 『日本國憲法論(第3版)』(東京: 三省堂, 2003), 147쪽.
103) 宮澤俊義, 『全訂日本國憲法』(東京: 日本評論社, 1978), 410-411쪽.

급집회에서 취해진 조치에 대해 동의를 요구하는 건을 부결한 시점, 또는 동의의 의결 없이 10일의 기간을 경과한 시점인 것으로 해석된다.[104]

중의원의 동의가 있을 때에는, 참의원의 긴급집회에서 취해진 조치는 국회에서 의결된 경우와 같은 효력을 갖는 것이 확정된다. 참의원 긴급조치에서 취해진 조치에 대한 중의원의 동의에 관한 안건은 내각으로부터 제출되며, 다음 국회의 소집일에 제출되는 것이 선례이다.[105]

<표 10-1> 국회해산 일람

해산일 (회기)	총선거일	해산 호칭	내각	해산 경위 및 근거
1945.12.18. (제89회) 임시회	1946. 4.10.	총사령부해산 (GHQ解散)	시데하라	제89회 제국의회 임시회는 선거법 개정(여성참정권, 공민권 확대, 대선거구제), 농지법, 노조법 등을 성립시켰다. 1946년의 임기만료를 앞두고 GHQ가 새로운 선거법에 의한 선거 실시를 위해 중의원 해산을 지시함.
1947.3.31. (제92회) 상회	1947. 4.25.	신헌법해산 (新憲法解散)	요시다	새 헌법시행에 수반되는 여러 법령 시행을 위해, 또 새로운 중의원 의원을 선출하기 위하여 GHQ가 해산을 지시. '제2차 총사령부해산'이라고도 함.
1948.12.23. (제4회) 상회	1949. 1.23.	공모해산 (馴れ合い解散)	제2차 요시다	해산권의 근거를 헌법 제7조로 하는 정부·여당과 제69조라고 하는 야당이 대립. GHQ의 뜻을 받아 여야가 막후에서 합의하여 해산. 내각불신임결의안 가결(12.23.) 직후 해산. 헌법 제69조 및 제7조 해산.
1952.8.28. (제14회) 상회	1952. 10.1.	기습해산 (拔き打ち解散)	제3차 요시다	공직추방에서 해제된 하토야마파가 1952년 초부터 활동 개시. 자유당 내의 항쟁이 격화되자 요시다 수상이 반요시다파(하토야마파)에 타격을 주기 위해 국회소집 후(당일) 본회의를 열지 않고 해산. 소집일에 의장 선거를 행하고 그 이틀 후에 해산. 헌법 제7조 해산.
1953.3.14. (제15회) 특별회	1953. 4.19.	바카야로해산 (バカヤロウ解散)	제4차 요시다	요시다 수상이 중의원 예산위원회에서 니시무라 에이이치 의원에게 '바카야로' 하고 말한 것에서 발단. 내각불신임결의안 가결(3.14.) 직후 해산. 헌법 제7조 해산.

---

104) 宮澤俊義, 앞의 책, 411쪽.
105) 國會法規研究會, 「國會の活動の終了(7)」, 『時の法令』 1667号(2002), 66쪽.

해산일 (회기)	총선거일	해산 호칭	내각	해산 경위 및 근거
1955.1.24. (제21회) 상회	1955. 2.27.	하늘의소리해산 (天の聲解散)	제1차 하토야마	하토야마 민주당 총재가 좌우사회당에 대하여 국회해산을 약속하고 수상 지명을 받은 후, 조각 후 해산은 '하늘의 소리'라고 말하고 해산. 헌법 제7조 해산.
1958.4.25. (제28회) 상회	1958. 5.22.	대화해산 (話し合い解散)	제1차 기시	보수합동에 의한 자유민주당 창당과, 좌우사회당의 통일을 배경으로 자사(自社) 양당 당수가 대화로 합의하에 해산. 기시내각불신임결의안에 대한 토론 중 헌법 제7조에 의해 해산.
1960.10.24. (제36회) 임시회	1962. 11.20.	안보해산 (安保解散)	제1차 이케다	일미안보신조약 성립 후, 기시수상의 뒤를 이어 취임한 이케다 수상이 인심일신(人心一新)을 이유로 해산. 헌법 제7조 해산.
1963.10.23. (제44회) 임시회	1963. 11.21.	무드해산 (ムード解散)	제2차 이케다	도쿄올림픽을 앞두고 그전에 선거를 마쳐야 한다는 분위기가 고조되어 해산. '예고해산'이라고도 함. 헌법 제7조 해산.
1966.12.27. (제54회) 상회	1967. 1.29.	검은안개해산 (黒い霧解散)	제1차 사토	교와제당(共和製糖)사건 등 불상사가 연이어 발생하므로 해산. 소집일에 의석 지정 후 해산. 헌법 제7조 해산.
1969.12.2. (제62회) 임시회	1969. 12.27.	오키나와해산 (沖繩解散)	제2차 사토	오키나와의 '핵 제거·본토 수준'의 반환을 쟁점으로 해산. 헌법 제7조 해산.
1972.11.13. (제70회) 임시회	1972. 12.10.	일중해산 (日中解散)	제1차 다나카	중국과의 국교정상화를 배경으로 해산. 헌법 제7조 해산.
임기만료	1976.12.5.	록히드선거	미키	자유민주당, 최초의 과반수 미달
1979.9.7. (제88회) 임시회	1979. 10.7.	증세해산 (增稅解散)	제1차 오히라	오히라 수상이 안정다수의석 확보를 노리고 해산. 일반소비세 도입 등 증세문제가 쟁점. 헌법 제7조 해산. 내각불신임결의안 본회의 상정 후 해산.
1980.5.19. (제91회) 상회	1980. 6.22.	해프닝해산 (ハプニング解散)	제2차 오히라	자유민주당의 당내 항쟁의 응어리가 남아, 당내 반주류파의 본회의 결석으로 야당이 제출한 내각불신임안이 가결(5.16.)되자 해산 결정. 헌법 제7조 해산.
1983.11.28. (제100회) 임시회	1983. 12.18.	다나카판결해산 (田中判決解散)	제1차 나카소네	록히드사건 1심 판결에서 다나카 전 수상이 유죄판결을 받자 그 책임을 둘러싸고 국회가 공전되다가 해산. 내각불신임결의안 본회의 상정 후 수상이 해산. 헌법 제7조 해산.

해산일 (회기)	총선거일	해산 호칭	내각	해산 경위 및 근거
1986.6.2. (제105회) 임시회	1986. 7.6.	정수시정해산 (定數是正解散)	제2차 나카소네	나카소네 수상이 중·참 동일 선거를 기도하여 해산. 헌법 제7조 해산. 신다후리해산이라고도 함. 소집일에 본회의를 열지 않고 헌법 제7조에 의해 해산.
1990.1.24. (제117회) 상회	1990. 2.18.	소비세해산 (消費稅解散)	제1차 가이후	참의원 선거(1989.7.23.)에서 자유민주당 대패 후 소비세, 리쿠르트사건을 쟁점으로 해산. 1989년도의 수전(水田)농업확립조성 보조금에 관한 소득세 및 법인세의 임시특례에 관한 법률안 가결 후 헌법 제7조에 의해 해산.
1993.6.18. (제126회) 상회	1993. 7.18.	정치개혁해산 (政治改革解散)	미야자와	선거제도개혁이 실현되지 않자 야당이 제출한 내각불신임안이 가결(6.18.)됨으로써 해산. 헌법 제7조 해산.
1996.9.27. (제137회) 임시회	1996. 10.20.	신선거제도해산 (新選擧制度 解散)	제1차 하시모토	하시모토수상, 주전(住專)국회 극복 후, 오키나와 주둔 미군기지 관련 협상이 진전을 보이자 국회소집일에 의석 지정 후 해산. 헌법 제7조 해산.
2000.6.2. (제147회) 상회	2000. 6.25.	연립신임평가 해산(連立信任 評價解散)	제1차 모리	모리 수상의 계속 집권에 대한 시비, 자유민주·공명·보수 3당연립에 대한 평가 등을 유권자에게 묻기 위해 해산. 내각불신임결의안 본회의 상정 후 헌법 제7조에 의해 해산. 일명 '신(神)의 나라 해산'.
2003.10.10. (제157회) 임시회	2003. 11.9.	정권공약해산 (政權公約解散)	고이즈미	국회의원 임기만료를 앞두고, 고이즈미 수상이 구조개혁노선 및 정권공약 시비에 대한 유권자의 평가를 받기 위해 해산. 헌법 제7조 해산.
2005.8.8. (제162회) 상회	2005. 9.11.	우정해산 (郵政解散)	고이즈미	우정업무, 즉 체신업무 관련 사업을 민영화하려는 고이즈미 수상의 개혁의지에 반해 참의원에서 일부 자유민주당 소속의원들이 반대하여 부결되자 수상이 해산. 헌법 제7조에 의해 해산.

제11장 국회의원과 보좌진

제1절 국회의원

1. 국회의원의 지위

1) 국민의 대표

국회의원은 국민을 대표한다. 일부가 아닌 모든 국민을 대표한다(헌법 전문 및 제43조). 중의원·참의원의 국회의원은 양쪽 모두 국민의 대표로서의 지위를 갖는다.[1]

국회의원의 지위는 법적으로는 독립이어서 어느 누구의 명령이나 지령에 구속받지 않는다.[2] 정당정치하에서 국회의원은 실제로는 그가 소속하는 정당의 당의에 구속받고, 그 규율에 따라야 하는데 그것은 정치상·사실상의 구속이며, 각 국회의원이 갖는 법적인 독립성과는 별개의 문제이다.[3] 즉 국회의원이 그가 소속하는 정당의 당의나 규율에 반하여 행동하는 경우, 그 정당의 당원자격을 상실하는 제재를 받을 수는 있어도 국회의원의 지위를 상실하는 일은 없다.

<표 11-1> 국회의원 선거권

구분	중의원	참의원
의원 호칭	대의사(代議士): 제국의회부터 내려온 전통	의원(議員)
선거권	일본국민, 만 20세 이상	일본국민, 만 20세 이상
피선거권	일본국민, 만 25세 이상	일본국민, 만 30세 이상
임기	4년(해산 있음): 해산과 동시에 임기 종료	6년(해산 없음): 3년 마다 의원 정수의 절반을 개선(改選)

---

1) 헌법 제43조(양 의원의 조직·대표) ① 양 의원(議院)은, 전 국민을 대표하는 선거된 의원(議員)으로 구성한다.

2) 前田英昭, 『國會議員の地位と權限』(東京: 敎育社, 1978), 17-18쪽.

3) 佐藤 功, 『日本國憲法槪說(全訂第5版)』(東京: 有斐閣, 1996), 429쪽.

2) 국가공무원

국회의원은 국가공무원이다. 그러나 국민의 대표자로서의 지위를 고려하여 국회의원에게는 국가공무원법을 적용하지는 않는다.

2. 국회의원의 특권

국회의원에게는 헌법상 다음과 같은 3가지 특권이 부여된다.

1) 세비특권

국회의원은 국가로부터 '세비(歲費)'라고 불리는 급여를 받는다. 국회의원직이 무급이라면 돈 가진 자만이 의원직을 수행할 수 있게 되므로 헌법에서 세비 지급을 규정하고 있다.

2) 불체포특권

국회의원은 국회의 회기 중에는 체포되지 않는데 이를 불체포특권이라고 한다. 불체포특권을 설정한 목적은, 행정부의 권력에 의해 국민의 대표인 국회의원의 의정활동이 방해받지 않도록 국회의원의 신체의 자유를 표방함과 동시에 국회의 심의권을 확보하려는 데에 있다. 이 특권은 국회의 회기 중에만 인정된 것이므로, 설령 위원회에서 폐회 중 심사를 하는 경우라고 하더라도 폐회 중까지는 그 보장이 미치지 않는다.

헌법 제50조는 "양 의원(議院)의 의원은, 법률이 정하는 경우를 제외하고는, 국회의 회기 중에 체포되지 않으며, 회기 전에 체포된 의원은, 그 의원(議院)의 요구가 있으면, 회기 중에 석방하지 않으면 안 된다."고 규정하고 있다. 국회법 제33조는, "의원은, 원외에서의 현행 범죄의 경우를 제외하고는, 회기 중 그 의원(議院)의 허락이 없으면 체포되지 않는다."고 규정하고 있다.

그러나 국회의원이라고 해서 나쁜 일을 해도 체포되지 않는 것은 아니며 불체포특권의 남용은 용납되지 않는다. 단, 다음과 같은 경우 국회는 체포를 허락(인정)할 수 있다.[4] ① 원외에서의 현행 범죄의 경우는 체포권 남용의 우려가 적으므로, 회기 중이건 비회기 중이건, 소속하는 의원(議院)의 허락이 없어도 체포된다. ② 회기 중에는 소속하는 의원의 허락이 없으면 체포되지 않으며, 허락이 있을 때 체포된다. ③ 비회기 중에는 일반인과 마찬가지로 체포된다. 단, 소속된 국회(중의원 혹은 참의원)의 요구가 있으면 회기 중에 석방된다. ④ 원내에서의 현행범에 관하여, 헌법이나 국회법 등에 명문의 규정은 없으나, 국회법 제114조가 원내의 경찰권은 의장이 행사한다고 하고 있으므로, 의장의 판단에 의한다고 해석한다. 어디까지나 불체포특권이며, 기소되지 않는 특권은 아니므로 국회의원의 신병을 구속하지 않고 기소하여, 형사재판의 피고인으로 하는 일은 당연히 인정된다.

3) 면책특권

국회의원은 일반 국민 이상으로 최대한 언론의 자유를 보장받으며, 국회의원의 직무행위로서의 발언·표결에 관해서는 원외에서 민사책임, 형사책임 또는 징계책임을 지지 않는다.[5]

헌법 제51조는, 국회의원은 의원(議院)에서 행한 연설, 토론 또는 표결에 관하여, 원외에서 책임을 지지 않는다고 규정하고 있는데 이를 면책특권이라고 한다. 이 특권은 국회의원의 언론의 자유를 최대한으로 확보하기 위해 원내의 활동으로서 국회의원이 직무상 행한 발언 및 표결의 내용에 관해, 원외로부터 책임추궁을 면할 수 있도록 한 것을 규정한 것이며, 그 면책의 대상이 되는 발언은 국회의 회기 중·폐회 중을 묻지 않고 적용된다.

원내에서의 연설·표결과 관련하여 원외에서 책임을 지지 않는다는 것은, 일반 국민이라면 당연히 져야 할 법률상의 책임, 즉 형사상·민사상의 책임을 국회의원은 지지 않는다는 것을 의미한다.

---

4) 藤岡 進, 『日本國憲法と政治』(東京: 大學教育出版, 2000), 152쪽.
5) 前田英昭, 『國會議員の地位と權限』(東京: 敎育社, 1978), 138 – 139쪽.

그러나 이는 원내에서의 징벌까지 하지 못하게 하는 것은 아니며, 또 국민에 의한 정치적 책임추궁이나 소속정당에 의한 제명처분 등은 이 조항과는 아무 관계가 없다.[6]

국회의원이라고 해서 어떤 행위라도 허용되는 것은 아니다. 가령 회기 중이라도 그가 소속된 중의원 혹은 참의원의 허락이 있는 경우 또는 현행범일 경우에는 체포된다. 또 원내에서의 발언에 대해서는 법률적인 책임은 묻지 않으나 정치적·윤리적 책임은 면할 수 없다.

헌법은 국회의원에 대해서만 면책특권을 인정하고 있다. 국무대신이 동시에 국회의원일 경우에는, 국회의원으로서의 발언에 대해서 면책특권을 적용하게 되나, 그가 국무위원의 자격으로 행한 발언에 대해서는 면책이 되지 않는다.[7]

면책을 받는 국회의원의 행위는, '의원에서 행한' 연설, 토론 또는 표결이다. '의원에서 행한'이란, 원내의 활동으로서, '국회의원이 직무상 행한'의 의미이다. 일반적으로 표결이란 의제에 대해 찬반의사를 표시하는 것을 말하며, 토론이란 의제가 되어 있는 사항에 관해 찬반의견을 표명하고 이에 설명을 덧붙이는 것을 말하며, 연설이란 그 이외의 의견표명이나 사실의 진술을 의미하며, 문서에 의한 질의나 의견의 표명으로서의 작위·부작위를 포함하는 것으로 해석되고 있다.[8]

본회의는 물론 위원회, 협의회, 간담회 등에서의 국회의원의 발언도 여기에 포함된다. 또 의원(議院)이란 반드시 건물로서의 국회의사당을 가리키는 것은 아니며, 밖에서 행해진 회의일지라도 그것이 국회활동이라고 간주되는 한, 의원의 연장인 것으로 이에 포함된다고 해석된다.[9]

그러나 그것은 국회의원이 국회의원으로서의 직무행위로서 행해지는 것이 아니면 안 되기 때문에 직무행위와 관계없는 개인적 행위나 단순한 사

---

6) 上脇博之, 「議員の免責特權」, 『ジュリスト增刊 憲法の爭點(第3版)』(東京: 有斐閣, 1999), 183쪽.
7) 竹內重年, 「議員の免責特權」, 小嶋和司編, 『ジュリスト增刊 憲法の爭點(新版)』(東京: 有斐閣, 1985), 172쪽.
8) 竹內重年, 앞의 글.
9) 竹內重年, 앞의 글.

적(私的)인 발언 등은 '의원에서 행한' 발언에 포함되지 않는다.

3. 국회의원의 권한

국회의원에게는 국정(國政)에 참여할 의무와 권한이 있다.

국회의원은 법률안 등 그 의원에서 의제가 될 만한 안(案)을 발의할 권리를 갖는다.[10] 또 국회의원은 정부의 정책 등에 관하여 더 소상히 알기 위해 내각에 대하여 '질문'을 할 권리가 있다. 여기에서 '질문'이란 현재 의제가 되어 있는 것과는 관계없이 내각에 대하여 사실에 대한 설명을 요구하고, 그 소견을 묻기 위한 것이다.[11]

<표 11-2> 국회의원의 권한

구 분	법적 근거
임시국회 소집 요구권	헌법 제53조
의안 발의권 및 수정동의 제출권	국회법 제56조 1항, 제57조, 제57조의 2
내각에 대한 국무 전반에 관한 질문권 (긴급 시의 구두질문 포함)	국회법 제74조~제76조
의안에 대한 질의권, 토론권, 표결권	○ 질의권(중의원규칙 제118조, 참의원규칙 제108조) ○ 토론권(중의원규칙 제135조, 참의원규칙 제113조) ○ 표결권(중의원규칙 제148조~제157조 참의원규칙 제34조~제143조)
표결의 회의록 기재 요구권	헌법 제57조 3항
위원회의 예비적 조사명령 요청권 (중의원 의원에게 한정)	중의원규칙 제56조의 3
국정조사	헌법 제62조
청원 소개	헌법 제16조
소수의견 보고	국회법 제54조
탄핵재판소 구성원 자격 보유	국회법 제125조~제129조

출처: 佐藤 功, 『日本國憲法概說(全訂第5版)』(東京: 有斐閣, 1996), 429-430쪽.

---

10) 단, 예산이나 조약 등의 발의권은 내각에만 인정된다.
11) 일반적으로 질문이라고 부르고 있는 의제에 관한 '질의'와는 다른 것이다.

4. 국회의원의 겸직 금지

국회의원에게는 여러 가지 특권이 있는 반면에 제한도 있다. 그중 하나가
'겸직 금지'인데, 여기에는 국회의원직을 수행하면서 동시에 다른 공직을
겸하지 말고 국정에 전념하라는 뜻이 담겨 있다. 헌법 제48조는 국회의원은
다른 의원(議院)의 의원을 겸직할 수 없고,[12] 국회법 제39조는 국회의원은
내각총리대신 기타 국무대신, 내각관방부장관, 내각총리대신보좌관, 부대신,
대신정무관 및 별도의 법률로 정하는 경우를 제외하고는, 그 임기 중에 국
가 또는 지방공공단체의 공무원을 겸할 수 없다고 규정하고 있다.[13] 단, 양
원의 일치한 의결에 따라 그 임기 중에 내각·행정 각부의 각종의 위원, 고
문, 참여 기타 이에 준하는 직분에 취임하는 경우는 예외로 한다.

겸직을 금지하는 이유로는 3권 분립하에서는 사법·행정·입법은 상호
간에 대등하며 다른 부문으로부터의 개입을 배제할 필요가 있으며, 또 국
회의원은 국민의 대표로서 국정에 전념할 의무가 있기 때문이다. 다만, 총
리대신이나 각료는 특별공무원이나, 의원내각제하에서는 국회의원 중에서
선발되는 것이 당연하므로 이들 직위는 겸직 금지 대상에서 제외된다. 또
여기에서 금지되고 있는 것은 공직의 금지이며, 국회의원이 회사의 사장
이나 임원을 겸하는 것은 각 개인의 자유이다.[14]

5. 국회의원 지위의 상실

국회의원이 그 지위를 상실하는 사유는, ① 사망 ② 임기만료 ③ 중의
원 해산 ④ 피선거권 상실 ⑤ 선거무효 또는 당선무효 확정 ⑥ 다른 공직
의 후보자가 될 때 ⑦ 다른 의원(議院)의 국회의원이 될 때 ⑧ 비례대표

---

12) 중의원 의원과 참의원 의원을 동시에 겸직할 수 없다.
13) 중의원에는 해산제도가 있는데 4년 임기를 채운 사례는 전후 1회밖에 없다. 그렇
    기 때문에 어차피 의원 임기가 짧고 또 각료를 겸직하는 경우, 과거사와 관련하여
    망언을 한 각료들이 자신의 발언이 물의를 빚으면 각료직을 사임하고 다시 국회의
    원으로 돌아가는 경우가 종종 있었다.
14) 淺野一郎·河野 久編, 『新·國會事典』(東京: 有斐閣, 2003), 78쪽.

선출의원이 명부제출정당 등 이외의 정당에 소속하게 되었을 때 ⑨ 사직
⑩ 제명 ⑪ 자격쟁송재판 등이다.

6. 세비 및 수당

1) 세비

국회의원에게 지급되는 보수는 '세비'라고 한다. 세비는 제국헌법 시대
부터 지급되어 왔는데, 당시에는 헌법상 명문규정은 없었다.[15]

일본헌법에서는 국회의원에 대한 세비 지급을 명문으로 보장하고 있는
데, 그 취지는 국민의 대표자로 적합한 사람은, 설령 자산이 없다 하더라
도 안심하고 입법활동을 수행할 수 있도록 국가가 보장하기 위한 것이다.

의원세비법은 헌법의 규정에 따라 1947년 10월에 법률 제161호로 제정
되었다. 또 국회법에서는 국회의원은 일반 국가공무원의 최고의 급여보다
적지 않은 세비를 받는다고 규정하고 있다.[16] 일반직 최고액은 각 성·청
의 사무차관급의 급여를 가리킨다.

세비는 2005년 현재 내각총리대신은 약 3,786만 엔, 국회의장 약 3,137
만 엔, 국회 부의장 약 2,244만 엔, 일반 의원 약 2,230만 엔 정도가 지급
되었다.[17]

---

15) 제국의회의 초기에 의장은 4천 엔, 일반 의원은 8백 엔의 세비를 받았다. 일반 의
　　원보다 다섯 배나 많은 세비를 의장에게 지급한 것은 의장의 권위를 세우려는 유
　　신(維新)주도 인사들의 의도가 숨어 있었다고 한다. 森 岸生, 『國會議員の秘密 – 集
　　金·集票力から政治力まで』(東京: 潮文社, 1982), 15 – 16쪽.
16) 국회법 제35조(세비) 의원은, 일반직 국가공무원의 최고 급료 액수보다 적지 않은
　　세비를 받는다. 제38조(통신 등 수당) 의원은, 공공의 서류를 발송하거나, 공공의
　　성질을 갖는 통신을 하는 등을 위해, 별도로 정하는 바에 따라 수당을 받는다. 제
　　132조(의원비서) ① 각 의원(議員)에게, 그 직무 수행을 보좌하는 비서 2인을 둔다.
　　② 전항(前項)에서 정하는 자 이외에, 주로 의원(議員)의 정책입안 및 입법활동을
　　보좌하는 비서 1인을 둘 수 있다.
17) '문서통신교통체재비'는 통신비, 교통비, 숙박비가 얼마나 드는지 관계없이 월 100
　　만 엔을 먼저 지급한다. '기말수당'은 상여금이다. 1년에 3회 지급(3월, 6월, 9월)한
　　다. 지급 전에 국회가 해산되면 지급하지 않는다.

2) 수당

재직기간이 25년을 넘으면 장기재직표창의원특별교통비(월 30만 엔)를
지급하던 제도가 있었으나, 2002년 4월에 폐지되었다. 또 재직 50년의 의
원에게 주던 헌정공로금(연 500만 엔)도 같은 이유로 2003년 1월부터 폐지
되었다.[18] 규정에 따라 일반 의원은 정무차관, 중의원 의장과 참의원 의장
은 내각총리대신, 부의장에게는 각 행정부처의 장관과 동액의 세비가 지
급된다. 이 세비와 상여금인 기말수당은 국회의원의 소득으로서 과세대상
이 된다. 이 외에 직무상의 수당으로서 과세되지 않는 문서통신교통비, 각
국회의원의 소속회파에 입법사무비가 지급되며, 의원(議院)의 임원에게는
국회 회기 중에는 의회잡비(議會雜費) 명목으로 임원수당이 지급된다.

기타 국고보조금이 있다. 예를 들면 국회의원은 세비 및 수당 외에 일
본철도(JR), 전 노선버스를 무료로 이용할 수 있으며, 월 3회까지 국회의
사당이 위치한 도쿄와 의원의 선거구까지의 왕복항공권이 지급되며, '의원
호조연금'이 있고, 도심에 있는 의원숙소에 값싸게 입주할 수 있는 등 경
제상 각종 특권이나 편의가 제공된다.

7. 입법사무비

1) 교부 대상

법률상 회파는 입법사무비의 교부 대상으로 되어 있다. 입법사무비의
지급에 관해서는 소속의원이 1인뿐이라도 '회파'로 간주한다.

입법사무비란, 국회의원의 입법에 관한 조사 및 연구를 추진하기 위한
경비, 즉 법률책정을 위해 사용되는 실무비용을 말하며 국가로부터 그 비
용이 지급되고 있다.

입법사무비는 회파에 교부되는 것이며, 국회의원 개인에게 교부되는 것
은 아니다. 입법사무비의 교부에 관해서는 '회파'라고 하는 것은, 정치자금

---

18) 龍崎 孝, 『議員秘書』(東京: PHP研究所, 2002), 55쪽.

규정법 제6조 1항의 규정에 의한 신고를 한 정치단체로 의원에서 그 소속
의원이 1인인 경우도 포함한다.

2) 교부 액수

입법사무비는 매월 교부되며, 각 회파에 대한 월액은 각 의원의 각 회
파의 소속의원 수에 따라 국회의원 1인당 65만 엔의 비율로 산정된 금액
으로 한다. 각 회파의 소속의원 수는 매월 교부일의 각 회파의 소속의원
수에 따라, 입법사무비의 교부일에는 국회의원의 임기만료, 사직, 퇴직, 제
명 혹은 사망, 국회의원의 소속회파로부터의 탈회 혹은 제명 또는 중의원
의 해산이 있었던 경우에는, 당월분의 입법사무비 교부는 이들 사유가 발
생하지 않은 것으로 한다.[19] 하나의 회파가 다른 회파와 통합하거나 회파
가 해산한 경우도 위와 같은 것으로 간주한다. 각 회파의 소속의원 수의
계산은 동일 국회의원에 대해서 중복으로 행할 수 없다.

8. 국회의원 호조연금제도

국회의원의 사회보장제도와 관련해서 정비되어 있는 것은 '국회의원 호
조연금제도'이다. 이 연금은 중의원과 참의원을 합쳐 10년 이상 재직하고
퇴직한 의원에게 지급된다. 연금 연액은 재직연수에 따라 다른데, 재직 10
년의 경우 연 412만 엔, 11년 420만 2400엔, 15년 453만 2,000엔, 20년 494
만 4,000엔, 25년 535만 6,000엔이다.[20]

재직기간이 10년 미만일 경우에는 퇴직일시금이 지급되는데, 퇴직일시
금은 재직 3년 이상이 조건으로, 그 금액은 296만 6,000엔부터 980만
6,000엔 정도이다. 계산방법은 10만 3,000엔 × 재직 총 월수 × 8/10이다.
재직 10년 이상의 연금을 받는 의원에게는 퇴직일시금(퇴직금)은 지급되지
않는다. 한편, 국회의원 개인이 납입하는 돈은 월 10만 3,000엔이다. 재직

---

19) 淺野一郎·河野 久編, 『新·國會事典』(東京: 有斐閣, 2003), 81쪽.
20) 白崎勇人, 『國會議員改革』(東京: 長崎出版, 2003), 92-93쪽.

기간이 10년을 넘을 때, 1년 넘을 때마다 약 8만 엔씩 올라간다. 65세부터 지급된다.[21] 급부비의 67.9%는 국고부담이다.[22]

그런데 2006년의 통상국회에서 '국회의원연금폐지법안'이 가결되었다. 주요 내용은 '보통퇴직연금'으로서 이 연금은 연간 약 130만 엔의 보험료를 10년간 납부하며, 65세부터의 수급자격을 얻게 된다는 것, 그 수령액은 10년 재직하면 월액 약 34만 엔, 이후 재직 1년이 증가할 때마다 연간 약 8만 엔 수급액이 가산된다는 것, 재직 3년 이상 10년 미만의 의원에게는 퇴직일시금을 지급하는 것 등이다.

그런데 수급자격을 취득할 때까지 25년 걸리는 국민연금과 비교할 때 짧은 수급자격까지의 연수, 그리고 그 대우 등이 여론의 비판을 받던 중 2006년에 국회의원연금제도를 폐지한다고 결정한 것이다. 단, 이미 연금을 수급하고 있는 사람은 경과조치로서, 약 4~10% 감액된 연금을 받을 수 있도록 하였다. 이 연금제도의 완전한 폐지는 현재 수급권자들이 전원 사망할 때 이루어진다. 또 수급자격자의 연금 그 자체는 계속된다. 이제부터는 국회의원은 퇴직할 때 '85%로 감액된 보통퇴직연금'과 '퇴직일시금' 중 하나를 선택할 수 있도록 하였다. 즉 재직 10년으로 월액 약 29만 엔의 연금을 일생 동안 받든가, 약 1,000만 엔의 일시금 지급을 선택할 수 있다.

9. 징벌

국회의원은 원내에서 행한 연설, 토론, 표결에 관하여 원외에서는 책임을 추궁당하지 않는다. 이를 면책특권이라고 함은 앞에서 본 바와 같다. 그런데 원내에서 부적절한 언동을 했을 때에는 책임을 추궁당하게 되는데 이를 '징벌'이라고 한다.

---

21) 八幡和郎監修, 『みんなの代議士圖鑑』(東京: 講談社, 2005), 55쪽.
22) 白崎勇人, 앞의 책, 93쪽.

1) 징벌 절차

중의원·참의원은 각각 원내의 질서를 어지럽힌 소속 국회의원을 징벌할 수 있는데, 이 징벌권(헌법 제58조 2항)은 국회의 자율권의 일환이며, 국회운영상 정해진 규칙을 실효성 있게 하기 위한 필요불가결한 권능이다.[23] 이 징벌과 관련하여, 국회의원은 부과된 징벌에 관해 그것을 불복하고 소송하여 다투는 일은 할 수 없는 것으로 해석되고 있다.[24]

징벌을 받아야 할 행위로 인정되는 '원내의 질서를 어지럽히는 행위'는 의원(議院)에서의 행위이어야 한다. 국회활동과 관계없는 사적인 행위는 징벌의 대상이 되지 않는 것으로 해석되나, '의원에서의 행위'란, 의장경찰권의 범위로서의 '원내'와는 다른, 의사당 내부와 같은 공간(장소) 개념에 한정되지 않는 의원활동에 수반하는 행위인 것으로 해석되고 있다.[25]

구체적인 징벌대상 행위는 국회법과 의원규칙에서 규정하고 있는데, 주로 의사규칙에 반하는 행위, 회의장의 질서를 어지럽히는 행위, 국회의 품위를 손상시키는 행위 등이다. 예를 들면, 의원(議院)의 제반 규칙이나 원의(院議)에 따르지 않는 일, 온당치 못한 언행을 행할 때, 의장의 의사정리권에 따르지 않는 일, 의장 등의 직무집행을 방해하는 일, 비밀회에서 특히 비밀을 요한다고 의결된 내용에 관해 그 내용을 누설하는 일, 정당한 이유 없이 소집에 응하지 않거나, 의장의 출석명령에 따르지 않는 일 등이다.[26]

징벌의 종류로는 공개적인 회의장에서의 계고, 공개적인 회의장에서의 진사, 일정 기간 등원 정지, 제명 등 4가지가 있다.[27] 징벌위원회에서는 국회의장 또는 징벌동의 제출자로부터 취지변명을 듣고 질의를 행한다.[28]

---

23) 國會法規研究會, 「國會活動の保障措置(2)」, 『時の法令』1671号(2002), 56쪽.
24) 宮澤俊義, 『全訂 日本國憲法』(東京: 日本評論社, 1978), 446쪽.
25) 國會法規研究會, 앞의 글.
26) 國會法規研究會, 앞의 글, 56-57쪽.
27) 헌법 제58조 제2항. 양 의원은, 각기 그 회의 기타의 절차 및 내부의 규율에 관한 규칙을 정하고, 또 원내의 질서를 어지럽힌 의원을 징벌할 수 있다. 단, 의원을 제명할 때에는 출석의원 3분의 2 이상의 다수에 의한 의결을 요한다.
28) 自由國民社編, 『圖解による法律用語辞典(補訂二版)』(東京: 自由國民社, 2006), 195쪽.

① 징벌위원회 부탁

징벌사범이 발생할 경우, 징벌위원회에 부탁하여 그 사안을 심사토록 하는데, 그 방법으로는 의장 직권에 의한 부탁, 위원장의 요청에 의한 부탁, 국회의원의 동의 가결에 의한 부탁(원의 부탁) 등 3종류가 있다.

② 징벌사범에 대한 위원회 심사

징벌동의 제출자로부터 설명을 청취한다. 징벌 당사자는 징벌사범을 심사하는 위원회에 참석할 수 없다. 단, 의장 또는 위원장의 허가를 받아 당사자가 스스로 변명하거나, 다른 국회의원으로 하여금 변명하게 할 수 있다. 당사자로부터 변명하고 싶다는 신청이 있을 때에는 이를 허가하는 것이 관례이다. 위원회는 의장을 경유하여 당사자 및 관계 국회의원의 출석 설명을 요구할 수 있다.

③ 본회의 의결 및 의장 선고

본회의에서는 위원장의 보고를 청취한 후, 위원장의 보고대로 의결할 것인가를 의결한다. 징벌 당사자는 자신의 징벌사범 심의에 참석할 수 없다.

〈그림 11-1〉 징벌 절차

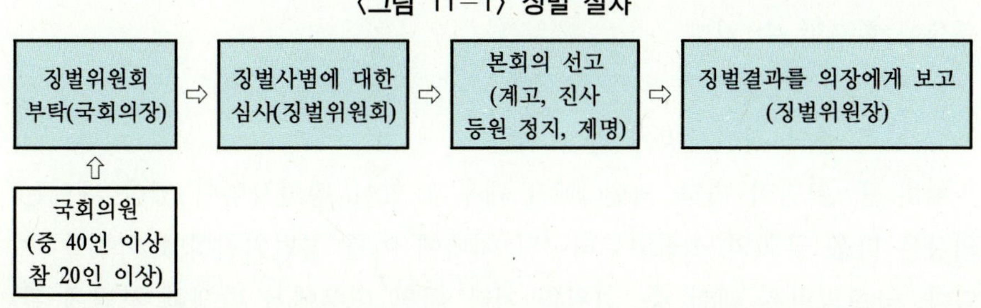

2) 징벌동의안 제출자

① 국회의장

징벌사범에 대해 징벌위원회에 회부하여 심사토록 한다. 국회의장의 제지ㆍ취소명령에 따르지 않는 자를 징벌위원회에 회부할 수 있으며, 정당한 사유 없이 소집에 응하지 않거나 결석한 자에 대해서도 징벌할 수 있다. 위원회의 징벌사범이 있을 때에는 위원장은 이를 국회의장에게 보고하여 처분해 줄 것을 요청하지 않으면 안 된다.

② 국회의원

중의원은 40인 이상, 참의원은 20인 이상의 찬성으로 징벌동의를 제출할 수 있다. 중의원, 참의원은 징벌동의의 제출을 사범(事犯) 후 3일 이내에 행하고 이를 가결하여 징벌위원회에 회부할 수 있다.

3) 징벌사범 건에 대한 계속심사

징벌사범 건에 대한 계속심사에 관한 규정은 다음과 같다.[29]

① 회기 말의 징벌사범에 관한 취급

의장은, 회기 말의 종료일 또는 그 전날에 발생한 징벌사범으로서, 의장이 징벌위원회에 회부하지 못했던 것, 징벌위원회에 회부되어, 폐회 중 심사의결에 이르지 못한 것 및 위원회의 심사를 종료한 의원(議院)의 의결에 이르지 못한 것에 관해, 다음 국회의 소집일부터 3일 이내에 이를 징벌위원회에 회부할 수 있다.

② 폐회 중의 징벌사범에 관한 취급

폐회 중 위원회 기타 의원(議院) 내부에 있어 징벌사범이 있을 때에는 의장은 다음 국회의 소집일부터 3일 이내에 이를 징벌위원회에 회부할 수 있다. 국회의원은 폐회 중, 위원회 기타 의원 내부에서 발생한 사범에 관해, 정수(定數)의 국회의원의 찬성을 얻어, 다음 국회의 소집일부터 3일 이내에 징벌동의를 제출할 수 있다(국회법 제121조의 3).

징벌과 관련하여 국회의원을 제명하는 경우를 제외하고, 그 효과가 다음 회기까지 미치는 일은 없다. 이 때문에 징벌로서, 회기를 걸쳐 다음 국

---

29) 國會法規研究會, 앞의글, 61쪽.

회의 회기에서의 공개 회의장에서 계고 및 진사를 명하는 일은 인정되지 않는다.[30] 또 징벌로서 등원 정지를 명하는 경우에는, 그 기간은 징벌을 부과하는 시기에 있어 회기의 잔존기간에 구속되지 않고, 회기의 잔여일 수 이상의 기간의 등원을 정지할 수 있으나, 징벌 그 자체의 효과는 그 회기 중에 한정된다.

10. 의원회관 및 의원숙소

의원회관은 국회의사당 바로 뒤편에 있으며, 모두 3개 동이다. 각 국회 의원에게 주어지는 사무실은 면적이 약 40평방미터이고, 방은 2개이다. 방 하나는 의원이, 다른 하나는 비서가 사용한다.

의원회관은 국회의원이 업무를 하는 곳인데, 그것과는 별도로 의원들이 묵을 수 있는 의원숙소가 있다. 어느 정도 연령이 있고 결혼한 의원들은 개인 주택을 보유하고 있는 경우가 많으나 아직 개인 거주공간이 없는 의원들을 위해서 국회는 이들에게 숙소를 제공하고 있다. 의원숙소는 도쿄 도내에 6곳이 있는데, 모두 국회 가까운 곳에 있다.[31]

---

30) 鈴木隆夫, 앞의 책, 425-426쪽.
31) 중의원 의원숙소는 高輪, 九段, 赤坂, 靑山에, 참의원 의원숙소는 麴町, 淸水谷에 있다. 이 중 도쿄 도심에 있고 좋은 설비를 갖추고 있는 高輪숙소는 면적 82평방미터의 방을 싼 임대료로 제공하고 있다. 鳥羽 賢, 『政治家のしくみ』(東京: ソフトマジック, 2003), 24-25쪽.

제2절 국회의원비서

1. 개요

1) 비서의 기능·역할

국회의원비서는 국회의원에게 소속되어, 그 의원의 입법활동은 물론 넓게는 지역구 관리를 포함한 의정활동 전반에 걸쳐 보좌하는 직책에 있는 사람이다. 의원비서의 특성은 그 나라의 정치제도나 의회제도 여하에 따라 달라질 수 있다. 따라서 단순히 어느 나라의 의원은 다른 나라의 의원보다 상대적으로 많은 비서를 두고 있다든지 하는 논의는 크게 도움이 되지 못한다. 예를 들면 대통령제하에서 엄격한 3권 분립이 보장된 미국연방의회에서는 의회활동은 의원 개개인을 중심으로 이루어지기 때문에 비서(보좌진)에게는 고도의 전문성이 요구된다. 반면 의원내각제하의 영국에서는 정책형성은 행정부 주도로 이루어지고 있기 때문에 의원 개개인에게는 정책활동은 크게 요구되지 않는다. 따라서 의원비서진은 의원 주변의 잡무처리 등 사무보조적인 일에 그치고 있다.[32] 일반적으로 영국처럼 정책형성 면에서 행정부가 우월한 지위에 있는 국가의 의회에서는 비서는 주로 국회의원의 서무나 문서사무 처리 등의 일을 하고 있다.

2) 정치입문 통로

일본에서 '국회의원비서'의 직함은 일단 인정을 받은 '출세의 증표'의 하나로 인정을 받는다.[33] 또 보좌하던 국회의원이 대신(장관)이 되면 그

---

32) 平田有史郎, 「議員秘書における本質と現象」, 『議會政治研究』 56号(2000), 55쪽.

33) 의원비서 출신이 국회의원이 된 경우는 많다. 우노 소스케(宇野宗佑) 전 총리는 고노 이치로(河野一郎)의 비서, 가이후 토시키(海部俊樹) 전 총리는 고노 킨죠(河野金昇)의 비서였다. 龍崎 孝, 『議員秘書』(東京: PHP硏究所, 2002), 65쪽. 또 나카소네 야스히로(中曾根康弘) 전 총리의 장남인 나카소네 히로후미(中曾根弘文) 참의원을 예로 들 수 있다. 히로후미는 화학업체인 아사히 카세이(旭化成)에서 15년간 샐러

부처에서 '정무담당비서관'이라고 하는, 비서로서는 최고의 직위에 오를 수 있다.[34] 국회의원비서와 대신비서관(정무담당비서관)은 그 격이 크게 다르며, 대신비서관은 대신과 함께 담당하는 성청의 여러 고위 관료들을 상대할 수 있다. 따라서 공설비서직은 정치지망생들의 등용문의 하나로 인식되고 있다.[35]

참고로 보수정당에는 세습의원이 많은데 이들 중 상당 부분은 의원비서를 경험하였다.[36] 세습의원의 대부분은 부친의 비서를 경험한 후 정계에 입문하고 있다.[37] 직장인이나 언론매체 관련 직업이 비교적 많은 것은 처음에는 아버지의 정치 가업을 경원했으나 아버지의 사망 등으로 인하여 정치의 세계에 입문하게 된 경우가 많다는 분석도 있다.[38]

리맨생활을 했으며, 1983년 내각총리대신이자 자유민주당 총재인 부친의 비서로 정계에 입문하였다. 히로후미는 1986년 중·참의원 합동선거에서 입후보, 전국 최다득표로 당선되었다. 기업에서의 경력과 자유민주당 총재(부친) 비서경력을 가지고 있는 그는 군마 선거구에서 3연속으로 당선되었으며, 문부상을 역임하였다.

34) 鳥羽 賢, 앞의 책, 162 - 163쪽.

35) 내각법 제20조(비서관) 1. 내각관방에, 내각총리대신에 부속하는 비서관 및 내각총리대신 및 각 성(省)의 대신 이외의 각 국무대신에 부속하는 비서관을 둔다. 2. 전항의 비서관의 정수는 정령으로 정한다. 3. 제1항의 비서관으로서, 내각총리대신에 부속하는 비서관은, 내각총리대신의, 국무대신에 부속하는 비서관은, 국무대신의 명을 받아, 기밀에 관하는 사항을 관장하거나, 또는 임시로 명을 받아 내각관방 기타 관계 각 부국(部局)의 사무를 돕는다.

36) 일본국회의원의 경력 중에서 가장 돋보이는 것은 의원비서라고 하는 직함이다. 물론 비율은 국회의원선거가 실시될 때 마다 다르다. 중의원 의원 중에는 약 20% 정도가 의원비서경력자로 되어 있다.

37) 세습후보자들은 국회의원인 부친, 파벌의 영수 혹은 유력 간부의 비서가 되어 정치를 견습하는 경우가 많다. 아베 신조(安倍晋三) 총리는, 외상을 지낸 아베 신타로(安倍晋太郎)의 차남이며, 총리를 지낸 기시 노부스케(岸信介)의 외손자이다. 신조의 모친(洋子)이 기시 노부스케의 장녀이다. 신조는 대학 졸업 후 미국에 유학했으며 귀국해서는 고베(神戸)제강소에 입사했다가 3년 후 외상으로 취임한 부친의 비서관이 되었다. 고노 요헤이는 상사(商社) 직원이었고, 하타 쓰토무는 회사에 근무하고 있었으며, 오자와 이치로는 변호사를 지향하고 있던 중 국회의원이 되었다. 橋本五郎·大久保好男·玉井忠幸,『議員秘書の眞實』(東京: 弘文堂, 2002), 122쪽; 西尾嘉門,『データで檢證する日本政治の危機』(東京: 東京新聞出版局, 1994), 31쪽.

38) 內田 滿, 앞의 책, 162쪽, 岡野加穗留, 「危機に立つ議會民主制」,『世界と議會』313号 (1990. 4), 6 - 11쪽.

3) 비서 채용

국회의원이 비서를 채용하려면 의장의 동의를 받아야 하며, 채용한 경우에는 소정 사항을 의장에게 신고하도록 되어 있다.

현재 일본의 국회의원은 국비로 3인까지 비서를 둘 수 있는데, 이들은 정책비서, 공설 제1비서, 공설 제2비서라고 불린다. 대부분의 국회의원은 이들 3인 외에 사설비서를 두고 있다.

2. 비서 업무

비서 업무는 정부형태가 대통령중심제이건 의원내각제이건 대체로 다음의 5가지로 분류할 수 있다.[39]

〈표 11-3〉 비서 업무 분류

업무 유형	업무 내용
정책입안업무	질의 문안 작성, 의원입법안 작성, 각종 원고 등 작성, 정책 관계 자료 수집, 작성, 신문기사 정리
진정처리업무	의원 선거구의 유권자나 후원자, 업계단체, 지방자치단체, 비영리단체(NPO)로부터의 정책요망을 비롯한 이벤트 티켓구입, 취직의뢰 응대 등
선거대책업무	후원회 조직 만들기, 경조사 처리, 후원회 회원에 대한 협조·지원 등
서무업무	스케줄 관리·조정, 전화 응대, 방문객 접대, 우편물 처리, 국회견학 알선 등
정치자금 관리업무	비서 스스로 정치자금을 조달하거나, 정치헌금, 정치자금파티수입, 수지보고서 작성 등

3. 비서의 구분

국회의원을 보좌하는 비서에는 공설비서, 정책비서, 사설비서의 3가지 종류가 있다. 공설비서와 정책비서는 공무원 신분이며, 사설비서는 국회의원이 개인적으로 고용하는 비서이다. 정책비서(1인)와 공설비서(2인)의 신

---

39) 白崎勇人, 『國會議員改革』(東京: 長崎出版, 2003), 240-241쪽.

분은 모두 특별직 국가공무원이다.

1) 공설비서

공설비서는 국가의 예산으로 국회의원의 의정활동을 보좌하기 위해 설치된 비서를 말한다. 공설비서제도는 1947년 5월에 시행되었다. 당시 국비로 고용하는 공설비서는 의원 1인당 1인이었다. 그러다가 1963년에 2인으로 증원되었다.

공설비서의 채용은 각 국회의원에게 위임되어 있으나. 그 국회의원이 소속하는 의원(議院)의 의장의 동의를 얻도록 되어 있으며, 채용했을 때에는 성명과 기타의 사항을 신고하도록 되어 있다('국회의원의 비서의 급여의 지급 등에 관한 규정' 제5조).[40]

공설비서는 2인으로서 편의상 제1비서, 제2비서로 구분된다. 제1비서, 제2비서는 법률상의 명칭은 아니다. 제1비서는 정책비서를 보좌하는 존재이며, 제2비서는 주로 경리나 사무 업무를 담당하며 여성이 많다.

공설비서의 신분은 특별직 국가공무원이지만, 원칙적으로 국가공무원법은 적용되지 않으며, 정치적 행위의 금지나 비밀 준수 의무 등 일반직 공무원에게 부과되는 의무를 지지는 않는다.[41]

2) 정책비서

1994년 1월부터 국회의원의 정책입안기능 강화를 위하여 정책담당비서, 즉 '정책비서'가 신설되었다. 이로써 기존의 공설비서 2인에 정책담당비서 1인이 증원되어 비서진은 모두 3인이 되었다.

일본에서는 의원입법도 정책내용의 대부분을 관료가 기안한다. 즉 관료가 국회의원을 위한 국회질문을 만들고 관료가 그 답안을 쓰는 일이 다반사이다. 이에 대한 반성으로 정당이 관료에 대항하는 제대로 된 정책을 가지기 위해서는 비서 특히 정책비서를 대폭 증원해야 한다는 주장이 나온 지 오래이다.[42]

---

40) 참고로 공설비서로 채용되면 의원비서기장(議員秘書記章)이 교부된다.
41) 淺野一郎·河野 久, 『新·國會事典』(東京: 有斐閣, 2003), 169쪽.

정책비서는 '주로 국회의원의 정책입안 및 입법활동을 보좌'하기 위하여 설치되었다. 정책비서는 의원의 오른팔이 되어 의원의 국회활동이나 일정 등을 관리하며, 정책비서라고 해서 늘 정책입안만 하는 것이 아니라 선거대책, 선거구대책, 진정처리 등 일반 비서들이 하는 일도 같이 행하고 있는 것이 현실이다.

정책비서 자격시험에 합격되면 채용되나, 종래의 공설비서에서 정책비서로 전환하여 들어온 사람들이 대부분이다. 공설비서로 경력을 쌓은 사람들이 간단한 연수를 받으면 종래의 공설비서에서 정책비서가 될 수 있기 때문이다.

<표 11-4> 정책비서제도 연혁

일 시	내 용
1990.7.31.	제8차 선거제도심의회 답신에서 '정책참모로서의 의원비서의 증원' 제언
1990.8.7.	의원운영위원회이사회에서 행한 서무(庶務)소위원장의 발언 "비서 증원은, 정치개혁의 일환으로서, 차후, 협의해 가고 싶다."
1990.8.28.	서무소위원회, 비서 1인의 증원 실현에 대한 각 정당의 의견일치 확인
1990.8.31.	1991년도 예산개요요구서 제출. 비서 1인 증원 내용 포함(단순한 형태의 제3비서)
1990.11.20.	서무소위원회, 재정당국에 비서 1인 증원을 요구. 재정당국, 난색 표명
1990.12.27.	의원운영위원회, '비서에 관한 결의' 전회일치로 결의 비서의 증원문제는 제3자 기관을 설치하여 답신을 기다리기로 함
1991.5.7.	의원운영위원회, 제3자 기관으로서 '비서조사회' 설치
1991.5.14.	비서조사회 첫 회합, '제3비서 신설문제' 등에 관하여 자문
1991.10.11.	비서조사회, 중의원 의장에게 답신. 정책비서제도 창설을 제언
1991.11.19.	의원운영위원회에 '비서문제협의회'를 설치. '정책비서제도' 1993년도부터 실시하기 위해 검토 개시
1991.12.23.	1992년도 예산에서 정책비서제도 창설을 요구. 대장성 원안에서 보류
1991.12.26.	부활절충에서 정책비서제도의 조사비 약 800만 엔 계상
1992.12.18.	돌연 이루어진 정치적 타협으로 정책비서제도 창설 결정
1992.12.21.	1993년도 예산에서 정책비서제도 신설예산 16억 9천만 엔 계상
1993.2.23.	서무위원회의 하부 기관으로서 '중의원비서문제협의회작업그룹(좌장 하토야마 유키오)' 설치(위원 6인). 정책담당비서자격시험실시안 검토 시작
1993.4.28.	자격시험 등 실시규정 공포(양원 의장 결정)
1993.5.7.	국회법 및 비서의 급여 관계 법규의 개정
1994.1.1.	정책비서제도 발족

자료: 平田有史郎, 『新版 議員秘書の研究』(東京: 創成社, 2002), 44-45쪽.

---

42) 五十嵐敬喜·小川明雄, 『議會: 官僚支配を越えて』(東京: 岩波書店, 1995), 144쪽.

1994년부터 시행된 정책비서제도는 두 가지 종류의 채용방법이 있다. 첫째는 '자격시험'이고 둘째는 '선고채용심사인정'이다.

자격시험이란 매년 7월에 행해지는 자격시험에 합격한 자(자격시험합격자)가 명부에 등재되어, 그중에서 국회의원이 개별적으로 면접한 후 채용하는 방법이다.[43] 시험의 내용은 제1차 시험이 선택식 교양문제와 논문, 제2차 시험이 구술(면접)시험이다.

<표 11-5> 정책비서제도 채용

선고 채용					
① 공적시험 합격자: 사법시험/ 공인회계사 시험/ 국가공무원 I종 시험/ 외무공무원 I종 시험 또는 선고심사인정위원회가 인정하는 시험합격자					
② 박사학위 소지자					
국회의원	(신청)	선고채용심사 인정위원회	(인정)	선고채용심사 인정자등록부	채용
③ 공무원 또는 회사, 노동조합, 기타 단체의 재직기간이 통산 10년 이상으로, 전문 분야의 업적이 현저하다고 객관적으로 인정되는 저서 등을 갖는 자					
④ 정책담당비서연수 수강 자격: 가. 공설비서 재직기간 10년 이상인 자 나. 공설비서 재직기간 5년 이상 10년 미만과, 이하의 a~c의 기간의 합계가 10년 이상인 자 a. 정당직원 b. 사설 의원비서 c. 공무원 또는 회사, 노동조합 기타 단체의 직원(단, 정책입안·조사연구직)					
정책담당비서 연수(수강)	⇨	의원	⇨	선고채용심사 인정위원회	⇨ 선고채용심사 인정자등록부 ⇨ 채용
제1차 시험-선택식 교양문제와 논문, 제2차 시험-면접					
대학졸업(예정)자. 단, 이하의 자는 제외. ① 일본국적을 소유하지 않는 자 ② 금치산자 및 준금치산자 ③ 금고 이상의 형을 받고, 그 집행을 종료하지 않은 자, 또는 집행을 받는 일이 없어질 때까지의 자 ④ 공무원으로서 징계면직처분에 처해져, 당해 처분의 날부터 2년을 경과하지 않은 자					
(출원)	자격시험(의원 사무국) 1차 시험: 다지선택식, 논문식. 2차 시험: 구술시험	(합격)	자격시험합격자등록부	(의원과의 면접)	채용

자료: 平田有史郎, 「議員秘書における本質と現象」, 『議會政治研究』 56호(2000), 51쪽.

---

43) 매년 1회(7월) 자격시험이 시행되는데, 초년도인 1993년에는 1087명이 수험, 63인이 합격하였다(합격률 약 6%). 이와는 별도로 사법시험합격자나 공설비서경력 10년 이상, 혹은 비서경험 5년 이상이면서 정당직원 등의 경험을 합쳐 10년 이상의 사람이라면 그 어느 경우라도 연수를 받으면 자격이 부여된다. 초년도인 1993년에는 이 틀에서 690명이 정책비서 자격을 인정받았다. 채용은 중·참 양원 의원이 개별적으로 결정한다. 초년도에는 590명(이 중 시험합격자 25인, 그 외에는 연수 등)이 채용되었다.

선고채용심사인정이란, 국회의원의 신청을 받아, 중의원(참의원)의 심사인정위원회가 능력·경험·자격 등에 관해 심사인정을 행하여 인정자 등록을 행하는 제도이다.

정책비서의 신분은 특별직 국가공무원의 상급직이다. 제도 시행 첫해인 1993년부터 매년 1회 정책비서채용시험이 시행되고 있다. 1993년에 시험을 거쳤거나, 자격을 인정받은 정책비서들은 1994년 1월부터 정식으로 '정책비서'로 임용되기 시작하였다. 정책비서는, 자격시험이 있어서 그 시험에 합격하면 채용되는데 종래의 비서가 자리를 옮겨 정책비서가 되는 경우가 압도적으로 많았다. 그 이유는 단순한 연수를 받으면 종래의 공설비서가 정책비서로 채용될 수 있기 때문이다. 정책비서 채용시험과는 별도로 사법시험합격자나 공설비서 경력 10년 이상인 자, 비서경험은 5년 이상이면서 정당직원 등의 경험을 합쳐 10년 이상인 자라면 누구라도 연수를 받는 것만으로도 정책비서 자격을 인정받는다. 정책비서 채용은 중의원과 참의원에서 각각 별도로 시행한다.

당선 횟수가 높은 의원들은 앞의 표의 선고채용심사인정제도를 이용하여 공설비서를 정책비서로 승격시키는 경우가 많았다.44) 대체로 10년 이상의 공설비서 경험을 가진 비서들은 국회의원의 신청에 의해 무난히 정책비서연수에 참가할 수 있다.45)

3) 사설비서

국비로 고용하는 공설비서, 정책비서와는 달리 국회의원이 개인적으로 계약을 맺어 자신의 입법활동을 보좌하도록 고용하는 사설(私設)비서가 있다. 사설비서의 수는 의원마다 다르며 중의원 사무국에서조차 그 정확한 수를 파악하지 못하고 있다. 사설비서는 일본의 의원비서체제의 일익을 담당하는 불가결한 존재로 인식되고 있지만 법 규정에 의한 존재가 아니기

---

44) 龍崎 孝, 『議員秘書』(東京: PHP研究所, 2002), 62-63쪽.
45) 비서연수는 매년 7월부터 8월에 2~3주간에 걸쳐 행해지는데, 강사로는 저명한 정치학 교수가 총론을 담당하고, 각 관청의 국장급이 각론을 담당하며, 연수 마지막 날에는 시험도 치른다. 시험에서 낙방하는 경우는 거의 없다고 한다.

때문에 고용과 직무에 관한 상세한 것은 잘 알려지지 않고 있다.

4. 비서의 급여

급여는 정책비서, 제1공설비서, 제2공설비서의 순으로 높으나, 정책비서
와 제1공설비서의 급여의 차이는 그다지 크지 않다.

일본국회는 1957년, 구미식으로 국회의원에게 지급되던 비서고용수당주
의를 개정하였다. 이 법률에 따라 그동안 국회의원으로부터 받던 비서급
여는 직접 국가로부터 지급되기 시작하였다. 1962년에는 퇴직수당제도 창
설, 이어 1970년에는 통근수당의 일률지급 및 주거수당의 공무원에 준하
는 지급이 시작되었다.

공설비서의 급여는 일관되게 1관 1급제를 채택하고 있었는데, 1965년
이후 고참비서나 전업비서가 증가하면서 1973년에는 법을 개정하여 비서
의 재직기간에 따른 근속 특별수당을 지급하게 되었다.[46] 이 제도는 계속
되어 1986년에는 지급구분을 더욱 세분화한 임금체계를 도입하였다. 1990
년에는 법의 전면개정에 의해 전통적인 1관 1급제를 고쳐, 1관 3급 · 호급
제를 도입하였다. 이 제도는 공설비서 재직기간과 비서의 연령 구분에 따
라 급여액을 산정하는 체제이다.[47]

이 외에도 공설비서는 국가공무원에 준하는 통근수당(공무원의 최고액
의 60%에 해당하는 월 3만 엔을 일률 지급), 주거수당, 기말 · 근면수당(기
말수당은 국회의원과 같이 연 3회, 근면수당은 여름 · 겨울의 상여금 지급
시 월액의 반액)을 지급받는다. 또 사회보험도 후생연금과 건강보험을 받
을 수 있다.[48]

---

46) 平田有史郎, 「議員秘書における本質と現象」, 『議會政治研究』 56号(2000), 43쪽.
47) 平田有史郎, 앞의 책.
48) 龍崎 孝, 앞의 책, 64쪽.

<표 11-6> 비서급여(정책비서, 제1공설비서)

급	호급	급여 월액
1	1	368,200엔
	2	388,600엔
2	1	450,300엔
	2	461,900엔
	3	473,000엔
	4	485,000엔
	5	496,500엔
	6	508,100엔
	7	519,600엔
	8	527,300엔
	9	535,000엔
3	1	554,400엔
	2	567,000엔
	3	575,400엔
	4	583,800엔

주: 2004년 5월 19일부터 적용.

<표 11-7> 비서급여(제2공설비서)

급	호급	급여 월액
1	1	276,500엔
	2	286,900엔
2	1	327,100엔
	2	335,500엔
	3	343,900엔
	4	352,200엔
	5	360,600엔
3	1	391,300엔
	2	400,600엔
	3	409,900엔
	4	419,200엔
	5	425,400엔

주: 2004년 5월 19일부터 적용.

5. 의원비서(공설비서) 급여 유용문제

비서의 급여를 국회의원이 유용 혹은 횡령하는 사건들이 발생하고 있어 시급히 개선해야 할 과제로 떠오른 지 오래이다. 국회의원이 비서의 급여를 유용하게 되는 주요한 이유 중의 하나는 부족한 일손을 메우기 위해 사설비서를 고용하고, 공설비서의 급여의 일부를 사설비서의 급여에 충당하기 때문이다. 이 때문에 공설비서의 급여를 둘러싸고 여러 가지 의혹이 제기되었다.

예를 들면, 1998년 자유민주당의 나카지마 요지로(中島洋次郎) 의원이 정책비서의 급여 약 1,300만 엔을 횡령한 후 기소되어 실형 판결을 받은 사건이 있었다. 나카지마 의원이 정책비서에게 급여의 일부밖에 건네주지 않아 유죄를 선고받은 것이다.[49]

야마모토 조지(山本讓司) 의원은 2000년에 정책비서의 급여를 사취한 혐의로 체포되었고,[50] 사민당 소속 쓰지모토 키요미(辻本淸美) 의원은 자신의 정책비서의 명의를 빌려, 사실상 비서급여를 가로챘다는 의혹을 받다가 결국 2002년 3월에 의원직을 사직하였다.[51]

또 공산당의 전직 정책비서가 비서급여를 강제적으로 당에 기부하게 되었다 하여, 의원단의 대표인 마쓰모토 젠메이(松本善明) 중의원 의원 등이 정치자금규정법위반혐의로 2002년 4월 도쿄지검에 고발되는 사건도 있었다. 공산당의 기관지인 ≪아카하타≫(赤旗)에 의하면 공산당에는 중의원과 참의원을 합쳐 모두 118인의 공설비서가 있는데, 모두 동당 중앙위원회의 근무자 중에서 추천을 받아 국회의원비서가 되었다. 그때 공설비서의 급여가 당 직원의 급여를 상회하였기 때문에 그 차액을 본인의 의사로 당에 기부하도록 했다는 것이다. 공산당에서는 이 문제가 제기되기 전까지, 비서로부터 위임장을 받아, 비서급여를 일괄하여 마쓰모토 젠메이 의원명의의 계좌로 이체하고 있었다. 이러한 사실이 지적을 받게 되자 동당은 의

---

49) 橋本五郎・大久保好男・玉井忠幸, 『議員秘書の眞實』(東京: 弘文堂, 2002), 155－156쪽.
50) 內田　滿編, 『現代日本政治小事典(2003年度版)』(東京: ブレーン出版, 2003), 101쪽.
51) 龍崎　孝, 『議員秘書』(東京: PHP硏究所, 2002), 64쪽.

원비서 개인명의의 계좌로 이체하는 방법으로 보수지급을 하겠다고 밝히고 사태를 수습하고자 하였다.52) 2002년 8월에는 다나카 마키코(田中眞紀子) 의원의 정책비서급여 유용이 문제시되기도 했다.

또 민주당 소속 사토 칸주(佐藤觀樹, 전 자치상) 의원이 공설 제2비서로 채용하고 있던 여성으로부터 3년간에 걸쳐 모두 450만 엔의 기부를 받은 '명의 차용' 사건도 있었다.53) 아이치현(愛知縣) 경찰은 사토 의원의 비서였던 여성의 급여가 입금된 것으로 보이는 복수의 계좌에 돈의 출납이 있음에도 비서를 지낸 여성에게는 급여가 건네지지 않은 것이 2004년 3월 3일 판명되었다고 밝혔다.54) 이에 사토 의원은 3월 4일 비서급여사취의혹에 대한 책임을 지고 의원 사직원을 제출하였다. 중의원은 3월 5일 오후 3시 30분부터 열린 본회의 모두에서 사토 의원의 의원사직을 전회일치로 허가했다. 민주당은 이날 저녁에 열린 당 상임간사회에서 당 윤리규칙에서 가장 무거운 처분인 제적처분을 하기로 만장일치로 결정하였다.55)

경찰은 3월 5일 오후, 비서급여 사취의혹과 관련하여 도쿄 도내에 있는 의원회관 내 사토 의원의 사무실과 의원숙소를 가택수색하였는데, 경찰조사에 의하면, 이 여성은 2000년 6월부터 2003년 4월까지 사토 의원의 공설 제2비서를 지냈는데, 그동안의 급여는 사토의 정책비서 등이 중의원 사무국에서 일단 수취한 후, 사토 의원에게 건네졌다. 그리고 그 후 급여는 사토 의원의 공설 제1비서이기도 한 부인이 관리하는 복수의 계좌에 입금되었다고 한다.

거물정치인일수록 많은 수의 비서를 두는 경우가 많은 것을 볼 수 있는데 그들은 의원회관 이외에 중심 정가(政街)인 도쿄 나가타초(永田町) 부근 등에도 사무실을 운영하고 있다. 국비로 지출되는 3인 이외의 비서, 즉 사설비서에게 드는 비용은 의원 개인이 마련하여 지출하는데 때로는 정책비서와 공설비서 3인으로부터 '기부'를 받는 형태로 그들의 급여의 일부를

---

52) 龍崎 孝, 앞의 책 64 – 65쪽.
53) ≪讀賣年鑑≫(2005年版), 170쪽.
54) ≪每日新聞≫ 2004년 3월 5일자.
55) ≪每日新聞≫ 2004년 3월 6일자.

받아 이를 다른 사설비서의 급여로 충당하는 경우가 많았다.56) 이 과정에서 절차를 제대로 밟지 않거나, 공설비서의 기부가 자발적 의지에 의한 것이라는 분명한 의사표시가 없으면 사후에 문제가 발생하게 된다.57)

비서급여 유용은 실제로 비서로 일하지 않는 사람을 비서로 등록시켜 급여를 타내거나, 규정보다 적은 액수를 지급하는 등 여러 형태로 나타난다. 국회의원이 자신을 보좌하는 공설비서의 급여를 유용하는 사례가 많아지자 중의원비서협의회는 이 문제에 관해 '견해'를 발표하고 대책을 촉구하기도 했다.

6. 중의원비서협의회

중의원비서협의회(秘書協議會)가 규약을 제정하고 정식으로 발족한 것은 1972년 4월 10일이다. 그러나 '국회의원비서연금기금'제도가 창설된 1970년을 이 협의회가 실제로 결성된 시점이라고 볼 수 있다.58) 이 협의회는 회원들이 각각 다른 정당에 소속되어 있지만, 비서라고 하는 입장과 신분에서 공통으로 직면하게 되는 문제는 일치단결하여 해결해 나간다는 행동이념을 가지고 있으며, 무엇보다도 정치로부터의 독립, 자주성 견지 그리고 전회일치를 활동의 3대 원칙으로 삼고 있다. 이 협의회는 규약과 윤리헌장을 제정·공포한 바 있다.

---

56) 참고로 사설비서의 평균 월 급여는 약 22만 엔 정도이다. 淺野一郎編, 『國會入門』(東京: 信山社, 2003), 30쪽.

57) 이에 관해서는 橋本五郎·大久保好男·玉井忠幸, 『議員秘書の眞實』(東京: 弘文堂, 2002), 261-265쪽 참조.

58) http://www.hisyo-kyo.jp/about/history/index.html(검색일: 2008년 3월 9일)

<표 11-8> 국회의원비서제도 연혁

일 시	사 항
1947.4.30	국회법 제정(의원법 폐지). 각 국회의원에게 1인의 사무보조원 설치
1947.5.3	'국회의원의 직무 수행에 편의를 제공하기 위해 의원회관을 설치하여 사무실을 제공하고, 각 의원에게 1인의 사무보조원을 둔다.'고 규정. 급여는 '국회의원의 세비, 여비 및 수당 등에 관한 법률'에서 규정
1952.12.25	국회의원의 세비, 여비 및 수당 등에 관한 법률 일부 개정. 기말수당·근면수당 지급
1957.5.27	국회의원의 비서의 급료 등에 관한 법률 제정. 비서의 급여는 국가가 직접 지급
1960.12.22	비서 및 그 유족은, 비서의 공무상의 재해에 대해 보상을 받을 수 있게 됨
1961.4.1	정부가 관장하는 건강보험 및 후생연금보험에 가입, 실업보험을 적용
1962.4.1	퇴직수당 창설. 공무상의 재해보상과 구제 조치
1963.3.30	국회법 일부 개정. 1인의 비서를 2인으로 증원
1963.4.1	국회법 개정, 각 의원에게 2인의 비서를 둘 수 있게 함
1970.10.1	국회의원비서 후생연금기금 설립
1971.1.1	국가공무원과 같이 후생경비 계상됨. 정기 건강진단, 위(胃) 검진, 질병예방접종, 기타 보건 체육의 장려 및 장기근속 표창 실시
1972.4.1	국회의원비서 건강보험조합 설립
1972.4.10	중의원비서협의회 정식발족 선언
1974.4.1	근속 특별수당이 개선되어, 재직 5년 이상인 비서에게도 수당 지급(5% 신설)
1975.4.1	① 의원비서를 채용하려면 사전에 의장의 동의를 얻어야 하는 것으로 함. ② 의원비서 출신 비서관의 급여결정 개선
1988.2.27	중의원의 공설비서에 대해 재산형성저축, 재산형성주택저축, 재산형성연금저축제도 도입
1990.6.20	1관3급(一官三給)·호급제(號給制) 도입. 근속 특별수당 폐지
1990.6.27	'국회의원비서의 급여 등에 관한 법률' 제정
1990.12.27	'국회의원의 비서의 채용 및 복무에 관한 건'이 의원운영위원회에서 결의(국회의원이 이행해야 할 사항으로서, 비서를 채용하는 경우 '정치윤리강령 및 행위규범'의 규정에 따를 것, 비서의 해고는 1개월 전에 문서로 이유를 첨부하여 예고할 것 등)
1991.5.7	중의원 의원운영위원회에 '국회의원의 비서에 관한 조사회' 설치
1991.10.11	'국회의원의 비서에 관한 조사회'로부터 '답신'이 제출됨
1993.4.27	중의원 의원운영위원회에서 정책담당비서제도 창설에 관한 합의
1994.1.1	정책담당비서제도 신설
2001.11.19	중의원 의장의 자문기관 '중의원개혁에 관한 조사회'가 '답신' 제출. 비서제도에 관해서는 '당분간 현행제도를 유지한다.'고 함.
2004.5.19	'국회의원비서의 급여 등에 관한 법률' 개정

자료: 平田有史郎, 「議員秘書における本質と現象」, 『議會政治研究』 56号(2000.12), 42-43쪽, 橋本五郎·大久保好男·玉井忠幸, 『議員秘書の眞實』(東京: 弘文堂, 2002), 242-245쪽, 白崎勇人, 『政策秘書が書く國會議員改革』(東京: 長崎出版, 2003), 268-271쪽, 島貫孝敏, 「國會議員政策擔當秘書の創設」, 中村睦男·大石 眞編, 『立法の實務と理論』(東京: 信山社, 2005), 88-89쪽.

7. 의원비서제도 비교

1) 신분

유럽의 대부분의 국가에서는 국회의원비서는 사법상의 고용계약관계에 기초하는 국회의원(또는 회파)의 피고용자이며, 한국이나 일본처럼 공무원 신분으로 고용하고 있는 나라는 많지 않다.

2) 근친자 고용

미국과 독일에서는 국회의원이 근친자를 자신의 비서로 채용하는 것은 법률로 금지되어 있다. 비서 채용에 있어 적정성을 유지하고 국민의 신뢰를 받을 수 있어야 하지만 일본에서는 세습의원이 일정 비율을 점하고 있고 그들의 상당 부분이 부친 등의 국회의원비서로 정치인생을 시작한다는 점에서 의원비서 임용에 근친자를 배제하는 등의 조치는 저항에 직면하거나 장기간의 시간을 요하는 일이 될 것이다.

노르웨이에서는 국회의원 165인의 4분의 1이 호선에 의해 상원에 선출되고 남은 4분의 3이 하원을 구성하는 제도를 택하고 있다. 따라서 비서제도는 상원과 하원이 동일하다. 특징적인 것은 비서는 각 회파가 고용하고, 의원 개인에 대한 비서는 존재하지 않는다는 것이다. 국회의원이 아닌 각 회파가, 소속의원 3인당 1인분의 비서수당 및 소속의원 수에 따른 기타의 수당을 지급받아, 국회의원의 보좌 등을 행하는 비서를 고용한다. 수당은 유용(流用)이 인정되고 있다. 비서는 일반사무에 종사하는 비서와, 입법조사나 정치적 조언을 해 주는 정치고문의 두 가지로 대별된다.[59]

---

59) 加賀ちひろ, 「歐州の議員秘書制度」, 『立法と調査』212号(1997. 7), 51쪽.

<표 11-9> 일본과 미국의 의원비서제도 비교

구 분	미국(하원)	일본(중의원)
사회환경	계약사회. 의원사무소도 회사적 조직이며, 동시에 국민도 정치인은 국민의 대표라는 의식이 강함. 정보공개 철저, 견제기능 충실.	관습사회. 의원사무소도 개인상점적이며, 국민 간의 신뢰관계로 성립되어 있는 사회. 견제기능 약해지기 쉬움
고용환경	능력사회. 실력사회 개인주의사회이기 때문에, 자기발현의 장으로서 근무처를 선택하는 경향이 강함.	종신 고용적·연공서열형 사회. 가족주의적 색채가 강하고 근속연수가 길어지는 경향이 있음.
정당상황	양대 정당체제. 정당 색을 분명히 나타내고 있는 단체, 연구소도 많으며, 의원비서 인재 배출도 하고 있음.	다수 정당체제. 정치와는 거리를 둔 단체, 연구소가 의원비서를 배출하는 일은 적은 편임.
의원 활동비	비서급여, 사무소 비용, 통신교통비 등 총액에 최고한도액이 있으며, 지불에 있어서는, 그때그때 영수증 제출이 의무화되어 있음.	비목별 사전지급. 비서급여, 문서교통비, 입법조사비 등 각각 별개로 지불되며, 영수증 첨부 의무는 없다.
현행 비서제도 성립경위	의원입법중심의 정치활동을 지탱하기 위해, 현재의 참모 수로 계속 증원되어 왔음.	정치 선거활동 수행의 필요성 때문에, 증원이 도모되었으나, 주로 재정상의 이유로 아직 필요한 만큼의 수에는 이르지 못하였음.
의회해산	없음. 해산이 없기 때문에, 돌연 의원직을 상실하는 일 없으며, 안정적 계획적인 정치활동을 행할 수 있음(재선율 90% 이상).	있음. 해산이 있기 때문에 돌연 의원직을 상실하는 위험이 있으며, 안정적·계획적인 정치활동이 곤란함(재선율 60~70%).
입법형태	의원입법만 존재. 제출법안의 수는 연간 9천여 건(이 중 성립은 한 자리 수 % 불과).	정부제출법안 중심. 의원입법은 매우 적은 편이다.
회관사무소 환경	넓다. 충분한 면적을 갖는 4개의 방이 있으며, 접수(1), 비서실(2), 의원실(1)로 확실히 나뉘어 있으며, 업무에 전념할 수 있는 환경이 정비되어 있음.	좁다. 비서실, 의원실의 2개 방만 있으므로 방문객 접대, 전화 응대, 사무 업무 등의 업무에 전념할 수 있는 환경은 아님.
정치 활동과 선거활동	명확히 구분되어 있음. 비서가 정치헌금을 취급하는 것은 금지되어 있으며, 지역사무소를 선거사무소로 사용해서는 안 되는 등 두 가지 활동 사이에 엄격한 규칙이 존재함.	구분은 불명확함. 늘 선거가 염두에 있기 때문에, 사설비서, 공설비서에 관계없이, 업무가 극히 다양하며, 정치활동과의 구별이 곤란함.
사무소 정보	각 사무소의 비서의 업무내용, 취미, 경력이 소개된 책자 등 다수 존재하며, 국민은 어느 사무소의 누구에게 상담하면 좋은가를 알 수 있음.	출판사의 간행물 등에서 사무소 주소, 의원의 경력, 공설비서의 성명 등을 알 수 있는 정도임.

자료: http://www.shugiin.go.jp/index.nsf/index_kokkai.htm(검색일: 2007.3.6.)

독일의회의 특징은 여야를 불문하고 현직 공무원을 비서로 고용하는 사례가 많고 그 비율이 비서 전체의 약 3분의 1을 넘는다는 점이다. 단 연방의회의 사무국 직원은 이해충돌의 관점에서 비서로 고용하는 것이 금지되어 있다. 비서로 근무하는 기간은 공무원은 휴직처리되며, 본래의 직위로의 복귀가 보장되어 있다. 독일에서는 친족을 비서로 고용하는 것은 원칙적으로 금지되어 있다.[60]

제3절 족의원

1. 개념 및 유래

1) 개념

여느 의회에서는 들어 보기 어려운 용어가 바로 '족의원(族議員)'이다. 집안, 일가 혹은 무리를 가리키는 '족(族)'이 의원 앞에 붙어 족의원이 되었다.

'족의원'은 특정 정무조사회 부회나 소위원회에 계속하여 소속함으로써 정책전문가로서의 경력을 확립함과 동시에 그러한 부회나 소위원회의 관할하에 있는 업계와 밀접한 관계를 갖고 이익유도나 기득권 보호에 영향력을 미칠 수 있게 된 국회의원을 말한다. 한마디로 국회의원 중에서 특정한 업계나 관청(성청)과 밀접한 관계에 있는 의원을 지칭한다. 족의원에는 건설족, 도로족, 후생족, 우정족, 운수족 등 약 10개 종류의 족이 있다.[61] 이들 의원은 자신의 관할하에 있는 업계 사람들과 강하게 유착해 있으며, 그 업계의 이익을 대변하고 있으며, 또 그 업계를 담당하는 관청과도 밀접하게 결합되어 있다.[62]

---

60) 加賀ちひろ, 앞의 글.
61) 鳥羽 賢, 『政治家のしくみ』(東京: ソフトマジック, 2003), 67쪽.
62) 예를 들면 건설족 국회의원은 건설업계 사람들이나 국토교통성의 관료들과 밀접한

족의원은 중의원·참의원에 관계없이 자유민주당 소속의원을 망라하는 정무조사회가 그 근거지이다. 부회·조사회·위원회의 어느 한 곳 또는 복수에 걸쳐 소속한 정책 영역에 관한 지식이나 실무능력을 배양하고, 또 선배 족의원의 활동과 수법을 다면적으로 학습하여 두각을 나타내려 경쟁한다. 평균 당선 횟수에 따라 위원장, 조사회장, 부회장을 경험하면서 내각이나 국회의 임원직인 정무차관, 중의원 및 참의원의 상임위원회 등의 위원장, 혹은 대신 등을 역임하여 족의원으로서의 경력을 쌓아간다. 역량을 얻은 족의원은 당3역, 파벌의 보스나 내각총리대신의 유력후보가 된다. 안정 정권하에 있으면서도 총리대신이나 내각이 단명에 그치는 것도, 정기적인 임직원 교체의 당내 필요성 때문이다.[63] 이를 정리하면, ① 당선 횟수, ② 임원직 경험, ③ 임원직 수행능력의 3가지를 충족하면 비로소 족의원이라고 분류할 수 있다.[64]

2) 유래

족의원이란, 각 관청의 정책안에 강한 영향력을 행사하기 위해 무리를 짓는 국회의원집단의 총칭으로서, 1955년 보수합동에 의해 결성된 자유민주당 정권하에서 형성되어 오늘에 이르고 있다. 족의원은, 여당의 각 성·청에 대한 의견 구신(具申)·동의권이 기득권으로서 관례화함에 따라 각종 업계·단체이익을 실현하기 위한 고정적인 대변자가 됨과 동시에, 행정작용이 비대화하는 가운데 상하관계로만 움직이는 조직을 취지로 하는 성·청의 이익과 연계되어, 때로는 업(業)과 관(官)의 조정자로서의 지위도 함께 가지고, 독특한 정치적 지위를 확보하면서 유착적인 이익공동체를 유지하고 있다.[65]

관계에 있다.

63) 憲法研究會編,『圖解 いま日本政治は!』(大阪: 大阪經濟法科大學出版部, 2003), 54쪽.

64) 猪口孝·岩井奉信,『'族議員'の研究－自民黨政權を牛耳る主役たち』(東京: 日本經濟新聞社, 1987), 120쪽.

65) 憲法研究所編, 앞의 책, 54쪽.

2. 족의원과 정무조사회

일본의 입법과정 중 헌법 및 국회법 등에 근거를 두지 않고 최대의 역할과 책임을 다하고 있는 것은 여당(자유민주당)의 정책기관인 정무조사회이다.[66] 자유민주당은 장기간에 걸친 정권정당의 경험을 활용하여 여당과 행정부 성·청에 대해 당의 의향을 잘 헤아리는 정책안을 만들게 하고 제출되는 모든 정책(법률안, 예산안, 중요 정령 등)을 심사하고 당의 양해를 얻은 안건만을 국회에 상정하는 구조가 제도화되어 있다.

자유민주당은 정책입안을 위해 정무조사회를 설치했는데 이 기관이 당의 정책을 입안하고 결정까지 하는 기구가 되어 있으며, 관료기구와는 다르나 스스로 정책을 추진하는 데 충분한 입법능력을 점차 보유하게 되었다.[67] 이렇게 자유민주당의 사전심사제도는 '족의원'을 탄생시키는 계기가 되었다.

3. 족의원 유형 분류

족의원의 유형을 분류함에 있어 사토 세이자부로(佐藤誠三郎)·마쓰자키 테쓰히사(松崎哲久)는 ① 어떤 정책에 관심이 있는 의원, ② 어떤 정책 분야에 강한 영향력을 갖는 의원, ③ 특정한 정책 분야에 강한 영향력을 가질 뿐만 아니라, 그것을 일상적으로 행사하는 입장에 있는 의원집단이라고 분류하였다.[68]

한편, 이노구치 다카시(猪口孝)·이와이 토모아키(岩井奉信)는 족의원을 특정한 정책 분야별로 정책결정에 관계하는 자유민주당 소속의원집단을 마스터(master), 쏠저(soldier), 몹(mob), 제너럴(general)의 4가지로 분류하였다.[69]

---

66) 자유민주당의 당칙에 의하면 '정무조사회'는 '자유민주당이 채용하는 의안의 조정과 연구 및 입안 등에 종사하는 정책기관'이라고 규정되어 있다.

67) 1892년 7월 20일에 설립된 야요이구락부(弥生倶樂部)에서 발전한 자유당은 정무조사국을 설치하여 정무를 조사시켰는데 이것이 정무조사회의 시원으로 간주되고 있다. 村川一郎, 앞의 글, 90-91쪽 참조.

68) 佐藤誠三郎·松崎哲久, 『自民黨政權』(東京: 中央公論社, 1986), 264-265쪽.

69) 猪口孝·岩井奉信, 『'族議員'の研究-自民黨政權を牛耳る主役たち』(東京:日本經濟新

그들에 의하면 마스터는 가장 좁은 의미의 족의원으로서 일상적인 정책
결정에 그치지 않고 포괄적으로 그 정책 분야의 결정에 대해 강한 영향력
을 갖는다. 족 내부의 의견을 정리하거나, 정책의 방향 설정을 행하거나,
고급관료 인사권까지 갖는 경우가 적지 않다. 그런 의미에서 '족 중의 족'
이라 해도 좋을 만큼 엘리트집단이다. 모두 중견 이상의 의원이며 관련
정책에 관해서는 전문성을 갖는다.

쏠저는 마스터를 제외한 비교적 넓은 의미의 족의원으로서, 이익유도를
행하는 실전부대의 역할을 담당한다.[70]

몹은 무슨 일이 발생하면 모이는 활동적 '군중'을 의미하는 사회학적 용
어이다. 자유민주당 소속의원은 자신의 관심 분야의 부회원(部會員)이 되는
데, 부회 소속에는 제한이 있고, 그 한편에서 의원이 관심을 보이는 분야
는 급속하게 확대되는 경향이 있다. 그래서 조금이라도 관심이 있거나, 의
원의 이해가 결부되는 경우에는 그러한 정책결정에 대해 '배당'을 요구하
여 어떤 형태로든 참여할 것을 바라는 것이 국회의원의 심리이다. 몹은
마스터나 쏠저가 특정한 분야에 달라붙는 것처럼 형성되는 것에 대해, 각
각의 쟁점마다 임시로(ad hoc) 형성되는 것이 특징이다.

끝으로 제너럴은 마스터, 쏠저, 몹 이외에 자유민주당 내부에서 정책결
정에 중요한 역할을 담당하는 장군을 의미한다. 제너럴은 총리대신(수상)
과 그 경험자, 파벌의 영수, 혹은 그에 준하는 영향력 있는 의원 등 당내
의 실력자를 가리킨다. 제너럴은 구체적인 개개의 정책결정에 대해 족의
원과는 달리 일상적인 영향력을 행사하는 일은 드물다. 그들이 행하는 것
은 정책 전체를 방향 짓는 기본적 틀의 설정이며, 고도의 정치적 결정이
다. 그러나 그들이 결정하는 방향은 개개의 구체적인 정책의 선택지를 포
괄적으로 구속한다는 점에서 중요하다.

聞社, 1987), 155 - 163쪽.
70) 쏠저는 두 개의 집단으로 구성되는데, 하나는 마스터 이외의 이른바 족의원이며,
    다른 하나는 아직 족의원으로서 인지되어 있지 않은 중견 내지 그 이하의 의원을
    중심으로 하는 이른바 '족 예비군'이라고 부를 수 있는 의원이다.

제12장 세습의원

제1절 의원직 세습

1. 의원세습현상

권력의 세습은 동서고금을 막론하고 세계 여러 나라에서 볼 수 있었고 지금도 일부 국가에서 볼 수 있는 현상이다. 과거에는 이를 네포티즘(nepotism)이라고 부르기도 했는데, 네포티즘은 아들이나 형제 등 혈연관계에 있는 자를 등용함을 말한다.[1]

일본에서는 국회의원직의 세습에 관한 연구나 보고가 종종 있어 왔다. 실제로 2세 의원 혹은 세습의원(世襲議員)의 존재는 일본의 보수정치를 설명하는 중요한 변수 중의 하나가 된 지 오래이다. 그러나 수십 년간 이러한 현상이 계속되어 온 탓인지 의원직의 세습 현상에 대해 둔감해진 일본사회 분위기가 감지된다.

일본만큼 세습의원이 많은 곳은 없다. 중의원에는 보통 전체의 4분의 1 정도의 구성원이 아버지나 친족의 지역구를 물려받은 세습의원들이 있다. 근년에는 2세 의원이 아닌 3세 의원, 심지어는 4세 의원까지 등장하고 있다.[2] 이렇게 전후 일본에서 이름깨나 알려진 내각총리대신, 각료, 국회의원 중에는 세습의원이 많다.

자유민주당은 특히 세습률이 높아서 내각총리대신, 각료, 간사장 등 유력 정치인들이 상당 부분 세습의원이다. 하시모토 류타로(橋本龍太郎) 전 총리, 미야자와 키이치(宮澤喜一) 전 총리,[3] 오자와 이치로(小澤一郎) 전

---

1) '네포'는 '조카'를 뜻하는 라틴어 네포스(nepos)에서 유래되었는데, 중세 로마교황이 자신의 사생아를 '조카'(nepoti)라고 부르고 은전을 베풀거나 등용한 것에서 유래한다. 10~11세기경부터 교황이 자신의 지위를 강화하기 위해 등용하기 시작했다.
2) 국회의원 중에서 4대째 국회의원을 배출한 가문으로는 후나다(船田) 가문, 하토야마(鳩山) 가문, 고사카(小坂) 가문, 후루야(古屋) 가문 등이 있다. 후나다 하지메(船田元)는 4대째 6명의 국회의원을 배출한 정치 엘리트가문 출신이다. 이에 관해서는 市川太一, 『世襲代議士の研究』(東京: 日本經濟新聞社, 1990), 210-220쪽 참조.
3) 미야자와 카이치 전 수상은 3대째 내려오는 정치가문 출신이다.

신진당 당수, 가토 코이치(加藤紘一) 전 자유민주당 간사장, 하타 쓰토무
(羽田 孜) 전 총리, 고노 요헤이(河野洋平) 전 자유민주당 총재, 고이즈미
준이치로(小泉純一郎) 전 총리,4) 아베 신조 전 총리, 후쿠다 야스오 총리
등 정계의 중추를 이루는 인물들은 대부분 세습의원들이다.5)

세습의원은 자유민주당에서만 배출되는 것이 아니라 야당과 혁신정당에
서도 등장하고 있다.6) 사민당의 히노 이치로(日野市朗) 우정상, 사키가케
의 하토야마 유키오(鳩山由紀夫) 대표간사를 비롯하여 다른 정당에도 다수
존재한다.7)

한편, 참의원에서도 의원직 세습이 이루어지면서 참의원과 중의원의 차
별성의 범위는 더욱 좁아지게 되었다. 참의원에는 부모의 선거구를 인수
인계하는 일이 거의 없었으나 근년 들어서는 세습의원을 배출하고 있다.

2. 의원직 세습에 대한 시각

의원직 세습을 하나의 굴절된 정치현상으로 볼 것인가 아니면 정치문화

---

4) 고이즈미 준이치로(小泉淳一郎)는 중의원 의원과 방위청장관을 지낸 부친 고이즈미
　 준야(小泉純也)의 사망에 의해 선거구 지반을 인계받은 전형적인 세습의원이다. 고
　 이즈미 준이치로는 1972년 30세의 나이에 중의원 의원에 처음으로 당선되었고,
　 2001년 4월 내각총리대신에 올랐으며 2006년 9월 총리직을 그만둘 때까지 정치의
　 중심에 있었다.
5) 이를 상징적으로 보여주는 사례가 있다. 1994년 12월 13일 재직 25년을 맞이하는
　 21명의 중의원 의원들을 위한 표창수여식이 중의원 본회의장에서 있었는데 표창을
　 받는 이들 고참 의원들의 최대의 특징이 바로 그들 중 다수가 세습의원이라는 점이
　 다. 每日新聞特別取材班, 『國會は死んだか－再生への大膽な提言』(東京: 每日新聞社,
　 1996), 200쪽.
6) 2005년 현재 민주당 소속의원 175명 중 48명이 세습의원이었다. 八幡和郎監修, 『み
　 んなの代議士圖鑑』(東京: 講談社, 2005), 51쪽.
7) 1963년의 제30회 총선거에서는 38명의 세습의원 중 4명이 비자유민주당 소속의원이
　 었다. 이 중에 사회당 위원장을 지낸 가와카미 조타로(河上丈太郎) 의원의 아들인
　 가와카미 타미오(河上民雄) 후보는 사회당 의원으로서는 드물게 보는 세습의원으로
　 당선되었다. 사회당에서는 1993년 1월 19일에는 위원장 다나베 마코토(田辺誠)에 대
　 신하여 신임 위원장에 야마하나 사다오(山花貞夫), 서기장에는 아카마쓰 히로타카
　 (赤松廣隆)가 선출되었는데, 이 두 사람은 모두 사회당 좌파인 투사 야마하나 히데
　 오(山花秀雄), 아카마쓰 이사무(赤松 勇)의 아들이다.

적 맥락에서 볼 것인가에 따라 그 평가는 달라질 수 있다. 세습의원 현상이 정치문화의 한 단면이라면, 그것을 부정적인 측면으로만 바라보아서는 안 될 것이다.[8] 세습의원이 많다는 것과 그들이 일본정치에 기여하고 있는지 아닌지에 관해서는 별도의 연구가 필요하다.

1) 긍정적인 시각

① 가치와 경험의 전승

축적된 경험과 공유할 수 있는 가치의 전승은 어떤 가치나 정치적 윤리에 우선한다는 시각이다. 일본의 정치 가업(家業)은 개인의 직업문제가 아니라, 가문의 가업으로 인식될 수 있다.[9]

의원직 세습을 조부, 부친 등의 정치사회적 기능이 자식에게 전달(계승)되어 사회에 전파되는 것으로 파악하는 관점에 선다면 그들이 공유하는 가치와 정치행정경험의 사회전파라고 하는 점에서 긍정적으로 볼 수도 있다.[10]

② 정치의 직업적 전문화

서양의 엘리트 충원에 있어 두드러진 특징은 법규정을 중시하고 능력 위주의 채용을 보장한다는 데 있다. 동양사회는 형식상으로는 서양사회와 같이 법치주의를 기반으로 하지만 내면적으로는 아직도 혈연, 지연, 학연 등 지역이나 인적 관계에 상대적으로 중요한 의미가 부여되고 있다. 그중에서도 '가문(家門)'으로 표현되는 혈연관계는 특히 일본의 엘리트에게는 무엇보다 중요한 요인이라고 할 수 있다.

세습의원들은 선친으로부터 지반(지지지역, 후원회 등 조직)과 간판(지명도, 학연 등)에 가방(자금, 재정적 능력)까지 물려받았기에 지역구에서의

---

8) 세습의원을 배출하는 정치문화풍토를 파악한 후, 정치 관련 제도 특히 후원회제도의 개선 혹은 폐지 등 정책적 결단이 필요하다.
9) 의원직 세습을 긍정적으로 보는 학자는 많지 않은데, 마스야마 미키타카(增山幹高)가 다소 긍정적인 시각에서 세습의원을 바라보고 있다. 增山幹高, 「政治家·政黨」, 平野 浩·河野 勝編, 『アクセス日本政治論』(東京: 日本經濟評論社, 2003), 50쪽.
10) 일본정치의 개혁을 주장한 하타 쓰토무 전 총리는 세습의원이고, 우정(郵政)의 민영화 및 정치행정개혁을 주도했던 고이즈미 준이치로 전 총리도 세습의원이다.

선거는 안정적으로 치를 수 있고, 그렇기 때문에 국가이익을 생각할 여유가 있을 만하다는 주장이 제기될 수 있다.[11] 세습의원 중에는 봉급생활자나 변호사, 재판관, 언론인 등 사회를 현장에서 경험한 이들이 많아 또 다른 맛(다른 감각, 사고방식)이 있다는 견해도 있다.[12]

세습의원의 다수가 관료, 언론인, 특히 대기업의 샐러리맨으로부터의 전업이라는 것은 세습의 폐해가 그렇게 심하지 않다는 것을 보여준다는 견해[13]도 있고, 세습의원이 점유하는 비율이 높아진 배경에는, 정치가 전문직업화한 것이라는 시각도 있다.[14]

2) 부정적인 시각

① 고위 공직자, 헌법기관, 최고 국가정책 결정자

유력 정치인들 중 상당수가 세습의원이다 보니 대놓고 세습의원을 비난하는 일은 쉽지 않다. 잘못 비판했다가는 세습의원으로부터, 대기업 사장직을 세습하는 것은 괜찮고 정치인을 세습하는 것은 나쁘다는 것은 도대체 무슨 논리냐는 식의 반론에 직면하게 된다. 개인 기업의 사장직을 세습하는 것과 국가의 공직을 세습하는 것을 비교하는 것 자체가 잘못된 것인데도 그 이상의 재반박을 하기 어려운 것이 일본사회의 풍토이기도 하다.

그렇지만 국회의원은 국가공무원이며, 최고 국가정책 결정자이고, 한 사람 한 사람이 헌법기관이다. 국회의원과 어떤 혈연관계에 있는 사람들에게는 국회의원이 비교적 쉽게 접근할 수 있는 직업이고 또 그것이 세습화 경향을 보이고 있다면 중요한 사회적인 쟁점으로 부각되어 마땅하다.[15]

국회의원직의 세습이 이루어지고 있는 이유 중의 하나는 국회의원이라고 하는 직위가 세습이라고 하는 형태로 이어받을 만한 가치가 있기 때문

---

11) 每日新聞特別取材班, 앞의 책, 197쪽.
12) 五十嵐ふみひこ, 앞의 책, 192쪽.
13) 內田 滿, 앞의 책, 165쪽.
14) 河野 勝, 「2世議員」, 猪口 孝·大澤眞幸·岡澤憲芙·山本吉宣·スティーブン R. リード編, 『政治學事典』(東京: 弘文堂, 2000), 838쪽.
15) 花岡信昭, 「世襲國會議員の功罪論」, 『月刊 官界』 343号(2004. 5), 41-43쪽.

이고, 국회의원 직위에 수반되는 높은 사회적 위신, 명예, 권력 등이 세습이라는 형태로 승계할 만한 매력이 있기 때문이다.[16] 세습이 광범위하게 이루어지고 있는 또 하나의 이유는, 근친자 중에 정치인을 두고 있는 가정에서 자라난 자녀들은 그 근친자의 영향을 받아 정치가로서의 경력을 밟기 때문이다.

물론 다른 직업 예를 들면 우동 가게와 같은 자영업자, 아니면 일반 사업가, 연예인, 운동선수 등에 있어 자녀들이 부모의 뒤를 있는 경우를 적잖게 볼 수 있다. 그럼에도 '정치'를 직업으로 하는 국회의원의 세습이 문제시되는 것은 그들이 국민의 의사를 대변하는 공직자이고 국가의 정책을 형성하고 집행하는 데 있어 기본 틀이 되는 법률을 제정 혹은 개정하고, 국가경영의 최전방에 서는 내각총리대신 등 정치지도자를 선출하는 막중한 책무와 권한을 보유하는 집단의 구성원이기 때문이다.

② 기회균등 박탈

정치참여의 기회균등은 무엇보다도 국정(國政)의 장(場)에서 요구된다. 세습의원의 증가는 일본정치가 민주주의와는 다른 방향으로 향하는 위험성을 내포함과 동시에 신인 정치지망생들의 국정 참여의 문호를 좁게 만들고 있다. 세습의원의 증가가 국회의원의 질적 저하, 각료의 질적 저하, 나아가서는 정치의 질적 저하를 초래할 수 있다는 것이다.

의원직의 세습경향에 대하여 '정치부패의 고착화'라는 비판과 함께 신인 정치인의 등장을 막는다는 지적이 제기되고 있다.[17]

③ 정치의 고착화 · 개혁 장애

일본사회에서 '노렌(暖簾)'의 의미는 크다. 노렌이란 상점에서 가게이름을 써 넣은 햇빛을 막는 막을 말하는데, 다른 의미로는 점포의 신용을 뜻한다.

---

16) 若田恭二, 『現代日本の政治と風土』(東京: ミネルヴァ書房, 1981), 24쪽.
17) 이를 개선하자는 취지하에 1994년 소선거구비례대표제를 도입하였으나, 그래도 세습은 계속되고 있다.

일본에서는 집안의 가업을 대를 이어 계승하는 일을 흔하게 볼 수 있으며, 그 가업이 설사 조그만 규모의 우동 가게라고 하더라도 자손들이 자랑스럽게 여기며 받아들이고 있다. 이런 관점이라면 직업으로서의 '국회의원'을 대를 이어 세습하는 것에 대해서는 관대해질 수 있다. 그러나 앞에서 말한바와 같이 다른 직업과는 달리 공직자이자 헌법기관인 국회의원직의 세습은 정치의 활성화를 막고, 신진세력의 참여를 어렵게 하며, 정치의 귀족화를 초래할 수 있고, 정치의 보수화를 촉진하기 때문에 종종 비판적인 시각에 직면하게 된다.

의원직의 세습은 '정경 유착' 혹은 '부패의 하부 구조'로 투시되어 긍정적인 시각보다는 부정적인 시각으로 투시되기 십상이다.[18] 의원직의 세습이 일반화하면서 현직 의원이 은퇴하기 상당히 오래전부터 후계자가 내정되는 경우가 많다. 대부분 아들이 내정되지만 아들이 없는 경우에는 딸을 엘리트 관료에게 시집보내, 자신이 은퇴할 때에는 그 관료, 즉 사위를 후계자로 하는 경우도 있다. 이런 식으로 국회의원과 엘리트 관료 간에는 의도적으로 혈연관계가 형성된다. 이런 관계가 수십 년 동안 계속되면 규벌(閨閥)이라고 하는 특권적인 계급이 형성됨은 물론 정치개혁을 행하기 어려워 자유경쟁원리가 실종되고 만다는 것이 부정적 시각을 가진 이들의 주된 논리이다.

문제시되는 것은 그들이 수적으로 무시할 수 없는 수준에 와 있다는 것이다. 수적으로 많다는 것은 그들로 인해 정치의 색깔과 방향이 결정될 수 있음을 의미한다. 국회의원직의 세습이 권력의 고정화, 보수화 혹은 사물화로 이어지지 않을 수 없다는 점에서 우려할 만한 것이다. 민주정치의 원리에 충실하지 않으며, 민의를 왜곡할 수 있고, 또 정치의 경직화 현상을 초래할 수 있다.

2세, 3세가 우수한지 여부에 관계없이 세습이 증가하면 사회를 고정화시킬 가능성이 큰 것도 문제이다. 무엇보다도 국회의원은 공직자이기 때문에 다른 직업처럼 가업으로 하기에는 적절치 않다.

---

18) 이치카와 타이치(市川太一), 모리타 미노루(森田 實) 등은 세습에 대해 부정적인 시각을 갖고 있다. 森田 實, 『政權交代』(東京: 時事通信社, 1993), 161 - 162쪽, 俵 孝太郎, 『日本の政治家 父と子の肖像』(東京: 中央公論社, 1997) 참조.

④ 이익공동체 재생산, 기득권 구조 유지

일본의 국회의원은 사회의 어느 계층으로부터도 배출되고 있다. 그러나 국회의원 출신계층 구성을 국민 일반의 계층 구성과 비교해 볼 때 전자에 상대적으로 높게 편중된 편이라는 결과가 제시되었다. 이는 일본의 국회의원은, 학교 졸업 이전의 귀속적 계층에서 보더라도 특정 계층, 적어도 중간층 이상의 소수자를 과잉대표하고 있는 것으로 나타났다.[19]

세습의원을 중심으로 이익공동체가 존속해 왔는데, 세습의원에 의해 유능하고 의욕이 있는 후보자가 배제되고, 마지못해 떠밀려서 당선된 의원들이 생겨난 것이 문제라고 할 수 있다. 동시에 이러한 이익공동체가 재생산되고 기득권 구조가 유지되는 것도 문제시되고 있다.[20]

⑤ 정치 엘리트 충원의 폐쇄성, 정당기능 쇠퇴

세습후보가 총선거 때마다 전체 국회의원의 일정 부분을 점유, 유지하고 있다는 것은 정치 엘리트 충원의 폐쇄성을 의미하는 것인데, 이는 곧 정치에 대한 불신을 초래하여, 결과적으로 정당기능을 쇠퇴시키는 데 일조하고 있다. 정당정치의 발전에도 하나의 장애물로 작용할 수 있다.[21]

세습의원의 존재는 인물 지향적 정치풍토가 조성되어 유지되고 있다는 증거이자 동시에, 정책을 중심으로 하여 전개되어야 할 정당정치의 발전에 장애가 되고 있다.

---

19) 平 英美, 『國會議員のキャリア形成と役割評價』(大阪: 大阪敎育大學, 1987), 26쪽.

20) 五十嵐 仁, 『現代日本政治 - 「知力革命」の時代 -』(東京: 八朔社, 2004), 126쪽.

21) 아오키(靑木)는 사립대학 졸업자가 직장생활을 일정 기간 경험하다가 정계에 입문(주로 의원비서로 시작)하여 부모의 선거구를 승계하여 국회의원에 선출되는 세습의원 이동패턴을 제시하였다. 그는 이러한 사회적 이동은 의원직의 세습이 결국 폐쇄성이 강한 정치 엘리트 충원 방식임을 보여주는 것이라고 주장했다. 靑木康容, 「議員職の'世襲'について」, 『評論 社會科學』 15(1979), 平 英美, 『國會議員のキャリア形成と役割評價』(大阪: 大阪敎育大學, 1987), 14쪽에서 재인용.

〈표 12-1〉 의원직 세습의 구조

(관행, 현실) 국회의원 당선 횟수가 많을수록 내각·국회에서의 직위(지위)는 높아진다.
해산 후 시행되는 국회의원 선거에서 당선되면 당선 횟수가 올라간다.

⇩

(유인) 당선 횟수를 늘리려면 젊은 나이에 정계에 입문하여 국회의원 선거에서 당선되어야 한다.
고이즈미 전 총리, 아베 총리 전 총리, 후쿠다 총리도 세습의원이며, 일찍부터 국회의원 선거에서 당선을 거듭하여 당선 횟수를 누적시켜 왔다.

⇩

(조건) 젊은 나이에 국회의원 선거에서 당선되려면 지역기반, 즉 출마하고자 하는 선거구 내에서의 집표력이 있어야 한다.
일본국회 개설 이래 혁명, 사변 등 정치적인 변동이 많지 않아 인위적인 국회의원의 물갈이는 거의 없었다. 그런 점에서 지역기반을 다져 놓은 현직 의원은 유리한 입장에 있다.

⇩

(혜택) 선거구 내의 집표력을 높이는 데에는 전직 또는 현직 국회의원인 부친(혹은 모친)으로부터 정치자산을 물려받는 것이 수월한 방법이다.
후원회 조직을 자식에게 물려주어 집표력을 높여준다.

⇩

(결과) 부친의 정치자산(후원회 등)을 승계하는 것은 지역기반을 획득함과 동시에 지명도를 높이고, 선거자금을 안정적으로 지원받게 되므로 세습후보의 당선율은 높아진다.
부친의 지명도 후광을 조금이라도 더 얻고자 자신의 이름을 부친의 것과 동일하게 변경하는 일도 있다.

3. 세습의원의 정의

일본에서는 세습의원 혹은 2세 의원이 정치권의 화제가 되는 일은 이제는 흔하지 않다. 그만큼 정치인이라고 하는 직업을 세습하는 이들이 많다는 것이다.

세습의원에 대해서는 연구자들이 다음과 같이 정의하고 있다. 여러 연구자의 견해를 종합하면 결국 세습의원이란 부모 등으로부터 정치가로서의 선거기반을 계승한 후 국회의원에 당선된 이를 가리킨다.[22]

2세, 3세를 포함하여 국회의원과 어떠한 형태로든 혈연관계를 갖는 의원을 이가라시는 세습의원이라 부르고 있다.[23] 연구자마다 2세 의원 혹은 세습의원에 대한 정의를 다르게 해 온 탓인지 2세 의원 혹은 세습의원에 관한 통계는 자료마다 약간씩 차이를 보인다. 이하 '세습의원'으로 용어를 통일하여 사용하기로 한다.

와카다 쿄지는, 세습의원의 범위를 보다 광범위하게 잡고 있다. 즉 부친이나 조부뿐만이 아니라 형제, 배우자, 숙부, 기타의 혈족 또는 인척을 포함하여 부모로부터 자식에게, 혹은 그 이상의 세대에 걸친 직계자손으로, 정치적 직위 및 지반이 승계되어 가는 현상을 가리키는 것으로 이해하고 있다.[24] 다른 연구자들의 정의는 다음의 표와 같다.

〈표 12 - 2〉 세습의원의 정의

연구자	정 의
니시오 요시카도 (西尾嘉門)	직계자손 외에, 양자, 사위, 조카, 처, 친족 등이 의원직을 계승한 의원
마쓰자키 테쓰히사 (松崎哲久)	중의원 의원으로서의 선거기반을 친족으로부터 계승하여 출마, 당선된 직업 정치인
와카다 쿄지 (若田恭二)	형제, 배우자, 숙부, 기타의 혈족 또는 인척을 포함하는 근친자가 정치가인 가문에서 배출된 정치인
이가라시 후미히코 (五十嵐ふみひこ)	2세, 3세를 포함하여 국회의원과 어떠한 형태로든 혈연관계를 갖는 의원
김현우	국회의원의 혈연관계자 또는 의사혈연관계자가 정치자원(지명도, 후원회의 인적·물적 자원, 각계 인사들과의 인적 네트워크 등)을 승계하여 중의원 선거 혹은 참의원 선거에서 당선된 의원

---

22) 세습의원 연구자들 중에는 지방의회의 세습의원까지 포함시키는 경우가 있다. 여기에서는 국회의원직 세습으로 한정하였다. 부친뿐만 아니라 모친, 조부, 자식 등 이른바 종적인 혈연에 의한 직접적인 계승이건, 형제, 종형제, 숙부 등 이른바 횡적인 혈연에 의한 간접적인 계승이건 간에, 국회의원이 존재하느냐 아니면 존재했느냐, 국회의원 이외의 공직선거 취임자(都道府縣 의회, 지사, 시장, 시 의회 등), 즉 지방정치가가 존재하느냐, 존재했느냐까지 넓힌 광범위한 분류도 있다. 青木康容, 「議會への道 - 新人議員と世襲議員」, 中 久郎編, 『國會議員の構成と變化』(東京: 政治廣報センター, 1980), 85쪽.
23) 五十嵐ふみひこ, 『選擧のしくみがわかる本』(東京: 明日香出版社, 1992), 191쪽.
24) 若田恭二, 앞의 책, 22쪽.

제2절 의원 세습의 정치문화적 요인

1. 정치문화(기본인자)

1) 의리(義理)·인정(人情)

미나미 히로시(南 博)는 일본인의 인간관계에 있어 근대화되지 않은 요소는, 인간과 인간이 근대 이전의 '의리'라고 하는 사회적인 약속으로 결부되어 있다는 사실이라고 지적한다. 그는 또 '의리'는 부모자식, 부부, 동포, 친척, 친구, 손윗사람, 손아랫사람 사이에서도 여러 형태로 나타나는데, 그 어느 경우에도 옛날부터 정해진 약속으로서 이유를 묻지 않고 있는 그대로 해야 할 것을 해야 하는 것이 요구되는 것이라고 보았다.[25]

의리는 일반적으로 상사가 부하에게 충의심(忠義心)과 봉공(奉公)을 요구하기 때문에 발생한다. 그 대신 부하에 대하여 어떠한 형태로든 애정과 감사의 뜻을 갖는 것이 상사의 의리이다.[26] 이것은 이른바 상사와 부하 간의 수직관계를 나타내는 이른바 '오야분(親分, 상사) - 코분(子分, 부하)' 관계로 표현되며, 결코 일방적인 관계가 아니라 서로 주고받는 관계에 있다. 따라서 동질감 혹은 동질의식을 공유하지 않고서는 이 '의리'관계는 성립하기 어렵다.[27]

일본사회는 예로부터 화(和)의 사회, 정치(情治)의 사회였다.[28] '화'는 화합, 의견일치를, '정치'는 사람의 정(情)으로 다스린다는 뜻이다. 일본은 패전 후 민주헌법을 도입하여 형식적으로는 '법치국가', '대의제 민주주의 국가'가 되었다. 그러나 사회 내부에서는 앞서 말한 '의리와 인정' 또 '오

---

25) 南 博, 『日本人の心理』(東京: 岩波書店, 1974), 186 - 187쪽.
26) 南 博, 앞의 책, 188쪽.
27) 록히드의혹사건으로 유죄판결을 받은 다나카 가쿠에이(田中角榮) 전 총리가 니가타의 자신의 선거구에서 주민들로부터 절대적인 지지를 받아 국회의원에 당선된 것은 그에 대한 의리와 동정심이 표출된 대표적인 사례라고 할 수 있다.
28) 佐竹 寬, 『參加民主主義の思想と實踐』(東京: 中央大學出版部, 1993), 407쪽.

야분-코분'의 인간관계, 사회관계가 존재해 왔다. 세습의원이 새삼스럽지 않은 것은 바로 이 때문이다. 의원 세습이라고 하는 현상은 일본사회에 내재하는 하나의 커다란 정치문화적 흐름이라고 할 수 있다.

2) 보수성(전통)

제국헌법을 대체한 일본헌법은 세습제인 천황의 정치적 권한을 없애고 의전상의 상징적인 존재로 변경하였다. 국회의원은 중의원·참의원 모두 직접선거에 의해 선출하도록 했으며, 내각총리대신과 각료의 다수는 국회의원 중에서 선출하도록 하였다.

일본국민은 이제는 천황이 아니라 자신의 지역구에서 대체로 보수 성향의 세습의원을 지지함으로써 어떤 상실감을 대리충족시키고 있다고 볼 수도 있다. 그런 의미에서 자유민주당은 1955년 보수합동 후 지금까지 일본국민의 보수적 성향에 향수를 느끼게 하는 데 성공적이었다고 볼 수 있다. 자유민주당의 성취는 이러한 상징성에 더하여 일본사회의 보수단체들의 연합인 재벌, 경제인단체연합회(經団連), 기업, 농민 관련 단체등이 큰 역할을 한 것에도 기인한다.[29]

3) 혈연·지연·직연

세습의원에게 있어 혈연과 지연은 자신이 태어나면서 획득하는 제1차적 조건이고, 자금, 지명도, 학연, 공·사조직 등은 사회생활을 하면서 획득하게 되는 제2차적 조건이다. 물론 경우에 따라서는 제2차적 조건도 어렵지 않게 승계되는 수가 있다.[30] 여기에 동일 직장에서 같이 근무했던 사람들

---

29) T. J., Pempel, *Policy and Politics in Japan*(Philadelphia: Temple University Press, 1982), 24-32쪽 참조.

30) 참고로 2003년 현재의 일본국회의원의 혈액형 분포를 보면, A형 38%, B형 22%, AB형 9%, O형 31%로 A형이 가장 많았고 그 다음은 O형이었다. 일본국민 전체의 혈액형은 A형 33%, B형 22%, AB형 12.3%, O형 28.6%, 불명 4.1%로 A형이 가장 많았다. 八幡和郎監修, 『みんなの代議士圖鑑』(東京: 講談社, 2005), 65쪽, 『政界·官廳人事錄』(2003年 上期版, 東洋經濟新聞社).

이 모이는 친목단체 등도 서로 이끌고 밀어주는 직연(職緣)관계도 있다.
이를 지연이라 부르면 일본사회의 인연의 끈은 상하 좌우로 얽혀 있다고
볼 수 있다.

2. 정치환경(지원 인자)

1) 후원회

세습의원의 분포는 여·야당에 걸쳐 있기는 하나 자유민주당 계열의 보
수의원들에게 많다. 그 주된 이유는, 자유민주당계 의원 개개인을 지탱하
고 있는 것은 개인후원회라고 하는 독특한 조직에서 유래하기 때문이다.
개인후원회란 정당조직과는 달리 개개의 의원과 결합한 지역의 유력자와
그 지지자에 의해 구성된 표를 얻기 위한 선거용 기관이다. 이 기관은 다
양한 이해관계가 얽힌 인적 결합에 의해 성립되어 있기 때문에 지지하고
있는 의원이 사망하더라도 그 친족을 후계자로 삼는 경우가 많다.

일본인들은 장기간 동안 한 사람의 의원을 지지해 오다가 어느 날 그
의원이 은퇴하게 되면 비록 같은 정당의 인물이라 하더라도 다른 사람을
지지하는 것을 꺼리는 경향이 있다. 그것은 오랫동안 한 사람의 의원을
지지해 온 선거구민이 그 의원이 은퇴할 때 다른 의원을 지지하기 위하여
돌아서는 일이 별로 없기 때문이다. 은퇴하는 의원도 자신의 지역적 영향
력을 유지하기 위하여 자식이나 며느리, 사위를 후계자로 내세워 후원회
를 유지시키려 하는데 이것은 에도(江戶)시대의 풍습을 답습하고 있는 것
이라고 한다.[31]

전전(戰前)의 보수정당은 주로 지역명망가를 중심으로 꾸려지고 운영되
는 정치결사였다. 그러나 전후 개혁과 고도의 경제성장 속에서 옛 명망가
질서는 해체되고 그와 함께 선거조직도 특정 개인에서 후원회 조직으로
변질되었다. 자유민주당계의 선거후원회는 지반처럼 사회질서를 기초로
한 것도 아니고 이념이나 종교 등에 의하여 지탱되는 조직도 아니며 당해

---

31) 福岡政行編著, 『手にとるように政治のことがわかる本』(東京: かんき出版, 1992), 182쪽.

정치가와의 인간관계를 기초로 만들어진 것이다.[32]

일본에서의 선거처럼 의원 개인의 역할이 큰 곳에서는 의원이 후원회 등을 통해 배양해 둔 지반은 귀중한 개인재산이 된다. 그 의원의 사망이나 은퇴에 즈음하여 자식 등 친족이 지반을 유산으로 상속받는 것은 지지자들의 이해를 얻기 쉬우며, 후계자 또한 당선될 가능성이 크다. 지지자에게도 기존의 체제를 온존시킬 수 있다는 장점이 있다.[33]

기시모토 코이치(岸本弘一)는 개인후원회가 세습적인 '선거 기계화'해 온 근년의 경향은 본인보다도 주위에서 혈연자를 후계자로 추대하려는 경향이 강했기 때문이라는 점을 지적하고 있다.[34] 이렇게 유리한 환경에 둘러싸인 세습후보는 당선율이 높고 또 그것이 지역이나 주변사람들에게 이익이 된다는 것이다.

후원회는 인간관계와 이해관계로 얽힌 지지조직이기 때문에 일단 그 기반이 굳어지면 장기간에 걸친 의원의 재선을 보증해 주게 된다.[35] 이 때문에 자유민주당에는 후원회 조직의 세습화로 인하여 세습의원이 증가하였다는 견해도 있다.

세습의원이 많은 이유는 인간관계를 중시하는 일본정치문화의 영향과 일본선거풍토에 있어 후원회제도의 영향이라고 할 수 있다.[36] 지역주민은 후원회활동을 통하여 자신들이 지지하는 후보자를 당선시켜 국회로 보내고, 다시 후원회를 통하여 그 의원으로부터 각종 편익이 제공된다. 이러한 관계는 자신들이 지지하는 의원에게 사고가 있거나 그가 정계에서 은퇴하는 경우에도 그 의원의 2세 혹은 친족들을 입후보시켜 다시 의원으로 당선시키는 노력을 통하는 지속하게 된다.[37] 초기에는 은퇴하는 의원이 자

---

32) 佐藤誠三郎・松崎哲久,『自民黨政權』(東京: 中央公論社, 1986), 116쪽.

33) 田中 善, '二世議員', 內田 滿編,『現代日本政治小事典(2003年版)』(東京: ブレーン出版, 2003), 33쪽.

34) 岸本弘一,『日本の議會政治』(東京: 行政問題研究所, 1983), 234쪽.

35) 佐藤誠三郎・松崎哲久, 앞의 책.

36) 특히 자유민주당후보들에 대한 당선기여를 하고 있는 것은 후원회 회원과 후보자가 유권자들에게 보내는 선거홍보엽서인 것으로 나타났다. 猪口孝,「經濟狀況と政策課題」, 錦貫讓治・三宅一郎・猪口 孝・浦島郁夫,『日本人の選擧行動』(東京: 東京大學出版會, 1986), 234쪽.

신의 자녀에게 선거구를 물려주는 경우가 많았으나 근년에는 의원 본인보다도 그 의원의 후원회가 중앙과의 연결고리를 확보하기 위해 은퇴의원의 아들, 딸 등 근친자를 설득, 입후보시키는 경우도 증가하고 있다.[38]

평소 정당을 중요하게 생각하던 유권자라도 막상 투표 때가 되면 후보자 개인을 고려해서 투표하지 않을 수 없다. 후보자 입장에서 볼 때 자신이 거주하는 지역의 후원회가 소속정당의 정책보다도 커다란 힘을 발휘하기 때문이다. 그 결과 정당보다도 후보자 개인의 후원회, 후보자의 인품이나 이미지 등이 중요한 투표결정 요인이 된 지 오래이다.

자유민주당계의 선거후원회는 이념이나 종교 등에 지탱된 결합이 아니며 당해 정치가와의 인간관계를 기초로 만들어진 것이다.

3. 선거자산 3반

후원회 조직에 의지하고 있는 의원이라면, 특히 자유민주당 소속의원이라면 지반(地盤, じばん), 간판(看板, かんばん), 가방(かばん)이라고 하는 3개의 자산이 필요하다. 이 자산은 일본어 발음으로는 지반, 칸반, 카반으로 3개 모두 '반(ばん)'으로 끝난다 하여 흔히 '3반'이라고 부른다. 그동안의 경험을 보면 이 '3반'을 양도함에 있어 다른 사람보다는 자신의 혈육에게 계승하는 것이 크게 유리한 것으로 나타났다.[39]

세습후보들은 이른바 '3반(지반, 간판, 가방)' 속에서 높은 당선율을 보이고 있다.[40] 셋 중에 가장 유리한 것은 지반, 즉 지역적 기반이다.[41]

세습이 자유민주당에 많은 것은 다른 정당의 후보들이 선거때 정당이나 노동조합, 종교단체 등의 조직에 의존하는 정도가 높은 것에 비해 자유민주당의 경우는 앞에 열거한 세 가지 자신과 같은 승계 가능한 개인적 자

---

37) 森田 實, 『政權交代』(東京: 時事通信社, 1993), 160－161쪽.
38) 吉野 孝·今村 浩·谷藤悅史編, 『誰が政治家になるのか』(東京: 早稻田大學出版部, 2001), 10쪽.
39) 五十嵐 仁, 앞의 책, 124쪽.
40) 飯坂良明·富田信男·岡澤憲芙, 『政黨とデモクラシー』(東京: 學陽書店, 1987), 211쪽.
41) 若田恭二, 앞의 책, 26쪽.

산에 크게 의존하기 때문이다.[42] 물론 자유민주당 의원들도 전농 등 농민
단체, 재벌, 기업단체 등으로부터 지원을 받아 왔다.

1) 지반

지반은 지역구에서의 인적·물적 자원을 포함한 가용한 선거 자원을 가
리킨다. 지역구와 관련이 있는 후원회나 지지자 네트워크 등의 선거기반
또는 지지기반이 이에 포함된다. 후원회는 관혼상제 출석, 입학취직, 융자,
사고처리 등 측면 지원, 국회활동 보고, 기관지 발행, 집회 개최, 연설회의
공시 등 행사포스터 붙이기, 진정처리 등의 일을 함으로써 조직의 유지와
확충을 도모한다.

이렇게 선친이 방대한 정치자원을 투입하여 구축해 놓은 안정된 선거기
반과 자금 연결고리를 가문의 이름으로 세습하는 2세 의원들이 많다.

2) 간판

‘간판’은 지명도를 말한다.[43] 부친이 의원이었던 경우, 후원회의 자원이
나 지지자를 승계하는 것이 가능하며, 선거자금도 후원도 쉽게 받을 수
있다. 나카무라 키시로(中村喜四郎) 전 건설상은 자신의 지명도를 높이기
위해, 또 부친의 후광을 받기 위해 자신의 이름을 부친의 이름과 같은 나
카무라 키시로(中村喜四郎)로 개명한 사례이다.[44]

3) 가방

‘가방’은 선거자금 또는 자금력을 가리킨다.[45]

---

42) 若田恭二, 앞의 책.
43) 간판을 유지함으로써 지역사회에서 자신들의 생활을 확보하려는 의원의 주변 집단
  도 있어서, 아무래도 2세, 3세에게 출마를 요청하는 모양새가 되어, 아들이나 딸
  또는 부인의 출마 등 일본적인 의리와 인정을 내세우는 풍토 속에서 지명도는 높
  은 비중을 차지한다.
44) 五十嵐 仁, 앞의 책, 125쪽.
45) 1993년 12월 14일에 공개된 중의원 의원들의 재산을 보면 상위그룹의 다수는 부모

4. 선거자산 3반의 변화와 전망

일본 정당의 다수는 정당 그 자체의 조직력보다도 의원 개인의 힘이나 의원 개인의 조직, 즉 후원회의 힘으로 선거를 치러 왔다. 이런 정치풍토 속에서 '3반'을 부모 등으로부터 물려받은 세습후보들은 당연히 선거에서 유리한 고지를 점해 왔다.

그런데 근년에 들어서는 이러한 분위기에 변화가 감지되고 있다. 자유민주당과 민주당 등 주요 정당들이 의원후보자를 지역후원회 등의 지지나 추천이 아니라 일반 공모에 의해 후보자를 결정하는 사례가 늘고 있는 것이 그것이다. 소선거구제나 정당조성금의 도입에 따라 의원 개인이나 지역 후원회에 대한 중앙당 본부의 영향력이 점증하고 있는 상황은 공모에 의한 후보자 결정을 촉진하고 있다.[46] 기존 정치인 중에 세습의원이 많고 상당수가 영향력 있는 정치인이기 때문에 세습의원이 주도하는 정치는 계속될 것이나 점차 '3반'의 매력은 점차 감소할 것으로 예상된다.

제3절 세습의원과 정치의 보수화

1. 세습의원이 발생하기 시작한 시기

일본의 고도경제성장이 본격적으로 시작된 1960년대, 보수 성향의 국회의원을 중심으로 의원직의 세습화 또한 진행되기 시작했다.[47] 없던 현상

로부터 재산을 상속받은 의원들이었다. 모친의 조부가 타이어제조회사인 '닛폰 브리지스톤'의 창업자이며, 동 회사의 주식을 상속한 하토야마 유키오(사키가케), 하토야마 쿠니오(신진당) 형제는 둘 다 4세 의원이다. 하토야마 쿠니오 의원과 하토야마 유키오 의원은 친형제 간이다. 이들은 증조부 하토야마 카즈오(鳩山和夫)가 중의원 의장, 조부 하토야마 이치로(鳩山一郞)가 내각총리대신, 아버지 하토야마 이이치로(鳩山威一郞)가 외상을 역임한 정치명문의 후예이다.

46) 辻 雅之, 『日本の政治 よくわかる本』(東京: 秀和システム, 2006), 14－15쪽.

이 처음으로 나타난 것은 아니고 전에 있었던 현상이 다시 나타나 전개되기 시작한 것이다.

세습의원은 제국의회 시절에도 적지 않았다. 제국의회 귀족원은 구성원 중 다수의 의원이 의원직을 세습하고 있었다.[48] 그리고 이러한 구성원 분포는 GHQ로 하여금 의회제도를 포함한 정치체제를 변경케 하는 하나의 기제로 작용하였다. GHQ는 귀족원을 폐지하고 단원제 국회로 하려 했으나 일본정부의 간곡한 청도 있고 해서 양원제 의회제도는 유지하되 귀족원의 후신인 참의원의 의원선출방법은 직선제로 하는 선에서 타협하였다.

패전 후인 1946년 1월의 공직추방령에 의하여 정치인 세대교체바람이 불었다. 이때 유력 정치가들은 자기 대신에 2세를 내세워 세력의 온존을 도모하였다. 당시 사카타 미치타(坂田道太), 고사카 젠타로(小坂善太郎), 마쓰노 라이조(松野賴三), 사쿠라우치 요시오(櫻內義雄)등 4명이 2세 의원으로 정계에 입문하였다.[49]

자유민주당에는 세습원이 많으나 파벌까지 부친의 것을 따르는 경우가 많다. 1965년 이후 세대교체가 되면서 세습원의 진출이 눈에 띄게 두드러졌다. 그 이후에도 아들이 부친의 의원직을 계승하는 신진대사는 계속되었다.

1986년의 제38회 총선거에서 자유민주당은 대승을 거두었다. 당시 세습의원이 새롭게 27명이나 증가했다. 당시 나카소네 총리는 1986년에 보수와 혁신이 길항하는 '1955년 체제'의 종언을 고하고, 보수가 안정다수를 점하는 '1986년 체제'가 시작되었다고 말한 바 있다. 다수의석 확보와 보수 성향의 세습의원들이 증가한 것을 두고 한 말이다.

---

47) 1963년 11월의 제30회 총선거에서 38명이나 되는 세습의원이 당선되었으며, 1969년 12월의 제32회 총선거부터는 세대교체가 이루어지면서 그 수가 급증하기 시작했다.
48) ハンス H. ベアワルド(橋本 彰・中邨 章譯), 『日本人と政治文化』(東京: 人間の科學社, 1974), 18쪽.
49) 內田 滿, 앞의 책, 165쪽.

2. 세습의원 발생 이유

1) 가업승계 전통

정치 명가(thoroughbred)의 자손들이 국회의 의석을 꾸준히 획득하고 있고, 유지하고 있다. 국회의석뿐만 아니라 내각의 각료직도 상당 부분 차지하고 있다.[50]

국회의원의 출신가정을 보면 상당히 많은 의원이 부친 또는 근친자가 정치가인 가정에서 나왔음을 알 수 있다. 이러한 현상은 어제오늘의 일이 아니기 때문에 그동안 여러 연구가 이루어지기도 하였다.

미즈시마 히로코(水島廣子)는 국회의원은 지역의 명사이며, 그 생활은 처음부터 특권계급적인 요소로 차 있기 때문에, 그 자식들은 쉽게 특권계급의식을 갖게 된다고 했다.[51] 미즈시마는, 자기가 특권계급에 속해 있다고 믿고 있는 '자기애(自己愛) 성격(personality)'을 가지고 있는 사람은 자기의 자식들도 특권계급의 일원으로서 키우는 경향이 있다고 했다. 세습의원일 경우, 부(모)가 국회의원이라고 하는 것은 부(모)가 자기애 성격의 소유주일 가능성이 크다고 본 것이다.[52] 또 여기에 박차를 가하는 것이 후천적인 생육환경이라는 것이다.

일본역사를 보면 봉건사회인 에도(江戸)시대는, 전형적인 세습사회로서 원칙적으로 무사의 자식은 무사, 상인의 자식은 상인이 되는 사회였다.[53]

---

50) 예를 들면 미야자와 내각(1991. 11.~1993. 8.) 당시 각료 중 세습의원은 12인으로서 전체 각료의 57%에 달했다. 西尾嘉門, 『データで檢證する日本政治の危機』(東京: 東京新聞出版局, 1994), 17쪽. 다른 내각의 세습의원 현황은 市川太一, 앞의 책, 30쪽 참조.

51) 水島廣子, 『國會議員を精神分析する』(東京: 朝日新聞社, 2003), 40쪽.

52) 미즈시마는 자기애 퍼스낼리티의 소유주라고 하는 것은 '신기성(新奇性) 추구'나 '보수(報酬)의존'이 높을 수 있다는 것인데, 신기성 추구는 새로운 것을 추구하려는 성질이고, 보수의존이란 인성(人性)과 같은 의미라고 설명한다. 보수의존이 높은 사람은 대인관계가 원만하며, 다른 사람으로부터 칭찬을 받거나 인정을 받고 싶은 마음이 강하나, 감상적으로 되거나 의존적으로 되거나 하는 경향이 있다고 한다.

53) 에도시대란, 도쿠가와 이에야스(德川家康)가 1600년 세키가하라(關ヶ原 - 기후현 서남단의 지역) 전투에서 승리를 거두고 1603년 막부를 에도(江戸 - 지금의 도쿄)에 개설한 무렵부터 1867년 도쿠가와 요시노부(德川慶喜 - 도쿠가와 제15대 장군)의

본인의 능력보다는 집안이 말을 해 주는 폐쇄적, 고정적인 계급사회에서만 통용되는 제도였다. 세습은 에도시대 이전부터 전해져 온 봉건사회 유지를 위한 사회체제였으며, 구게(公家), 번(藩), 재벌이나 상점 등도 대물림해 내려온 일종의 장자상속체제였다는 것이다.[54]

2) 전쟁책임 희석

전쟁을 수행한 각료 또는 국회의원 등 국정 운영자로서 전쟁책임을 면하기 어려운 정치인들이 자신의 2세를 내세워 행정부 혹은 국회에서 안전망을 설치하여 전쟁책임을 조금이라도 면하게 하려는 측면도 있다. 대표적인 사례는 도쿄재판에서 A급 전범으로 지목된 이타가키 세이시로(육군상, 중국파견군 참모총장)의 아들인 이타가키 타다시는 전후 참의원 의원으로서 '일본유족회' 등의 회원으로 활동하며 태평양전쟁의 당위성을 주장하고 있다. 최근에는 도조 히데키 총리의 손녀가 정계에 진출하려고 활동을 벌이는 가운데 조부의 행동을 감싸는 강연과 저술활동을 하는 등 일본사회의 보수회귀에 따라 그동안 숨을 죽이고 있던 전쟁범죄자 자손들이 목소리를 높여 태평양전쟁은 일본의 자위, 동양의 평화를 위한 불가피한 선택이었다는 식의 주장을 계속하고 있다.

3) 가치추구와 정치권력에의 지름길

내각이나 국회에서 고위 관직에 접근하려면 기본적으로 당선 횟수가 있어야 한다. 당선 횟수가 높을수록 유리하게 작용한다. 그런 의미에서 젊은 나이에 상대적으로 쉽게 첫 당선을 이루는 세습의원들은 당선 횟수를 누적시키면서 각료직, 총리직으로 진출하게 된다. 특히 자유민주당의 당내 인사는 당선 횟수로 결정되는 경향이 있다(이케다 내각과 사토 내각 시대부터의 경향). 이런 점에 세습의원의 매력이 있다. 아베 신조, 미야자와 키이치, 하시모토 류타로, 오자와 이치로 등 지도자 중에 세습의원이 많은

대정봉환(大政奉還)에 이르기까지의 약 260년간의 시대를 가리킨다.
54) 今本秀爾·高木理子, 『國會議員の成績表』(大阪: 創藝出版, 2003), 198쪽.

것은 분명한 이유가 있다.

3. 세습의원의 존재와 일본의 정치우경화

일본정치의 보수우경화 경향은 일본정치에 있어 돈(자금), 권력, 혈연의 3가지가 국권의 최고기관인 국회의 구성원인 국회의원의 선출에 있어 중요한 요소로 작용하기 있기에 유지되고 강화되고 있다는 지적이 있다.[55]

보수우경화 · 군국(軍國)의 상징인 야스쿠니신사(靖國神社) 참배를 고집했던 고이즈미 전 총리는 세습의원이다.[56] 중의원 소속의원의 4분의 1에서 3분의 1은 세습의원이다. 이러한 세습의원의 비율은 비율만 놓고 보더라도 일본정치가 특별한 성향을 띠는 정치세력의 지배하에 놓이게 됨을 시사한다. 세습제가 지나치게 진전되어 신규 참여를 인정하지 않게 되면 일본사회는 경직화 · 보수화로 치달아 폐쇄성을 더하게 될 것이다. 이 때문에 보수정당 내에서 근년 '세습의원'의 수가 증가하고 있는 사실이 주목받고 있다.

세습률이 높아지면 정계는 특수한 사람들만이 모여 있는 배타적인 사회가 될 수도 있고 더욱더 보수화 경향을 띠며 경직성을 갖게 될 염려가 있다. 중의원 의원들의 세습 증가와 일본사회의 분위기가 보수로 흘러 급기야 중의원과 참의원에 헌법조사회가 발족(2000. 1. 20)되기에 이르렀다.[57]

세습의원의 존재는 일본정치의 우경화를 설명하는 중요 변수 중의 하나이다. 일본국회의 변화 동향은 제도적인 것과 정치문화적인 것이 혼재되어 하나의 경향 혹은 진행경로를 창출해 내고 있다. 1994년에 이르러 일

---

55) 森田 實, 앞의 책, 162쪽.

56) 花岡信昭, 「世襲國會議員の功罪論」, 『月刊 官界』 343号(2004. 5), 42－43쪽.

57) 집권여당인 자유민주당이 전쟁 포기와 군대 보유를 금지한 일본헌법 제9조 등을 개정하기 위한 헌법 초안 작성작업에 착수하였다. 자유민주당은 2000년 4월 19일, 당 본부에서 헌법조사회 회의를 열고 헌법 개정 논의를 진행시켜 당의 독자적인 헌법 초안을 작성할 수 있도록 하는 '논의의 추진방법에 관한 기본견해'를 승인하였다. 자유민주당은 개정의 주요 논점으로 역사와 전통의 존중에 입각한 국가운영, 다극화 시대에 맞는 안보정책의 확립, 국가비상시에 대응할 수 있는 체제 구축, 지구환경 등 새로운 과제에 대한 대응 등 6개 항목을 제시하였다.

본공산당을 제외하고는 헌법, 안보 그리고 자위대의 존재를 시인하지 않는 정당이 사실상 사라진 상태에 있다. 일본사회가 다시 보수화로 선회하였음을 보여주는 사건이다. 그것은 하루아침에 이루어진 것이 아니라 오래전부터 진행하고 있던 움직임이 현재화한 것이다.

제4절 의원직 세습 경로

1. '오야노 나나히카리' 현상

'오야노 나나히카리(親の七光り)'란, 어버이의 위광(威光)이 크므로 자식이 그 여덕을 입음을 말한다. 요즘에는 아버지의 정치적 지위가 아들의 지위에 영향을 미친다고 하는 현상을 가리키며, 흔히 세습의원을 가리킬 때 사용되는 말이다.[58]

1860년대부터 1920년대까지 일본사회 정치 엘리트의 사회적 배경을 조사·분석한 다카네 마사아키(高根正昭)는 이러한 현상의 존재를 통계적으로 검증한 바 있다.[59]

자유민주당에 팔광회(八光會)라는 친목단체가 있다. 2세 의원, 3세 의원이 파벌을 초월하여 친목을 다지자는 것이 이 모임의 취지이다. 부친의 후광을 받는 '나나히카리'가 있으나 자신들은 '나나히카리(七光)'에 자기

---

58) 요시다 시게루(吉田 茂) 전 총리의 외손자인 아소 타로(麻生太郞), 스즈키 젠코(鈴木善幸) 전 총리의 아들 슌이치(俊一), 아베 신타로(安倍晉太郞) 전 외무장관의 아들 신조(晉三) 의원 등은 모두 할아버지와 아버지의 후광을 업고 정계에 진출하였다. 오부치 유코(小渕優子)는 부친 오부치 케이조 총리의 차녀로서 부친이 병으로 쓰러져 사망하자 부친의 지반을 이어받아 입후보하여 당선된 경우이다. 조문(弔問) 선거가 된 군마(群馬)현 군마 5구에서 오부치 총리의 차녀인 유코는 약 16만 4000표를 획득, 당선되었는데 이는 정책 제시나 실적도 없는 유코에게 세습후보의 강함과 인기표나 동정표가 상당 부분 작용하고 있음을 보여주었다.

59) 高根正昭, 『日本の政治エリート: 近代化の數量分析』(東京: 中央公論社, 1976), 78-82쪽. 참조.

자신의 노력과 연찬을 거듭하여 오늘의 자신이 있다는 의미에서 일광(一光)을 추가하여 팔광(八光)이라는 것이다.[60] 이곳에 모인 의원들이 공유하고 있는 감정은 쉽게 얻은 의원직에 대한 일종의 '양심의 가책'이었다.[61]

2. 의원직 세습 경로

일본에서 의원직을 세습하는 데에는 보수정당 소속의원일 경우에는 대체로 다음의 단계를 거쳐야 한다.[62]

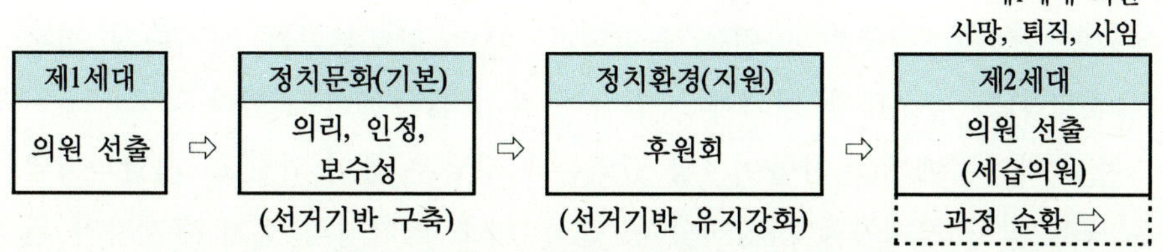

〈그림 12-1〉 의원직 세습 순환 모형

3. 의원 세습 사례: 아소 타로(麻生太郎) 의원

1996년 12월의 시점에서 가문별로 합계 당선 횟수와 재직연수를 조사한 연구에 의하면, 3-4대에 걸쳐 국회의원을 배출한 가문이 몇 있는데 그중에는 아소(麻生) 가문이 포함되어 있다.

아소 타로 의원의 집안내력을 보자.[63] 일본군위안부 문제와 관련하여 종종 한국의 언론매체에 등장했던 이가 아소 타로 외상이다. 그는 아베

---

60) 森 岸生, 『國會議員の秘密-集金・集票力から政治力まで』(東京: 潮文社, 1982), 77쪽.

61) 吉野 孝・今村 浩・谷藤悅史編, 『誰が政治家になるのか』(東京: 早稻田大學出版部, 2001), 29쪽.

62) 근년 들어 나타나기 시작한 혁신정당 소속의원의 세습은 다소 다른 경로를 거치게 된다. 후원회의 지원보다는 노조 등 관련단체의 지원을 받는 경우가 있고, 정치문화의 영향도 어느 정도 받아 세습하고 있는 것으로 나타나고 있다.

63) 아소 타로 의원의 집안내력은 俵 孝太郎, 『日本の政治家 父と子の肖像』(東京: 中央公論社, 1997), 市川太一, 앞의 책, 125-131쪽에서 발췌한 것임.

신조 전 총리와 함께 위안부 문제에 대해 일본정부나 일본군이 관여하지 않았다고 주장했다.

아소 타로의 증조할아버지인 아소 타키치(麻生太吉)가 중의원 의원이 된 것은 그가 43세인 1899년의 일이다. 당시 내각은 군비 증강과 한반도에 공세적 정책을 취하고 있던 제2차 야마가타(山縣) 내각이었다. 기업가인 아소 타키치는 후쿠오카(福岡)현 4구의 중의원 보궐선거에 출마하여 경쟁 없이 당선되었다. 아소 타키치는 의원 재직 중 와카마쓰항(若松港)을 확장하는 일에 진력했는데, 국회의원이 자신에게는 맞지 않는 직업 같다며 의원직 1기로 정치생활을 접었다.

그러나 1911년, 당시 귀족원은 고액세금납부자들에게 의원 자격을 주고 있었는데 아소 타키치가 이에 해당되어 귀족원 의원으로 선임되었다. 그는 1925년까지 귀족원 의원을 역임했다. 이토 히로부미가 정치단체 정우회(政友會)를 결성하자 여기에 가입하여 같이 활동하기도 했다.

아소 타키치에게는 아들이 4명 있었는데 장남은 몸이 약했고, 차남과 4남은 병을 앓아 차례차례 사망하였다. 결국, 아소 타키치의 정치 후계자가 된 것은 그의 3남 아소타로(麻生太郎)의 아들 아소 타카키치(麻生太賀吉)였다. 아소 타카키치(1911년 출생)는 1949년부터 1955년까지 장인인 요시다 시게루 총리가 정계를 은퇴할 때까지 후쿠오카현 2구에서 3회나 당선되었다.

그리고 아소 타카키치의 아들 아소 타로(할아버지의 이름과 같음)가 역시 중의원 선거에서 당선됨으로써 3대에 걸친 정치가문이 되었다. 아소 타로는 가쿠슈인대학(學習院大學) 정치경제학부를 졸업했으며, 스탠포드대학과 런던대학에 유학했다. 그는 산케이신문에서 한때 일했고, 1966년에 아소산업에 입사했으며, 1973년에는 창업 100년을 맞아 아소시멘트 사장에 취임했다.

아소 타로는 아버지 아소 타카키치가 요시다 시게루 총리의 딸과 결혼한 것처럼 자신도 스즈키 젠코 총리의 딸과 결혼했다. 아소 타로가 총선거에 입후보한 것은 제35회 총선거(1979년)이고 당시 39세였다. 자신의 아버지와 같은 후쿠오카현 2구에서 출마하여 당선되었다. 아소 타로는 아소 타카키치처럼 정월이 되면 '천황폐하 만세', '일본국 만세'를 외치는 세습

의원 중의 한 사람이다.[64]

<그림 12-2> 아소 타로 의원의 정치가계

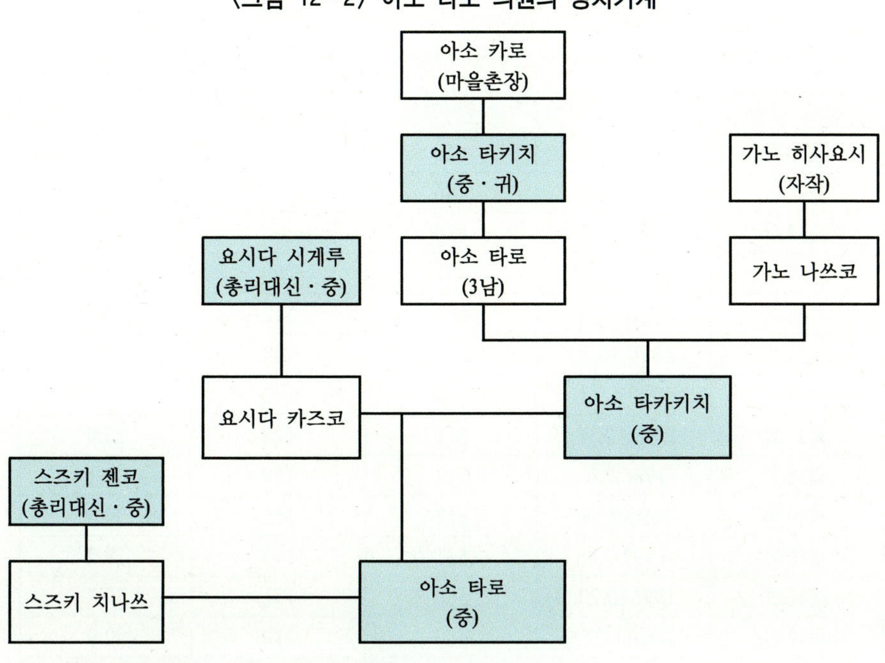

주: '중'은 중의원 의원, '귀'는 귀족원 의원임.
자료: 市川太一(1990), 129쪽.

4. 시기별 세습의원 분포

자료 이용이 가능한 한도 내에서 선거별 세습의원의 수와 그 비율을 보면 다음과 같다.[65]

1) 1960~1970년대

1969년 12월의 제32회 총선거부터 세대교체바람이 불면서 세습의원의 수

---

64) 市川太一, 앞의 책, 130쪽.
65) 연구자마다 세습의원에 대한 개념정의에 차이가 있기 때문에 동일한 선거에 있어 세습의원의 수 집계는 상이하다.

가 증가하기 시작하여 제33회 총선거에서는 세습화가 확연해지는 현상을 보였다.[66] 제34회 총선거에서는 전체 의원 중 112명이 세습의원이었다.[67]

<표 12-3> 선거별 세습의원 현황(중의원)

선거 회차	선거일	의원 정수	세습의원 수	비율(%)
제30회	1963.11.21.	467	38	8.1
제31회	1967.1.29.	486	–	–
제32회	1969.12.27.	486	–	–
제33회	1972.12.10.	491	90	18.3
제34회	1976.12.5.	511	112	21.9
제35회	1979.10.7.	511	104	20.4
제36회	1980.6.22.	511	140	27.4
제37회	1983.12.18.	511	128	25.0
제38회	1986.7.6.	512	159	31.1
제39회	1990.2.18.	512	155	30.3
제40회	1993.7.4.	511	149	29.2
제41회	199610.20.	500	151	30.2
제42회	2000.6.25.	480	110	22.9
제43회	2003.11.9.	480	131	30.5

주: 세습의원의 수는 여러 자료에서 발췌한 것인데, 자료마다 조금씩 달라 정확한 통계수치는 아님.

2) 1980년대

이 시기에도 세습의원은 꾸준하게 증가했다. 증가의 원인으로는, 전후 제1세대(1946~1955) 정치가들이 노령화하여 사망(사거) 또는 은퇴기를 맞은 것과 1955년의 보수합동 이후 자유민주당의 지배가 안정됨과 동시에 의원 개인의 후원회도 강고해진 것 등을 그 이유로 들 수 있다. 제36회 총선거에서는 중의원은 전체 의원 중 140명이 세습의원이었다. 제37회 총

---

66) ≪朝日新聞≫ 1969년 12월 28일자, 「世襲化强まる?」, ≪朝日新聞≫ 1974년 7월 10일자.
67) 岸本弘一, 앞의 책, 233쪽.

선거에서는 정수 511명 중 128명, 제38회 총선거에서는 159인이 세습의원이었다. 이러한 결과는 유권자 성향의 보수화를 반영하는 것으로 해석되기도 한다.[68]

3) 1990년대 이후

세습의원의 증가세는 안정세로 돌아서면서 급격하게 증가하고 있지는 않았으나 기조는 유지하였다. 제39회 총선거에서는 세대교체가 상당히 진전되어 의원 512명 중 세습의원은 155명이었다.[69]

제40회 총선거에서 당선된 의원 중 149명이 세습의원으로 조사되었으며, 제41회 총선거에서도 세습의원의 진출 혹은 의석 의지가 현저했다.[70] 2000년대에 실시된 두 번의 선거에서 세습후보들은 약 23%에서 30% 수준의 의석 점유율을 보여주었다.

제5절 의원직 세습으로 본 일본정치의 특이성

세계 각국에는 정치명문가(名門家)가 있어서 대통령, 수상, 국회의원 등 다수의 정치인을 배출하고 있다. 그러나 일본처럼 부모의 지역구를 물려

---

68) 谷口哲一郎, 「補說 候補者の屬性と當落順位」, 錦貫讓治·三宅一郎·猪口 孝·浦島 郁夫, 『日本人の選擧行動』(東京: 東京大學出版會, 1986), 165-166쪽, 阿部 齋, 『現代政治と政治學』(東京: 岩波書店, 1989), 45쪽.

69) 제38회 총선거 당선자 중에는 메이지(明治) 시대 출생자가 28명 있었지만 제39회에서는 겨우 6명만 있었다. 거꾸로 1945년 이후의 전후세대는 제38회 당선자 중 30인이었으나 제39회에서는 일거에 77명으로 증가하였다. 吉野 孝·今村 浩·谷藤 悅史編, 『誰が政治家になるのか』(東京: 早稻田大學出版部, 2001), 22쪽. 讀賣新聞社 編, 『激變の政治選擇-'89參院選, '90衆院選 徹底分析』(東京: 讀賣新聞社, 1990), 198-199쪽. 다른 자료에 의하면 512명 중 143명으로 세습률은 28%에 이른다. 또 每日新聞社編, 『'90總選擧』(東京: 每日新聞社, 1990), 12쪽에는 이번 선거의 세습의원은 중의원 전체의 28%인 143인으로 집계되어 있다. 西尾嘉門, 『データで檢證する日本政治の危機』(東京: 東京新聞出版局, 1994), 20쪽.

70) 五十嵐敬喜, 『議員立法』(東京: 三省堂, 1994), 36쪽.

받아 당선되는 세습의원의 수가 많은 나라는 찾아보기 어려우며, 국회의원 중 세습의원의 비율이 20~30% 선을 오가는 것은 세계적으로 유례가 없는 일이다.

미국에도 세습의원은 있으나 5%를 전후한 상대적으로 미미한 비율이다. 연방의회 상원의원이나 하원의원 중에는 부자가 연방의원을 지낸 사례들이 있는데 케네디 가문과 부시 가문이 대표적인 예이다.

미국에서는 세습의원(2세 의원)이 개인후원회를 계승하여 선친의 지반을 물려받는 이른바 일본형 세습의원은 드문데, 요시노 타카시(吉野 孝)는 부통령을 지낸 A. 고어가 일본형 세습의원에 유사한 경력을 갖는다고 보았다.71) 고어의 부친은 1939년부터 1953년까지 14년 동안 테네시 주의 연방하원을 지냈고, 1953년부터 1971년까지 18년 동안 연방상원 의원을 지냈다. 그런데 고어는 1977년부터 1985년까지 8년간 연방하원을 지냈다.

요시노는 고어가 일본형 세습에 가깝다고 했으나 그렇다고 보기는 어렵다. 고어는 부친의 의석을 바로 승계한 것이 아니라 부친의 퇴직 후 6년이 지난 시점에서, 그것도 연방상원으로 퇴직한 부친의 의석이 아닌 연방 하원의 의석을 획득했기 때문에 부친의 선거구를 직접 물려받은 것은 아니다.

미국에서는 2세 정치인들은 선친의 후광이나 인맥, 자금력 덕을 보기가 힘들다. 무엇보다도 일본의 후원회와 같은 형태의 기능을 갖는 조직이 미국에는 없기 때문이다. 아무리 훌륭한 정치인이라 할지라도 유권자들은 이름값은 높게 쳐 줄망정 사람 자체나 능력을 동일시하지 않는다. 보스정치나 계파, 정치 비자금, 학연, 지연의 개념이 거의 없어 물려줄 조직이나 인맥도 형성되어 있지 않다.

이렇게 일본의 2세 정치인과 미국의 2세 정치인은 그 출발시점의 정치환경부터가 다르고 세습의 형태도 다르기 때문에 일본의 의원 세습은 일본의 정치문화의 틀 속에서 들여다보는 경우가 아니라면 세계적으로 유례를 찾기 어려운 특이한 정치현상이라고 할 수 있다.

---

71) 吉野 孝, 「アメリカ―有權者參加型リクルートメント」, 吉野 孝・今村 浩・谷藤悅史 編, 『誰が政治家になるのか』(東京: 早稻田大學出版部, 2001), 138－139쪽.

〈표 12-4〉 세습의원 일람

(한자 성명의 가나다순)

의원 성명(당적)	지위, 주요 경력	의원과의 관계 및 성명	지위, 주요 경력
가토 칸주(加藤勘十, 사회)	衆, 노동상	형 加藤鯛一	衆
가토 시즈에(加藤シズエ, 사회)	衆參	남편 加藤勘十	衆
가토 코이치(加藤紘一, 자민)	衆, 관방장관	부 加藤精三	衆
가토 타케노리(加藤武德, 자민)	參, 자치상, 북해도개발청장관	자 加藤紀文 동생 加藤六月	參 衆
아마리 타다시(甘利 正, 신자유클럽)	衆	자 甘利 明	衆
에사키 마스미(江崎眞澄, 자민)	衆, 방위청장관	자 江崎鐵磨 자 江崎洋一郎	衆 衆
오카다 료헤이(岡田良平)	貴, 문부상	동생 一木喜德郎	貴, 추밀원 의장
에다 사쓰키(江田五月, 사민련)	衆, 과학기술청장관	부 江田三郎	衆, 사회당 부위원장
후루야 토오루(古屋 亨, 자민)	衆, 자치상	조부 古屋善造 부 古屋慶隆 자 古屋圭司	衆 衆 衆
고무라 사카히코(高村坂彦, 자민)	衆	자 高村正彦	衆, 법상
다니가키 센이치(谷垣專一, 자민)	衆, 문부상	자 谷垣禎一	衆
다니카와 카즈오(谷川和穗, 자민)	衆, 법상	부 谷川 昇	衆
가쓰라 타로(桂 太郎)	내각총리대신	자 井上三郎 손 桂廣太郎	貴 貴
나베시마 나오타다(鍋島直繩)	貴	자 鍋島直紹	參
세키야 카쓰쓰구(關谷勝嗣, 자민)	參, 건설상	부 關谷勝利	衆
히로세 히사타다(廣瀨久忠, 자민)	參	부 廣瀨久政	衆
하시모토 류타로(橋本龍太郎, 자민)	衆, 내각총리대신	부 橋本龍伍	衆, 후생상
구노 츄지(久野忠治, 자민)	衆, 우정상	자 久野統一郎	衆
하토야마 유키오(鳩山由紀夫, 자민) 하토야마 쿠니오(鳩山邦夫, 무)	衆 衆	증조부 鳩山和夫 조부 鳩山一郎 부 鳩山威一郎	중의원 의장 내각총리대신 외상
우스이 소이치(臼井莊一, 자민)	衆, 총리부 총무장관	자 臼井日出男	衆
가메이 히사오키(龜井久興, 자민)	衆, 국토청장관	조부 有馬賴寧	衆
가메이 요시유키(龜井善之, 자민)	衆, 농수상, 운수상	부 龜井善彰	參
가메이 시즈카(龜井靜香, 자민)	衆, 건설상	형 龜井郁夫	參
호리우치 미쓰오(堀內光雄, 자민)	衆, 통산상	조부 堀內良平 부 堀內一雄	衆 衆
호리키리 젠지로(堀切善次郎)	貴, 내무상	형 堀切善兵衛	중의원 의장
미야기 쵸고로(宮城長五郎)	貴, 사법상	처 宮城 たまよ	參
미야와키 쵸키치(宮脇長吉, 同交會)	衆	형 三土忠造	衆, 장상
미야자와 키이치(宮澤喜一, 자민)	내각총리대신	부 宮澤 裕 동생 宮澤 弘 조카 宮澤洋一	衆 參 衆

의원 성명(당적)	지위, 주요 경력	의원과의 관계 및 성명	지위, 주요 경력
미야자와 키이치(宮澤喜一, 자민)	내각총리대신	부 宮澤 裕 동생 宮澤 弘 조카 宮澤洋一	衆 参 衆
다치바나 나오지(橘直治, 자유)	衆·参	자 橘康太郎	衆
곤도 모토지(近藤元次, 자민)	衆, 농수상	자 近藤基彦	衆
고노에 아쓰마로(近衛篤麿)	귀족원 의장	자 近衛文麿	내각총리대신
와타누키 타미스케(錦貫民輔, 자민)	중의원 의장	부 錦貫佐民	衆
요시우에 쇼이치로(吉植庄一郎, 입헌정우회)	衆	자 吉植庄亮	衆
후루야 토오루(吉屋 亨, 자민)	衆, 자치상	부 吉屋慶隆	衆
요시다 케이타로(吉田敬太郎, 무)	衆	양부 吉田磯吉	衆
요시다 시게루(吉田 茂, 자유, 민자)	내각총리대신, 자유당 총재	부 竹內 綱 손자 麻生太郎	衆 衆
가네코 잇페이(金子一平, 자민)	衆, 장상	자 金子一義	衆
우쓰미 히데오(內海英男, 자민)	衆	부 內海安吉	衆
가노 미치히코(鹿野道彦, 자민, 무)	衆, 농수상	부 鹿野彦吉	衆
니와 효스케(丹羽兵助, 자민)	衆, 노동상	동생 丹羽久章	衆
니와 유야(丹羽雄哉, 자민)	衆, 후생상	부 丹羽喬四郎	衆, 운수상
가라사와 슌지로(唐澤俊二郎, 자민)	衆, 우정상	부 唐澤俊樹	衆, 법상
오니시 마사오(大西正男, 자민)	衆, 우정상	부 大西正幹	衆
오이시 린지(大石倫治, 민자)	衆, 농림정무차관	자 大石武一 손 大石正光	衆, 환경청장관 衆
오이시 센파치(大石千八, 자민)	衆, 우정상	부 大石八治 자 大石秀政	衆 衆
오야 쇼조(大矢省三, 사회)	衆	자 大矢卓史	衆
오노 아키라(大野 明, 자민)	参, 운수상	부 大野伴睦 모 大野 ツヤコ	중의원 의장 参
오쿠마 노부쓰네(大隈信常)	衆	양부 大隈重信 형 松浦 厚	내각총리대신 貴
오쿠마 노부유키(大隈信幸, 민주클럽)	参, 貴	조부 大隈重信	내각총리대신
오무라 죠지(大村襄治, 자민)	衆, 방위청장관	부 大村淸一	衆, 방위청장관
오이데 슌(大出 俊, 사회)	衆	자 大出 彰	衆
도쿠다이지 사네쓰네(德大寺實則)	貴, 내대신, 공작	자 德川公弘	貴
도쿠가와 이에마사(德川家正)	귀족원 의장	부 德川家達	귀족원 의장
와타나베 미치오(渡辺美智雄, 자민)	衆, 부총리, 외상	자 渡辺喜美	衆
와타나베 로(渡辺 朗, 민사)	衆	자 渡辺 周	衆
와타나베 치후유(渡辺千冬)	貴, 법상	부 渡辺千秋 양부 渡辺國武	貴, 궁내상 장상
와타나베 이치로(渡部一郎, 공명)	衆	처 渡部通子	参

의원 성명(당적)	지위, 주요 경력	의원과의 관계 및 성명	지위, 주요 경력
이나바 오사무(稻葉 修, 자민)	衆, 법상	자 稻葉大和	衆
시마무라 요시노부(島村宣伸, 자민)	衆, 농수상	부 島村一郎	衆, 장상
도카이 모토사부로(渡海元三郎, 자민)	衆, 건설상	자 渡海紀三郎	衆
후지에다 센스케(藤枝泉介, 자민)	중의원 부의장	형 船田 中 형 船田享二	중의원 의장 衆
후지모토 스테스케(藤本捨助, 자민)	衆	자 藤本孝雄	衆
후지야마 라이타(藤山雷太, 자민)	貴	자 藤山愛一郎	衆, 외상
후지이 헤이고(藤井丙午, 자민)	參	자 藤井孝男	參
후지무라 시로(藤村紫朗)	貴	자 藤村義朗	貴
다노모기 신로쿠(賴母木眞六, 진보)	衆	양부 賴母木桂吉	衆, 체신상
아소 히사시(麻生 久, 사회대중)	衆, 사회대중당 서기장	자 麻生良方	衆
아소 타로(麻生太郎, 자민)	衆, 경제기획청장관	조부 吉田 茂 부 麻生太賀吉	내각총리대신 衆
고구레 부다유(木暮武太夫, 입헌정우회)	衆	자 木暮武太夫	參, 운수상 (부친과 同名)
기무라 타케치요(木村武千代, 자민)	衆, 자치정무차관	자 木村義雄	衆
기노시타 케이노스케(木下敬之助, 민사)	衆	부 木下 哲	衆
무토 카분(武藤嘉文, 자민)	衆, 외상	조부 武藤嘉門 부 武藤嘉一	衆 衆
오자키 유키테루(尾崎行輝, 녹풍회)	參	부 尾崎行雄	衆, 법상
가지야마 세이로쿠(梶山靜六, 자민)	衆, 내각관방장관	자 梶山弘志	衆
요네하라 이타루(米原 昶, 공산)	衆	부 米原章三	貴
야스오카 오키하루(保岡興治, 자민)	衆, 법상	부 保岡武久	衆, 내각관방부장관
호리 코스케(保利耕輔, 자민)	衆, 문부상	부 保利 茂	중의원 의장
후쿠나가 켄지(福永健司, 자민)	중의원 의장, 운수상	자 福永信彦	衆
후쿠다 타케오(福田赳夫, 자민)	衆, 내각총리대신	동생 福田宏一 자 福田康夫	參 衆
아이사와 칸(逢澤 寬, 자민)	衆	자 逢澤英雄 손 逢澤一郎	衆 衆
기타 슈지(北 修二, 자민)	參, 홋카이도·오키나와 개발청장관	부 北 勝太郎 형 北 二郎	衆參 衆
기타무라 요시카즈(北村義一, 자민)	衆	자 北村直人	衆
기타가와 요시카즈(北側義一, 공명)	衆	자 北側一雄	衆
후와 테쓰조(不破哲三, 공산)(본명 上田建二郎)	衆, 일본공산당 의장	형 上田耕一郎	參
하마노 타케시(浜野 剛, 자민)	衆	부 浜野清吾	衆, 법상
하마다 코이치(浜田幸一, 자민)	衆	자 浜田靖一	衆
스나다 시게타미(砂田重民, 자민)	衆, 홋카이도·오키나와개발청장관	부 砂田重政	衆, 방위청장관

의원 성명(당적)	지위, 주요 경력	의원과의 관계 및 성명	지위, 주요 경력
야마구치 토시오(山口敏夫, 자민)	衆	부 山口六次郎	衆
야마자키 타쓰노스케(山崎達之輔, 정우회)	衆, 농상	자 山崎平八郎	衆
야마모토 토미오(山本富雄, 자민)	參, 농수상	자 山本一太	參
야마모토 테이지로(山本悌二郎, 정우회)	衆, 농상	동생 有田八郎	衆, 외상
야마자키 이와오(山崎岩男, 자유)	衆, 아오모리현지사	자 山崎龍男 손자 山崎 力	參 參
야마무라 신지로(山村新次郎, 10代, 자민)	衆, 행정관리청장관	자 山村新次郎, 11代	衆
야마시타 간리(山下元利, 자민)	衆, 방위청장관	자 山下英利	參
야마하나 사다오(山花貞夫, 사회)	衆, 사회당 위원장	부 山花秀雄 자 山花郁夫	衆
미키 타케오(三木武夫, 자민)	衆, 내각총리대신	딸 高橋紀世子	參
미쓰바야시 야타로(三ツ林弥太郎, 자민)	衆, 과학기술청장관	부 三ツ林幸三 자 三ツ林隆志	衆 衆
모리야마 킨지(森山欽司, 자민)	衆, 당 총무회부회장	처 森山眞弓	衆
미하라 아사오(三原朝雄, 자민)	衆, 방위청장관	자 三原朝彦	衆
모리 노부테루(森 矗昶, 정우회)	衆	자 森 曉 자 森 淸 자 森 美秀 손 森 英介	衆 衆 衆 衆
미쓰치 츄조(三土忠造, 입헌정우회)	衆, 내무상	동생 宮脇長吉	衆
미우라 타카시(三浦 隆, 민사)	衆	부 三浦寅之助	衆
모리 사토루(森曉, 자유, 민자)	衆	동생 森 淸 동생 森 美秀	衆 衆
우에다 코이치로(上田耕一郎, 공산)	參, 공산당부위원장	동생 不破哲三	衆, 공산당의장
니시오카 다케지로(西岡竹次郎, 정우회)	衆	처 西岡 ハル 자 西岡武夫	參 參
니시오카 다케오(西岡武夫, 자유)	參, 문부상	부 西岡竹次郎 모 西岡 ハル	衆, 長崎縣지사 參
니시메 준지(西銘順治, 자민)	衆, 오키나와현지사	자 西銘順志郎	參
니시무라 에이이치(西村英一, 민사)	衆, 후생상	자 西村眞吾	衆
이시와타 빈이치(石渡敏一)	貴	자 石渡莊太郎	貴, 장상
이시하라 칸이치로(石原幹市郎, 자민)	參, 자치청장관	자 石原健太郎	參
이시하라 신타로(石原愼太郎, 자민)	衆, 도쿄도지사	자 石原伸晃	衆
이시다 쓰기오(石田次男, 공명)	參	동생 石田幸四郎	衆, 총무청장관
이시이 하지메(石井 一, 자민, 민주)	衆, 자치상	동생 石井一二	參
이시바 지로(石破二郎, 자민)	參, 돗토리현지사	자 石破 茂	衆

의원 성명(당적)	지위, 주요 경력	의원과의 관계 및 성명	지위, 주요 경력
후나다 하지메(船田 元, 자민)	衆, 경제기획청장관	조부 船田 中 부 船田 讓	중의원 의장 衆, 도치기현지사
후나다 나카(船田 中, 자민)	중의원 의장, 자민당부총재	손 船田 元 동생 藤枝泉介	衆 중의원 부의장
세코 코이치(世耕弘一, 자민)	衆, 경제기획청장관	자 世耕政隆 손 世耕弘成	參, 자치상 參
호소야 하루요시(細谷治嘉, 사회)	衆	자 細谷治通	衆
사사야마 시게타로(笹山武太郎, 자민)	衆	자 笹山登生	衆
호소다 키치조(細田吉藏, 자민)	衆	자 細田博之	衆
호소카와 모리타쓰(細川護立)	貴	부 細川護久 손 細川護熙	熊本藩지사 衆, 내각총리대신
고미야마 쥬시로(小宮山重四郎, 자민)	衆, 우정상	부 小宮山常吉 딸 小宮山泰子	參 埼玉縣의회의원
고바야시 키누지(小林絹治, 자민)	衆	자 小林正巳	衆
고야마 쿠니타로(小山邦太郎, 자민)	衆參	손 井出正一	衆
오부치 케이조(小渕惠三, 자민)	내각총리대신	부 小渕光平 딸 小渕優子	衆 衆
고이즈미 준이치로(小泉純一郎, 자민)	내각총리대신	부 小泉純也 조부 小泉又次郎	방위청장관 중의원 부의장
오가와 하지메(小川 元, 자민)	衆	부 小川一平 조부 小川平吉	衆 衆, 철도상
오가와 헤이지(小川平二, 자민)	衆, 문부상	부 小川平吉	衆, 철도상
오자와 이치로(小澤一郎, 자민)	衆, 자유당당수	부 小澤佐重喜	衆, 건설상
오자와 타쓰오(小澤辰男, 자민)	衆, 후생상	부 小澤國治	衆
오자와 타로(小澤太郎, 자민)	衆, 山口縣지사	자 小澤克介	衆
고사카 켄지(小坂憲次, 자민)	衆	증조부 小坂善之助 조부 小坂順造 부 小坂善太郎 숙부 小坂德三郎	衆 衆 외상 衆, 운수상
고다이라 타다시(小平 忠, 사회)	衆	자 小平忠正	衆
오코노기 히코사부로(小此木彦三郎, 자민)	衆, 통산상	부 小此木歌治 자 小此木八郎	衆 衆
오가와 잇페이(小川一平, 국민협동)	衆	동생 小川平二	衆, 문부상
마쓰카타 코지로(松方幸次郎, 진보)	衆	부 松方正義	내각총리대신
마쓰모토 에이이치(松本英一, 사회)	參	양부 松本治一郎 자 松本 龍	참의원 부의장 衆
마쓰모토 류(松本 龍, 사회)	衆	조부 松本治一郎부 松本英一	참의원 부의장 參
마쓰노 라이조(松野賴三, 자민)	衆	부 松野鶴平 자 松野賴久	참의원 의장 衆

의원 성명(당적)	지위, 주요 경력	의원과의 관계 및 성명	지위, 주요 경력
마쓰노 쓰루헤이(松野鶴平)	참의원 의장, 철도상	자 松野賴三 손 松野賴久	衆 衆
마쓰노 유키야스(松野幸泰, 자민)	국토청장관	자 松野幸昭 손 棚橋泰文	岐阜縣의회 衆
마쓰나가 토(松永 東, 자민)	중의원 의장	양자 松永光	衆
마쓰마에 시게요시(松前重義, 사회)	衆	자 松前達郎 자 松前 仰	參 衆
마쓰우라 아키라(松浦 詮)	貴	자 松浦 厚	貴
가노 아키오(狩野明男, 자민)	參	처 狩野 安	參
미즈노 키요시(水野 淸, 자민)	衆, 건설상	양자 水野賢一	衆
우에타케 시게오(植竹繁雄, 자민)	衆, 외무 부대신	부 植竹春彦	參, 우정상
간다 아쓰시(神田 厚, 민사)	衆, 방위청장관	부 神田大作	衆
아베 신조(安倍晋三, 자민)	衆, 내각총리대신	부 安倍晋太郎 조부 安倍 寬	외상 衆
기시 노부스케(岸 信介, 자민)	衆, 내각총리대신	동생 佐藤榮作 손 安部晋三	衆, 내각총리대신 衆, 내각총리대신
기시다 후미타케(岸田文武, 자민)	衆	부 岸田正記 자 岸田文雄	衆 衆
기시다 후미오(岸田文雄, 자민)	衆	조부 岸田正記 부 岸田文武	衆 衆
야스이 세이이치로(安井誠一郎, 자민)	衆, 도쿄도지사	동생 安井 謙	참의원 의장
이와모토 마사미쓰(岩本政光, 자민)	參	부 岩本政一	參
이와카미 니로(岩上二郎, 자민)	參, 이바라기현지사	처 岩上妙子	參
이와무라 타카토시(岩村高俊)	貴	형 岩村通俊 형 林 有造	貴 衆
가모다 토시타로(鴨田利太郎, 자민)	衆	부 鴨田宗一	衆
노다 우이치(野田卯一, 자민)	衆, 건설상	손 野田聖子	衆
노다 슌사쿠(野田俊作, 자민)	衆, 福岡縣지사	부 野田卯太郎	衆, 체신상
노나카 에이지(野中英二, 자민)	衆, 국토청장관	숙부 野中徹也	衆
스즈키 하지메(鈴木 一, 사회)	衆參	부 鈴木安孝	參
스즈키 슌이치(鈴木俊一, 자민)	衆	부 鈴木善幸	내각총리대신
나가에 카즈오(永江一夫, 민사)	衆, 농상	자 永江一仁	衆
나가노 이쓰오(永野嚴雄, 자민)	參	부 永野 護 숙부 永野鎭雄	參, 운수상 參
나가타 히데지로(永田秀次郎)	貴, 철도상	자 永田亮一	衆
나가이 류타로(永井柳太郎, 익찬정치회)	衆, 체신상	손 鮫島宗明	衆
나가이 카쓰지로(永井勝次郎, 사회)	衆	자 永井哲男	衆
사쿠라우치 요시오(櫻內義雄, 자민)	중의원 의장, 외상	부 櫻內幸雄	중의원 의장, 장상
시오자키 쥰(塩崎 潤, 자민)	衆, 총무청장관	자 塩崎恭久	衆

의원 성명(당적)	지위, 주요 경력	의원과의 관계 및 성명	지위, 주요 경력
시가 켄지로(志賀健次郎, 자민)	衆, 방위청장관	자 志賀 節	衆
시마사키 히토시(嶋崎 均, 자민)	參, 법상	동생 嶋崎 讓	衆
핫토리 야스시(服部安司, 자민)	參	자 服部三男雄	參
스즈키 젠코(鈴木善幸, 자민)	衆, 내각총리대신	자 鈴木俊一	衆
스즈키 나오토(鈴木直人, 자유)	衆, 參	자 鈴木直紀	參
하나시 노부유키(葉梨信行, 자민)	衆, 자치상	부 葉梨新五郎	衆
아이노 코이치로(愛野興一郎, 民政)	衆, 경제기획청장관	부 愛野時一郎	衆
아이치 키이치(愛知揆一, 자민)	衆, 장상, 외상	손 愛知治郎	參
아이치 카즈오(愛知和男, 자민)	衆, 방위청장관	자 愛知治郎	參
다마키 잇토쿠(玉置一德, 민사)	衆	자 玉置一弥	衆
하타 쓰토무(羽田 孜, 자민, 민주)	衆, 내각총리대신	부 羽田武嗣郎 자 羽田雄一郎	衆, 건설상 참의원 의원
소노다 텐코코(園田天光光, 노농)	衆	남편 園田 直 자 園田博之	중의원 부의장 衆
소노다 히로유키(園田博之, 자민)	衆	부 園田 直	衆, 외상
아리타 하치로(有田八郎, 소회파클럽)	衆, 외상	형 山本悌二郎	衆, 농상
구리야마 아키라(栗山 明, 자민)	衆	양부 栗山 博 누이 栗山 秀	衆 衆
구리하라 유코(栗原祐幸, 자민)	衆, 노동상	자 栗原裕康	衆
이토 코도(伊藤好道, 사회)	衆	처 伊藤ヨシコ	衆
후타쓰기 켄고(二木謙吾, 자민)	參	자 二木秀夫	參
히노 이치로(日野市朗, 사회)	衆, 우정상	부 日野吉夫	衆
하야시 요시스케(林 佳介, 진보)	衆	부 林 平四郎 자 林 義郎	衆 衆
하야시 요시로(林 義郎, 자민)	衆, 장상	조부 林 平四郎 부 林 佳介 자 林 芳正	衆 衆 參
하야시 타이칸(林 大幹, 자민)	衆, 환경청장관	자 林 幹雄	衆
하야시 유조(林 有造, 정우회)	衆, 농상무상	형 岩村通俊 동생 岩村高俊 장남 林 讓二	貴 貴 중의원 의장
하야시 죠지(林 讓二, 자민)	중의원 의장	부 林 有造 자 林 迪	衆, 체신상 參
하세가와 신(長谷川信, 자민)	參, 법상	자 長谷川道郎	參
아카기 노리히코(赤城德彦, 자민)	衆	조부 赤城宗德	衆, 관방장관
아카마쓰 히로타카(赤松廣隆, 사회)	衆	부 赤松 勇	衆, 사회당 부위원장
다나부 마사미(田名部匡省, 자민)	參	자 田名部匡代	衆
마에다 이사오(前田勳男, 자민)	參	부 前田佳都男	참의원 부의장

의원 성명(당적)	지위, 주요 경력	의원과의 관계 및 성명	지위, 주요 경력
다나베 쿠니오(田邊國男, 자민)	衆, 총무청장관	부 田邊七六 자 田邊 篤	衆
다나카 스미코(田中壽美子, 사회)	參, 사회당 위원장	남편 田中稔男	衆
다나카 타쓰오(田中龍夫, 자민)	衆, 통산상	부 田中義一	貴, 내각총리대신, 육군상
다나카 마키코(田中眞紀子, 자민)	衆, 외상	부 田中角榮	내각총리대신
다무라 료헤이(田村良平, 자민)	衆, 건설정무차관	자 田村公平	參
다무라 하지메(田村 元, 자민)	중의원 의장, 통산상	부 田村 稀	衆
아유카와 요시스케(鮎川義介, 무)	參	자 鮎川金次郎	參
마치무라 킨고(町村金五, 자민)	衆, 參, 자치상	자 町村信孝	衆
이데 이치타로(井出一太郎, 자민)	衆, 우정상, 농상	자 井出正一	衆
사이토 쥬로(齋藤十朗, 자민)	참의원 의장, 후생상	부 齋藤 昇	參, 후생상
사이토 켄조(齋藤憲三, 자민)	衆	부 齋藤宇一郎	衆
사토 타카시(佐藤 降, 자민)	衆, 농수상	부 佐藤芳男	參
사토 칸주(佐藤觀樹, 사회, 민주)	衆, 자치상	부 佐藤觀次郎	衆
사토 히라쿠(佐藤 啓, 제1의원구락부)	衆	부 佐藤里治	衆
사토 타카시(佐藤 隆, 자민)	衆, 농수상	부 佐藤芳男	參
사토 모리요시(佐藤守良, 자민)	衆, 북해도개발청장관	자 佐藤公治	衆
사토 기센(左藤義詮, 자민)	衆參, 방위청장관	자 左藤 惠 손 左藤 章	衆 衆
사토 이치로(佐藤一郎, 자민)	衆, 경제기획청장관	자 佐藤謙一郎	衆
사토 에이사쿠(佐藤榮作, 자민)	衆, 내각총리대신	형 岸 信介 처 佐藤寬子 자 佐藤信二	내각총리대신 외상 衆, 운수상
사토 메구무(佐藤 惠, 자민)	衆, 법상, 우정상	자 佐藤 章	衆
사사키 히데요(佐佐木秀世, 자민)	衆, 운수상	자 佐佐木秀典	衆
사사 히로오(佐佐弘雄, 녹풍회)	參	부 佐佐友房 딸 紀平悌子	衆 參
스미 에이사쿠(住 榮作, 자민)	衆, 법상	자 住博 司	衆
다케노우치 아키타로(竹內明太郎, 정우회)	衆	부 竹內 綱 동생 吉田 茂	자유당 당수 내각총리대신
다케우치 레이이치(竹內黎一, 자민)	衆, 과학기술청장관	부 竹內俊吉	衆, 靑森縣지사
다케야마 유타로(竹山祐太郎, 자민)	衆	자 竹山 裕	參
다케시타 노보루(竹下 登, 자민)	내각총리대신	동생 竹下 亘	衆
시게마사 세이시(重政誠之, 자민)	衆, 농상	형 重政庸德	참의원 부의장
나카이 토쿠지로(中井德次郎, 사회)	衆	자 中井 洽	衆, 법상
덴 켄지로(田 健治郎)	衆貴, 체신상	손 田英 夫	參
이데 이치타로(井出一太郎, 자민)	衆, 농상	자 井出正一	衆

의원 성명(당적)	지위, 주요 경력	의원과의 관계 및 성명	지위, 주요 경력
나카타니 사다요리(中谷貞賴, 입헌정우회)	衆	손 中谷 元	衆
나카지마 쿠마키치(中島久万吉)	貴, 상공상	부 中島信行	중의원 의장
나카지마 요지로(中島洋次郎, 자민)	衆	부 中島源太郎 조부 中島知久平	衆, 문부상 衆, 상공상
나카지마 이와오(中島 巖, 사회)	衆	자 中島 衛	衆
나카오 에이이치(中尾榮一, 자민)	衆, 건설상	자 水野賢一	衆
나카야마 타로(中山太郎, 자민)	衆, 외상	부 中山福藏 모 中山 マサ 동생 中山正暉	參 衆, 후생상 衆, 우정상
나카소네 히로후미(中曾根弘文, 자민)	參	부 中曾根康弘	내각총리대신
나카가와 쇼이치(中川昭一, 자민)	衆	부 中川一郎 숙부 中川義雄	衆, 농수상 參
나카무라 우메키치(中村梅吉, 자민)	중의원 의장, 법상	자 中村 靖	衆
나카무라 토키히로(中村時廣, 일본신)	衆, 마쓰야마시장	부 中村時雄	衆
나카무라 요이치로(中村庸一郎, 자민)	衆	자 中村正三郎 손 山口 壯	衆 衆
나카무라 쇼자부로(中村正三郎, 자민)	衆, 법상	부 中村庸一郎	衆
나카무라 키시로(中村喜四郎, 자민, 1代)	參	처 中村登美 자 中村喜四郎	參 衆
나카무라 키시로(中村喜四郎, 무, 2代)	衆, 건설상	부 中村喜四郎 모 中村登美	參 參
소네 아라스케(ソネ荒助)	장상	자 ソネ 益	衆, 민사당서기장
쓰시마 분지(津島文治, 자민)	衆參, 青森縣지사	부 津島源右衛門	貴·衆
가와사키 카쓰(川崎 克, 진보)	衆	자 川崎秀二 손 川崎二郎	衆, 후생상 衆, 운수상
가와마타 세이온(川また淸音, 사회)	衆	자 川また健二郎	衆
아사누마 쿄코(淺沼亨子, 사회)	衆	남편 淺沼稲次郎	衆, 사회당 위원장
아사이 토오루(淺井亨, 공명)	參	자 淺井美幸	衆
아오키 마사히사(青木正久, 자민)	衆, 환경청장관	부 青木 正	衆, 자치상
하쓰무라 타키이치로(初村瀧一郎, 자민)	參, 노동상	자 初村謙一郎	衆
무라카미 이사무(村上 勇, 자민)	衆, 우정상	동생 村上春藏	參
무라카미 코타로(村上孝太郎, 자민)	參	부 村上紋四郎 동생 村上信二郎	衆 衆
무라카미 몬시로(村上紋四郎, 익찬의원동맹)	衆	손 村上孝太郎 손 村上信二郎	衆 衆
무라마쓰 히사요시(村松久義, 자민)	參	부 村松龜一郎	衆
쓰카하라 슌페이(塚原俊平, 자민)	衆, 통산상	부 塚原俊郎	衆

의원 성명(당적)	지위, 주요 경력	의원과의 관계 및 성명	지위, 주요 경력
모가미 스스무(最上 進, 자민)	參	부 佐藤 勇 양부 最上政三 양모 最上英子	衆 衆 參
나라하시 스스무(楢橋 進, 자민)	衆	부 楢橋 渡	衆
나라자키 야노스케(楢崎弥之助, 자유연합)	衆	자 楢崎欣弥	衆
시이나 모토오(椎名素夫, 자민)	衆參	부 椎名悦三郎	衆, 외상
아키타 키요시(秋田 淸, 정우회)	중의원 의장, 후생상	자 秋田大助	衆
쓰치야 요시히코(土屋義彦, 자민)	衆, 환경청장관	딸 土屋品子	衆
사카타 미치오(坂田道男, 익찬의원동맹)	衆	부 坂田 貞 자 坂田道太	貴 중의원 의장
히라누마 키이치로(平沼騏一郎, 자민)	내각총리대신, 추밀원 의장	손 平沼赳夫	衆, 농상
히라노 시게코(平野成子, 사회)	參	남편 平野力三	衆, 농상
히라이 타쿠시(平井卓志, 자유)	參, 노동상	자 平井卓也	衆
고모토 토시오(河本敏夫, 자민)	衆, 통산상	자 河本三郎	衆
가와카미 조타로(河上丈太郎, 사회)	衆, 사회당 위원장	자 河上民雄	衆
고노 킨쇼(河野金昇, 자민)	衆	처 河野孝子	衆
고노 이치로(河野一郎, 자민)	衆, 건설상	자 河野洋平 동생 河野謙三 손 河野太郎	衆, 자민당 총재 참의원 의장 衆
시모조 신이치로(下條進一郎, 자민)	參, 후생상	조부 下條正雄 부 下條康麿	貴 參, 문부상
도카노 사토코(戶叶里子, 사회)	衆	남편 戶叶 武	參
아시다 히토시(芦田 均, 민주)	衆, 내각총리대신	부 芦田鹿之助	衆
도이다 사부로(戶井田三郎, 자민)	衆, 후생상	자 戶井田徹	衆
고토 후미오(後藤文夫, 녹풍회)	參, 내무상	자 後藤正夫	參, 법상
고로 아키라(紅露 昭, 진보)	衆	처 紅露 ミツ	參
요코미치 세쓰오(橫路節雄, 사회)	衆	자 橫路孝弘	衆

주 1: '자민'은 자유민주당, 衆(중)은 중의원 의원, 參(참)은 참의원 의원, 貴(귀)는 귀족원 의원의 약칭이며, 소속정당, 경력 등은 대표적인 것 한 가지만을 발췌한 것임.

주 2: 순서는 한자명의 한국어 음독(가, 나, 다) 순으로 하였음. 예를 들면 田中角榮(다나카 카쿠에이)의 경우 전(田)의 'ス' 부분에서 찾아볼 수 있음.

주 3: 자료는 日外アソシェーツ編, 『新訂 政治家人名事典』(東京: 日外アソシエーツ, 2003)에서 혈족·친족 중에 국회의원이 있는 경우만을 발췌하여 정리한 것임.

참고문헌

〈한국어〉

국회사무처, 『영국의회 의사규칙』(서울: 국회사무처 의사국, 2006).

김현우, 「각국 의회제도 분석」, 『국회보』 제371호(1997. 9).

김현우, 『한국국회론』(서울: 을유문화사, 2001).

김현우, 「주요국 의회제도의 변화경향 비교연구」, 『의정연구』 제12호(2001).

김현우, 『일본 현대정치사』(서울: 아카넷, 2004).

김현우, 「일본국회의 해산권 논쟁 소고」, 『의정논총』 창간호(2006).

나혜숙, 「일본 국립국회도서관의 입법지원기능」, 『국회도서관보』 제318호(2005. 10).

마쓰시타 케이이치(최은봉 역), 『전후 일본의 정치·행정 구조』(서울: 소화, 2000).

배용수 외, 『세계의회도서관』 (서울: 논형, 2006).

서복경, 『입법정보 주요국 입법지원조직의 구성과 운영』(국회도서관 입법전자정보실, 2005).

이현출, '일본국립국회도서관', 배용수 외, 『세계의회도서관』 (서울: 논형, 2006).

한국헌법학회편, 『국회 국정감사·통제 기능의 합리화 방안』 제5회 국제학술대회 논문집(서울: 한국헌법학회, 2005).

〈영어〉

Baerwald, Hans H. *Japan's Parliament: an Introduction* (London: Cambridge University Press, 1974).

Blondel, Jean, *An Introduction to Comparative Government* (New York: Praeger Publishing, 1969).

Blondel, Jean, *Comparing Political Systems* (New York: Praeger Publishing, 1972).

Blondel, Jean, *Comparative Legislatures* (Englewood, Cliffs, New Jersey: Prentice-Hall, 1973).

Doring, Herbert(ed.), *Parliaments and Majority Rule in Western Europe* (Frankfurt: Campus Verlag, 1995).

Ike, Nobutaka, *Japanese Politics: Patron-Client Democracy* (New York: Alfred A. Knopf, 1972).

Johnson, Chalmers, *MITI and the Japanese Economic Miracle: The Growth of Industrial Policy, 1925-1975* (Stanford: Stanford University Press, 1982).

Keefe, William, "The Legislative Task", William Keefe and Morris Ogul, in *The American Legislative Process*, 9th ed. (Upper Saddle River, New Jersey: Prentice Hall, 1997).

Krauss, Ellis S., "Conflict in the Diet: Toward Conflict Management in Parliamentary Politics", in Ellis Krauss, Thomas P. Rohlen, and Patricia G. Steinhoff(eds.), *Conflict in Japan* (Honolulu: University of Hawaii Press, 1984).

Lijphart, Arend, *Patterns of Democracy: government forms and performance in thirty-six countries* (New Haven, CT: Yale University Press, 1999).

Mochiziki, Mike Masato, *Managing and Influencing the Japanese Legislative Process: The Role of Parties and the National Diet* (Ph. D. Dissertation, Harvard University, 1982).

Pempel, T. J., *Policy and Politics in Japan* (Philadelphia: Temple University Press, 1982).

Ramseyer, J. Mark and Frances McCall Rosenbluth, *Japan's Political Marketplace* (Cambridge: Harvard University Press, 1993).

Wilson. James Q., *Bureaucracy : What Government Agencies Do and Why They Do It* (New York : Basic Books, 1989).

〈일본어〉

ㄱ

加藤秀治郎, 『憲法改革の政治學』(東京: 一藝社, 2002).

加藤秀治郎編, 『憲法改革の構想』(東京: 一藝社, 2003).

加藤秀治郎, 『憲法改革の政治學(增補改訂版)』(東京: 一藝社, 2005).

加賀ちひろ, 「歐州の議員秘書制度」, 『立法と調査』 212号(1997. 7).

覺道豊治, 「委任立法の限界」, 『ジュリスト』 300号(1964. 6).

覺道豊治, 「統治行爲論」, 和田英夫編, 『判例憲法』(東京: 日本評論社, 1973).

間宮庄平, 「國會の權限と活動」, 阿部照哉編, 『新憲法敎室』(京都: 法律文化
　　　社, 1997).

間宮庄平, 「國會の地位と構成」, 阿部照哉編, 『新憲法敎室』(京都: 法律文化
　　　社, 1997).

岡崎加奈子, 「國會・委員會における自由討議の定着化」, 『議會政治研究』 72
　　　号(2004).

岡野加穗留, 「危機に立つ議會民主制」, 『世界と議會』 313号(1990. 4).

岡野加穗留, 『政治改革』(東京: 東洋經濟新報社, 1990).

岡野加穗留, 「デモクラシーと現代政黨－政治的遺傳子の組換え作業」, 『世界と議會』
　　　482号 (2004. 7).

岡田信弘, 「首相公選制」, 『ジュリスト』 1289号(2005), 51－58.

岡田信弘, 「首相の權限強化」, 『ジュリスト』 1133号(1998. 5. 1－15合併号).

岡田憲治, 『政治制度のしくみ』(東京: ナツメ社, 1999).

岡田憲治, 「參議院の獨自性と政黨のあり方について」, 『世界と議會』 482号(2004. 7).

糠塚康江, 「國民投票 vs 解散－シンボルとしての'國民投票'」, 『ジュリスト』
　　　1311号(2006. 5. 1－5. 15).

岡澤憲芙, 『政黨』(東京: 東京大學出版會, 1988).

岡澤憲芙・奧島孝康編, 『スウェデンの政治－デモクラシーの實驗室』(東京:
　　　早稻田大學出版部, 1994).

結城光太郎, 「衆議院解散權」, 『ジュリスト』 300号(1964. 6).

桂 俊夫, 「自然成立・承認の日付論考」, 『議會政治研究』 23号(1992).

高見勝利, 「'この國のかたち'の變革と'議員內閣制'のゆくえ」, 『公法研究』62号(2000).

高見勝利, 「解散制度と國民主權」, 奧平康弘・杉原泰雄編, 『憲法學4』(東京: 有斐閣, 1976).

高見勝利, 「新世紀における議會の役割と議會圖書館の課題」, 『レファレンス』 600号(2001).

高見勝利, 「'憲法改正草案要綱'に對する米國務省內の論評と總司令部の應答」, 『レファレンス』647号(2004).

高橋和之, 「立法・司法・行政の觀念の再檢討」, 『ジュリスト』 1133号(1998. 5. 1−15合併号).

高橋和之, 「'國民內閣制'の理念と運用」, 憲法理論研究所編, 『議會制民主主義と政治改革』(東京: 敬文堂, 1994).

高橋和之・大石 眞, 『ジュリスト增刊 憲法の爭點(第3版)』(東京: 有斐閣, 1999).

高根正昭, 『日本の政治エリート: 近代化の數量分析』(東京: 中央公論社, 1976).

高藤 昭, 「議院法制局論」, 中村睦男・大石 眞編, 『立法の實務と理論』(東京: 信山社, 2005).

高田 篤, 「現代民主制から見た議員內閣制」, 『ジュリスト』1133号(1998. 5. 1−15合併号).

高田 篤, 「民主制の展開から見た會派」, 『ジュリスト』1177号(2000. 5. 1−15合併号).

高田富男, 「內閣」, 上田正一・森本敦司・生駒正文編, 『アクセス憲法』(東京: 嵯峨野書院, 2004).

谷 福丸, 「國會運營の移り變りと諸問題」, 中村睦男・大石 眞編, 『立法の實務と理論』(東京: 信山社, 2005).

谷 勝宏, 『議員立法の實證研究』(東京: 信山社, 2003).

廣瀨淳子, 「立法補佐機關−その意義とわが國の現狀」, 『ジュリスト』1177号(2000. 5. 1−15合併号).

廣瀨淳子, 「議會の行政監督と國政調査(1)−(5)」, 『國會月報』 616号−620号 (2000. 4−2000. 8).

光信一宏, 「會期制度」, 『ジュリスト增刊 憲法の爭點(第3版)』(東京: 有斐閣, 1999).

橋本五郎・大久保好男・玉井忠幸, 『議員秘書の眞實』(東京: 弘文堂, 2002).

久保田正志, 「國會の情報公開の現狀と今後の課題」, 『ジュリスト』 1177号

(2000. 5. 1-15合併号).

國立國會圖書館, 『日米英佛西獨の議員歳費手當等』(東京: 國立國會圖書館, 1989).

國立國會圖書館調査及び立法考査局, シリーズ憲法の論爭③ 『國會と內閣の關係』(東京: 國立國會圖書館, 2004.11).

國立國會圖書館調査及び立法考査局, 『國政課題の概要: 第162回國會』(東京: 國立國會圖書館, 2005).

國會法規硏究會, 「國會に關する法規　第2章　國會の活動(19)」, 『時の法令』1575号(1998).

國會法規硏究會, 「國會に關する法規　第2章　國會の活動(23)」, 『時の法令』1585号(1999).

國會法規硏究會, 「國會の活動の終了(1)」, 『時の法令』1653号(2001).

國會法規硏究會, 「國會の活動の終了(2)」, 『時の法令』1657号(2002).

國會法規硏究會, 「國會の活動の終了(3)」, 『時の法令』1659号(2002).

國會法規硏究會, 「國會の活動の終了(4)」, 『時の法令』1661号(2002).

國會法規硏究會, 「國會の活動の終了(5)」, 『時の法令』1663号(2002).

國會法規硏究會, 「國會の活動の終了(6)」, 『時の法令』1665号(2002).

國會法規硏究會, 「國會の活動の終了(7)」, 『時の法令』1667号(2002).

國會法規硏究會, 「國會活動の保障措置(1)」, 『時の法令』1669号(2002).

國會法規硏究會, 「國會活動の保障措置(2)」, 『時の法令』1671号(2002).

堀江ふかし・笠原英彦編, 『國會改革の政治學: 議會デモクラシーの復權』(東京: PHP硏究所, 1995).

堀江ふかし, 「わが國の統治システムと議會政治」, 堀江ふかし編, 『統治システムと國會』(東京: 信山社, 1999).

堀江ふかし編, 『統治システムと國會』(東京: 信山社, 1999).

堀內健志, 「唯一の立法機關」, 小嶋和司編, 『ジュリスト增刊　憲法の爭點(新版)』(東京: 有斐閣, 1985).

堀田光明, 「參議院の調査補佐體制」, 『議會政治硏究』72号(2004).

鬼塚　誠, 「衆議院議長の諮問機關」, 中村睦男・大石　眞編, 『立法の實務と理論』(東京: 信山社, 2005).

宮崎淸隆, 「委員會－その活動」, 『立法と調査』209号(1999. 1).

宮澤俊義, 『憲法』(東京: 勁草書房, 1956).

宮澤俊義, 『日本國憲法』(東京: 日本評論新社, 1963).

宮澤俊義, 『憲法と政治制度』(東京: 岩波書店, 1968).

宮澤俊義, 『憲法(改訂版)』(東京: 有斐閣, 1969).

宮澤俊義, 『全訂日本國憲法』(東京: 日本評論社, 1978).

宮澤俊義, 『憲法と政治制度』(東京: 岩波書店, 1968).

近藤　敦, 「'多數派'民主主義の再檢討」, 憲法理論研究會(編), 『戰後政治の展
　　　開と憲法』(東京: 敬文堂, 1996).

近藤　敦, 「不信任決議の合理化と首相の交代－ヨーロッパ諸國との比較」, 『議
　　　會政治研究』6号(2001).

近藤　敦, 『政權交代と議院內閣制－比較憲法政策論』(東京: 法律文化社, 1997).

錦貫讓治・三宅一郎・猪口　孝・浦島郁夫, 『日本人の選擧行動』(東京: 東京
　　　大學出版會, 1986).

今關源成, 「閣議の方法」, 『ジュリスト增刊　憲法の爭點(第3版)』(東京: 有斐閣, 1999).

今本秀爾・高木理子, 『國會議員の成績表』(大阪: 創藝出版, 2003).

今井　威, 「國政調査權の目的と限界」, 小嶋和司編, 『ジュリスト增刊　憲法の
　　　爭點(新版)』(東京: 有斐閣, 1985).

吉原　稔, 「'憲法50年'の今なお存續する驚くべき'明治憲法の遺物'を許さない」,
　　　『法と民主主義』316号(1997).

金森德次郎, 『國議論』(東京: 文壽堂出版部, 1947).

谷口哲一郎, 「補說　候補者の屬性と當落順位」, 錦貫讓治・三宅一郎・猪口
　　　孝・浦島郁夫, 『日本人の選擧行動』(東京: 東京大學出版會, 1986).

吉田　宏, 『法律を讀む技術・學ぶ技術(第2版)』(東京: ダイヤモンド, 2007).

吉田善明, 『議會・選擧・天皇制の憲法論』(東京: 日本評論社, 1990).

吉田善明, 『日本國憲法論(第3版)』(東京: 三省堂, 2003).

吉田善明, 「憲法調査會の設置」, 『ジュリスト』1177号(2000. 5. 1－15合併号).

吉田榮司, 「請願權保障のあり方」, 『ジュリスト』1177号(2000. 5. 1－15合併号).

吉田榮司, 「議會制論の50年」, 樋口陽一・森　英樹・高見勝利・辻村みよ子編,
　　　『憲法理論の50年』(東京: 日本評論社, 1996).

吉田直正, 「議會における代表の意味について」, 『法政論叢』30号(1994).

吉野　孝・今村　浩・谷藤悅史編, 『誰が政治家になるのか』(東京: 早稻田大學

出版部, 2001).

ⓝ

南 博,『日本人の心理』(東京: 岩波書店, 1974).

內田健三・金原左門・古屋哲夫,『日本議會史錄(4)-(6)』(東京: 第一法規出
　　　版, 1990).

內田健三,「政黨內・間の手續き」, 日本政治學會編,『年報政治學 1985年: 現
　　　代日本の政治手續き』(東京: 岩波書店, 1986).

內田健三,『現代日本の保守政治』(東京: 岩波新書, 1989).

內田健三,「第68代 第一次大平內閣-增稅解散の誤算」, 林 茂・辻 淸明編,『日
　　　本內閣史錄(6)』(東京: 第一法規, 1981).

內田 滿,『政黨政治の論理』(東京: 三嶺書房, 1983).

內田 滿編,『現代日本政治小事典(2003年度版)』(東京: ブレーン出版, 2003).

ⓓ

糖塚康江,「議會制の原點と現點」, 憲法理論硏究會編,『戰後政治の展開と憲
　　　法』(東京: 敬文堂, 1996).

大木 操,『激動の衆議院秘話』(東京: 第一法規, 1980).

大山英久,「帝國議會の運營と會議錄をめぐって」,『レファレンス』652号(2005. 5).

大山礼子,『國會學入門(第2版)』(東京: 三省堂, 2003).

大山礼子,『比較議會政治論』(東京: 岩波書店, 2003).

大山礼子,「國會改革の流れ」,『レファレンス』440号(1987).

大山礼子,「議事手續」,『ジュリスト增刊 憲法の爭點(第3版)』(東京: 有斐閣,
　　　1999).

大山礼子,「參議院改革と政黨政治」,『レヴァイアサン』25号(1999 秋).

大山礼子,「政策決定における與黨議員の役割」,『世界と議會』458号(2002. 5).

大山礼子,「黨首討論とイギリス型議員內閣制」,『ジュリスト』1177号(2000.
　　　5. 1-15合併号).

大山礼子,「會期制度」, 讀賣新聞社調査硏究本部編,『西歐の議會: 民主主義
　　　の源流を探る』(東京: 讀賣新聞社, 1989).

大山礼子, 『會期制度: 日本の制度の特色とその改革論議』(東京: 國立國會圖書館立法調査考査局, 1987).

大山礼子, 「審議手續」, 『岩波講座 現代の法 政治過程と法』(東京: 岩波書店, 1997).

大西 勉, 「黨首討論を巡る若干の問題」, 中村睦男・大石 眞編, 『立法の實務と理論』(東京: 信山社, 2005).

大西典茂・北西 允・山田 造編, 『入門現代日本の政治』(京都: 法律文化社, 1977).

大石 眞, 「內閣制度の再檢討－行政改革會議最終報告を中心に」, 『ジュリスト』1133号 (1998. 5. 1－15合併号).

大石 眞, 「委員會制度－その理念と現實」, 『ジュリスト』 1177号(2000. 5. 1－15合併号).

大石 眞, 「衆議院解散權の根據と習律上の制約」, 『ジュリスト』1311号(2006. 5. 1－15).

大石 眞, 「內閣制度の展開」, 『公法研究』62号(2000).

大石 眞, 『日本憲法史』(東京: 有斐閣, 1995).

大石 眞, 『議院自律權の構造』(東京: 成文堂, 1988).

大石 眞, 『立憲民主制』(東京: 信山社, 1996).

大石 眞, 『議會法』(東京: 有斐閣, 2001).

大石 眞, 「憲法問題としての‘國會’制度」, 佐藤幸治・初宿正典・大石 眞共編, 『憲法五十年の展望 Ⅰ, Ⅱ』(東京: 有斐閣, 1998).

大須賀明坂・樋口陽一, 『憲法の國會論議』(東京: 三省堂, 1994).

大藏省, 『內閣制度百年史(上卷)』(東京: 大藏省印刷局, 1985).

大井啓資, 「與野黨會の攻防－消費稅國會を中心に」, 藤本一美編, 『國會機能論－國會の仕組みと運營』(東京: 法學書院, 1990).

待鳥聰史, 「議會研究と國會研究の間で」, 『レヴァイアサン』35号(2004 秋).

德政榮男, 『自民黨總裁室』(東京: コルベ出版, 1982).

島貫孝敏, 「國會議員政策擔當秘書の創設」, 中村睦男・大石 眞編, 『立法の實務と理論』(東京: 信山社, 2005).

渡辺久丸, 『現代日本の立法過程』(京都: 法律文化社, 1980).

渡辺陽三, 『日本の政黨』(東京: 有斐閣, 1984).

渡辺恒雄, 『政治の密室 總理大臣への道』(東京: 雪華社, 1946).

渡辺恒雄, 『派閥』(東京: 弘文堂, 1964).

島原　勉, 「衆參兩院合同本會議」, 『議會政治研究』 65号(2003. 3).

自由國民社編, 『圖解による法律用語辭典(補訂二版)』(東京: 自由國民社, 2006).

讀賣新聞調查硏究本部編, 『日本の國會: 證言・戰後議會政治の步み』(東京: 讀賣新聞社, 1988).

讀賣新聞調查硏究本部編, 『西歐の議會: 民主主義の源流を探る』(東京: 讀賣新聞社, 1989).

讀賣新聞社編, 『最新資料要覽: 戰後世相史・こよみ・人名錄(皇室・國會議員・日本人・外國人)・官公廳・會社・團體名簿』(東京: 讀賣新聞社, 1979).

東大法・蒲島郁夫ゼミ編, 『現代日本の政治家像』(東京: 木鐸社, 2000).

東洋經濟新報社編, 『政界人事錄』(東京: 東洋經濟新報社, 1997).

藤岡　進, 『日本國憲法と政治』(岡山: 大學敎育出版, 2000).

藤本一美, 『戰後日本政治史 '解散'の政治學』(東京: 第3文明社, 1996).

藤本一美, 「國會の仕組みと運營」, 藤本一美編, 『國會機能論－國會の仕組みと運營』(東京: 法學書院, 1990).

藤本一美編, 『國會機能論－國會の仕組みと運營』(東京: 法學書院, 1990).

藤原弘達・富田信男, 『政治惡への挑戰』(東京: ダイヤモンド社, 1967).

藤田晴子, 『議會制度の諸問題』(東京: 立花書房, 1985).

藤井忠義, 「衆議院調查局の概要と活動」, 『議會政治研究』 51号(1999).

ㄹ

ラムザイヤー, M., F. ローゼンブルス(川野邊裕幸・細野助博譯), 『日本政治の經濟學－政權政黨の合理的選擇』(東京: 弘文堂, 1995).

老川祥一編, 『やさしい國會のはなし(改訂版)』(東京: 法學書院, 1993).

柳原　修, 『國會と政治』(東京: ルーツ, 1994).

ㅁ

每日新聞社編, 『'90總選擧』(東京: 每日新聞社, 1990).

每日新聞政治部, 『國會百年』(東京: 行研出版局, 1990).

每日新聞特別取材班, 『國會は死んだか－再生への大膽な提言』(東京: 每日新聞社, 1996).

梅川正美,『イギリス政治の構造』(東京: 成文堂, 1998).

明治學院大學立法研究會編,『現場報告日本の政治 講演と討論』(東京: 信山社, 1995).

木下博文,「內閣提出法案」,『立法と調査』205号(1998. 5).

木下和朗,「國政調査權の意義と限界」,『ジュリスト増刊 憲法の爭點(第3版)』(東京: 有斐閣, 1999).

木下和朗,「イギリス議會下院における議會質問制度の現況」, 中村睦男・大石眞編,『立法の實務と理論』(東京: 信山社, 2005).

武永 淳,「議院內閣制」, 阿部照哉編,『新憲法敎室』(京都: 法律文化社, 1997).

武田美智代, 「國會改革の軌跡－平成元年以降－」, 『レファレンス』 666号(2006. 7).

米商務省編(中尾光昭譯),『日本株式會社』(東京: 毎日新聞社, 1972).

Ⓗ

飯島 淸・宮崎吉政・渡辺恒雄編,『政治の常識大百科』(東京: 講談社, 1983).

飯尾 潤, 「日本における二つの政府と政官關係」, 『レヴァイアサン』 34号(2004 春).

飯坂良明・富田信男・岡澤憲芙,『政黨デモクラシー』(東京: 學陽書房, 1987).

白崎勇人,『政策秘書が書く國會議員改革』(東京: 長崎出版, 2003).

白鳥 令編,『日本の內閣』(東京: 新評論社, 1981).

白鳥 令・曾根泰敎編,『現代世界の民主主義理論』(東京: 新評論社, 1984).

法令用語研究會編,『法律用語辞典(第2版)』(東京: 有斐閣, 2000).

並河啓后,「國會兩議院の國政調査權」, 田畑 忍編,『議會制民主主義の研究』(京都: 法律文化社, 1978).

保利 茂,『戰後政治の覺書』(東京: 毎日新聞社, 1975).

福岡政行編, 『手にとるように政治のことがわかる本(第3版)』(東京: かんき出版, 2002).

福元健太郎, 『日本の國會政治: 全政府立法の分析』(東京: 東京大學出版會, 2000).

福元健太郎,「立法」, 平野浩・河野 勝編,『アクセス日本政治論』(東京: 日本經濟評論社, 2003).

福元健太郎, 「二院制の存在理由」, 『レヴァイアサン』 30号(2002 春).

福元健太郎, 「國會定足數の政治的實態」, 『議會政治』 47号(1998).

ベァワルド, ハンス H, 高橋 彰・中邨 章譯, 『日本人と政治文化』(東京: 人間の科學社, 1974).

本田雅俊, 「問われる參議院の存在意義」, 『月刊 官界』 341号(2004. 3).

本田雅俊, 「參議院の解體新論」, 『月刊 官界』, 344号(2004. 6).

本田雅俊, 「二院制と參議院の政治的意義」, 『議會政治研究』 70号(2004).

本田雅俊, 『現代日本の政治と行政』(東京: 北樹出版, 2001).

北岡伸一, 『自民黨』(東京: 讀賣新聞社, 1995).

北學書院編輯部, 『國會職員の仕事がわかる本』(東京: 北學書院, 2000).

比較立法過程研究會, 『議會における立法過程の比較法的研究』(東京: 頸草書房, 1980).

ㅅ

山口二郎, 『政治改革』(東京: 岩波書店, 1993).

山口二郎, 「議會改革の基本的視點」, 中村睦男編, 『議員立法の研究』(東京: 信山社, 1993).

山口二郎, 「郵政解散の憲政上の意味」, 『法律時報』(2005).

山口朝雄, 「二世議員・政治家のDNA」, 『月刊 官界』 333号(2003. 7).

山口和人・廣瀬淳子, 「歐米4個國の活動期に關する研究」, 『議會政治』 746号(1998).

山口和人, 「英國の議會改革(3)」, 『レファレンス』 573号(1998. 10).

山崎 高, 「新國會の誕生－國會法の制定」, 讀賣新聞調査研究本部編, 『日本の國會: 證言・戰後議會政治の歩み』(東京: 讀賣新聞社, 1988).

山內和夫, 『立法システム』(東京: 前野書店, 1986).

山本孝史, 『議員立法 日本政治活性化への道』(東京: 第一書林, 1998).

山川雄巳, 『政治學概論』(東京: 有斐閣, 1986).

森 岸生, 『國會議員の秘密－集金・集票力から政治力まで』(東京: 潮文社, 1982).

杉若吉彦, 「豫備的調査の實施狀況」, 『議會政治研究』 51号(1999).

森田　實, 『政權交代』(東京: 時事通信社, 1993).

澁谷　修, 『議會の時代: 議員立法と議會改革』(東京: 三省堂, 1994).

常本照樹, 「政府委員制度」, 中村睦男・前田英昭編, 『立法過程の研究－立法における政府の役割』(東京: 信山社, 1997).

上田正一・森本敦司・生駒正文編, 『アクセス憲法』(東京: 嵯峨野書院, 2004).

上村貞美, 「條約締結についての國會の權能」, 『ジュリスト増刊 憲法の爭點(第3版)』(東京: 有斐閣, 1999).

上脇博之, 「議員の免責特權」, 『ジュリスト増刊　憲法の爭點(第3版)』(東京: 有斐閣, 1999).

上脇博之, 「議員活動の財政的基盤」, 『ジュリスト』1177号(2000. 5. 1－15合併号).

西尾嘉門, 『データで檢證する日本政治の危機』(東京: 東京新聞出版局, 1994).

西尾　勝, 「議員內閣制と官僚制」, 『公法研究』57号(1995).

西　修, 『現代世界の憲法制度』(東京: 成文堂, 1975).

西　修・戶津正勝, 『衆參兩院議長の地位と權限』(東京: 教育社, 1978).

西川伸一, 『知られざる官廳　新・內閣法制局　立法の中樞』(東京: 五月書房, 2002).

石村　健, 『議員立法』(東京: 信山社, 1997).

成田憲彦, 「議會における會派とその役割」, 『レファレンス』451号(1988).

成田憲彦, 「議會比較論」, 讀賣新聞調査研究本部編, 『西歐の議會: 民主主義の源流を探る』(東京: 讀賣新聞社, 1989).

成田憲彦, 「憲法制定過程と國會」, 讀賣新聞社編, 『內閣・行政機構改革への提言』(東京: 讀賣新聞社, 1996).

小島和夫, 『法律ができるまで』(東京: ぎょうせい, 1979).

小島和夫, 「議員立法の補佐機關(その1)」, 『國會月報』476号(1988. 8).

小島和夫, 「立法過程における政黨の關與(その1)」, 『國會月報』480号(1988. 12).

小島和夫, 「立法過程の現狀と所見」, 中村睦男編, 『議員立法の研究』(東京: 信山社, 1993).

小嶋和司編, 『ジュリスト増刊 憲法の爭點(新版)』(東京: 有斐閣, 1985).

小嶋和司, 『憲法概説』(東京: 良書普及會, 1987).

小嶋和司, 『憲法の爭點』(東京: 有斐閣, 1999).

小林　正,「國立國會圖書館法制定史稿」,『レファレンス』576号(1991. 1).

小林直樹,『新版　憲法講義(下)』(東京: 東京大學出版會, 1988).

小林直樹,『憲法學の基本問題』. (東京: 有斐閣, 2002).

小林直樹,「立法過程の問題點」, 清水　睦編『議會制民主主義』(東京: 三省堂, 1977).

小林幸夫,「衆議院の解散制度の制限と現實的活用」, 加藤秀治郎編,『憲法改革の構想』(東京: 一藝社, 2003).

小林孝輔・芹澤　齊編,『基本法コンメンタール憲法(第四版)』(東京: 日本評論社, 1997).

小松幸喜・管野　亨・橋本和吉・牛丸禎之,「委員會の表決と議決」,『議會政治研究』51号(1999).

小松　浩,「自民黨'新憲法草案'(國會・內閣) 議會制民主主義の形骸化を促進」,『法と民主主義』404号(2005).

小野賢一,『翼贊政治の研究』(東京: 新日本出版社, 1995).

小川光夫編,『制定秘話から學ぶ日本國憲法』(東京: 淸水書院, 2000).

小針　司,『憲法講義(全訂第3版)』(東京: 新山社, 2003).

小澤一郎,『日本改造計劃』(東京: 講談社, 1993).

松本或彥,『現實政治學』(東京: 中央大學出版部, 2005).

松本和巳,『代議士秘書は知っている』(東京: KKベストセラーズ, 2002).

松井幸夫,「國會の國政監督」, 樋口陽一編,『講座　憲法學 5』(東京: 日本評論社, 1994).

松澤浩一,『現代行政法學全集⑪議會法』(東京: ぎょうせい, 1987).

松澤浩一,「回想　立憲政治と議會法－議案發議要件と少數會派」,『議會政治研究』56号(2000).

松澤浩一,「國會法改正の史的概觀(1)－(3)」,『議會政治研究』 15号－17号(1990).

松澤浩一,『議會法』(東京: ぎょうせい, 1987).

松下桂一,『政治・行政の考え方』(東京: 岩波書店, 1998).

松下和史,「政府4演說と代表質問」,『立法と調査』203号(1998. 1).

水島廣子,『國會議員を精神分析する』(東京: 朝日新聞社, 2003).

勝山敎子,「國權の最高機關」,『ジュリスト增刊　憲法の爭點(第3版)』(東京:

有斐閣, 1999).

矢口俊昭, 「條約締結についての國會の權能」, 小嶋和司編, 『ジュリスト增刊 憲法の爭點(新版)』(東京: 有斐閣, 1985).

しぎたに じゅん, 「文書質問制度の現狀」, 『國會月報』477号(1988. 9).

矢島孝一, 『國會』(東京: 行研出版局, 1987).

市川太一, 『世襲代議士の研究』(東京: 日本經濟新聞社, 1990).

市村充章, 「參議院の役割と選擧制度の再檢討」, 『議會政治研究』56号(2000).

新藤宗幸, 「日本官僚制の改革と政治的任命職－內閣主導體制の構築に向けて」, 『レヴァイアサン』34号(2004 春).

信田智人, 「總理大臣の解散權」, 『總理大臣の權力と指導力』(東京: 東洋經濟新報社, 1994).

信田智人, 「小泉政權における官邸主導の政策決定」, 『世界と議會』 487号(2005. 1).

信田智人, 『官邸の權力』(東京: 筑摩書房, 1996).

新 正幸, 「立法過程－議員立法, 政府提出立法」, 『ジュリスト』1133号(1998. 5. 1－15合併号).

新 正幸, 「唯一の立法機關」, 『ジュリスト增刊 憲法の爭點(第3版)』(東京: 有斐閣, 1999).

新 正幸, 「議員立法－理論的見地から」, 『ジュリスト』1177号(2000. 5. 1－15合併号).

深瀬忠一, 「解散權問題と定數違憲判決」, 『ジュリスト』830号(1985).

深瀬忠一, 「衆議院の解散－比較憲法史的考察」, 田中二郎 編輯代表, 『日本國憲法体系(4) 統治の機構 Ⅰ』(東京: 有斐閣, 1962).

◎

阿部 齋, 『現代政治と政治學』(東京: 岩波書店, 1989).

阿部照哉編, 『新憲法敎室』(京都: 法律文化社, 1997).

阿部 齋・新藤宗幸・川人貞史, 『概說現代日本の政治』(東京: 東京大學出版會, 1990).

安藤高行, 「國會議員の地位」, 『ジュリスト』1177号(2000. 5. 1－15合併号).

岸本弘一, 『讀本 日本の議會政治』(東京: 行政問題研究所出版局, 1983).

岸本弘一, 『議會は生きている』(東京: 時事通信社, 1990).

岩上安身, 「彼等はなぜ政治を世襲したか」, 『文藝春秋』(1990. 2).

岩上安身, 「2世に神は何を惠んだか」, 『文藝春秋』(1990. 4).

岩井奉信, 『立法過程』(東京: 東京大學出版會, 1988).

岩井奉信, 「立法過程の比較」, 讀賣新聞調査研究本部編, 『西歐の議會: 民主主義の源流を探る』(東京: 讀賣新聞社, 1989).

岩井奉信, 「參議院をどうするか」, 『世界と議會』 482号(2004. 7).

野上修市, 「議員內閣制とその運營」, 永井憲一編, 『戰後政治と日本國憲法』(東京: 三省堂, 1996).

野中俊彦, 「內閣の法律案提出權」, 小嶋和司編, 『ジュリスト增刊 憲法の爭點(新版)』(東京: 有斐閣, 1985).

野中俊彦, 『憲法Ⅱ(第3版)』(東京: 有斐閣, 2001).

若宮啓文, 『忘れられない國會論戰－再軍備から公害問題まで』(東京: 中央公論社, 1994).

藥師寺泰藏, 『政治家 vs 官僚』(東京: 東洋經濟新報社, 1987).

若田恭二, 『現代日本の政治と風土』(東京: ミネルヴァ書房, 1981).

NDL入門編輯委員會編, 『國立國會圖書館入門』(東京: 三一書房, 1998).

鈴木法日兒, 「衆議院解散權」, 小嶋和司編, 『憲法の爭點(新版)』(東京: 有斐閣, 1985).

鈴木法日兒, 「政府委員制度の廢止」, 『ジュリスト』 1177号(2000. 5. 1－15合併号).

鈴木隆夫, 『國會運營の理論』(東京: 聯合出版社, 1953).

影山日出弥・森 英樹, 「國會」, 和田英夫編, 『判例 憲法』(東京: 日本評論社, 1973).

永井憲一編, 『戰後政治と日本國憲法』(東京: 三省堂, 1996).

五十嵐敬喜, 『議員立法』(東京: 三省堂, 1994).

五十嵐敬喜, 「市民と國會」, 『ジュリスト』 1177号(2000. 5. 1－15合併号).

五十嵐敬喜・小川明雄, 『議會: 官僚支配を越えて』(東京: 岩波書店, 1995).

五十嵐 仁, 『現代日本政治－「知力革命」の時代－』(東京: 八朔社, 2004).

五十嵐ふみひこ, 『選擧のしくみがわかる本』(東京: 明日香出版社, 1992).

五十嵐ふみひこ, 『國會がひとめでわかる本』(東京: 日東書院, 1986).

奥平康弘・杉原泰雄編, 『憲法を學ぶ(第3版)』(東京: 有斐閣, 1996).

龍崎 孝, 『議員秘書』(東京: PHP研究所, 2002).

右崎正博, 「內閣機能の强化と國會」, 『法律時報』72巻 2号(2000).

ウィリアムズ, ジャスティン, 『マッカーサーの政治改革』(東京: 朝日新聞社, 1989).

熊谷得志, 「衆議院調査局の役割」, 『議會政治研究』72号(2004).

原田隆司, 「官僚出身國會議員の分析」, 『戰後日本における高級官僚の社會的 構成』(奈良: 奈良女子大學, 1986).

原田一明, 『議會制度－議會法學入門』(東京: 信山社, 1997).

原田一明, 「國政調査權」, 『ジュリスト』1133号(1998. 5. 1－15合併号).

原田一明, 「國會による行政コントロールについて」, 『議會政治研究』 56号 (2000).

ウォルドロン, ジェレミ(長谷部恭男・愛敬浩二・谷口功一譯), 『立法の復 權: 議會主義の政治哲學』(東京: 岩波서점, 2003).

依田 博, 『政治』(東京: 有斐閣, 1993).

栗本愼一郎, 『現代政治の秘密と構造』(東京: 東洋經濟新報社, 1999).

栗本愼一郎, 『敎科書では敎えない日本政治: 栗本愼一郎の政治人類學』(東 京: 東洋經濟新報社, 1997).

伊中義明, 「政治家の出身母體の特徵と問題點」, 『ジュリスト』 1177号(2000. 5. 1－15合併号).

議會制度研究會編, 『國會がわかる本』(東京: 第一法規, 1992).

伊藤光利, 「國會のメカニズムと機能」, 『年報 政治學 政治過程と議會の機能』 (東京: 岩波書店, 1987).

伊藤光利・田中愛治・眞渕 勝, 『政治過程論』(東京: 有斐閣, 2000).

伊藤惇夫, 『永田町 權力者たちの情報戰爭』(東京: 光文社, 2003).

伊藤 隆・季武嘉也編, 『近現代日本人物史料情報事典』(東京: 吉川弘文館, 2004).

伊藤和子, 「國會審議活性化法制定とその內容」, 『議會政治研究』52号(1999).

日本國際交流センター, 『アメリカの議會・日本の國會: 機能と實態』(東京: サイマル出版會, 1982).

日本政治學會編, 『政治過程と議會の機能』(東京: 岩波書店, 1988).

日本政治學會編, 『現代日本の政治手續き』(1985).

日比野 勤, 「政治過程における議會と政府」, 『講座 現代の法議 3』(東京: 岩波書店, 1997).

日外アソシエーツ編, 『新訂 政治家人名事典』(東京: 日外アソシエーツ, 2003).

林 茂・辻 淸明編, 『日本內閣史錄(5)』(東京: 第一法規, 1981).

林 茂・辻 淸明編, 『日本內閣史錄(6)』(東京: 第一法規, 1981).

立法學硏究會, 「'議員立法'を分析する(1)」, 『時の法令』1656号(2001).

立法學硏究會, 「'議員立法'を分析する(2)」, 『時の法令』1658号(2001).

ㅈ

自由國民社編, 『(圖解による)法律用語辭典(補訂第2版)』(東京: 自由國民社,
　　　　2006).

作間忠雄, 「議院の國政調查權と司法權の獨立」, 『ジュリスト』 300号(1964.
　　　　6. 15).

長谷川正安, 「解散論爭の盲點−佐藤功氏の所說を契機として−」, 淸水 睦編
　　　　『議會制民主主義』(東京: 三省堂, 1977).

長谷川正安, 『憲法解釋の研究』(東京: 勁草書房, 1974).

猪口 孝, 「經濟狀況と政策課題」, 錦貫讓治・三宅一郎・猪口孝・浦島郁夫, 『日
　　　　本人の選擧行動』(東京: 東京大學出版會, 1986).

猪口 孝, 『國際政治經濟の構圖』(東京: 有斐閣, 1982).

猪口 孝・岩井奉信, 『'族議員'の研究−自民黨政權を牛耳る主役たち』(東京: 日
　　　　本經濟新聞社, 1987).

猪口 孝・大澤眞幸・岡澤憲芙・山本吉宣, スティーブン R. リード編, 『政治學事典』
　　　　(東京: 弘文堂, 2000).

的場敏博, 『政治機構論講義−現代の議會制と政黨・壓力團體』(東京: 有斐閣, 1998).

田口富久治, 「日本における保守政治の構造」, 『內閣と官僚』(東京: 日本評論
　　　　社, 1998).

田口 すすむ, 「議員提出法律の立案過程」, 『ジュリスト』805号(1984).

田上穰治編, 『(體系)憲法事典』(東京: 靑林書院新社, 1977).

田上穰治, 「國會の條約承認權」, 田上穰治編, 『(體系)憲法事典』(東京: 靑林
　　　　書院新社, 1977).

田中直毅, 『日本政治の構想』(東京: 日本經濟新聞社, 1994).

前田英昭, 『國會議員の地位と權限』(東京: 敎育社, 1978).

前田英昭, 『國會の立法活動』(東京: 信山社, 1999).

前田英昭, 「黨議拘束と表決の自由」, 『議會政治研究』29号(1994).

前田英昭, 『イギリス議會政治の研究』(東京: 溪林出版社, 1990).

前田英昭, 「國對政治」, 『國會月報』(1989. 5).

前田英昭, 「國會の請願審査-'口利き'を透明化する方法-」, 『國會月報』641号(2002. 5).

前田英昭, 「國會における法案審の活性化」, 中村睦男・大石 眞編, 『立法の實務と理論』(東京: 信山社, 2005).

前田英昭「形骸化した政府演說と代表演說(上)」, 『議會政治研究』70号(2004).

前田英昭「形骸化した政府演說と代表演說(下)」, 『議會政治研究』72号(2004).

前田英昭, 「二院制-參議院の役割と'自主性'」, 『ジュリスト』1177号(2000. 5. 1-15合併号).

前田英昭, 「イギリス議會から學ぶもの」, 堀江ふかし編, 『統治システムと國會』(東京: 信山社, 1999).

前田英昭, 『國會と政治改革』(シリーズ日本國憲法・檢證3) (東京: 小學館, 2000).

田畑 忍, 『議會制民主主義の研究』(京都: 法律文化社, 1978).

田村重信, 「憲法調査會の設置について」, 『國會月報』610号(1999. 10).

田中嘉彦, 「請願制度の今日的意義と改革方向」, 『レファレンス』665号(2006. 6).

田中愛治, 「日本-硬直化した個人主導型リクルートメント」, 吉野 孝・今村 浩・谷藤悅史編, 『誰が政治家になるのか』(東京: 早稲田大學出版部, 2001).

田中二郎 編輯代表, 『日本國憲法体系(4) 統治の機構 I』(東京: 有斐閣, 1962).

田中宗孝, 『政治改革6年の道程』(東京: ぎょうせい, 1997).

田中 浩, 『戰後日本政治史』(東京: 講談社, 1996).

田丸 大, 『法案作成と省廳官僚制』(東京: 信山社, 2000).

政黨政治研究會, 『議會政治100年』(東京: 德間書店, 1988).

正木寬也, 「施政方針演說の一本化に關する議論について」, 中村睦男・大石 眞編, 『立法の實務と理論』(東京: 信山社, 2005).

齋藤 壽, 『現代議會構成原理の研究』(東京: 勁草書房, 1984).

鳥羽 賢, 『政治家のしくみ』(東京: ソフトマジック, 2003).

佐藤 功, 「解散をめぐる憲法論爭－兩院法規委員會における論議を中心として－」, 末弘研究所編, 『法律時報』261号(1952).

佐藤 功, 『憲法解釋の諸問題』(東京: 有斐閣, 1953).

佐藤 功, 『日本國憲法概説(全訂第5版)』(東京: 有斐閣, 1996).

佐藤孔亮, 「女性も登場した國會の'呼び出し係'」, 『政界往來』(2000. 1).

佐藤孔亮, 「'解散時期'の徹底研究」, 『政界往來』(2000. 2).

佐藤弘吉, 『注解 參議院規則(新版)』(東京: 參友會, 1994).

佐藤達夫, 『日本國憲法成立史(第3卷)』(東京: 有斐閣, 1994).

佐藤誠三郎・松崎哲久, 『自民黨政權』(東京: 中央公論社, 1986).

佐藤幸治, 『憲法(第3版)』(東京: 靑林書院, 1991).

佐藤幸治・初宿正典・大石 眞共編, 『憲法五十年の展望 Ⅰ, Ⅱ』(東京: 有斐閣, 1998).

佐伯祐子, 「參議院行政監視委員會・設置經緯とその活動」, 『議會政治研究』51号(1999).

竹內重年, 「參議院の緊急集會の權能」, 小嶋和司編, 『ジュリスト增刊 憲法の爭點(新版)』(東京: 有斐閣, 1985).

竹內重年, 「議員の免責特權」, 小嶋和司編, 『ジュリスト增刊 憲法の爭點(新版)』(東京: 有斐閣, 1985).

中 久朗編, 『國會議員の構成と變化』(東京: 政治廣報センター, 1980).

中 久朗編, 『國會議員における經歷パタンの連續と變化』(東京: 政治廣報センター, 1980).

中道 實, 『戰後日本における高級官僚の社會的構成』(奈良: 奈良女子大學, 1986).

中島正郎, 『請願・陳情ガイドブック』(東京: ぎょうせい, 1973).

中島正郎, 『(最新)本會議・委員會運營』(東京: ぎょうせい, 1996).

中山千夏, 『國會という所』(東京: 岩波書店, 1986).

中野捷三, 「現代の議會圖書館」, 『レファレンス』611号(2001. 12).

中野邦觀, 「議事妨害と審議拒否」, 讀賣新聞調查研究本部編, 『西歐の議會: 民主主義の源流を探る』(東京: 讀賣新聞社, 1989).

中野 實, 『現代日本の政策過程』(東京: 東京大學出版會, 1992).

仲 衛, 『國會がもっと身近衆にわかる本』(東京: 日本實業出版社, 1994).

衆議院國際部國際會議課(編譯), 『各國議會制度比較調査報告書－會派の地位』(東京: 有斐閣, 1998).

衆議院國際部國際會議課(編譯), 『各國議會制度比較調査報告書－世界の議長』(東京: 有斐閣, 2000).

衆議院法制局, 『衆議院法制局の沿革』(東京, 1968).

衆議院法制局, 『衆議院法制局の由來』(東京: 有斐閣, 1988).

衆議院事務局, 『衆議院先例集』(東京: 衆議院, 2003).

衆議院事務局, 『衆議院の動き』11号(東京: 衆議院, 2004).

衆議院調査局議會制度等研究グループ, 「日米英國議會における法案審議－委員會の法案審査における日米英國の比較－」, 『RESEARCH BUREAU 論究』1号(東京: 衆議院調査局, 2005. 1).

衆議院調査局議會制度等研究グループ, 「日米英國議會における法案審議－本會議の法案審査における日米英國の比較－」, 『RESEARCH BUREAU 論究』2号(東京: 衆議院調査局, 2006. 1).

衆議院・參議院編, 『議會制度百年史(帝國議會史 下卷)』(東京, 1990).

衆議院・參議院編, 『議會制度百年史(國會史 上卷)』(東京, 1990).

衆議院・參議院編, 『議會制度百年史(國會史 中卷)』(東京, 1990).

衆議院・參議院編, 『議會制度百年史(國會史 下卷)』(東京, 1990).

中村睦男, 『憲法三十講』(東京: 靑林書院, 1984).

中村睦男, 『論点憲法敎室』(東京: 有斐閣, 1990).

中村睦男編, 『議員立法の研究』(東京: 信山社, 1993).

中村睦男・大石 眞編, 『立法の實務と理論』(東京: 信山社, 2005).

中村睦男・前田英昭編, 『立法過程の研究－立法における政府の役割』(東京: 信山社, 1997).

中村 哲, 『國會』(東京: 要書房, 1952).

中村 清, 「議院事務局概史」, 『議會政治研究』(2006. 3).

中村泰男, 『アメリカ連邦議會論』(東京: 勁草書房, 1992).

曾根泰敎・金指正雄, 『ビジュアル ゼミナール 日本の政治』(東京: 日本經濟新聞社, 1989).

曾根泰敎・岩井奉信, 「政治過程における議會の役割」, 『年報政治學 政治過程と議會の機能』(東京: 岩波書店, 1988).

増山幹高, 『議會制度と日本政治 議事運營の計量政治學』(東京: 木鐸社, 2003).

増山幹高, 「立法時間の研究」, 『レヴァイアサン』26号(2000 春).

増山幹高, 「議事運營と行政的自律」, 『レヴァイアサン』30号(2002 春).

増山幹高, 「立法における變換vs態度表明－國會審議と附帶決議－」, 『レヴァイアサン』38号(2006 春).

増山幹高, 「政黨の法案支持態度の變化」, 『社會科學研究』(東京大學社會科學研究所紀要) 2－3合併号(2002).

増田 正, 『現代フランスの政治と選擧』(東京: 芦書房, 2001).

増島 宏・高橋彦博編, 『現代日本の議會と政黨』(東京: 學習の友社, 1980).

只野雅人, 「二院制の意味と代表制役割」, 『主權と自由の現代的課題』(勁草書房, 1994).

只野雅人, 「單一國家の二院制－參議院の存在意義をめぐって」, 『ジュリスト』1311号(2006. 5. 1－15).

知野虎雄山, 「新國會の特色 委員會制度の本質」, 讀賣新聞調査研究本部編, 『日本の國會: 證言・戰後議會政治の步み』(東京: 讀賣新聞社, 1988).

池田政章, 「國會の自律權とその限界」, 『ジュリスト』300号(1964. 6).

ⓔ

參議院50年のあゆみ編輯委員會, 『參議院50年のあゆみ』(東京, 1998).

參議院事務局, 『參議院先例集(平成十年版)』(東京: 大藏省印刷局, 1998).

村松岐夫・伊藤光利・辻中 豊, 『日本の政治』(東京: 有斐閣, 1992).

村田尙紀, 「國會 內閣」, 奥平康弘・杉原泰雄編, 『憲法を學ぶ(第3版)』(東京: 有斐閣, 1996).

村川一郎, 「自由民主黨政務調査會の役割」, 『ジュリスト』804号(1984).

川崎政司, 「議員提出法律案の立案過程(1)－(3)」, 『國會月報』 608号－610号(1999. 8－1999. 10).

川崎政司, 「國會審議の過程」, 『國會月報』611号(1999. 11).

川崎政司, 「國會審議の過程－國會審議の特色と課題(4)－(7)」, 『國會月報』637号－640号(2002. 1－2002. 4).

川崎政司, 「民主的な立法を目指して(2)－民意と政黨」, 『國會月報』 649号(2003. 1).

川崎政司,「民主的な立法を目指して(3)－立法とマス・ミディア」,『國會月
　　報』650号(2003. 2).

川崎政司,「民主的な立法を目指して(4)－國民投票制度の導入の是非」,『國
　　會月報』651号(2003. 3).

淺野一郎,「國會を考えるために」, 淺野一郎編,『國會入門』(東京: 信山社,
　　2003).

淺野一郎,「會期制度」, 小嶋和司編,『ジュリスト增刊 憲法の爭點(新版)』(東
　　京: 有斐閣, 1985).

淺野一郎編,『國會入門』(東京: 信山社, 2003).

淺野一郎,「國政調査權」, 讀賣新聞調査研究本部編,『西歐の議會: 民主主義
　　の源流を探る』(東京: 讀賣新聞社, 1989).

淺野一郎,「院內の秩序維持と議長警察權」,『議會政治』39号(1996).

淺野善治,「議員立法と議院法制局」,『議會政治』50号(1999).

淺野一郎,『議會の調査權』(東京: ぎょうせい, 1983).

淺野一郎編,『立法技術入門講座 1 立法の過程』(東京: ぎょうせい, 1988).

淺野一郎編,『ガイドブック國會－制度のすべて』(東京: ぎょうせい, 1990).

淺野一郎,「國政調査權」, 讀賣新聞調査研究本部編,『西歐の議會: 民主主義
　　の源流を探る』(東京: 讀賣新聞社, 1989).

淺野一郎編,『國會事典(第3版補訂版)』(東京: 有斐閣, 1998).

淺野一郎・河野 久編,『新・國會事典』(東京: 有斐閣, 2003).

川人貞史,「議院運營委員會と多數決採決」,『レヴァイアサン』30号(2002 春).

川人貞史,「國會中心主義と議員內閣制」,『レヴァイアサン』35号(2004 秋).

川人貞史,『日本の國會制度と政黨政治』(東京: 東京大學出版會, 2005).

川人 顯,「兩院協議會」,『立法と調査』212号(1997. 7).

淺井 淸,『國會槪說』(東京: 有斐閣, 1948).

淸宮四郎・佐藤 功編,『憲法演習』(東京: 有斐閣, 1959).

淸宮四郎・佐藤 功編,『憲法講座(第4卷)』(東京: 有斐閣, 1964).

淸宮四郎,『憲法 I』(東京: 有斐閣, 1979).

靑木康容,「エリート研究における社會的屬性分析」,『評論・社會科學』31号
　　(1986).

靑木康容,「議會への道－新人議員と世襲議員」, 中 久郎編,『國會議員の構成

と變化』(東京: 政治廣報センター, 1980).

清水　望, 「國權の最高機關」, 小嶋和司編, 『ジュリスト增刊　憲法の爭點(新版)』(東京: 有斐閣, 1985).

清水　睦, 『現代議會制の憲法構造』(東京: 勁書房, 1984).

清水　睦編, 『議會制民主主義』(東京: 三省堂, 1977).

清水　伸編, 『逐條日本國憲法審議錄三卷』(東京: 有斐閣, 1962).

靑柳幸一　外, 『法律用語事典(補訂版)』(東京: 自由國民社, 2003).

初宿正田, 「基本法の統治機構の特色」, 阿部照哉編, 『比較憲法學』(東京: 有斐閣, 1994).

崔　京玉, 「帝國議會の運用と問題點」, 『比較憲法學硏究』14号(2002. 10).

村松岐夫, 『戰後日本の官僚制』(東京: 東洋經濟新報, 1981).

村松岐夫・伊藤光利・辻中　豊, 『日本の政治』(東京: 有斐閣, 1992).

萩野芳夫, 「國會の委員會制」, 田畑　忍編, 『議會制民主主義の硏究』(京都: 法律文化社, 1978).

春田國男, 『日本國會事始』(東京: 日本評論社, 1987).

Ⓔ

土橋友四郎, 『國會・內閣と憲法上の諸問題』(東京: 學藝書房, 1960).

土屋和惠監修, 『圖解でわかる日本の政治』(東京: 自由國民社, 2003).

樋口美智子・末松義規・田中淸行, 『政治のしくみ』(東京: 明日香出版社, 1994).

樋口美智子編, 『政治のしくみが3時間でわかる本』(東京: 明日香出版社, 1997).

樋口陽一, 「議員內閣制の槪念能」, 小嶋和司編, 『ジュリスト增刊　憲法の爭點(新版)』(東京: 有斐閣, 1985).

樋口陽一・森　英樹・高見勝利・辻村みよ子編, 『憲法理論の50年』(東京: 日本評論社, 1996).

Ⓟ

坂本孝治郎, 「議院運營委員會と各黨國會對策委員會の機能・構成について」, 『ジュリスト』1177号(2000. 5. 1-15合倂号).

坂本孝治郎, 「强行採決と議長裁定: 昭和五十六年度政府豫算案をめぐって」,

日本政治學會編,『年報政治學1985: 現代日本の政治手續き』(東京: 岩波書店, 1985).

飯坂良明・富田信男・岡澤憲芙,『政黨とデモクラシー』(東京: 學陽書店, 1987).

八幡和郎監修,『みんなの代議士圖鑑』(東京: 講談社, 2005).

平野 浩,「選擧」, 平野浩・河野 勝編,『アクセス日本政治論』(東京: 日本經濟評論社, 2003).

平野 浩・河野 勝編,『アクセス日本政治論』(東京: 日本經濟評論社, 2003).

平 英美,『國會議員のキャリア形成と役割評價』(大阪: 大阪敎育大學, 1987).

平 英美,『國會議員の社會的屬性からみた日本的政治風土の社會學的研究』(京都: 京都大學, 1986).

平田有史郎,「議員秘書における本質と現象」,『議會政治研究』56号(2000).

平田有史郎,「秘書調査會答申と制度のあり方(Ⅱ)」,『議會政治研究』70号(2004. 6).

平田有史郎,『新版 議員秘書の研究』(東京: 創成社, 2002).

抱 喜久雄・野畑健太郎・吉川 智編,『新・初めての憲法』(京都: 法律文化社, 2004).

俵 孝太郎,『日本の政治家 父と子の肖像』(東京: 中央公論社, 1997).

PHP研究所編,『(政治の現場が見える) 國會議事堂大圖鑑: 建物と中の人たちの役割がよくわかる』(東京: PHP研究所, 2005).

ㅎ

河世憲,「國會審議過程の變容とその原因」,『レヴァイアサン』27号(2000 秋).

河野 久,「議員立法-實務的見地から」,『ジュリスト』1177号(2000. 5. 1-15合併号).

河野 勝,『制度』(東京: 東京大學出版會, 2002).

河野義克,「參議院の歩みと存在意義」, 讀賣新聞調査研究本部編,『日本の國會: 證言・戰後議會政治の歩み』(東京: 讀賣新聞社, 1988).

河野太郎,『河野太郎の國會攻略本』(東京: 英治出版, 2003).

向大野新治,『衆議院-そのシステムとメカニズム』(東京: 東信堂, 2002).

向大野新治,「國家基本政策委員會創設の經緯とその將來像」, 中村睦男・大石 眞編,『立法の實務と理論』(東京: 信山社, 2005).

行平克也,「國會審議の活性化と議員立法」, 中村睦男・大石 眞編,『立法の實務と理論』(東京: 信山社, 2005).

憲法理論研究會編, 『戰後政治の展開と憲法』(東京: 敬文堂, 1996).

憲法研究會編, 『圖解 いま日本政治は!』(大阪: 大阪經濟法科大學出版部, 2003).

現代議會政治研究會編, 『議會用語ハンドブック』(東京: ぎょうせい, 1987).

芦部信喜, 『憲法と議會政』(東京: 東京大學出版會, 1971).

芦部信喜, 『全訂 日本國憲法』(東京: 日本評論社, 1978).

芦部信喜, 『憲法(新版)』(東京: 岩波書店, 1997).

芦部信喜・高橋和之, 『憲法(第3版 補訂)』(東京: 岩波書店, 2002).

花岡信昭, 「世襲國會議員の功罪論」, 『月刊 官界』343号(2004. 5).

花見 忠, 「議員秘書の給與問題－勞使關係の觀點から」, 『ジュリスト』1230号(2002).

和田英夫, 「議院の國政調査權」, 清水 睦編 『議會制民主主義』(東京: 三省堂, 1977).

丸山 健, 「衆議院の解散」, 芦部信喜・高橋和之・長谷部恭男(編), 『憲法判例
　　　　百選 Ⅰ, Ⅱ』(東京: 有斐閣, 2000).

孝忠延夫, 『國政調査權の研究』(京都: 法律文化社, 1990).

孝忠延夫, 「議會の機能の強化」, 『ジュリスト』1133号(1998. 5. 1－15合併号).

孝忠延夫, 「國政調査權の現狀－政府・行政統制機能理論的見地から」, 『ジュリス
　　　　ト』1177号(2000. 5. 1－15合併号).

孝忠延夫, 「國政調査權の發動とその行使－浦和充子事件を中心として」, 『議
　　　　會政治研究』21号(1992).

W. グラーフ・フィッツトゥム(渡辺久丸譯), 『請願權と議會』(京都: 文理閣, 1988).

黑田 覺, 「會期不繼續の原則」, 清宮四郎・佐藤 功共編, 『憲法演習』(東京:
　　　　有斐閣, 1959).

〈신문・연감・잡지〉
《讀賣年鑑》, 《朝日年鑑》, 《每日新聞》, 《讀賣新聞》, 《朝日新聞》

http://www.sangiin.go.jp

http://www.shugiin.go.jp

http://houseikyoku.sangiin.go.jp/introduction/organization.htm

http://www.ndl.go.jp

· 저자 ·

김현우   ·약 력·

휘문고등학교 졸업
일본 야마구치대학 경제학부 졸업
미국 오클라호마 주립대 대학원 졸업(정치학 석사)
미국 하와이대 대학원 졸업(정치학 박사)
경희대, 경기대, 국민대 정치대학원 강사
국회사무처 사료관
캄보디아 총선거 국제합동감시단 한국대표
성균관대학교 국가경영전략연구소 객원연구원(현)
글로벌교육문화연구원 지역연구실장(현)

·주요 논저·

저서로는 『한국정당통합운동사』, 『한국국회론』, 『일본현대정치사』가 있고, 논문으로는 「일본국회의 해산권 논쟁 소고」, 「Political Party Support in the Korean Fifth Republic: an Ecological Analysis 1981-1985」, 「Electoral Dynamics in South Korea Since 1981」 등이 있다.

● 일본국회론

· 초판 인쇄	2008년 5월 30일
· 초판 발행	2008년 5월 30일
· 지 은 이	김현우
· 펴 낸 이	채종준
· 펴 낸 곳	한국학술정보㈜
	경기도 파주시 교하읍 문발리 513-5
	파주출판문화정보산업단지
	전화 031) 908-3181(대표) · 팩스 031) 908-3189
	홈페이지 http://www.kstudy.com
	e-mail(출판사업부) publish@kstudy.com
· 등 록	제일산-115호(2000. 6. 19)
· 가 격	49,000원

ISBN   978-89-534-9281-3 93340 (Paper Book)
        978-89-534-9282-0 98340 (e-Book)